Dennis McGuire, Brian Chicoine

Erwachsene mit Down-Syndrom verstehen, begleiten und fördern

Stärken erkennen,
Herausforderungen meistern

Mit einem Vorwort von Cora Halder,
Deutsches Down-Syndrom InfoCenter

Edition 21 im G&S Verlag

Edition 21 im G&S Verlag
www.edition21.de
www.down-syndrom.biz

Deutsches Down-Syndrom InfoCenter
www.ds-infocenter.de

Deutsche Erstausgabe: Edition 21
Erwachsene mit Down-Syndrom verstehen, begleiten und fördern
von Dennis McGuire Ph.D. und Brian Chicoine M.D.

© Copyright der deutschsprachigen Ausgabe 2008
by G&S Verlag GmbH
Die Originalausgabe ist in den USA unter dem Titel
Mental Wellness in Adults with Down Syndrome erschienen.
© Copyright 2006 by Dennis McGuire und Brian Chicoine.
Published by Arrangement with WOODBINE HOUSE INC.
Dieses Werk wurde vermittelt durch die Literarische Agentur
Thomas Schlück GmbH, 30827 Garbsen

Bibliografische Information der Deutschen Bibliothek:
Die Deutsche Bibliothek verzeichnet diese Publikation
in der Deutschen Nationalbibliografie; detaillierte bibliografische
Daten sind im Internet über http://dnb.ddb.de abrufbar.

Alle Rechte vorbehalten. Nach- oder Abdruck sowie jedwede
andere Veröffentlichung durch Print- oder elektronische Medien,
im Internet, durch Funk oder Fernsehen, dies auch auszugsweise,
ist nur mit schriftlicher Genehmigung des Verlages gestattet.

Herausgeber: Deutsches Down-Syndrom InfoCenter
Aus dem Englischen übertragen von Patricia Gifford
Redaktionelle Bearbeitung: Cora Halder
Gesamtgestaltung und Satz: Wolfgang Halder
Titelfoto: Katrin Heim
Die Fotos im Innenteil wurden uns freundlicherweise von
Fotografen, Institutionen und Privatpersonen für dieses Werk
zur Verfügung gestellt.
Druck: Osterchrist Druck und Medien, Nürnberg

ISBN 978-3-925698-29-3
geb. VK [D] 39,95 €

Inhalt

Vorwort 9

Danksagung 11

Einführung 15

Teil 1: Untersuchungen und medizinische Fragestellungen

1 Untersuchung und Beurteilung der psychischen Gesundheit
   bei Menschen mit Down-Syndrom 21

2 Das Zusammenwirken von körperlicher und psychischer Gesundheit 29

Teil 2: Die Förderung von psychischer Gesundheit bei Erwachsenen mit Down-Syndrom und Down-Syndrom-spezifische Besonderheiten

3 Unterstützung durch Familie und Umfeld 47

4 Was ist normal? Down-Syndrom-spezifisches Verhalten verstehen 59

5 Das Gedächtnis: Stärken und Schwächen 75

6 Sprachentwicklung und kommunikative Fähigkeiten 91

7 Selbstwertgefühl und Selbstbild 107

8 Selbstgespräche, Fantasiefreunde und Fantasieleben 135

9 Der Groove und Flexibilität 143

10 Besondere Aspekte in kritischen Lebensphasen:
   Pubertäres Verhalten, Isolation, Rückzug, Ruhestand 161

Teil 3: Psychische Erkrankungen

11 Psychische Erkrankungen und ihre Auslöser 179

12 Die Untersuchung auf psychische Erkrankungen 195

13	Behandlungsansätze bei psychischen Erkrankungen	201
14	Affektive Störungen	241
15	Phobien und Angststörungen	261
16	Zwangsstörungen	273
17	Psychotische Störungen	289
18	Essensverweigerung	293
19	Herausforderndes Verhalten	299
20	Selbstverletzendes Verhalten	321
21	Ticstörungen und Bewegungsstörungen	329
22	Autismus	343
23	Die Alzheimer-Krankheit und der Verfall der geistigen Leistungsfähigkeit	353
Anhang		367
Literaturangaben		381
Sachwortverzeichnis		385
Über die Autoren		391

Danke an Jan Malte G. und seine Eltern,
die mit einer Spendenaktion die Übersetzung dieses Buches
ins Deutsche ermöglicht haben.

Vorwort

Beim 9. Welt-Down-Syndrom-Kongress, der im August 2006 in Vancouver, Kanada stattfand, gehörte die Präsentation des damals gerade erschienenen Buches „Mental Wellness in Adults with Down-Syndrome" von Dennis McGuire und Brian Chicoine zu den Höhepunkten. Die beiden Autoren wurden zu Recht geehrt, denn mit diesem Werk haben sie einen entscheidenden Beitrag zu einem besseren Verständnis für erwachsene Menschen mit Down-Syndrom geliefert.

Nicht nur in den USA wurde das Buch sofort als *das* neue Down-Syndrom-Standardwerk schlechthin entdeckt und mit verschiedenen Preisen ausgezeichnet. Weltweit ist es mit großem Interesse aufgenommen worden, die ersten Übersetzungen waren bald in Arbeit.

Weshalb so viel Begeisterung für ein Buch über Erwachsene mit Down-Syndrom? Schon beim Durchblättern wird deutlich, hier finden wir endlich Informationen zu den Themen, die uns schon immer interessiert, die aber bis jetzt gefehlt haben. Mit dem vorliegenden Werk verfügen wir zum ersten Mal über ein ausführliches, gut verständliches Buch, in dem das psychische Wohlbefinden von erwachsenen Menschen mit Down-Syndrom im Mittelpunkt steht. Zwar fanden sich auch in der Vergangenheit in Fachzeitschriften ab und zu Aufsätze verschiedener Autoren zu einzelnen Themen wie Alzheimer, Depressionen oder Verhaltensauffälligkeiten. Nirgends jedoch gab es ein solch praktisches, umfangreiches Handbuch wie dieses der Doktoren Dennis McGuire und Brian Chicoine, in dem sie die verschiedenen Besonderheiten im Leben ihrer Patienten thematisieren.

Das Buch ist nicht nur ein absolutes „Muss" für Eltern, Angehörige und Freunde von erwachsenen Menschen mit Down-Syndrom, sondern sollte genauso von allen Arbeitgebern, Kollegen, Pädagogen, Erziehern oder Betreuern, die am Arbeitsplatz, in Wohnheimen, Institutionen oder Werkstätten mit Menschen mit Down-Syndrom zusammenarbeiten und leben, gelesen werden. McGuire und Chicoine legen ihr Werk ganz besonders ihren Fachkollegen – Medizinern und Psychologen – und dem medizinischen Fachpersonal ans Herz.

„Erwachsene mit Down-Syndrom verstehen, begleiten und fördern" ist ein hervorragendes Nachschlagewerk, in dem viele der liebenswürdigen, manchmal auch schrulligen Besonderheiten von Menschen mit Down-Syndrom beschrieben und erklärt werden. Nicht selten werden solche Verhaltensauffälligkeiten fälschlicherweise für psychische Erkrankungen gehalten, deshalb werden Ursachen von störendem Verhalten und der Umgang damit ausführlich behandelt. Selbstverständlich gehen die Autoren ebenso auf schwerwiegende psychische Probleme ein. Durch die genaue Beobachtung ihrer Patienten sind sie in der Lage zu erklären, wie Eltern und Betreuer mit Erwachsenen mit Down-Syndrom zusammenarbeiten können, um deren psychisches Wohlbefinden zu fördern. Sie betonen die Bedeutung regelmäßiger gesundheitlicher Untersuchungen und machen deutlich, welche Rolle Umweltbedingungen, soziale Herausforderungen und die körperliche Gesundheit für das seelische Wohlbefinden spielen.

Wer dieses Buch gelesen hat, versteht Menschen mit Down-Syndrom besser, ist geduldiger und kann, wie die Autoren, manches auch mit Humor betrachten. Er kann viele Verhaltensweisen besser einordnen, merkt eher, wann sich Schwierigkeiten entwickeln, und kann früher eingreifen. Dies alles trägt entscheidend zu einem besseren Wohlbefinden der Menschen mit Down-Syndrom bei.

Trotz der vielen schwerwiegenden Themen, die im Buch angesprochen werden, hinterlässt die Lektüre keine Hoffnungslosigkeit, sondern, ganz im Gegenteil, sie ist Mut machend und stimmt optimistisch, denn für die meisten Probleme gibt es Lösungen. Dies belegen die vielen Fallbeispiele. Daraus geht auch hervor, wie respektvoll Menschen mit Down-Syndrom behandelt werden und wie sie den beiden Autoren ans Herz gewachsen sind.

„Erwachsene mit Down-Syndrom verstehen, begleiten und fördern" ist ein Fachbuch, das schon längst fällig war. Es ist eine sinnvolle Ergänzung zu der schon vorhandenen Literatur rund um das Down-Syndrom, die bisher hauptsächlich Kinder und Jugendliche im Fokus hat. Es ist kein trockenes Theoriebuch, sondern ein „menschliches", das sich leicht liest und mitunter so fesselnd ist, dass man es kaum aus der Hand legen kann.

Es ist mir eine große Freude, nun die deutsche Übersetzung dieses hervorragenden Buches weitergeben zu können, denn ich bin davon überzeugt, dass wir unserem Ziel, eine gute Lebensqualität für Menschen mit Down-Syndrom zu erreichen, damit wieder ein Stück näher kommen. Mit diesem Wissen ausgestattet werden wir den Alltag von älter werdenden Menschen mit Down-Syndrom besser gestalten und ihr psychisches Wohlbefinden steigern können.

Mein Dank gilt den beiden Autoren für dieses leidenschaftlich geschriebene Buch, er gilt aber auch Jan Malte G. und seinen Eltern, die mit einer Spendenaktion die Übersetzung und die Produktion dieses Buches ermöglicht haben, sowie Patricia Gifford, die beinahe ein Jahr lang engagiert an der Übersetzung gearbeitet hat.

Die redaktionelle Arbeit an diesem Buch war sehr umfangreich, sie war aber nie uninteressant oder lästig, im Gegenteil, sie hat mir viele lehrreiche Stunden beschert. Ich hoffe, dass sich Leser und Leserinnen diese Lektüre zu Herzen nehmen und dass sie das enorme Wissen, das hier vermittelt wird, in die Praxis umsetzen und es zum Wohle von Menschen mit Down-Syndrom anwenden können.

Cora Halder
Geschäftsführerin
Deutsches Down-Syndrom InfoCenter

Danksagung

Wir möchten unseren Patienten mit Down-Syndrom danken, die uns liebenswürdigerweise die Tür zu ihrer Welt geöffnet haben. Was für eine interessante Welt das ist, werden wir im Laufe des Buches erklären! Wenn man Menschen trifft, die so aufrichtig und liebevoll sind wie Menschen mit Down-Syndrom, fühlt man sich einfach von ihnen berührt. Wir möchten auch ganz besonders ihren Familien danken – den wahren Experten, was das Down-Syndrom anbelangt. Sie waren sehr offen und haben uns in unseren Bemühungen unterstützt, mehr über die Probleme und Herausforderungen zu lernen, mit denen Menschen mit Down-Syndrom sich häufig konfrontiert sehen.

Sehr wichtig war für uns die Unterstützung, die wir von unserer Down-Syndrom-Elternorganisation, vom Advocate Health Care, einem Zusammenschluss von Ärzten verschiedener Fachgebiete im Großraum Chicago, von Mr. James H. Skogsbergh, Arzt, Präsident und Geschäftsführer; dem Advocate Lutheran Hospital, Bruce C. Campbell, Doktor der Gesundheitswissenschaften und Präsident; unserer Practice Group, der Advocate Medical Group, Debra Geisler, Geschäftsführerin; von Ron Ferguson, Arzt und Leiter der Abteilung für Allgemeinmedizin, sowie von den Vizepräsidenten und Leitern unseres Programms, John Perrone und Nancy Christie, erhielten.

Als äußerst positiv und wirkungsvoll empfanden wir die Unterstützung der Mitarbeiter der Advocate Charitable Foundation und unserer eigenen Beratergruppe, die aus Fachleuten und engagierten Persönlichkeiten aus unserem Umfeld und der Down-Syndrom-Szene besteht.

Wir möchten uns ebenso bei unseren außergewöhnlich engagierten Kollegen und Mitarbeitern in der Ambulanz bedanken. Immer für unsere Patienten da zu sein und mehr über sie in Erfahrung zu bringen war und ist unser gemeinsames Anliegen und unsere große Leidenschaft. Sie haben unsere Arbeit in vielerlei Hinsicht erleichtert. Zu diesen Mitarbeitern und Kollegen gehören unter anderem Janet Bilodeau, unsere Krankenschwester mit medizinischer Zusatzausbildung; Laura Iatropoulos, Praxisleiterin; Fernando Serrano, geprüfter medizinischer Assistent; Jenny Howard-Lobough und Nancy Geary; Shirley Lange, Patientenbeauftragte; Carol Jacobsen, Transkripte; und Eileen Walsh, geprüfte Diätspezialistin und Ernährungsberaterin. *Wir möchten uns auch bei Kollegen und Mitarbeitern bedanken, die in der Vergangenheit mit uns zusammengearbeitet haben. Dazu gehören Steffi Gratigny, Ärztin, Julie Shapiro, Ärztin, Donna Mirro, Nancy Halligan, Karen Cornell, Mary Sue Minkus und Sharon Giannone.* Zudem möchten wir unseren engagierten ehrenamtlichen Mitarbeitern, die unserer Ambulanz ihre Zeit und ihre Kompetenz zur Verfügung stellen, unseren Dank aussprechen. Das sind unter anderem Catherine Chicoine, Pat Brandt, Pat Lasch und Audrey Kupsco. Auch Judith Gravdal, der Leiterin der Facharztausbildung für Allgemeinmedizin, gebührt unser Dank, denn sie hat uns beim Redigieren dieses Buches unterstützt.

Wir wissen es sehr zu schätzen, dass wir stets auf Spezialisten aus der Advocate Medical Group und dem Krankenhaus zurückgreifen konnten, die unsere Patienten würde- und respektvoll behandelt haben. Wir freuen uns auch, dass wir bei Konferenzen und bei Treffen der Down Syndrome Medical Interest Group viele hochqualifizierte Experten aus den USA und der ganzen Welt kennengelernt haben. Diese Menschen haben uns ermutigt und uns viele Anregungen gegeben. Bei diesen Treffen hatten wir die Gelegenheit, Probleme und Fragestellungen, die sich aus unserer täglichen Arbeit in der Ambulanz ergeben haben, zu diskutieren.

Wir möchten noch anmerken, dass es keine Ambulanz und auch dieses Buch nicht geben würde, wenn unser Partner, die National Association for Down Syndrome (NADS) nicht mit ihren Visionen, ihrer Entschlossenheit und ihrer Unterstützung dazu beigetragen hätten. An dieser Stelle möchten wir vor allem Sheila Hebein danken, der Vorsitzenden dieser Vereinigung, die gleichzeitig eine treibende Kraft bei der Errichtung unserer Ambulanz war. Sie ist nicht nur eine fantastische Fürsprecherin für Menschen mit Down-Syndrom, sie ist uns auch eine großartige Mentorin. Wir hoffen sehr, dass wir auch weiterhin umgeben sein werden von wunderbaren Menschen wie ihr, von Menschen mit Down-Syndrom und ihren Familien, von unseren Verwaltungs- und Ambulanzmitarbeitern sowie den ehrenamtlichen Mitarbeitern, von Kollegen und Familien aus dem ganzen Land und so vielen anderen Menschen, die unsere Arbeit in der Ambulanz unterstützt haben.

Wir möchten uns auch bei mehreren Menschen bedanken, die maßgeblich an der Entwicklung dieses Buches beteiligt waren: ganz herzlich bei unserer Herausgeberin, Sue Stokes, vom Woodbine House Verlag. Sie hat uns während der gesamten Zeit auf wundervolle Weise unterstützt, unsere Texte gelesen, kritisch hinterfragt, uns herausgefordert und ermutigt. Sie hat uns geholfen, unsere Gedanken in klare Worte zu fassen. Das Ergebnis ist ein Buch, das viel besser ist, als wir es uns je erhofft hatten.

Wir möchten uns auch bedanken bei Joan Medlen, einer geprüften Diätspezialisten und der Gründerin und Herausgeberin des großartigen Newsletters *Disability Solutions* und des Standardwerkes *The Down Syndrome Nutrition Handbook* (2004) (zu Deutsch: Ernährung von Menschen mit Down-Syndrom). Sie hat unser Material veröffentlicht und unsere Arbeit und die der Ambulanz immer unterstützt. Wir schätzen ihre Meinung, ihre Ermutigungen haben sehr zu unserer Entscheidung, dieses Buch überhaupt zu schreiben, beigetragen.

Dennis' persönliche Danksagung:
Ich möchte meiner Frau Dr. Elina Manghi und meinem Sohn Martin für ihre enorme Geduld und Toleranz während der vielen Stunden danken, die ich an Abenden und Wochenenden damit verbracht habe, dieses Buch zu schreiben. Ich bin stolz darauf, dass mein Sohn mich und meine Arbeit trotz der vielen Zeit, die ich mit diesem Buch verbracht habe, immer noch sehr unterstützt. Er zeigt im Umgang mit Menschen mit Down-Syndrom Reife, Mitgefühl und Verständnis, und das macht mich sehr stolz. Meine Frau Elina hat während dieser Zeit ebenfalls sehr viel Geduld aufgebracht. Ich möchte noch hinzufügen, dass ich sehr von ihrem breiten Fachwissen und ihrer Erfahrung als Psychologin auf diesem Gebiet profitiert habe. Obwohl sie selbst sehr eingespannt ist, hat sie sich die Zeit genommen, meine Texte zu lesen und Ideen und Vorschläge beizutragen. Sie hat mich vor allem bei den Kapiteln und den Abschnitten über das Gedächtnis, Untersuchungen, ADHS, Autismus und Psychotherapie unterstützt. Ich bin sehr glücklich, dass sie mich während der gesamten Zeit nicht nur ständig ermutigt hat, sondern dass sie auch meine Leidenschaft teilt, mehr über Menschen mit Down-Syndrom zu lernen und zu erfahren.

Brians persönliche Danksagungen:
Ich möchte mich bei den Kollegen der Abteilung für Allgemeinmedizin bedanken, die mich unterstützt haben und mit mir die Verantwortung für die Betreuung und die Pflege der Patienten teilen. Sie sind wirkliche Freunde für mich: Ron Ferguson, Judith Gravdal, Stuart Goldman, Greg Kirschner, Don Novey, Bruce Perlow, Tamar Perlow, Bill Briner, Mayank Shah und Robin O'Meara.

Mein besonderer Dank gilt meiner Familie, die

mich wertvolle Lektionen über das Leben gelehrt hat und durch die meine Arbeit mit Menschen mit Down-Syndrom geprägt ist:

bei meinem Vater, der mich Pflichtbewusstsein und Ehrlichkeit lehrte, zwei wichtige Ideale, die er an seine Kinder weitergegeben hat;

bei meiner Mutter, die mir gezeigt hat, wie wichtig Fürsorge und Mitgefühl für andere Menschen sind;

bei meinen Geschwistern Mary Jo, David, Mark, Beth Ann, Mike und Julie, mit denen ich weiterhin gemeinsam lerne, die vielen wertvollen Dinge im Leben zu teilen, zu respektieren und zu schätzen;

bei meinen Töchtern Emily, Caitlin und Laura, die mir jeden Tag zeigen, was im Leben wirklich wichtig ist;

bei meiner Frau Kathy für ihr Verständnis und dafür, dass sie mich und andere so akzeptiert, wie wir sind. Sie hat mir die Augen für einen möglichen Einsatz für Erwachsene mit Down-Syndrom geöffnet, noch lange bevor ich dies selbst in Erwägung zog. Ihre Liebe und ihre Ermutigung spiegeln sich in jedem positiven Beitrag von mir wider.

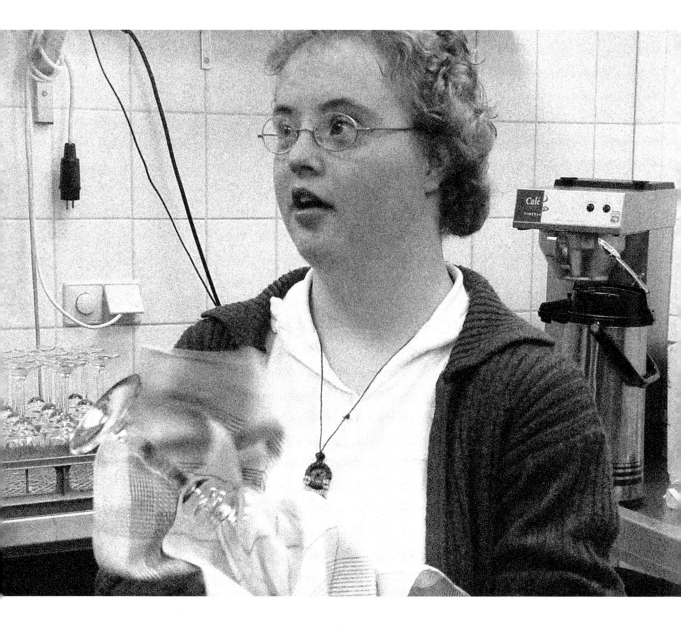

Einführung

Wenn Sie dieses doch umfangreiche Werk in Ihren Händen halten, kommen vermutlich einige Fragen auf. Die wahrscheinlich naheliegendste Frage ist, ob es wirklich so viel über dieses Thema zu sagen gibt? Ist die psychische Gesundheit von Jugendlichen und Erwachsenen mit Down-Syndrom wirklich ein so komplexes Thema, dass wir einen Ratgeber mit enzyklopädischem Umfang benötigen? Sie fragen sich vielleicht auch: Bekommen alle Menschen mit Down-Syndrom irgendwann einmal psychische Probleme? Lohnt es sich für mich überhaupt, dieses Buch zu lesen, wenn sich doch mein Angehöriger, Freund oder Bekannter mit Down-Syndrom bester Gesundheit erfreut und in einer ausgezeichneten psychischen Verfassung ist?

Wir möchten Ihnen deshalb von vornherein versichern, dass psychische Störungen bei Menschen mit Down-Syndrom nicht zwangsläufig auftreten müssen. Dies ist einer der Gründe, weshalb wir dieses Buch geschrieben haben. Wir möchten Eltern, erwachsenen Geschwistern, Lehrern, Betreuern und anderen Beteiligten Wege aufzeigen, wie man die psychische Gesundheit von Jugendlichen und erwachsenen Menschen mit Down-Syndrom positiv beeinflussen und erhalten kann. Wir haben dieses Buch aber auch geschrieben, weil es einige biologische Unterschiede sowie umweltbedingte Stresssituationen gibt, aufgrund derer Menschen mit Down-Syndrom anfälliger für psychische Störungen, Stimmungsschwankungen oder emotionale Probleme sind. Wir hoffen, dazu beizutragen, dass es für Ärzte und Fachkräfte einfacher wird, diese Probleme zu erkennen und Behandlungen einzuleiten, die dem Menschen helfen werden, seine normalen Fähigkeiten zurückzugewinnen und eine positive Lebensperspektive zu erhalten. Wir hoffen auch, deutlich machen zu können, dass es beim Down-Syndrom gemeinsame Merkmale gibt, die als Zeichen einer geistigen Erkrankung fehlgedeutet werden können, aber nichts anderes sind als harmlose Marotten oder auch durchaus brauchbare und wertvolle Strategien zur Bewältigung verschiedener Herausforderungen.

Unser Ziel ist jedoch nicht nur, Eltern Wissen zu vermitteln und Menschen mit Down-Syndrom bei ihren Problemen zu unterstützen. Wir möchten erwachsenen Menschen mit Down-Syndrom auch dabei helfen, ihre Gesundheit selbst aktiv zu pflegen und zu erhalten. Gesundheit ist mehr als das Nichtvorhandensein von Krankheit. Es ist ein Gefühl von körperlichem, psychischem und geistigem Wohlbefinden. Gesundheit ist ein Prozess, der die Führung eines gesunden Lebensstils, regelmäßige Vorsorgeuntersuchungen und das frühe Erkennen und Behandeln von gesundheitlichen Problemen umfasst. Erwachsene Menschen mit Down-Syndrom und ihre Familien sollten sich bewusst sein, dass sie diesen Prozess aktiv mitgestalten können. Einige Menschen mit Down-Syndrom leiden zwar unter körperlichen und psychischen Problemen, durch die sie gesundheitliche Beeinträchtigungen haben, sollten aber dennoch stets eine gute Gesundheit oder zumindest die Verbesserung ihrer Gesundheit zum Ziel haben.

Viele Familien haben beschrieben, dass gesundheitliche Probleme bei Menschen mit Down-Syndrom unbeachtet bleiben, weil das jeweilige Problem einfach auf das Down-Syndrom geschoben beziehungsweise als durch das Down-Syndrom verursacht abgetan wurde. Menschen mit Down-Syndrom sind tatsächlich recht anfällig, was viele der „gewöhnlichen" gesundheitlichen Probleme betrifft, unter denen auch Personen ohne Down-Syndrom leiden. Einige Krankheiten und Erkrankungen kommen bei Menschen mit Down-Syndrom häufiger vor. Diese gesundheitlichen Probleme können sich negativ auf die Gesundheit im Allgemeinen auswirken und den Zustand und auch das Wesen der Person verändern. Allerdings treten diese Veränderungen häufig nicht direkt aufgrund des Syndroms auf, sondern aufgrund einer bestimmten Erkrankung. Zwar gibt es kein wissenschaftlich nachgewiesenes Heilmittel für das Down-Syndrom, oft sind aber die zusätzlichen gesundheitlichen Probleme diagnostizierbar und behandelbar. Aus diesem Grund können Veränderungen in Zustand und Wesen einer Person, die nur als eine Folge des Down-Syndroms angesehen werden, zu unnötigen gesundheitlichen Beeinträchtigungen führen, weil die eigentlichen Erkrankungen nicht diagnostiziert werden und somit unbehandelt bleiben.

Dies gilt sowohl für körperliche Probleme als auch für psychische Störungen. Im Blickpunkt dieses Buches stehen die psychische Gesundheit und psychische Störungen. Körperliche Probleme werden dann angesprochen, wenn sie mit der psychischen Gesundheit in Zusammenhang stehen oder diese beeinträchtigen.

Was bedeutet „psychische Gesundheit"?

Mit „psychischer Gesundheit" meinen wir das emotionale Wohlbefinden, das es uns ermöglicht, Aktivitäten des täglichen Lebens nachzugehen und alltägliche Stresssituationen zu meistern. Psychische Gesundheit ist mehr als nur die Diagnose und die Behandlung von psychischen Störungen. Sie ist ein Teil jedes Menschen: Es ist unser Bestreben, unsere Lebensfreude zu optimieren, unserem Leben einen Sinn zu geben und unser Vermögen, an Aktivitäten des täglichen Lebens teilzunehmen, zu verbessern. Psychische Gesundheit ist ein Prozess. Er kann durch Strategien zur Förderung und Unterstützung der psychischen Gesundheit optimiert werden. Idealerweise sind diese Strategien ein Teil unseres täglichen Lebens, so wie es auch regelmäßige Gesundheitsvorsorge und -pflege sind.

Um die psychische Gesundheit zu fördern, ist es zwingend erforderlich, das Kontinuum von normalem Verhalten zu psychischen Störungen zu verstehen. Ein Verhalten kann gesund und zweckmäßig sein, wenn es aber exzessiv wird oder bestimmte Funktionen behindert, kann es sich auf dem Kontinuum in einen „unnormalen Bereich" bewegen. Zwar gibt es klare Richtlinien zur Diagnose von psychischen Erkrankungen, jedoch werden die Symptome bis zu einem gewissen Grad sicherlich auch subjektiv interpretiert.

Auch kann das Umfeld des Menschen dazu beitragen, dass keine unangebrachten Verhaltensweisen entstehen oder dass sie als solche empfunden werden. Strategien zur Förderung und Erhaltung der psychischen Gesundheit können helfen, die positiven Aspekte des Verhaltens hervorzuheben und das Verhalten auf der gesunden Seite des Kontinuums zu bewahren.

Wie bereits erwähnt, ist es wichtig zu wissen, dass Veränderungen im Verhalten eines Menschen oft nicht einfach nur „aufgrund des Down-Syndroms" auftreten. Man sollte sich aber darüber im Klaren sein, dass Menschen mit Down-Syndrom sowohl individuelle als auch gemeinsame Merkmale und Eigenheiten aufweisen. Um ihre psychische Gesundheit optimal fördern zu können, muss man dies verstehen und richtig einschätzen können.

Das Adult Down Syndrome Center

Wir, die Autoren, sind die Leiter des Adult Down Syndrome Center of Lutheran General Hospital, einer Ambulanz für Erwachsene mit Down-Syndrom im Lutheran-Krankenhaus von Park Ridge, Illinois. Eine kleine Geschichte darüber, wie es dazu kam, dass wir diese Ambulanz eingerichtet haben, wird Ihnen dabei helfen, unsere Perspektive bei Problemen und Störungen der psychischen Gesundheit von Jugendlichen und Erwachsenen mit Down-Syndrom zu verstehen:

Ende der 80er Jahre waren Eltern im Großraum Chicago zunehmend unzufrieden, weil es für ihre erwachsenen Kinder mit Down-Syndrom keine qualitativ gute medizinische und psychosoziale Versorgung gab. Zu oft bekamen die Eltern von Ärzten und medizinischen Fachkräften zu hören, dass die Verhaltensänderungen ihrer Kinder mit Down-Syndrom „aufgrund des Down-Syndroms" aufträten und es dafür keine Behandlung gäbe. Ein weiteres Problem war, dass häufig eine nur recht oberflächliche Untersuchung stattfand, wenn bei einer Person mit Down-Syndrom ein Rückgang ihrer kognitiven Fähigkeiten offensichtlich wurde, in der fast zwangsläufig die Diagnose Alzheimer gestellt wurde. Familien hatten oft den Eindruck, dass ihr Sohn oder ihre Tochter nicht gründlich genug untersucht wurde. Ihnen war es wichtig, ihren Angehörigen mit Down-Syndrom Medizinern vorzustellen, die eine gründliche und umfassende Untersuchung durchführen und die die medizinischen und psychosozialen Probleme von Menschen mit Down-Syndrom kennen und verstehen.

Viele dieser besorgten Eltern gehörten der National Association for Down Syndrome (NADS) an, der ältesten Selbsthilfeorganisation, die in den Vereinigten Staaten Menschen mit Down-Syndrom unterstützte. 1991 traten Mitarbeiter und Eltern dieser Selbsthilfegruppe an die Krankenhausverwaltung des Lutheran General Hospital heran. Sie forderten eine Ambulanz für erwachsene Menschen mit Down-Syndrom. 1992 wurde sie eröffnet. Zuerst wurden die Patienten an zwei Vormittagen im Monat behandelt. Die ersten Mitarbeiter waren der Arzt und zweite Autor, Brian Chicoine, M.D., der Sozialpädagoge und erste Autor, Dennis McGuire, Ph.D., sowie ein qualifizierter Assistenzarzt. Dr. McGuire hatte bereits während eines Forschungsstipendiums an der University of Illinois, Chicago, mit der NADS zusammengearbeitet. Die Arbeit in der Ambulanz verstand er als konsequente Erweiterung seiner Arbeit, weil er immer wieder feststellen musste, dass der gesundheitliche Zustand oft mitverantwortlich für die psychosozialen Probleme war, die er untersuchen und behandeln sollte. Dr. Chicoine war kurz zuvor an die Fakultät des Lutheran General Department of Family Medicine Residency Program, den Facharztausbildungszweig für Familienmedizin des Lutheran General Hospital, gekommen. Er hatte bereits Erfahrung in der Behandlung von Erwachsenen mit geistigen Behinderungen gesammelt und freute sich sehr darauf, die Ambulanz mitentwickeln zu können. Ein Ernährungsspezialist und ein Audiologe gehörten ebenfalls zum Team.

Die Ambulanz ist inzwischen erweitert worden und zum heutigen Zeitpunkt jeden Tag ganztägig geöffnet. Dies ist das Ergebnis einer einzigartigen Zusammenarbeit zwischen der National Association for Down Syndrome, der US-amerikanischen Down-Syndrom-Selbsthilfeorganisation im Großraum Chicago, der Advocate Medical Group, einem Zusammenschluss von Ärzten verschiedener Fachgebiete im Großraum Chicago, und dem Advocate Lutheran General Hospital. Zu den weiteren Mitarbeitern zählen heute ein Arzt, eine spezialisierte Krankenschwester, ein Diplom-Sozialpädagoge, zwei Assistenzärzte, Büromitarbeiter, ein Familienberater, ein Rechtsbeistand und ein Forschungsmitarbeiter. Eine Ernährungsberatung und eine Fachberatung in der Audiologie stehen den Patienten ebenfalls zur Verfügung.

Bis heute wurden in der Ambulanz für erwachsene Menschen mit Down-Syndrom über 3000 Patienten im Alter von zwölf bis 83 Jahren behandelt. Die Patienten nutzen die Ambulanz auf drei verschiedene Arten: entweder als primäres Versorgungszentrum für jegliche Art von Untersuchungen und Behandlungen, als Anlaufstelle für die jährlichen Vorsorgeuntersuchungen sowie für regelmäßige Folgeuntersuchungen bei bestimmten gesundheitlichen Problemen (meist psychosoziale Probleme) oder auch nur für die jährlichen Vorsorgeuntersuchungen. Die dritte Gruppe besteht hauptsächlich aus Patienten, die weit weg wohnen. Diese Patienten erhalten nach jeder jährlichen Vorsorgeuntersuchung einen ausführlichen Arztbrief, anhand dessen sie der behandelnde Arzt zu Hause weiterbehandeln kann. Insgesamt haben Arzt, Krankenschwester und Sozialarbeiter über 5500 Untersuchungstermine im Jahr. Wir arbeiten bei der Behandlung unserer Patienten als Team zusammen, besonders dann, wenn die psychische Gesundheit des Patienten beeinträchtigt ist. Dieser Behandlungsansatz erlaubt es uns, gesundheitliche Probleme sowohl körperlicher als auch psychischer Natur anzugehen und dazu beizutragen, dass der Patient angemessen behandelt werden kann.

Dieses Buch basiert auf den Kenntnissen, die wir bei der Behandlung von Jugendlichen und Erwachsenen mit Down-Syndrom sowie durch den Kontakt mit ihren Familien und Betreuern gewonnen haben. Wir sehen die Down-Syndrom-Ambulanz als ein Sammelbecken von fachspezifischem Wissen. Wir hören den Menschen mit Down-Syndrom, ihren Familien und Betreuern zu und haben dadurch viel gelernt. Dieses Wissen finden Sie in diesem Buch. Wenn uns von bestimmten Auffälligkeiten berichtet wird, erkundigen wir uns bei anderen, ob sie ähnliche Erfahrungen gemacht haben. Auf diese Weise bekommen wir einen zunehmend besseren Einblick in die psychische Gesundheit und in psychische Störungen bei Menschen mit Down-Syndrom.

Das Down-Syndrom früher und heute

Wir sprechen in unserer Ambulanz häufig von „zwei Syndromen". Einige Familien, die Kinder oder junge Erwachsene mit Down-Syndrom haben, haben Vorträge von uns gehört oder auch Material von uns gelesen und bemerkt, dass unsere Erfahrungen so gar nicht zu den ihrigen passen. Der Grund dafür liegt sicherlich in den unterschiedlichen Persönlichkeiten von Menschen mit Down-Syndrom und in den unterschiedlichen Familien. Einige dieser Empfindungen entstehen vielleicht auch deshalb, weil es manchmal scheint, als gäbe es tatsächlich „zwei Syndrome". Die Kindheitserfahrungen von Familien mit älteren Söhnen und Töchtern unterscheiden sich oft sehr von dem, was die Familien jetzt erfahren. In der Vergangenheit hatten Familien aufgrund der Informationen, die sie von Medizinern, Erziehern und Lehrern erhielten, sehr geringe Erwartungen, was die Entwicklung ihres Sohnes oder ihrer Tochter betraf. Eine gute gesundheitliche Versorgung war für Kinder mit Down-Syndrom oft nicht erhältlich. Schulbildung, Freizeitaktivitäten und Arbeitsmöglichkeiten waren begrenzt oder gar nicht vorhanden.

Wir wissen nun, dass frühe Intervention für Kinder mit Down-Syndrom sehr gewinnbringend ist (Anderson et al., 2003; Guralnick, 1998). Die Vorteile früher Intervention sowie die integrativen und akademisch herausfordernden schulischen Erfahrungen wurden dankbar angenommen und haben bei vielen zu einer positiven Kindheit und Jugend beigetragen. Diese Generation junger Menschen mit Down-Syndrom wird nun älter und es wird sehr interessant sein zu sehen, welche Vorteile und welchen Nutzen sie langfristig davon haben. Studien in der Durchschnittsbevölkerung deuten an, dass verbesserte Lern- und Bildungsmöglichkeiten den Abbau von kognitiven Fähigkeiten und auch das Risiko, an Alzheimer zu erkranken, verringern können (Snowdon, 2001; Levenson, 1978). Welche Auswirkung wird dies auf Menschen mit Down-Syndrom haben? In der Vergangenheit wirkten sich ihre verminderten verbalen und kommunikativen Fähigkeiten negativ auf die körperliche und psychische Gesundheit aus. Vermutlich werden sich die verbesserten kommunikativen Fähigkeiten von vielen jungen Menschen, die schon früh Sprachtherapie bekamen, positiv auf ihre Gesundheit im Erwachsenenalter auswirken. Sie können ihre Probleme besser schildern, darüber diskutieren und aktiv an einer Behandlung mitarbeiten. Dadurch können Krankheiten früher erkannt und behandelt werden.

Das Bild der „zwei Syndrome" ist natürlich reine Theorie. Es wird jedoch sehr interessant sein, die Unterschiede bei Erwachsenen mit Down-Syndrom zu beobachten, die verschiedene Erfahrungen im Leben gemacht haben. Wir möchten jedoch betonen, dass positive Erfahrungen wie eine gute gesundheitliche Versorgung, Arbeitsmöglichkeiten und soziale Kontakte auch auf unsere älteren Patienten sehr günstige Auswirkungen haben. Mit anderen Worten: Es ist nicht zu spät, auch wenn diese Möglichkeiten in den jüngeren Jahren des Patienten nicht verfügbar waren.

Ein Wort zu den Fallbeschreibungen

In diesem Buch werden Sie viele Fallbeschreibungen von Jugendlichen und Erwachsenen mit Down-Syndrom lesen, die wir in unserer Ambulanz kennengelernt haben. Wir haben ihre Namen und in einigen Fällen auch andere Informationen abgeändert, um ihre Persönlichkeit zu schützen. Ihre Probleme und die Lösungen entsprechen jedoch der Realität.

Zum Abschluss

An dieser Stelle möchten wir Ihnen „Joe" vorstellen. Beim Lesen dieses Buches sollten Sie Joe immer wieder vor Augen haben. Joe gilt als „Prototyp" eines kerngesunden Patienten. Er ist ein 29-jähriger Mann mit Down-Syndrom und sowohl körperlich als auch psychisch gesund. Was hat Joe dabei geholfen, gesund zu sein und zu bleiben? Welche Erfahrungen hat er gemacht, die sich positiv auf seine Gesundheit ausgewirkt haben?

- Joe wird als Mensch akzeptiert.
- Joe kann selbst entscheiden.
- Es werden Erwartungen an ihn gestellt, die weder zu hoch noch zu niedrig sind.
- Joe treibt regelmäßig Sport.
- Sein Bedürfnis nach Routine und Regelmäßigkeit wird unterstützt, aber er wird auch zu Flexibilität ermutigt.
- Joe lässt einen jährlichen Gesundheits-Check durchführen und ihm steht eine gute ärztliche Versorgung zur Verfügung.
- Seine kommunikativen Fähigkeiten wurden von klein auf gefördert.
- Eine Berufsausbildung war ein Teil seiner Schullaufbahn.
- Er hat einen Job, der ihm Spaß macht und der ihn anspornt und in dem er seine Stärken einsetzen kann.
- Er wird von seiner Umgebung unterstützt.
- Er hat aber auch die Möglichkeit und die Gelegenheit, anderen zu helfen.
- Er gehört einer religiösen Gemeinschaft an.
- Er ist in die Gesellschaft integriert (und kommt mit Menschen ohne Behinderung, aber auch mit Menschen mit Behinderungen zusammen).
- Joe wird gehört. Wenn er Anliegen oder Bedenken äußert, hört man ihm zu.

Joe hat viele Gelegenheiten im Leben wahrgenommen, fühlt sich an seinem Arbeitsplatz sehr wohl und erfreut sich eines schönen und förderlichen Familien- und Soziallebens. Kurz gesagt: Joe ist gesund. Wir hoffen sehr, dass wir anhand der Informationen in diesem Buch dazu beitragen können, dass alle Erwachsenen mit Down-Syndrom so gesund leben können wie Joe.

1 Untersuchung und Beurteilung der psychischen Gesundheit bei Menschen mit Down-Syndrom

Die psychische Gesundheit eines Menschen mit Down-Syndrom sollte nicht erst dann untersucht werden, wenn ein Problem auftaucht. Wenn es um die körperliche Gesundheit geht, wird durchaus anerkannt, dass ein gesunder Lebensstil, vorbeugende Maßnahmen und eine frühe Erkennung von Krankheiten notwendig sind, um die Gesundheit so gut wie möglich zu erhalten und zu fördern und das Entstehen von Krankheiten zu verhindern. In gleicher Weise sind eine gesunde Psyche, vorbeugende Maßnahmen gegen und eine frühe Erkennung von psychischen Störungen wesentliche Bestandteile der psychischen Gesundheitsvorsorge. Die Aufklärung von Menschen mit Down-Syndrom, ihren Familien und ihren Betreuern über Wege und Möglichkeiten zur Optimierung der psychischen Gesundheit ist ein wichtiger Bestandteil dieses Prozesses.

Auch wenn ein Jugendlicher oder Erwachsener mit Down-Syndrom keine psychischen Probleme zu haben scheint, so ist es doch durchaus wichtig, die Bereiche in seinem Leben zu kennen, die sich positiv auf die psychische Gesundheit auswirken, oder, falls das Gegenteil der Fall ist, die Aspekte zu erkennen, die das Auftreten einer psychischen Störung begünstigen. Dazu muss man verstehen, wie das System funktioniert, in dem sich der Mensch bewegt und das ihn unterstützt. Hierbei sollte man über die Aktivitäten im Bilde sein, an denen er teilnimmt, sowie seinen Freundeskreis, sein soziales Umfeld und weitere Bereiche seines Lebens kennen. Dies lässt ein Gesamtbild einer Person entstehen und kann bei der Erhaltung und der Förderung der psychischen Gesundheit unterstützend wirken.

Wir empfehlen unseren Patienten in der Down-Syndrom-Ambulanz für Erwachsene, sich einmal jährlich einer umfassenden psychischen Untersuchung bei uns zu unterziehen, die schon im Jugendalter beginnen und im Erwachsenenalter jedes Jahr wiederholt werden sollte.

Natürlich sollte der erwachsene Mensch mit Down-Syndrom schon früher vorstellig werden, wenn er Verhaltensauffälligkeiten oder Verhaltensänderungen zeigt, damit man so schnell wie möglich eine gründliche, umfassende Untersuchung des psychischen Gesundheitszustands durchführen kann. Bei einer solchen Untersuchung erhält man wichtige Einsichten in die Ursache des Problems.

In *Wer die Nachtigall stört* (englisch: To Kill a Mockingbird) sagt Atticus Finch: „Man kann einen anderen nur richtig verstehen, wenn man in seine Haut steigt und darin herumläuft." In unserer Down-Syndrom-Ambulanz für Erwachsene versuchen wir, dies so weit wie möglich zu tun und uns so gut wie möglich in unsere Patienten hineinzuversetzen. Zwar werden wir nie verstehen können, was all dies für einen Menschen mit Down-Syndrom bedeutet, aber zumindest können wir anhand unserer Einschätzung ein maximales Verständnis für seine Situation erlangen. Die Ziele unserer Beurteilung der psychischen Gesundheit sind:

- die Stärken und Schwächen eines Menschen zu verstehen,
- die positiven und negativen Aspekte seines Umfelds zu erkennen,
- die Auswirkungen von gesundheitlichen Problemen einzuschätzen und
- zu erkennen, wie die Person mit Stress in ihrem Leben und stressigen Situationen fertig wird.

Wenn ein Erwachsener mit Down-Syndrom Verhaltensauffälligkeiten zeigt oder es sich abzeichnet, dass die psychische Gesundheit beeinträchtigt ist, wird eine ähnliche Beurteilung vorgenommen. Vor allem muss man seine Stärken kennen und wissen, inwieweit er durch sein Umfeld Unterstützung erfährt. Diese wichtigen Aspekte müssen bei der Entwicklung eines Behandlungsplans zur Unterstützung und Förderung der psychischen Gesundheit besonders berücksichtigt werden. Zusätzlich dazu konzentrieren wir uns besonders auf die Bereiche, die eventuell zu dem Problem beitragen können, sodass diese verstanden und angegangen werden können.

Bei der Untersuchung dieser Fragestellungen konzentrieren wir uns üblicherweise auf die folgenden Aspekte:

- das Verhältnis von Sozialkompetenz und psychischer Gesundheit,
- die sprachliche Ausdrucksfähigkeit,
- das Selbstwertgefühl,
- das Führen von Selbstgesprächen,
- kognitive Probleme, einschließlich dem Bedürfnis nach Ritualen, der Verarbeitungsgeschwindigkeit, dem Zeitverständnis und der Fähigkeit, abstrakt zu denken,
- die Gefühlsspanne,
- das Vorhandensein von Faktoren, die psychische Störungen auslösen können,
- Symptome von psychischen Störungen (falls vorhanden) und
- die psychische Gesundheit.

Diese Bereiche werden nachfolgend im Detail besprochen.

Wer untersucht die psychische Gesundheit?

Natürlich ist es nicht machbar oder nicht für alle Erwachsenen mit Down-Syndrom möglich, sich in unserer Down-Syndrom-Ambulanz (oder in einer anderen Down-Syndrom-Ambulanz für Erwachsene) untersuchen zu lassen. Die Nachfrage ist tatsächlich so groß, dass wir unseren Patientenkreis auf die Einwohner von Illinois beschränken müssen. Wenn Sie eine andere Einrichtung suchen, in der Sie eine psychiatrische Untersuchung vornehmen lassen möchten, sollten Sie darauf achten, dass alle zuvor genannten Aspekte untersucht werden, die in diesem Kapitel beschrieben wurden. Am besten wäre es natürlich, wenn Sie die Möglichkeit hätten, den Menschen mit Down-Syndrom in eine Klinik zu bringen, die sich auf das Down-Syndrom spezialisiert hat, in der Ärzte und Schwestern diese Probleme verstehen und in der Ärzte verschiedener Fachbereiche bei der gesundheitlichen und psychiatrischen Untersuchung des Menschen zusammenarbeiten.

Wenn es Ihnen nicht möglich ist, eine solche spezielle Klinik aufzusuchen, können Sie eine Reihe von Untersuchungen bei verschiedenen Ärzten durchführen lassen. Bitten Sie einen dieser Ärzte, sich Ihres Falles anzunehmen, damit bei ihm „die Fäden zusammenlaufen" und er Ihnen auch erklären kann, was all die verschiedenen Beurteilungen und Einschätzungen bedeuten. Es hat sich gezeigt, dass es sehr vorteilhaft ist, wenn die folgenden Fachleute zusammenarbeiten:

- ein Arzt (ein Allgemeinmediziner oder Internist), der medizinische Probleme ausschließen und, falls notwendig, Medikamente verschreiben kann,
- ein Psychologe, ein Sozialarbeiter oder ein anderer Experte, der die sozialen Fähigkeiten und das Umfeld sowie auch emotionale Beeinträchtigungen und Verhaltensauffälligkeiten angemessen einschätzen und beurteilen kann,
- ein Lehrer, Job-Coach oder Berater am Arbeitsplatz, der wertvolle Informationen über das Arbeits- oder das schulische Umfeld sowie über das Verhalten des Menschen

mit Down-Syndrom aus der Zeit übermitteln kann, bevor das Problem auftrat, und der über Probleme berichten kann, die diese Person eventuell außerhalb ihres Zuhauses bewältigen muss.

Zusätzlich dazu können je nach Bedarf auch ein Psychiater oder ein Neurologe konsultiert werden.

Welche Aspekte sollten untersucht werden?

a) Das Zusammenwirken von Sozialkompetenz und psychischer Gesundheit

> *„Jeder, der unaufgefordert Worte des Zuspruchs erhält, erhält ein wahrhaft echtes Geschenk."*
>
> Christopher deVinck, The Power of the Powerless (zu Deutsch: Die Macht der Machtlosen)

Psychisches Wohlbefinden kann man in der Regel nicht vollständig losgelöst von anderen Menschen erreichen. Um sich wohl zu fühlen, muss man sich mit anderen Menschen verbunden fühlen. Die meisten von uns brauchen das Gefühl, geliebt und von anderen akzeptiert zu werden, um sich wirklich wohlzufühlen. Dies gilt natürlich auch für Menschen mit Down-Syndrom. Da Jugendliche und Erwachsene mit Down-Syndrom in vielen Lebensbereichen normalerweise mehr von anderen Menschen abhängig sind, ist es nicht überraschend, dass sie auch in ihrer psychischen Gesundheit von anderen Menschen abhängig sind. Oft wird das Engagement von Freunden und Familien als ein wichtiger Aspekt für die Gesundheit von Menschen mit Down-Syndrom übersehen.

Vor einigen Jahren schloss eine große, staatlich geführte Behinderteneinrichtung in Illinois. Die Erwachsenen mit geistigen Beeinträchtigungen zogen in neuere und kleinere Wohngruppen um. Einige dieser Bewohner hatten große Kommunikationsprobleme. Es gab wenig bis keine sozialen Kontakte zwischen diesen Bewohnern. Für den Betrachter von außen schien es so, als würden sie sich gegenseitig keinerlei Anregungen geben. Wenn man die Bewohner jedoch über einen längeren Zeitraum beobachtete, stellte man fest, dass sich denjenigen, die mit anderen Menschen aus der alten Einrichtung zusammen in eine Wohnung gezogen waren, wohler fühlten als diejenigen, die in verschiedene neue Einrichtungen gezogen waren. Dies war auch der Fall bei denen, die bedeutende Kommunikationsprobleme hatten. Sogar die Lebenserwartung derer, die mit ihren Bekannten zusammengezogen waren, war höher als die der anderen. Soziale Interaktion ist ein Teil unserer lebensunterstützenden Aktivitäten, auch wenn einige Menschen gegensätzlicher Meinung sind (Heller, 1982).

Wie alle Menschen brauchen auch Menschen mit Down-Syndrom die Interaktion mit der Familie, Freunden, ebenbürtigen Menschen und anderen. Das Fehlen oder der Wegfall einer dieser Gruppen kann ein bedeutendes Problem darstellen. Dies kann auch dann der Fall sein, wenn keine wahrgenommene Interaktion mit einer Gruppe stattfand, wie bereits im vorangegangenen Absatz beschrieben.

Ebenfalls wichtig für die psychische Gesundheit ist eine sinnvolle Beteiligung am öffentlichen Leben. Aktivitäten, Hobbys und die Teilnahme an Ereignissen in der Gemeinde fördern das Wohlbefinden, erhöhen das Selbstwertgefühl und helfen dem Menschen dabei, soziale Fähigkeiten zu entwickeln und zu verbessern. Körperliche Aktivitäten, soziale Ereignisse, Reisen, das Kennenlernen von neuen Ideen und Gelegenheiten, den Umgang mit anderen Menschen durch die Teilnahme an solchen Aktivitäten zu pflegen, können sich sehr günstig auf die Psyche eines Menschen auswirken. Dazu zählt auch ein Arbeitsplatz, der für den Menschen mit Down-Syndrom interessant und erfüllend ist. In Kapitel 3 wird noch detaillierter darauf eingegangen, weshalb die sozialen Verbindungen ein wesentlicher Bestandteil bei der psychischen Gesundheit von Erwachsenen mit Down-Syndrom sind.

In unserer Ambulanz beurteilt ein Sozialarbeiter die Sozialkompetenz unserer Patienten. Anhand einer Checkliste mit Fragen zur Familiensituation, zu Freundschaften, Freizeitaktivitäten und verschiedenen Formen der Unterstützung, zur Arbeit, zum schulischen Umfeld sowie zu weiteren Themen des täglichen Lebens erhält er wichtige Informationen. Sowohl der Erwachsene mit Down-Syndrom als auch seine Familie beantworten diese Fragen. In manchen Fällen werden auch Betreuer einer Wohngruppe, eines Heimes oder eines Tageszentrums sowie Lehrer und andere wichtige Menschen im Leben dieser Person befragt.

Alle Fachleute in unserer Ambulanz sind sich ihrer Rolle bei der Beurteilung der Sozialkompetenz des Patienten bewusst. Oft ist es so, dass ein Mensch eine wichtige Information erst während eines weniger formalen Teils der Beurteilung preisgibt. Zum Beispiel fragt der Arzt nach einer kurzen Anlaufzeit im Interview: „Was machen Sie in Ihrer Freizeit", oder: „Was macht Ihnen Spaß?" Dieser Teil des Interviews wirkt weniger bedrohlich und gibt dem Menschen mit Down-Syndrom die Möglichkeit, etwas „lockerer" zu werden. Dadurch offenbart er vielleicht Informationen, die er sonst möglicherweise für sich behalten hätte. Oftmals teilt der Mensch mit Down-Syndrom auch der Sprechstundenhilfe, der Krankenschwester und anderen Angestellten wichtige Informationen mit, die seine Sozialkompetenz betreffen. Alle diese wichtigen Informationen werden an das betreuende Fachpersonal in der Ambulanz weitergeleitet.

b) Die Sprachkompetenz

Ein weiterer Bereich, der untersucht werden muss, ist die sprachliche Ausdrucksfähigkeit des Erwachsenen mit Down-Syndrom. Das bedeutet seine Fähigkeit, eine Botschaft an andere Menschen anhand gesprochener Sprache und Gesten oder auch unterstützter Kommunikation zu übermitteln. Die Fähigkeit, seine Gedanken auszudrücken, hat eine beträchtliche Auswirkung auf die Förderung der psychischen Gesundheit, während das Nichtvermögen desselben psychische Störungen bedingen kann.

In unserer Ambulanz führen wir eine grundlegende informelle Beurteilung der kommunikativen Fähigkeiten durch. Wir konzentrieren uns auf die Artikulation, die Verständlichkeit und die kommunikativen Fähigkeiten insgesamt. Sollte eine zusätzliche Beurteilung erforderlich sein oder sich die Notwendigkeit einer Behandlung ergeben, überweisen wir den Erwachsenen zu einem Logopäden beziehungsweise Sprachtherapeuten. Wir sind zu dem Ergebnis gekommen, dass 75 Prozent unserer Patienten die meiste Zeit von der Familie und bekannten Menschen verstanden werden. Von Menschen, die ihnen unbekannt sind, werden nur 28 Prozent unserer Patienten die meiste Zeit verstanden. Hier wird deutlich, dass die Verständlichkeit ein wichtiger Bereich ist, den es unbedingt zu beurteilen gilt.

Zusätzlich zur Untersuchung der sprachlichen Ausdrucksfähigkeit ist es ebenfalls notwendig, eine grundlegende Beurteilung der Fähigkeit, Gefühle auszudrücken, durchzuführen. Dazu wird auch die Familie befragt. Wir haben die Erfahrung gemacht, dass die meisten Menschen mit Down-Syndrom ihre Gefühle nonverbal offen und ehrlich ausdrücken, auch wenn sie in der Lage wären, ihre Gefühle verbal zu äußern. Wir müssen jedoch oft feststellen, dass es vielen Betreuern schwerfällt, den Grund oder die Ursache für diese nonverbalen Äußerungen herauszufinden.

Wenn die Familie oder die Betreuer eines Menschen mit Down-Syndrom Schwierigkeiten haben, seine nonverbale Kommunikation zu verstehen, treten bei diesem Menschen psychische Störungen mit einer größeren Wahrscheinlichkeit auf. 78 Prozent unserer Patienten ohne diagnostizierte psychische Störungen hatten Betreuer, die berichtet haben, dass sie die nonverbale Kommunikation des Menschen mit Down-Syndrom in den meisten Fällen verstehen konnten. Bei den Patienten, bei denen eine psychische Störung diagnostiziert wurde, gaben nur 26 Prozent der Betreuer an, dass sie die nonverbalen Gefühlsäußerungen meistens verstehen.

Ursache und Wirkung sind anhand dieser Daten nicht wirklich ersichtlich. Mit anderen Worten, diese Daten beweisen nicht, dass das Nichtvermögen des Betreuers, die nonverbalen Äußerungen zu verstehen, zwangsläufig zu einem häufigeren Auftreten von psychischen Störungen führt. Wir sind jedoch der Meinung, dass genau dies der Fall ist. Es ist daher für die Beurteilung der psychischen Gesundheit und die Abschätzung eines Risikos für psychische Störungen äußerst wichtig zu erfahren, wie gut der Mensch mit Down-Syndrom seine Gefühle mitteilen kann.

Kapitel 6 enthält eine weitergehende Diskussion darüber, wie diese Informationen eingesetzt werden können, um die psychische Gesundheit zu erhalten und zu fördern.

c) Weitere Aspekte, die untersucht werden müssen

Die Beurteilung der psychischen Gesundheit be-

Die Diagnose von psychischen Störungen bei Erwachsenen mit Down-Syndrom

Zur Untersuchung der psychischen Gesundheit und von Symptomen, die auf psychische Störungen bei Jugendlichen und Erwachsenen mit Down-Syndrom hinweisen, verwenden wir die diagnostischen Kriterien nach DSM-IV-TR, der vierten Ausgabe des Diagnostischen und Statistischen Manuals Psychischer Störungen, das von der American Psychiatric Association herausgegeben wurde. Wie andere Experten, die im Bereich psychische Gesundheit tätig sind und Menschen mit geistigen Behinderungen zu ihren Patienten zählen, haben auch wir festgestellt, dass die DSM-IV-TR-Kriterien an Menschen mit Down-Syndrom und anderen geistigen Behinderungen angepasst werden müssen (Sovner, 1986). Ein Grund dafür ist die Tatsache, dass eine geringere sprachliche Ausdrucksfähigkeit und Verständnisschwierigkeiten die Fähigkeit eines Menschen verringern können, seine Symptome überhaupt mitzuteilen.

Der Schwerpunkt bei unseren angepassten Kriterien liegt auf den beobachteten Verhaltensänderungen anstatt auf der Berichterstattung des Patienten selbst. Die DSM-IV-TR-Kriterien zur Diagnostizierung einer schweren Depression beinhalten zum Beispiel sichtbare Verhaltensänderungen wie Rückzug, Interesselosigkeit bei Dingen, an denen sich der Patient zuvor erfreut hat, Änderungen des Schlaf- und Essverhaltens, Verlust von Energie und Erschöpfungszustände. Für Eltern und andere Betreuer ist es ein Leichtes, diese Symptome zu beobachten und mitzuteilen.

Die ursprünglichen DSM-IV-TR-Kriterien beinhalten jedoch auch durch den Patienten verbal mitgeteilte Symptome wie Traurigkeit, Schuldgefühle oder auch Gefühle von Nichtsnutzigkeit. Menschen mit Down-Syndrom teilen solche Gefühle jedoch nur sehr selten mit. Auch wenn Schuldgefühle und Gefühle von Nichtsnutzigkeit sich nicht weiter auf das Verhalten auswirken, so haben wir doch festgestellt, dass die meisten Betreuer recht leicht Anzeichen von Traurigkeit im Gesichtsausdruck und der Körpersprache (unter anderem hängende Schultern) sowie auch unser Kriterium des Verlusts von Lebenslust, Vitalität und Energie feststellen können. Hier ist es sehr hilfreich, wenn die Familienmitglieder zu genauen Beobachtern ihres Verwandten mit Down-Syndrom werden. Wir sind überzeugt, dass es auch ohne den Bericht des Patienten selbst möglich ist, anhand der beobachteten Verhaltensänderungen eine exakte Diagnose der psychischen Störungen zu stellen.

An dieser Stelle verweisen wir auf Kapitel 12, in dem detailliert erläutert wird, wie psychische Störungen festgestellt werden können.

inhaltet noch weitere Untersuchungen verschiedener Aspekte, die für die soziale und emotionale Funktionsweise von großer Bedeutung sind. Diese Bereiche werden anhand von Fragen bei der medizinischen Untersuchung und einer semi-strukturierten psychosozialen Untersuchung beurteilt. Dazu kommt ein informeller Teil, bei dem der Untersuchende ein Gespräch mit dem Erwachsenen mit Down-Syndrom, seinen Eltern oder Betreuern führt. Zu diesen Bereichen gehören:

- das Gedächtnis (in Kapitel 5 erläutert),
- Probleme mit dem Selbstwertgefühl (Kapitel 7),
- Selbstgespräche (Kapitel 8),
- Routine und Rituale (Kapitel 9),
- die Verarbeitungsgeschwindigkeit (Kapitel 4),
- das Zeitverständnis (Kapitel 4),
- die Fähigkeit, abstrakt zu denken (Kapitel 4),
- der Unterschied oder das Übereinstimmen von chronologischem Alter und der tatsächlichen Entwicklung (Kapitel 4),
- die Gefühlsspanne (Kapitel 4),
- wichtige Lebensthemen wie Probleme beim Erwachsenwerden und beim Älterwerden (Kapitel 10),
- Faktoren, die psychische Störungen auslösen können (Kapitel 11), und
- die Beurteilung von psychischen Störungen (Abschnitt 3).

d) Die körperliche Gesundheit

Die Beurteilung der psychischen Gesundheit ist unvollständig, wenn der körperliche Zustand nicht auch mit untersucht wird. Bei allen Menschen sind körperliche und psychische Gesundheit eng miteinander verbunden. Bei Menschen mit Down-Syndrom scheint das noch viel mehr der Fall zu sein, sodass es umso wichtiger ist, die körperlichen Gesundheitsprobleme zu untersuchen und zu verstehen.

Körperliche Probleme können die psychische Gesundheit direkt beeinflussen. Bei einigen körperlichen Problemen können Symptome psychischer Störungen als ein Teil dieser Krankheit auftreten. So kann zum Beispiel eine Depression auf eine Schilddrüsenunterfunktion (Hypothyreose) hinweisen. Körperliche Probleme können auch indirekt zu einer psychischen Störung führen. Immer wieder auftretende Schmerzen oder eine chronische Krankheit können zum Beispiel zu Depressionen führen. Diese Aspekte der körperlichen Gesundheit sind bei allen Menschen, sowohl bei Menschen mit als auch ohne Down-Syndrom, von großer Bedeutung.

Ein weiterer Grund, weshalb es wichtig ist, bei Menschen mit Down-Syndrom das Zusammenwirken von körperlicher und psychischer Gesundheit zu verstehen, ist, dass sie oftmals Schwierigkeiten haben, sich verbal auszudrücken. Menschen, die ihr körperliches Unwohlsein nur schwer ausdrücken können, neigen eher dazu, psychische Probleme zu haben oder Verhaltensauffälligkeiten zu zeigen.

Eine gründliche Anamnese und eine klinische Untersuchung sind wesentliche Bestandteile einer Untersuchung der psychischen Gesundheit. Falls psychische Probleme auftreten oder sich Verhaltensauffälligkeiten zeigen, ist es oftmals notwendig, weitere Untersuchungen durchzuführen. Das können Blut- und Röntgenuntersuchungen sowie EEGs und weitere diagnostische Untersuchungen sein. Oftmals müssen bei Menschen mit Down-Syndrom mehr Untersuchungen durchgeführt werden als bei Menschen ohne Down-Syndrom. Falls die Person keine exakte Anamnese mitbringt oder uns nicht mitteilen kann, ob er oder sie Krankheitssymptome zeigt, können uns zusätzliche Untersuchungen dabei helfen, körperliche Ursachen für die Verhaltensänderung festzustellen oder auszuschließen. Weitere Informationen zum Zusammenwirken von körperlicher und psychischer Gesundheit finden Sie in Kapitel 2.

Wie geht es weiter?

Für viele Erwachsene mit Down-Syndrom sind die Untersuchungen an dieser Stelle abgeschlossen. Ihnen geht es gut. Wir empfehlen, dass Eltern beziehungsweise die Personen, die diese Untersuchungen angeregt haben, einen schriftlichen Bericht mit den Ergebnissen erhalten und die Gelegenheit bekommen, sie durchzusprechen. Stärken sollten hervorgehoben und weitere Möglichkeiten zur Optimierung der psychischen Gesundheit diskutiert werden. Oft sind Eltern und Betreuer erleichtert, wenn sie hören, dass ein bestimmtes Verhalten bei Menschen mit Down-Syndrom bekannt ist oder häufig auftritt und dass es als typisch für das Down-Syndrom angesehen werden sollte anstatt als psychische Störung. Falls es Behandlungsempfehlungen gibt, sollten sie ausführlich erklärt und umgesetzt werden. Auch sollte, falls notwendig, eine entsprechende Überweisung an einen weiterbehandelnden Arzt vorgenommen werden. Wenn der Verdacht aufkommt, dass die Person mit Down-Syndrom an einer psychischen Störung oder sogar einer Psychose leidet, werden weitere Untersuchungen, wie in Teil 3 des Buches beschrieben, empfohlen.

Fazit

Die psychische Gesundheit von Menschen mit Down-Syndrom wird vorzugsweise untersucht, bevor ein Problem auftritt. Hierbei müssen die Stärken und die Schwächen des Menschen verstanden und sein Umfeld einschließlich seiner sozialen Kontakte analysiert werden. Auch muss untersucht werden, wie viel und welche Unterstützung der Mensch durch Familie und Freunde erhält. Gleichzeitig müssen eventuelle körperliche und psychische Probleme festgestellt und untersucht werden. All diese Informationen können dazu beitragen, dass die psychische Gesundheit erhalten und gefördert wird, dienen aber auch zum besseren Verständnis von psychischen Störungen und Psychosen, sodass eine geeignete Behandlung eingeleitet werden kann. In diesem Buch werden weitere Bereiche angesprochen, deren Untersuchung bei einem Menschen mit Down-Syndrom in Betracht gezogen werden sollte.

2 Das Zusammenwirken von körperlicher und psychischer Gesundheit

Wie bereits im vorigen Kapitel besprochen, sollte jede umfassende psychiatrische Untersuchung auch eine körperliche Untersuchung beinhalten, um sicherzustellen, dass gesundheitliche Probleme das psychische Wohlbefinden nicht beeinträchtigen. Dieses Vorgehen sollte immer eingehalten werden, egal ob bei dem erwachsenen Menschen mit Down-Syndrom eine psychische Störung vermutet wird oder nicht. Durch die frühzeitige Entdeckung und Diagnostizierung von gesundheitlichen Problemen kann verhindert werden, dass durch eine Erkrankung psychische Probleme auftreten.

Wenn ein Erwachsener mit Down-Syndrom aufgrund von psychischen Veränderungen oder Verhaltensauffälligkeiten untersucht wird, muss mehr getan werden, als nur „den Psychologenkittel anzuziehen". Oft ist eine körperliche Beeinträchtigung der Grund für die psychische Störung oder die Verhaltensauffälligkeit ist oder trägt dazu bei. Deshalb verspricht die Behandlung der psychischen Probleme ohne zugleich die gesundheitlichen Aspekte zu beachten im Allgemeinen nur wenig Erfolg, wenn sie nicht sogar erfolglos sein wird.

Es ist daher ratsam, vor der psychiatrischen Untersuchung einen Gesundheits-Check durchzuführen, vor allem dann, wenn es in Ihrer Umgebung keine Ärzte gibt, die sich auf die psychische Gesundheit bei Erwachsenen mit Down-Syndrom spezialisiert haben.

Wir stellen öfter fest, dass eine körperliche Erkrankung die direkte Ursache eines psychischen Problems ist oder war oder dass sie dazu beigetragen hat. Wird sie nicht erkannt und behandelt, verstärken sich die Probleme mit der Zeit und ziehen weitere Probleme nach sich. Deshalb ist es auch nicht ausreichend, nur das gesundheitliche Problem zu behandeln. Alle Aspekte, das heißt die körperlichen, psychischen und auch sozialen, müssen beleuchtet und untersucht werden. Nehmen wir zum Beispiel einen Erwachsenen mit Down-Syndrom, der unter gesundheitlichen Problemen leidet, bei denen auch Symptome einer Depression auftreten können. In solchen Situationen kommt es häufig vor, dass sich die Person zurückzieht und weniger Interesse zeigt, an Aktivitäten teilzunehmen und arbeiten zu gehen. Die Verhaltensänderungen können zudem Konflikte mit anderen Menschen nach sich ziehen. Aus diesem Grund ist es nicht ausreichend, sich bei der Behandlung des Problems auf nur einen Bereich zu konzentrieren und die anderen nicht anzugehen. Natürlich ist es wichtig, die zugrunde liegenden gesundheitlichen Probleme zu diagnostizieren und zu behandeln, aber es ist generell genauso notwendig, die psychologischen und sozialen Aspekte des Problems anzugehen. In Teil 3 des Buches gehen wir detailliert darauf ein.

Sandy ist eine junge Frau mit Down-Syndrom, die bei der Geburt eine Verletzung an der linken Schulter davongetragen hat, wodurch sie ihren Arm nur reduziert einsetzen kann. Durch Therapien hat sich die Funktionsfähigkeit ihres Armes sehr verbessert. Bei ihrem ersten Besuch in der Ambulanz war Sandy deprimiert. Sie wollte nicht zur Arbeit gehen und schränkte ihre sozialen Kontakte zu anderen Menschen außer ihrer unmittelbaren Familie sehr ein. Bei der Überprüfung ihrer Anamnese fanden wir heraus, dass sie, kurz bevor diese Symptome auftraten, auf dem Eis ausgerutscht und auf die linke Schulter gefallen war, was zur Folge hatte, dass ihr Arm noch mehr beeinträchtigt war. In Sandys Fall war Physiotherapie für ihre Schulter ein wichtiger Teil der Behandlung ihrer gegenwärtigen Beschwerden durch die Depression. Sie konnte sich mithilfe der Physiotherapie und der emotionalen Unterstützung ihrer Familie erholen und ihr zuvor aktives Sozialleben langsam wieder aufnehmen.

Bei einigen Patienten müssen die psychischen und die sozialen Probleme mit stärkeren Mitteln behandelt werden, sie benötigen zusätzlich zur Therapie und zu weiteren Behandlungen Medikamente für die psychischen Probleme. Wir haben jedoch immer wieder festgestellt, dass der Erfolg der Behandlung nur begrenzt ist, wenn man lediglich die psychischen Probleme behandelt, ohne die zugrunde liegenden oder dazu beitragenden gesundheitlichen Probleme anzugehen.

Medizinische Untersuchungen

Tabelle 1 zeigt eine Aufstellung der fachärztlichen und der Laboruntersuchungen, die durchgeführt werden sollten, um die gesundheitlichen Probleme zu erkennen, die bei Jugendlichen und Erwachsenen mit Down-Syndrom am häufigsten zu psychischen Problemen führen. In den darauf folgenden Abschnitten wird genauer erklärt, warum es so wichtig ist, diese Probleme auszuschließen. Die Tabelle enthält Empfehlungen dafür, welche gesundheitlichen Beeinträchtigungen untersucht werden sollten. Man sollte sich stets bewusst sein, dass jedes gesundheitliche Problem die psychischen Probleme verstärken kann. Viele gesundheitliche Probleme führen dazu, dass sich der Mensch körperlich noch schlechter fühlt, und haben mit großer Wahrscheinlichkeit zur Folge, dass sich die Symptome einer psychischen Störung noch verstärken.

Schmerzen

Schmerzen entstehen meist aufgrund von körperlichen Beschwerden und können sich negativ auf die psychische Gesundheit auswirken. Viele Erkrankungen und Verletzungen können Schmerzen verursachen. Bei Menschen mit Down-Syndrom werden Schmerzen häufig durch Zahnprobleme, gastroösophagealen Reflux, Blasenprobleme (vor allem Probleme beim Entleeren der Blase), Ohrentzündungen, Magen-Darm-Probleme (aufgrund von Zöliakie oder Verstopfung), Arthritis oder eine Subluxation der Gelenke (insbesondere im Bereich der Halswirbelsäule) verursacht. Schmerzen können auch aufgrund seelischer Probleme entstehen. In diesem Kapitel konzentrieren wir uns jedoch auf Schmerzen, die aufgrund von Krankheiten oder Verletzungen auftreten.

Wir werden oft gefragt, ob Menschen mit Down-Syndrom ein geringeres Schmerzempfinden und somit eine höhere Schmerztoleranz haben oder ob sie einfach nicht so gut vermitteln können, dass sie Schmerzen haben, und wir deshalb annehmen, dass sie gar keine Schmerzen haben. Beide Annahmen sind richtig. Wir hören oft von den Familien, dass ihr Sohn oder ihre Tochter (Bruder, Schwester) eine höhere Schmerztoleranz hat. „Er beklagt sich nie. Selbst als er sich den Arm gebrochen hatte, klagte er kaum über Schmerzen."

Diese Beobachtungen werden in einer Studie mit Mäusen belegt. Viele Studien über das Down-Syndrom werden mit einem sogenannten „Mausmodell" durchgeführt. Mäuse mit Trisomie 16 (einem zusätzlichen 16. Chromosom) haben mit Trisomie 21 (Down-Syndrom) vergleichbare gesundheitliche Merkmale. Forscher verglichen in einer Studie die Reaktion von Mäusen mit Trisomie 16 und Mäusen mit einer (für Mäuse) normalen Chromosomenanzahl auf Schmerzen. Die Mäuse mit Trisomie 16 zeigten eine deutlich geringere Reaktion auf Schmerzstimulierung. Man schloss daraus, dass Mäuse mit Trisomie 16 ein geringeres Schmerzempfinden und somit eine höhere Schmerztoleranz haben (Martinez-Cue et al., 1999).

Man könnte zwar meinen, dass das geringere Schmerzempfinden eher von Vorteil ist, es kann aber auch große Nachteile mit sich bringen. Bei ei-

Tabelle 1: Häufig auftretende gesundheitliche Beeinträchtigungen und ihre Diagnostizierung

Gesundheitliche Beeinträchtigung	Mögliche Auswirkung auf die psychische Gesundheit	Untersuchung oder Vorgehensweise*
Schmerzen	Depressionen, Verhaltensänderungen, Aggressionen, Angstzustände	Gespräch mit dem Erwachsenen mit Down-Syndrom und der Familie/dem Betreuer, gründliche körperliche Untersuchung, weitere Untersuchungen abhängig von Anamnese und gesundheitlicher Untersuchung.
Beeinträchtigtes Hörvermögen	Angstzustände, offenkundiges Nachlassen der geistigen Fähigkeiten, Depressionen, Unruhezustände, Aggressionen	Mindestens alle zwei Jahre Hörtest beim Audiologen oder öfter, wenn durch eventuelle Hörprobleme indiziert
Beeinträchtigtes Sehvermögen	Angstzustände, Depressionen, offenkundiges Nachlassen der geistigen Fähigkeiten, Unruhezustände	Mindestens alle zwei Jahre umfassende Augenuntersuchung oder öfter, wenn durch eventuelle Sehprobleme indiziert
Epilepsie	Aggressionen, Depressionen, offenkundiges Nachlassen der geistigen Fähigkeiten	EEG (Elektroenzephalogramm), CT (Computertomographie) oder MRT (Magnetresonanztomographie)
Subluxationen der Halswirbelsäule (Atlantoaxiale Instabilität)	Nachlassende geistige und körperliche Fähigkeiten (besonders Veränderungen im Gangbild bzw. Gehstörungen, Störungen verschiedener Muskelfunktionen bzw. Muskelschwäche der Extremitäten, Inkontinenz), Angstzustände, Unruhezustände, Depressionen	Umfassende neurologische Untersuchung (als ein Teil einer körperlichen Untersuchung), seitliche Röntgenaufnahme Halswirbelsäule in Beugung, Streckung und neutraler Haltung; CT und/oder MRT der Halswirbelsäule
Harnwegsprobleme (einschließlich Harnwegsinfektionen und Schwierigkeiten/Unvermögen, die Blase zu entleeren)	Zunehmende Inkontinenz, Unruhezustände, Angstzustände	Urinstatus (Urintest) und eventuelle Urinkultur; Ultraschalluntersuchung von Blase und Nieren (Ultraschalluntersuchung vor und nach Entleerung der Blase zur Feststellung von Problemen beim Entleeren
Arthrose	Unruhezustände, Depressionen, offenkundiges Nachlassen geistiger und körperlicher Fähigkeiten	Körperliche Untersuchung, Röntgenuntersuchung
Diabetes	Offenkundiges Nachlassen geistiger und körperlicher Fähigkeiten, Harninkontinenz, Unruhezustände, Depressionen	Blutzuckerbestimmung (weitere Untersuchungen, wenn Blutzuckertest auf Diabetes schließen lässt)
Zahngesundheit (Parodontose, Karies)	Unruhezustände, Essstörungen, Depressionen, aggressives Verhalten	Umfassende Zahnuntersuchung, falls erforderlich Röntgenuntersuchung des Mundraums
Schilddrüsenunterfunktion	Depressionen, nachlassende geistige Fähigkeiten, Essstörungen	Blutuntersuchung zur Bestimmung des TSH-, T3- und T4-Werts (wir untersuchen alle unsere Patienten ein Mal pro Jahr auf TSH und dann T3 und T4, wenn der TSH-Wert auffällig ist)
Schilddrüsenüberfunktion	Angstzustände, Hyperaktivität, Depressionen, nachlassende geistige Fähigkeiten	Bestimmung des TSH-, T3- und T4-Werts im Blut
Schlafapnoe und andere Schlafstörungen	Depressionen, nachlassende geistige Fähigkeiten, Unruhezustände, Psychosen	Beobachtung des Schlafverhaltens und Führen eines Schlafprotokolls; eventuell Untersuchung in einem Schlaflabor
Störungen des Gastrointestinaltrakts (Magen-Darm-Kanal)	Appetitverlust, Depressionen, Unruhezustände, Angstzustände	Stuhluntersuchung auf Blut, Blutuntersuchung auf Anämien (großes Blutbild), Zöliakie, Leberleiden, Gallen- und Blasenerkrankungen. Röntgen- und Ultraschalluntersuchungen, CTs und endoskopische Untersuchungen je nach Anamnese und Ergebnis der körperlichen und anderen Untersuchungen
Nebenwirkungen von Medikamenten	Können zu erheblichen Verhaltensänderungen und psychischen Störungen führen	Sorgsame Betrachtung der Anamnese, bei Hinweisen auf Medikamentennebenwirkungen eventuelles Aussetzen des jeweiligen Medikaments/der Medikamente

* Es wird angenommen, dass bei jedem der genannten gesundheitlichen Probleme eine komplette Anamnese erstellt und eine umfassende körperliche Untersuchung durchgeführt wird. Zwar beleuchten wir die häufigsten gesundheitlichen Probleme, möchten aber darauf hinweisen, dass es durchaus notwendig sein kann, zusätzliche Untersuchungen durchzuführen.

ner erhöhten Schmerztoleranz wird man weniger das Bestreben verspüren, sich der schmerzhaften Situation zu entziehen und weiteren Kontakt mit dem Schmerzauslöser zu vermeiden. Diese Person wird auch nichts oder weniger unternehmen, um sich einer Behandlung zu unterziehen oder die Schmerzen zu beheben. Einige unserer Patienten klagten zum Beispiel lediglich darüber, dass sie ab und zu ohnmächtig wurden. Wir haben dann festgestellt, dass ihr Hämoglobinwert aufgrund eines blutenden Magengeschwürs bei nur 4 oder 5 lag (was nur einem Drittel des normalen Werts entspricht). Da sie aufgrund ihrer erhöhten Schmerztoleranz nicht schon früher Hilfe gesucht hatten, war ihr Zustand lebensbedrohlich, als sie zu uns kamen.

Oft können Menschen mit Down-Syndrom Schmerzen zwar wahrnehmen, sich aber aufgrund ihrer mangelnden Kommunikationsfähigkeit nicht so gut mitteilen oder wollen sich vielleicht auch nicht mitteilen. Einige Patienten teilen ihre Schmerzen nicht mit, weil sie bereits die Erfahrung gemacht haben, dass sie sich eventuell unangenehmen Untersuchungen unterziehen müssen, wenn sie ihre Schmerzen kommunizieren. Andere Patienten versuchen vielleicht, sich mitzuteilen, nur verstehen wir sie nur schwer oder auch gar nicht. Dies liegt oft an der beeinträchtigten Kommunikationsfähigkeit dieser Menschen. Sie werden dann eventuell versuchen, sich durch ihr Verhalten mitzuteilen. Ein Beispiel:

Als wir Patrick auf Depressionen untersuchten, war eines seiner Symptome, dass er sich ständig mit der Hand an den Kopf schlug. Eine Computertomographie seines Kopfes zeigte eine chronische Nasennebenhöhlenentzündung an der Stelle, an der er mit der Hand gegen seinen Kopf schlug.

Die Depressionssymptome ließen sich zwar durch die Antidepressiva lindern, aber das Schlagen gegen den Kopf wurde erst weniger, als die Nasennebenhöhlenentzündung behandelt wurde. Die Schmerzen hatten seine Symptome noch verstärkt. Aufgrund der Behandlung von sowohl der psychischen als auch der körperlichen Probleme verbesserte sich sein Gesundheitszustand deutlich.

Schmerzen können sich auch sehr negativ auswirken, wenn sie andauern und die Person nicht in der Lage ist, sich diesbezüglich mitzuteilen. Chronische Schmerzen können zu Depressionen und Verhaltensauffälligkeiten führen und bereits bestehende psychische Probleme verschlimmern. Wenn sowohl chronische Schmerzen als auch Depressionen auftreten, können sich beide gegenseitig verstärken und verschlimmern. Deshalb müssen bei der Behandlung der chronischen Schmerzen auch die Depressionen behandelt werden und umgekehrt.

Sehvermögen

Ist das Sehvermögen beeinträchtigt, kann sich dies negativ auf die psychische Gesundheit auswirken. Wenn die Sehfähigkeit abnimmt, ist das für jeden Menschen beängstigend. Für Menschen, die aufgrund ihrer geistigen Behinderungen noch weniger verstehen können, warum sie auf einmal schlechter sehen, kann dies umso beängstigender sein. Viele Menschen mit abnehmender Sehfähigkeit können dies mit anderen Sinnen und ihren geistigen Fähigkeiten kompensieren. Menschen mit geistiger Behinderung können sich jedoch weniger auf verbleibende Fähigkeiten verlassen. Auch treten Hörprobleme bei Menschen mit Down-Syndrom viel öfter auf als bei anderen.

Wie schon zuvor erwähnt, ist das Schmerzempfinden oftmals geringer, was zur Folge hat, dass Defizite weniger mit den verbleibenden Sinnen kompensiert werden können. Aus diesem Grund kann der Verlust der Sehfähigkeit für einen Menschen mit Down-Syndrom umso traumatischer sein.

Erwachsene Menschen mit Down-Syndrom haben die üblichen Sehprobleme. Dazu gehören Kurzsichtigkeit, Weitsichtigkeit, Astigmatismus (Stabsichtigkeit) und Glaukome. Es gibt aber auch Beschwerden, die bei Menschen mit Down-Syndrom häufiger auftreten als bei anderen. Dazu gehören Katarakte, unter denen viele jüngere Erwachsene mit Down-Syndrom leiden. Auch leiden viele Erwachsene mit Down-Syndrom schon von klein auf an Strabismus (Schielen). Dies kann insbesondere zu Schwierigkeiten bei der Tiefenwahrnehmung führen, ein Problem, das viele

Hinweise auf Schmerzen bei Menschen mit Down-Syndrom

Achten Sie auf kleinste Anzeichen.

Ein Gesichtsausdruck, eine Geste, ein anders ausgesprochener Satz, Schwitzen ohne ersichtlichen Grund, verändertes Essverhalten (Appetitlosigkeit) oder eine veränderte Körperhaltung können Hinweise auf Schmerzen sein. Es gibt sicher noch viele weitere Anzeichen, die Ihnen vielleicht auch schon aufgefallen sind.

Achten Sie auf Änderungen im Verhalten.

Verändertes Verhalten kann oft ein Anzeichen für Schmerzen sein, besonders dann, wenn die Person mit Down-Syndrom sich sprachlich nicht gut ausdrücken kann oder nonverbal kommuniziert. Verhaltensänderungen können sich zum Beispiel so äußern: Der Mensch mit Down-Syndrom ist weniger aktiv oder auch viel aktiver als sonst; er sucht vermehrte Aufmerksamkeit oder möchte vielleicht weniger Aufmerksamkeit als sonst; eventuell ist er in einer traurigen Gemütsverfassung, verärgert oder emotional unausgeglichen (plötzliche und häufige Gemütsschwankungen), oder kann apathisch wirken. Verhaltensänderungen sollten als ein Warnzeichen oder Hinweis auf ein mögliches gesundheitliches Problem gesehen werden, das auf diese Weise kommuniziert wird.

Bedenken Sie, dass Menschen mit Down-Syndrom eine erhöhte Schmerztoleranz haben können.

Viele Menschen mit Down-Syndrom haben ein geringeres Schmerzempfinden. Beobachten Sie den Menschen, wenn er ein nur scheinbar kleines gesundheitliches Problem hat oder sich nur wenig beklagt. Sollten die Schmerzen länger anhalten als erwartet oder fallen Ihnen noch weitere Symptome auf, die auf eine ernstere Erkrankung hinweisen (auch wenn die Person mit Down-Syndrom sich kaum beklagt), sollte eine Untersuchung veranlasst werden.

Menschen mit Down-Syndrom haben, auch wenn sie nicht unter Strabismus leiden. Probleme mit der Tiefenwahrnehmung können psychische Probleme nach sich ziehen. So können es die Betroffenen als sehr schwierig empfinden, über unebene Flächen zu gehen oder von einer Fläche auf eine andere mit anderer Beschaffenheit zu treten. Wir haben zum Beispiel schon oft gehört, dass Menschen mit Down-Syndrom, die unter Depressionen oder Ängsten leiden, oft Angst haben, Rolltreppen zu benutzen oder sich im zweiten Stock eines Einkaufszentrums zu bewegen, in dem man durch Glaswände auf das darunter liegende Stockwerk blicken kann. Stellt man bei einem Menschen mit Down-Syndrom eine Verhaltensänderung, Angstzustände, nachlassende geistige Fähigkeiten und andere Veränderungen fest, sollten unbedingt auch mögliche Verschlechterungen der Sehfähigkeit untersucht werden. Der Verlust der Sehfähigkeit kann beängstigend sein und einen stark negativen Einfluss auf das Wohlbefinden des Menschen haben.

Sara war Mitte 30 und litt unter dem fortschreitenden und nicht korrigierbaren Verlust ihrer Sehfähigkeit. Sie wurde aggressiv und wiederholte gewisse Tätigkeiten zwanghaft, was auf eine Zwangstörung schließen ließ. Sie entwickelte auch eine taktile Abwehr beziehungsweise eine taktile Überempfindlichkeit, was bedeutete, dass sie sehr ängstlich auf Berührungsreize reagierte. Die Therapie umfasste

Medikamente zur Behandlung ihrer Aggressivität und ihrer Zwangshandlungen. Zudem bekam sie professionelle Hilfe von Experten, die blinde Menschen dabei unterstützen, sich in ihrer „neuen" Umgebung zurechtzufinden und ihre Ängste vor diesen neuen Erfahrungen zu bewältigen. Auch unterzog sie sich einer Desensibilisierungstherapie, in der sie mit einem Ergotherapeuten daran arbeitete, ihre taktile Überempfindlichkeit unter Kontrolle zu bekommen. Zusätzlich dazu entwickelten ihre Betreuer eine Art Vorwarnsystem, anhand dessen sie vorher ankündigten, wenn sie Sara von einer zur nächsten Aufgabe oder Aktivität brachten oder sie berührten. Sara konnte Ängste abbauen, weil sie nun nicht mehr plötzlichen und unerwarteten Wechseln in neue Situationen ausgesetzt war.

Hörvermögen

Nimmt das Hörvermögen ab, kann sich dies ebenfalls negativ auf die psychische Gesundheit auswirken. Menschen mit beeinträchtigtem Hörvermögen haben es schwerer, mit anderen Menschen zu kommunizieren.

Wenn wir nicht richtig hören, funktioniert auch das wunderbare Warnsystem nicht, das uns wissen lässt, wenn sich jemand nähert oder sich in der Nähe aufhält. Wenn man nicht hört, wenn sich jemand nähert oder wenn jemand unerwartet auftaucht, kann man sehr erschrecken. Dies kann im Alltag zu Angst und Unsicherheit führen. Freudige Ereignisse werden unter Umständen gar nicht bemerkt, weil man sie aufgrund des beeinträchtigten Hörvermögens nicht wahrnimmt. Hinzu kommt, dass Menschen mit Down-Syndrom den Verlust des Hörsinnes oft aufgrund ihrer geistigen Behinderung weniger mit dem Einsatz anderer Sinne kompensieren können.

Viele Menschen mit Down-Syndrom verlieren im Laufe ihres Lebens die Fähigkeit, hohe Frequenzen zu hören. Dies kann auch passieren, wenn die Menschen zuvor keine Hörprobleme hatten. Ein Aspekt dieses Hörverlustes ist das eingeschränkte Vermögen, zwischen verschiedenen Konsonanten zu unterscheiden, sodass es dadurch schwieriger wird, Gesagtes zu verstehen.

Dadurch kann es zu Situationen kommen, in denen man meint, der Erwachsene scheint zu hören, was gesagt wurde, aber er tut etwas anderes als das, um was er gebeten wurde. Er hört die Töne, versteht aber die Worte nicht. Was als Missachtung von Anweisungen, trotziges Verhalten oder auch nachlassende intellektuelle Fähigkeiten erscheint, kann also durch schlechteres Hören bedingt sein. Eine Überprüfung des Hörvermögens und der eventuelle Einsatz von Hörgeräten können somit ein wesentlicher Bestandteil bei der Behandlung von psychischen Problemen und Verhaltensauffälligkeiten sein.

Viele Kinder mit Down-Syndrom leiden unter immer wiederkehrenden Mittelohrentzündungen und dem vorübergehenden Verlust ihrer Hörfähigkeit, weil sich im Mittelohr Flüssigkeit ansammelt. Dies kann auch bei Erwachsenen auftreten, aber in der Regel viel seltener als bei Kindern. Wenn es jedoch vorkommt, kann es einen vorübergehenden Verlust der Hörfähigkeit mit sich bringen und somit zu größeren Problemen führen.

Bei Menschen mit Down-Syndrom geschieht es ebenfalls häufiger, dass Ohrenschmalz die Gehörgänge verstopft. Zwar wird man Ohrspülungen und das Entfernen von Ohrenschmalz nicht unbedingt als Behandlungsoptionen bei psychischen Problemen und Verhaltensauffälligkeiten ansehen, jedoch können diese Maßnahmen ein wichtiger Teil der Behandlung sein, wenn Ohrenschmalz die Gehörgänge verstopft und die Kommunikationsfähigkeit damit beeinträchtigt ist. Manchmal kann eine so simple Ursache der Grund für den Verlust des Hörvermögens sein. Die Schwerhörigkeit selbst kann bei Menschen mit Down-Syndrom zu Missverständnissen in der Kommunikation und damit Frustrationen führen. Die abnehmende Kommunikationsfähigkeit kann viel gravierendere Probleme nach sich ziehen und zu schweren psychosozialen Problemen führen.

Epilepsie

Epileptische Anfälle kommen bei Menschen mit Down-Syndrom häufiger vor als bei anderen. In zwei Lebensphasen sind Menschen mit Down-Syndrom besonders gefährdet: Epileptische Anfälle treten oft in den ersten zwei Lebensjahren auf, aber auch im Erwachsenenalter können Menschen mit Down-Syndrom noch Epilepsien entwickeln. In dem Kapitel über die Alzheimer-Krankheit haben wir beschrieben, wie diese später auftretenden epileptischen Anfälle mit Alzheimer-Demenz in Verbindung gebracht werden.

Werden diese Anfälle nicht behandelt und der Betroffene nicht mit Medikamenten eingestellt, kann dies zu einer Verschlechterung des Gesundheitszustandes führen, aber auch zu geistiger Verwirrtheit, häufigen Verletzungen, Angstgefühlen und Frustration. Die Angstzustände können den Betroffenen emotional so lähmen, dass er völlig passiv wird. Für einige Menschen können die Unvorhersehbarkeit der Anfälle und ihr zufälliges Auftreten psychologische Stressfaktoren darstellen.

Nicht erkannte oder nicht festgestellte epileptische Anfälle können als Verhaltensauffälligkeiten missverstanden werden. Achten Sie deshalb auf zusätzliche Symptome oder Hinweise während einer solchen Verhaltensauffälligkeit, die auf epileptische Anfälle hindeuten können. Abweichende Bewegungen der Extremitäten oder der Augen, der vorübergehende Verlust der Körperkontrolle oder plötzliche Ohnmachtsanfälle, Müdigkeit oder Verwirrtheit nach einer solchen Episode und andere Symptome können auf epileptische Anfälle hinweisen. Manche Familien haben uns wertvolle Informationen geliefert, indem sie eine solche Episode für uns auf Video aufgenommen haben. Wenn epileptische Anfälle vermutet werden, empfehlen wir eine umfassende neurologische Untersuchung zusätzlich zur körperlichen Untersuchung. Ein EEG, Bildaufnahmen des Gehirns (Computertomografie oder MRT) sowie eine Überweisung zu einem Neurologen sollten vorgenommen werden.

Subluxationen der Halswirbelsäule

Bei Menschen mit Down-Syndrom kommt die atlantoaxiale Instabilität, das heißt eine unvollständige Ausrenkung (Subluxation) des Gelenks zwischen erstem und zweitem Halswirbel, häufiger vor als bei anderen. Die Halswirbelsäule besteht aus sieben Halswirbeln. Eine Subluxation kann bei jedem der Halswirbel auftreten und zu körperlichen Problemen führen. Eine schwere Subluxation kann dazu führen, dass Nerven und Rückenmark durch den Druck der Knochen geschädigt werden. Dies kann bestimmte neurologischen Symptome, eine Muskelschwäche in Armen und Beinen, Harn- und/oder Stuhlinkontinenz oder Gehstörungen zur Folge haben. Bei der ärztlichen Untersuchung ergibt die Reflexauslösung mit dem Hammer gesteigerte Reflexe (ruckartigere Bewegungen). Die atlantoaxiale Instabilität bringt oft schwere emotionale Probleme mit sich, weil der Betroffene mit einer ständigen Angst vor Beschwerden und Schmerzen lebt und auch die Veränderungen im Nervensystem sehr belastend sind.

Subluxationen der Halswirbelsäule können bei Menschen mit Down-Syndrom zu jeder Zeit auftreten. Wir haben einige Patienten gesehen, bei denen dieses Problem erst in der Jugend oder im Erwachsenenalter aufgetreten ist. Schwere Nackentraumata (Frakturen zum Beispiel) können dieses Problem ebenfalls hervorrufen. In den meisten Fällen entsteht die atlantoaxiale Instabilität jedoch auf Grund eines normalen Alterungsprozesses und des natürlichen Verschleißes der Gelenke. Osteoarthrose kann bei Menschen mit Down-Syndrom schon früher auftreten und zu Problemen speziell im Bereich der Wirbelsäule führen. Es ist daher sehr wichtig, dass der behandelnde Arzt auf die Symptome achtet, die aufgrund einer Subluxation der Halswirbelsäule entstehen können, und zudem eine neurologische Untersuchung vornimmt, in der er die Muskelstärke misst und die Reflexe überprüft.

Im Adult Down Syndrome Center wurde uns ein junger Mann vorgestellt, dessen geistige Leistungsfähigkeit insgesamt stark nachgelassen hatte. Seit einiger Zeit war er harn- und stuhlinkontinent und hatte zudem Gehstörungen. Diese Symptome werden auch bei der Alzheimer-Demenz festgestellt (in Kapitel 23 besprochen) und seine Familie befürchtete, dass auch er Alzheimer entwickelte. Unsere Untersuchung ergab, dass er unter einer Depression litt und gesteigerte Reflexe zeigte. Röntgenaufnahmen zeigten eine Subluxation (Ausrenkung) zwischen drittem und viertem Wirbel. Die Einnahme von Antidepressiva führte zu einer merklichen Verbesserung seiner Grundstimmung. Er erlangte seine früheren kognitiven Fähigkeiten wieder. Außerdem unterzog er sich einer Operation, in der sein Nacken stabilisiert und der Druck der Wirbel auf Nerven und Rückenmark genommen wurde. Mithilfe von Physiotherapie, psychologischer Beratung und der Einnahme von Antidepressiva erlangte er seine frühere Funktionsfähigkeit wieder und konnte seine täglichen Aktivitäten wieder ausführen.

Arthrose

Eines der am häufigsten vorkommenden medizinischen Probleme bei Menschen mit Down-Syndrom, die außerdem schon früh auftreten, ist die Osteoarthrose (die sogenannte Altersarthrose). Der Gelenkverschleiß beginnt mit dem Abbau des Gelenkknorpels und führt zu eingeschränkter Mobilität und Funktionalität der Gelenke. Dies führt dazu, dass die Person sich weniger bewegt, um die Schmerzen zu vermeiden. Hier gilt das Gleiche, wie bei den zuvor besprochenen Problemen der Schmerzempfindlichkeit beschrieben wurde. Bei der Untersuchung auf Arthrose wird auch nach Gelenkschmerzen oder Veränderungen in der Mobilität gefragt. Die körperliche Untersuchung sollte eine Überprüfung der Gelenkstruktur und der Mobilität der Gelenke sowie eine Untersuchung auf Entzündungshinweise beinhalten. Eventuell muss auch eine Röntgenaufnahme der betroffenen Gelenke veranlasst werden.

Jeans Geschichte ist ein gutes Beispiel für die Probleme, die mit zunehmendem Alter und einsetzender Osteoarthrose auftauchen können. Sie wurde uns im Alter von 46 Jahren auf Grund ihrer „Verhaltensauffälligkeiten" vorgestellt. Die Probleme begannen schon, als sie ihre Werkstatt betrat. Sie stellte sich in die Mitte und urinierte auf den Boden. Die Betreuer in der Werkstatt waren der Meinung, dass sie aufsässig sei und keine Lust hatte zu arbeiten. Wir stellten fest, dass Jean ihre Arbeit die meiste Zeit sogar sehr exakt und präzise ausführte. Sie saß an ihrem Arbeitsplatz und arbeitete gewissenhaft. Allerdings fiel auf, dass sie oft länger an ihrem Arbeitsplatz fehlte.

Bei unserer Untersuchung fanden wir heraus, dass sich Jeans Blasenkapazität mit zunehmendem Alter reduzierte und sie dadurch häufiger Wasser lassen musste. Dazu kam, dass sie unter fortschreitender Arthrose litt und dadurch langsamer und vorsichtiger lief. Ihre Werkstatt befand sich in einem Gebäude, das ungefähr so groß wie ein halbes Fußballfeld war. Um von ihrem Arbeitsplatz zu den Toiletten am anderen Ende des Gebäudes zu gelangen, musste sie eine weite Strecke zurücklegen. Sie war deshalb so häufig nicht an ihrem Arbeitsplatz anzutreffen, weil sie öfter auf die Toilette musste, und ihr „aufsässiges" Benehmen entstand, wenn sie nicht rechtzeitig zur Toilette gelangte. Da sie also aufgrund ihrer Arthrose langsamer lief und zudem eine reduzierte Blasenkapazität hatte, war es für sie manchmal unmöglich, rechtzeitig die Toilette zu erreichen. So bestand Jeans Behandlung zunächst darin, ihren Arbeitsplatz näher an die Toiletten zu verlegen. Wir verschrieben ihr dann Medikamente, um die Schmerzen zu lindern, die durch die Arthrose verursacht wurden, und um sie wieder mobiler zu machen, und untersuchten und behandelten ihre Blasenprobleme. Auch bekam sie psychologische Unterstützung, um die körperlichen Veränderungen besser zu bewältigen. Wir mussten weder Psychopharmaka einsetzen noch ihre Verhaltensauffälligkeiten behandeln.

Harnwegs- und Blasenprobleme

Harnwegs- und Blasenprobleme können ebenfalls zu psychischen Problemen führen. Bei Menschen mit Down-Syndrom scheint es häufiger vorzukommen, dass der Muskeltonus in der Blase schwächer ist und dass dadurch Harn verhalten wird und somit Schwierigkeiten entstehen, die Blase überhaupt zu leeren. Eine große, überdehnte Blase kann wiederum Schmerzen verursachen und dazu führen, dass sie „überläuft", der Mensch also inkontinent wird (sogenanntes Harnträufeln beziehungsweise Überlaufinkontinenz).

Einige unserer Patienten verhalten sich als Reaktion auf diese Schmerzen erregt und unruhig. Oftmals werden dieses unruhige Verhalten oder die Erregungszustände mit Antidepressiva oder Psychopharmaka behandelt. Viele dieser Medikamente haben jedoch die ungewollte Nebenwirkung, die Blase erschlaffen zu lassen und somit die

Fähigkeit, die Blase zu entleeren, noch weiter herabzusetzen. Dies kann die Erregungszustände noch verstärken.

Das unvollständige Entleeren der Blase führt zu vermehrter Häufigkeit von Infektionen von Blase und Prostata, die äußerst schmerzhaft sind und als Reaktion darauf Verhaltensauffälligkeiten nach sich ziehen können. Wir empfehlen, eine Harnuntersuchung durchführen zu lassen, wenn Sie eine Veränderung im Wesen oder im Verhalten des Menschen mit Down-Syndrom bemerken, vor allem dann, wenn eine Veränderung bei der Harnausscheidung festgestellt wird. Auch kann eine Ultraschalluntersuchung vor und nach Entleeren der Blase angebracht sein, um festzustellen, ob die Blase normal entleert wird.

Diabetes mellitus

Typ-2-Diabetes-mellitus kommt bei Menschen mit Down-Syndrom häufiger vor. Ursprünglich hatte der Diabetes Typ 2 den Beinamen „Altersdiabetes". Ein Grund für das häufigere Vorkommen von Typ-2-Diabetes mag sein, dass viele Menschen mit Down-Syndrom zu Übergewicht neigen oder übergewichtig sind. Die Symptome sind unter anderem Polydipsie (gesteigertes Durstempfinden und vermehrte Flüssigkeitsaufnahme), Polyurie (übermäßige Harnausscheidung), Polyphagie (krankhaft gesteigerter Appetit und Nahrungsaufnahme) bei Gewichtsabnahme sowie Mattigkeit und Kraftlosigkeit.

Typ-2-Diabetes wird oft nicht sofort diagnostiziert, vor allem dann nicht, wenn der Betroffene seine Symptome oder körperlichen Veränderungen aufgrund mangelnder Kommunikationsfähigkeit nicht richtig wahrnehmen oder beschreiben kann. Die Person fühlt sich dann einfach nicht wohl, was wiederum zu Verhaltensänderungen und depressiven Verstimmungen führen kann. Auch kann als Symptom Harninkontinenz aufgrund vermehrter Harnausscheidung auftreten, was dann häufig als Verhaltensauffälligkeit missgedeutet wird, genauso wie dies bei vermehrter Flüssigkeits- und Nahrungsaufnahme passieren kann.

Verhaltensauffälligkeiten können auch bei schon bekannter Diagnose auftreten, nämlich dann, wenn der Blutzucker der Person zu niedrig oder zu hoch ist. Niedriger Blutzucker sollte jedoch unbedingt vermieden werden, da dies schwere Verhaltensstörungen und sogar lebensbedrohliche Zustände nach sich ziehen kann.

Zurzeit gibt es keine Empfehlungen, alle Menschen mit Down-Syndrom regelmäßig auf Diabetes mellitus zu untersuchen. Stellt man jedoch bei einem Erwachsenen mit Down-Syndrom eine Verhaltensänderung oder neue psychische Symptome fest, sollte ein Blutzuckertest durchgeführt werden. Zudem sollte man auch bei normalen Blutzuckerwerten beachten, dass einige Medikamente, die bei psychischen Störungen eingesetzt werden, einen erhöhten Blutzuckerspiegel als Nebenwirkung haben. Deshalb sollte man vor Gabe dieser Medikamente den Blutzuckerwert kennen (siehe auch Kapitel 13 über Medikamente).

Zahngesundheit (Parodontose, Karies)

Viele erwachsene Menschen mit Down-Syndrom haben Karies beziehungsweise Zahnfäule. Gründe dafür sind oft mangelnde Mundhygiene (Zähneputzen und der Einsatz von Zahnseide), aber auch oft vorkommende Zahnfehlstellungen. Genetische Faktoren können ebenfalls eine Rolle spielen. Auch tritt Parodontose bei Menschen mit Down-Syndrom häufiger auf. Zahnfleischerkrankungen können Schmerzen, lockere Zähne und Kauschwierigkeiten zur Folge haben. Als Reaktion auf Zahnschmerzen lassen sich oft Erregungs- und Unruhezustände beobachten.

Eine gute Zahnpflege und Mundhygiene sowie regelmäßige Vorsorgeuntersuchungen beim Zahnarzt sind für eine gute Zahngesundheit unbedingt notwendig. Eine umfassende zahnärztliche Untersuchung sollte unbedingt veranlasst werden, wenn Verhaltensänderungen oder -auffälligkeiten und seelische Probleme festgestellt werden.

Schilddrüsenfunktionsstörungen

Wenn die Schilddrüse nicht mehr genug Thyroxin (das Schilddrüsenhormon) produziert, spricht man von Hypothyreose, einer Schilddrüsenunterfunktion. Fast 40 Prozent unserer Patienten im

Adult Down Syndrome Center leiden unter einer Schilddrüsenunterfunktion. Einige hatten die Funktionsstörung schon im Kindesalter, viele unserer Patienten entwickelten erst mit zunehmendem Alter, also als Jugendliche oder Erwachsene, eine Schilddrüsenunterfunktion. Eine Hypothyreose kann verschiedene klinische Symptome mit sich bringen. Dazu gehören Darmträgheit beziehungsweise Verstopfung, trockene Haut und Mattigkeit oder körperliche Schwäche. Es ist wichtig zu wissen, dass eine Hypothyreose auch psychische Probleme verursachen kann. Symptome sind unter anderem Lethargie, Depression, nachlassende geistige und körperliche Fähigkeiten und sogar Demenz. Die Symptome können sehr unauffällig sein. Weil man sich jedoch der Häufigkeit des Problems bewusst ist und weiß, dass die Symptome sich erst allmählich entwickeln und häufig nicht erkannt werden, wird bei Menschen mit Down-Syndrom eine jährliche Blutuntersuchung empfohlen (Cohen, 1999).

Oftmals ist mit der Behandlung der Hypothyreose ein wichtiger Teil, aber nicht das gesamte Problem gelöst. Wird die Hypothyreose nicht behandelt, kann auch die psychische Störung nicht effektiv behandelt werden. In manchen Fällen wiederum muss die psychische Störung direkt behandelt werden. Manche Menschen mit Depressionen, bei denen eine Hypothyreose festgestellt wurde, sprechen angemessen auf die Behandlung an und benötigen keine zusätzlichen Medikamente. Andere müssen jedoch zusätzlich zur Behandlung ihrer Hypothyreose ein Antidepressivum einnehmen. Auch können die Symptome bei jemandem, der ursprünglich gut auf die Behandlung mit Schilddrüsenmedikamenten ansprach, wieder auftreten und eine Anpassung des Medikaments erforderlich machen. Es ist daher wichtig, dass regelmäßige Blutuntersuchungen vorgenommen werden, um die Schilddrüsenmedikamente angemessen zu dosieren.

Die Hyperthyreose (Überfunktion der Schilddrüse) tritt bei Menschen mit Down-Syndrom ebenfalls häufiger auf, allerdings nicht annähernd so oft wie die Hypothyreose. Eine Überfunktion der Schilddrüse kann Gewichtsverlust, Hyperaktivität, Angstzustände, Mattigkeit und andere Veränderungen im Wesen beziehungsweise Verhaltensänderungen des Betroffenen zur Folge haben. Es ist daher sehr wichtig, im Rahmen einer Untersuchung aufgrund von Verhaltensänderungen oder Stimmungsschwankungen auch die Schilddrüsenfunktion durch eine Blutuntersuchung zu beurteilen.

Störungen des Gastrointestinaltrakts

Gastrointestinale Krankheiten werden oft übersehen, weil die Symptome von dem betroffenen Menschen selbst berichtet werden müssen. Diese gesundheitlichen Probleme können zu großem Unwohlsein führen und Schmerzen verursachen, ohne dass äußerliche Zeichen erkennbar wären. Die Ulkuskrankheit (Magengeschwür), der gastroösophageale Reflux (Refluxkrankheit), Darmträgheit (Verstopfung) und weitere Probleme können Schmerzen bereiten, die ein erwachsener Mensch mit Down-Syndrom nicht artikulieren kann und die er deshalb durch Verhaltensänderungen oder -auffälligkeiten mitteilt.

Der Arzt sollte bei einer somatischen Untersuchung auch nach gastrointestinalen Symptomen wie Durchfall, Verstopfung und Sodbrennen fragen. Hierbei muss er sicherstellen, dass der Patient die von ihm verwendeten Begriffe versteht. Wenn der Patient seine Symptome nicht klar beschreiben kann, bleibt manchmal nichts anderes übrig, als ihn auf Verdacht hin zu behandeln und zu überprüfen, ob es hilft, denn die diagnostischen Untersuchungen auf mögliche gastrointestinale Krankheiten sind oft mit einem größeren Risiko verbunden als es die kurzzeitige Behandlung des Zustands ist. Wenn man zum Beispiel den Eindruck gewinnt, dass eine Verhaltensänderung durch Schmerzen verursacht wird und es aufgrund der Krankheitsgeschichte durchaus möglich ist, dass der Patient unter Sodbrennen leidet, muss man sich natürlich mit der Verhaltensänderung befassen, aber kann es auch sinnvoll sein, ihn mit Medikamenten zur Reduzierung der überschüssigen Magensäure zu behandeln. Bevor also eine endgültige Diagnose mittels eines invasiven Verfahrens erstellt und eine Endoskopie durchgeführt wird, kann durchaus erst die zuvor genannte Behandlungsform gewählt werden.

In unserer Ambulanz wurde ein junger Mann

mit Unruhe- und Erregungszuständen vorstellig, dessen Kommunikationsfähigkeit vermindert war. Uns wurde berichtet, dass er seinem Brustkorb ständig Luft zufächerte, als wolle er versuchen, ihn zu kühlen. Wir konnten ihn erfolgreich behandeln, unter anderem damit, dass wir ihm Ranitidin verschrieben, ein Medikament, das bei Sodbrennen und säurebedingten Schmerzen im Oberbauch eingesetzt wird und die Produktion der Magensäure hemmt.

Zöliakie

Zöliakie ist eine gastrointestinale Krankheit mit höherer Inzidenz bei Menschen mit Down-Syndrom. Unter Zöliakie versteht man eine Unverträglichkeit von Gluten. Gluten ist ein Protein, das in Getreide wie Weizen, Roggen und Gerste vorkommt. Bei Menschen, die unter Zöliakie leiden, entsteht eine Entzündung der Dünndarmschleimhaut, bei der die Darmepithelzellen zerstört werden. Dadurch können Nährstoffe nur schlecht aufgenommen werden. Nahrung, Vitamine und Mineralstoffe bleiben unverdaut im Darm. Symptome sind Durchfall, Gewichtsverlust, im Kindesalter eine Gedeihstörung, eine gestörte Nahrungsaufnahme und Mattigkeit. Einige Menschen können auch Verstopfungen anstatt Durchfall haben, vermutlich aufgrund der angestauten, unverdauten Nahrung im Darm. Wird die Zöliakie nicht behandelt, fühlt sich der Patient sehr unwohl. Er ist gereizt und entwickelt eine Reihe Verhaltensauffälligkeiten sowie emotionale und psychische Probleme.

Zöliakie kann in jedem Alter auftreten. Auch wenn der Patient bereits auf Zöliakie getestet wurde, sollte der Test in absehbarer Zeit wiederholt werden. Zunächst wird eine Blutuntersuchung vorgenommen, bei der die Gewebstransglutaminase-Antikörper oder Endomysium-Antikörper sowie die Antikörper gegen Gliadin vom Typ IgA und IgG bestimmt. Weisen die Ergebnisse auf Zöliakie hin, muss die Diagnose mit einer anschließenden (endoskopisch durchgeführten) Dünndarmbiopsie gesichert werden. Um diese unangenehme Untersuchung zu umgehen, stellen manche Familien allein aufgrund der Ergebnisse der Blutuntersuchung auf glutenfreie Ernährung um. Ohne Biopsie kann jedoch keine gesicherte Diagnose ausgesprochen werden.

Zöliakie kann einzig mit einer lebenslangen, strikt glutenfreien Ernährung behandelt werden. Ist ein Mensch an Zöliakie erkrankt, können Stimmungswechsel und erhöhte Reizbarkeit Anzeichen dafür sein, dass der Betroffene seine Diät nicht eingehalten hat.

Perniziöse Anämie (Vitamin-B12-Mangel)

Menschen mit Down-Syndrom scheinen häufiger an einem Vitamin-B12-Mangel zu leiden. Bei einigen wird der Vitamin-B12-Mangel durch Zöliakie verursacht, weil der Dünndarm das Vitamin nicht aufnehmen kann. Ein Vitamin-B12-Mangel kann eine Reihe von psychologischen und neurologischen Symptomen hervorrufen. Dazu gehören unter anderem Appetitlosigkeit, ein Taubheitsgefühl oder Kribbeln in Armen und Beinen, Gleichgewichtsstörungen, Verwirrung, Gedächtnisverlust und Demenz. Wie bereits bei anderen gesundheitlichen Problemen beschrieben, kann der Ausgleich des Vitamin-B12-Mangels nicht immer alle psychischen Probleme beseitigen.

Allerdings ist eine vollständige Genesung ohne die Verbesserung der körperlichen Gesundheit und die Behandlung des Vitamin-B12-Mangels unwahrscheinlich. Zurzeit gibt es keine Empfehlungen, alle Menschen mit Down-Syndrom regelmäßig auf Vitamin-B12-Mangel zu untersuchen. Wir raten jedoch, alle Menschen, die neurologische und psychische Veränderungen aufweisen, daraufhin zu untersuchen.

Menstruationsbeschwerden

Menstruationsbeschwerden können zu Verhaltensauffälligkeiten und depressiven Verstimmungen führen. Die meisten unserer Patientinnen kommen mit der Handhabung ihrer monatlichen Regel sehr gut zurecht. Für sie bedeutet die Regel nichts Außergewöhnliches. Es wurde ihnen erklärt, dass die Regel eine normale Körperfunktion ist. Mit entsprechender Anleitung können sie ihre Körperhygiene alleine bewältigen, erhalten aber auch Unterstützung, wenn es notwendig werden sollte. Für einige Patientinnen stellt die Menstruation aber eine Herausforderung dar und kann somit zu Verhaltensauffälligkeiten führen. Wenn eine Frau mit Down-Syndrom Menstruationsbeschwerden hat, muss untersucht werden, ob es sich um das Prämenstruelle Syndrom (PMS) oder um Regelschmerzen (Dysmenorrhoe) handelt.

Das Prämenstruelle Syndrom und die Prämenstruelle Dysphorische Störung (prämenstruelle Beschwerden mit schweren psychischen Störungen) können zu sehr schweren Beeinträchtigungen führen. Die Symptome sind unter anderem depressive Verstimmungen, Stimmungsschwankungen, Reizbarkeit, Konzentrationsschwierigkeiten, Müdigkeit, schmerzhafte und geschwollene Brüste und Schlafstörungen. Wir empfehlen, die Symptome und den Zyklus zu protokollieren, um festzustellen, ob die Symptome in der prämenstruellen Phase auftreten (ungefähr sieben bis zehn Tage vor Beginn der Regel) und die restlichen Tage des Zyklus ausbleiben. Behandeln kann man die Beschwerden mit täglichen sportlichen Aktivitäten, regelmäßigen und ausgewogenen Mahlzeiten, ausreichendem und regelmäßigem Schlaf und Techniken zum Abbau von Stress. Zudem empfehlen wir, nicht zu rauchen. Ebenfalls unterstützend kann ein Speiseplan wirken, der aus häufigen, kleinen, salz- und fettarmen, aber kohlehydrathaltigen Mahlzeiten besteht. Auch können Vitamin B6, Kalzium und Vitamin E unterstützend eingesetzt werden. Antidepressiva und/oder oral einzunehmende Empfängnisverhütungsmittel können bei schweren Symptomen positiv wirken.

Bei starken Regelschmerzen (Dysmenorrhoe) können entzündungshemmende Mittel Linderung verschaffen. Ibuprofen und andere entzündungshemmende Schmerzmittel hemmen den Botenstoff Prostaglandin und damit die „Schmerzweiterleitung". Paracetamol kann die Schmerzen ebenfalls mindern, wirkt aber bei vielen Frauen in diesem Bereich nicht ganz so gut. Da die schmerzhaften Phasen während der Regel zu Verhaltensänderungen beitragen können, ist die Behandlung von Regelschmerzen ein wichtiger Bestandteil der Behandlung von Verhaltensänderungen und -auffälligkeiten. Bei manchen Frauen verschwinden die Beschwerden mit Einnahme der Pille.

Medikamentennebenwirkungen

Medikamente können ebenfalls gesundheitliche Probleme auslösen und ihre Nebenwirkungen direkt zum Entstehen von psychischen Problemen beitragen, weil sie ein Gefühl von Krankheit oder schlechter Gesundheit vermitteln, das zu Verhaltensauffälligkeiten führen kann. Auch Schmerzen oder andere gesundheitliche Probleme können entstehen, die wiederum zu psychischen Problemen oder Verhaltensauffälligkeiten führen. Aus diesem Grund muss genau untersucht werden, ab wann Medikamente eingenommen wurden, wann die Symptome auftraten, wann die Dosis verändert und wann neue Medikamente oder pflanzliche Mittel hinzugefügt wurden. Anhand dieser wichtigen Aspekte kann festgestellt werden, ob bestimmte Medikamente zu den Problemen beitragen.

Schlafstörungen

Vor allem chronische Schlafstörungen können schwere Auswirkungen auf den Menschen und seine Fähigkeit haben, seine täglichen Aufgaben und Aktivitäten zu verrichten. Schlafstörungen können zu Reizbarkeit, unkontrollierbaren Gefühlen, Konzentrationsschwäche, Aufmerksamkeitsdefiziten und einem scheinbaren Verfall der geistigen Fähigkeiten führen. Unsere Patienten mit Schlafstörungen zeigten diese Symptome deutlich.

Schlafstörungen kommen bei Menschen mit Down-Syndrom häufig vor. Dazu gehören auch:

- Schlafapnoe (Atemaussetzer im Schlaf),
- Hypopnoe (reduzierter Atemfluss im Schlaf),
- unruhiger Schlaf und Durchschlafschwierigkeiten,
- Schlafstörungen aufgrund ungünstiger Angewohnheiten oder einer ungeeigneten Schlafumgebung.

Schlafapnoe (Atemaussetzer im Schlaf)

Die Schlafapnoe ist ein schwerwiegendes gesundheitliches Problem mit höherer Inzidenz bei Menschen mit Down-Syndrom. Wird die Schlafapnoe nicht behandelt, kann es zu Beeinträchtigungen der Herz- und Lungenfunktion kommen, es können aber auch Verhaltensauffälligkeiten und psychische Probleme entstehen.

Um zu verstehen, was Schlafapnoe eigentlich ist, muss man zuerst verstehen, wie normaler Schlaf abläuft. Normaler Schlaf, der nicht unterbrochen wird, besteht aus zyklisch ablaufenden Schlafphasen, dem REM-Schlaf (Rapid Eye Movement), der durch schnelle Augenbewegungen gekennzeichnet ist und in dem die meisten Träume stattfinden, und dem Non-REM-Schlaf, in dem keine Augenbewegungen stattfinden und der Schläfer nicht träumt. Im REM-Schlaf können viele physiologische Veränderungen beobachtet werden. Während dieser Phase erschlafft die Kinnmuskulatur und der Tonus ist im Allgemeinen sehr niedrig (bis auf den Tonus des Zwerchfells). Die Atmung ist unregelmäßig. Im normalen Schlaf erschlafft die Muskulatur des Nasen-Rachenraums, wodurch sich der Rachen verengt und der Luftstrom eher auf Widerstand stößt. Der Luftstrom ist dadurch reduziert, was einen leichten Anstieg von Kohlendioxid im Körper zur Folge hat.

Bei der Schlafapnoe kommt es zu Atemstillständen während des Schlafs, die eine Sauerstoff-Unterversorgung des Körpers und somit einen erhöhten Kohlendioxidgehalt des Blutes zur Folge haben. Diese Atempausen dauern normalerweise zehn bis 20 Sekunden, können aber auch bis zu zwei Minuten andauern. In schweren Fällen kann man über 500 Atemaussetzer pro Nacht verzeichnen. Bei Menschen mit Down-Syndrom wird die Schlafapnoe meist durch Verengungen der oberen Atemwege hervorgerufen. Der Atemmechanismus geht weiter, aber die Verengungen verhindern, dass Luft in und aus den Lungen strömt. Bei Kindern mit Down-Syndrom entstehen die Verengungen oft durch vergrößerte Mandeln, Polypen oder die größere Zunge. Auch können eng angelegte Atemwege und ein niedriger Muskeltonus von Mund- und Rachenraum dazu beitragen.

Bei Jugendlichen und Erwachsenen mit Down-Syndrom ist eher Übergewichtigkeit eine Ursache für Schlafapnoe. Übergewicht kann daher auch ein Hinweis auf eine bestehende Schlafapnoe sein.

Lautes Schnarchen und ein nicht erholsamer Schlaf, ausgeprägte Tagesmüdigkeit und Kopfschmerzen beim Erwachen sind charakteristisch für die Schlafapnoe. Auch können Konzentrationsschwierigkeiten, depressive Verstimmungen, Reizbarkeit und Veränderungen des Wesens auftreten. Bei einigen Patienten konnten wir beobachten, dass sich psychotisches Verhalten mit der Behandlung der Schlafapnoe besserte. Aufgrund der Verengung des Rachenraums kann es vorkommen, dass der Betroffene Sekret in die Lunge aspiriert, wodurch er husten muss. Auch Asthmasymptome können sich so verschlimmern. Bei fortschreitender Krankheit treten Kurzatmigkeit und verstärkte Tagesmüdigkeit ein. Die Schlafapnoe begünstigt auch den gastroösophagealen Reflux beziehungsweise Sodbrennen.

Da Menschen mit Down-Syndrom in besonderem Maße zu Schlafapnoe neigen, sollte bei einer körperlichen Untersuchung zudem überprüft werden, ob eine Apnoe vorhanden ist. Der Arzt sollte unter anderem fragen, ob der Betroffene schnarcht, einen unruhigen Schlaf hat, unter Tagesmüdigkeit leidet, nachts wach wird und die Lippen des Betroffenen während des Schlafs blau werden. Es ist hilfreich, wenn Eltern oder andere Betreuer den Schlafenden auf Video aufnehmen und es zur Untersuchung mitbringen. Besteht der Verdacht auf Schlafapnoe, sollte der Arzt den Betroffenen in ein Schlaflabor oder ein entsprechendes Krankenhaus überweisen, um eine Polysomnographie (Untersuchung des Schlafs) durchzuführen. Bei einer Polysomnographie werden verschiedene Elektroden und Sensoren auf den Körper aufgebracht, um die Atembewegungen, den nasalen und den oralen Luftfluss, die Gehirnströme, die Sauerstoffsättigung im Blut und weitere Parameter aufzuzeichnen. Dafür muss man meist eine Nacht im Schlaflabor verbringen.

Wird eine Schlafapnoe diagnostiziert, wird die Behandlung entsprechend der Schwere der Krankheit festgelegt. Meist aber empfiehlt man:

- die Befestigung eines mit einem Tennisball ausgestopften Sockens am Rückenteil des Schlafanzugs, um die Person daran zu hindern, auf dem Rücken zu schlafen (wenn die Schlafapnoe nur dann auftritt, wenn die

Person auf dem Rücken schläft);
- den Einsatz von CPAP (Continuous Positive Airway Pressure) oder BIPAP (Biphasic Positive Airway Pressure). Beides sind druckkontrollierte Beatmungsmethoden, bei denen Druck auf die Luftwege ausgeübt wird und damit sie während des gesamten Atemvorgangs offen bleiben (die Patienten müssen dafür beim Schlafen eine Maske über Mund und/oder Nase tragen).

In manchen Fällen werden auch HNO-chirurgische Operationen oder in seltenen Fällen ein Luftröhrenschnitt (Tracheotomie) durchgeführt.

Jim, 34, führte vermehrt Selbstgespräche, hatte Wahnvorstellungen, litt unter Erregungszuständen und zeigte aggressives Verhalten sowie nachlassende geistige und körperliche Fähigkeiten. Wir untersuchten ihn in unserer Ambulanz und fanden heraus, dass er am Arbeitsplatz einschlief, laut schnarchte und im Schlaf laute schnaubende Geräusche machte, wenn er nach einer Atempause wieder anfing zu atmen. Sein Schlafverhalten wurde im Schlaflabor untersucht und die Diagnose „Schlafapnoe" bestätigt. Die Apnoe wurde behandelt, und seine Verhaltens- und psychischen Probleme normalisierten sich langsam. Er wurde noch eine Zeit unterstützend psychologisch betreut und konnte schon bald seine früheren Fähigkeiten zurückgewinnen.

Hypopnoe (reduzierter Atemfluss im Schlaf)

Die Hypopnoe ist mit der Schlafapnoe vergleichbar. Zwar entstehen während des Schlafs keine Atemaussetzer, sondern der Atemfluss ist aufgrund von Verengungen oder Obstruktion der Luftwege reduziert. Bei Menschen mit Down-Syndrom sind die Gründe für die Obstruktion ähnlich derer bei der Schlafapnoe. Wenn der Luftstrom stark reduziert ist, sinkt der Sauerstoffgehalt im Blut und der Kohlendioxidgehalt steigt, was zu vielen Symptomen führt, die auch bei der Schlafapnoe zu beobachten sind. Symptome, die auf Hypopnoe hindeuten, sind unter anderem Schnarchen, angestrengtes Atmen und ungewöhnliche Schlafpositionen wie aufrechtes Sitzen und so weiter. Auch hier wird die Diagnose im Schlaflabor erstellt.

Unruhiger und unterbrochener Schlaf

Viele Menschen mit Down-Syndrom haben einen unruhigen Schlaf und Durchschlafschwierigkeiten, auch wenn alle oben genannten Ursachen für Schlafstörungen ausgeschlossen werden können. Studien haben ergeben, dass viele sich aus unbekannten Gründen im Schlaf durch das ganze Bett bewegen, herausfallen, sich aufsetzen, ihren Kopf gegen die Wand lehnen oder in der Nacht öfter aufwachen. Diese Arten von chronischen Schlafstörungen können zu Problemen wie Reizbarkeit, Konzentrationsschwierigkeiten und Gefühlsschwankungen führen. Eltern und Betreuern sollte bewusst sein, dass diese Schlafstörungen eine mögliche Ursache für Verhaltensauffälligkeiten sein können, auch wenn es keine bestimmte Behandlungsmethode dafür gibt. In manchen Fällen hat sich die Gabe von beruhigend oder sedierend wirkenden Medikamenten als förderlich erwiesen.

Ungünstige Angewohnheiten und ungeeignete Umgebungen

Ein abweichendes Schlafverhalten kann ein Problem darstellen, auch wenn die Person nicht unter Schlafapnoe leidet. Wenn jemand keinen guten Schlafrhythmus hat, ist es ebenfalls möglich, dass er Schlafstörungen entwickelt. Wie auch in Kapitel 9 (Angewohnheiten und Routine) besprochen, sind Rituale beziehungsweise gleiche Abläufe für viele Menschen mit Down-Syndrom sehr wichtig. Nachteil dieser festen Verhaltensmuster beim Schlafengehen ist, dass es vielen Menschen mit Down-Syndrom schwerfällt, sich zu entspannen und einzuschlafen, wenn sie ihre bestimmten Abläufe nicht einhalten können. Der Vorteil dabei ist aber, dass sie Abend für Abend erfolgreich in den Schlaf finden, sobald diese bestimmten Rituale eingehalten werden.

Schlafstörungen können manchmal auch aufgrund sozialer Probleme bedingt sein. Geräuschvolle Zimmernachbarn oder im Haus stattfindende andere Aktivitäten können einen Menschen nicht einschlafen lassen oder wach halten. Dieses Problem tritt eher bei Personen auf, die in einer Wohngruppe oder in Einrichtungen leben, in denen die Betreuer in der Nacht noch anderen Aufgaben nachgehen, die Lärm verursachen und störend sein können. Dies kann aber durchaus auch bei Menschen auftreten, die zu Hause mit ihrer Familie zusammenleben. Viele Menschen mit Down-Syndrom scheinen einen leichten Schlaf zu haben. Wenn Familienmitglieder einen anderen Rhythmus haben, wachen sie dadurch leicht auf. Wir haben auch festgestellt, dass eine zu große Unabhängigkeit und eine unzureichende Überwachung in der Nacht zu Schlafstörungen führen können. Ein gutes Beispiel dafür ist eine unserer Patientinnen, die in einer Behinderteneinrichtung lebt und deren geistige und körperliche Fähigkeiten nach einer Weile nachließen, weil sie an zu vielen Abenden viel zu spät Schlaf funden hatte (siehe auch Kapitel 7). Zu viel Unabhängigkeit kann für Menschen, die zu Hause leben, ebenfalls eine Herausforderung darstellen. Einige unserer Patienten benötigen Hilfe dabei, ein Ritual fürs Zubettgehen festzulegen, und brauchen nach einer Weile eventuell einen „Auffrischungskurs", um das Ritual weiterhin durchzuführen und einzuhalten.

Allergien

Allergien können ganz massiv zu Verhaltensauffälligkeiten oder Wesensveränderungen führen. Um zu beurteilen, ob es einen direkten Zusammenhang zwischen Allergien und Verhalten gibt, sind weitere Studien erforderlich. Wir konnten jedoch eindeutig feststellen, dass ein indirekter Zusammenhang zwischen Allergien und Verhaltensänderungen besteht. Fühlt man sich schlecht oder krank, kann dies zu Reizbarkeit und Stimmungsschwankungen führen. Wir konnten bei Erwachsenen mit Down-Syndrom größere Verhaltensänderungen beobachten, wenn sich bei ihnen Allergiesymptome zeigten. Eine Untersuchung auf diverse Allergien und ein möglicher Zusammenhang mit Verhaltensänderungen ist daher ein wichtiger Teil der Anamnese und der körperlichen Untersuchung.

Wahrnehmungsstörungen

Manche Menschen mit Down-Syndrom reagieren sensibler auf Reize in ihrer Umgebung als andere Menschen. Sie reagieren empfindlicher auf Geräusche, Berührungen, Temperaturwechsel und andere sensorische Eindrücke. Wie bereits beschrieben, scheinen viele Menschen mit Down-Syndrom weniger schmerzempfindlich zu sein.

Bei Hörverlust tritt bei manchen Menschen das sogenannte Rekrutierungsphänomen (Lautstärkeausgleich, das heißt, starke Schallreize werden trotz der erhöhten Hörschwelle ebenso laut empfunden wie mit dem gesunden Ohr) auf. Niedere Frequenzen werden meist schlechter gehört. Wird das Geräusch jedoch lauter, werden so lange umliegende Hörzellen „rekrutiert", bis die Person das Geräusch in dieser höheren Lautstärke hören kann. Dies kann erschreckend wirken und zu Angstzuständen führen.

Viele unserer Patienten sind auch sehr berührungsempfindlich. Dies kommt oft bei Menschen mit Autismus vor. Einige unserer Patienten haben sowohl das Down-Syndrom als auch Autismus. Taktile Reize können aber durchaus auch für Menschen ohne Autismus (aber mit Down-Syndrom) ein Problem darstellen. Wir haben zum Beispiel bemerkt, dass viele unserer Patienten sich dagegen sträuben, unsere Feuchtigkeitscreme für ihre trockene Haut zu nehmen. Sie mögen einfach dieses Cremegefühl nicht.

Bei manchen Menschen mit Down-Syndrom ist nicht die größere Empfindlichkeit das Problem, sondern ihr Unvermögen, den wahrgenommenen sensorischen Eindruck aus dem Geschehen herauszufiltern und zu verarbeiten. Einige unserer Patienten reagieren empfindlich auf das Geschehen um sie herum, während andere einfach „abschalten". Das geschieht meistens aus einer Überstimulierung heraus. In Kapitel 4 beschreiben wir, dass viele unserer Patienten sehr empfindlich auf Aktivitäten und Geschehnisse um sie herum reagieren, an denen sie gar nicht beteiligt sind.

Sie nehmen das Geschehen wahr, auch wenn sie es scheinbar gar nicht beachten. Im Untersuchungsraum ist es zum Beispiel schon oft vorgekommen, dass wir mit der Familie über den Menschen mit Down-Syndrom sprechen und dabei zeitweise über andere Dinge reden. Der Patient hört scheinbar gar nicht zu und liest vielleicht eine Zeitschrift oder spielt ein Videospiel. Plötzlich aber kommentiert er das Gesagte auf eine Art und Weise, die zeigt, dass er doch zugehört hat und der Konversation sehr wohl folgte.

Laute Geräusche, reizüberflutende Umgebungen und andere „Überstimulierungen der Wahrnehmung" können dazu führen, dass sich die Person aufregt, unruhig wird, Angstzustände bekommt und depressive Verstimmungen verspürt. Die Person nimmt Ereignisse wahr, von denen andere gar nicht bemerken, dass sie registriert werden. Wir hören oft: „Sie achtet gar nicht auf den Lärm um sie herum", oder: „Sie war sich des Ereignisses gar nicht bewusst, weil wir es ihr nicht gesagt haben." Die Wahrnehmung erfolgt jedoch meistens dann, wenn die Person keine Anzeichen zeigt, dass sie etwas wahrnimmt. Diese sensorischen Eindrücke können ein Grund für Verhaltensauffälligkeiten und emotionale Probleme sein und sollten bei einer Untersuchung mit bedacht werden.

Die Alzheimer-Krankheit

Die Alzheimer-Krankheit ist eine fortschreitende, neurologische Erkrankung des Gehirns, die mit einer fortschreitenden Abnahme von Hirnfunktionen einhergeht (Demenz). Es kommt zu einer Degeneration bestimmter Neuronen in verschiedenen Teilen des Gehirns und die allgemeine Leistungsfähigkeit des Gehirns nimmt mehr und mehr ab. Menschen mit Alzheimer leiden zunehmend unter Gedächtnisstörungen, dem Verlust ihrer kognitiven Fähigkeiten und der Abnahme ihrer Alltagsfähigkeiten, aber auch unter psychischen Veränderungen. Zum jetzigen Zeitpunkt ist Alzheimer nicht heilbar, es gibt aber einige Medikamente, die die Symptome zumindest zeitweise verringern können.

Verschiedene Studien beschäftigen sich damit, ob Erwachsene mit Down-Syndrom häufiger an Alzheimer erkranken. Bis heute konnte dies nicht ausreichend belegt werden. Es ist jedoch bekannt, dass diese Krankheit bei Menschen mit Down-Syndrom früher eintritt als bei anderen, oftmals schon Anfang oder Mitte 50 (manchmal sogar schon Mitte 40), anstatt wie bei der Durchschnittsbevölkerung Mitte 60 oder 70. Wir haben bereits erwähnt, dass sich der Verdacht auf Alzheimer bei vielen Menschen häufig als etwas anderes herausstellt. Dennoch sollten Ärzte erwachsene Menschen mit Down-Syndrom daraufhin untersuchen. Wir überprüfen den Patienten daraufhin, wenn er älter als 35 Jahre ist. Der jüngste Patient, bei dem wir die Alzheimer-Krankheit diagnostiziert haben, war Ende 30. Die Alzheimer-Krankheit wird in Kapitel 23 genauer besprochen.

Die Einstellung des Betroffenen zu seinen gesundheitlichen Problemen

Wenn ein Jugendlicher oder ein Erwachsener mit Down-Syndrom merkt, dass er krank ist oder gesundheitliche Probleme hat, ist es wichtig, seine Einstellung und Haltung in Bezug auf die Krankheit zu kennen. Viele Krankheiten wirken sich nämlich auf die psychische Verfassung aus, und deshalb ist es wichtig zu verstehen, was mit uns passiert und was möglicherweise mit uns passieren wird. Wenn wir die Auswirkungen der Krankheit und der Behandlung verstehen, können wir aktiv am Genesungsprozess mitwirken. Menschen mit beeinträchtigten intellektuellen Fähigkeiten können ihre Krankheit und ihren Zustand eventuell nicht verstehen und somit auch nicht aktiv an ihrer Gesundung teilnehmen. Wir haben schon oft erlebt, dass Menschen Physiotherapie benötigen, aber die geistigen und körperlichen Herausforderungen der Therapien, die zur Verbesserung ihres Zustandes notwendig sind, nicht verstehen und somit nicht umsetzen können (zum Beispiel die Mobilisierung eines Arms oder Beins nach einem Bruch). Diesen Menschen ist es meist nicht möglich, adäquat und effektiv zu ihrer Behandlung beizutragen.

Wir haben Menschen mit Down-Syndrom erlebt, die zwar verstehen, dass etwas mit ihnen passiert, aber nicht begreifen können, was dies ist, oder dies nicht mitteilen und besprechen können. Dazu können Ängste oder richtige Angstzustände kommen, weil sie die möglichen Folgen der Krankheit nicht absehen können und auch nicht in der Lage sind, dies verbal zu äußern. Wenn zum Beispiel ein Mensch mit Down-Syndrom im Krankenhaus einen sauerstoffversorgten Patienten sieht und mitbekommt, dass dieser später stirbt, kann er Angst bekommen, dass er im Falle einer Krankheit einmal selbst Sauerstoff benötigen würde. Der Betroffene kann diese Ängste eventuell nicht verbalisieren und auch nicht verstehen, wie sich seine eigene Krankheit von der des Verstorbenen unterscheidet. Dies kann sich sehr negativ auf die Behandlung auswirken und zu Angstzuständen und sogar Depressionen führen.

Einige unserer Patienten sind sehr wohl in der Lage, ihre Empfindungen über ihren Zustand auszudrücken. Manche teilen sich ihrem Arzt mit oder öffnen sich anderen Personen. Die Informationen über den Zustand des Patienten sind für den Arzt sehr wichtig, ob er sie nun vom Patienten selbst oder von seiner Familie erhält. Manchmal ist es jedoch notwendig, sich selbst in die Person hineinzuversetzen und sich zu fragen: „Wäre ich in dieser Situation auch verängstigt oder nervös?" Falls ja, kann man durchaus annehmen, dass der Mensch mit Down-Syndrom ebenso empfindet. Viele Menschen möchten sich nicht mit ihren gesundheitlichen Problemen befassen und verdrängen oder verleugnen sie. Dies sollte ebenfalls berücksichtigt werden, wenn man Menschen mit Down-Syndrom untersucht und entsprechend behandelt.

Fazit

Psychische Probleme und Verhaltensstörungen entstehen oft aufgrund von gesundheitlichen Problemen und Schwierigkeiten sowie Krankheiten. Behandelt man nur die psychischen Probleme oder die Verhaltensstörungen, ohne auch das gesundheitliche Problem anzugehen, erreicht man in den meisten Fällen kein zufriedenstellendes Ergebnis. Wir haben viele Menschen mit Down-Syndrom behandelt, die psychische Symptome hatten, die zumindest teilweise auf ein gesundheitliches Problem zurückzuführen waren. Ein jugendlicher Schüler fing zum Beispiel in der Schule immer an zu weinen und legte seinen Kopf auf den Tisch. Wir stellten fest, dass bei ihm eine atlantoaxiale Instabilität vorlag, durch die er große Schmerzen hatte. Bei einer umfassenden Untersuchung eines Erwachsenen mit Down-Syndrom kam heraus, dass er unter einer atonischen Blase aufgrund einer Erschlaffung der Blasenmuskulatur litt. Es war ihm nicht möglich, seine überfüllte Blase zu entleeren, und er hatte dadurch große Schmerzen. Ein anderer Erwachsener mit Down-Syndrom hatte Schwierigkeiten, sein Gewicht zu halten, und verlor nach und nach das Interesse an seinen üblichen Aktivitäten. Wir diagnostizierten Zöliakie bei ihm. Diese Menschen hatten ernst zu nehmende psychische Probleme, bei deren Behandlung auch das zugrunde liegende gesundheitliche Problem angegangen werden musste.

Für die Diagnose und die Behandlung von Verhaltens- oder psychischen Problemen ist es unbedingt notwendig, den Menschen auch auf mögliche körperliche oder gesundheitliche Probleme hin zu untersuchen. Wenn diese Probleme behandelt werden, fühlt sich der Betroffene wieder wohler, was auch der Behandlung der Verhaltens- und der psychischen Probleme zugute kommt.

3 Unterstützung durch Familie und Umfeld

Im Vorwort haben wir Sie mit Joe bekannt gemacht. Joe ist physisch und psychisch gesund. Das kommt nicht von ungefähr. Joe hat eine Familie, die ihn unterstützt, und lebt in einer Gemeinschaft, in der er anderen Menschen wichtig ist. Joe wiederum unterstützt seine Familie und leistet einen Beitrag zum Leben in seiner Gemeinschaft. Diese wichtigen Aspekte tragen zu Joes Erfolg im Leben bei.

Familie

Familie ist für Menschen mit Down-Syndrom sehr wichtig. Wie für andere Menschen auch bedeutet Familie einen Ort der Geborgenheit, an dem man ganz man selbst sein kann. Familie sind Menschen, die man liebt und von denen man geliebt wird, denen man Unterstützung bietet und von denen man unterstützt wird. Es bestehen Gemeinsamkeiten. Familienmitglieder haben eine besondere Verbindung zueinander. Ohne diese Verbindung haben viele Menschen das Gefühl, dass ihnen etwas fehlt. Eine Mutter sagte einmal zu mir: „Wenn ich sterbe, ist das Beste, was ich für meinen Sohn tun kann, dass ich jemanden benenne, der für die Belange meines Sohnes eintritt, ohne dafür bezahlt zu werden." Dies war kein Seitenhieb auf die Betreuer, die sich um ihren Sohn kümmerten, sondern die Erkenntnis, wie wichtig Familie ist. Diese spezielle Verbindung und die Liebe, die in einer Familie besteht, sind sehr wichtig, egal wie viele andere Menschen sich noch um den Angehörigen kümmern.

Die Definition von Familie hat sich mit der Zeit sehr verändert. Wir würden zu sehr abschweifen, wenn wir uns an dieser Stelle eingehend damit befassen oder verschiedene Familienformen besprechen würden. Für Menschen mit Down-Syndrom ist es jedoch extrem wichtig, mit Menschen verbunden zu sein, die einander als Familie ansehen und die zu ihnen zu gehören. Wie für alle Menschen ist es für sie wichtig, Personen in ihrem Leben zu haben, die bleiben und die für sie eine Konstante darstellen. Bei Menschen mit Down-Syndrom ist es umso wichtiger, diesen Bedürfnissen entgegenzukommen, besonders im Hinblick darauf, dass ihre Eltern älter werden und eventuell sterben oder dass Betreuer in einer Einrichtung wechseln. Menschen, die eine engagierte und dauerhafte Beziehung zu dem Erwachsenen mit Down-Syndrom haben, stärken sein Gefühl der Verbundenheit und tragen dazu bei, dass die Auswirkungen eines möglichen Verlusts abgemildert werden.

Für unsere Patienten, die in einer Einrichtung leben und keinen Kontakt zu ihren Familien haben, wird besonders an Fest- und Feiertagen deutlich, wie wichtig Familie ist. Während andere Bewohner nach Hause zu ihren Familien fahren, müssen sie in der Einrichtung bleiben und fühlen sich allein. Die Familie fehlt ihnen. Familie ist wichtig, egal ob der Mensch zu Hause oder in einer Einrichtung lebt.

Familie ist nicht nur eine Gruppe, die den Menschen mit Down-Syndrom im täglichen Leben unterstützt. Sie stellt auch die Gruppe von Personen dar, die der Mensch mit Down-Syndrom selbst unterstützen und in die er sich einbringen kann. Wir haben schon oft miterlebt, dass es überaus positive Auswirkungen auf die psychische Gesundheit von Menschen mit Down-Syndrom hat, wenn sie die Möglichkeit haben, anderen zu helfen. Das Zuhause bei der Familie ist der Ort, an dem der junge Mensch mit Down-Syndrom grundlegende Verhaltensregeln erlernt und auch ermutigt wird, sie anzuwenden. Hier kann er auch seine erlernten Fähigkeiten einsetzen und verbessern. Anderen zu helfen und sie zu unterstützen ist für einen Menschen sehr motivierend und trägt zur Entwicklung eines gesunden Selbstwertgefühls bei. Leider verbringen viele Menschen mit Down-Syndrom ihr Leben damit, dass für sie Dinge getan werden, anstatt dass sie für andere etwas tun können.

Welche Wohnform ist die Beste?

Viele Erwachsene mit Down-Syndrom wohnen ihr ganzes Leben lang zu Hause und ziehen nicht aus. Wir werden oft gefragt, ob das wirklich das Beste für sie ist. Auf diese Frage gibt es leider keine eindeutige Antwort.

Für einige unserer Patienten ist es das Beste, zu Hause bei den Eltern und/oder Geschwistern zu leben. Für andere ist es das Beste, in einer Einrichtung zu leben oder eine eigene Wohnung zu bewohnen. Für einige Menschen, die zu Hause bei der Familie wohnen, wäre es besser, in einer Einrichtung oder einer eigenen Wohnung zu leben und umgekehrt. Das hängt von der Person, dem Umfeld, den Bedürfnissen der Familie und vielen anderen Faktoren ab. Manchmal können Familien nur feststellen, was für ihren Angehörigen das Beste ist, indem sie mehrere Möglichkeiten ausprobieren und sich dann für die beste Alternative entscheiden.

Zu Hause zu leben hat viele Vorteile

Elizabeth, 31, wurde wegen ihrer depressiven Verstimmungen in unserer Ambulanz untersucht. Sie äußerte den Wunsch, wieder zu Hause wohnen zu wollen. Vier Jahre zuvor war sie in eine Einrichtung gezogen, in der viele unserer Patienten leben und die ganz wunderbar ist. Elizabeth war jedoch traurig, weil sie der Meinung war, dass sie viele Familienaktivitäten verpasste. Elizabeth kommt aus einer großen Familie, bei der alle Familienmitglieder nah beieinander wohnen, sich häufig sehen und am Leben des anderen teilhaben. Da sie ausgezogen war, konnte sie weniger an diesen Aktivitäten teilnehmen und war deshalb sehr unglücklich.

Als sie von zu Hause auszog, waren die wenigen Plätze in der Einrichtung sehr begehrt und Elizabeth und ihre Familie hatten lange auf einen Platz gewartet. Sie zögerten deshalb, diesen Platz wieder aufzugeben, und wollten unbedingt sicher sein, dass sie das Richtige taten. Wir haben die Probleme und die Möglichkeiten mit Elizabeth und ihrer Familie besprochen. Wir haben sie auch untersucht, um festzustellen, ob sie tatsächlich eine Depression hatte, die für ihre Probleme verantwortlich gemacht werden konnte. Aber sie hatte keine Depressionen. Sie war nur aufgrund ihrer Situation sehr unglücklich. Schließlich entschlossen sich Elizabeth und ihre Familie, dass sie wieder zu Hause einziehen sollte, was sich dann auch als die beste Lösung für alle herausstellte.

Zu Hause bei der Familie zu wohnen bringt viele Vorteile mit sich. Man ist mit den Abläufen in der Familie, den Erwartungen und den Möglichkeiten vertraut. Gleichzeitig sollten die Erwartungen an den Menschen stets angepasst werden, je älter er wird und je nach Veränderung seiner Fähigkeiten und Interessen. Es tun sich immer wieder neue Möglichkeiten für ihn auf. Er kann sich an der Hausarbeit beteiligen, eine Arbeitsstelle außerhalb des Hauses und seinen eigenen Freundeskreis haben, genauso wie das bei den anderen Familienmitgliedern der Fall ist.

Zu Hause hat der Mensch ein Gefühl von Sicherheit und Geborgenheit. Sicherheit kann für Menschen mit Down-Syndrom ein wichtiges Anliegen sein. Viele Familien sorgen sich berechtigterweise darum, wie Außenstehende ihr Familienmitglied mit Down-Syndrom behandeln. Wir gehen später in diesem Kapitel darauf ein, dass man eine Balance zwischen Sicherheit und Unterstützung für den Menschen mit Down-Syndrom finden muss, damit er seine Fähigkeiten optimal entwickeln kann. Wir haben in diesem Zusammenhang viele Familien darauf hingewiesen, diese zwei Aspekte im Auge zu behalten und dem erwachsenen Familienmitglied mit Down-Syndrom Sicherheit, Geborgenheit, Unterstützung, aber auch Gelegenheiten zur Weiterentwicklung zu bieten.

Lebt der Mensch mit Down-Syndrom zu Hause, hat er auch mehr Gelegenheiten, einen Beitrag zum Familienleben zu leisten und seiner Familie Unterstützung zu bieten. Wir haben bereits erwähnt, dass sich dies sehr positiv auf ihn und die anderen Familienmitglieder auswirken kann. In einigen Familien konnten wir sogar schon einen „Rollentausch" beobachten. Die Eltern wurden älter und der Sohn oder die Tochter mit Down-Syn-

Visuelle Unterstützung

Lebt der Mensch mit Down-Syndrom zu Hause bei der Familie, hat dies noch einen weiteren Vorteil: Es kümmern sich immer dieselben Menschen um ihn. Aufgrund dieser dauerhaften und beständigen Situation kennt die Familie seine Bedürfnisse und Wünsche, seine Abläufe und Angewohnheiten und kann mit ihm wirkungsvoll kommunizieren. Daraus entsteht ein dynamischer Lernprozess für den Menschen mit Down-Syndrom und seine Familie, weil die Familie stets aktiv auf bereits vorhandene Kenntnisse über ihren Angehörigen aufbauen kann.

Eine Möglichkeit, wie Familien diese Informationen nutzen können, ist der Einsatz von visuellen Hilfen. Wir erläutern später in diesem Kapitel, wie man zum Beispiel aus Bildern bestehende Terminpläne wirkungsvoll einsetzen kann, um dem Erwachsenen mit Down-Syndrom dabei zu helfen, seinen Terminplan zu verstehen und einzuhalten. Die Bilder dienen auch dazu, anderen mitzuteilen, welche Erwartungen der Erwachsene hinsichtlich seines Zeitplans hat. Zeichnet sich eine Änderung im Terminplan ab, können Konflikte reduziert werden, indem man dies vorab mit ihm bespricht und diskutiert.

Ein weiteres, sehr hilfreiches Mittel ist ein selbst erstelltes Buch über den Menschen mit Down-Syndrom. Dieses Buch kann eine Reihe von Kapiteln oder Abschnitten enthalten, wie zum Beispiel „Wer ich bin", die Krankheitsgeschichte, Vorlieben und Dinge, die er oder sie nicht mag, Terminpläne, Kommunikationsmittel und so weiter. Das Buch kann den Familienmitgliedern dabei helfen, Bedürfnisse und Wünsche des Menschen mit Down-Syndrom zu erkennen und ihn dort zu unterstützen, wo er es braucht. Für Nicht-Familienmitglieder wie Arbeitgeber, Leiter einer Einrichtung und so weiter sind diese Bücher noch hilfreicher, weil damit wichtige Informationen über die Person vermittelt werden. Zieht sie um oder kommt sie in eine andere Umgebung, können diese Bücher ebenfalls äußerst wertvoll sein.

Wenn der Erwachsene in eine Einrichtung zieht, regen wir an, diese Bücher weiterzuführen oder ein anderes Mittel einzusetzen, um den Betreuern diese Informationen zu vermitteln. Wir empfehlen auch, den Menschen mit Down-Syndrom an der Erstellung des Buches teilhaben und ihn entscheiden zu lassen, was in das Buch aufgenommen wird. Diese Informationen dienen später dazu, die Kommunikation mit den Personen zu verbessern, die ihn unterstützen, betreuen oder mit ihm auf eine andere Weise Kontakt haben.

drom übernahmen nach und nach einige Pflegetätigkeiten. Für die Eltern und den Menschen mit Down-Syndrom kann dies eine unglaublich wertvolle Erfahrung sein. Andererseits haben wir auch manche Familien gesehen, die durch ihren Angehörigen mit Down-Syndrom das Gefühl hatten, noch gebraucht zu werden. Viele Eltern beschreiben, dass sie durch ihre Rolle als Betreuer eines Menschen mit Down-Syndrom jung und aktiv bleiben.

Verwandte machen sich häufig Gedanken darüber, was passieren wird, wenn die Eltern des Menschen mit Down-Syndrom sterben oder nicht mehr für ihn sorgen können. Deshalb müssen Familien rechtzeitig eine Art Notfallplan erstellen. In solch einem Plan kann Folgendes festgelegt werden: Der Mensch mit Down-Syndrom zieht zu den Geschwistern oder die Geschwister ziehen in das Elternhaus; der Erwachsene mit Down-Syndrom zieht in eine Einrichtung; das Haus der Eltern wird an die Einrichtung verkauft oder übertragen mit der Bedingung, dass der Sohn oder die Tochter weiter darin leben und von den Betreuern der Einrichtung versorgt werden kann. Für viele unserer Patienten erwies sich die Möglichkeit, weiterhin im Haus der Familie leben zu können, als eine sehr gute Lösung. Der Mensch bleibt in seiner vertrauten Umgebung und hat eine Konstante und Kontinuität in seinem Leben. Das kann ihm in einer Zeit, in der er viele Veränderungen zu bewältigen hat, Halt geben.

Das Leben in einer anderen Umgebung kann ebenfalls Vorteile haben

Für erwachsene Menschen mit Down-Syndrom kann es auch einige Nachteile haben, noch zu Hause zu leben. Das Leben in einer Einrichtung oder einer eigenen Wohnung bietet durchaus bestimmte Vorteile. Wohnt man noch zu Hause, sind die größten Nachteile, dass man Gefahr läuft, isoliert zu werden und zu sehr von der Familie abhängig zu sein.

Manche Erwachsene mit Down-Syndrom werden zunehmend isoliert, wenn sie zu Hause bei den Eltern wohnen. Die einzigen Menschen, mit denen sie Kontakt haben und die nicht zur Familie gehören, sind dann vielleicht die Freunde der Eltern. Wenn die Eltern älter werden, verlassen sie das Haus wahrscheinlich weniger oft oder bekommen weniger Besuch, was zu Isolation führen kann.

Auch passiert es oft, dass der Erwachsene von der Familie stark abhängig wird. Die Vertrautheit mit den Vorgängen und die Gepflogenheiten in der Familie können zwar, wie zuvor besprochen, sehr positiv sein, dies kann sich jedoch auch negativ auswirken, wenn die Familienmitglieder ständig Aufgaben für ihren Angehörigen mit Down-Syndrom übernehmen, die er selbst erledigen könnte. So kann er bestimmte Fähigkeiten nicht entwickeln oder sie sogar wieder verlieren, wenn ihm die Familie zu viel abnimmt. Familien müssen sich oft gemeinsam bewusst anstrengen, um dem Erwachsenen mit Down-Syndrom zu helfen, bestimmte Fähigkeiten zu erlernen und weiterzuentwickeln. Tun sie dies nicht, erhält der Mensch mit Down-Syndrom eventuell nicht genügend Anregungen. Dies ist besonders dann problematisch, wenn er zu Hause schon ein isoliertes Leben führt.

Roger, 43, lebte mit seiner fast neunzigjährigen Mutter zusammen. Sie litt unter vielen gesundheitlichen Problemen, wodurch sie das Haus nur noch selten verlassen und nur selten an außerhäuslichen Aktivitäten teilnehmen konnte. Roger half seiner Mutter und war stolz darauf, dass er in der Lage war, sie so gut zu pflegen. Allerdings ging er dadurch keiner Arbeit nach, traf sich nicht mit anderen Menschen und nahm auch nicht an Veranstaltungen in seiner Gemeinde oder an sonstigen Freizeitaktivitäten teil. Als seine Mutter starb, zog Roger bei seiner Schwester ein, die ganz in der Nähe unserer Ambulanz wohnte (2400 Kilometer entfernt von Rogers früherem Zuhause).

Rogers Mutter und seine Familie hatten keine Vorkehrungen für die Zeit nach dem Tod der Mutter getroffen und seine Schwester konnte nicht wirklich für ihn sorgen. Ein großes Problem war, dass Roger im Zusammenleben mit seiner Mutter feste Gewohnheiten und Verhaltensmuster entwickelt hatte, die er nur schwerlich aufgeben konnte. So hatte er zum Beispiel sehr strenge und einseitige Ernäh-

rungsgewohnheiten, die nicht gesund waren. Roger zog schließlich in eine Einrichtung. Es dauerte mehrere Monate, bis er sich einigermaßen eingewöhnt hatte. Trotzdem entwickelte er eine Depression und musste mit Antidepressiva behandelt werden.

Rogers Situation zeigt eine Reihe möglicher Probleme, mit denen man sich befassen muss. Roger und seine Mutter hatten feste und zweckmäßige Gewohnheiten und Abläufe für ihr Zusammenleben entwickelt. Niemand befasste sich jedoch mit der Möglichkeit, dass Roger eines Tages ausziehen würde. Deshalb hatte sich auch nie jemand bemüht, Roger mehr Flexibilität anzugewöhnen.

und sehr hilfsbereiten und freundlichen Betreuern, aber es war dennoch eine weitere große Veränderung in seinem Leben.

Wir haben oft festgestellt, dass es für den Menschen mit Down-Syndrom von Vorteil ist (wie eine Mutter sagte), wenn „er umzieht, bevor er muss". Wenn die getroffenen Vorkehrungen lauten, dass der Mensch mit Down-Syndrom in eine Einrichtung zieht, wenn seine Eltern nicht mehr für ihn sorgen können oder sterben, sollte man überlegen, ob es nicht vorteilhafter ist, wenn er umzieht, bevor dies tatsächlich notwendig wird. Ein Vorteil ist, dass er dann nicht zur gleichen Zeit den Umzugsstress und den Tod seiner Eltern oder ihr Unvermögen, sich um ihn zu kümmern, bewältigen

Betreuerwechsel

Wir möchten den Wechsel von Betreuern in Einrichtungen ansprechen. Für Menschen, die in einem Wohnheim leben, sind die Betreuer fast so etwas wie eine Familie. Dies trifft vor allem dann zu, wenn der Betroffene keine anderen Familienangehörigen hat, die sich um ihn kümmern, aber es trifft auch bei Menschen zu, bei denen die Familie sehr involviert ist. Wenn ein Betreuer eine Einrichtung verlässt, ist dies für manche Menschen so, als würde sie ein Familienmitglied verlassen. Das kann eine traumatische Erfahrung sein. Wir haben uns oft gefragt, wie es für uns wohl wäre, wenn wir alle sechs Monate eine neue Familie bekämen. Wir verlangen von Menschen mit geringeren intellektuellen Fähigkeiten, mit größeren Änderungen in ihrem Leben fertig zu werden, als wir sie selbst bewältigen müssen und könnten. Die Herausforderung dabei ist, so viel Konstanz in der „Familie" wie möglich zu erreichen. Falls es aber dennoch zu einem Wechsel kommt, ist es wichtig, die daraus resultierende Stresssituation zu erkennen und den Betroffenen so gut wie möglich zu unterstützen.

Als Rogers Mutter starb, musste er mit ihrem Tod fertig werden, einen Umzug weit weg in eine andere Stadt verkraften und schließlich bei seiner Schwester leben, die sich nicht um ihn kümmern konnte. All diese Veränderungen fanden zeitgleich statt. Kurze Zeit später musste er einen weiteren Umzug verkraften, nämlich seinen Umzug in die Einrichtung. Zwar war es eine sehr schöne Einrichtung mit wenigen anderen Bewohnern

muss. Ein weiterer Vorteil ist zudem, dass es nicht zu einer Situation kommt, in der ganz dringend eine Entscheidung getroffen werden muss. Wenn es nämlich tatsächlich irgendwann soweit ist, dass die Eltern nicht mehr für ihn sorgen können, ist vielleicht kein Platz in der gewünschten Einrichtung oder keine passende Wohnung erhältlich. Dann muss man eine schnelle, oftmals übereilte Entscheidung treffen, die vielleicht noch mehrere

Umzüge nach sich zieht, weil man merkt, dass es nicht das Richtige war.

Alles wäre einfacher und beruhigender, wenn es eine schnelle und direkte Antwort auf die Frage gäbe, ob dieser oder jener der beste Ort für den Angehörigen mit Down-Syndrom ist. Leider gibt es diese Antwort nicht. Sie hängt von vielen und individuell verschiedenen Aspekten ab. Für einige Familien und Menschen mit Down-Syndrom wird die Situation noch schwieriger, wenn sie zwar eine Einrichtung oder Wohngruppe anstreben, aber keine passende finden. Dieser Punkt ist ebenfalls ein wichtiger Faktor bei der Entscheidung.

Die Familie und der Angehörige mit Down-Syndrom müssen sich überlegen, was ihnen besonders wichtig ist und welche Ziele oder Wünsche sie in Bezug auf die verfügbaren Möglichkeiten haben. In die Entscheidung werden unter anderem Aspekte wie Sicherheit, Unabhängigkeit, Weiterbildung und Weiterentwicklung, Besuchsmöglichkeiten der Familie, verfügbare Wohnumgebungen in der Nähe, die Möglichkeit, vielleicht unabhängig in einer eigenen Wohnung zu leben, verfügbare Unterstützung und Hilfe einbezogen. Die Wohnumgebung, die schließlich ausgewählt wird, soll den Wünschen und den Zielen der Familie und des Menschen mit Down-Syndrom so nahe wie möglich kommen. Aus diesem Grund kann es keine einzig richtige Antwort auf die Frage nach der besten Unterbringungsmöglichkeit geben, da die Entscheidung von der jeweiligen Situation abhängt und ganz individuell getroffen werden muss.

Ebenbürtige Freunde und Gefährten

Zusätzlich zur Familie brauchen Menschen mit Down-Syndrom auch ebenbürtige Freunde und Gefährten. Es ist durchaus erstrebenswert, die verschiedensten Freunde mit unterschiedlichen Interessen zu haben. Wir sollten jedoch immer daran denken, dass die meisten von uns Freunde mit ähnlichen Interessen und ähnlichen intellektuellen Fähigkeiten haben. Bei einer unserer Konferenzen stand einmal ein Teilnehmer auf und erklärte, dass Menschen mit Down-Syndrom zwar das Recht auf Integration haben, gleichzeitig aber auch auf eine Gemeinschaft, die sie sich selbst aussuchen.

Menschen mit Down-Syndrom werden heutzutage wesentlich besser in die Gesellschaft integriert (vor allem in der Schule), als das früher der Fall war. Es ist allerdings auch sehr wichtig, die Bedeutung von Freunden und Bekannten mit ähnlichen intellektuellen Fähigkeiten zu erkennen. Wenn Kinder mit Down-Syndrom älter werden und heranwachsen, werden sie und ihre Klassenkameraden sich eher bewusst, dass es doch einige Unterschiede zwischen ihnen gibt. Wir sagen damit nicht, dass diese Freundschaften begrenzt werden sollen, sondern wir sind der Meinung, dass nicht nur diese Freundschaften gefördert werden sollten, sondern auch Freundschaften mit Menschen mit ähnlichen intellektuellen Fähigkeiten. Wir haben die Erfahrung gemacht, dass einige Menschen mit Down-Syndrom sich ohne Freundschaften mit ebenbürtigen Menschen fühlen, als würden sie zwischen zwei Welten stehen und in keine richtig hineinpassen.

Wenn Menschen mit Beeinträchtigungen von anderen Menschen mit Beeinträchtigungen „ferngehalten" und nur mit Menschen ohne Behinderung zusammengebracht werden, werden sie, wie wir bei einigen unserer Patienten feststellen konnten, häufig mit Herausforderungen konfrontiert, die man so nicht vorhergesehen hatte. Dies könnte nämlich so ausgelegt werden, dass der Mensch sich nicht mit anderen behinderten Menschen abgeben sollte. Da er selbst eine Beeinträchtigung hat, führt dies unweigerlich zu Schwierigkeiten bei seiner eigenen Identitätsfindung. Wenn er nun andere Menschen mit Behinderungen nicht mögen soll, kann er sich selbst auch nicht mögen und schätzen. Für einige unserer Patienten entwickelte sich diese Problematik zu einer existenziellen Krise. In Kapitel 7 gehen wir noch näher darauf ein.

Ein Freundeskreis aus Menschen mit und ohne Behinderungen bereichert das Leben ungemein. Eine junge Frau mit Down-Syndrom sprach bei einer Konferenz, auf der wir auch einen Vortrag hielten, und beeindruckte uns sehr. Sie erzählte uns von ihrem „Rolodex." Für jeden Freund und Bekannten hatte sie eine Karte. Wenn sie eine Aktivität plante, ging sie ihren Rolodex so lange durch, bis sie die Personen fand, die an ihrer Aktivität teilnehmen sollten. Ihre Familie hat diese wunderbaren sozialen Fähigkeiten schon von klein auf unterstützt.

Freizeitgestaltung

Freizeitaktivitäten sind für Menschen mit Down-Syndrom ein sehr wichtiger Teil ihres Lebens. Sie tragen zu einem positiven Lebensgefühl bei und fördern die körperliche und geistige Gesundheit. Freizeitaktivitäten sind für die Gesundheit nicht nur förderlich, sondern sie spielen nach einer Erkrankung auch eine wichtige Rolle bei der Gesundung.

Es fördert das Wohlbefinden, erhöht das Selbstwertgefühl und hilft Menschen dabei, soziale Fähigkeiten zu entwickeln und zu verbessern, wenn sie die Möglichkeit haben, an Aktivitäten teilzunehmen, Hobbys zu haben, Reisen zu machen und Ereignissen in der Gemeinde beizuwohnen. Wir empfehlen, mit dem Menschen mit Down-Syndrom häufig anregende Aktivitäten zu unternehmen, bei denen man Körper und Geist fördert, wie beispielsweise ein Museumsbesuch. Menschen mit Down-Syndrom lernen oft von anderen, indem sie sich etwas abschauen. Manche sind wirklich großartige „Imitatoren". Deshalb ist es sehr motivierend, wenn Familie, Freunde und Betreuer an diesen Aktivitäten teilnehmen. Wir haben in unserer Ambulanz zum Beispiel eine Gruppe von Patienten, der auch eine der Betreuerinnen angehört. Sie nimmt an sportlichen Aktivitäten und Veranstaltungen über gesunde Ernährung teil und diskutiert danach das Gehörte mit unseren Patienten. Sie ist nicht einfach nur die Gruppenleiterin, sondern sie ist auch Teilnehmerin. Sie stellt für die anderen ein Beispiel dar und trägt somit sehr zum Erfolg dieser Gruppe bei.

Das Nachahmen von anderen kann bei Menschen mit Down-Syndrom jedoch auch gegenteilig wirken, es kann nämlich auch zu reduzierter Aktivität führen. Ein Beispiel:

Der Vater von Luke, einem 47 Jahre alten Mann mit Down-Syndrom, litt an einer schweren Lungenkrankheit und benötigte ständig Sauerstoff. Er ging nur noch selten aus dem Haus und saß die meiste Zeit im Schlafanzug in seinem Wohnzimmer. Weil der Vater nicht mehr so aktiv sein konnte, reduzierte Luke seine Aktivitäten ebenfalls. Beide hatten vorher immer viel miteinander unternommen. Luke wollte schließlich das Haus gar nicht mehr verlassen. Er saß ebenfalls die meiste Zeit im Schlafanzug im Wohnzimmer. Er ging sogar einen Schritt weiter als sein Vater, weil er nur blaue Schlafanzüge tragen wollte.

Reduziert ein Mensch seine Aktivitäten, ist dies nicht immer auf eine Krankheit in der Familie zurückzuführen. Da die Eltern mit dem Alter weniger aktiv sind und vielleicht auch weniger außer Haus gehen, übernimmt das der Angehörige mit Down-Syndrom – seine Aktivität nimmt ebenfalls ab. Er ist dann weniger an erfreulichen Ereignissen beteiligt und isoliert sich nach und nach von Freunden und Gefährten. Wir haben schon oft erlebt, dass dies Depressionen begünstigen kann. Ein weiteres Problem entsteht, wenn die Eltern demenzkrank werden. Wenn ein Elternteil unter Demenz leidet, werden nicht nur die körperlichen Aktivitäten reduziert, sondern es erfolgt auch nur noch wenig oder keine geistige Stimulation mehr.

Wes war 45, als seine Mutter an Alzheimer erkrankte. Obwohl ihre geistigen Fähigkeiten abnahmen, lebten sie weiterhin zusammen. Wes gab seinen Arbeitsplatz auf und nahm nicht mehr an außerhäuslichen Aktivitäten teil. Anfangs übernahm Wes die Rolle des Pflegers. Als ihm die Situation über den Kopf wuchs, begann er selbst abzubauen. Es schien dann fast so, als hätte er selbst Alzheimer. Später wurde jedoch klar, dass er eine Depression entwickelt hatte. Wes wurde psychologisch betreut und mit Antidepressiva behandelt. Er sprach auf die Behandlung an. Zudem wurde ihm zu Hause eine Hilfe zur Seite gestellt. Als es seiner Mutter immer schlechter ging, zog Wes schließlich in eine Einrichtung.

Wenn Menschen mit Down-Syndrom noch jung sind, erscheint es oft nicht so dramatisch, wenn sie nicht an Freizeitaktivitäten teilnehmen. Dies kann jedoch schwerwiegende Konsequenzen haben. Mit zunehmendem Alter, vor allem wenn die Schulzeit vorbei ist, werden immer weniger Aktivitäten angeboten. Deshalb ist es wichtig, dem Menschen dabei zu helfen, schon als Kind Fähigkeiten zu entwickeln, die ihm im Erwachsenenalter zugute kommen. Es ist wichtig, dass der Übergang von der Schule ins Erwachsenenleben genau geplant ist. Die sozialen Möglichkeiten müssen in diese Planung mit einbezogen werden. Jeder Mensch hat unterschiedliche Bedürfnisse. Deshalb muss man die Fähigkeiten und die persönlichen Vorlieben genau kennen, um ermitteln zu können, welche Aktivitäten für den Menschen mit Down-Syndrom am besten geeignet sind.

Es würde den Rahmen dieses Buches sprengen, wenn wir an dieser Stelle detailliert darauf eingehen würden, wie man Freizeitaktivitäten für Erwachsene mit Down-Syndrom am besten ausfindig macht und welche Aktivitäten sich am besten eignen. Wenn Sie jedoch besorgt sind, weil Ihr erwachsenes Kind zu wenige geistige und körperliche Anregungen erhält, können Sie vermutlich bei den folgenden Stellen Informationen über die Möglichkeiten in Ihrer Stadt erhalten:

- lokale Selbsthilfegruppe,
- Lebenshilfe-Verein in Ihrer Stadt,
- Vereine, die „Special Olympics"-Veranstaltungen organisieren,
- Volkshochschule (dort werden manchmal Kurse für Teilnehmer mit Behinderungen oder Entwicklungsstörungen angeboten),
- Sportvereine,
- Organisationen oder Einrichtungen, die Freizeitaktivitäten anbieten.

Arbeitsleben

Arbeit ist für viele Menschen ein wichtiger Teil des Lebens. Man verdient seinen Lebensunterhalt, aber Arbeit ist auch wichtig für das Selbstwertgefühl. Arbeit gibt dem Menschen das Gefühl, gebraucht zu werden und einen Platz in der Gesellschaft zu haben.

Genauso wichtig wie die Hilfestellung bei der Auswahl von Freizeitaktivitäten für Menschen mit Down-Syndrom ist auch die Auswahl des Arbeitsplatzes unter Berücksichtigung der persönlichen Präferenzen. Überhaupt die Möglichkeit zu haben, einen Arbeitsplatz auszuwählen und aktiv an der Entscheidung mitzuwirken, ist von enormer Bedeutung.

Cyrus, 24, hatte seinen Highschool-Abschluss gemacht und arbeitete in einer Werkstatt. Es schien ihm dort gut zu gehen. Nach einiger Zeit entwickelte er jedoch Verhaltensauffälligkeiten, die für die anderen eine große Herausforderung darstellten. Bis dato war er sehr umgänglich gewesen. Cyrus entwickelte Depressionen. Obwohl er sich sprachlich sehr gut ausdrücken konnte, war es für ihn schwierig, seine Gefühle mitzuteilen.

Mithilfe von psychologischer Beratung und Gesprächen mit seiner Familie konnte sich Cyrus schließlich mitteilen und sagte uns, dass er in der Werkstatt sehr unglücklich war. Er fragte sich immer wieder: „Ist das wirklich alles, was es gibt?" Er fühlte sich in dieser Werkstatt eingeschränkt und unterfordert. Seine Mutter hatte sehr hart dafür gekämpft, den Platz in dieser Werkstatt überhaupt zu bekommen, was es noch schwieriger für Cyrus machte, seine Unzufriedenheit mit seiner Situation zu vermitteln. Er war der Meinung, dass er an der Entscheidung, dort zu arbeiten, überhaupt nicht beteiligt worden war. Als das Problem endlich klar wurde, wechselte er in eine andere Werkstatt. Die Arbeit, die er dort ausführte, unterschied sich nicht wesentlich von seiner Arbeit in der vorherigen Werkstatt. Was aber den Unterschied ausmachte, war, dass er die Entscheidung selbst getroffen hatte. In seiner neuen Arbeitsumgebung war Cyrus nun viel zufriedener.

Wie alle Menschen haben auch Erwachsene mit Down-Syndrom verschiedene Interessen. Einige fühlen sich in einem Job wohl, in dem sie Tätigkeiten und Abläufe ständig wiederholen müssen, weil dies ihrem Bedürfnis von Ordnung und geregelten Abläufen entgegenkommt. Andere benötigen das Gefühl, gebraucht zu werden, und erreichen dies, wenn sie Dinge für andere tun können. Manche Menschen mit Down-Syndrom haben den Wunsch und die Fähigkeiten, einen Job auf dem freien Arbeitsmarkt zu übernehmen. In solchen Jobs arbeiten nur wenige andere Menschen mit verminderten intellektuellen Fähigkeiten. In diesen Fällen wird jedoch mehr Wert auf eine interessante Arbeit gelegt als auf das Bedürfnis, sich am

Arbeitsplatz mit ebenbürtigen Kollegen auszutauschen. Für andere ist eine Arbeitsumgebung besser, in der noch andere Menschen mit einer geistigen Behinderung arbeiten. Diese Arbeitsstellen können manchmal weniger interessant erscheinen. Für manche Menschen mit Down-Syndrom mag solch eine Arbeitsstelle jedoch attraktiver sein als ein Job auf dem freien Arbeitsmarkt, weil das Wichtigste für sie vielleicht der Austausch mit ebenbürtigen Kollegen ist. All das hängt aber von den persönlichen Präferenzen ab.

Eine Arbeitsstelle zu haben oder einer Freizeitaktivität nachzugehen ist im Idealfall mehr, als nur „etwas zu tun zu haben". Arbeiten bietet auch die Gelegenheit zum Lernen und der Mensch bekommt das Gefühl, etwas erreicht zu haben und etwas wert zu sein. Die richtige Arbeitsstelle muss jedoch den Fähigkeiten und den Möglichkeiten des Menschen mit Down-Syndrom entsprechend ausgewählt werden, damit er ein Betätigungsfeld hat, in dem er lernen und sich weiterbilden kann, etwas leisten und auch etwas erreichen kann. Selbstverständlich muss er richtig ausgebildet werden und der Arbeitsplatz sollte entsprechend organisiert sein, damit er seine Arbeit auch erfolgreich ausführen kann.

Barb, eine junge Frau mit Down-Syndrom, machte ihren Job als „Bagger" (eine Angestellte in einem großen Supermarkt, die für die Kunden an der Kasse die Einkäufe in Tüten packt) sehr, sehr gut. Sie kannte und befolgte alle Regeln („Brot nach oben", „mit Eiern vorsichtig umgehen") und führte ihre Arbeit wirklich hervorragend aus. Zu ihren Aufgaben gehörte allerdings auch, dass sie die Ware in den Regalen von hinten nach vorne räumen sollte, damit sie für die Kunden besser sichtbar und erreichbar ist. In einem großen US-amerikanischen Supermarkt mit Hunderten von Quadratmetern kann dies eine schier unlösbare Aufgabe sein. Dieser Schwierigkeit war sich der Manager des Supermarkts bewusst und er half Barb, die Aufgabe in kleine Teilaufgaben zu unterteilen. So erledigte Barb auch dies hervorragend. Viele ihrer Kollegen fanden diese Arbeit langweilig, weil es immer dasselbe war, aber Barb führte sie sehr ordentlich und präzise aus.

Eines Tages löste ein neuer Manager ihren vorherigen Chef ab und zeigte überhaupt kein Verständnis für Barbs Bedürfnis, diese große Aufgabe in kleinen Teilschritten zu erledigen. Er sagte nur zu ihr: „Räume die Regale auf." Barb war damit überfordert, weil sie auf einmal vor einer so großen Aufgabe stand. Sie war wie erstarrt und konnte auch nicht mehr die Aufgaben ausführen, die sie vorher so gut erledigt hatte. Der neue Manager glaubte, dass sie sich ihm widersetzen wollte, und kündigte ihr schließlich.

Eine interessante Arbeitsstelle mit guter Bezahlung ist ein wunderbares und auch erreichbares Ziel für viele Menschen mit Down-Syndrom. Natürlich gibt es auch Menschen, die dieses Ziel aufgrund ihrer Fähigkeiten nicht erreichen können. Vielleicht ist der passende Job auch gerade nicht verfügbar. Wenn keine geeignete Arbeit gefunden werden kann, empfehlen wir, die Fähigkeiten und die Möglichkeiten des Menschen mit Down-Syndrom neu zu überdenken. Dazu kann auch die Entscheidung gehören, vielleicht eine geringere Bezahlung in Kauf zu nehmen oder die Bezahlung zumindest nicht als eine der ersten Prioritäten zu sehen. Einige unserer Patienten haben ihre Prioritäten zusammen mit ihren Familien neu geordnet und entschieden, eine ehrenamtliche Tätigkeit anstelle eines bezahlten Jobs oder zusätzlich zu einem Job auszuführen. Viele Menschen bekommen durch ehrenamtliche Arbeit das Gefühl, etwas zu leisten, und stärken dadurch ihr Selbstwertgefühl. In einem ehrenamtlichen Job lernt man oft viele Dinge, die man später in einer bezahlten Stelle anwenden kann. Ehrenamtliche Tätigkeiten bringen die Person auch in Kontakt mit anderen Menschen in der Gemeinde, was eventuell zu neuen Arbeitsmöglichkeiten führen kann. Weitere Informationen zum Arbeitsleben finden Sie in Kapitel 7 über das Selbstwertgefühl.

Die Auswahl geeigneter Aktivitäten

Es kann sehr schwierig sein, Entscheidungen bezüglich Arbeitsplatz, Freizeitaktivitäten und Unterbringung zu treffen, weil man sich oft fragt, ob man die richtige Entscheidung getroffen hat. Wird der Erwachsene mit Down-Syndrom in seiner Weiterentwicklung und Selbstständigkeit unterstützt? Ist er dort gut aufgehoben? Hat er die Fähigkeiten, um dort erfolgreich zu sein? Dies sind schwierige Fragen, die man sich zwangsläufig bei der Entscheidungsfindung stellt.

Es ist sehr wichtig, dass man schon als Kind eine gewisse Selbstständigkeit erlernt. Sicher sind wir alle nicht vollkommen unabhängig, sondern hin und wieder auf andere angewiesen. Bei Menschen mit Down-Syndrom ist es jedoch so, dass sie ihr Leben lang viel mehr auf andere angewiesen sein werden. Für Familien und Betreuer ist es ein wichtiges Ziel, den Menschen mit Down-Syndrom dabei zu unterstützen, so selbstständig wie möglich zu werden. Er sollte täglich die Möglichkeit haben, neue Fähigkeiten zu entwickeln. Auch muss darauf geachtet werden, dass man realistische Erwartungen von der Person mit Down-Syndrom hat.

Es ist durchaus eine große Herausforderung, jemandem dabei zu helfen, so selbstständig wie möglich zu werden. Bestimmte Fähigkeiten und Tätigkeiten müssen eingeübt und regelmäßig überprüft werden, um die Erwartungen entsprechend anzupassen und dem Menschen einen angemessenen Umfang an Unabhängigkeit zu gewähren. Sicherheit ist ebenfalls ein Thema.

Schon während der Kindheit sollten das Erlernen und das Üben von Tätigkeiten des täglichen Lebens sowohl in der Schule als auch zu Hause unterstützt und später im Erwachsenenalter weitergeführt werden. Erwachsene mit Down-Syndrom können ihr ganzes Leben lang lernen. Das Erlernen von Fähigkeiten sollte nicht nur Abläufe einer Tätigkeit umfassen (wie zum Beispiel Zähne putzen, Geschirr spülen, mit öffentlichen Verkehrsmitteln fahren). Um wirklich selbstständig zu werden, muss der Mensch lernen, seine Zeit und seine Aktivitäten zu planen und zu organisieren. Dies ist für Menschen mit Down-Syndrom oft die größere Herausforderung. Vielen unserer Patienten hilft es, mit Terminplänen und Kalendern zu arbeiten. Einige kommen besser zurecht, wenn Bilder der Aktivitäten anstelle von Worten verwendet werden. Auch wenn viele von ihnen lesen können, ist es für sie doch einfacher, Terminpläne und Kalender mit Bildern zu verwenden. Fotos sind oft besser als schematische Zeichnungen. Kalender und Terminpläne können leicht zu Hause hergestellt werden. Es gibt aber auch Software, die man dafür einsetzen kann.

In der Schule und bei der Arbeit werden die Fähigkeiten eines Menschen immer wieder beurteilt. Familien machen dies bei ihren Angehörigen normalerweise weniger formell. Die Beurteilung der Fähigkeiten ist jedoch äußerst wichtig, weil man anhand der regelmäßigen Überprüfungen feststellen kann, ob der Mensch für weitere Schritte und eine größere Selbstständigkeit bereit ist.

Sicherheitsbedenken können für einen Menschen mit Down-Syndrom, der Selbstständigkeit erlernen möchte, ein großes Hindernis darstellen. Sicherheitsbedenken machen es nicht nur logistisch gesehen schwieriger, eine Person dabei zu unterstützen, selbstständiger zu werden, sie bewirken auch, dass es Familien und Betreuern schwerer fällt, Selbstständigkeit überhaupt zuzulassen. Wir haben schon oft festgestellt, dass Bedenken seitens Familien und Betreuern, was die Sicherheit des Menschen mit Down-Syndrom betraf, ihn daran hinderten, selbstständiger zu werden. Dieses Problem muss offen diskutiert werden, damit Familien, Lehrer, Betreuer und andere Fachkräfte Strategien entwickeln, um mit ihren Bedenken besser umgehen zu können. Ergotherapeuten können oftmals dabei helfen, die Fähigkeiten des Menschen zu beurteilen und Möglichkeiten zu entwickeln, wie die Selbstständigkeit verbessert werden kann.

Zu wenig Selbstständigkeit ist ein großes Problem. Es steht der weiteren Entwicklung im Wege und kann zu Frustrationen führen. Zu viel Selbstständigkeit ist auch problematisch. Der Mensch kann überfordert sein und seine Aufgaben und Tätigkeiten weniger gut ausführen, als er das gemäß seiner Fähigkeiten eigentlich könnte. In dem Abschnitt „Das Dennis-Prinzip" (siehe rechts) erläutern wir dies detailliert.

Erwartungen können große Auswirkungen auf die Fähigkeiten eines Menschen haben, so selbstständig wie möglich zu werden. Sind die Erwartungen zu niedrig, können sie seiner weiteren Entwicklung im Wege stehen. Sind sie zu hoch, können sie zu Verwirrung führen und dazu, dass der Mensch einfach „zumacht" oder viele Dinge gar nicht mehr versucht. Dies kann eine Depression (in Kapitel 14 beschrieben), zwanghafte Langsamkeit (in Kapitel 16 beschrieben) oder sogar eine psychische Störung zur Folge haben.

Wir möchten noch einmal betonen, dass regelmäßige Einschätzungen der Fähigkeiten notwendig sind, um angemessene Erwartungen zu formulieren. Der nächste Schritt wäre dann die Anpassung der Erwartungen an die Veränderung oder die Weiterentwicklung der Fähigkeiten des Menschen mit Down-Syndrom. Ziel ist es, angemessene Erwartungen zu entwickeln und sie nach oben zu korrigieren, wenn sich die Person weiterentwickelt. Wie bereits gesagt, gilt es hier, eine Balance zwischen angemessenen Erwartungen und Sicherheitsbedenken zu finden. Manchmal ist es auch notwendig, dass die Person quasi „fällt und sich die Knie aufschrammt", also eine weniger gute Erfahrung macht, um daraus zu lernen, sich entsprechend weiterzuentwickeln und möglichst optimale Fähigkeiten zu erlangen.

Das Dennis-Prinzip

Im Wirtschaftsleben lautet das Peter-Prinzip: „In einer Hierarchie neigt jeder Beschäftigte dazu, bis zu seiner Stufe der Unfähigkeit aufzusteigen." Bei vielen unserer Patienten haben wir ein ähnliches Phänomen beobachtet. Wir nannten es das Dennis-Prinzip (aber nicht weil Dr. Dennis McGuire eine Position besetzt, für die er nicht qualifiziert ist, sondern weil er der Erste war, der dieses Phänomen beschrieben hat).

Einige unserer Patienten mit Down-Syndrom wurden nach und nach in eine immer weniger unterstützte Wohn- oder Arbeitsumgebung „befördert", bis sie in eine Situation gelangten, mit der sie überfordert waren, weil sie dafür nicht die entsprechenden Fähigkeiten mitbrachten. Wir haben zwar oft gesehen, dass sie die Aufgaben in dieser Situation an sich bewältigen können. So können sie zum Beispiel für sich zu Hause kochen und auch ihre Aufgaben an ihrem Arbeitsplatz meistern. Es fehlt ihnen jedoch an Strategien, wie sie diese Aufgaben ohne Anweisung oder Anleitung erledigen können. Wenn sie ein Niveau erreichen, auf dem sie überfordert sind, kann das emotionale Probleme verursachen und dazu führen, dass sie auch die eigentliche Aufgabe nicht mehr bewältigen können.

Manchmal fehlt dem Erwachsenen einfach die Fähigkeit, selbst etwas in Angriff zu nehmen. Manchmal drehen sich die Schwierigkeiten um zwischenmenschliche Probleme oder um den Umgang mit Zimmernachbarn. Viele wissen nicht, wie sie ihre Freizeit nutzen sollen. Sie sind nicht in der Lage, sich für eine Aktivität zu entscheiden oder mit einer Aktivität zu beginnen, wenn diese nicht strukturiert vorgegeben ist. Dies kann zu Isolation und Frustration führen. Einige Menschen werden sehr unglücklich, wenn sie zu viel Zeit haben, in der sie nichts zu tun haben. Es fehlt ihnen die Fähigkeit, diese Zeit für sich sinnvoll zu nutzen und sich während dieser Ruhezeiten auf gesunde Weise zu entspannen.

Wenn diese Probleme nicht angesprochen werden, kann die Situation zu einer Stresssituation ausarten und letztendlich zu Depressionen führen. Wir kennen einige Menschen, die so überfordert waren, dass ihre Fähigkeiten in den verschiedensten Bereichen allmählich nachließen. Das ging so weit, dass sie auch Aufgaben nicht mehr ausführen konnten, die sie vorher erledigten.

In Kapitel 7 berichten wir von drei Frauen, die lange aufblieben, sich Filme anschauten und sehr viel dabei aßen. Sie waren depressiv, erschöpft und konnten die Aufgaben an ihrem Arbeitsplatz nicht mehr bewältigen. Bei einer dieser Frauen ließen die Fähigkeiten so sehr nach, dass ihre Betreuer vermuteten, dass sie an Alzheimer erkrankt sei. Diese Frauen verfügten zwar über viel Freizeit, hatten aber bei der Wahl ihrer Freizeitaktivitäten keine glückliche Hand bewiesen. Das wurde mit ihnen, ihren Familien und den Betreuern ihrer Einrichtung besprochen. Sie bekamen mehr Hilfestellung bei der Gestaltung ihrer Freizeit und erlangten nach und nach ihre alten Fähigkeiten wieder.

Manchmal reicht es schon, wenn man einem Menschen dabei hilft, seinen eigenen Tagesablauf aufzuschreiben. Ein Beispiel:

Brad, 25, hat früher sehr viel Sport getrieben und in einigen Sportarten ansehnliche Erfolge erzielt. Als er in unserer Ambulanz vorstellig wurde, machte er keinen Sport mehr. Er hatte zugenommen und schlief während der Arbeit öfter ein. Auch hatte er Probleme mit seinem Mitbewohner.

Brad war vor kurzem von zu Hause ausgezogen und mit einem Mitbewohner zusammen in eine Wohnung gezogen. Zu Hause hatte er nach der Arbeit gekocht, aufgeräumt und dann an verschiedenen Freizeitaktivitäten teilgenommen. Als er in seiner neuen Wohnung wohnte, nahm er nur noch an sehr wenigen Aktivitäten teil und seine Schlampigkeit führte zu Konflikten mit seinem Mitbewohner. Nach einigen Wochen war das Problem gelöst. Für ihn wurde ein schriftlicher Tagesablauf entwickelt. Nun bewältigte er alle Aufgaben auf dem Ablaufplan mit großer Freude. Er war aber nicht in der Lage gewesen, selbst einen Tagesablauf zu erstellen. Er brauchte dazu Hilfe und schließlich einen schriftlichen Plan, den er befolgen konnte. (Als er noch bei seiner Familie lebte, konnte er sich an der Familienstruktur und Hinweisen aus seiner Familie orientieren und wusste so, was er wann zu tun hatte.) Wie viele andere Menschen mit Down-Syndrom braucht auch Brad Beständigkeit und Wiederholung (siehe Kapitel 9, Der Groove und Flexibilität). Er fühlte sich nun unterstützt und konnte seinen neuen Tagesplan, den er zusammen mit seinem Betreuer erstellt hatte, nun mit Leichtigkeit befolgen.

Das Dennis-Prinzip weist darauf hin, dass es nicht ausreicht, die Alltagsfähigkeiten eines Menschen daran zu bemessen, wie er bestimmte Aufgaben erfüllt. Man sollte ebenso auf die Fähigkeit achten, eine Aktivität selbst zu initiieren (dies gilt auch für Freizeitaktivitäten oder Möglichkeiten, sich zu erholen) sowie einzuschätzen, wie oft die Person daran erinnert werden muss. Diese Aufforderungen müssen nicht unbedingt von anderen kommen. Der Erwachsene mit Down-Syndrom wird sogar eine größere Selbstständigkeit erlangen, wenn er nicht dauernd von anderen an bestimmte Aktivitäten erinnert werden muss. Gedruckte oder bebilderte Tagesablaufpläne oder Kalender sind deshalb für viele Menschen sehr hilfreich. Der Erwachsene kann so im emotionalen und zwischenmenschlichen Bereich mehr Verantwortung für sich selbst übernehmen, vor allem wenn er in eine Umgebung umzieht, in der er selbstständiger sein muss. Das Dennis-Prinzip betont auch, wie wichtig es ist, die Fähigkeiten des Menschen mit Down-Syndrom genau zu beurteilen und, wenn notwendig, der Person dabei zu helfen, die Verantwortung für die jeweiligen Bereiche seines Lebens zu übernehmen. Die Bedürfnisse und die Fähigkeiten des Menschen sollten überprüft werden, bevor man seine Situation verändert. Sie sollten noch einmal überprüft werden, wenn die Veränderung (zum Beispiel der Umzug) abgeschlossen ist, damit keine Stresssituationen entstehen und die Person sich erfolgreich an die neue Situation gewöhnen und anpassen kann.

Fazit

Familie und Freunde werden als die wichtigsten Menschen in unserem Leben angesehen. Für Menschen mit Down-Syndrom ist die Interaktion mit Familie und Freunden genauso wichtig. Es ist von enormer Bedeutung, die Entwicklung solcher Beziehungen schon von klein auf zu fördern und zu unterstützen.

Entscheidungen darüber, wo der Erwachsene mit Down-Syndrom leben soll, an welchen Freizeitaktivitäten er teilnimmt, welche Arbeitsstelle für ihn in Frage kommt, müssen sorgfältig überlegt und genau abgewogen werden. Hierbei sollte man darauf achten, dass der Erwachsene sich mit den Entscheidungen wohlfühlt, damit seine psychische Gesundheit nicht gefährdet wird.

4 Was ist normal?
Down-Syndrom-spezifisches Verhalten verstehen

Ist dieses Verhalten ‚normal'?" „Warum tut mein Sohn das?" „Machen das andere Menschen mit Down-Syndrom auch?" Diese Fragen stellen uns Familien und Betreuer von Menschen mit Down-Syndrom sehr häufig.

Zwar können die in Kapitel 1 beschriebenen Untersuchungen Antworten auf solche Fragen geben, uns ist aber dennoch bewusst, dass es nicht immer machbar ist, die psychische Gesundheit eines Menschen untersuchen zu lassen. Manchmal sind keine spezialisierten Ärzte in der Nähe, die diese Fragen beantworten können, und manchmal möchte man sich einfach nur vergewissern, dass der Sohn oder die Tochter gesund ist, ihn oder sie aber nicht noch zusätzlich und so umfangreich untersuchen lassen.

Dieses Kapitel soll Ihnen dabei helfen, das Verhalten eines Menschen auf dem Kontinuum von normal bis abnorm anzusiedeln und damit richtig zu deuten sowie die häufigen Stärken und Schwächen und die Eigenschaften, die viele Menschen mit Down-Syndrom gemeinsam haben, als solche zu erkennen, denn all diese Faktoren müssen bei der Beurteilung, ob ein bestimmtes Verhalten für einen Menschen mit Down-Syndrom „normal" ist, in Betracht bezogen werden.

Normales Verhalten im Vergleich zu abnormem Verhalten

Abnormes oder auch von der Norm abweichendes Verhalten und psychische Probleme sind klar definiert. In dem von der American Psychiatric Association herausgegebenen *Diagnostischen und Statistischen Manual Psychischer Störungen*, 4. Ausgabe (DSM-IV), werden die in den Vereinigten Staaten von Amerika angewandten diagnostischen Kriterien genau beschrieben. In anderen Ländern werden vergleichbare Kriterien zugrunde gelegt, die unter dem Titel ICD-10, Internationale Klassifikation von Krankheiten (*International Classification of Diseases*), geführt werden. Kapitel V befasst sich mit Psychischen und Verhaltensstörungen (F00 – F99). Um eine psychische Störung diagnostizieren zu können, muss der Betroffene über einen gewissen Zeitraum eine bestimmte Anzahl an Symptomen aufweisen, die für die jeweilige psychische Störung aufgelistet sind. Bei jeder Diagnosestellung besteht jedoch Raum für Interpretationen. Die klinische Untersuchung ist von zentraler Bedeutung, denn der untersuchende Arzt bestimmt nach seinem Ermessen, inwiefern das Verhalten des Patienten den jeweiligen Kriterien entspricht.

Die DSM-IV-Kriterien sind weniger eindeutig, wenn Patienten mit geistigen Beeinträchtigungen beschrieben werden sollen, da sie ursprünglich für Personen ohne geistige Beeinträchtigungen erstellt wurden. Das typische (oder normale) Verhalten, der Entwicklungsstand, die Kommunikationsfähigkeit und andere Aspekte eines Menschen mit Down-Syndrom unterscheiden sich von denen eines Menschen ohne geistige Beeinträchtigung. Deshalb bedarf es bei der Diagnosestellung bei Menschen mit Down-Syndrom einer Anpassung der Kriterien beziehungsweise muss das Verhalten unter Berücksichtigung vieler Faktoren beurteilt werden.

Aus diesem Grund müssen Verhaltensweisen von Menschen mit Down-Syndrom auf dem Kontinuum von normalem zu abnormem Verhalten betrachtet werden, vor allem wenn beurteilt werden soll, ob sie dem Kriterium „abnorm" entsprechen. Am Ende des Spektrums ist das eindeutig abnorme Verhalten angesiedelt, während am Anfang des Spektrums das eindeutig normale Verhalten liegt. Dazwischen befindet sich der Raum für Interpretationen. So kann ein Verhalten in einem Kontext normal sein, während es das in einem anderen Kontext eindeutig nicht ist. Für einen erwachsenen Menschen ist es zum Beispiel normal, wenn er als Reaktion auf den Tod eines geliebten Menschen sehr traurig ist und weint, es ist aber nicht normal, wenn er öfter am Tag in Tränen ausbricht, weil Kleinigkeiten nicht so klappen, wie sie sollten.

Das Entwicklungsalter

Um bestimmte Verhaltensweisen zu beurteilen, werden sie auf dem Kontinuum angesiedelt. Hierbei muss zuerst definiert werden, was normal oder typisch ist. Bei der Definition von „normal" müssen mehrere Aspekte berücksichtigt werden. Dabei ist es von zentraler Bedeutung, den Entwicklungsstand des Menschen angemessen einzuschätzen.

Psychologische Tests (einschließlich IQ-Tests) sind bei Menschen mit Down-Syndrom oft Teil einer Untersuchung. Am Schluss eines schriftlichen Arztberichts wird häufig das Entwicklungsalter festgehalten (zum Beispiel sechs Jahre und sieben Monate). Das Entwicklungsalter bezeichnet das Alter unter Bezugnahme auf die körperliche und geistige Entwicklung im Vergleich zum Durchschnittsniveau Gleichaltriger. Hier wird bei der Beurteilung dessen, was für den Menschen normal ist, angesetzt. In den nächsten Kapiteln werden wir noch näher darauf eingehen, dass es in jedem Entwicklungsalter Verhaltensweisen gibt, die als normal bezeichnet werden können.

Diese für das jeweilige Entwicklungsalter typischen Verhaltensweisen sind allerdings für eine Person ohne eine intellektuelle Beeinträchtigung in dem gleichen chronologischen Alter nicht normal. So ist es zum Beispiel völlig normal, dass ein vierjähriges Kind Freunde erfindet, mit denen es interagiert. Im Alter von vier Jahren bestand eine unserer Töchter regelmäßig darauf, den Tisch für Barney, den Dinosaurier, mit zu decken. Wenn ein vierjähriges Kind ein solches Verhalten zeigt, würde man das nicht als psychische Störung ansehen. Würde aber ihr Vater darauf bestehen, Barney zum Essen einzuladen, würde man sein Verhalten anders einschätzen und behandeln.

Um bestimmte Verhaltensweisen angemessen beurteilen zu können, muss man verstehen, wer der Mensch ist und welchem Alter sein derzeitiger Entwicklungsstand entspricht. Befindet sich der Mensch zum Beispiel auf dem geistigen Entwicklungsstand eines Siebenjährigen und zeigt Verhaltensweisen, die für einen Siebenjährigen normal sind, kann man sein Verhalten als normal und für seinen Entwicklungsstand als angemessen ansehen. Es ist zum Beispiel völlig normal, dass kleine Kinder Selbstgespräche führen und Freunde erfinden. Für einen 23-jährigen Menschen mit Down-Syndrom ist es ebenso normal, Selbstgespräche zu führen, wenn er auf dem Entwicklungsstand eines kleinen Kindes ist. Die meisten unserer erwachsenen Patienten mit Down-Syndrom sind auf dem Entwicklungsstand eines Kindes im Alter zwischen vier und elf bis zwölf Jahren. Um zu beurteilen, ob das Verhalten eines Menschen mit Down-Syndrom normal ist oder nicht, sollte man wissen, auf welchem Entwicklungsstand sich der Mensch befindet und welche Verhaltensweisen für dieses Entwicklungsalter angemessen sind.

Eines sollten Sie jedoch unbedingt beachten, wenn Sie den Entwicklungsstand eines Menschen mit Down-Syndrom beurteilen: Vergessen Sie nicht, dass diese Einschätzung einen Durchschnitt von verschiedenen Persönlichkeitsbereichen eines Menschen zeigt. Wenn Sie Ihren Kopf in die Gefriertruhe und gleichzeitig Ihre Füße in den Ofen stecken, wird Ihre durchschnittliche Körpertemperatur wahrscheinlich auch normal sein. Sie werden sich aber ziemlich unwohl fühlen. Eine durchschnittliche Einschätzung kann irreführend sein. Zwar kann das Entwicklungsalter eines Menschen mit fünf Jahren und sechs Monaten festgelegt werden, einige Bereiche seiner Persönlichkeit entsprechen jedoch vielleicht eher einem Alter von vier Jahren, während andere eventuell einem höheren Entwicklungsalter oder sogar möglicherweise dem chronologischen Alter entsprechen. Entscheidend ist, dass der Fokus nicht nur auf dem Entwicklungsalter liegt, sondern dass man den Menschen mit all seinen verschiedenen Persönlichkeitsbereichen betrachtet. So können die sozialen Fähigkeiten denen eines Vierjährigen entsprechen, die sozialen Erwartungen aber denen eines 22-Jährigen. Viele Fähigkeiten können denen eines 13-Jährigen gleichen, das Urteilsvermögen aber eher dem eines siebenjährigen Kindes entsprechen. Zieht man dies nicht in Betracht, können die Erwartungen an den Menschen zu hoch oder zu niedrig sein. Es ist durchaus eine große Herausforderung, die vielfachen Bereiche in der Persönlichkeit eines Menschen mit Down-Syndrom verstehen zu lernen und dem Menschen dabei zu helfen, jeden dieser Bereiche optimal weiterzuentwickeln. Sie werden dabei jedoch nur Erfolg haben, wenn Sie eben nicht nur das durchschnittliche Entwicklungsalter, sondern alle Aspekte seiner Fähigkeiten und Fertigkeiten betrachten.

Wenn man einen Menschen mit Down-Syndrom dabei unterstützen möchte, seine Fähigkeiten optimal zu entwickeln, muss man sein Entwicklungsalter ermitteln. Dies kann anhand von psychologischen Tests geschehen. Allerdings sollte man darauf achten, dass alle Bereiche des Menschen betrachtet und die Verhaltensweisen und Merkmale verstanden werden, die für jeden Entwicklungsstand typisch sind.

Syndromspezifische Charakteristika

Robert, ein 36-jähriger Mann mit Down-Syndrom, kam zum ersten Mal zu uns in die Ambulanz. Als wir seine Familiengeschichte besprachen, fing er plötzlich an zu weinen, weil sein Vater verstorben war. Im weiteren Gespräch fanden wir heraus, dass sein Vater bereits vor 15 Jahren verstorben war. Robert hatte ein ausgezeichnetes Gedächtnis und für ihn gab es kaum einen Unterschied zwischen „vor ein paar Wochen" und „vor mehreren Jahren". Wie für viele Menschen mit Down-Syndrom ist es für ihn schwierig, Zeit zu verstehen. Da uns dies bekannt war, konnten wir Robert trösten, ihn etwas aufbauen und das Gespräch fortsetzen. Wir mussten keine anhaltende oder verlängerte Trauer oder gar eine Depression diagnostizieren.

Wie bereits erwähnt, müssen das Entwicklungsalter und viele Bereiche in der Persönlichkeit des Menschen berücksichtigt werden, um beurteilen zu können, ob ein bestimmtes Verhalten für einen Menschen mit Down-Syndrom normal ist. Zuerst muss man natürlich bedenken, dass der Mensch das Down-Syndrom hat, und die typischen und syndromspezifischen Verhaltensweisen berücksichtigen. Allerdings sollte man dabei vorsichtig sein und das Down-Syndrom nicht als einzigen Aspekt betrachten. Viele Familien haben uns erzählt, ihnen wurde stets gesagt, dass es durch das Down-Syndrom bedingt sein müsse, wenn ihr Familienmitglied eine Verhaltensänderung zeigte. Oftmals teilten sie ihre Bedenken einem Arzt mit, der aber lediglich feststellte: „Das kommt vom Down-Syndrom", und sie dann höflich verabschiedete. Dieser Ansatz ist weder richtig noch hilfreich. Es reicht auch nicht, die Verhaltensänderung nur darauf zu schieben, dass der Mensch aufgrund des Down-Syndroms eine intellektuelle Beeinträchtigung hat.

Viele Verhaltensweisen treten bei Menschen mit Down-Syndrom häufiger auf als bei anderen. Sie werden in diesem Zusammenhang als normal angesehen. In diesem Abschnitt erläutern wir eine Reihe von Merkmalen und Verhaltensweisen, die Menschen mit Down-Syndrom häufig zeigen, die aber *keinen* Hinweis auf eine psychische Störung darstellen. Diese Merkmale und Verhaltensweisen sind:

- Gefühlsreaktionen, die nicht dem chronologischen Alter, sondern dem Entwicklungsalter entsprechen,
- verzögerte Sprachentwicklung,
- Selbstgespräche (laut mit sich selbst sprechen; manche Forscher nennen dies auch „Privatsprache"),
- die Vorliebe für Routine und Rituale und

dafür, dass Dinge immer gleich bleiben und gleich gemacht werden; feste Verhaltensmuster,
- mangelnde Flexibilität,
- Schwierigkeiten bei konkretem Denken,
- mangelndes Zeitverständnis,
- langsamere Verarbeitungsgeschwindigkeit,
- bestimmte Gedächtnisstärken und -schwächen.

Gefühlsreaktionen, die dem Entwicklungsalter entsprechen

„Menschen mit Down-Syndrom sind immer glücklich." Das ist zwar ein gängiges Klischee, es ist aber nicht wahr. Daraus folgert man nämlich ebenfalls falsch, dass Menschen mit Down-Syndrom keinen Stress in ihrem Leben haben (weshalb sie immer glücklich sein können). In Wirklichkeit können Menschen mit Down-Syndrom eine große Spanne an Gefühlen empfinden. Ihre Gemütsbewegungen spiegeln ihre innersten Gefühle und die Stimmung ihrer Umgebung wider. Manchmal ist eine Gemütsbewegung das Ergebnis des Stresses, den die Person empfindet.

Die Auffassung, dass Menschen mit Down-Syndrom immer glücklich sind, bewirkt ein positives Bild von Menschen mit Down-Syndrom. Zwar mag das angesichts der negativen Klischees von Vorteil sein, es führt jedoch auch dazu, dass unrealistische Erwartungen an das Verhalten des Menschen gestellt sowie Verhaltensweisen zudem oft falsch interpretiert werden, weil Menschen mit Down-Syndrom oft Schwierigkeiten dabei haben, ihre Gefühle verbal auszudrücken. In Kapitel 6 gehen wir näher darauf ein. Wir haben oft erlebt, dass Familien sehr besorgt sind, wenn ihr Angehöriger mit Down-Syndrom nicht glücklich ist. Eben weil das Bild vorherrscht, dass alle Menschen mit Down-Syndrom immer glücklich sind, nehmen viele Leute an, dass mit dem Menschen etwas nicht stimmt, wenn er nicht glücklich ist.

Menschen mit Down-Syndrom können eine große Spanne an Gefühlen empfinden. Man könnte vermuten, dass sie kleiner ist, sie ist aber tatsächlich größer. Menschen mit Down-Syndrom können Traurigkeit, Glück, Ärger, Gleichgültigkeit und andere gängige Emotionen ausdrücken. Unsere Patienten sind meist sehr ehrlich, was ihre Gefühle anbelangt. Sie zeigen oder übertreiben sogar das, was sie gerade fühlen. Dies kann sehr positiv sein, weil die Kommunikation mit anderen Menschen dadurch erleichtert werden kann. Es kann aber auch dazu führen, dass taktlose Bemerkungen fallen oder ein sozial unangemessenes oder nicht akzeptables Verhalten an den Tag gelegt wird.

Joe, ein 27 Jahre alter Mann mit Down-Syndrom, war in einem Supermarkt angestellt. Seine Aufgabe war es, an der Kasse die Einkäufe der Kunden in Tüten zu verpacken. Wenn Kunden ihn zur Eile antrieben oder ihn aufregten, zeigte er seine Beklemmung und seinen Ärger deutlich. Einige Kunden fühlten sich dadurch angegriffen und beleidigt und beschwerten sich bei Joes Chef. Joe verlor seinen Job.

Das Problem war nicht, dass Joe unglücklich war, aber er zeigte seine Unzufriedenheit in einer für die Situation unangemessenen Art und Weise. Negative Gefühle sind für Menschen mit Down-Syndrom genauso normal wie für andere Menschen.

Sensibilität und Einfühlungsvermögen

Mark, 15, war mit seinen Eltern zu einer Besprechung seiner Leistungen in die Schule eingeladen worden. Mitten im Gespräch wechselte Mark urplötzlich das Thema und fragte seine Lehrerin: „Wie geht es Ihnen? Sie sehen so traurig aus." Seinen Eltern war nichts aufgefallen und sie wunderten sich, dass Mark das Gespräch auf einmal unterbrach und sich der Ernsthaftigkeit der Besprechung offensichtlich gar nicht bewusst war. Die Lehrerin machte eine Pause und hatte plötzlich Tränen in den Augen. Sie erzählte Mark und seinen Eltern, dass ein naher Verwandter vor kurzem gestorben war. Sie bedankte sich bei Mark und erwähnte im weiteren Verlauf der Besprechung immer wieder, wie einfühlsam Mark sei und wie viel Mitgefühl er für andere Menschen aufbringe.

Es kann durchaus positiv sein, wenn ein Mensch seine Gefühle ehrlich zeigt, vor allem dann, wenn er wirkliches Mitgefühl zeigt, wie das viele Erwachsene mit Down-Syndrom tun. Viele Menschen mit Down-Syndrom haben ein ausgezeichnetes Gespür für Gefühle und Stimmungen anderer Menschen.

Manches Mal sind großes Mitgefühl und das ehrliche Zeigen von Gefühlen für andere Menschen wie ein Spiegel. Die Gefühle eines Menschen mit Down-Syndrom geben oftmals wieder, was um ihn herum passiert. Insbesondere können die ausgedrückten Gefühle die Gefühle des Menschen widerspiegeln, mit dem er gerade zusammen ist. Dies kann in einer Situation, in der andere mit der Person mit Down-Syndrom sehr freundlich umgehen, sehr positiv sein. Wenn andere Menschen jedoch negative Gefühle zeigen, kann es durchaus sein, dass die Person mit Down-Syndrom ebenfalls solche negativen Gefühle äußert.

Dies ist für Familien und Betreuer wichtig zu wissen und muss so akzeptiert werden. Die Frage, warum Mary sich so ärgert, kann nicht einfach beantwortet werden, ohne die Situation zu kennen. Mit anderen Worten: Es müssen auch Veränderungen in der Umgebung des Menschen untersucht werden. Ein Kinderpsychologe und Kollege beschrieb das so: „Wenn Familien ihr Kind in der Praxis abladen und verlangen, dass ich seine Probleme behebe, weiß ich gleich, dass das ganz schön schwierig werden wird." Wenn Familien und Betreuer nicht gewillt sind, die Umgebung des Menschen zu analysieren und sich zu überlegen, ob Dinge vorgefallen sind, die zur Verhaltensänderung beigetragen haben können, wird die Behandlung des Patienten viel schwieriger werden und aller Voraussicht nach weniger erfolgreich sein

Es ist aber auch möglich, dass der Mensch mit Down-Syndrom Gefühle aus verschiedenen Situationen wiedergibt. Die Gefühle, die er in einer Umgebung zeigt, können eine Reaktion auf etwas sein, das er in einer anderen Umgebung erlebt hat. So kann zum Beispiel der Ärger, den Ihr Angehöriger zu Hause zeigt, eine Reaktion auf etwas sein, das in der Schule oder am Arbeitsplatz vorgefallen ist. Psychische oder medizinische Probleme können zusätzlich dazu beitragen, dass die Person solche Gefühle äußert. Die Umgebung kann deshalb unter Umständen nur wenig oder gar nichts zu der Verhaltens- oder Stimmungsänderung beigetragen haben. Sie kann jedoch auf der anderen Seite auch eine wesentliche Rolle spielen. Um aktiv zum Heilungsprozess beizutragen, ist es daher unabdingbar, jede Umgebung zu begutachten und die Bedeutung dieses Aspekts mit den Menschen in der jeweiligen Umgebung zu besprechen. Ein Beispiel:

Jeff kam jeden Tag sehr aufgeregt und verärgert von der Arbeit nach Hause. Dies dauerte über eine Woche an, sodass sich seine Familie entschloss, mit uns Kontakt aufzunehmen. Wir riefen an seinem Arbeitsplatz an, aber sein Vorgesetzter konnte sich Jeffs Verhaltensänderung auch nicht erklären. In Jeffs Arbeitsgruppe waren keine Probleme bekannt und auch die Betreuer hatten nichts Ungewöhnliches beobachtet. Nach einigem Nachfragen fanden wir heraus, dass Jeff traurig war, weil ein Arbeitskollege öfter Wutausbrüche und Weinkrämpfe hatte. Zwar arbeitete der Kollege recht weit weg in einem anderen Raum und Jeff hatte während seiner Arbeitszeit auch gar keinen Kontakt mit ihm. Trotzdem hatte er irgendwie mitbekommen, dass es seinem Kollegen nicht gut ging, und er litt darunter.

Wir haben des Öfteren festgestellt, dass viele Menschen wie Jeff nicht immer in der Lage sind, Gefühle, Stressfaktoren, Anspannung und Konflikte anderer herauszufiltern. Wenn ein Mensch mit Down-Syndrom Emotionen zeigt, die eigentlich nicht in die Situation hineinpassen, sollte man auf keinen Fall automatisch daraus schließen, dass er psychische Probleme hat. Man sollte zuerst überlegen, ob er vielleicht die Emotionen anderer Menschen um ihn herum wiedergibt. Reagiert er extrem sensibel auf Ereignisse, die um ihn herum passieren? Erscheinen seine Reaktionen übertrieben? All dies ist für Menschen mit Down-Syndrom durchaus „normal". Dennoch sollte man den Menschen dabei unterstützen, seine Gefühlsregungen besser zu bewältigen. So können die Menschen um ihn herum versuchen, öfter positive Emotionen zu zeigen. Auch sollte er lernen, wann es taktvoll ist, seine negativen Emotionen zu zeigen.

Sensible Reaktionen auf Konflikte zwischen anderen

Wir stellen auch häufig fest, dass Menschen mit Down-Syndrom sehr sensibel auf Konflikte und Spannungen zwischen Personen reagieren, die ihnen viel bedeuten. Je nach Art und Ausmaß des Konflikts kann das zu großen Verstimmungen führen. Ein Beispiel:

Mary wohnte mit anderen in einer kleinen Wohngruppe und wurde uns vorgestellt, nachdem sich ihre Angewohnheit, sich leicht zu kratzen, so sehr verstärkt hatte, dass Hals und Arme blutig aufgekratzt waren. Sie war bisher immer sehr gesellig und tüchtig, und nun entwickelte sie die Symptome einer schweren Depression, einschließlich Appetitlosigkeit, Schlafstörungen, Niedergeschlagenheit, Energieverlust und Mattigkeit. Sie verlor auch das Interesse an Aktivitäten, die ihr vorher Spaß gemacht hatten. Sie fühlte sich ziemlich „down", um es mit ihren eigenen Worten auszudrücken. Wir befragten die Leiterin ihrer Wohngruppe, denn sie hatte Mary in unsere Praxis gebracht. Sie war der Meinung, dass Marys Mutter die Probleme verursachte, weil sie überfürsorglich war. Die Leiterin berichtete, dass Marys Mutter sie zum Beispiel aus Sicherheitsgründen nicht an Ausflügen teilnehmen ließ, obwohl die Betreuer der Meinung waren, dass sie Mary sehr guttun würden. Daraufhin vereinbarten wir ein Gespräch mit der Mutter, die wiederum erzählte, dass die Leiterin versuchen würde, Mary gegen sie aufzubringen. Das sei der Grund, weshalb Mary so unter Stress stehen würde.

Wir untersuchten die Situation weiter und fanden heraus, dass der Konflikt zwischen Marys Mutter und der Wohngruppenleiterin schon seit einiger Zeit bestand. Weder die Mutter noch die Wohngruppenleiterin waren im Unrecht mit dem, was sie für Mary wollten. Sie hatten nur unterschiedliche Ansichten bezüglich dessen, was für Mary am besten war. Mary fühlte sich hin und her gerissen. Dieser Konflikt setzte sie sehr unter Stress, weil sie ihre Mutter liebte, aber auch die Wohngruppenleiterin sehr gern hatte. Als die Situation eskalierte, wurde sie für Mary unerträglich. Ihre Erregungszustände und ihre Depression verschlimmerten sich.

Ähnliche Probleme haben wir bei Menschen gesehen, die zwischen zwei Elternteilen standen, zum Beispiel bei Eheproblemen oder wenn die Eltern in Scheidung lebten. Für den Menschen mit Down-Syndrom kann es sehr negative Auswirkungen haben, wenn man von ihm verlangt, Partei gegen einen Menschen zu ergreifen, den er liebt oder der ihm sehr wichtig ist. Der daraus resultierende Stress wird unweigerlich zu Stimmungs- und Verhaltensänderungen führen.

Theoretisch ist die Lösung dieser Probleme recht einfach. Man muss dafür sorgen, dass der Mensch mit Down-Syndrom nicht mehr zwischen zwei Personen steht, das heißt, er darf nicht mehr in eine Situation gebracht werden, in der er sich für entweder einen Elternteil oder einen Betreuer und damit gegen den anderen entscheiden muss. In Marys Fall haben wir einen Lösungsweg ausgearbeitet, den beide Parteien akzeptieren konnten und durch den sie nicht mehr zwischen zwei Positionen vermitteln musste. Ihre Mutter und die Wohngruppenleiterin stimmten einem Kompromiss zu, der es Mary ermöglichte, an Aktivitäten außerhalb der Wohngruppe teilzunehmen, was die Leiterin sich auch erhofft hatte, bei denen aber stets ein Betreuer anwesend war, was den Sicherheitsbedenken der Mutter entgegenkam. Im Laufe der Zeit ließen sich durch Konfliktberatung in unserem Zentrum einige Probleme lösen.

Marys Probleme konnten relativ einfach gelöst werden. Leider ist es nicht immer so einfach, zum Beispiel dann nicht, wenn es sich um eine Ehescheidung handelt. In solchen Situationen ist es ganz wichtig, dass die Person mit Down-Syndrom nicht zwischen zwei Parteien steht. Hierbei sollten feste Regeln aufgestellt werden, die dafür sorgen, dass sie auf keinen Fall Partei ergreifen muss. Eine der wichtigsten Regeln hierbei ist, dass man vor der Person mit Down-Syndrom nicht schlecht über den Partner spricht. Es muss auch klare Regeln darüber geben, wann sie bei welchem Elternteil ist und wie der Wechsel zwischen dem Haushalt der Mutter und dem Haushalt des Vaters vonstattengehen soll. Auch wenn es gerichtlich festgelegte Besuchszeiten gibt, muss die Situation insgesamt mit beiden Elternteilen besprochen und geklärt werden. Oftmals ist noch Wut auf den „Ex" vorhanden, die gelegentlich zum Ausdruck kommt. So kann es vorkommen, dass das Kind zu spät abgeholt oder gebracht wird, Kontrollanrufe getätigt werden oder vor dem Kind verärgerte Kommentare über den anderen Elternteil abgegeben werden. Den Eltern muss jedoch hierbei klar sein, dass sie sich vor ihrem Kind entweder beherrschen müssen oder dass sie sonst für den Stress ihres Kindes und die daraus resultierenden Verhaltensauffälligkeiten verantwortlich sind.

In einigen Fällen ist die Beziehung zwischen beiden Elternteilen so zerrüttet, dass sie gar nicht mehr miteinander umgehen können und es für ihr Kind besser ist, in eine neutrale Umgebung wie zum Beispiel eine Wohngruppe umzuziehen. Damit sind zwar die bestehenden Probleme nicht gelöst, aber der Mensch mit Down-Syndrom ist der Situation, die ihm so viel Stress bereitet, nicht mehr ständig ausgesetzt.

Wenn klare Regeln aufgestellt wurden, an die sich alle Parteien halten, kann die Person mit Down-Syndrom einen unverkrampften Umgang mit beiden Elternteilen pflegen, ohne Angst haben zu müssen, jemanden zu verletzen. Es bleibt zu hoffen, dass die Familie irgendwann einmal an den Punkt kommt, an dem alle Familienmitglieder ihr Leben wieder ganz normal weiterleben können und nicht mehr unter der Last der Scheidung leiden.

Der verzögerte Reifeprozess

In jedem Lebensabschnitt treten einige Gefühlsregungen stärker auf als andere. Dies ist auch bei Menschen mit Down-Syndrom so, allerdings häufig zeitlich versetzt. Viele Familien haben von ihren Kindern berichtet, die Anfang zwanzig sind und zeitweise einfach alleine gelassen werden und sich mehr behaupten wollen. Negativ gesehen kann dies als depressives Verhalten oder als Erregungszustand verstanden werden. Oftmals relativiert sich dieses Verhalten wieder, wenn man sich selbst fragt, wie sich andere Kinder verhalten, wenn sie im Teenageralter sind. Dieses Verhalten ist typisch für Jugendliche und Teenager und lässt sich bei Menschen mit Down-Syndrom oftmals erst später beobachten. In Kapitel 10 erläutern wir den verzögerten Reifungsprozess noch näher.

Verspätete Reaktion auf schmerzvolle Ereignisse

Menschen mit Down-Syndrom reagieren oft verspätet auf schmerzvolle Ereignisse in ihrer Umgebung. Wenn zum Beispiel ein Familienmitglied stirbt, kann es durchaus sein, dass die Person mit Down-Syndrom anfangs überhaupt keine Reaktion zeigt. Erst sechs Monate später fängt sie an zu trauern. Es ist bis heute nicht ganz klar, weshalb die Trauer verspätet einsetzt. Vermutlich hat die verzögerte Reaktion mit der langsameren kognitiven Verarbeitung von Geschehnissen zu tun (siehe unten). Bei vielen Menschen mit Down-Syndrom dauert es einfach länger, den Verlust zu erkennen und zu verstehen, nämlich dass ein geliebter Mensch nicht mehr zurückkommt. Nur wenn Familie und/oder Betreuer diese Reaktion erwarten und verstehen, können sie den Menschen beim Trauerprozess begleiten und entsprechend unterstützen.

Verzögerte Sprachentwicklung

Die eingeschränkte Sprachfähigkeit vieler Erwachsener mit Down-Syndrom kann zu falschen Interpretationen ihres Verhaltens führen. Viele Menschen mit Down-Syndrom haben sprachliche Defizite, die meist die expressive Sprachfähigkeit, also die Sprachproduktion, und weniger die rezeptive Sprachfähigkeit, das Sprachverständnis, betreffen. Die meisten Menschen mit Down-Syndrom verstehen nämlich sehr wohl, was um sie herum passiert, aber viele können anderen ihre Gedanken und Belange nicht mitteilen. Dies kann zu psychischen Problemen wie Frustration, Erregtheit, Ärger und zu anderen Gefühlsäußerungen führen. Dies sollte man sich bei einer Verhaltensänderung bewusst machen. Oftmals kann man die Verhaltensänderung besser nachvollziehen, wenn man die sprachliche Ausdrucksfähigkeit berücksichtigt. Da Sprache und Ausdrucksfähigkeit für Menschen mit Down-Syndrom oft eine große Herausforderung darstellen, haben wir Kapitel 6 ausschließlich diesem Thema gewidmet.

Informationsverarbeitung

Unser Leben nimmt immer mehr an Geschwindigkeit zu und viele Dinge müssen immer schneller aufgenommen und verarbeitet werden. Aber viele Menschen mit Down-Syndrom können Dinge nur langsam verarbeiten. Zudem fällt es ihnen schwer, ihre Verarbeitungsgeschwindigkeit verschiedenen Situationen anzupassen. Erfordert eine Situation zum Beispiel einen schnellen Geschwindigkeitswechsel der jeweiligen Aktivität, sind viele überfordert. Dadurch kann es für sie sehr schwierig sein, angemessen auf eine Situation einzugehen, in der eine schnelle Reaktion unabdingbar ist, weshalb sich Menschen mit Down-Syndrom oft schlechter an verschiedene Umgebungen anpassen können. Ein Beispiel:

Neal, 17, hatte Schwierigkeiten in der Schule, weil es ihm Probleme bereitete, die Klassenräume für den jeweiligen Unterricht zu wechseln. Wenn die Schulglocke läutete, gingen die anderen Schüler in den nächsten Unterrichtsraum. Neal aber blieb sitzen. Nachdem wir die Situation mit Neal und seiner Familie besprochen hatten, wurde uns bewusst, dass Neal etwas Zeit brauchte, um sich an den Umgebungswechsel zu gewöhnen, der von dem stillen Klassenraum in den lauten Gang stattfand, in dem plötzlich viele Menschen waren. Neal wurde nun fünf Minuten, bevor die Glocke ertönte, mündlich „vorgewarnt" und konnte sich so mental darauf vorbereiten, dass ein Umgebungswechsel stattfinden würde.

Da die meisten Menschen mit Down-Syndrom eine geistige Beeinträchtigung haben, ist auch ihre Verarbeitungsgeschwindigkeit verringert oder beeinträchtigt. Leider können viele, die mit Menschen mit Down-Syndrom zu tun haben, dies nicht so genau einschätzen. Besonders in „schnellen" Umgebungen ist dies der Fall, zum Beispiel in einem Job auf dem freien Arbeitsmarkt oder auch in der Schule, vor allem bei integrativer Beschulung.

Wir stellen in unserer Ambulanz diese Problematik häufig fest, wenn wir den Gesundheitszustand unserer Patienten überprüfen. Während des Gesprächs werden den Patienten viele Fragen gestellt. Es dauert nicht nur länger, bis der Patient die Fragen beantworten kann, einige sind am Ende des Termins einfach auch sehr erschöpft. Sie mussten sehr viel Energie aufbringen, um über die Fragen nachzudenken und sie zu beantworten.

Wenn einem Menschen mit Down-Syndrom eine Frage gestellt wird, dauert es oft einen Moment, bis er sie beantwortet. Dieses Verhalten wird häufig falsch interpretiert, wodurch es zu Schwierigkeiten in der Interaktion kommen kann. Einige interpretieren die Pause als freches Verhalten der Person, weil sie scheinbar ignoriert, was man gesagt hat. Manche denken auch, dass vielleicht ein Konzentrations- oder Aufmerksamkeitsproblem besteht. Viele unserer Patienten haben dadurch Schwierigkeiten in der Schule oder am Arbeitsplatz. Auch kann dieses Verhalten zu Konflikten zwischen dem Menschen mit Down-Syndrom und seinen Vorgesetzten, Lehrern oder Kollegen führen.

Hinzu kommt, dass viele Menschen mit Down-Syndrom frustriert sind, wenn andere ihnen viele Anweisungen auf einmal geben und sie nicht die Chance haben, sie mental zu verarbeiten. Wir haben viele Menschen mit Down-Syndrom kennengelernt, die irgendwann einfach aufgehört haben zu versuchen, die Situation zu verarbeiten, weil sie damit überfordert waren. Ein Arbeitgeber kann dadurch die Geduld verlieren. Auch kann es das Verhältnis zwischen zwei Menschen stark belasten.

Diese Missverständnisse führen in der Schule und am Arbeitsplatz oft zu Konflikten und können disziplinarische Maßnahmen oder den Verlust des Arbeitsplatzes nach sich ziehen. Wir haben sogar schon beobachtet, dass dieses Problem viel öfter der Grund für eine Kündigung ist, als es mangelnde Fähigkeiten, den Job auszuführen, sind (Greenspan und Shoultz, 1981). Es ist daher sehr wichtig, das niedrigere Verarbeitungstempo bei Menschen mit Down-Syndrom zu verstehen und zu akzeptieren. Gibt man dem Menschen die Zeit und die Möglichkeit, Informationen in einer für ihn angemessenen Geschwindigkeit zu verarbeiten, kann man Frustrationen und Konflikte vermeiden und ein besseres Verhältnis zu dem Menschen mit Down-Syndrom aufbauen.

Der Umgang mit der langsameren Informationsverarbeitung

Wie kann man mit dieser Langsamkeit umgehen und das Verhältnis zu dem Menschen mit Down-Syndrom dennoch positiv gestalten?

- Akzeptieren Sie die langsamere Informationsverarbeitung, aber seien Sie sich auch dessen bewusst, dass sie möglicherweise ein Problem sein oder werden kann. Eventuell müssen Sie Ihren Umgang mit dem Menschen entsprechend anpassen. Dies kann ein erster Schritt zur Vermeidung von Konflikten sein.
- Achten Sie darauf, dass Sie dieses Verhalten nicht als Verhaltensauffälligkeit missdeuten. Vermutlich ist die Person nicht einfach widerwillig, sondern verarbeitet Informationen langsamer.
- Erwarten Sie, dass die Person mehr Zeit benötigen wird, um Informationen zu verarbeiten. Geben Sie ihr die Zeit dafür. Wenn Sie sie zu etwas auffordern, tun Sie dies früh genug, damit sie genug Zeit hat, Ihre Aufforderung umzusetzen.
- Lenken Sie ihre Aufmerksamkeit auf sich. Warten Sie auf eine Reaktion wie zum Beispiel „Was?" oder „Ja", die Ihnen zeigt, dass Ihnen zugehört wird.
- Stellen Sie Ihre Forderung oder geben Sie Ihre Anweisung auf verständliche Art und Weise und stellen Sie sicher, dass sie verstanden wurde.
- Geben Sie der Person die Zeit, die sie braucht, um Ihre Forderung oder Anweisung zu verarbeiten.
- Wenn genug Zeit verstrichen ist (von Person zu Person unterschiedlich, es kann aber je nach Aufforderung mehrere Minuten bedeuten), sollten Sie nachsehen, ob Ihre Aufforderung verstanden wurde und es keinen Hinderungsgrund gibt, sie zu befolgen (anstatt Ihre Aufforderung immer lauter zu wiederholen).
- Denken Sie daran, dass die Person mit Down-Syndrom wahrscheinlich einfach aufhören wird, Ihre Aufforderung zu befolgen, wenn es für sie irgendeine Schwierigkeit gibt, anstatt sich eine Alternative zu suchen oder um Hilfe zu bitten.
- Versuchen Sie, alternative Kommunikationsmöglichkeiten einzusetzen (passen Sie Ihre Kommunikation den Fähigkeiten der Person an). Viele Menschen mit Down-Syndrom profitieren sehr von visuellen Hilfen, zum Beispiel Bildern, die der verbalen Kommunikation oder den Anweisungen zum besseren Verständnis hinzugefügt werden. Visuelle Hilfen sind in jeder Lernsituation von Vorteil. Deshalb setzen Lehrer Tafeln, Folien und andere visuelle Hilfen ein. Für Menschen mit Down-Syndrom sind sie besonders hilfreich, weil viele von ihnen besser visuell lernen. Wir hören häufig von Vorgesetzten, dass komplexe und aus vielen Teilschritten bestehende Aufgaben erlernt und zuverlässig ausgeführt werden, wenn die Aufgaben in kleine Schritte unterteilt werden, die dem Menschen mit Down-Syndrom einzeln gezeigt werden.

Zeitverständnis

Für die meisten Menschen ist das Zeitverständnis beziehungsweise das Verständnis von Vergangenheit, Gegenwart und Zukunft etwas Selbstverständliches. Dies sind jedoch abstrakte Konzepte, die für viele Menschen mit Down-Syndrom schwer nachzuvollziehen sind. Das kann dazu führen, dass Personen, die diese Konzepte nicht verstehen, durcheinanderkommen und damit auch die Menschen in ihrer Umgebung verwirren. Hinzu kommt, dass viele Menschen mit Down-Syndrom ein sehr gutes Gedächtnis haben (siehe Kapitel 5), sodass dadurch noch größere Verwirrung entstehen kann. Vielleicht erinnern Sie sich an Robert zu Anfang dieses Kapitels. Wenn er nach seinem Vater gefragt wurde, reagierte er, als sei sein Vater kürzlich verstorben, dabei war das 15 Jahre her. Robert schien ein anderes Verständnis von Vergangenheit und Gegenwart zu haben als Menschen ohne Down-Syndrom. Sein gutes Gedächtnis ließ für ihn Dinge aus der Vergangenheit so erscheinen, als seien sie erst kürzlich passiert.

Oftmals wird zwischen Vergangenheit und Gegenwart keine klare Grenze gezogen. Dies ist etwas, was wir durchaus auch bei Menschen ohne Down-Syndrom sehen. Menschen mit Down-Syndrom haben ein konkretes Verständnis von vielen Dingen. Zeit ist als Begrifflichkeit einfach zu abstrakt.

Die verringerte Fähigkeit, zwischen Vergangenheit und Gegenwart zu unterscheiden, kann zu größerer Verwirrung in Gesprächen mit anderen Menschen führen. Einige unserer Patienten erhielten von anderen Ärzten sogar die Diagnose „Psychose", weil es schien, als könnten sie überhaupt keinen Bezug mehr zur Realität herstellen. Wir haben festgestellt, dass diese falsche Diagnose sehr oft auf Missverständnissen beruhte und der jeweilige Arzt sich mit dem Zeitverständnis von Menschen mit Down-Syndrom nicht auskannte. Wie bereits beschrieben, kommt es oft vor, dass sich der Mensch mit Down-Syndrom aufgrund seines guten Gedächtnisses an Dinge erinnert, die weit zurück in der Vergangenheit liegen. Da er sich so gut an die Gegebenheiten erinnert, als wären sie gerade erst passiert, erscheint es für Außenstehende so, als habe er den Bezug zur Realität verloren.

Wenn sich der Erwachsene aufgrund seiner beeinträchtigten Kommunikationsfähigkeit auch noch schlechter ausdrücken kann, wird die Situation noch schwieriger. Der Außenstehende weiß oft nicht, ob er über ein Ereignis spricht, das vor kurzem passiert ist, oder ob es in der Vergangenheit liegt. Dadurch ist es für uns manchmal sehr schwierig, die Krankengeschichte und die Symptome genau zu erfassen. Ein Beispiel:

Carol, 25, konnte nur eingeschränkt kommunizieren. Sie sprach meist in Ein- oder Zwei-Wort-Sätzen. Bei uns beklagte sie sich über Ohrenschmerzen. Wir untersuchten sie sehr gründlich und fanden nichts. Wir besprachen ihre Symptome und fanden schließlich heraus, dass sie in der Vergangenheit häufig Mittelohrentzündungen hatte und sich nun darüber beklagte.

Missverständnisse müssen jedoch nicht aufgrund des fehlenden Zeitverständnisses auftreten, sondern können auch nur einfach daher kommen, dass beim Erzählen die Gegenwarts- anstatt der Vergangenheitsform verwendet wird und umgekehrt. Die auf das Down-Syndrom spezialisierte Logopädin Dr. Libby Kumin hat die Theorie aufgestellt, dass die meisten Menschen mit Down-Syndrom niemals lernen, die Endungen der Verben korrekt zu benutzen, weil sie in ihren Entwicklungsjahren Hörschwierigkeiten haben, die dazu führen, dass sie die Endungen nicht richtig hören können. Andere Erwachsene können unregelmäßige Verben nicht richtig deklinieren, weil ihnen die Sprache Schwierigkeiten bereitet. Auf Fragen wie: „Was hast du am Wochenende gemacht?", antworten sie vielleicht: „Ich esse mit meiner Mutter." Wenn genügend Kontext vorhanden ist, kann der Zuhörer ahnen, dass der Erwachsene von einem Ereignis in der Vergangenheit spricht, aber ein weniger aufmerksamer Zuhörer kann verwirrt sein. Wir haben bereits erwähnt, dass das fehlende Zeitverständnis die Interaktion mit anderen Menschen erschweren kann. Das größte Problem für Menschen mit Down-Syndrom entsteht jedoch, wenn andere annehmen, dass sie ein normales Zeitverständnis haben und sich auf normale und übliche Art und Weise auf Zeit beziehen. Dies kann zu falschen Interpretationen des Gesagten führen, manchmal auch zu Missverständnissen und Meinungsverschiedenheiten. Ärzte stellen dadurch vielleicht nicht zutreffende Diagnosen, weil der Erwachsene offenbar nicht in der Realität lebt.

Aufgrund unserer Untersuchungsergebnisse möchten wir einige Empfehlungen für eine Verbesserung der Kommunikation mit dem Erwachsenen geben:

Seien Sie sich dessen bewusst, dass die Person mit Down-Syndrom ein anderes Zeitverständnis haben kann. Wenn Sie wissen, dass sie die Gegenwart verwendet, aber über ein Ereignis in der Vergangenheit spricht, können Sie das Gesagte verstehen und Verwirrung vermeiden.

Wie ist die Sprachfähigkeit der Person entwickelt? Verwendet sie die Vergangenheitsform und Worte wie „gestern"? Falls nicht, und sie in der Gegenwart spricht, erzählt sie etwas, das vermutlich in der Vergangenheit passiert ist.

Geschehnis passiert sein kann. Eltern können diese Fragen oft gut beantworten. Zum Beispiel sagen sie dann: „Ich nehme an, dass dieses Ereignis länger zurückliegt, sie hat nämlich Sally erwähnt. Und Sally war eine Mitschülerin auf der Highschool."

Die Uhr kennen

Ein interessantes Paradoxon ist die unglaubliche Fähigkeit von vielen Erwachsenen mit Down-Syndrom, die Uhrzeit einfach zu wissen. Wir gehen besonders in Kapitel 9, Routine und Rituale, darauf ein. Einige Menschen mit Down-Syndrom sind sehr unflexibel, was Uhrzeiten für ihre Routinen und bestimmte Abläufe angeht. So müssen Mahlzeiten, Arbeitspausen oder auch das Fernsehen zu ganz bestimmten Zeiten erfolgen. Viele Menschen befolgen jeden Tag feste Ablaufpläne, können aber die Uhr nicht lesen. Trotzdem haben sie eine innere Uhr, die oft sehr genau ist. Wir haben gelernt, in unserer Ambulanz auf die Uhrzeit zu achten, denn manche Patienten werden recht ungehalten, wenn wir sie weiter befragen und untersuchen möchten, obwohl es doch schon längst Essenszeit ist.

Diese fehlende Flexibilität kann auch zu Problemen am Arbeitsplatz führen. Zum Beispiel hatten wir in der ersten Zeit nach Eröffnung unserer Ambulanz eine junge Frau mit Down-Syndrom in der Ambulanz beschäftigt. Sie hieß Jean, und es war ihre Aufgabe, Daten einzugeben, was sie hervorragend erledigte. Damals hatten wir noch wenig Platz und Jean musste ihr kleines Büro mit zwei anderen Mitarbeitern teilen. Eines Nachmittags stand Jean plötzlich auf, stieg quasi über die beiden anderen hinweg und verließ den Raum. Sie ging aus dem Gebäude und fuhr mit dem Bus nach Hause. Die anderen Mitarbeiter waren erstaunt, weil sie ihre Eingaben weder gespeichert noch ihren Computer ausgeschaltet hatte, bevor sie gegangen war. Jean konnte gar nicht verstehen, dass wir sie später dazu befragten. Sie erklärte uns, dass es doch 14.30 Uhr gewesen sei und somit „Zeit, nach Hause zu gehen". Glücklicherweise war Jean in der Lage, einen anderen Ablauf zu erlernen, der beinhaltete, dass sie ihre Arbeit angemessen beendet, bevor der Feierabend kommt und sie nach Hause gehen kann.

Wenn möglich, helfen Sie der Person, indem Sie das Geschehnis in einen zeitlichen Kontext einordnen, also in die Nähe eines anderen Ereignisses bringen. Fragen Sie zum Beispiel: „Ist das passiert, als du in der Schule warst?" „Oder als du im Supermarkt gearbeitet hast?" Wenn sie es nicht weiß, achten Sie auf andere Hinweise, wann das

Konkretes Denken

Die meisten Menschen, die älter als zwölf Jahre sind, können sowohl konkret als auch abstrakt denken. Wenn wir unsere fünf Sinne einsetzen, erlangen wir ein konkretes Verständnis von unserer Welt. Dinge zu begreifen oder zu Erkenntnissen zu gelangen, die über die fünf Sinne hinausgehen, und somit abstrakt und theoretisch zu denken, stellt eine größere Herausforderung dar. Menschen mit Down-Syndrom denken eher konkret; das abstrakte Denken fällt ihnen schwer.

> *Eugene kam zu einer umfassenden Untersuchung zu uns, die ungefähr drei Stunden dauern sollte. Sein erster Termin war bei unserem Sozialarbeiter, dann ging es weiter mit dem Audiologen und dem Ernährungsberater und danach wurde er ärztlich untersucht. Eine unserer Standardfragen betrifft den Appetit. Es ging auf die Mittagszeit zu und Eugenes Antwort war: „Ich habe Hunger." Wir haben die Frage mehrmals umformuliert, um generelle Informationen über sein Essverhalten zu erhalten, aber er antwortete immer nachdrücklicher und bezog sich dabei nur auf seinen jetzigen Zustand, nämlich dass er Hunger hatte. Seine Mutter erläuterte sein Essverhalten schließlich und wir konnten zur nächsten Frage übergehen (wir beeilten uns, damit er bald essen konnte).*

Der Denkprozess läuft bei den meisten Menschen mit Down-Syndrom konkret ab. Er ist dadurch sehr funktionell und kann sehr präzise sein, wenn er in einer entsprechenden Umgebung eingesetzt wird. Menschen mit Down-Syndrom sind häufig sehr erfolgreich, wenn sie konkrete Aufgaben gestellt bekommen. Wir haben schon oft bemerkt, dass Probleme am Arbeitsplatz bei Erwachsenen mit Down-Syndrom nicht daher kommen, weil sie nicht die Fähigkeit besitzen, ihre Aufgabe korrekt auszuführen. Oftmals erledigen sie ihre Aufgabe sehr gut und sind vorbildliche Angestellte, weil sie aufgrund ihrer konkreten Denkfähigkeit Dinge zuverlässig wiederholen können. Dass der Arzt sich abmühte, eine Antwort auf seine Frage zu bekommen und er darauf nicht richtig reagieren konnte, war Eugene in diesem Moment egal (außer dass er dadurch später zum Mittagessen kam). An seinem Arbeitsplatz in der Postabteilung eines Unternehmens ist er aber der beste Angestellte. Er verteilt die Geschäftspost in einem sechsstöckigen Bürogebäude, in dem er sie im Postzentrum im Erdgeschoss abholt und Stockwerk für Stockwerk an die entsprechenden Stellen im Haus bringt. In einer gut strukturierten Welt ist er sehr erfolgreich.

Viele Menschen mit Down-Syndrom stehen vor einer großen Herausforderung, wenn sich eine Aufgabe verändert und sie das Gelernte in einer neuen Situation einsetzen müssen. Ein Beispiel:

> *Luis arbeitete ungefähr 16 Kilometer von seinem Wohnort entfernt. Er fuhr jeden Tag etwa sechs Kilometer mit einem Bus, stieg dann in einen anderen Bus um und fuhr weitere neun Kilometer. Den Rest des Weges ging er zu Fuß. Er machte das ganz prima und kam immer sicher am Arbeitsplatz und wieder zu Hause an. Eines Tages musste der Bus einen Umweg fahren, weil auf der Strecke eine Baustelle war. Der Bus bog erst nach links ab, dann nach rechts, fuhr dann ein Stück geradeaus und dann wieder nach rechts auf die Strecke zurück, die er normalerweise befährt. Luis merkte, dass er plötzlich auf einer anderen Straße fuhr, die nicht seiner normalen Route entsprach. Er stieg aus und verirrte sich. Aufgrund seiner Fähigkeit, konkrete, strukturierte und immer wiederkehrende Aufgaben zu erlernen, konnte er den täglichen Weg zur Arbeit mit öffentlichen Verkehrsmitteln gut bewältigen. Der Umgang mit einer plötzlich neuen Situation, in diesem Fall der Streckenänderung, erfordert aber mehr, nämlich abstraktes Denken.*

Abstrakte Sprache und konkrete Sprache

Kommunikation läuft in erster Linie konkret ab. Das Gesagte auch richtig zu interpretieren und umsetzen zu können, erfordert gewisse kognitive Fähigkeiten. Ein Beispiel: Eine junge Frau mit Down-Syndrom arbeitete in einem Büro. Ihr wurde gesagt, dass sie bei Fragen „jederzeit" anrufen könne. Nachdem sie einen Arbeitskollegen mehrmals um drei Uhr nachts zu Hause angerufen hatte, wurde klar, dass man ihr die Bedeutung von „jederzeit" genauer erklären musste. Eine andere Arbeitskollegin hatte Schwierigkeiten mit den folgenden Aufgaben, die mehr sprachliche Kompetenz auf einer abstrakten Ebene erfordern:

- Annahme und Weiterleitung von Telefonaten. Die Angestellte hatte große Schwierigkeiten, zwischen Werbeanrufen, die nicht durchgestellt werden sollten, und „legitimen" Anrufen, die an die Kollegen weitergeleitet werden, zu unterscheiden.
- Wenn Kollegen sie fragten, was sie am Wochenende gemacht hatte, wollten sie keine stündliche Auflistung aller Aktivitäten, sondern lediglich eine kurze Zusammenfassung hören.
- Bei der Eingabe von Kundennamen in die Datenbank war es für sie schwierig, doppelte Namen zu erkennen und auszusortieren (zum Beispiel erkannte sie nicht, dass Thomas Dooley, T. Dooley und Tom Dooley vermutlich ein und dieselbe Person waren, auch nicht, wenn die Adresse jedes Mal übereinstimmte).

Diese Art von Missverständnissen führt am Arbeitsplatz oft zu großen Problemen.

Die Fähigkeit zu generalisieren

Viele Menschen mit Down-Syndrom haben Schwierigkeiten, etwas, das sie in einer Umgebung gelernt haben, in einer anderen Umgebung anzuwenden. Die Fähigkeit zu generalisieren ist häufig weniger gut entwickelt. Schwierigkeiten treten zum Beispiel auf, wenn mit Geld umgegangen oder gerechnet werden muss.

Rosa lernte den Umgang mit Geld in der Schule. Die Lehrerin setzte sich dazu immer wieder mit ihr zusammen und brachte Rosa die Bedeutung der einzelnen Münzen bei. Rosa kannte schließlich jede Münze und deren Wert. Sie konnte die Münzen auch zu einer Gesamtsumme addieren. Dies bedeutete jedoch nicht automatisch, dass Rosa anschließend in der Lage war, aus dem Getränkeautomaten in der Schule ein Getränk zu holen. Am Automaten konnte sie die benötigten 60 Cent nicht mehr zusammenzählen. Sie brauchte eine zusätzliche Anleitung, wie sie ihre erworbenen Kenntnisse ganz konkret zum Beispiel bei einem Getränkeautomaten einsetzen konnte.

Ein ähnliches Erlebnis:

Valerie arbeitet als Bürohilfe. Sie verfügt über ein relativ gutes Zahlenverständnis. Wenn sie jedoch ein umfangreiches Dokument kopieren sollte und die Seiten durcheinandergerieten, war sie nicht in der Lage, die Seiten selbst wieder in die richtige Reihenfolge zu bringen, und brach deshalb in Tränen aus.

Auch das Generalisieren ihrer eigentlich ausgezeichneten Lese- und Schreibfähigkeiten bereitete Valerie Schwierigkeiten. Wenn sie Probleme bei einer Aufgabe hatte und nicht mehr wusste, wie es jetzt weiterging, schrieb ein Mitarbeiter die nächsten Arbeitsschritte noch einmal für sie auf. Danach war es für Valerie ein Leichtes, diese schriftlichen Anweisungen zu befolgen und die Aufgabe zu Ende zu bringen. Sie wäre jedoch niemals auf die Idee gekommen, für sie wichtige Daten selbst aufzuschreiben und aufzubewahren, sodass sie bei Bedarf darauf zurückgreifen konnte. Lieber fragte sie immer wieder die Kollegen danach.

Schwierigkeiten bei der Generalisierung von bestimmten Fähigkeiten können zu Problemen in der Schule und am Arbeitsplatz führen. Manche Menschen können sogar denken, dass der Erwachsene mit Down-Syndrom nur so tut, als könne er sich nicht mehr daran erinnern, wie er eine Aufgabe ausführen soll, weil sie erlebt haben, dass er sie in einer anderen Situation doch schon vortrefflich gemeistert hat.

Hilfestellungen

Was für viele Menschen der nächste logische Schritt ist, ist für Menschen mit Down-Syndrom nicht so eindeutig. Das kann zu Missverständnissen, zu Kommunikationsschwierigkeiten und sogar zu vermeintlichen Verhaltensauffälligkeiten führen. Entweder wird eine unangemessene Reaktion als „Verhaltensauffälligkeit" missgedeutet oder die Person mit Down-Syndrom ist so frustriert, dass sie dies durch problematisches Verhalten zeigt. Wird die Aufgabe in konkrete Teilstücke unterteilt, ist die Person meist in der Lage, die Teilaufgaben richtig auszuführen, und das ohne oder mit nur wenig Verwirrung und Verhaltensauffälligkeiten.

Wir haben herausgefunden, dass es sehr hilfreich ist, wenn abstrakte Dinge und Aufgaben mit Bildern visualisiert werden. So kann man bebilderte Tagespläne erstellen, wobei man zum Beispiel die Abläufe vor dem Schlafengehen in konkrete Aufgaben unterteilt. Wir besprechen mit dem Erwachsenen mit Down-Syndrom (mit der Hilfe von Familie oder Betreuern), welche Aufgaben er vor dem Schlafengehen erledigen muss. Diese Aufgaben werden aus einer Reihe von Bildern ausgewählt. Jede Bildkarte zeigt eine Aufgabe. Sie sind in einer bestimmten Reihenfolge angeordnet. Das dient als Erinnerungshilfe. Für manche Menschen funktioniert es besser, wenn sie Kästchen abhaken können, sobald sie eine Aufgabe erledigt haben. Es war für uns interessant zu sehen, dass einige unserer Patienten, die eigentlich sehr selbstständig sind und solche Hilfestellungen gar nicht benötigen, doch von diesem System profitierten.

Auch in anderen Bereichen ist der Einsatz von Bildern sehr hilfreich. Viele Patienten haben Angst, wenn sie zum Arzt gehen müssen. Wir haben ein Buch mit Bildern eines Arztbesuchs in unserem Center angefertigt. Der Patient bekommt die Gelegenheit, das Buch durchzusehen. Dadurch wird der Arztbesuch weniger abstrakt und insgesamt weniger beängstigend für den Patienten. Wir haben zudem Lernmaterial für unsere Patienten entwickelt, unter anderem Bildkarten, die sie bei der Verrichtung verschiedener Tätigkeiten anleiten. Wir möchten sie so unterstützen, selbstständiger zu werden. Zwar ist es zeitaufwändiger, Ablaufpläne und Anweisungen mit Bildern anzufertigen, aber es gibt den meisten Menschen mit Down-Syndrom die Möglichkeit, Dinge selbst zu erledigen. Man kann dadurch auch eventuelle Verwirrungen vermeiden, die entstehen können, wenn Anweisungen nur mündlich erteilt werden. Langfristig gesehen werden die Aufgaben so vermutlich schneller erledigt.

Stellt man entsprechende Informationen in einer Art Anleitungsbuch zusammen, hilft man dem Menschen mit Down-Syndrom dabei, Probleme, deren Lösungen bestimmte kognitive Fähigkeiten erfordern (konkretes und abstraktes Denken), besser zu bewältigen. Gleichzeitig hilft man ihm natürlich dabei, selbstständiger zu werden. Wenn der Erwachsene in vielen Bereichen erfolgreich für sich sorgen kann, stärkt dies sein Selbstwertgefühl und motiviert, Dinge selbst zu erledigen und für sich selbst zu sorgen (siehe Kapitel 7), was wiederum sehr förderlich für die psychische Verfassung ist. Ist der Erwachsene ständig verwirrt, weil er Dinge gefragt wird oder Aufgaben ausführen soll, die er nicht versteht, kann dies zu einer Reihe von psychischen Problemen führen. Wenn dann noch schwerer wiegende Dinge wie der Verlust des Arbeitsplatzes hinzukommen, wirkt sich dies äußerst negativ auf das Selbstvertrauen aus, was wiederum zu schweren psychischen Problemen führen kann.

Es ist sehr wichtig, dass Schwierigkeiten mit konkretem Denken erkannt werden, vor allem im Hinblick auf die psychische Gesundheit und die Vermeidung psychischer Störungen. In einer Welt, in der sowohl konkretes als auch abstraktes Denken verlangt wird, sollten sich diejenigen, die Menschen mit Down-Syndrom begleiten, dieser Problematik bewusst sein. Das Ziel sollte sein, die Aufgaben des täglichen Lebens so zu präsentieren, dass die Stärken (zum Beispiel im visuellen Bereich und beim praktischen Denken) des Menschen mit Down-Syndrom genutzt und die Schwierigkeiten beim abstrakten Denken ausgeglichen werden.

Selbstgespräche

Ein weiteres Verhalten, das wir bei Menschen mit Down-Syndrom oft sehen, sind die Selbstgespräche. Wir halten dieses Thema für sehr wichtig und haben ihm unser Kapitel 8 gewidmet, weil wir festgestellt haben, dass viele unserer Patienten auf Grund solcher Selbstgespräche fälschlicherweise wegen einer Psychose behandelt wurden. Zwar kann das Führen von Selbstgesprächen ein diagnostisches Kriterium für eine Psychose sein, doch sind diese schweren psychischen Störungen weiterhin auch noch durch Wahnvorstellungen, Halluzinationen, Rückzug aus der Realität, Paranoia, Affekthandlungen und veränderte Denkprozesse gekennzeichnet. Das Führen von Selbstgesprächen ohne diese Symptome ist keine psychische

Störung. Wenn wir unsere Patienten wegen ihrer Selbstgespräche untersuchen, stellen wir jedes Mal fest, dass zirka 83 Prozent Selbstgespräche führen und dass viele der übrigen 17 Prozent überhaupt nicht sprechen. Versteht man diese Ergebnisse nicht oder kann sie nicht entsprechend einordnen, kann man leicht eine falsche Diagnose stellen.

Wie bereits beschrieben, entsprechen die Selbstgespräche dem Entwicklungsalter vieler Erwachsener mit Down-Syndrom, da auch normal entwickelte Kinder unter sechs Selbstgespräche führen.

Das Erfinden von Freunden ist ein ähnliches Verhalten, das für das Entwicklungsalter des Erwachsenen durchaus angemessen sein kann. Wenn das Entwicklungsalter des Patienten nicht berücksichtigt wird, kann auch dies zu falschen Diagnosen führen. Selbstgespräche, erfundene Freunde und Fantasieleben werden in Kapitel 8 genauer besprochen.

Neigung zu Routinen und Ritualen

Ein weiterer sehr faszinierender Aspekt bei vielen Menschen mit Down-Syndrom ist ihre Vorliebe für Routine und Rituale. Dinge sollen möglichst immer gleich bleiben und Tätigkeiten gleich ausgeführt werden. Wir nennen das „Groove". Diese Vorliebe für Routine („Grooves" haben) hat viele Vorteile. Sie hilft dem Menschen dabei, eine gewisse Ordnung im Leben aufrechtzuerhalten und seine Fähigkeiten optimal einzusetzen. Die mangelnde Flexibilität kann es jedoch schwierig machen, mit Änderungen oder Inkonsistenzen sowie Widersprüchlichkeiten umzugehen, die im Alltag dauernd auftreten. Wenn Außenstehende zudem diese Charaktereigenschaft nicht verstehen, führt das schnell zu Konflikten, denn diese scheinbar mangelnde Flexibilität kann für Menschen, die weniger von „Grooves" abhängig sind, sehr störend sein.

Weil so viele Jugendliche und Erwachsene mit Down-Syndrom Routinen, feste Verhaltensmuster und Gewohnheiten in ihrem täglichen Leben haben, die leicht als Verhaltensstörungen interpretiert werden, haben wir diesem Thema ebenfalls ein Kapitel gewidmet (Kapitel 9).

Das Verhalten auf dem Kontinuum

Um ein bestimmtes Verhalten auf dem Kontinuum von normal zu abnorm ansiedeln zu können, muss man verstehen, was für Menschen mit Down-Syndrom normal oder typisch ist. Dieses Verständnis ist ein wichtiger Orientierungspunkt, wenn man das Verhalten von Jugendlichen und Erwachsenen mit Down-Syndrom einschätzen soll. Um dies genauer zu erläutern, werden wir an dieser Stelle noch einmal einige der oben besprochenen Themen aufgreifen.

Was zum Beispiel die Neigung betrifft, Dinge zu wiederholen und gleich zu halten, kann man davon ausgehen, dass diese „Grooves" zu dem normalen oder typischen Verhaltensmuster von Menschen mit Down-Syndrom gehören. Das Verhalten wird erst dann abnorm, wenn die „Grooves" so extrem ausgeübt werden, dass sie die Funktionsfähigkeit im täglichen Leben beeinträchtigen. Die Neigung zu Routine kann ganz hilfreich sein, wenn andere Menschen diese Neigung in der jeweiligen Situation erkennen und bereit sind, sie zu akzeptieren. Wenn aber, wie eben schon angedeutet, diese Neigung die Funktionsfähigkeit im täglichen Leben beeinträchtigt, entweder weil eine Handlung zwanghaft wird oder andere Menschen in der Umgebung nicht mit diesem Verhalten zurechtkommen, kann eine obsessiv-kompulsive Störung diagnostiziert werden (siehe Kapitel 16).

Mit Trauer verhält es sich ähnlich. Je nach Schwere des Problems und der Umgebung, in der der Mensch trauert, kann die Reaktion irgendwo auf dem Kontinuum zwischen normaler Trauerarbeit und Depression angesiedelt sein.

Das Führen von Selbstgesprächen ist ebenfalls ein Verhaltensaspekt, der auf dem Kontinuum angesiedelt werden kann. Wie bereits erwähnt, ist es üblich, dass Erwachsene mit Down-Syndrom Selbstgespräche führen. Diese können jedoch auch auf eine Psychose hinweisen. Eine gründliche Untersuchung der Art der Selbstgespräche, begleitende Symptome, Umstände in der Lebensumgebung des Menschen sowie seine Alltagskompetenz und auch das frühere Auftreten oder das Ausbleiben von Selbstgesprächen müssen untersucht werden, um feststellen zu können, wo auf dem Kontinuum die Selbstgespräche angesiedelt sind.

Auch muss man verstehen, dass das völlige Ausbleiben eines bestimmten Verhaltens nicht unbedingt gesünder ist als das Auftreten dieses Verhaltens. Mit anderen Worten, weil „zu viel" eines bestimmten Verhaltens die Kriterien für eine bestimmte psychische Störung erfüllt, bedeutet das völlige Ausbleiben dieses Verhaltens trotzdem nicht die Lösung des Problems. Viele Familien und Betreuer fragen zum Beispiel öfter, ob die Selbstgespräche unterbunden werden sollen. Menschen mit Down-Syndrom setzen Selbstgespräche aber oft ein, um Probleme „durchzusprechen" und damit zu bewältigen. In Kapitel 8 ist dies genauer erläutert. Unterbindet man die Selbstgespräche, greift man in den Verarbeitungsprozess ein. Das wäre weder förderlich noch gesund für den Menschen und kann nicht das Ziel einer Therapie sein.

Zwar müssen all diese „typischen" Verhaltensweisen mit Blick auf das Kontinuum betrachtet werden, es ist aber genauso wichtig, nicht automatisch alles auf das Down-Syndrom zu schieben. Wenn ein typisches Verhalten problematisch wird, kann man es nicht länger als „typisch für das Down-Syndrom" ansehen. Es muss untersucht werden, ob das Verhalten tatsächlich zu einem psychischen Problem geworden ist. Das kann man am besten beurteilen, wenn man den Menschen und sein Verhalten über lange Zeit beobachten kann, weil sich dann wesentliche Verhaltensänderungen feststellen lassen. Das Wissen, wie die Person früher war, eine genaue Betrachtung der jeweiligen Lebensphase, der Umgebung des Menschen und der gesundheitlichen Aspekte, die in Kapitel 2 erläutert wurden, tragen dazu bei, die Gründe für die Verhaltensänderung zu verstehen. Diese Untersuchung wird auch deutlich machen, ob das Verhalten für das Down-Syndrom typisch oder normal ist, wo auf dem Kontinuum es angesiedelt ist und ob es weiter untersucht und behandelt werden muss.

Die Untersuchung von bestimmten Verhaltensweisen mit Blick auf das Kontinuum hat viele Vorteile. Man erhält so ein Bezugssystem, womit man die einzigartigen Qualitäten und Verhaltensweisen, die viele Menschen mit Down-Syndrom gemeinsam haben, besser verstehen und einordnen kann. Durch diese Betrachtungsweise wird auch die wichtige Rolle der Umgebung für die Entwicklung und die Erhaltung der psychischen Gesundheit unterstrichen. Zudem bietet das Kontinuum eine Struktur zur Einschätzung, ob ein abnormes Verhalten vorliegt und weiteres Eingreifen oder eine Behandlung notwendig sind.

5 Das Gedächtnis: Stärken und Schwächen

Eines Tages erzählte die Mutter einer unserer Patientinnen in unserer Ambulanz, dass sie und ihre Tochter Kristin, 32 Jahre alt, ihren Geburtsort in Rumänien besucht hatten. Es war nach 16 Jahren das erste Mal, dass sie, seit sie in die USA ausgewandert waren, die Möglichkeit hatten, ihre Familie und ihre Freunde dort zu besuchen. Was die Mutter vor allem überraschte, war, dass ihre Tochter sich viel besser an ihr Heimatland erinnern konnte als sie. So erkannte Kristin zum Beispiel nach 16 Jahren noch ihre Verwandten wieder, auch die, die sie vorher nur selten gesehen hatte. Ebenso erkannte sie die Umgebung, in der diese Verwandten wohnten. Sie wusste sogar noch, wo ihre Häuser waren. Am allermeisten überraschte es die Mutter jedoch, dass sich Kristin an Details aus Ereignissen in der Familie erinnerte, die 16 bis 25 Jahre zurücklagen und passiert waren, als sie noch in Rumänien lebten. Besonders gut erinnerte sich Kristin an die jeweiligen Ereignisse, als ihr die Verwandten Fotos davon zeigten.

Auch von anderen Familien haben wir schon gehört, dass ihr Angehöriger mit Down-Syndrom ein ähnlich gutes Gedächtnis hat. Viele Menschen mit Down-Syndrom wie Kristin können sich außergewöhnlich gut an Dinge erinnern, die sie gesehen oder erlebt haben. Diese Fähigkeit und die damit verbundenen Besonderheiten werden wir in diesem Kapitel erläutern.

Viele Menschen mit Down-Syndrom zeigen gewisse kognitive Eigenschaften und Verhaltensweisen, die für dieses Syndrom als „normal" angesehen werden können, bei Menschen ohne das Syndrom aber nicht normal wären. Manche Fähigkeiten werden als „unzureichend" eingestuft, bestimmte Verhaltensweisen gelten häufig als etwas seltsam. Viele besitzen aber auch Fähigkeiten, die durchaus als relativ gut bezeichnet werden können. Hierzu zählt zum Beispiel ihr Gedächtnis. Manchmal können sich Menschen mit Down-Syndrom viel besser an etwas erinnern, als es andere Menschen können. Da sich die Forschung hauptsächlich auf die Aspekte im Bereich Gedächtnis konzentriert, bei denen Menschen mit Down-Syndrom schlechter abschneiden, werden wir dies nur kurz anschneiden und uns hauptsächlich jenen Bereichen widmen, in denen Menschen mit Down-Syndrom andere übertreffen.

Überblick über die verschiedenen beeinträchtigten Gedächtnisbereiche

Da fast jeder Mensch mit Down-Syndrom eine mehr oder weniger schwere geistige Behinderung hat, verbindet man das Down-Syndrom meist mit verminderten Gedächtnisleistungen. Es folgt eine Auflistung der Bereiche, die beim Down-Syndrom oft beeinträchtigt sind:

Das Arbeitsgedächtnis vereinigt und integriert die Funktionen des Kurzzeitgedächtnisses. Es ermöglicht den Menschen, unmittelbare Aufgaben in ihrem Alltag und ihrer Umwelt zu lösen. Unser Arbeitsgedächtnis hilft uns, Informationen so lange in unserem Gedächtnis zu speichern, bis wir eine Aufgabe beendet haben. Es gibt zwei Formen von Arbeitsgedächtnis, das verbale und das visuell-räumliche Gedächtnis. Im Arbeitsgedächtnis werden Informationen vorübergehend und nicht unbedingt langfristig gespeichert. Was jedoch im Laufe eines Prozesses gelernt wird, wird im Langzeitgedächtnis gespeichert (vergleichbar mit dem Speichern von Daten auf der Festplatte eines Computers). Menschen mit Down-Syndrom zeigen eine deutliche Leistungsminderung im Bereich des auditiven Arbeitsgedächtnisses und damit zusammenhängend einige Probleme mit dem visuellen Arbeitsgedächtnis.

Das verbale Arbeitsgedächtnis ist dafür zuständig, gesprochene Worte und Zahlen zu verarbeiten. Ein Beispiel für Defizite in diesem Bereich ist, wenn es einem schwerfällt, sich eine Telefonnummer lange genug zu merken, um sie zu wählen. Ein zweites Beispiel dafür ist, wenn man Schwierigkeiten hat, sich die Aussprache einzelner Buchstaben oder Wörter zu merken (Phonetik), was den Einsatz von Sprache erschwert. Diese eingeschränkte Merkfähigkeit hat aber anscheinend nichts mit Hörproblemen oder Schwierigkeiten beim Sprechen zu tun (Jarrold, C., Baddeley, A.D., 2001). Weil so vieles, was wir täglich erleben, über gesprochene Sprache vermittelt wird, kann das Unvermögen, sich Sprachinhalte zu merken, zu Schwierigkeiten im Alltag führen. Dadurch kann sich auch die expressive oder die rezeptive Sprachentwicklung verzögern (Buckley, S., Le Prevost, P., 2002). Dieses Problem kann zudem dazu führen, dass man ein falsches Bild von dem betroffenen Menschen bekommt. Wenn sich eine Person zum Beispiel eine Reihe von mündlich erteilten Anweisungen nicht merken kann (und deshalb die Anweisungen nicht ausführt), kann dies auf andere wie widerspenstiges Verhalten wirken oder die Person scheint weniger kompetent, als sie eigentlich ist.

Das visuell-räumliche Arbeitsgedächtnis: Wir haben bereits erwähnt, dass viele Menschen mit Down-Syndrom ein überdurchschnittliches visuell-räumliches Gedächtnis haben. Dennoch sind die Vorteile des guten visuellen Gedächtnisses relativ begrenzt. Ein Grund dafür ist, dass Menschen mit Down-Syndrom besser konkret als abstrakt denken können. Deshalb lernen sie weniger gut aus Erfahrungen, die in ihrem Langzeitgedächtnis gespeichert sind. Abstraktes Denken bedeutet, dass man einen Zusammenhang zwischen Dingen erkennen kann und nicht nur den einzelnen und konkreten Fall betrachtet. Ist diese Abstraktionsfähigkeit nicht vorhanden, nützt ein gutes visuelles Gedächtnis mit Erinnerungen aus der Vergangenheit nichts, weil diese nicht in die gegenwärtige Situation übertragen werden können.

So können Menschen mit Down-Syndrom zum Beispiel lernen, eine bestimmte Strecke mit dem Bus zu fahren, indem sie diese mit einem Familienmitglied oder einem Mobilitätstrainer einüben. (Ein Mobilitätstrainer bringt Menschen bei, mit öffentlichen Verkehrsmitteln zu fahren). Wenn sich die Route jedoch ändert, weil vielleicht eine Baustelle umfahren werden muss, kann es sein, dass die Person damit nicht klarkommt. Wir haben schon öfter von Personen in dieser Situation gehört, die einfach aus dem Bus ausgestiegen sind. Sie konnten sich nicht vorstellen, dass es auch einen anderen Weg zum Ziel gab. Aufgrund der mangelnden Abstraktionsfähigkeit konnten sie nicht auf ihre Erfahrungen zurückgreifen und sich auf die neue Route einstellen. Sie mussten diese Strecke wieder neu einüben. Nachdem die Bauarbeiten beendet waren, brauchten sie die alte Strecke allerdings dank ihres guten visuellen Gedächtnisses nicht wieder neu zu lernen. Frühere Erfahrungen können anscheinend effektiv genutzt werden, wenn sich die ursprünglichen Rahmenbedingungen nicht verändert haben.

Wir können die visuellen Fähigkeiten aber nutzen, um adaptive Skills zu vermitteln. Adaptive Skills sind Fähigkeiten im aktuellen Anpassungsverhalten, das heißt in der effektiven alterstypischen und kulturspezifischen Bewältigung von Alltagsaufgaben beziehungsweise Standardsituationen. Den Lernerfolg können wir noch erhöhen, indem wir die visuellen Fähigkeiten mit verbaler Stimulierung unterstützen. In unserem Zentrum setzen wir zum Beispiel erfolgreich Bildmaterial ein. Wir müssen es jedoch immer wieder situationsgerecht aufbereiten, denn wir können uns nicht unbedingt darauf verlassen, dass unsere Patienten sich in neuen Situationen adäquat verhalten.

Das bedeutet nicht, dass Menschen mit Down-Syndrom nicht in der Lage wären, selbst Wege und Mittel zu finden, um Probleme zu lösen. Sie reagieren sehr sensibel auf Gefühle und Stimmungen anderer Menschen. Diese Fähigkeit kann eine exzellente Voraussetzung sein, um bestimmte Situationen zu bewältigen. Ein Beispiel:

Jason, ein junger Mann mit Down-Syndrom, arbeitete in einem Supermarkt. Er kam gut mit seinem Chef zurecht, einem warmherzigen und sympathischen Mann. Leider wurde sein Chef versetzt und ein neuer, unfreundlicher Kollege trat an seine Stelle. Jason versuchte mehrmals, seinem neuen Chef die Hand zu geben und ein Gespräch mit ihm anzufangen, aber der ging nicht darauf ein.

In der Vergangenheit hatte Jason bereits mit Lehrern und anderen Personen zusammengearbeitet, die ihm gegenüber sehr reserviert waren. Damit war er gut klargekommen. Diese Erfahrungen halfen ihm jedoch nicht, weil er sie in der aktuellen Situation nicht umsetzen konnte. Allerdings spürte er intuitiv nach mehreren erfolglosen Versuchen, sich seinem neuen Chef zu nähern, dass dieser kein Interesse daran hatte, sein Freund zu sein, und beließ es dabei. Sein gutes Einfühlungsvermögen suggerierte ihm, nicht den Fehler zu machen und den Chef mit weiterer freundlicher Annäherung zu verärgern.

Trotz dieses eher negativen Beispiels haben wir festgestellt, dass die meisten Arbeitgeber oder Lehrer den Zusammenhang zwischen geistiger Behinderung und dieser Art von Problemen verstehen und dies im Umgang mit den jeweiligen Personen berücksichtigen. Dennoch ist es erstaunlich, dass es im Allgemeinen schwieriger ist, Verhalten zu verstehen, das auf bestimmte Stärken zurückzuführen ist – hier die Gedächtnisstärken –, die als syndromspezifisch gelten. Einige dieser Stärken wurden bereits beschrieben und beinhalten die folgenden Bereiche:

- das visuelle Gedächtnis,
- die Erinnerung an Fakten, die für die jeweilige Person von großem Interesse sind (selektives Gedächtnis),
- das visuell-räumliche Gedächtnis.

Im Folgenden werden wir auf diese Stärken näher eingehen.

Gedächtnisstärken

Das visuelle Gedächtnis

Die meisten Menschen mit Down-Syndrom wie Kristin in unserem Beispiel haben ein unglaublich gutes Gedächtnis für Menschen, Orte und zurückliegende Ereignisse. Dieses Gedächtnis wird visuell gesteuert. Man könnte es fast als „fotografisch" bezeichnen. Menschen mit Down-Syndrom können sich an Details aus früheren Situationen erinnern, so als schauten sie ein Bild oder einen Film an. Familien finden dies immer wieder erstaunlich. Der Angehörige mit Down-Syndrom mag sich vielleicht nicht daran erinnern, wer bei einer Familienzusammenkunft alles anwesend war und was im Einzelnen passierte. Dafür kann er sich exakt an Details wie die Farbe und die Art eines Kleidungsstücks, die gespielte Musik und Ähnliches erinnern. Diese Ereignisse können 20 oder 30 Jahre in der Vergangenheit liegen, aber er erzählt es, als ob es gestern passiert wäre. Viele Familien haben uns Hinweise darauf gegeben, wie und warum bestimmte Situationen erinnert werden. Es scheint, als würde ein aktuelles Ereignis eine Erinnerung wachrufen, zum Beispiel an bestimmte Personen, die dem Menschen früher begegnet sind, oder an Dinge, die er früher einmal erlebt hat, vor allem dann, wenn es ein visuelles Erinnerungsstück gibt. So berichten uns zum Beispiel viele Familien, dass ihr Familienmitglied oft während einer Autofahrt Orte und Stellen benennt, die den anderen Familienmitgliedern nicht unbedingt bekannt sind. Wenn man aber nachforscht, stellt man fest, dass sie für die Person mit Down-Syndrom durchaus eine Bedeutung haben.

Anna und ihre Mutter fuhren zum Flughafen, um die Lieblingstante abzuholen, die in eine weit entfernte Stadt umgezogen war. Während der Fahrt zeigte Anna, die sich nicht so deutlich artikulieren kann, auf einen Würstchenstand und versuchte wiederholt, den Namen des Stands zu sagen. Ihre Mutter meinte, Anna wolle dort jetzt etwas essen, und ärgerte sich ein wenig. Sie sagte, dass sie jetzt doch keine Zeit hätten, sondern die Tante abholen müssten. Auf der Fahrt zurück vom Flughafen deutete Anna wieder auf den Würstchenstand. Annas Tante lächelte und erklärte Annas Mutter zu deren Überraschung, dass sie und Anna schon öfter dort ein Würstchen gegessen hatten, als sie noch in der Stadt wohnte. Anna fühlte sich jetzt verstanden und war sichtlich erleichtert.

Wir haben viele ähnliche Beispiele gehört. So ruft ein Bild aus einem alten Familienalbum nicht nur die Erinnerung an bestimmte Ereignisse und Menschen wach, sondern die Person erinnert sich auch an unbedeutende Gegebenheiten oder an Menschen, an die sich andere in der Familie kaum erinnern können.

Erinnerung an Fakten, die für die Person von großem Interesse sind

Wir hören oft, dass Menschen mit Down-Syndrom ein erstaunliches Gedächtnis haben, was ganz konkrete Informationen anbelangt wie Namen und Geburtstage anderer Menschen. Dies gilt vor allem für Dinge, die für sie von Interesse sind. So erinnern sich viele genau an Fakten, die ihre Lieblingsmannschaft betreffen. Auch können sie umfangreiche Informationen zu ihrer Lieblingsmusik, ihren Lieblingsfilmen und ihren Lieblingsprogrammen im Fernsehen speichern.

Viele Jugendliche und Erwachsene mit Down-Syndrom lieben es, Listen von Dingen zu erstellen, die sie interessieren, wie zum Beispiel eine Liste mit Beatles-Titeln oder von ihren Lieblingsschauspielern. Manche erstellen auch Listen von Dingen, die Teil ihres täglichen Lebens sind, wie Lebensmittel, geplante Aktivitäten für diesen Monat, die Namen von Verwandten und sogar Listen mit banaleren Informationen, wie dem Inhalt ihrer Frühstücksbox oder den Menüvorschlägen für diese Woche.

Vielen Menschen helfen das Schreiben und das Lesen ihrer Liste dabei, sich an Dinge zu erinnern. In vielen Fällen ist das Erstellen solcher Listen für sie eine entspannende und angenehme Beschäftigung, auch wenn sie diese Dinge längst im Gedächtnis abgespeichert haben. Wenn es jedoch darum geht, sich an Dinge zu erinnern, die nicht von Interesse oder Bedeutung für die jeweilige Person sind, hilft auch das Erstellen von Listen nicht. Dazu zählen zum Beispiel abstraktere Konzepte, die vielleicht in der Schule gelehrt werden, oder Ereignisse, die die Person nicht direkt betreffen, wie Politik oder das aktuelle Tagesgeschehen. Wenn sich der Jugendliche oder der Erwachsene nicht dafür interessiert, wird er sich diese Informationen auch nicht merken wollen. Dies ist einer der Gründe, weshalb die übliche Erhebung des mentalen Status, also ein Test der kognitiven Fähigkeiten (zum Beispiel mit dem Mini Mental Status Test) bei Menschen mit Down-Syndrom und anderen Behinderungen nicht geeignet ist. Ein solcher Test besteht aus einer relativ kurzen Untersuchung der grundlegenden intellektuellen, sozialen und emotionalen Funktionsfähigkeit eines Menschen und wird meistens von Psychologen durchgeführt. Leider wird in einem der wichtigsten Teile dieses Tests auch das aktuelle Tagesgeschehen abgefragt. Dies ist Menschen mit Down-Syndrom gegenüber recht unfair, denn häufig wissen sie gar nicht darüber Bescheid, weil sie diese Informationen einfach nicht interessieren.

Das visuell-räumliche Gedächtnis

Viele Menschen mit Down-Syndrom können sich aufgrund ihres guten visuellen Gedächtnisses Stellen merken, an denen sie bestimmte Menschen oder Dinge gesehen haben. So können sie den Weg zurück zu einem Ort wieder finden, an dem sie einmal gewesen sind, oder ihn anderen beschreiben. Auch können sie eine neue Umgebung so gut visuell abspeichern, dass sie sich schnell orientieren und zurechtfinden können. Arbeitgeber und Lehrer berichten uns häufig, dass sich der Angestellte oder der Schüler mit Down-Syndrom fast nie verirrte, auch nicht in einer weitläufigen Schule oder an einem unübersichtlichen Arbeitsplatz.

Viele Menschen mit Down-Syndrom setzen diese guten visuellen Fähigkeiten auch ein, um ihre persönlichen Dinge zu organisieren. So besitzen viele Jugendliche und Erwachsene umfangreiche und sorgsam geordnete CD-, Video- oder DVD-Sammlungen. Die Familien sind immer wieder erstaunt, dass ihr Angehöriger mit Down-Syndrom genau weiß, wo sich eine bestimmte CD oder ein Video in seiner Kollektion befindet, auch wenn er die Titel auf den Hüllen nicht lesen kann. Stattdessen merkt er sich die Stelle, an der der Gegenstand eingeräumt ist. Man könnte fast meinen, manche Menschen haben ein Foto ihres Zimmers im Gedächtnis.

Die Vorteile eines guten visuellen Gedächtnisses

Ein gutes visuelles Gedächtnis bringt viele Vorteile mit sich. In einem sozialen Kontext kann es sehr hilfreich sein, weil Menschen mit Down-Syndrom selten einen Namen oder ein Gesicht vergessen. Auch Familienmitglieder berichten, dass sie davon profitieren. Wenn sie anderen begegnen und sich nicht an den Namen eines Menschen erinnern können, ist das kein Problem, solange sie ihren Angehörigen mit Down-Syndrom bei sich haben, weil er sich meistens daran erinnert. Menschen mit Down-Syndrom können sich in der Regel auch Geburtstage und Hochzeitstage gut merken und setzen ihre Kenntnisse von für sie interessanten Fakten ein, um mit anderen zu diskutieren, wie zum Beispiel die Erfolge der Lieblingsmannschaft, oder über Musik, Filme oder Berühmtheiten und so weiter.

Die guten visuellen Fähigkeiten sind beim Erlangen von Selbstständigkeit zu Hause und am Arbeitsplatz ebenfalls sehr hilfreich. So kann sich ein Erwachsener mit einem guten visuellen Gedächtnis merken, wie er sich selbst versorgen kann oder wie er Aufgaben am Arbeitsplatz erledigen muss, indem er zuerst jemandem beim Ausführen solcher Aufgaben zuschaut. Dies trifft besonders dann zu, wenn Aufgaben in kleinere Teilaufgaben unterteilt und ihm in einem angemessenen Tempo beigebracht werden. Wenn die Person mit Down-Syndrom diese Aufgaben einmal erlernt hat, wird sie sie in ihren Tagesablauf einbauen und zuverlässig ausführen können.

Das gute visuelle Gedächtnis trägt wohl auch dazu bei, dass das Betrachten von Fotoalben mit Urlaubsbildern oder mit Bildern von Familienfesten für Menschen mit Down-Syndrom eine entspannende Beschäftigung ist. Auch das Anschauen von Filmen ist ein beliebter Zeitvertreib. Viele schauen sich einen Film immer wieder an. Wir haben auch festgestellt, dass das gute visuelle Gedächtnis oft mit einer anderen Lieblingsbeschäftigung gekoppelt wird, nämlich dem Hören von Musik. In den Lieblingsfilmen oder Lieblings-TV-Shows spielt Musik eine wesentliche Rolle. Viele Erwachsene mit Down-Syndrom lieben Musicals wie Grease, Dirty Dancing, The Sound of Music und Oklahoma und ihre Lieblingssendungen im Fernsehen sind meist TV-Shows mit viel Musik oder Disney-Filme, in denen viel gesungen wird. Familien erzählen, dass ihr Angehöriger mit Down-Syndrom bestimmte Lieder, ja ganze CDs sowie die Lieblingsmusicals viele Male hintereinander und immer wieder hört. Zwar mag das für die Familie bisweilen etwas anstrengend werden (wenn man dasselbe Lied bereits zirka 6000 Mal gehört hat), für Menschen mit Down-Syndrom scheint es aber wohltuend zu sein, wenn sie immer wieder dasselbe hören oder sehen.

Die Nachteile eines guten visuellen Gedächtnisses

Trotz der großen Vorteile eines guten visuellen Gedächtnisses kann dies auch einige Probleme nach sich ziehen. Um Ihnen die Ursache dieser Probleme zu verdeutlichen, werden wir hier die drei Bereiche erläutern, in denen die größten Schwierigkeiten auftreten. Wir werden auch darauf eingehen, wie Menschen mit Down-Syndrom von anderen leicht missverstanden werden können und welcher Stress dabei für die Person mit Down-Syndrom entstehen kann.

Lehrer und Arbeitgeber sind häufig enttäuscht, wenn Menschen mit Down-Syndrom nicht adäquat auf verbale Anweisungen reagieren und in solchen Situationen einfach „abzuschalten" scheinen. Dass diese Menschen in der Regel ein schlechtes auditives Gedächtnis haben und auf visuelle Hilfen angewiesen sind, wird übersehen. Dies kann zu Unstimmigkeiten führen, zusätzlich zu bestimmten Problemen in Zusammenhang mit dem – an sich – guten visuellen Gedächtnis.

Drei Besonderheiten bei den Gedächtnisleistungen von Menschen mit Down-Syndrom, die zu Problemen führen können, sind:

1. Schwierigkeiten, Erinnerungen zeitlich richtig einzuordnen,
2. die Neigung, Erinnerungen in der Gegenwart erneut zu durchleben, und
3. die Neigung, bestimmte Erinnerungen stets zu wiederholen.

1. Schwierigkeiten, Erinnerungen zeitlich richtig einzuordnen

Obwohl Menschen mit Down-Syndrom sich oft außergewöhnlich gut an Situationen in der Vergangenheit erinnern können, wissen sie jedoch manchmal nicht, wann sich diese genau ereignet haben. Grund dafür sind ihre Schwierigkeiten beim Verstehen des abstrakten Zeitkonzepts. Viele kennen und verstehen zwar die Uhrzeiten im Sinne von Abendessen um sechs Uhr, können aber abstrakte Zeitkonzepte wie unter anderem den Zeitverlauf (ob nun Monate oder Jahre vergangen sind) nicht erfassen. Folge davon ist, dass viele Menschen mit Down-Syndrom Erlebnisse, an die sie sich erinnern, nicht gut einordnen können beziehungsweise sie nicht als einen Teil der Vergangenheit ansehen.

2. Erinnerungen in der Gegenwart erneut durchleben

Wie bereits zuvor angesprochen, scheinen Menschen mit Down-Syndrom oft in Bildern oder visueller Form an Ereignisse zu denken oder sich an sie zu erinnern. Wird dieses visuelle Denken mit einem fehlenden Zeitverständnis kombiniert, tritt ein interessantes Phänomen auf. Viele Menschen mit Down-Syndrom scheinen Situationen aus der Vergangenheit in der Gegenwart wieder oder erneut zu durchleben, als würden sie gerade eben passieren. Häufig werden die Gefühle und die Emotionen des ursprünglichen Ereignisses ebenfalls erneut durchlebt.

Diese Neigung kann positiv oder negativ sein, je nach Art des Ereignisses aus der Vergangenheit. So kann zum Beispiel das erneute Durchleben positiver Situationen wie Urlaub oder Feiertage mit der Familie sehr vergnüglich sein. Auf der anderen Seite kann das Wiedererleben von negativen Erfahrungen wie einem beängstigenden Gewitter oder der Beerdigung eines engen Angehörigen traumatisch sein. Vielen Menschen mit Down-Syndrom bereitet es Schwierigkeiten zu realisieren, dass das Ereignis nicht noch einmal passiert. Die damit verbundenen Gefühle werden bei dem erneuten Erleben der damaligen Situation oft verstärkt. Dies wird in dem Abschnitt über posttraumatische Belastungsstörungen genauer erläutert.

3. Die Neigung, bestimmte Erinnerungen stets zu wiederholen

Viele Menschen mit Down-Syndrom durchleben bestimmte Erinnerungen immer wieder aufs Neue. Meistens sind dies Erinnerungen, die starke positive oder negative Gefühle hervorrufen.

Es ist durchaus verständlich, dass man positive Ereignisse wiederholen möchte. Wir hören oft, dass Menschen mit Down-Syndrom immer wieder Fotoalben oder Bilder von Urlauben, Feiertagen und so weiter anschauen. Aufgrund ihres guten visuellen Gedächtnisses können sie sich an den jeweiligen Zeitpunkt in der Vergangenheit zurückversetzen und dieses Ereignis noch einmal durchleben. Für sie ist es, als seien sie wieder genau dort und verbrächten eine schöne Zeit mit Familie und Freunden. Auch sind Videoaufnahmen sehr beliebt. Viele Menschen mit Down-Syndrom sehen sich sehr gerne Videos von schönen, besonderen Ereignissen aus der Vergangenheit an.

Allerdings neigen viele auch dazu, negative Ereignisse erneut zu durchleben. In vielen Fällen bedeutet das für sie, eine gewisse Kontrolle über die negative Erfahrung zu gewinnen. Dies ist vergleichbar mit Menschen ohne Down-Syndrom, die einen Traum so lange immer wieder träumen, bis das Problem gelöst ist. Die Person fühlt sich fast gezwungen, diese Erfahrungen erneut zu durchleben, und scheint dies selbst kaum beeinflussen zu können. Dies trifft vor allem auf Menschen mit Down-Syndrom zu, die sowieso dazu neigen, Dinge zu wiederholen. Negative Erfahrungen verstärken diesen Prozess noch.

Die am häufigsten erneut durchlebten negativen Erinnerungen sind Situationen, in denen Menschen mit Down-Syndrom sich schuldig fühlten, weil sie etwas falsch gemacht haben. Viele Familien und Betreuer können nicht verstehen, woher diese Schuldgefühle kommen. Manche Ereignisse erscheinen ihnen völlig unbedeutend oder sie erinnern sich überhaupt nicht daran. Oftmals befinden sich die anderen dann in einer etwas unangenehmen Lage, weil sie wiederholt Entschuldigungen für Ereignisse akzeptieren müssen, die schon Monate oder sogar Jahre zurückliegen und denen sie keinerlei Bedeutung beimessen. So zerbrach zum Beispiel ein junger Mann einen Teller bei einem Essen, wozu Freunde seiner Eltern eingeladen hatten. Obwohl dieses Ereignis über sechs Jahre zurücklag, entschuldigte er sich immer wieder, wenn er die Freunde der Eltern sah. Manchmal entstehen in diesem Zusammenhang auch komische Situationen. Bei seinem ersten Termin in unserer Ambulanz erzählte ein junger Mann mit Down-Syndrom, dass ihm sein Vater ein Bein gestellt hatte. Sein Vater lachte und erklärte uns, dass dies aus Versehen passiert war und schon über sieben Jahre her war. Sein Sohn hielt es allerdings immer noch für notwendig, andere Menschen über diesen Fehltritt zu informieren. Der Vater fügte lächelnd hinzu: „Sollte ich jemals wieder etwas Schlechtes tun, auch wenn es aus Versehen passiert, wird er das niemals mehr vergessen."

Erinnerungen, die durch bestimmte Ereignisse ausgelöst werden

Aktuelle Ereignisse können bei uns allen, auch bei Menschen mit Down-Syndrom, Erinnerungen an frühere Situationen wachrufen. Ein Beispiel:

Der Tod des Vaters war für Amanda, 33, sehr schmerzvoll. Sie wurde immer wieder sehr traurig, wenn sie am Arbeitszimmer ihres Vaters vorbeiging und dort seine Pfeife sah. Die Pfeife war für sie eng mit ihrem Vater verbunden. Da sie sehr oft am Arbeitszimmer vorbeigehen musste, wurde sie zunehmend niedergeschlagener und abwesender. Dies wirkte sich irgendwann negativ auf ihren Alltag aus. Sie kam zu spät zur Arbeit, brauchte abends viel Zeit, bis sie endlich ins Bett ging, und schlief dadurch nicht mehr genug. Wir konnten die Intensität der Trauer verringern, indem wir ihre Familie baten, einfach die Tür zum Arbeitszimmer des Vaters zu schließen. Nur am Abend wurde die Tür noch für kurze Zeit geöffnet. Diese intensive, aber begrenzte Konfrontation mit dem Tod ihres Vaters schien Amanda für ihre Trauerarbeit noch zu benötigen. Bald war sie wieder in der Lage, ihre täglichen Aufgaben zu verrichten und wie früher an verschiedenen Aktivitäten teilzunehmen.

Wir haben festgestellt, dass sich die Intensität von emotional belasteten Ereignissen mit der Zeit nicht verringert. Viele ältere Menschen mit Down-Syndrom, die vor zehn oder auch mehr Jahren ein Familienmitglied verloren haben, erleben diesen Verlust immer noch sehr intensiv. Wie Amanda versetzen sie sich in die Zeit zurück, als der Verlust eintrat. Glücklicherweise werden diese früheren Erfahrungen nur in „diesem Moment" so intensiv erlebt. Die meisten sind in der Lage, sich danach schnell wieder positiveren Gedanken oder Erinnerungen zuzuwenden, vor allem dann, wenn sie von Verwandten oder Betreuern entsprechende Impulse dazu erhalten. Der Unterschied zu anderen, die um den Verlust eines Menschen trauern, scheint der zu sein, dass bei Menschen mit Down-Syndrom die Momente, in der diese Erfahrungen neu durchlebt werden, häufiger auftreten. Bei Amanda konnten wir die Konfrontation mit visuellen Erinnerungsstücken an den Vater auf wenige Momente begrenzen, sodass sie zu den anderen Zeiten am Tag wieder „funktionieren" konnte. Betreuer und Ärzte, die diese Art von „Erinnerungsmomenten" verstehen, können versuchen, die Konfrontation mit den Auslösern dieser Erinnerung zu begrenzen, sodass der Erwachsene mit Down-Syndrom sich nicht „darin verstrickt". Bilder und auch verbale Erinnerungen an positive Ereignisse können dabei helfen, schmerzvolle oder negative Erinnerungen durch eine positive Erinnerung zu ersetzen.

Wir haben festgestellt, dass es nur geringer Auslöser bedarf, um Erinnerungen an emotional geladene Ereignisse wachzurufen. Für Außenstehende scheinen diese Dinge sogar relativ unbedeutend und nicht wirklich zum Ereignis passend. Wir beobachten auch, dass kleine Verluste oft Erinnerungen an größere Verluste auslösen. Ein Beispiel:

Eine Ernährungsberaterin und eine Schulpsychologin leiteten zusammen eine Aerobic-

Gruppe, in der es auch um gesunde Ernährung ging. Acht junge, fitte Erwachsene mit Down-Syndrom nahmen daran teil. Bei einer Diskussion erzählte einer der jungen Männer, dass er traurig sei, weil sein Hund gestorben war (ein Ereignis, das ebenfalls in der Vergangenheit lag). Die anderen Kursteilnehmer fingen an zu weinen und zeigten ebenfalls große Trauer, weil sie selbst auch schon einen Verlust erlitten hatten. Die beiden Kursleiter waren etwas überfordert und nicht in der Lage, den Familien zu erklären, weshalb die Teilnehmer zutiefst unglücklich aus ihrem Unterricht kamen. Bald darauf konnten Betreuer und Familien jedoch erleichtert feststellen, dass die jungen Erwachsenen sich wieder beruhigt hatten.

Diese „Gruppentrauer" entstand aufgrund einer Erinnerung in diesem spezifischen Moment. Bei einer erneuten Zusammenkunft in unserer Ambulanz konnten wir erklären, dass solche Reaktionen bei Menschen mit Down-Syndrom häufig beobachtet werden, auch bei denen, die in einer guten psychischen Verfassung sind. Dieses Ereignis ist nun drei Jahre her und uns sind keine dauerhaften Folgen daraus bekannt.

Warum bestimmte Erinnerungen wiederholt abgerufen werden

Das wiederholte Abrufen von Erinnerungen kann ein nützliches Ausdrucks- und Kommunikationsmittel sein, vorausgesetzt, der Zuhörer versteht es, damit umzugehen. In unserer Ambulanz hören wir Familienmitgliedern und Betreuern, die den Menschen mit Down-Syndrom schon lange begleiten, immer aufmerksam zu, weil sie meistens wissen, wovon der Patient spricht, und sie uns über Zeitpunkt und Kontext der damaligen Situation aufklären können. So können wir gemeinsam auch Gefühle und Emotionen, die durch das Sich-Erinnern an frühere Erlebnisse hervorgerufen werden, besser verstehen und mit dem Patienten besprechen. Dies ist besonders wichtig für Menschen mit Down-Syndrom, die eingeschränkte Sprachfähigkeiten haben. Ein Beispiel:

Walter, 32, wurde von seiner Mutter und seiner Schwester in die Ambulanz gebracht, weil er ungewöhnlich teilnahmslos war und auch auf Familie und Freunde kaum reagierte. Während des Gesprächstermins machte er einige Bemerkungen über einen Unfall. Mutter und Schwester vermuteten schließlich, dass er über einen Autounfall sprach, den sein Vater vor 15 Jahren gehabt hatte, als Walter selbst noch ein Teenager war. Seine Mutter erklärte, dass dieser Unfall sehr schlimm für die Familie gewesen war, weil der Vater schwer verletzt wurde und mehrere Monate nicht arbeiten konnte. Diese Monate waren anscheinend sehr schwierig für Walter gewesen, weil er sich viele Sorgen um den Vater gemacht hatte.

Nachdem wir also herausgefunden hatten, von welchem Ereignis Walter sprach, fragten wir uns, ob Walters lethargisches Verhalten etwas mit dem Unfall zu tun haben könnte. Wir riefen während seines Termins in der Ambulanz bei seiner Arbeitsstelle und in seinen Freizeitklubs an, um zu hören, ob sie eine Erklärung für Walters Äußerungen hätten. Die Antwort kam von einer Freizeiteinrichtung, von der wir erfuhren, dass einer der Betreuer kürzlich einen Autounfall gehabt hatte. Walter mochte diesen Betreuer sehr gerne. Daraus schlossen wir, dass dieser neue Unfall Walter ebenso naheging wie der Unfall des Vaters vor vielen Jahren. Aufgrund dieser Erkenntnis konnten wir eine Strategie entwickeln, um Walter dabei zu helfen, mit diesem Erlebnis fertig zu werden. Seine Familie richtete es ein, dass Walter seinen Betreuer während des Genesungsprozesses regelmäßig besuchen und ihn so unterstützen konnte, was beiden sehr guttat. Hinzu kam, dass Walter aktuelle Informationen über den Zustand seines Betreuers erhielt und sich so weniger Sorgen machen musste.

Wir empfehlen, dass auch Betreuer aus den verschiedenen Bereichen (Wohnheim, Arbeitsplatz und so weiter) unsere Patienten zu ihren Untersuchungen begleiten. So ist beim Termin vielleicht jemand dabei, der über die Ereignisse Bescheid weiß, von denen unser Patient erzählt, und der sie entsprechend interpretieren kann.

Manchmal ist die Botschaft, die durch eine Erinnerung ausgelöst wird, recht einfach und unkompliziert. Manche Menschen sprechen zum Beispiel dauernd über einen schon länger zurückliegenden, schönen Urlaub, weil sie sich auf den nächsten freuen. Viele Familien versuchen auch, deswegen an den gleichen Ferienort zurückzukehren. Aber oftmals ist es schwierig, die Botschaft zu erkennen. Ein Beispiel:

Bei einer jährlichen Besprechung mit seinem Arbeitgeber zur Beurteilung seiner Fortschritte erzählte Eric, 30, dass ihn ein Arbeitskollege schikanieren würde. Das verursachte viel Aufruhr, bis seine Mutter und ein früherer Betreuer mitteilen konnten, dass dieses Problem schon vor einigen Jahren aufgetreten sei. Sie erklärten, dass der Arbeitskollege bereits seit drei Jahren nicht mehr dort arbeitete. In dem darauf folgenden Gespräch konnte ein Mitarbeiter unserer Ambulanz den Betreuern an Erics Arbeitsplatz erklären, dass eine kürzlich vorgenommene Mitarbeiterumbesetzung eventuell die Erinnerung an die Ereignisse aus der Vergangenheit, als Eric schikaniert wurde, hervorgerufen hat.

Die Mutter erzählte, dass es damals eine Mitarbeiterumbesetzung gab, um das Problem zu lösen. Wahrscheinlich hatte ihn die aktuelle Besprechung an seine Erfahrung mit dem unangenehmen Kollegen erinnert und Eric durchlebte das Geschehene in Gedanken wieder neu. Mit seinen Äußerungen darüber schien er die Geschichte nur noch einmal verbal bestätigen zu wollen. Die Betreuer und seine Familie hatten auch bemerkt, dass er vor und während der Umbesetzung ungewöhnlich verängstigt war. Sowohl seine Äußerungen über die frühere Problematik als auch seine Ängste wiesen darauf hin, dass er wieder die gleichen Gefühle wie damals hatte.

Interessanterweise berichtete die Mutter, dass Eric immer noch sehr vorsichtig war, wenn er morgens in die Werkstatt kam. Auch schien er immer noch nervös und besorgt, trotz der langen Zeit, die inzwischen vergangen war. Nachdem Erics Problem erkannt worden war, wurden Schritte unternommen, um ihm zu zeigen, dass er in der Werkstatt sicher und gut aufgehoben war. Noch eine ganze Weile wurde Eric immer von seinem Lieblingsbetreuer an der Eingangstür empfangen, der ihm versicherte, dass der unangenehme Mitarbeiter nicht zurückkehren würde. Er zeigte Eric auch wiederholt den Arbeitsplatz dieses früheren Kollegen, sodass Eric sehen konnte, dass dort mittlerweile ein anderer Mann arbeitete.

Als seine Mutter und die Betreuer nach mehreren Monaten bemerkten, dass Eric keine Angst mehr zeigte, wurden diese Maßnahmen wieder eingestellt. Seitdem, und das ist jetzt vier Jahre her, geht Eric ohne Ängste zur Arbeit.

Die Gefahr, missverstanden zu werden

Leider wird die Neigung, die Vergangenheit in Gegenwartsform zu erzählen und wieder zu durchleben, von uninformierten oder unerfahrenen Ärzten und Betreuern leicht falsch interpretiert und als Verhaltensproblem oder sogar psychische Störung bewertet. Man kann sich gut vorstellen, wie so etwas passieren kann. Wenn zum Beispiel kein Elternteil oder kein erfahrener Betreuer an Ort und Stelle gewesen wäre, um Erics Äußerungen über den schikanösen Kollegen zu relativieren, wären sie vielleicht als falsche Anschuldigungen oder sogar als „Lügen" aufgefasst worden. Seine Bemerkungen und sein ängstliches Verhalten am Arbeitsplatz wären von anderen möglicherweise als realitätsfern und ein Anzeichen dafür, dass er eine Behandlung benötigt, angesehen worden. Solche falschen Interpretationen haben sehr oft zur Folge, dass unnötigerweise verhaltenstherapeutische Maßnahmen durchgeführt werden oder mit Medikamenten behandelt wird, was dann sogar gesundheitliche Folgen haben kann.

Empfehlungen zum Erkennen und zum richtigen Umgang mit erneut durchlebten Erinnerungen beinhalten folgende Ansätze:

- Menschen mit Down-Syndrom haben Schwierigkeiten mit dem Zeitverständnis.
- Ihre Äußerungen über Ereignisse können ein Ereignis in der Vergangenheit, Gegenwart oder sogar Zukunft betreffen, unabhängig von der gewählten Erzählform.
- Manche von ihnen verwechseln bestimmte Ereignisse auch mit Dingen, die sie in Fil-

men oder im Fernsehen gesehen haben (siehe nachfolgend unter „Erneutes Abspielen von Filmen im Gedächtnis").
- Um den Kontext dieser Ereignisse zu verstehen und einzuordnen, ist es oft notwendig, die Lebensgeschichte und den Alltag des jeweiligen Menschen zu kennen.
- Wenn Betreuer im aktuellen Umfeld des Menschen das Ereignis nicht einordnen können, betrifft es wahrscheinlich eine Situation, die weiter zurückliegt.
- Ein Ereignis in der Gegenwart kann Erinnerungen an vergangene Erlebnisse wachrufen.

Ein wesentlicher Hinweis darauf, dass ein früheres Ereignis erneut verarbeitet wird, ist, dass das Verhalten und die Gefühle des Menschen nicht zur gegenwärtigen Situation passen. Wir haben zum Beispiel gesehen, dass viele Menschen auf einen scheinbar wenig bedeutenden Verlust völlig überreagieren (etwa wenn ein Haustier stirbt oder jemand anderes einen Verlust erleidet), weil dies die Erinnerung an einen selbst erlebten Verlust auslöst. Erics gegenwärtige Reaktionen wurden zum Beispiel dadurch verursacht, dass ihn ein negatives Ereignis aus der Vergangenheit erneut beschäftigte.

Wenn dies der Fall ist, sollte man versuchen, dem Betroffenen klarzumachen, dass das Ereignis nichts mit der Gegenwart zu tun hat und keine Bedrohung darstellt. Wenn man solche Beruhigungen nur mündlich mitteilt, reichen sie eventuell nicht aus, weil der Betroffene vielleicht Schwierigkeiten mit dem Zeitverständnis hat. Deshalb sollte man ihm eine Übersicht über die Zeit in visueller Form geben, zum Beispiel eine Art Lebenslauf mit Fotos von ihm selbst in verschiedenen Altersstufen. Man kann dann besprechen, dass das Erlebnis, das ihm so zu schaffen macht, vor langer Zeit stattgefunden hat, nämlich zu einer Zeit, als er noch kleiner oder jünger war und ganz anders ausgesehen hat. Dies könnte zu einem besseren Verständnis und zur Beruhigung beitragen.

Man sollte sich jedoch bewusst sein, dass die Gefühle des Menschen in Bezug auf bestimmte zurückliegende Ereignisse immer noch sehr präsent sind, vor allem, wenn er die Fähigkeit hat, das Erlebte gezielt wieder abzurufen. Dies bietet allerdings auch eine Möglichkeit, ihm bei der Verarbeitung negativer Erlebnisse zu helfen.

Andere ernste Beeinträchtigungen

Die posttraumatische Belastungsstörung

Menschen mit Down-Syndrom, die Ereignisse aus der Vergangenheit immer wieder neu durchleben, sind sehr viel anfälliger für posttraumatische Belastungsstörungen (PTSD – posttraumatic stress disorder). Dies ist ein Angstzustand, der bei Menschen, die Kriegs- und Kampfsituationen erlebt haben, wie zum Beispiel Soldaten, vorkommen kann. Betroffene Soldaten haben sogenannte „Flashbacks", das heißt, sie durchleben traumatisierende Situationen oder Kampfhandlungen und die damit verbundenen Gefühle wie Todesangst aufs Neue. Menschen, die unter schweren posttraumatischen Belastungsstörungen leiden, haben diese Flashbacks oft noch sehr lange nach ihrer Rückkehr aus dem Krieg. Aber nicht nur Kriegsveteranen leiden darunter, auch Menschen, die ein traumatisches Erlebnis hatten und zum Beispiel Gewalt erfahren haben oder in einen Unfall verwickelt waren, können posttraumatische Belastungsstörungen haben.

Bei Menschen mit Down-Syndrom können posttraumatische Belastungsstörungen aus zwei Gründen noch zusätzliche Komplikationen mit sich bringen. Zum einen ist es für sie manchmal schwer verständlich, dass Ereignisse aus der Vergangenheit auch tatsächlich vorbei sind. Dadurch erleben sie die negativen Gefühle aus dem Flashback noch intensiver. Dies trifft natürlich auch auf andere Betroffene zu, doch verstehen die meisten, dass der Flashback nur eine Erinnerung an ein früheres Ereignis ist. Menschen mit Down-Syndrom denken jedoch oft, dass sie die Situation wirklich wieder aufs Neue erleben. Zum anderen ist es für Menschen ohne das Syndrom schon sehr schwierig, mit ihrer Umwelt über die traumatischen Erlebnisse zu sprechen und um Hilfe zu bitten. Für Menschen mit Down-Syndrom ist das noch viel schwieriger. Ohne Hilfe von außen bleiben viele in diesem Zustand gefangen.

In vielen Fällen konnten wir unser Wissen über das wiederholte Durchleben früherer Situationen bei Menschen mit Down-Syndrom mit den Erfahrungen von Familien und Betreuern kombinieren, um so der Person, die solche traumatischen Flashbacks erlebt, zu helfen. Ein Beispiel:

Georgine, 35, lebte zusammen mit einer anderen Frau, die ebenfalls das Down-Syndrom hatte, in einer Art Pflegeheim bei einer Pflegemutter. Georgine hatte beide Eltern verloren, wurde aber sehr von ihrer Schwester Clare unterstützt, die ganz in der Nähe wohnte. Auch stand sie ihrer Pflegemutter sehr nahe, beide verstanden sich gut. Gerade weil Georgine eine so enge Beziehung zu ihrer Pflegemutter hatte, war das folgende Verhalten für ihre Schwester Clare nicht nachvollziehbar.

Nach jedem Besuch bei ihrer Schwester weigerte sich Georgine, in das Auto einzusteigen und zurück zum Pflegeheim zu fahren. Clare musste unendlich viel Überzeugungsarbeit leisten, um Georgine dazu zu überreden. Den ganzen Tag über hatte Georgine schon Angstgefühle gezeigt und während der Fahrt zurück war sie immer noch sehr ängstlich. Eigenartigerweise war Georgine sichtlich erleichtert, als sie dann im Pflegeheim ankam.

Als wir die Situation in unserer Ambulanz besprachen, deutete Clare an, dass das Problem mit einem Ereignis zusammenhängen könnte, das vor 17 Jahren vorgefallen war, als Georgine kurze Zeit in einem Wohnheim lebte. Sie und ihre Eltern waren zwar damals der Meinung, dass Georgine noch nicht so weit war, um in eine Einrichtung zu ziehen, wollten aber den Platz gerne annehmen, weil es sicher sehr lange gedauert hätte, bis wieder ein Platz frei geworden wäre. Die Familie hatte schließlich den Verdacht, dass Georgine dort misshandelt oder belästigt wurde, was sich auch bestätigte, als sie eines Tages kamen und sahen, wie sich Georgine heftig gegen einen kräftigen Mann zur Wehr setzte, der sie sexuell belästigte. Ihre Eltern nahmen sie sofort mit nach Hause und brachten sie nie wieder zurück.

Clare berichtete uns außerdem, dass Georgine immer wieder Schwierigkeiten mit Ortswechseln hatte. Die Situationen waren ähnlich wie bei ihrem Widerstand gegen ihre Rückkehr zur Pflegemutter nach einem Besuch bei ihrer Familie. Wenn sie einen Ort verlassen sollte, um woanders hinzugehen, weigerte sie sich oft. Jedes Mal musste man viel Überzeugungsarbeit leisten und ihr zureden, bis sie endlich bereit war zu gehen, wenn auch widerwillig. Wir haben Clare erklärt, dass viele unserer Patienten Flashbacks haben und posttraumatische Belastungsstörungen entwickeln, weil sie dazu neigen, negative Ereignisse erneut zu durchleben.

Aus Georgines Verhalten schlossen wir, dass sie jedes Mal, wenn ein Ortswechsel anstand, einen Flashback aufgrund ihrer früheren negativen Erfahrungen in dem Wohnheim hatte. Diese Flashbacks waren besonders stark, wenn sie ihre Schwester besuchte, weil diese bei den früheren Familienbesuchen natürlich auch anwesend war. Clares Versuche, Georgine zu beruhigen, indem sie ihr erklärte, dass sie wieder zu ihrer Pflegemutter zurückfuhren, bei der sie ja gerne war, halfen dabei nicht. Auch wenn Georgine vielleicht hörte und verstand, was ihre Schwester sagte, waren die Bilder aus ihrer Erinnerung so übermächtig, dass die beruhigenden Worte nichts ausrichten konnten.

Um das Problem zu lösen, fertigte Clare zahlreiche Bilder der Fahrtroute an, von ihrer Wohnung bis zum Haus der Pflegemutter. Die Bilder waren sehr detailliert und zeigten jeden Streckenabschnitt, sodass Georgine sie gut nachvollziehen konnte. Die beiden letzten Bilder zeigten sie vor dem Pflegeheim und schließlich zusammen mit ihrer Pflegemutter. Es half Georgine sehr, sich diese Bilder ansehen zu können. Sie konnte so ihre Ängste abbauen und ihre Gedanken an traumatische Erfahrungen durch Bilder mit positiven Ereignissen, nämlich der Fahrt zurück zu ihrer Pflegemutter, ersetzen. Wir empfahlen Georgines Schwester und ihrer Pflegemutter, bei jedem Ortswechsel mit Fotos vom Bestimmungsort zu arbeiten. So war es Georgine möglich, den Bestimmungsort zu visualisieren und damit die Flashbacks von ihrer Rückkehr in das Wohnheim zu verhindern.

Phobien

Wir wissen nun, dass Menschen mit Down-Syndrom Ereignisse aus der Vergangenheit erneut durchleben. Dies ist einer der Gründe, weshalb viele von ihnen Phobien entwickeln. Eine Phobie ist die krankhafte Angst vor bestimmten Gegenständen, Situationen oder Tätigkeiten und äußert sich in übermäßigen Angstreaktionen und dem starken Wunsch, eine Wiederholung des Erlebten zu vermeiden. Häufig vorkommende Phobien bei unseren Patienten sind zum Beispiel die Angst vor bestimmten Tieren oder vor Gewitter. Jede reale oder eingebildete Begegnung mit einem gefürchteten Tier oder einem Gewitter führt dazu, dass der Mensch das frühere negative Ereignis wieder durchlebt. Viele Menschen werden sogar zu sogenannten „Wetterbeobachtern", die die Wetterberichte genauestens verfolgen. In extremen Situationen führen diese Ängste zu deutlichen Beeinträchtigungen ihres täglichen Lebens.

Probleme im Umgang mit anderen Menschen

Viele von uns haben schon einmal die Erfahrung gemacht, von einem anderen Menschen schlecht behandelt zu werden, sei es von einem Freund oder einem Familienmitglied. Für eine kurze Zeit bestimmte diese Erfahrung unseren Umgang mit diesem Menschen. Wenn uns zum Beispiel ein Freund seine Hilfe verspricht und dann kurz davor absagt, sind wir ihm gegenüber bei der nächsten Begegnung vermutlich etwas reservierter. In den meisten Fällen beeinträchtigen unsere verletzten Gefühle unsere Freundschaft oder unsere Beziehung zu einem Familienmitglied nicht lange, es sei denn, derjenige hat etwas sehr Schlimmes getan und kann es nicht wieder gutmachen.

Bei Menschen mit Down-Syndrom beeinträchtigen Erinnerungen an wirklich vorgefallene oder eingebildete Kränkungen ihr Verhältnis zu anderen Menschen oftmals viel stärker. Dies kann positiv oder negativ sein, je nach Art des Erlebnisses. Ein Beispiel:

Brian, ein 35-jähriger Mann, der in einem Wohnheim lebte, wurde von seinem Bruder und seiner Schwester sehr unterstützt. Beide nahmen aktiv an seinem Leben teil. Eines Tages weigerte sich Brian plötzlich, seinen Bruder zu besuchen, obwohl dieser Besuch sonst regelmäßig stattfand. Von dem Moment an wollte er seinen Bruder überhaupt nicht mehr sehen.

Als seine Schwester Brian in unsere Ambulanz brachte, zeigte er dieses Verhalten bereits sechs Monate lang. Seine Schwester hatte viel über die Verhaltensänderung nachgedacht und Brians Weigerung, seinen Bruder zu treffen, schließlich mit einem Ereignis in Verbindung gebracht, das kurz vor seinem plötzlichen Widerstand vorgefallen war. Brians Bruder war nicht zum traditionellen Weihnachtsessen bei der Schwester gekommen, weil ihm kurzfristig etwas dazwischengekommen war. Das konnte Brian einfach nicht vergessen, er grübelte andauernd darüber nach. Die Tatsache, dass sein Bruder nicht an dem Weihnachtsessen teilnehmen konnte, und auch der Ärger und die Enttäuschung darüber blieben leider fest in seinem Gedächtnis haften. Er wollte weder mit seinem Bruder sprechen noch ihm überhaupt begegnen und auch nicht die Gründe dafür hören, weshalb dieser nicht zu dem Familientreffen an Weihnachten kommen konnte. Brians Geschwister waren wegen seines Verhaltens zunehmend besorgt und verzweifelt.

Die Lösung des Problems bestand darin, eine Möglichkeit zu finden, dieses negative Bild, das Brian von seinem Bruder entwickelt hatte, wieder zurück in das frühere positive Bild umzuwandeln. Brians Schwester tat dies, indem sie Brian zu sich nach Hause einlud und ihm Bilder von schönen Ereignissen zeigte, an denen auch der Bruder teilgenommen hatte. Schon bald konnte sie ein Lächeln in Brians Gesicht wahrnehmen. Anschließend stimmte Brian zu, seinen Bruder anzurufen und sich mit ihm zu treffen. Für beide war es eine positive Begegnung.

Trotz dieser erfolgreichen Annäherung ahnten wir aber, dass Brian seinem Bruder eventuell weiterhin aus dem Weg gehen würde, da negative Erlebnisse Menschen mit Down-Syndrom stärker und länger in Erinnerung bleiben und beschäftigen. Die Schwester zeigte Brian nun öfter Fotos von positiven Erlebnissen, was zu weiteren Treffen mit dem Bruder führte. Nach jedem positiven Treffen mit seinem Bruder ließ Brians Widerstand ein wenig nach. Nach einiger Zeit musste er sich keine Bilder mehr von seinem Bruder anschauen, um ihn treffen zu wollen. Bald waren es die aktuellen Begegnungen, an die Brian sich in Zusammenhang mit seinem Bruder erinnerte, und nicht mehr das misslungene Weihnachtsfest.

Als positives Mittel können wir das visuelle Gedächtnis der Menschen mit Down-Syndrom auch nutzen, wenn es darum geht, die Trauer um verstorbene Familienmitglieder ein wenig zu mildern. Wie oben bereits beschrieben, geben Bilder von positiven Erlebnissen mit einem geliebten Menschen dem Trauernden das Gefühl, als sei er wieder mit ihm vereint.

Erinnerung an Filme, TV-Shows und Musik

Wir haben schon oft festgestellt, dass viele Menschen mit Down-Syndrom sich ihre Lieblingsfilme und -DVDs immer wieder ansehen. Das ist nicht verwunderlich. Zum einen haben Menschen mit Down-Syndrom eine Vorliebe für Routinen und Rituale („Grooves" genannt) und wiederholen bestimmte Aktivitäten gerne. Zum anderen sind visuelle Medien wichtig für sie. Hinzu kommt, dass es Menschen mit Down-Syndrom oft schwerfällt, die Grenze zwischen Wirklichkeit und Fantasie zu ziehen, und sie deshalb häufig einen Fernseh- oder Kinofilm als Wirklichkeit wahrnehmen. Damit kann man auch erklären, weshalb viele während eines Films mit den Personen auf dem Bildschirm sprechen. Viele von ihnen haben in diesem Moment das Gefühl, als kommunizierten sie tatsächlich mit den Figuren in dem Film oder der Show.

Es ist bemerkenswert, wie detailliert sich einige Menschen mit Down-Syndrom an einen Film oder eine Fernsehshow erinnern können. Es scheint fast so, als könnten sie das Gesehene in ihrem Gedächtnis auf Video aufnehmen und jederzeit wieder abspielen. Oftmals erinnern sie sich an eine Fernsehshow oder an Filmszenen genauso deutlich wie an reale Begebenheiten in ihrem Leben. Wenn sie einen Film in Gedanken wieder „abspielen", kommt es ihnen so vor, als sei dies tatsächlich gerade die Realität.

Das „Aufnehmen" von Filmen oder Fernsehshows in das Gedächtnis, um sie später vor dem geistigen Auge wieder abspielen lassen zu können, ist ein interessantes Phänomen. Wie auch das Sich-Erinnern an positive Situationen kann das Abspielen eines Films aus dem Gedächtnis sehr unterhaltsam sein. Es kann eine tröstende Wirkung haben, einen schönen Film oder eine unterhaltsame Fernsehshow erneut anzusehen.

Allerdings kann auch die Erinnerung an einen unangenehmen Film oder eine als negativ empfundene Fernsehsendung ein traumatisches Erlebnis zur Folge haben. Viele Jugendliche und Erwachsene mit Down-Syndrom sehen Filme mit Action- und Gewaltszenen sehr gerne, andere werden aber durch diese Art von Filmen traumatisiert. Eine junge Frau sah zum Beispiel den Horrorfilm „Nightmare on Elm Street" (deutscher Titel: Mörderische Träume), als sie bei einer Freundin übernachtete. Sie hatte danach so große Angst, dass sie nicht mehr einschlafen konnte und sich über ein Jahr lang weigerte, ihr Haus nach Einbruch der Dunkelheit zu verlassen. Einer unserer Patienten hatte Trailer und Anzeigen des Films „Die Passion Christi" gesehen, in denen die Kreuzigung Jesu gezeigt wurde. Seitdem war er sehr aufgebracht und hatte Schlafstörungen. Nachdem seine Familie auf unsere Empfehlung hin mit ihm zusammen vor dem Schlafengehen Bilder von schönen Familienereignissen anschaute, legten sich seine Einschlafstörungen wieder. So konnte er die negativen Bilder aus der Filmwerbung durch starke positive Bilder von eigenen, früheren Ereignissen ersetzen.

Obwohl viele Menschen gerne Horrorfilme anschauen, geht das Gesehene nicht spurlos an ihnen vorüber. Ein Beispiel:

Meg, eine junge Frau mit Down-Syndrom, wurde von ihren besorgten Betreuern in unserer Ambulanz vorgestellt, weil sie in ihrem Zimmer sehr aufgeregte und aufgewühlte Selbstgespräche führte. Sie sprach sehr ärgerlich mit Personen, die nicht anwesend waren, und schrie sie sogar manchmal an. Dies geschah immer später am Abend und beeinträchtigte ihren Schlaf und somit ihre Leistungsfähigkeit tagsüber. Sie zeigte noch andere sonderbare Verhaltensweisen, die Betreuer und Mitbewohner als störend empfanden. Diese Verhaltensauffälligkeiten waren für Meg sehr ungewöhnlich, denn sie war eigentlich eine sehr patente junge Frau. Sie konnte sich sehr gut ausdrücken und hatte hervorragende soziale Fähigkeiten. Ihre Arbeit in einem Büro erledigte sie äußerst konzentriert und verlässlich. Zudem bekam sie viel Unterstützung von Familie und Freunden.

Die Betreuer waren besorgt und vermuteten, dass Meg eine Psychose entwickelte. Bei unserem ersten Zusammentreffen in der Ambulanz baten wir ihre Betreuer, nach Problemen oder negativen Situationen in Megs Leben zu suchen, die sie eventuell durch ihre aufgeregten Selbstgespräche erneut durchlebte. Eine Betreuerin hatte vor Megs Zimmer zugehört, wie Meg diese verärgerten Selbstgespräche führte, und irgendwie kamen sie ihr bekannt vor. Schließlich wurde ihnen klar, dass sie einen Horrorfilm, den sie kürzlich gesehen hatte, Szene für Szene nachspielte. Ihre Betreuer hörten weiterhin bei Megs Selbstgesprächen zu und waren sich nun ganz sicher, dass sie mehrere Filmszenen dieses Horrorfilms nachspielte. Beim nächsten Termin in der Ambulanz war Meg damit einverstanden, unseren Rat zu befolgen und keine Horrorfilme mehr anzusehen. Während der nächsten Monate bemerkten die Betreuer, dass ihre aufgeregten Selbstgespräche am Abend weniger wurden. Sie fand zu einem normalen Schlafrhythmus zurück und konnte tagsüber wieder ihre gewohnte Leistung erbringen. Bei unserem Kontrolltermin sechs Monate später berichteten Meg und ihre Betreuer, dass sie keine Horrorfilme mehr sah, sondern nur noch Filme mit positivem Inhalt. Sie hatte keine weiteren Probleme mehr.

Was man beachten sollte, wenn Filme immer wieder angesehen und aus dem Gedächtnis abgespielt werden

Wir fassen uns bei den folgenden Empfehlungen kurz und verwenden den Begriff „Film" übergreifend für Filme und Fernsehshows.

Was man beachten sollte, wenn Filme immer wieder angesehen werden:

- Sehen Sie sich den Lieblingsfilm der Person mit Down-Syndrom an und machen Sie sich mit seinem Inhalt vertraut. Die meisten Menschen mit Down-Syndrom haben einen oder zwei Lieblingsfilme.
- Nehmen Sie Einfluss auf die Auswahl der Filme, wenn die Person zu posttraumatischen Belastungsstörungen neigt, und empfehlen Sie ihr harmlosere Filme, die nicht zu beängstigend sind.
- Versuchen Sie, die Person für alternative Aktivitäten zu gewinnen, um den Filmkonsum einzuschränken (auf etwa eine Stunde am Tag begrenzen), damit förderliche soziale und Freizeitaktivitäten wieder mehr an Bedeutung gewinnen.
- Achten Sie darauf, dass das Filmeschauen nicht als Entschuldigung dafür eingesetzt wird, um nicht an sozialen oder Freizeitaktivitäten zu Hause oder außerhalb der Familie teilzunehmen.

Was man beachten sollte, wenn Filme immer wieder aus dem Gedächtnis abgespielt werden:

- Achten Sie auf Anzeichen, die darauf hindeuten, dass die Person mit Down-Syndrom den Film in ihrem Gedächtnis erneut abspielt und durchlebt. Meist kann man das anhand von Gesten oder Äußerungen feststellen, die man aus dem Lieblingsfilm kennt.
- Gehen Sie nicht davon aus, dass Menschen mit eingeschränkter Kommunikationsfähigkeit Filme nicht oder weniger oft im Gedächtnis abspielen. Das kann bei ihnen sogar häufiger vorkommen. Nur ist es in diesem Fall eventuell nicht so deutlich feststellbar. Das erneute Durchleben eines „Star Wars"-Films ist vermutlich leicht zu deuten, weil derjenige den Flug von Raumschiffen mit Gesten darstellen und eventuell auch passende Geräusche dazu machen wird.

- Versuchen Sie nicht, der Person dieses Verhalten abzugewöhnen oder es schlechtzumachen. Dieses Verhalten kann man für Menschen mit Down-Syndrom als normal ansehen und durchaus auch erwarten.
- Besprechen Sie das erneute Abspielen eines Films im Gedächtnis mit dem Erwachsenen mit Down-Syndrom, vor allem dann, wenn er dadurch Selbstgespräche führt und Gesten macht, als spiele er eine Filmszene nach. Zeigen Sie ihm, dass Sie das, wie auch seine Selbstgespräche, akzeptieren, erklären Sie ihm aber, dass es Menschen gibt, die das nicht verstehen und es als störend empfinden. Bitten Sie ihn, das deshalb nicht vor anderen Menschen zu machen, weil das unhöflich wäre.
- Machen Sie ihm klar, dass diese intensive Beschäftigung mit einem Film nur an geeigneten Orten stattfinden soll, zum Beispiel wenn er alleine oder in seinem eigenen Zimmer ist, und erklären Sie ihm, dass der Arbeitsplatz oder die Schule ungeeignete Orte sind.
- Verabreden Sie wie bei Selbstgesprächen ein Zeichen, das ihm in der Öffentlichkeit signalisiert, dass sein Verhalten gerade jetzt unangemessen ist.
- Besprechen Sie die Neigung, sich auf diese Weise mit Filmen immer wieder zu beschäftigen, auch mit anderen Menschen, die mit dem Erwachsenen mit Down-Syndrom in Kontakt stehen, und erklären Sie, dass diese Neigung völlig normal ist.

Maßnahmen, wenn das erneute Abspielen von Filmen im Gedächtnis überhandnimmt:

1. Jugendliche oder Erwachsene mit Down-Syndrom sollen sich in einem anregenden Umfeld bewegen, in dem nicht viel Zeit für Langeweile bleibt. Sind Schule oder Arbeitsplatz eintönig und monoton, wird die Person mit Down-Syndrom auf Lieblingsfilme zurückgreifen.
2. Beziehen Sie den Menschen mit Down-Syndrom in Gespräche ein. Wenn das Gespräch zu schnell ist oder er den Inhalt nicht verstehen kann, wird er sich in seine eigene Welt zurückziehen.
3. Achten Sie darauf, dass der Erwachsene sich nicht so oft in lauten und überstimulierenden Umgebungen mit vielen Menschen bewegt. Auch in solchen Situationen greift er gern auf seinen Film zurück, um damit die lauten Geräusche und Eindrücke zu überspielen.
4. Stellen Sie sich darauf ein, dass die Person mit Down-Syndrom, wenn sie gerade Schwierigkeiten oder zum Beispiel einen Verlust durchlitten hat, zeitweilig mehr Filme ansehen und auch im Gedächtnis abspielen wird. Filme mit positiven Botschaften und Themen (zum Beispiel das Musical „The Sound of Music") können in solchen Zeiten Trost spenden.

Einzuleitende Schritte, wenn das erneute Abspielen von Filmen im Gedächtnis überhandnimmt und sich auf den Erwachsenen mit Down-Syndrom und seine Alltagskompetenz negativ auswirkt:

Das ist dann der Fall, wenn der Erwachsene verärgert, erregt oder ängstlich erscheint, wenn er „einen Film erneut abspielt".

1. Versuchen Sie herauszufinden, ob die Person gerade „in einem Film drin" ist oder ob ihr aufgeregter Zustand auf Selbstgespräche zurückzuführen ist. Es kann natürlich beides sein.
2. Schränken Sie den Konsum von Filmen mit negativen oder beängstigenden Inhalten ein.
3. Unterstützen Sie den Erwachsenen dabei, seine Zeit mit anderen anregenden Aktivitäten zu verbringen. Zu viele Ruhepausen am Arbeitsplatz oder zu wenig soziale und Freizeitaktivitäten können das negative Durchleben von Filmen begünstigen. Das alte Sprichwort „Ein träger Geist ist des Teufels Werkstatt" bewahrheitet sich hier zwar, aber in diesem Fall ist die Werkstatt eher eine Art filmisches Geisterhaus.

4. Versuchen Sie auch, die Zeit zu begrenzen, in der die Person alleine ist. Viele Menschen mit Down-Syndrom neigen besonders dazu, negative Filmszenen zu durchleben, wenn sie abends alleine sind. Es kann hilfreich sein, wenn die Person mit anderen zusammen fernsieht, anstatt alleine in ihrem Zimmer, wenigstens eine Zeit lang.

5. Da bei Menschen mit Down-Syndrom die Grenze zwischen Wirklichkeit und Fantasie oft verwischt ist, ist es meist nicht sehr wirkungsvoll, wenn man darauf hinweist, dass die Filmszenen nicht echt sind. Denken Sie daran, dass verbale Erklärungen und Beruhigungen – auch durch einen geliebten Menschen – eventuell nicht überzeugend genug sind, um die starken negativen Bilder zu vertreiben (siehe das Beispiel von Georgine).

6. „Bekämpfen Sie Feuer mit Feuer", indem Sie immer wieder positive Bilder einsetzen. Verbale Erklärungen und Beruhigungen wirken stärker, wenn sie durch Bilder unterstützt werden. Das können Bilder von positiven Ereignissen aus der Vergangenheit sein (wie bei unserem Beispiel mit der „Passion Christi"), Sie können aber auch Zukunftsbilder entwerfen. So fürchten sich zum Beispiel einige Menschen mit Down-Syndrom davor, nach ihrem Tod in die Hölle zu kommen oder zu Staub zu zerfallen. Diese Ängste werden oft durch bestimmte Filme hervorgerufen. Einige Familien zeigen ihren Angehörigen deshalb Filme, die das Leben nach dem Tod oder die Weiterexistenz des Menschen im Himmel thematisieren. Das scheint zu helfen, diese Ängste abzubauen.

Fazit

Viele Menschen mit Down-Syndrom haben ein ungewöhnlich gutes visuelles Gedächtnis. Obwohl das viele Vorteile mit sich bringt, können dadurch auch Probleme entstehen. Die für das Down-Syndrom typischen Stärken und Schwächen des Gedächtnisses müssen bei der Untersuchung eines Jugendlichen oder Erwachsenen mit Down-Syndrom auf psychische Störungen berücksichtigt werden.

6 Sprachentwicklung und kommunikative Fähigkeiten

Vermutlich ist keine andere Fähigkeit so lebenswichtig für uns wie unsere Fähigkeit, mit anderen Menschen zu kommunizieren und ihnen unsere Gedanken und Gefühle mitzuteilen. Das mag für uns selbstverständlich sein. Für Erwachsene mit Down-Syndrom ist das aber überhaupt nicht selbstverständlich, denn sie haben in zwei Bereichen Schwierigkeiten, was wiederum zu psychischen Problemen führen kann:

1. Schwierigkeiten bei der Sprachverständlichkeit,
2. Schwierigkeiten, ihre Gedanken und Gefühle verbal auszudrücken (McGuire & Chicoine, 1999).

Sprachverständlichkeit

Die Sprachverständlichkeit sagt aus, inwieweit die Sprache eines Menschen von anderen verstanden werden kann. Bei Menschen mit Down-Syndrom ist die Spanne sehr groß. Einige können sich sehr gut ausdrücken und auch gut verstanden werden, während andere sich überhaupt nicht artikulieren können. Die meisten bewegen sich in etwa im Mittelfeld: Sie setzen Sprache als wichtigstes Kommunikationsmittel ein, werden aber von anderen Menschen nicht gut verstanden.

Glücklicherweise können Familien und Betreuer den Menschen mit Down-Syndrom meistens verstehen, weil sie tagtäglich mit ihm zusammen sind. Mit der Zeit entwickeln sie ein Gespür für das, was er sagen möchte, und verstehen ihn, auch wenn er sich schlecht artikuliert. Aufgrund des täglichen Zusammenseins und der dadurch gemeinsam erlebten Situationen kennen sie die Lebensumstände und die täglichen Aktivitäten des Erwachsenen und erhalten somit einen Kontext, der ihnen bei der Interpretation des Gesagten hilft.

Besteht das Betreuungsverhältnis schon viele Jahre, kann die betreuende Person das Gesagte häufig sehr gut interpretieren und weiß, was gemeint ist, wenn der Mensch mit Down-Syndrom zum Beispiel über Ereignisse aus der Vergangenheit spricht, an die er sich aufgrund seines guten Gedächtnisses sehr detailliert erinnern kann (siehe Kapitel 5). Manchmal können nur Zuhörer, die das Geschehene selbst miterlebt haben, verstehen, wovon der Erwachsene spricht.

Über die Jahre hinweg konnten wir feststellen, dass die Sprachverständlichkeit von Jugendlichen und Erwachsenen mit Down-Syndrom stark davon abhängt, wie gut der Zuhörer den Menschen und seine Lebensumstände kennt (siehe nachfolgende Tabelle).

Wir haben mit 579 unserer Patienten mit Down-Syndrom eine Studie durchgeführt, die ergab, dass 75 Prozent der betreuenden Personen den Menschen mit Down-Syndrom „die meiste Zeit" verstehen konnten. Nur von 28 Prozent der Erwachsenen mit Down-Syndrom wurde berichtet, dass sie die meiste Zeit auch von Fremden verstanden wurden, während 40 Prozent teilweise von Fremden verstanden wurden und 32 Prozent fast gar nicht.

Tabelle: Sprachverständlichkeit von Menschen mit Down-Syndrom, unterteilt in fremde und vertraute Personen (auf Schätzungen der betreuenden Personen basierend, N = 579)

	Die meiste Zeit	Manchmal	Sehr selten
Wird von vertrauten Personen verstanden:	75% (432)	12,7% (74)	12,3% (73)
Wird von Fremden und nicht vertrauten Personen verstanden:	28% (161)	40% (233)	32% (185)

Familien und Betreuer als „Dolmetscher"

Da die meisten betreuenden Personen den Menschen mit Down-Syndrom verstehen können, spielen sie für ihn eine entscheidende Rolle bei der Bewältigung des Alltags. Wir nennen sie „Dolmetscher". In dieser Rolle helfen sie dem Menschen mit Down-Syndrom dabei, seine Botschaft Zuhörern verständlich zu machen, die ihn nicht verstehen können. Auch helfen sie dem Menschen dabei, seine grundlegenden Wünsche und Bedürfnisse zu erkennen und zu erfüllen. So können sie sich für seine Rechte und Bedürfnisse in seiner Umgebung einsetzen, indem sie zum Beispiel Förderprogramme oder geeignete Freizeitaktivitäten für ihn ausfindig machen.

Es mag vielleicht schwer nachzuvollziehen sein, wie wichtig ein Dolmetscher ist, wenn man selbst noch nie in einer solchen Situation war, beispielsweise wenn man sich in einem Land aufhält, in dem man nur von Menschen umgeben ist, die eine fremde Sprache sprechen. Die Ehefrau eines der Autoren stammt aus Argentinien. Als der Autor das Land zum ersten Mal besuchte, versuchte er ab und zu auch, ohne seine Frau, die normalerweise als seine Dolmetscherin fungierte, in verschiedenen Geschäften einzukaufen und mit anderen Menschen zu kommunizieren. Das war sehr frustrierend. Deshalb kann er gut nachempfinden, wie es ist, wenn man sich seinem Gegenüber nicht verständlich machen kann. Der Autor erlebte das allerdings nur während einiger Wochen, aber stellen Sie sich vor, Sie hätten dieses Problem Ihr Leben lang.

Übermäßige Abhängigkeit von Dolmetschern

Familien und betreuende Personen führen als Dolmetscher eine wichtige Aufgabe aus. Dies kann allerdings auch eine Reihe von Problemen mit sich bringen. Zum einen können die Menschen mit Down-Syndrom dadurch zu abhängig von der betreuenden Person werden. Ist derjenige irgendwann nicht mehr verfügbar, fühlt sich die Person mit Down-Syndrom oft verloren und alleine gelassen. Wir hatten schon öfter Menschen in unserem Zentrum, die zum Beispiel an ihrem Arbeitsplatz einen Wechsel ihres Vorgesetzten verkraften mussten. Der frühere Vorgesetzte war besonders verständnisvoll gewesen und hatte sich Zeit genommen, um mit ihnen zu kommunizieren. Weil diese Person nun nicht mehr da war, fühlten sie sich hilflos und alleine gelassen. Das kann auch passieren, wenn Geschwister ausziehen oder wenn in einer Einrichtung die Betreuer wechseln oder Mitbewohner ausziehen. Natürlich kann auch der Tod eines Familienmitglieds sehr schwer zu verkraften sein, besonders wenn es sich um einen Elternteil handelt.

Um solche Probleme zu vermeiden oder zu verringern, empfehlen wir, dass Familien und Betreuer versuchen, so viele „Dolmetscher" wie möglich und an möglichst vielen verschiedenen Orten (zu Hause, in der Schule, am Arbeitsplatz) zu „rekrutieren". Der Verlust eines „Dolmetschers" kann dann eventuell etwas leichter verkraftet werden. Es kostet viel Zeit und ist nicht einfach, Menschen zu finden, die diese Aufgabe übernehmen können und wollen. Die Person mit Down-Syndrom und ihre Anliegen sollten ihnen wichtig sein. Wenn Sie jemanden gefunden haben, der als „Dolmetscher" für Ihren Angehörigen mit Down-Syndrom fungieren könnte, geben Sie ihm Tipps, die ihm helfen, die Aussprache der Person besser zu verstehen. Erklären Sie ihm auch, welche Themen Ihr Angehöriger vielleicht häufiger anschneiden oder welche Gegebenheiten er öfter erzählen wird (Ereignisse aus der Vergangenheit, Bezugnahme auf bestimmte Personen und so weiter).

Wir sind fest davon überzeugt, dass alles, was Ihren Angehörigen darin unterstützt, mit anderen zu kommunizieren (vor allem mit Menschen, die ihn nicht gut kennen), sich sehr positiv auf sein Selbstbewusstsein und seine Alltagskompetenz auswirken wird. Das können therapeutische Maßnahmen wie Logopädie zur Verbesserung der sprachlichen Ausdrucksfähigkeit sein, aber auch nonverbale Kommunikationsmittel, vor allem deshalb, weil viele Menschen mit Down-Syndrom trotz logopädischer Bemühungen Schwierigkeiten mit der Aussprache haben und von anderen Menschen oft nicht gut verstanden werden. Natürlich sind wir keine Logopäden und eine Darstellung der verschiedenen nonverbalen Kommunikationsmethoden würde auch den Rahmen dieses Buchs sprengen. Wir haben jedoch schon häufig erlebt, dass Menschen mit Down-Syndrom viele verschiedene nonverbale Kommunikationsmittel beherrschen. Das können Gebärden oder pantomimische Darstellungen sein, aber auch der Einsatz von Bilderbüchern und anspruchsvolleren Hilfsmitteln wie Sprachcomputer. Unserer Meinung nach soll jedes Hilfsmittel (ob einfach oder Hightech), das die Kommunikation fördert und verbessert, eingesetzt werden.

Wenn der Mensch mit Down-Syndrom andere für sich sprechen lässt

Wie bereits zuvor erwähnt, müssen betreuende Personen oft einspringen und für den Menschen mit Down-Syndrom sprechen. Dies geschieht zwar immer mit den besten Absichten, häufig aber entwickeln die betreuenden Personen die Gewohnheit, für ihren Schützling zu sprechen, auch wenn er das gut selbst tun könnte.

Familienmitglieder oder Betreuer, die als Dolmetscher fungieren, haben über die Jahre hinweg die Fähigkeit entwickelt, das Gesagte schon fast vorab zu erahnen und zu verstehen. Sie haben viele Jahre beobachten können, wie der Mensch mit Down-Syndrom in verschiedenen Situationen reagiert. Sie kennen seine Reaktionen daher ganz genau und wissen, was er möchte oder benötigt. Auch das gehört zu einem „guten" Dolmetscher und Fürsprecher dazu. Trotzdem kann es natürlich auch Momente geben, in denen die Annahme des Dolmetschers nicht ganz zutrifft oder schlicht falsch ist. Die Menschen werden älter und reifer und möchten irgendwann vielleicht selbst für sich sprechen und mehr Einfluss auf Entscheidungen haben, die sie betreffen. Auch wenn Familie oder Betreuer genau wissen, was ihr Schützling braucht, möchte er durchaus selbst mitreden, so wie wir das alle tun.

Ein weiterer Grund, weshalb „Dolmetscher" dazu neigen, zu viele Aufgaben des Menschen mit Down-Syndrom zu übernehmen, ist, dass diese oft Schwierigkeiten mit der Sprache und dem Sprechen an sich haben. Oftmals bedarf es großer Anstrengungen ihrerseits, um Gedanken und Meinungen tatsächlich in Worte zu fassen und sich anderen Menschen mitzuteilen, auch dann, wenn es bekannte Menschen sind. In solchen Momenten ist es oft einfacher, die betreuende Person für sich sprechen zu lassen, auch wenn der Mensch mit Down-Syndrom dies ganz gut selbst könnte. In unserer Ambulanz beobachten wir dieses Phänomen häufig. Wir sprechen die Person mit Down-Syndrom direkt an und stellen ihr eine Frage. Sie schaut zu ihrem Betreuer und sagt oder deutet an, dass der Betreuer für sie antworten soll.

Um besser verstehen zu können, wie und warum dies passiert, erinnern wir uns noch einmal an die Situation unseres Autors, der in Argentinien nicht mit den Menschen auf Spanisch kommunizieren konnte, und vergleichen dies mit Menschen mit Down-Syndrom, die allgemein Schwierigkeiten haben, mit anderen zu kommunizieren. Der Autor hat die Erfahrung gemacht, dass er ähnlich wie Menschen mit Down-Syndrom zu sehr von seinem Dolmetscher (seiner Frau) abhängig war. Und auch obwohl er etwas Spanisch sprechen konnte, brauchte er dennoch viel Zeit und musste sich sehr anstrengen, um seine Gedanken in der fremden Sprache zu formulieren und einigermaßen kommunizieren zu können. Für Menschen mit Down-Syndrom bedarf es ebenso großer Anstrengungen, weil sie erst gedanklich erfassen und strukturieren müssen, was sie sagen möchten, um dies dann verständlich zu übermitteln. Damit sich der Autor in Argentinien auf Spanisch verständigen kann, muss er seine auf Englisch abgefassten Gedanken im Geiste ins Spanische übersetzen und dies dann klar und verständlich auf Spanisch vortragen, um von seinem Gegenüber verstanden zu werden. Dies ist eine schwierige Aufgabe, zumal der Wortschatz des Autors begrenzt ist und er bestimmte Buchstaben und Worte anders ausspricht, als es die Muttersprachler tun, sodass es den Zuhörern noch schwerer fällt, ihn zu verstehen.

Viele Menschen mit Down-Syndrom müssen ähnliche Hürden bewältigen, um mit anderen erfolgreich kommunizieren zu können. Sie müssen das Gesagte aufnehmen und verstehen und dann eigene Gedanken oder Antworten formulieren. Dies kann aufgrund der langsameren Verarbeitungsgeschwindigkeit länger dauern. Haben sie ihre Antworten in Gedanken formuliert, müssen sie sie trotz ihrer eingeschränkten Artikulationsfähigkeit so übermitteln, dass sie ihr Gegenüber verstehen kann. Dies kann sehr nervenaufreibend sein und zu Frustrationen führen, auch wenn der Gesprächspartner an ihre Sprache gewöhnt ist und viele Dinge richtig deuten kann. Viele Menschen mit Down-Syndrom haben nicht nur Artikulationsschwierigkeiten, sondern stottern auch. Manche „stecken auch fest", das heißt, sie wiederholen das erste Wort oder den ersten Satz immer wieder. Einige sprechen zu leise, zu schnell oder zu langsam. Vor allem die längere Zeit, die benötigt wird, um Gesagtes zu verarbeiten und eine Antwort zu formulieren, führt dazu, dass der Sprecher sich gehemmt und befangen fühlt und besorgt ist, dass er die Geduld des Zuhörers überstrapaziert.

Interessanterweise treten diese Hemmungen auch bei Menschen auf, die sich in einer fremden Sprache ausdrücken müssen. Sowohl die Person mit Down-Syndrom als auch derjenige, der in einer Fremdsprache kommuniziert, sind sich dessen bewusst, dass sie einige Dinge anders aussprechen und länger brauchen, um ihre Gedanken zu formulieren. Sie versuchen, schneller zu sprechen, verhaspeln sich aber und setzen sich selbst so sehr unter Druck, dass sie erst recht Schwierigkeiten haben, ihre Gedanken für andere verständlich in Worte zu fassen. Sie werden dann noch weniger gut verstanden und sind sich der vertrackten Situation umso bewusster. Mit der Zeit entwickeln sie ein unproduktives Sprachverhalten und versuchen immer mehr, Situationen zu umgehen, in denen sie mit anderen sprechen müssen. Sie werden zunehmend abhängiger von einem oder mehreren „Dolmetschern" und lassen sie für sich sprechen.

Dadurch werden sie immer unselbstständiger, was natürlich auch ihren Stolz und ihr Selbstbewusstsein beeinträchtigt.

Die meisten Menschen mit Down-Syndrom sprechen jedoch gerne selbst, wenn ihnen hierzu Gelegenheit gegeben wird und sie von anderen darin unterstützt werden. Wir kommen noch einmal auf den Vergleich des Sprechens in einer Fremdsprache zurück: Der Autor hat vor kurzem eine Woche lang erfolgreich mit einer Spanisch sprechenden Verwandten kommuniziert, weil seine Frau (die eigentliche Dolmetscherin), während dieser Zeit verreist war. Für den Autor und auch die Tante war diese Woche ziemlich anstrengend, da viele Wörter und Ausdrücke beiden Schwierigkeiten bereiteten. Dennoch konnten sie miteinander kommunizieren, und das war für beide ein erhebendes Gefühl. Durch dieses Erlebnis wurde der Autor in seiner Absicht bestärkt, in Zukunft selbst mehr in der Fremdsprache zu sprechen.

Wir beobachten einen ähnlichen Prozess, wenn Menschen mit Down-Syndrom ermutigt werden, selbst zu sprechen, nur geht es bei ihnen um viel mehr. Für sie ist dies die *einzige* Möglichkeit, ihre Gedanken und Gefühle auszudrücken, und keine Fremdsprache. Sowohl der Sprecher als auch der Zuhörer müssen gemeinsame Anstrengungen unternehmen, damit die Person mit Down-Syndrom erfolgreich für sich selbst sprechen kann. Ähnlich wie bei Nicht-Muttersprachlern ist es notwendig, Folgendes zu beachten, wenn Menschen mit Down-Syndrom zu Wort kommen sollen:

1. Wenn der Gesprächspartner das Gespräch beginnt, muss er so deutlich und langsam sprechen, dass die Person mit Down-Syndrom ihn versteht. Auch muss er der Person mit Down-Syndrom ausreichend Zeit zur Verarbeitung der kommunizierten Gedanken und zum Formulieren einer Antwort geben.
2. Wenn die Person mit Down-Syndrom spricht, muss der Zuhörer sehr geduldig sein.
3. Wie bereits erwähnt, hilft es beim Verstehen, wenn man die Lebensumstände und die täglichen Aktivitäten der Person kennt oder miterlebt. Allerdings muss der Ge-

sprächspartner sehr vorsichtig sein, wenn er Annahmen über das trifft, was ihm die Person seiner Meinung nach mitteilen will.

4. Versuche, die Sätze der Person aufgrund früher gemachter Erfahrungen zu vervollständigen, sind nicht unbedingt konstruktiv. Zwar sind einige Menschen sicherlich dankbar für die Hilfe, viele werden aber dadurch in ihren Bemühungen, selbst zu sprechen, gehemmt.

5. Genauso wie der Gesprächspartner geduldig und aufmerksam sein muss, muss auch die Person mit Down-Syndrom willens sein zu kommunizieren, ohne automatisch Hilfe von ihrem „Dolmetscher" zu erwarten. In unserer Ambulanz fördern wir dies nach Kräften. Wenn es notwendig ist, hindern wir Eltern oder andere Betreuer behutsam daran, vorschnell einzugreifen und für die Person zu sprechen. Manchmal muss auch die Person mit Down-Syndrom geschult werden, im Beisein der Eltern selbst zu sprechen. Wenn dieser Prozess erst einmal in Gang gesetzt wurde, müssen die Betreuer eventuell hin und wieder daran erinnert werden, dass sie sich zurückhalten sollten; die Person mit Down-Syndrom hingegen muss vielleicht ermutigt werden, weiterhin selbst zu sprechen und nicht andere für sich sprechen zu lassen.

Wie bereits erwähnt, bringt diese Vorgehensweise einen erheblichen Nutzen mit sich, weil es für das eigene Selbstwertgefühl vermutlich nichts Wichtigeres gibt, als die eigenen Gedanken, Gefühle und Wünsche beachtet und verstanden zu finden. Unserer Erfahrung nach versuchen die meisten Eltern und Betreuer, ihr Verhalten mit entsprechender Unterstützung und Ermutigung nach und nach zu ändern, auch wenn es sich um ein Gewohnheitsmuster handelt, das schwer zu durchbrechen ist. Einige Betreuer wehren sich auch heftig dagegen, die Kontrolle über verschiedene Lebensbereiche des Erwachsenen aufzugeben. Für dieses Verhalten gibt es häufig Gründe, auch wenn sich die Personen der negativen Konsequenzen bewusst sind. Ein Beispiel:

Eine ältere Mutter brachte ihren 35-jährigen Sohn Daniel zum ersten Mal in unsere Ambulanz, weil Daniel eine Lungenentzündung und andere gesundheitliche Probleme hatte. Er sagte nichts und seine Mutter wies all unsere Mitarbeiter darauf hin, dass er nicht spreche. Nach einem Jahr und vielen weiteren Besuchen hörten überraschte Mitarbeiter Daniel während einer Routine-Nachuntersuchung plötzlich doch selbst sprechen, und zwar klar und deutlich. Die Mutter erklärte, sie habe befürchtet, die Mitarbeiter würden „ihn ihr wegnehmen" und in einem Wohnheim unterbringen. Sie fürchtete, dass sie dadurch alleine und ohne seine Hilfe sein würde. Nachdem wir ihr versichert hatten, dass wir dies nicht tun würden, ließ sie ihren Sohn mitbestimmen.

Nach einiger Zeit kam Daniels Mutter wieder zu uns, weil sie sich ständig fragte, was wohl mit ihrem Sohn geschehen würde, wenn ihr etwas zustoße, und sich deshalb sehr sorgte. Da sie uns vertraute, bat sie um Hilfe bei der Zusammenarbeit mit den entsprechenden Stellen für Wohnplatzvermittlung. Glücklicherweise hatte Daniel aufgrund des fortgeschrittenen Alters seiner Mutter Vorrang bei der Zuweisung eines staatlich finanzierten Wohnheimplatzes und bekam einen solchen in der Nähe ihres Hauses. Ihre Wünsche hatten sich damit erfüllt, denn Daniel konnte sie so immer noch häufig besuchen.

Bei einer anderen Familie war das Problem allerdings viel komplexer:

In dieser Familie waren alle fünf Kinder bis auf Carlos, den jüngsten Sohn mit Down-Syndrom, von zu Hause ausgezogen. Sie lebten ihr eigenes Leben und hatten eigene Familien gegründet. Carlos' Eltern brachten ihn zu uns, weil er Symptome zeigte, die auf eine Depression hindeuteten. Er weigerte sich, morgens in die Werkstatt zu gehen und abends an gesellschaftlichen oder Freizeitaktivitäten teilzunehmen. Er hatte sich auch angewöhnt, in einem kaum hörbaren Flüsterton zu sprechen.

Bei der Untersuchung stellten sich als Ursache des Problems schon lange bestehende Eheprobleme der Eltern heraus, die noch schlim-

mer geworden waren, nachdem das letzte Geschwisterkind das Haus verlassen hatte. Sein Vater verbrachte noch mehr Zeit außer Haus bei der Arbeit und seine Mutter war nur noch damit beschäftigt, das Leben ihres Sohnes zu organisieren. Carlos reagierte sehr sensibel auf die Eheprobleme und „opferte" seine eigene Stimme und seine Lebensziele, um den Konflikt und die Spannungen in der Beziehung der Eltern zu verringern.

Wir empfahlen den Eltern eine Eheberatung. Für Carlos hielten wir es für das Beste, nicht länger zwischen zwei Parteien zu stehen und dem elterlichen Konflikt ausgesetzt zu sein. Die Eheberatung fand nie statt, weil der Konflikt zwischen den Eltern zu groß war. Wir konnten Carlos jedoch helfen, sich diesem Konflikt zu entziehen, und dies wiederum half den Eltern, ihre eigenen Probleme anzugehen. Ein Teil dieses Prozesses beinhaltete, dass Carlos mehrere Monate mit unseren Mitarbeitern und einigen Geschwistern, die für ihn sehr wichtig waren, daran arbeitete, seine eigenen Gedanken und Wünsche für sein Leben zu artikulieren. Zunächst ging das sehr langsam voran, weil er so leise sprach und auch anfangs zögerte, überhaupt von zu Hause auszuziehen. Glücklicherweise hatte er eine starke Persönlichkeit und seine Geschwister und die Mitarbeiter im Zentrum weckten schließlich sein Bedürfnis nach Unabhängigkeit und Weiterentwicklung.

Bei einem arrangierten Treffen mit seinen Eltern und Geschwistern kam es schließlich zu einem Wendepunkt. Für seine Eltern war es zunächst schwierig, ihn mitreden zu lassen, aber er ließ nicht locker, obwohl er immer noch sehr leise sprach. In einem ergreifenden Moment bat er seine Eltern sehr leise, aber doch mit Nachdruck, aufzuhören, für ihn zu sprechen. Jetzt wollte er sprechen, und sie sollten zuhören! Er erklärte ihnen, dass er sein Leben so leben wollte, wie er es für richtig hielt, und dass er gerne in ein Wohnheim ziehen wollte. Nach diesem Treffen nahmen ihn seine Geschwister vorübergehend bei sich auf. Glücklicherweise hatten sie den Wohnplatz schon vor einiger Zeit beantragt, sodass Carlos recht bald einen freien Platz bekam.

Kurz nachdem Carlos in das Wohnheim gezogen war, sprach er wieder in einer normaleren Lautstärke, nahm seine früheren Aktivitäten sowie seine Arbeit wieder auf und beteiligte sich an gesellschaftlichen sowie an Freizeitaktivitäten. Die Eltern konnten sich nun scheiden lassen und jeder mit seinem eigenen Leben fortfahren. Das ist nun fünf Jahre her und Carlos lebt weiterhin zufrieden in seinem Wohnheim. Er besucht seine beiden Elternteile regelmäßig in ihren separaten Wohnungen und es gibt keine zusätzlichen Probleme.

Kommunikation in Gruppensituationen

Die Kommunikation mit anderen Menschen in einer Gruppensituation ist ein bedeutender Aspekt bei Sprache und Verständlichkeit, der in einigen Fällen negative Auswirkungen auf die psychische Gesundheit von Menschen mit Down-Syndrom haben kann. Für Menschen mit Down-Syndrom (wie auch für Menschen, die sich in einer Fremdsprache in einer Gruppe mit anderen unterhalten müssen) bedarf diese Kommunikationssituation großer Ausdauer und mentaler Anstrengung. Wir führen hier wieder das Beispiel unseres Autors an. Er war vor kurzem während eines Besuchs in Argentinien und nahm zusammen mit seinem Schwager, der auch nur ein wenig Spanisch sprach, an einem Oster-Brunch in der großen Familie seiner Frau teil. Nach mehreren Stunden ging der Autor ins Wohnzimmer, wo er seinen Schwager schlafend auf der Couch antraf. Wie auch der Autor war er erschöpft und brauchte eine Pause von der Anstrengung, mit der gesamten Familie auf Spanisch zu sprechen. Sowohl der Autor als auch sein Schwager fanden beide, dass es extrem schwierig war, konzentriert zu bleiben und das Gespräch einer untereinander Spanisch sprechenden Gruppe zu verfolgen und angemessen zu antworten. Sie stellten fest, dass sie leicht ihren eigenen Gedanken nachhingen und es für sie recht schwierig war, nicht unhöflich oder uninteressiert zu wirken.

Wir erinnern uns oft an diese Erfahrung, wenn Familien erzählen, dass ihr Familienmitglied mit Down-Syndrom zwar bei Familienfeiern „anwesend ist", sich dann aber wieder in die relative Sicherheit und Stille seines eigenen Zimmers zurückzieht. Die Familien wollen dann wissen, ob dieses Verhalten ein Hinweis auf ein größeres Problem ist, zum Beispiel ein Symptom für Depressionen oder antisoziales Verhalten. Unserer Meinung nach ist dieses Verhalten in den meisten Fällen ganz normal. Wie Nicht-Muttersprachler in der fremdsprachigen Gruppe haben auch viele Menschen mit Down-Syndrom Schwierigkeiten, sich an einem Gespräch in einer Gruppe zu beteiligen, weil sie das Gesagte so schnell nicht verarbeiten und darauf antworten können. Vielleicht dreht sich das Gespräch auch um Erwachsenenthemen, für die sie sich nur wenig oder gar nicht interessieren, wie zum Beispiel der Heizölpreis oder Verkehrsprobleme auf der Autobahn. Es ist also nur verständlich, dass die Person mit Down-Syndrom den Raum verlassen möchte.

Es gibt jedoch Möglichkeiten, es der Person mit Down-Syndrom zu erleichtern, an geselligen Situationen teilzunehmen. Der Autor fand bei geselligen Zusammenkünften mit fremdsprachigen Menschen heraus, dass es sehr hilfreich war, wenn sich seine Frau in der Nähe befand und einen Teil der Unterhaltung übersetzte. Dies trifft auch auf Menschen mit Down-Syndrom zu. Es ist nicht unbedingt notwendig, alles wortwörtlich zu übersetzen, aber Erklärungen und Zusammenfassungen können dazu beitragen, dass die Person mit Down-Syndrom am Gespräch beteiligt bleibt. Der Dolmetscher sollte dem Menschen mit Down-Syndrom auch beim Artikulieren einer Antwort behilflich sein, sodass er sich am Gespräch beteiligen kann.

Mögliche Hilfen in Gruppensituationen

Wir haben Empfehlungen für Familienangehörige zusammengestellt, wie man Menschen mit Down-Syndrom ermutigen kann, an Gesprächen in einer Gruppe teilzunehmen:

- Helfen Sie der Person mit Down-Syndrom, dem Gespräch zu folgen, indem Sie in der Nähe sitzen und leise die besprochenen Themen mit verständlichen Ausdrücken umschreiben. Dies ist nicht bei allen Gesprächsthemen notwendig, aber vor allem bei abstrakteren.

- Ermutigen Sie andere Menschen, in geselligen Situationen mit dem Menschen mit Down-Syndrom geduldig zu sein, damit er genügend Zeit hat, zu denken, zu sprechen, Fragen zu stellen und Antworten auf Fragen zu formulieren.

- Beziehen Sie den Menschen mit Down-Syndrom in das Gespräch mit ein. Sagen Sie zum Beispiel: „Wissen Sie, ... Sharon hat einmal eine ähnliche Erfahrung gemacht ... Sharon, erinnerst du dich daran, als du ...?" Jeder Versuch, die Person mit Down-Syndrom durch das Erwähnen von Ereignissen in der Vergangenheit mit einzubeziehen, trainiert auch ihr gutes Gedächtnis.

- Ermutigen Sie andere, positiv auf den Menschen mit Down-Syndrom zu reagieren und nicht nur „Aha" zu sagen. Das kann man am wirkungsvollsten tun, indem man einfach einen Teil oder auch alles wiederholt, was der Mensch mit Down-Syndrom gesagt hat, ohne das Gesagte aber zu interpretieren oder Bemerkungen hinzuzufügen. Man macht dies, indem man die Stimme leicht hebt, so als würde man eine Frage stellen. „Du bist also zu der Party gegangen?" Diese Technik wird „reflektiertes Zuhören" genannt und ist in Beratungsberufen wohlbekannt und weit verbreitet (Roger, 1951). So stimuliert man die Konversation, weil man dem Menschen mit Down-Syndrom mitteilt, dass man zuhört und seinen Gesprächsbeitrag schätzt. Mit dieser Technik können Sie ihm die Unterhaltung erleichtern und das Gesagte verdeutlichen, ohne tatsächlich für ihn zu sprechen.

Wenn andere den Erwachsenen mit Down-Syndrom nur schwer verstehen können, kann die oben beschriebene reflektive Zuhörtechnik sehr hilfreich sein. Folgende zusätzliche Strategien sind ebenfalls empfehlenswert:

- Unterstützen Sie den Menschen, indem Sie seine Äußerungen übersetzen, aber nur dann, wenn es wirklich notwendig ist. Am besten übersetzt man das Gesagte, ohne Bemerkungen oder eigene Interpretationen hinzuzufügen, die das, was die Person sagen möchte, verfälschen oder verändern könnten.

- Erwähnen Sie *kurz* den Kontext, das Thema oder den Hintergrund zu dem, was die Person mit Down-Syndrom sagt, um den Gesprächspartnern das Gesagte besser verständlich zu machen. Wir haben festgestellt, dass der Zuhörer anhand dieser Informationen viele Details leichter interpretieren kann. Zum Beispiel kann es hilfreich sein zu sagen: „Sie spricht über … ‚diese Party', … ‚diesen Job', … ‚diesen Film'" oder: „Sie spricht über den Tag, an dem …"

- Bitten Sie den Menschen mit Down-Syndrom um Erlaubnis, bevor Sie übersetzen oder den Kontext beziehungsweise den Hintergrund seiner Äußerungen erklären. Damit wird der Respekt vor der Unabhängigkeit und Integrität der eigenen Gedanken und Meinungen gewahrt. Aus demselben Grund ist es wichtig, die Person mit Down-Syndrom zu fragen, ob Ihre Interpretation richtig ist, indem Sie zum Beispiel sagen: „Ich habe verstanden, dass du bei der Party Spaß hattest. Stimmt das?"

Dies bringt uns zu einem weiteren wichtigen Aspekt, der bei Jugendlichen und Erwachsenen mit Down-Syndrom in Gruppensituationen zu beachten ist. Wir haben an vielen Treffen und Mitarbeiterbesprechungen teilgenommen, bei denen das Gespräch für einen Menschen mit Down-Syndrom zu schnell ablief. Wie kann er das Geschehen, bei dem es oft um wichtige Entscheidungen in seinem Leben geht, verstehen und entsprechend reagieren, wenn doch alles wie eine Fremdsprache klingt?

In einer solchen Situation ist es notwendig, dass die Informationen so vermittelt werden, dass der Mensch mit Down-Syndrom sie verstehen kann. Es ist hilfreich, wenn die Person, die als „Dolmetscher" fungieren soll, die Hauptthemen der Agenda vor der Besprechung mit dem Menschen mit Down-Syndrom durchgeht. Er braucht jedoch den Dolmetscher auch noch während der eigentlichen Besprechung, um sicherzustellen, dass er das Geschehen versteht. Der Dolmetscher und die übrigen Gesprächsbeteiligten müssen der Person auch erlauben, das Geschehen verbal oder nonverbal zu kommentieren. Dafür müssen die Gesprächspartner zwar häufig Geduld aufbringen, vor allem aber müssen sie überzeugt sein, dass die Person mit Down-Syndrom die Fähigkeit hat, dem Gespräch zu folgen und es zu verstehen, für sich selbst zu sprechen und wichtige Gedanken beizutragen.

Unserer Erfahrung nach fühlt sich jemand bei einer Besprechung nicht ernst genommen und abgewertet, wenn wichtige Dinge beschlossen werden, die ihn betreffen, er aber ohne einen fähigen Dolmetscher das Gesagte nicht verstehen und damit auch seine Meinung nicht kommunizieren kann. Die Folge davon sind Frustrationen, Verzweiflung und sogar Depressionen. Diese Situation ähnelt der von jemandem, der sich in einem fremden Land, dessen Sprache er nicht versteht, vor Gericht verantworten muss, ohne dass ein Versuch unternommen wird, ihn über das Geschehen zu informieren oder seine Meinung und seine Gefühle zu erfahren. Hält man sich das vor Augen, kann man leicht verstehen, warum Menschen mit Down-Syndrom während solcher Besprechungen anfangen können, sich „unangemessen" zu verhalten. Was sollen sie auch anderes tun, als ihren eigenen Gedanken nachzuhängen und sogar Selbstgespräche zu führen, wenn sie vom Geschehen, dem sie beiwohnen müssen, ausgeschlossen sind (siehe Kapitel 8)?

Besondere Probleme von Menschen, die sich sehr gut artikulieren können, und von Menschen, die überhaupt nicht sprechen

Wie bereits erläutert wurde, befinden sich die meisten Menschen mit Down-Syndrom hinsichtlich der Sprachverständlichkeit in der Mitte des Spektrums und ihre Sprachfähigkeiten können als moderat eingeschränkt bezeichnet werden. An jedem Ende des Spektrums stehen jedoch wenige Personen mit ganz besonderen Problemen, auf die wir hier eingehen möchten. Diese Personen können sich entweder sehr gut oder sehr schlecht artikulieren.

Nicht sprechende Erwachsene mit Down-Syndrom

Menschen mit erheblich eingeschränkten Sprachfähigkeiten müssen nonverbale Methoden und Handlungen als Kommunikationsmittel für ihre Gedanken, Gefühle, Bedürfnisse und Wünsche einsetzen. Die meisten Menschen mit eingeschränkten Sprachfähigkeiten bedienen sich einer unglaublichen Vielfalt an kreativen Möglichkeiten, um sich mithilfe von Mimik, Gesten, Körpersprache, Zeichensprache und einfachen, aber effektiven Methoden, wie auf etwas zu zeigen, mitzuteilen.

Damit diese Art der nonverbalen Kommunikation beim Gesprächspartner richtig ankommt, muss der Zuhörer-Dolmetscher die subtilen und eigenen Nuancen im Verhalten des Menschen mit Down-Syndrom kennen. Um die nonverbale Kommunikation eines Menschen zu verstehen, muss man die für diese Person einmalige Sprache erlernen. Der Zuhörer muss hierfür besonders einfühlsam und geduldig sein und über eine gute Beobachtungsgabe verfügen. Es ist nicht verwunderlich, dass es meistens die verständnisvollsten und einfühlsamsten Betreuer sind, die mit den Menschen arbeiten, deren Sprache am eingeschränktesten ist. Diese Dolmetscher sind für den Erwachsenen mit Down-Syndrom sehr wichtig, und ihr Verlust ist daher meist schlimmer als für Menschen, die sich besser ausdrücken können. Für einen Menschen mit Down-Syndrom, der über eine mittlere Sprachkompetenz verfügt, ist es schon schwierig genug, einen Dolmetscher zu verlieren. Noch schlimmer ist es jedoch für diejenigen, die nonverbal kommunizieren. Wenn Sie also einen nicht sprechenden Erwachsenen mit Down-Syndrom kennen, dessen Verhalten sich verändert hat, überlegen Sie, ob er in letzter Zeit vielleicht einen wichtigen Dolmetscher verloren hat. Stellen Sie wenn möglich sicher, dass es immer mehrere Menschen in seinem Leben gibt, die für ihn dolmetschen können.

Viele nicht sprechende Menschen benutzen verschiedene alternative oder verstärkende Geräte oder Hilfsmittel, wie zum Beispiel Sprechgeräte oder bebilderte Bücher, um mit anderen Menschen besser kommunizieren zu können. Hierdurch kann sich ihr Kommunikationspotenzial stark erweitern. Dies erfordert jedoch immer noch einen Betreuer, der sich genügend Zeit nimmt und sich mit dem Einsatz der Geräte beschäftigt.

Man sollte sich auch immer vor Augen führen, dass Menschen mit Down-Syndrom, unabhängig von ihren verbalen Fähigkeiten, häufig ausgezeichnete passive Sprachfähigkeiten besitzen. Die meisten Betreuer, die die nonverbale Kommunikation des Menschen gut interpretieren können, sind sich dieser passiven Sprachfähigkeit sehr wohl bewusst und sie bauen bei ihren Interpretationen des Gesagten auf diese Fähigkeiten, indem sie die Person mit Down-Syndrom fragen, ob sie sie richtig verstanden haben. „Ist es das, was du meinst?" Die meisten Dolmetscher liegen mit ihren interpretierenden Vermutungen häufiger richtig als falsch. Jedoch möchten wir an dieser Stelle unsere Warnung hinsichtlich der Interpretation jedweder Kommunikation von Menschen mit Down-Syndrom wiederholen. Betreuer-Dolmetscher müssen darauf achten, dass sie nicht automatisch annehmen, bereits zu wissen, was die Person mit Down-Syndrom sagen will, insbesondere wenn es um Willensäußerungen und Bedürfnisse geht. Es mag eine starke Versuchung sein, bestimmte Entscheidungen einfach für den Menschen mit Down-Syndrom zu treffen, insbesondere, wenn es so mühselig ist, seine Meinung zu erfahren. Jedoch gibt es für das eigene Selbstwertgefühl nichts Wichtigeres, als die eigenen Meinungen und Entscheidungen gehört zu wissen und umgesetzt zu sehen. Dies kann für Menschen, auf die in der Vergangenheit gar nicht eingegangen wurde, sogar noch wichtiger sein.

Die meisten erfolgreichen Dolmetscher profitieren von einer großen Bandbreite an Medien, die zur nonverbalen Kommunikation eingesetzt werden können. Wie bereits besprochen, hat jeder Mensch bestimmte eigene Gesten, die von den Personen, die mit ihm zusammenleben, verstanden werden. Allerdings sollte man auch darauf achten, dass der Mensch lernt, sich mithilfe einer standardisierteren Form der nonverbalen Kommunikation mitzuteilen, sodass er seine Wünsche, Bedürfnisse und Entscheidungen auch den Personen übermitteln kann, die mit seiner Kommunikationsmethode nicht so vertraut sind.

Wenn aus Kommunikationsproblemen Verhaltensauffälligkeiten werden

Für nicht sprechende Erwachsene mit Down-Syndrom kann es sehr schwierig sein, ernste Probleme und Themen zu kommunizieren, insbesondere dann, wenn das Problem neuen Ursprungs ist und es dafür noch keine Erfahrungen in der Kommunikation mit anderen gibt. Als Beispiel möchten wir einen 29-jährigen Mann mit begrenzten Sprachfähigkeiten anführen, der von seiner Familie in unsere Ambulanz gebracht wurde, weil er angefangen hatte, sich selbst hart auf den Kopf zu schlagen. Bei der Untersuchung wurde festgestellt, dass er eine schmerzhafte Nebenhöhlenentzündung hatte. Die meiste Zeit seines Erwachsenenlebens war er gesund gewesen und deshalb hatte es zuvor keinen Anlass gegeben, sich mit seiner Familie über Schmerzen zu unterhalten.

Manchmal versäumen es Menschen im Umfeld der Person mit Down-Syndrom auch, deren Mitteilungen zu „hören". Der Grund hierfür mag darin liegen, dass niemand die Zeit aufwendet oder die Anstrengung unternimmt, die nonverbale Kommunikation des Menschen zu verstehen. Das passiert häufig, wenn ein bestimmter Betreuer-Dolmetscher nicht anwesend oder durch etwas anderes abgelenkt ist. Allerdings kann das auch vorkommen, wenn die Fähigkeiten und die Intelligenz des Menschen mit Down-Syndrom unterschätzt werden, vor allem von unerfahrenen Mitarbeitern oder von Spezialisten, die die Fähigkeit des Menschen, Gedanken, Gefühle und Bedürfnisse zu kommunizieren, nicht berücksichtigen oder die nicht glauben, dass diese dazu in der Lage sind.

Wir haben festgestellt, dass Menschen, die frustriert sind, weil sie, aus welchem Grund auch immer, erfolglos versuchen, ein Problem oder Bedürfnis zu vermitteln, gewöhnlich eines der folgenden Dinge tun:

1. Sie ziehen sich zurück, sind depressiv und verzweifelt oder
2. sie äußern ihre Frustration und ihre Bedürfnisse durch Wutanfälle oder aggressives Verhalten (gegenüber Dingen, sich selbst oder anderen).

Unserer Erfahrung nach kann der Rückzug in eine Depression potenziell gefährlicher sein, denn dies kann unter Umständen für längere Zeit unbemerkt bleiben. Für Betreuer und einfühlsame Spezialisten ist es dann noch schwieriger, den Grund für die Depression zu finden, besonders dann, wenn die Person anscheinend aufgegeben hat und gar nicht mehr versucht, anderen die Ursache des Problems mitzuteilen (siehe Kapitel 14).

Wenn Menschen ein Problem durch Wut und aggressives Verhalten kommunizieren, ist das möglicherweise konstruktiver, weil das Verhalten häufig deutlichere Hinweise auf die Ursache des Problems gibt. In dem oben erwähnten Beispiel schlug sich der Mann immer wieder auf den Kopf und zeigte so, wo er Schmerzen hatte. Ein weiterer Vorteil von aggressivem Verhalten ist, dass man so schneller auf das Problem aufmerksam machen kann und Hilfe bekommt. In einer unsensiblen Umgebung wird eine Depression vielleicht nicht bemerkt, aber Aggressionen, insbesondere wenn sie sich gegen andere Menschen richten, werden schnell beachtet.

Jedoch besteht die Gefahr, dass unwissende Mitarbeiter in der Klinik oder dem Wohnheim und auch Spezialisten das aggressive Verhalten als „Verhaltensauffälligkeit" falsch diagnostizieren. Obwohl dies oberflächlich betrachtet korrekt ist, bedeutet es aber zunächst, dass es an Verständnis oder Interesse mangelt, das Verhalten des Menschen überhaupt als sein wichtigstes Kommunikationsmittel zu betrachten. Wird das Verhalten als „Verhaltensauffälligkeit" angesehen, besteht die Behandlung häufig darin, der Person Beruhigungsmittel zu verabreichen, anstatt zu versuchen, den Grund des Problems zu finden. Verhaltenstherapeutische Maßnahmen werden dann ebenfalls häufig eingesetzt. Dieser Ansatz mag zwar hilfreich sein, geht aber dennoch nicht weit genug, vor allem wenn kein Versuch unternommen wird, den Grund für das aggressive Verhalten zu finden. Leider können solche Techniken auch dazu führen, dass die Möglichkeiten der Person zur Kommunikation unterdrückt werden und damit zu noch mehr Wut und Verzweiflung führen. Auf der anderen Seite wiederum können Versuche, das Verhalten der Person als Kommunikation zu verstehen, sehr erfolgreich sein (siehe Kapitel 13).

Das Fehlen von Dolmetschern in jungen Jahren

Einen weiteren Aspekt müssen wir im Zusammenhang mit nicht sprechenden Menschen noch erwähnen. Unserer Erfahrung nach haben die meisten Menschen mit Down-Syndrom Familienmitglieder oder Betreuer an ihrer Seite, die willens und in der Lage sind, bei Bedarf für sie zu dolmetschen. Einige Erwachsene mit Down-Syndrom haben diese Erfahrung allerdings nie gemacht, weil sie in größeren Einrichtungen oder in einer Familie aufwuchsen, in der ihre sprachliche Ausdrucksfähigkeit nicht unterstützt wurde und sie nicht dazu ermutigt wurden, sich sprachlich, das heißt verbal und nonverbal, weiterzuentwickeln, auch bekamen sie keine Sprachtherapie.

In der Regel sprechen die Personen, die in einer solchen Umgebung aufwuchsen, nicht, obwohl viele von ihnen irgendwann einmal die Fähigkeit hatten, sprechen zu lernen. Auch wenn viele dieser Menschen heutzutage in einer positiveren Umgebung, wie zum Beispiel kleineren Wohnheimen, leben, kommunizieren die meisten dennoch weiterhin nonverbal oder haben sehr eingeschränkte sprachliche Fähigkeiten. Diese Menschen sind wie auch andere nicht sprechende Menschen anfälliger für Depressionen. Sie sind oft frustriert und haben ein Gefühl der Hoffnungslosigkeit, weil sie ihre Gedanken und Gefühle anderen Menschen nicht erfolgreich mitteilen können. Viele neigen auch zu Verhaltensauffälligkeiten, weil das für sie die einzige Kommunikationsmöglichkeit ist, die sie haben.

Es gibt allerdings auch durchaus positive Entwicklungen. Einige Menschen leben mittlerweile in einer Gruppen- oder familienähnlichen Situation (in Wohnheimen, Pflegeunterkünften und so weiter), in denen das Umfeld dazu beiträgt, dass die Auswirkungen der verminderten Sprachfähigkeit stark verringert werden, *wodurch* auch die Gefahr sinkt, an Depressionen zu erkranken oder Verhaltensauffälligkeiten zu entwickeln. Dazu müssen Betreuer und Mitbewohner in dieser Lebenssituation zu sensiblen Beobachtern werden und auf die nonverbale Kommunikation des Menschen mit Down-Syndrom reagieren. Die positiven Auswirkungen sehen wir häufig in Umgebungen, in denen Bewohner und Betreuer schon seit vielen Jahren zusammenleben und eine Art unterstützende Familie bilden. In diesen Situationen haben die Dolmetscher die Zeit und die Geduld, mit der Person mit Down-Syndrom auch ohne verbale Hinweise zu kommunizieren und auf das Gesagte zu reagieren. Wir hören immer wieder von Familien und Betreuern, dass diejenigen, die sich bemühen, die Kommunikation von nicht sprechenden Menschen zu verstehen, außerordentlich belohnt werden. Das Lächeln des Menschen signalisiert dem Dolmetscher, dass er „richtig liegt".

Probleme von Erwachsenen mit Down-Syndrom, die sich sehr gut artikulieren können

Am anderen Ende des Verständlichkeitsspektrums findet man die Menschen mit Down-Syndrom, die trotz hervorragender Sprech- und Sprachfähigkeiten weit mehr Probleme haben, als man annimmt. Im Gegensatz zu Menschen, die nicht sprechen und deren Fähigkeiten häufig unterschätzt werden, traut man diesen Personen wegen ihrer guten Sprechfähigkeiten häufig mehr zu, als sie können. Hierfür gibt es viele Gründe. Zum einen sind viele Menschen mit Down-Syndrom hervorragende Beobachter und haben ein außergewöhnlich gutes Gedächtnis. Deshalb können sie sich Redewendungen merken, deren Gebrauch den Anschein erweckt, als verstünden sie mehr, als es tatsächlich der Fall ist. Zum anderen möchten sich viele Menschen mit Down-Syndrom wie andere an Gesprächen und sozialen Situationen beteiligen. Deshalb verwenden sie unter Umständen bestimmte gespeicherte Floskeln oder Bemerkungen und erwecken dadurch den Anschein, am Gespräch teilzunehmen. Drittens können sie in der Lage sein, sich sehr flüssig und kompetent über konkrete Situationen und Konzepte zu unterhalten, wodurch andere annehmen, dass sie Abstraktionen genauso gut verstehen.

In manchen Situationen üben Eltern und andere Betreuer starken Druck auf den Menschen mit Down-Syndrom aus, damit er sich kompetenter verhält. Die betreuenden Personen neigen dann dazu, die Ausdrucksfähigkeit des Menschen als

Beweis seiner überlegenen Fähigkeiten oder sogar seiner „Normalität" im Vergleich zu anderen Menschen mit Down-Syndrom zu betonen, die „weniger kompetent" sind. Häufig ist dies Teil eines viel größeren Akzeptanzproblems, auf das wir in Kapitel 7 näher eingehen. Vielleicht haben aber auch Lehrer und andere Spezialisten den Familien eingeredet, dass sich die Person mit Down-Syndrom nur mehr anstrengen oder motivierter sein müsse, um im Leben mehr zu erreichen.

Tatsache ist, dass für viele Menschen mit Down-Syndrom, die sich gut ausdrücken können, das wahre Problem darin besteht, dass sie aufgrund ihrer verbalen Fähigkeiten für kompetenter gehalten werden, als sie sind. Das hat dann häufig zur Folge, dass man ihnen erlaubt, Aspekte ihres Lebens zu regeln, die ihre Fähigkeiten übersteigen. Dies muss näher erläutert werden. Wir haben bereits erwähnt, dass wir es beeindruckend finden, dass die Kompetenz einer einzelnen Person in verschiedenen Lebensbereichen so unterschiedlich ausfallen kann. Es gibt Menschen, die hervorragend sprechen können und sich häufig verlässlich um persönliche Bedürfnisse kümmern (siehe Kapitel 9). Dies bedeutet jedoch nicht zwangsläufig, dass sie in anderen wichtigen Lebensbereichen genauso kompetent sind und sich organisieren können. So wissen sie zum Beispiel nicht, wann sie zu Bett gehen oder welche Nahrungsmittel sie essen sollten, oder auch nicht, wie sie positive Freizeitaktivitäten organisieren können (siehe auch „Das Dennis-Prinzip", Kapitel 3).

Wir haben zu häufig miterlebt, dass Menschen mit Down-Syndrom die Schuld für ihr „Versagen" im Beruf oder im Wohnbereich gegeben wird, obwohl das Versagen eigentlich auf eine Fehlinterpretation oder Fehldeutung ihrer Kompetenzen durch Betreuer oder Mitarbeiter zurückzuführen ist.

Vermeidung von Problemen aufgrund von Kompetenz-Fehldeutungen

Wenn Sie einen erwachsenen Angehörigen mit Down-Syndrom haben, der in diese Kategorie passt, können Sie eine Reihe von Maßnahmen ergreifen, um diese Probleme zu verhindern oder zumindest abzumildern. Zunächst kann es sehr hilfreich sein, sich ein umfassenderes Bild der Stärken und der Schwächen des Angehörigen zu machen. Es gibt eine Reihe ausgezeichneter Bewertungshilfsmittel, die eine große Bandbreite adaptiver Fähigkeiten erfassen und nicht nur die verbale Sprache. Tatsächlich wurden diese Hilfsmittel entwickelt, um die funktionalen Fähigkeiten von Menschen zu ermitteln, die nur begrenzt über verbale Sprache verfügen. Daher erfassen sie das von Betreuern beobachtete und berichtete Verhalten einer Person und nicht nur eigene mündliche Berichte des Menschen. Diese Maßnahmen umfassen die *Vineland Adaptive Behavior Scales* (VABS – die Vineland Anpassungsverhalten-Skala, Skala zur Beurteilung der adaptiven Fähigkeiten), die *Scales of Independent Behavior Revised* (SIB-R – die überarbeitete Version der Skala zur Beurteilung unabhängiger Verhaltensweisen), die *AAMR Adaptive Behavior Scales* (ABS – die Skala der US-amerikanischen Vereinigung für Menschen mit geistiger Behinderung zur Beurteilung der adaptiven Fähigkeiten) und, in geringerem Umfang, das *Inventory for Client and Agency Planning* (ICAP – ein 16-seitiges Büchlein zur Beurteilung des adaptiven und des maladaptiven Verhaltens). Nicht nur können diese Bewertungen dazu beitragen, dass Sie die Stärken und die Schwächen Ihres Angehörigen verstehen, sie können Ihnen auch helfen, sich effektiv für seine tatsächlichen Bedürfnisse am Arbeitsplatz, am Wohnort und in anderen öffentlichen Bereichen einzusetzen. Ein von einem Experten durchgeführter standardisierter Test kann für Ihre Familie eine große Hilfe bei Verhandlungen sein, wenn Sie gegen unangemessene Entscheidungen durch wohlmeinende, aber falsch informierte Mitarbeiter von kommunalen Behörden vorgehen müssen.

Familien können Spezialisten, die Erfahrung mit Menschen mit Down-Syndrom haben, in ähnlicher Weise bitten, mit den Stellen zu sprechen, die sich um die Belange ihrer Angehörigen kümmern. So werden die Mitarbeiter über die tatsächlichen Stärken und Schwächen der Person mit Down-Syndrom in Kenntnis gesetzt und zu hohe oder zu niedrige Erwartungen vermieden. Interessanterweise sagen wir diesen Stellen häufig dasselbe, was ihnen die Familie gesagt hat, aber da wir die Spezialisten sind, hat unsere Meinung mehr Gewicht.

Es kann hilfreich sein, Beispiele für Situationen zu besprechen, in denen die Erwartungen gemessen an den Fähigkeiten der Person zu hoch waren, und Vorgehensweisen vorzuschlagen, um dies zu verhindern. Zum Beispiel versagen viele Menschen als Kassierer im Supermarkt. In diesen Situationen hat die Arbeitsagentur nicht festgestellt, dass der Erwachsene mit Down-Syndrom, nur weil er sehr gute verbale Fähigkeiten hatte, nicht mit Geld umgehen konnte. Diese Fehlbesetzung hätte vermieden werden können, wenn die Arbeitsagentur die Fähigkeiten des Menschen, mit Geld umzugehen, getestet hätte, bevor sie ihm den Job an der Kasse vermittelte. Hätte man uns gefragt, hätten wir darauf bestanden, dass man einen Test durchführt, mit dem die Fähigkeiten des Menschen, mit Geld umzugehen, geprüft werden. Wir haben nämlich festgestellt, dass die meisten Menschen mit Down-Syndrom, unabhängig von ihren verschiedenen Fähigkeiten und Kompetenzen, Schwierigkeiten im Umgang mit Geld haben. Die Anwendung einer der oben genannten Skalen zur Beurteilung der adaptiven Fähigkeiten hätte diese Einschränkung aufgedeckt.

Manche Menschen mit Down-Syndrom wurden aufgrund ihrer guten sprachlichen Fähigkeiten auf Stellen am Empfang vermittelt. In kleineren Büros können sie diese Aufgabe bewältigen. Für viele andere jedoch gehen die Bewältigung einer großen Anzahl von Anrufen, das Aufschreiben von Nachrichten und zusätzliche komplexe Büroaufgaben über ihre Fähigkeiten hinaus. Auch hier hätte man ein Versagen verhindern können, wenn die Arbeitsagentur sich vorher mit Spezialisten oder der Familie beraten hätte, die ja die Einschränkungen des Menschen kennen.

Wenn man dagegen die Fähigkeiten einer Person gut kennt, kann man den richtigen Job an die richtige Person vermitteln. Von solchen Situationen profitiert jeder: die Person mit Down-Syndrom, der Arbeitgeber und die Gesellschaft. Wir haben zum Beispiel festgestellt, dass viele Menschen mit Down-Syndrom über ein herausragendes Gedächtnis und ein gutes Organisationstalent verfügen, wodurch sie sogar die große Anzahl von Produkten in einem Supermarkt verwalten können. Aufgrund dieser Fähigkeiten bewähren sich Erwachsene mit Down-Syndrom ähnlich gut in der Poststelle oder im Wareneingang eines Unternehmens. Hinzu kommt, dass die meisten Menschen mit Down-Syndrom, sofern sie nicht unter Zeitdruck stehen, wie zum Beispiel am Empfang oder an der Kasse, einen Grad an Genauigkeit und Verlässlichkeit mitbringen, der von vielen Arbeitgebern geschätzt wird.

Auch im Wohnumfeld kann es große Erfolge und große Niederlagen geben, wenn die Erwartungen zu hoch sind, wie in Kapitel 3 detailliert beschrieben. In diesen Situationen versagen Menschen häufig, wenn angenommen wird, dass sie über mehr Reife verfügen, als es tatsächlich der Fall ist, beispielsweise wenn es um Entscheidungen wie Schlafenszeiten und Essen geht.

Wenn der Mensch mit Down-Syndrom lernt, für seine eigenen Bedürfnisse einzutreten, kann man verhindern, dass zu hohe Erwartungen Probleme verursachen. Zum Beispiel kann man Menschen mit Down-Syndrom zeigen, wie sie einer Autoritätsperson sagen, dass eine Beschäftigung oder eine Tätigkeit zu schwierig für sie ist. Das ist nicht so schwer, wie es sich anhört. Wir haben festgestellt, dass die meisten Menschen mit Down-Syndrom ihre eigenen Grenzen besser verstehen und akzeptieren, als ihnen häufig zugestanden wird. Wenn wir Personen fragen, ob sie in der Lage sind, bestimmte Tätigkeiten auszuführen, wie das Bedienen eines Herds zum Beispiel, antworten die meisten recht ehrlich und realistisch. Wie in Kapitel 7 beschrieben, beobachten wir, dass in Familien, die eine realistischere Einschätzung der Stärken und der Schwächen ihres Kindes mit Down-Syndrom haben, auch die Kinder selbst häufig ihre eigenen Fähigkeiten besser einschätzen können. Dies kann sich natürlich auch ändern, wenn sie im Teenageralter nach Unabhängigkeit streben, aber im Großen und Ganzen trifft das zu.

Wie kann man nun das richtige Gleichgewicht zwischen Aufgaben finden, die eine Herausforderung darstellen, aber machbar sind, und Aufgaben, die entweder zu schwierig oder zu leicht und deshalb demoralisierend sind? Oder, wie ein junger Mann mit Down-Syndrom sagte: „Warum behandeln Sie mich wie ein Baby?" Wie kann man beide Extreme vermeiden? Wie schon in Kapitel 3 besprochen, brauchen Menschen die Gelegenheit, eine Aufgabe zu bewältigen, aber auch zu versagen. Aufgaben sollten nicht zu einfach, aber auch nicht zu schwer sein, sodass die Person mit der nötigen Zeit, Anstrengung und Ermutigung von anderen lernen kann, erfolgreich zu sein. Jede Aufgabe in einem bestimmten Entwicklungsstadium sollte an die Fertigkeiten und Fähigkeiten der Person angepasst sein und eine angemessene Herausforderung darstellen. Ein guter Anhaltspunkt hierfür sind die Aufgaben, die die Person zuvor bewältigt hat.

Gefühle ausdrücken

Wir haben festgestellt, dass die meisten Menschen mit Down-Syndrom gar nicht anders können, als ihre Gefühle nonverbal durch Mimik und Körpersprache zu zeigen. Dies umfasst sowohl negative Gefühle (Enttäuschung, Frustration, Wut, Traurigkeit) als auch positive Gefühle (Glück, Begeisterung, Aufregung). Trotzdem ist es für viele Menschen mit Down-Syndrom schwierig, ihre Gefühle in Worte zu fassen. Daher ist es für andere nicht immer möglich, die Ursache, den Grund oder die Bedeutung der Gefühle zu interpretieren, die die Person ausdrückt.

Mit etwas Zeit und Geduld sind die meisten Familien und andere Betreuer in der Lage, den Grund für die Gefühle zu finden. Es gibt jedoch Situationen, in denen es weitaus schwieriger ist, diese Gründe zu finden, zum Beispiel wenn Veränderungen oder Probleme in einer anderen Umgebung auftreten und die Gefühle der Person beeinflussen. Die Eltern wissen unter Umständen nicht, warum ihr erwachsenes Kind verärgert ist, wenn der Grund dafür mit seiner Arbeitsstelle zu tun hat. Die Intensität des Problems kann auch die Schwierigkeit beeinflussen, diese Gefühle zu verbalisieren. Hier ein Beispiel dafür, wie Intensität und Ort die Situation erschweren können:

Die Mitarbeiter in einem kleinen Wohnheim stellten zunächst fest, dass Bruce, 31, am Morgen nicht aufstehen wollte, um zur Arbeit zu gehen. Dies war sehr ungewöhnlich für ihn, denn selbst wenn er krank war, wollte er arbeiten gehen. Die Mitarbeiter wurden immer besorgter, weil er anfing, sich in seinem Zimmer abzusondern. Zudem stellten sie gesteigerte körperliche Unruhe fest und bemerkten, dass er Selbstgespräche mit teilweise wütenden Beschimpfungen führte. Als Bruce die ganze Nacht über wach blieb und so in seine Selbstgespräche vertieft war, dass er seine Mahlzeiten kaum noch anrührte, brachte man ihn als Notfall zu uns. Eine gründliche physische und psychosoziale Untersuchung zeigte eine Schilddrüsenunterfunktion (siehe Kapitel 2), aber keine weiteren Gründe für seine Verhaltensänderung. Eine Schilddrüsenunterfunktion kann für erhebliche Depressionssymptome verantwortlich sein, aber erklärte bei Bruce nicht die Schwere seiner Symptome.

Glücklicherweise konnten die Mitarbeiter in der Werkstatt das Rätsel lösen. Bruce war das Opfer eines aggressiven Kollegen, der seit kurzem in der Werkstatt arbeitete. Die Mitarbeiter hatten eine Änderung in seinem Verhalten bemerkt, kurz nachdem der Kollege dort anfing. Wenig später verließ dieser die Werkstatt jedoch wieder. Wir arbeiteten nun mit Bruce und den Betreuern seines Wohnheims und seines Arbeitsplatzes daran, ihm zu helfen, seine Angst zu bewältigen. Dies kostete alle Beteiligten viel Zeit und Kraft, aber Bruce war nach einiger Zeit wieder in der Lage, zur Arbeit zu gehen. Nach einer Woche konnten die Betreuer ihn dazu bewegen, morgens wieder aufzustehen und das Haus zu verlassen. Allerdings weigerte sich Bruce dann, das Werkstattgebäude zu betreten. Obwohl man ihm versicherte, dass der Kollege nicht mehr da war, hatte er Angst, in die Werkstatt zu gehen. Die Mitarbeiter waren sehr geduldig mit ihm und irgendwann betrat er die Werkstatt wieder und ging sehr vorsichtig zu seinem Arbeitsplatz. Nach einiger Zeit hielt er den normalen Zeitplan ein, ohne weitere Probleme oder Symptome.

Gefühle nonverbal ausdrücken

Ein Aspekt aus dem vorherigen Beispiel gab uns jedoch zu denken, nämlich dass Bruce noch nicht einmal seiner engsten Familie und seinen Betreuern sagen konnte, was mit ihm los war, obwohl seine Welt durch den aggressiven Kollegen auf den Kopf gestellt worden war. Glücklicherweise machten seine extremen Verhaltensauffälligkeiten auf das Problem aufmerksam.

Unserer Erfahrung nach reagieren viele Menschen mit Down-Syndrom, die starkem Stress oder emotionalen Problemen ausgesetzt sind, ähnlich wie Bruce. Auch wenn sie in der Lage sind, mit anderen über alltägliche Geschehnisse zu kommunizieren, sind sie nicht unbedingt fähig, sensiblere Probleme und Themen in Worte zu fassen und mitzuteilen. Daher vermitteln sie ihre Gefühle eher nonverbal durch Verhaltensauffälligkeiten.

Das Problem bei dieser Art der nonverbalen Kommunikation liegt darin, dass es eines „Zuhörers" oder Empfängers der Nachricht bedarf. Unglücklicherweise betrachten einige nicht informierte Fachleute und Betreuer nonverbale Ausdrucksweisen von Verhalten und Gefühlen als „Verhaltensprobleme" oder „psychische Störungen". Solche allgemeinen Beurteilungen sagen überhaupt nichts über die möglichen Ursachen oder Lösungen eines Problems aus. Meist haben diese Fehldiagnosen falsche Lösungsansätze zur Folge, die das Problem beibehalten, wenn nicht sogar verschlimmern. Was wäre gewesen, wenn wir nichts über den aggressiven Kollegen erfahren und Bruces Problem als „Verhaltensproblem" betrachtet hätten? Wir hätten wahrscheinlich einen „Verhaltensplan" entwickelt, der ihn gezwungen hätte, zur Werkstatt zurückzukehren, ohne die Bedrohung durch den Kollegen zu beseitigen. Dadurch wäre das Problem nicht gelöst worden, sondern seine Ängste hätten sich noch verstärkt. In gleicher Weise hätte eine Behandlung des Problems mit Psychopharmaka seine Angst vielleicht teilweise und zeitweise verringert, aber die Bedrohung durch den aggressiven Kollegen wäre geblieben. Auch hier hätte das Problem weiter bestanden und sich mit der Zeit höchstwahrscheinlich verschlimmert.

Wenn Menschen mit Down-Syndrom ihren Stress über ihr Verhalten mitteilen müssen, werden die Ursachen viel zu oft falsch interpretiert. Nehmen sich Spezialisten nicht die Zeit oder machen sie sich nicht die Mühe, nach allen möglichen Ursachen zu suchen, kann das Problem fortbestehen. Wir treffen viele Menschen, die wegen ihrer Depressionssymptome (Lethargie, Energieverlust und so weiter) mit Antidepressiva behandelt werden, obwohl die tatsächliche Ursache oder eine Hauptursache des Problems eine Schilddrüsenunterfunktion oder eine Schlafapnoe ist. Obwohl Antidepressiva die Symptome zeitweilig verringern können, bleiben das Problem und die depressiven Symptome bestehen, wenn die zugrunde liegenden medizinischen Störungen nicht behandelt werden. Kurz gesagt, man sollte nie davon ausgehen, dass das Verhalten, das als Mittel eingesetzt wird, um den Stress mitzuteilen, das *eigentliche* Problem ist.

Auch wenn Eltern oder Spezialisten empfängliche Zuhörer sind, kommt die Nachricht nicht immer an, da nonverbale Nachrichten selten deutlich sind. Sie deuten häufig auf das Vorhandensein eines Problems, aber nicht auf die Ursache. Um die Sache noch komplizierter zu machen, kann das Problem mehr als eine einzige Ursache haben. Man muss also sehr gründlich vorgehen, wenn man alle Ursachen oder Stressverursacher lokalisieren will. Um auf das Beispiel von Bruce zurückzukommen: Er hatte ein gesundheitliches Problem, das seine Symptome und sein Verhalten verstärkte, auch wenn die Hauptursache des Problems, der aggressive Kollege, nicht mehr bestand. Wären diese oder andere Beschwerden und Stressursachen nicht behandelt worden, wäre die Lösung des Problems noch weiter in die Ferne gerückt.

Jede Verhaltensauffälligkeit kann mit zahlreichen gesundheitlichen Problemen, Wahrnehmungsstörungen und Stressursachen durch die Umgebung in Verbindung gebracht werden. Auch reagieren Menschen auf unterschiedliche Weise auf Stress. Viele Jugendliche und Erwachsene mit Down-Syndrom haben zum Beispiel zwanghafte Neigungen oder „Grooves" (siehe Kapitel 9), die für sie positiv sind. Sie sind in der Lage, Routinen und Zeitpläne zu befolgen, wodurch sie tägliche Lebensaufgaben und Arbeitsaufgaben sehr verlässlich erfüllen können. Häufig können sie jedoch unter Stress nicht flexibel reagieren und führen ihre Aufgaben weiterhin starr aus, was sich wiederum negativ auf wichtige oder positive Aktivitäten auswirken kann. (Dies wird in den Kapiteln 9 und 16 weiterbehandelt.)

Nachfolgend einige Empfehlungen, mit denen die negativen Auswirkungen des Unvermögens des Menschen, seine Gefühle zu verbalisieren, verringert werden können:

- Regen Sie an, dass der Mensch mit Down-Syndrom Fertigkeiten erlernt, mit denen er Gefühle ausdrücken kann. Er kann zum Beispiel mit einem Berater arbeiten, der ihm beibringt, Gefühle zu identifizieren und zu benennen, oder mit einem Logopäden, um zu lernen, Gefühle auszudrücken. Man kann dem Menschen mit Down-Syndrom auch beibringen, Bilder mit Gesichtsausdrücken zu betrachten und anzuzeigen, welches Bild seine Gefühle darstellt.
- Familienmitglieder und andere Betreuer können der Person mit Down-Syndrom dabei helfen, ihre Gefühle in ihren täglichen Aktivitäten zu identifizieren. Wenn Sie zum Beispiel Zeuge einer Situation sind, die den Erwachsenen mit Down-Syndrom offensichtlich aufregt, helfen Sie ihm, seine Gefühle zu benennen, indem Sie beispielsweise sagen: „Mann, ich wäre jetzt richtig wütend, wenn mir das passiert wäre. Ist es das, was du fühlst?"
- Familien oder langjährige Betreuer müssen unter Umständen Betreuern mit weniger Erfahrung (in der Schule, am Arbeitsplatz oder im Wohnumfeld) zeigen, wie die Gesichtsausdrücke und die Körpersprache der Person zu deuten sind.
- Wie bereits erläutert, empfehlen wir, dafür zu sorgen, dass es im Leben des Erwachsenen mehr als eine Person gibt, die willens und in der Lage ist, für ihn zu dolmetschen. Je mehr Menschen in verschiedenen Umgebungen in der Lage sind, die Person zu verstehen und auf ihre geäußerten Bedürfnisse zu reagieren, desto kompetenter wird sie sich fühlen. Je mehr einfühlsame Betreuer es gibt, desto geringer wird sich der Verlust eines Betreuers auf die Person mit Down-Syndrom auswirken.
- Familienmitglieder sollten auch weiterhin aktiv an Besprechungen mit Betreuern am Arbeitsplatz oder im Wohnumfeld teilnehmen, damit die vom Erwachsenen artikulierten Bedürfnisse richtig und so präzise wie möglich interpretiert werden.

Zusammenfassung

Für eine Teilnahme am gesellschaftlichen Leben ist die Fähigkeit, mit anderen Menschen zu kommunizieren, unabdingbar. Die beeinträchtigte sprachliche Ausdrucksfähigkeit einiger Menschen mit Down-Syndrom bringt jedoch Schwierigkeiten im täglichen Leben mit sich. Manchmal können die sprachlichen Probleme zu Fehlinterpretationen des Verhaltens oder der Fehldiagnose einer psychischen Störung führen. Einfühlsamkeit und Geduld von Seiten der Familienmitglieder und der Betreuer verbessern die psychische Verfassung des Menschen und tragen positiv zur Behandlung von Verhaltensauffälligkeiten bei.

7 Selbstwertgefühl und Selbstbild

Achtung vor etwas zu haben bedeutet so viel, wie „etwas mit Respekt zu betrachten". Demzufolge bedeutet Selbstachtung oder Selbstwertgefühl, sich selbst mit Stolz und Respekt zu betrachten. Es ist allgemein bekannt, dass Selbstachtung für die Gesundheit und das Wohlbefinden wichtig ist. Menschen mit Selbstachtung und einem positiven Selbstwertgefühl sind glücklicher, leben länger, sind gesünder und haben weniger psychische Probleme, um nur einige der wichtigsten Aspekte aufzuzählen (Seligman & Martin, 1998).

Unter Förderung der Selbstachtung versteht man jede Handlung, die dazu beiträgt, dass ein Mensch sich selbst mit Stolz und einem positiven Selbstwertgefühl betrachtet. Dies klingt zwar einfach. Aber wie fördert man die Selbstachtung von Menschen mit Down-Syndrom, wenn sie von anderen angestarrt werden, weil sie anders, eigenartig oder komisch aussehen? Wie kann man Respekt und Stolz fördern, wenn die Gesellschaft Schnelligkeit, wirtschaftliche Unabhängigkeit, Kommunikationsfähigkeit und Produktivität schätzt, während Menschen mit Down-Syndrom ihr eigenes (langsameres) Tempo haben, weniger unabhängig sind, weniger Kontrolle über verschiedene Bereiche ihres Lebens haben, ihre Kommunikationsfähigkeit eingeschränkt ist und sie weit weniger Berufs- und Karrieremöglichkeiten haben? Ähnlich wie bei anderen Minderheiten werden Menschen mit Down-Syndrom in unserer Gesellschaft häufig als „irgendwie anders" angesehen und auch anders behandelt.

Dennoch haben die meisten Menschen, die wir in unserem Zentrum gesehen haben, große Selbstachtung und ein starkes Selbstwertgefühl. Wie ist das möglich? Bei vielen scheint ihre Selbstachtung eine natürliche Stärke zu sein, oftmals aber tragen auch Familien und Betreuer sehr dazu bei, weil sie den Menschen mit Down-Syndrom in seiner Selbstachtung unterstützen und fördern. Dieses Kapitel beschreibt einige der wichtigsten Aspekte bei der Entwicklung und der Förderung von Selbstwertgefühl, einschließlich der Diskussion über die Bedeutung, die eigene Behinderung zu akzeptieren.

Akzeptanz durch die Familie und Selbstachtung

Selbstachtung beginnt, wenn wir uns akzeptieren, so wie wir sind. Für Menschen mit Down-Syndrom bedeutet dies, dass sie akzeptieren müssen, dass sie Down-Syndrom haben. Sie können nicht stolz auf sich sein, wenn sie nicht dazu in der Lage sind. Diese Akzeptanz trägt dazu bei, dass sie ihre eigenen Kompetenzen und Fähigkeiten besser entwickeln und wirkungsvoller einsetzen können, und ermutigt sie, für ihre eigenen Rechte und Bedürfnisse einzutreten.

Die Entwicklung von Stolz und Akzeptanz bei Menschen mit Down-Syndrom beginnt häufig mit der Akzeptanz in der Familie und ihrer Bereitschaft, über das Down-Syndrom zu sprechen und es als Teil ihres Lebens zu akzeptieren. Das

Menschen mit Down-Syndrom als eine Minderheit

Für Menschen mit Down-Syndrom hat es tatsächlich sowohl Vor- als auch Nachteile, zu einer Minderheit zu gehören. Die größte Herausforderung für sie und ihre Familien sind das mangelnde Verständnis und die mangelnde Akzeptanz durch andere Menschen in der Gesellschaft. Ungeachtet der Anstrengungen von Elterngruppen und Fürsprechern, bestehende Vorurteile zu ändern, werden Menschen mit Down-Syndrom immer noch von der Gesellschaft anders betrachtet und behandelt als andere Menschen. Sie werden nach wie vor angestarrt, gehänselt und manchmal von Menschen skrupellos ausgenutzt. Wie Angehörige von anderen Minderheiten haben sie häufig keine positiven Vorbilder, die ebenfalls ihre Behinderung haben, oder sie haben nur begrenzten Kontakt zu anderen Menschen mit dem Down-Syndrom.

Andererseits erkennt man, dass Menschen mit Down-Syndrom „zu einer Gruppe gehören". Die gleichen körperlichen Merkmale, die einige Personen zu Hänseleien verleiten, signalisieren einfühlsameren Menschen, dass sie die Behinderung unter Umständen bei der Interaktion berücksichtigen (und zum Beispiel sehr geduldig sein) müssen. Dies trifft sowohl auf Erwachsene als auch auf Kinder zu. In einer Studie wurde festgestellt, dass Schulkinder Gleichaltrige mit Down-Syndrom eher akzeptieren als Kinder mit „unsichtbaren Behinderungen", zum Beispiel einer Lernschwäche (Siperstein und Bak, 1985). Die Autoren der Studie spekulierten, dass obwohl Kinder mit unsichtbaren Behinderungen wie andere Kinder aussehen, sie doch irgendwie merkwürdig oder anders waren. Dies verwirrte oder schreckte andere Kinder ab. Im Gegensatz dazu identifizierten die charakteristischen körperlichen Merkmale die Kinder mit Down-Syndrom eindeutig als Menschen mit Behinderung. Das schien es für die anderen Kinder einfacher zu machen, sie und ihre Behinderung zu akzeptieren. Unserer Erfahrung nach werden Menschen mit Down-Syndrom im Allgemeinen in der Schule und ihrer Umgebung akzeptiert. Wenn sie angestarrt, gehänselt oder diskriminiert werden, geht dies häufig von wenigen Personen aus, die entweder einfach uninformiert sind, vorgefasste Meinungen haben oder ihre Aggressionen gerne an Schwächeren auslassen.

Die Zugehörigkeit zu einer Gruppe kann auch von Vorteil sein, denn dadurch ist es für Menschen mit Down-Syndrom und ihre Familien möglich, sich mit anderen Menschen mit Down-Syndrom und deren Familien zusammenzutun. Einige Familien von Menschen mit intellektuellen Behinderungen, die nicht aufgrund eines Syndroms auftreten, haben uns gesagt, dass sie nicht den gleichen Zusammenhalt spüren wie die Familien von Menschen mit Down-Syndrom.

ist kein einfacher und bequemer Prozess. Alles was Familienmitglieder als anders charakterisiert (Rasse, Glaube, Behinderung und so weiter), birgt für die Familie das Risiko der Isolation, entweder aufgrund tatsächlicher Diskriminierung oder weil sie das Verhalten anderer Menschen als solches wahrnehmen. Die Eltern eines Kindes mit Down-Syndrom können zum Beispiel den Eindruck gewinnen, dass sich einige Verwandte distanzieren oder keinen Anteil an ihrem Leben nehmen wollen, wodurch es schwierig oder unangenehm wird, zu Familienfeiern zu gehen. Zahlreiche Eltern berichten, dass diese Art von Problemen weit ins Erwachsenenalter hinein besteht.

Viele Familien bekommen in Selbsthilfegruppen Unterstützung und Akzeptanz, weil sie dort andere Familien treffen, die Kinder oder Erwachsene mit Down-Syndrom haben. Familien mit ähnlichen Erfahrungen zu finden ist eine wirkungsvolle Form der Unterstützung, weil dadurch in der Familie und bei dem Kind mit Down-Syndrom eine positive Lebenseinstellung und die Selbstachtung gefördert werden. Es gibt allerdings auch Familien, die auch auf Dauer Schwierigkeiten haben, das Down-Syndrom ihres Kindes zu akzeptieren. Es kommt überdies vor, dass Eltern wenig oder gar keine Probleme haben, das Down-Syndrom zu akzeptieren, solange das Kind noch klein ist, die jedoch bei zunehmendem Alter des Kindes mit sich hadern, weil das Kind einige typische Meilensteine nicht erreicht, die mit zunehmender Entwicklung und Unabhängigkeit einhergehen

Es würde den Rahmen dieses Buches sprengen, wenn wir an dieser Stelle detailliert erläutern würden, was eine Familie tun kann, um das Down-Syndrom ihres Angehörigen zu akzeptieren. Wenn Ihr erwachsenes Kind mit Down-Syndrom aber nur ein geringes Selbstwertgefühl hat, sollten Sie sich fragen, ob Sie selbst Schwierigkeiten haben, das Down-Syndrom Ihres Kindes zu akzeptieren. Lesen Sie dazu bitte in Kapitel 3 den Abschnitt über die Rolle, die Familien bei der Unterstützung von Erwachsenen mit Down-Syndrom spielen.

Selbstachtung bei Menschen mit Down-Syndrom

Menschen mit Down-Syndrom entwickeln Stolz und Akzeptanz in einem komplexen und häufig kreativen Prozess, der sowohl von der Einstellung und den Fähigkeiten des Menschen selbst als auch von der Umgebung, in der er lebt, abhängig ist. Unserer Erfahrung nach entwickelt sich Akzeptanz in einem vierstufigen Prozess, der folgende Teilbereiche beinhaltet:

- Bewusstseinsbildung,
- Entwicklung eines Kompetenzgefühls,
- Entwicklung der eigenen, einmaligen Anlagen oder Fähigkeiten und
- das Gefühl, sich von der Familie und von Freunden geliebt und akzeptiert zu wissen.

Bewusstseinsbildung

Das Bewusstsein jeglicher Formen von Behinderungen oder Unterschieden zu anderen Menschen kann ein Gefühl von Wut, Verlust und Traurigkeit hervorrufen. Kinder mit Down-Syndrom werden sich der unterschiedlich entwickelten Fertigkeiten und Möglichkeiten im Vergleich zu normal entwickelten Gleichaltrigen und Geschwistern immer mehr bewusst, wenn sie in reguläre Schulumgebungen eingebunden sind und in einem normalen Umfeld aufwachsen. Wenn die Kinder heranwachsen und zu Erwachsenen werden, werden sich viele der Unterschiede in Fertigkeiten und Möglichkeiten noch deutlicher bewusst. Ein Kind mit Down-Syndrom kann zum Beispiel in der gleichen Straße spielen, die gleiche Schule besuchen und auch in die gleiche Klasse gehen wie alle anderen Kinder aus der Nachbarschaft. Später nehmen jedoch die Anzahl und die Häufigkeit der gemeinsamen Aktivitäten mit Gleichaltrigen ohne Behinderungen oft ab. Dies geschieht häufig schon in der Grundschule, aber der Unterschied fällt besonders auf, wenn andere die Führerscheinprüfung ablegen, ausgehen, die Uni besuchen, heiraten und Karriere machen. Einige Menschen mit Down-Syndrom haben diese Möglichkeiten auch, aber viele fühlen sich ausgeschlossen.

Selbst Menschen, die während ihrer gesamten Schulzeit an Programmen oder Aktivitäten teilnehmen, mit denen sie ihre Alltagskompetenzen schulen und auf ein selbstständiges Leben vorbereitet werden, sehen trotzdem die Unterschiede zu anderen Menschen und bekommen mit, dass sie angestarrt und anders behandelt werden. Seien Sie sich dessen bewusst, dass Menschen mit Down-Syndrom häufig sehr sensibel auf das Verhalten von anderen reagieren.

Menschen mit Down-Syndrom müssen ihre eigene Identität zwangsläufig überprüfen (wer und was sie sind), wenn sie sich mit anderen vergleichen. Das ist allerdings nicht nur bei Menschen mit Down-Syndrom der Fall. Wir müssen alle herausfinden, wer wir sind. Abgesehen davon sind Vergleiche von Menschen mit Down-Syndrom mit der Durchschnittsbevölkerung nicht weniger enttäuschend oder ernüchternd als die Vergleiche, die wir alle für uns tätigen. Schließlich träumen wir alle, etwas zu sein, was wir nicht sind: größer oder kleiner, attraktiver oder erfolgreicher. Viele von uns träumen sogar davon, Rockstars, berühmte Sportler oder Ähnliches zu sein.

Häufig beginnt der „Prozess des sich Anfreundens oder Akzeptierens der eigenen Identität" bei Menschen mit Down-Syndrom in der frühen Kindheit und dauert bis ins Erwachsenenalter an, wie bei allen anderen Menschen auch. Wir haben viele kreative Möglichkeiten kennengelernt, wie Familien mit ihren Kindern und Erwachsenen über das Down-Syndrom gesprochen und eine positive Sichtweise vermittelt haben. Dies kann auch beinhalten, dass man lernt, mit unangemessenen oder unfreundlichen Handlungen von anderen und den Selbstvorwürfen, die oft als Reaktion darauf vorkommen (eine weit verbreitete Erfahrung bei Angehörigen von Minderheiten), entsprechend umzugehen. Mit der Zeit führt das Ergebnis dieses Bewusstseins- und Akzeptanzprozesses zur Entwicklung einer ehrlicheren, realistischeren und positiveren Sicht von sich.

Sheila Hebein, die Vorsitzende der US-amerikanischen Selbsthilfegruppe National Association for Down Syndrome (NADS), hat ein wichtiges Ereignis aus der Entwicklung von Akzeptanz und Selbstachtung ihres Sohnes Chris beschrieben:

Bei einem Besuch im Park fragten zwei junge Mädchen den neunjährigen Chris neugierig, ob er „behindert" sei. Er antwortete schnell mit nein. Als sie darauf bestanden, war er verärgert, aber er spielte weiter. Später am Tag, als er wieder zu Hause war, fragte Chris seine Mutter, ob er „behindert" sei. Seine Mutter hatte ihm bereits erklärt, dass er Down-Syndrom habe und dass er bei einigen Dingen langsamer als andere sein könne. Jetzt erklärte sie Chris, dass sie und Chris' Vater nicht das Wort „behindert" verwenden, wenn sie jemanden beschreiben, der langsam lernt, aber dass manche Menschen dies tun. Sie erstellte dann zusammen mit Chris eine Liste der Dinge, die er gut konnte, und solcher, die ihm schwerfielen. Nachdem die Liste fertig war, fand Chris, dass es viel mehr Dinge gab, die er gut konnte, als solche, die er nicht konnte, und dass es gar nicht schlimm war, dass er Down-Syndrom hatte.

Einige Schritte dieses erfolgreichen Prozesses wollen wir uns genauer ansehen. Sheila hatte bei dem Vorkommnis im Park zunächst nicht eingegriffen. Nach sorgfältiger Beobachtung entschied sie, dass die Mädchen die Fragen aus reiner Neugierde stellten und dass dies eine wunderbare Gelegenheit für Chris war, etwas über sich zu lernen. Sheila wartete respektvoll, bis Chris das Ereignis zur Sprache brachte. Sie wusste, dass er Zeit brauchte, um das Problem zu überdenken, und sie vertraute darauf, dass er zu ihr kommen würde, um das Thema zu besprechen, wenn er soweit war. Ihre Erklärung hinsichtlich des „Down-Syndroms" war offen und ehrlich, gleichzeitig sehr ermutigend und mit dem nötigen Respekt für Chris' Fertigkeiten und Fähigkeiten. Zwar hat sie nicht verschwiegen, dass das Down-Syndrom eine Behinderung ist, wodurch er „langsamer als andere" ist, andererseits hat sie aber großes Vertrauen in seine Fähigkeit gezeigt, auf seine Art und in seiner Geschwindigkeit mit dem Problem zurechtzukommen, indem sie darauf wartete, dass er das Thema zur Sprache brachte, und indem sie ihn über Dinge sprechen ließ, die er gut konnte. Das Gefühl des Stolzes und der Akzeptanz, das Chris erfuhr, entstand schließlich aus einem normalen Ereignis in der Gesellschaft. Dieses Ereignis war wiederum das Ergebnis einer Entscheidung der Familie, Chris die Welt entdecken und erfahren zu lassen.

Chris lernte aus dieser Erfahrung, dass er das Recht und die Fähigkeit hatte, trotz seiner Einschränkungen Teil der Gesellschaft zu sein. Zweifelsohne profitierte er auch bei anderen Ereignissen in seinem Leben von dem Selbstvertrauen und dem Stolz, die er aus diesem Ereignis gewonnen hatte. Chris ist jetzt erwachsen und arbeitet erfolgreich in seinem Beruf. Trotz der Herausforderungen, denen er sich stellen musste, hat er ein positives Bild von sich selbst und dem Down-Syndrom beibehalten.

Wie man das Gespräch beginnt

An dieser Stelle möchten wir besprechen, was Sie tun können, wenn Sie einen Jugendlichen mit Down-Syndrom in der Familie haben, der die Tatsache, dass er das Down-Syndrom hat, noch gar nicht zur Sprache gebracht hat, oder wenn das Thema schon lange nicht mehr angesprochen wurde. Einige der am häufigsten gestellten Fragen zu diesem Thema lauten:

Warum müssen Jugendliche und Erwachsene mit Down-Syndrom wissen, dass sie das Down-Syndrom haben?
Wie bereits erwähnt, ist es schwierig, seine eigenen Talente und Fertigkeiten zu entwickeln und selbstbewusst aufzutreten, wenn man das Down-Syndrom nicht akzeptieren kann, unabhängig davon, ob die Person ein junges Kind oder ein Erwachsener ist.

Ist ein Mensch mit Down-Syndrom jemals zu alt, um zu erfahren, dass er das Down-Syndrom hat?
Das denken wir nicht. Im Gegenteil: Je älter jemand wird, desto größer wird die Notwendigkeit, denn die meisten Menschen wissen bereits, dass sie sich von anderen irgendwie unterscheiden. Bis Menschen mit Down-Syndrom das Teenageralter erreichen oder spätestens als junge Erwachsene wurden die meisten schon hunderte Male angestarrt und nicht gleich wie andere behandelt. Unabhängig davon, für wie sensibel oder dickhäutig man den Menschen in Bezug auf diese Themen hält, bemerkt er irgendwann doch, dass er anders ist, es sei denn, er lebt völlig isoliert von anderen Menschen. Zu einem späteren Zeitpunkt in seinem Leben wird die Frage dann nicht lauten, *ob* er anders ist, sondern wie und warum.

Wenn wir dieses Thema bereits besprochen haben, als er jung war, müssen wir es dann wieder besprechen, wenn er älter ist?
Ja, weil die Unterschiede, was Fähigkeiten und Alltagskompetenzen von Menschen mit Down-Syndrom zu Gleichaltrigen im Jugendlichen- und Erwachsenenalter anbelangt, immer offensichtlicher werden. Die meisten Menschen werden sich dieser Unterschiede deshalb ebenfalls immer bewusster. Ihr Kind muss über sein Down-Syndrom sprechen, damit es als Teenager oder Erwachsener eine positive und realistische Sicht von sich selbst entwickeln kann.

Welche Reaktion sollten wir von unserem Sohn oder unserer Tochter auf diese Unterhaltung erwarten?
Wir haben bemerkt, dass einige Menschen mit der Akzeptanz dieser Tatsache Schwierigkeiten haben, die meisten aber empfinden ein Gefühl der Erleichterung, wenn sie erfahren, dass sie das Down-Syndrom haben. Eigene Gefühle und Beobachtungen über ihr Anderssein werden dadurch bestätigt. Es gibt einen Namen für das, was sie erleben: Down-Syndrom. Sie haben nun eine Erklärung für das, was ihnen in all diesen Jahren widerfahren ist.

Sollten wir darauf warten, dass die Person von sich aus ein Gespräch über das Down-Syndrom beginnt?
Wenn der Mensch das Thema von alleine anspricht, ist es sicherlich sehr wichtig, darauf zu reagieren. Andererseits, wenn der Betroffene dies nicht macht, ist es nicht immer günstig abzuwarten. Viele Menschen sind sich der Welt um sie herum durchaus bewusst und reagieren sensibel darauf, aber vielleicht haben sie Schwierigkeiten, anderen gegenüber ihre Gefühle und Gedanken zu artikulieren. Wenn man selbst die Verantwortung für die Diskussion dieser Themen übernimmt, kann ihnen das die Möglichkeit bieten, Probleme und Sorgen zur Sprache zu bringen, die sie bis dahin nicht ausdrücken konnten. Hinzu kommt, dass Menschen mit Down-Syndrom häufig sensibel auf Hinweise von anderen reagieren. Wenn das Thema angesprochen wird, ergreifen sie die Gelegenheit, es zu diskutieren. Ansonsten sind sie vielleicht nicht sicher, dass es das ist, was ihre Eltern wollen.

Wie spricht man über das Down-Syndrom?
Wir empfehlen einfache und ehrliche Aussa-

gen, ähnlich dem, was Sheila im obigen Beispiel zu Chris sagte. Die Personen müssen den Namen (Down-Syndrom) für ihren Zustand erfahren, denn so wird dies zu einer konkreten Realität. Sie müssen wissen, dass es einige signifikante Unterschiede zu anderen gibt und worin diese bestehen. Zum Beispiel brauchen sie unter Umständen mehr Zeit zur Ausführung bestimmter Tätigkeiten und sind eher auf die Hilfe anderer bei finanziellen Angelegenheiten, Reisen oder sonstigen Dingen angewiesen.

Eine Möglichkeit, über das Down-Syndrom zu sprechen, ist, die Stärken und die Schwächen der Person aufzulisten. Wie im obigen Beispiel ist es wichtig, die Person für das zu loben und zu ermutigen, was sie gut kann. Auch ist es wichtig, ihre besonderen Begabungen und Fähigkeiten zu erwähnen. Andererseits sollte man hinsichtlich der Einschränkungen ehrlich sein. Wenn Sie bei diesem Thema nicht ehrlich sind, laufen Sie Gefahr, für den Menschen unglaubwürdig zu werden, und, was noch schlimmer ist, die Person mit Down-Syndrom damit zu verunglimpfen und zu bevormunden. Die meisten Menschen mit Down-Syndrom können den Wahrheitsgehalt und die Glaubwürdigkeit der Aussagen anderer sehr gut einschätzen. Wenn die Person mit Down-Syndrom denkt, dass Sie nicht ehrlich sind, was ihre Schwächen anbelangt, wird sie Ihren Aussagen über ihre Stärken auch keinen Glauben schenken.

Wie kann man ein positives Bild vom Down-Syndrom vermitteln?

Es kann durchaus hilfreich sein, auf andere Menschen mit Down-Syndrom unterschiedlichen Alters und mit verschiedenen Fertigkeiten zu verweisen, die gute Vorbilder sein können. Zudem sind Berühmtheiten wie der Schauspieler Chris Burke ausgezeichnete Vorbilder, denn sie verkörpern Menschen, die erfolgreich sind und ein ausgeprägtes Selbstwertgefühl haben (siehe auch die Diskussion über ebenbürtige Freunde und Gefährten auf den Seiten 130 ff.)

Kann man das Down-Syndrom als Normalität darstellen?

Man kann dem Menschen mit Down-Syndrom klarmachen, dass zwar sein Down-Syndrom etwas Besonderes ist, seine Probleme und Sorgen jedoch nicht. Dabei kann es hilfreich sein zu besprechen, dass wir alle Stärken und Schwächen haben. Wir träumen ebenfalls davon, Rockstar, Spitzensportler oder erfolgreicher im Beruf oder in der Liebe zu sein, und wir alle müssen ebenfalls mit dem leben, womit wir geboren wurden.

Auch kann man besprechen, dass nicht alle Unterschiede zu anderen Menschen auf das Down-Syndrom zurückzuführen sind. Die ältere Schwester bekommt zum Beispiel ein Handy, weil sie einfach ein bestimmtes Alter erreicht hat, und nicht, weil sie kein Down-Syndrom hat.

Wann bringt man das Thema zur Sprache?

Es gibt viele verschiedene Situationen, in denen man das Thema zur Sprache bringen kann:

- Sie können das Thema zur Sprache bringen, wenn Ihr Sohn oder Ihre Tochter mit Bemerkungen von anderen konfrontiert wird (wie bei Chris in obigem Beispiel). Wir kennen viele Beispiele von Jugendlichen und Erwachsenen, die angestarrt, gehänselt oder sogar Opfer von unabsichtlichen verletzenden Bemerkungen wurden. Diese Situationen erfordern häufig irgendeine Form von Reaktion und Diskussion durch die Familienmitglieder, um dem Menschen mit dem Down-Syndrom zu helfen, aus diesen Erlebnissen zu lernen und angemessen damit umzugehen.

- Eine andere Möglichkeit könnte sich bieten, wenn sich der Mensch mit Down-Syndrom mit anderen ohne Behinderungen vergleicht und feststellt, dass er dabei schlechter wegkommt. Dies kann geschehen, wenn andere wichtige Lebenserfahrungen machen, die die Person mit Down-Syndrom wahrscheinlich nicht machen wird, zum Beispiel heiraten, auf die Universität gehen und so weiter. Man kann aber auch alltägliche Erlebnisse zum Anlass nehmen, zum Beispiel wenn der Mensch mit Down-Syndrom nur in Begleitung ausgehen darf, wohingegen ein jüngeres Geschwisterkind alleine gehen darf.

- Eltern können das Thema auch zu einem Zeitpunkt zur Sprache bringen, zu dem es keine negativen Probleme oder Sorgen im Zusammenhang mit dem Down-Syndrom gibt. In diesem Fall können sie das Thema in einer weniger angespannten Situation besprechen. Das bringt sowohl Vorteile als auch Nachteile mit sich. Manche sind an dem Thema vielleicht mehr interessiert, wenn sie sich gerade in einer Problemsituation befinden, so wie oben beschrieben. Andererseits können Sie das Thema schrittweise einführen, wenn es gerade keine Probleme gibt. Sie können es dann über einen längeren Zeitraum besprechen, wodurch die Person mit Down-Syndrom die Informationen leichter verarbeiten kann. Das Thema Down-Syndrom kann man auf viele verschiedene Arten zur Sprache bringen, zum Beispiel wenn Sie jemanden in der Stadt oder im Fernsehen sehen, der das Down-Syndrom hat.

Entwicklung eines Kompetenzgefühls

Hat man jemanden über sein Down-Syndrom aufgeklärt, muss man ihm in einem nächsten wichtigen Schritt zu einer positiven Akzeptanz seiner Behinderung verhelfen, indem man seine Stärken und Fertigkeiten betont. Im Laufe der Zeit und mit der entsprechenden Ermutigung und Unterstützung durch Familie und Freunde muss die Person ihre Sichtweise von „Was aufgrund der Behinderung nicht möglich ist" zu „Was dennoch möglich ist" ändern. Psychologen nennen diesen Prozess die Entwicklung von Kompetenz. Mit Kompetenz beschreibt man das Bedürfnis jedes Menschen, „selbstständig" zu sein und damit ein gewisses Maß an Kontrolle im Alltag zu erlangen. Die Förderung von Kompetenz beginnt zu Hause in Kindesalter und dauert das ganze Leben an. Es ist ein täglicher Wachstums- und Lernprozess. Im Laufe der Zeit führt Kompetenz bei Alltagsaufgaben zu einem größeren Unabhängigkeitsgefühl und zu größerem Stolz und besserem Selbstwertgefühl.

Entwicklungspsychologen sind der Meinung, dass Eltern Kompetenz am besten durch „ausreichend gute" Kindererziehung fördern können. Das bedeutet, dass die Eltern dem Kind einerseits Liebe, Unterstützung und Führung geben, dass das Kind aber auch ein gewisses Maß an Frustration und Versagen erleben und bewältigen muss, um den Anreiz zu haben, weiterzulernen und Unabhängigkeit zu entwickeln.

Wir haben die Erfahrung gemacht, dass Familien von Erwachsenen mit Down-Syndrom, die Kompetenz und Selbstachtung am erfolgreichsten fördern, diesen Rat befolgen. Eltern kennen die Grenzen ihres erwachsenen Kindes, aber sie kennen auch sein Potenzial und seine Fähigkeiten, was ein unabhängiges und selbstbestimmtes Leben anbelangt. Eltern müssen ihr Kind dort wo nötig leiten, ihm helfen und es unterstützen, und es gleichzeitig ermutigen, Dinge wenn möglich selbst zu tun, zum Beispiel alltägliche Aufgaben zu Hause, aber auch in der Schule, am Arbeitsplatz oder in seinem Umfeld. Versuch und Irrtum und das Lernen aus den eigenen Fehlern laufen bei Menschen mit Down-Syndrom genauso ab wie bei anderen Kindern. Nur der Ausgangspunkt und der erreichte Fertigkeitsgrad unterscheiden sich.

Familien, die größere Schwierigkeiten bei der Förderung der Kompetenz haben, erwarten entweder zu viel oder zu wenig von dem Menschen mit Down-Syndrom. Wenn die elterlichen Erwartungen zu hoch sind, gibt er vielleicht frustriert auf und hat das Gefühl, versagt zu haben. Wir haben dies bei Erwachsenen gesehen, die depressiv und mutlos werden, wenn sie die Erwartungen der Familie nicht erfüllen und nicht dieselben Ziele erreichen konnten, im Sport, in der Schule oder im Beruf oder was Karriere und Heirat anbelangte, wie ihre Geschwister oder Gleichaltrige ohne Down-Syndrom.

Andererseits können Frustration und schwache Leistungen die Folge sein, wenn die Familie zu wenig von der Person mit Down-Syndrom erwartet und sie keine Aufgaben übernehmen lässt, die ihre Unabhängigkeit vergrößern würden. Ergibt sich eine Gelegenheit zu Unabhängigkeit, kann der Mensch nicht darauf reagieren, weil er nicht über die entsprechenden Erfahrungen und das Selbstvertrauen dazu verfügt. Wenn Menschen keine Erfahrungen im Umgang mit täglichen Herausforderungen machen können, können sie angesichts ernsterer Probleme und Themen ein

Gefühl von Hilflosigkeit und Verzweiflung entwickeln. Dies wird in der Literatur treffend als „erlernte Hilflosigkeit" beschrieben und bedeutet für Menschen einen weitaus größeren Risikofaktor für Depression und andere physische und psychische Probleme (Seligman, 1967).

Selbstbewusstsein entsteht durch Alltagskompetenz und Unabhängigkeit und kann sich nicht entwickeln, wenn man zu viel oder zu wenig von einer Person erwartet oder sie dazu drängt, jemand zu sein, der sie nicht ist oder nicht sein kann, oder wenn ihre Talente und Fähigkeiten in grober Weise unterschätzt werden. Diese Themen werden in Kapitel 3 ausführlich behandelt.

Empfehlungen zur Förderung von Kompetenz zu Hause

- Ermutigen Sie die Person mit Down-Syndrom, neue Aufgaben in Angriff zu nehmen, die sie sowohl körperlich als auch von der geistigen Entwicklung her bewältigen kann. Wenn eine Aufgabe ihre Fähigkeiten jedoch übersteigt, wird sie dies eher entmutigen, als dass Kompetenz entwickelt wird.
- Wenn die Aufgabe zu schwierig ist, kann man sie vielleicht noch in Schritte unterteilen, die einzeln ausgeführt und bewältigt werden können.
- Aufgaben, die der Person mit Down-Syndrom sehr wichtig sind, stellen einen zusätzlichen Anreiz dar.
- Greifen Sie nicht zu schnell ein, wenn die Person sich an einer neuen Aufgabe versucht.
- Vor allem sollten Sie die Person ermutigen, Fehler und ausbleibenden Erfolg als einen notwendigen Teil des Lernprozesses zu akzeptieren. Wie sonst sollen Menschen lernen, wenn nicht aus ihren eigenen Fehlern?

Kompetenz in der Schule

Familien, die Kompetenz und Selbstachtung in der Schule fördern, sollten sorgfältig darauf achten, ihre eigenen Wünsche und Ziele nicht mit denen des Menschen mit Down-Syndrom zu verwechseln. Sie müssen die Fähigkeiten und die Interessen ihres Kindes ehrlich und realistisch einschätzen, um die richtige Umgebung für seine Bedürfnisse zu finden. Sie sollen auch das Kollegium ermutigen, auf bestehenden Stärken und positiven Erfahrungen aufzubauen, und tragen damit zur Steigerung des Selbstvertrauens und der Motivation bei.

Hingegen kann es für Familien, die die Fertigkeiten und die Fähigkeiten ihres Kindes über- oder unterschätzen, schwierig sein, für ihr Kind die passende Schule zur Förderung eines guten Selbstwertgefühls und von Selbstachtung zu finden. In den Vereinigten Staaten hat jedes Kind das Recht, eine Regelschule zu besuchen. Jedoch sollten Bedürfnisse und Fähigkeiten des Kindes den Stundenplan bestimmen. Bildungsprogramme, die über die Fähigkeiten des Schülers hinausgehen oder die nur zur Verwahrung dienen, sind bei der Entwicklung von Unabhängigkeit, Selbstbewusstsein oder Alltagskompetenzen nicht förderlich. Wenn ein Jugendlicher mit Down-Syndrom in einer integrativen Schule an studienvorbereitendem Unterricht teilnimmt, lernt er dort meistens keine praktischen Berufsfertigkeiten oder den Umgang mit Geld, das Lesen, das Kochen, alleine zu reisen und andere Dinge, die er beherrschen muss, um so unabhängig wie möglich leben zu können. Zudem wirkt sich diese Erfahrung vermutlich negativ auf die soziale und emotionale Entwicklung des Schülers aus, wenn er in einer Umgebung ohne oder mit nur wenigen anderen Schülern mit Down-Syndrom oder einer anderen Behinderung lernt.

Gerade in den höheren Klassen sollte sich der Unterricht auf das Leben nach der Schule konzentrieren. Natürlich ist es wünschenswert, wenn die Schüler weiterhin am Unterricht teilnehmen, vor allem in den Fächern Lesen, Schreiben und Mathematik, weil sie diese Kenntnisse ja als Erwachsene für ein unabhängiges Leben brauchen. Jedoch müssen die meisten älteren Schüler mit Down-Syndrom auch soziale und praktische Fertigkeiten erlernen, damit sie im Beruf erfolgreich sind und unabhängig und selbstbestimmt leben können. Das Sammeln von ersten Berufserfahrungen ist ein Teil jedes erfolgreichen Curriculums. Studien haben deutlich gezeigt, dass die Chancen, nach der Schule einen Beruf zu finden und zu behalten, umso größer sind (Weyman et al., 1988), je umfangreicher die schon während der Schulzeit gesammelte Berufserfahrung ist. Unserer Erfahrung nach ist das Kennenlernen verschiedener Berufe auch deshalb wertvoll, weil der Schüler dann denjenigen Beruf auswählen kann, der ihn interessiert. Eltern, denen die Bedeutung von Berufserfahrung während der Schulzeit nicht bewusst ist, merken häufig zu spät, dass diese Erfahrungen für den Erfolg im Berufsleben ausschlaggebend sind.

Genauso wichtig für den beruflichen Erfolg sind ein kompetenter Job-Koordinator und ein Job-Coach. Sinnvolle Programme legen großen Wert auf Fertigkeiten und Fähigkeiten, die notwendig sind, um im Beruf erfolgreich zu sein, wie zum Beispiel Geduld und Ausdauer bei der Erledigung von Aufgaben, eine gute Arbeitsmoral und eine gepflegte Erscheinung. Auch hilft der Job-Coach bei der Vermittlung entsprechender sozialer Kompetenzen am Arbeitsplatz (weitere Informationen dazu im Abschnitt „Beruf" weiter unten).

Ein gutes Resultat ist normalerweise das Ergebnis eines Programms, das sowohl den Fähigkeiten der Person entspricht als auch die Fertigkeiten vermittelt, die nach dem Schulabschluss notwendig sind. Landesweite Aufmerksamkeit erregte ein Schulbezirk im Umkreis von Chicago, der diese Herausforderungen erkannte. Dieser Bezirk legt besonderen Wert auf die Universitätsvorbereitung, da ein hoher Prozentsatz der Schulabgänger auf die Universität geht. Dieser Ansatz wurde für Schüler mit geistigen Behinderungen nicht geändert, wodurch viele frustriert waren und die Schule ohne die entsprechenden Fähigkeiten für das Berufsleben verließen. Der Schulbezirk änderte schließlich seinen Ansatz und entwickelte ein Übergangsprogramm. Dieses Programm hat zum Ziel, dass die Schüler Kompetenzen erlernen, die ihnen im täglichen Leben und am Arbeitsplatz zugute kommen, und bietet ausreichend Gelegenheit zu begleiteten Berufserfahrungen in verschiedenen Arbeitsumgebungen. Die Schüler machen jetzt eine deutlich positivere Erfahrung und sind viel besser auf Berufe nach dem Schulabschluss vorbereitet.

Warum Freunde mit geistiger Behinderung so wichtig sind

Warum ist es wichtig für Menschen mit Down-Syndrom, dass sie Freunde haben, die ebenfalls das Down-Syndrom oder eine andere geistige Behinderung haben? Wenn Sie an Ihre Freunde denken, dann sind es wahrscheinlich Menschen auf der gleichen intellektuellen Ebene wie Sie. Wir suchen diese Menschen aus. Sie sind diejenigen, die am ehesten verstehen, was wir sagen möchten, die unsere Interessen teilen und die Welt so erleben wie wir das tun. Sie dienen als eine Art Spiegel und Bestätigung dafür, wer und was wir sind.

Dasselbe gilt für Menschen mit Down-Syndrom. Sie brauchen ebenfalls andere Menschen, die die Welt so erleben, wie sie das selbst tun. Aufgrund ihrer begrenzten sprachlichen Ausdrucksfähigkeit sind sie vielleicht nicht immer in der Lage, mit diesen anderen zu sprechen, aber dies ist auch nicht unbedingt notwendig. Wie bereits in Kapitel 4 erwähnt, sind sich Menschen mit Down-Syndrom anderer Menschen in ihrer Umgebung durchaus bewusst und reagieren sehr sensibel auf sie. Indem sie andere beobachten, wie sie die Welt erfahren und mit ihr umgehen, erleben sie, dass sie in ihrer Wahrnehmung und ihren Erfahrungen nicht alleine sind. Ebenbürtige Menschen bestätigen, wer und was sie sind. Dadurch entsteht ein starkes Gefühl von Unterstützung und Identität.

Programme nach dem Schulabschluss

Wir kennen eine Reihe junger Erwachsener mit Down-Syndrom, die an weiterführenden Programmen an der Highschool teilgenommen haben. Sie besuchen einen oder zwei Kurse an ihrer örtlichen Highschool zusätzlich zu ihrem normalen Arbeitstag und anderen sozialen Verpflichtungen. Zwar veranstalten diese örtlichen Highschool-Zweige Kurse für Menschen mit kognitiven Störungen, bieten aber wenig sonstige Unterstützung oder organisierte soziale Aktivitäten. Trotzdem gefällt es Menschen mit Down-Syndrom, an diesen Programmen teilzunehmen, und sie berichten voller Stolz von ihren Kursen. Viele scheinen das Gefühl zu haben, dass sie eine Erfahrung machen, die für Menschen mit Behinderungen eher selten ist. So beschrieb ein Student seine Kurse mit den Worten: „Ich kann auf die Highschool gehen, genau wie meine Brüder und Schwestern." Es ist nicht ganz klar, wie viel in diesen Kursen tatsächlich gelernt wird, aber darum geht es auch nicht eigentlich. Für die Teilnehmer scheint die Erfahrung selbst von unschätzbarem Wert zu sein.

Es gibt auch spezialisierte Highschool-Programme, die Unterstützung und Beratung für Studenten mit Entwicklungsproblemen anbieten. Einige veranstalten sogar soziale Aktivitäten, von Treffpunkten auf dem Campus bis hin zu Tanzabenden, organisierten Exkursionen und sonstigen Veranstaltungen. Die erfolgreichsten und beliebtesten Programme bieten Kurse an, die das selbstständige Leben in der Gesellschaft sowie Berufsbildung und Training am Arbeitsplatz zum Ziel haben. Auch die Unterstützung, die die Studenten mit Down-Syndrom in Netzwerken mit anderen Studenten erfahren, ist für sie sehr wichtig. Diese Art von Programmen setzt dort an, wo die reguläre Schulbildung aufhört, und ist sehr wertvoll, weil sie unserem Personenkreis zusätzliche Unterstützung und Ausbildungsmöglichkeiten bietet. Leider gibt es nicht viele Programme dieser Art, da sie für die Kultusministerien nur geringe Priorität haben.

Es gibt eine Reihe von intensiveren Programmen, die gewöhnlich auf dem Campus stattfinden und bei denen die teilnehmenden Studenten in Wohnheimen wohnen. Dabei unterscheidet man: erstens Programme, die an Studenten mit Lernbehinderungen angepasst sind, die aber manchmal auch Studenten mit Down-Syndrom aufnehmen, und zweitens Programme, die auf die Bedürfnisse und Probleme von Menschen mit Down-Syndrom und anderen Behinderungen zugeschnitten sind.

Wir haben festgestellt, dass die Ersteren nicht immer die optimale Umgebung für Menschen mit Down-Syndrom bieten. Viele der Studenten ohne Down-Syndrom haben Lernprobleme, aber die meisten haben eine durchschnittliche oder im unteren Durchschnitt liegende Intelligenz. Da das Augenmerk auf diesen Studenten liegt, sind die Kurse für die meisten Studenten mit Down-Syndrom häufig zu schwierig. Außerdem liegt der Schwerpunkt eher auf akademischen anstelle Berufs- und Alltagskompetenzen, sodass sie nicht den Bedürfnissen von Erwachsenen mit Down-Syndrom entsprechen. Ein weiterer Aspekt ist die unter Umständen unzureichende Beaufsichtigung in den Wohnheimen. Es wird erwartet, dass die meisten Studenten über ausreichende kognitive Fähigkeiten verfügen, um ihren Alltag zu bewältigen und alle Termine einzuhalten. Wie bereits in Kapitel 3 besprochen, können Erwachsene mit Down-Syndrom sich um sich selbst kümmern und kommen mit praktischen Dingen wie der Körperhygiene und so weiter gut zurecht. Sie verfügen aber oftmals nicht über die entsprechenden Kompetenzen, wenn es um Entscheidungen geht, was sie essen und wann sie zu Bett gehen sollen, wann sie an welchen Freizeitaktivitäten teilnehmen sollten und so weiter. Wir haben von wenigen Studenten gehört, die in dieser Art von Umgebung gut zurechtkamen, aber bei den meisten war das nicht der Fall.

Wenn man an die Schwierigkeiten denkt, die mit dem Besuch von solchen Programmen einhergehen, fragt man sich, weshalb sie überhaupt von Menschen mit Down-Syndrom besucht werden sollten. Viele Eltern hoffen vielleicht, dass ihr Sohn oder ihre Tochter mit Down-Syndrom in diesen Programmen von den anderen lernen kann und eventuell sogar das gleiche Niveau erreicht. Bis zu einem bestimmten Grad mag dies wohl auch möglich sein, jedoch ist es für die meisten Menschen mit Down-Syndrom wegen der Anforderungen, die an die Studenten gestellt werden, und der mangelnden Unterstützung und Beaufsichtigung mit zu großen Schwierigkeiten verbunden. Die meisten Studenten mit Down-Syndrom können dies einfach nicht bewältigen.

Die zweite Art der Campus-Programme ist besser auf Menschen mit Down-Syndrom und anderen geistigen Behinderungen zugeschnitten. Das Ziel der meisten dieser Programme liegt darin, den Menschen dabei zu helfen, Selbstachtung zu entwickeln, und ihnen die Fertigkeiten für ein unabhängiges Leben in der Gesellschaft zu vermitteln. Die meisten dieser Programme sind relativ neu, die Ziele durch die „Trial and error"-Methode entwickelt. Die erfolgreichsten Programme legen den Schwerpunkt eher auf die Vermittlung adaptiver und sozialer Fähigkeiten im Wohnheim, am Arbeitsplatz und in der Gesellschaft im Allgemeinen als auf traditionelle Vorlesungen. Sie berücksichtigen die Bedürfnisse und die Einschränkungen der Menschen mit Down-Syndrom. Zum Beispiel wird den Studenten aktiv geholfen, Stundenpläne zu strukturieren und Routinen zu erarbeiten, die sie befolgen können. Eine gute Highschool bietet Studenten, die ihre Ausbildung abgeschlossen haben und von zu Hause ausgezogen sind, auch weiterhin ihre Unterstützung an.

Auf sich allein gestellt können junge Erwachsene mit Down-Syndrom ins Straucheln geraten, aber mit einem entsprechenden Maß an Unterstützung und Anleitung sind viele in diesen Umgebungen gereift und gewachsen.

Kompetenz am Arbeitsplatz

Für das Kompetenz- und Selbstwertgefühl eines Erwachsenen gibt es wahrscheinlich nichts Wichtigeres als seine Arbeit. Die meisten Menschen mit Down-Syndrom sind sehr motiviert und gewissenhaft, wenn es um ihre Arbeit geht. Arbeitgeber loben Menschen mit Down-Syndrom uns gegenüber hinsichtlich ihrer Arbeitsmoral und Leistung in den höchsten Tönen. Viele berichten, dass Menschen mit Down-Syndrom nicht unbedingt schnell arbeiten, aber häufig gründlich, ausdauernd und verlässlich (siehe Kapitel 9). Viele wollen gar nicht freinehmen und verspäten sich nur selten. Einige Arbeitgeber stellen aufgrund ihrer positiven Erfahrungen bewusst Menschen mit Down-Syndrom ein. Zum Beispiel beschäftigt ein Kamerahersteller eine große Anzahl Menschen mit Down-Syndrom für die Montage von Kameras und anderen Teilen. Dieser und andere Arbeitgeber schätzen die Präzision und die Sorgfalt, mit der sie ihre Arbeit ausführen.

Erfolg am Arbeitsplatz hängt von mehreren Faktoren ab, unter anderem von:

1. dem Kennenlernen verschiedener Arbeitsplätze,
2. angemessener Schulung, um die Arbeitsaufgaben bewältigen zu können,
3. der Fähigkeit, mit Vorgesetzten und Kollegen zu kommunizieren, der sozialen Kompetenz und fortwährender Unterstützung.

Insbesondere in den vergangenen zehn Jahren hat sich auf dem regulären Arbeitsmarkt für Menschen mit Down-Syndrom viel getan. Am häufigsten arbeiten Menschen mit Down-Syndrom in Supermärkten, als Hausmeister und Reinigungspersonal in Büros oder in Fast-Food-Restaurants. Andere Arbeitsplätze, die häufig genannt werden, sind Jobs in Büros, Poststellen, Pflegeheimen, Tagesstätten und Fabriken.

Kennenlernen verschiedener Berufe: Der wichtigste Bestandteil einer erfolgreichen Berufsvorbereitung in der Schule und eines erfolgreichen Vermittlungsprogramms sind das Erleben und das Ausprobieren unterschiedlicher Arbeitsplätze. Auf diese Weise können Menschen mit Down-Syndrom verschiedene Tätigkeiten ausprobieren und den Beruf finden, der ihren Wünschen, Bedürfnissen, Fertigkeiten und Fähigkeiten entspricht. Job-Trainer können ihre Leistung an verschiedenen Arbeitsplätzen miterleben und dadurch die Stärken einschätzen, aber auch Bereiche feststellen, in denen der Mensch zusätzliche Schulungen benötigt. Wenn Menschen diese Gelegenheit nicht gegeben wird, werden sie unter Umständen in Positionen vermittelt, die nicht ihren Fähigkeiten oder Interessen entsprechen. Ein Beispiel:

Die Familie eines Mannes mit Down-Syndrom fand den „perfekten Job" für ihn. Er sollte in einem großen Discount-Kaufhaus die Kunden begrüßen. Leider fragte ihn niemand, ob er den Job auch für perfekt hielt. Seine Familie fand recht schnell heraus, dass dies nicht das war, was er tun wollte, weil er sich irgendwann weigerte, aufzustehen und Leute zu begrüßen. Glücklicherweise hatte der Manager Verständnis und sprach mit der Familie. Der junge Mann durfte verschiedene Tätigkeiten im Geschäft ausprobieren. Nachdem er mehrere abgelehnt hatte, fand man die richtige Beschäftigung für ihn. Er war fortan im Lager dafür zuständig, die Ware für den Verkauf vorzubereiten.

Dominic, ein junger Mann mit Down-Syndrom, hatte durch eine Arbeitsvermittlung einen „ausgezeichneten Job" in einem Supermarkt bekommen. Nach ungefähr sechs Monaten fing er an, Einkaufswagen mitten auf die viel befahrene Straße vor dem Geschäft zu schieben. Er erklärte seiner Familie, dass er versucht hatte, seine Arbeit gut zu machen, weil er wusste, dass er Glück hatte, den Job überhaupt zu bekommen, aber nun hielt er es einfach nicht mehr aus. Dominic arbeitet jetzt in einer Gärtnerei, was seinen Bedürfnissen und Interessen wohl mehr entgegenkommt.

Zwei weitere Beispiele für Erwachsene mit Down-Syndrom, die einen falschen Beruf haben und versagen, werden in Kapitel 9 beschrieben. All diese Fehlschläge hätten vermieden werden können, wenn sie verschiedene Tätigkeiten hätten kennenlernen können und man sich bemüht hätte festzustellen, wo ihre jeweiligen Stärken liegen und was sie interessiert.

Angemessenes Job-Training: Training zur Bewältigung der Arbeitsaufgaben ist ebenfalls wichtig. Job-Training funktioniert in der Regel am besten, wenn es am Arbeitsplatz stattfindet und wenn die Aufgaben aufgeteilt und von einem geduldigen Trainer in Einheiten vermittelt werden, die der Mensch auch bewältigen kann. Menschen mit Down-Syndrom sollten dazu ermutigt werden, ihr ausgezeichnetes visuelles Gedächtnis einzusetzen, um sich die Arbeitsschritte zu merken.

Leider haben wir auch gesehen, dass einige Menschen im Beruf Probleme haben oder sogar versagen, weil sie kein entsprechendes Training erhielten und keine Betreuung hatten. Ein Beispiel:

Als Marion, 24, ihren Job in einem großen Discount-Kaufhaus antrat, bestand die einzige Einweisung, die sie bekam, darin, dass ihr Vorgesetzter ihr einen Lappen gab und sie anwies, im Geschäft abzustauben. Die Aufgabe war nicht zu bewältigen und natürlich funktionierte es so nicht. Marion schien wie gelähmt und wusste nicht, wo sie beginnen sollte.

Ein ähnliches Problem ergab sich bei Meg, einer 32 Jahre alten Frau, die in einem Reinigungsteam arbeitete: Sie sollte in einem großen Ballsaal staubsaugen. Obwohl sie wusste, wie man staubsaugt, und sie diese Aufgabe auch mochte, war sie durch das ungeheure Ausmaß der Aufgabe wie gelähmt. Als ihr Vorgesetzter drei Stunden später zurückkam, hatte Meg gerade einmal zwei Quadratmeter gesaugt. Glücklicherweise war die Lösung für Megs Problem recht einfach. Ihr Vorgesetzter und Job-Trainer teilte den Ballsaal in überschaubare Bereiche ein und Meg konnte dann ihre Aufgabe so effektiv wie immer erledigen.

Für Marion, deren Aufgabe es war, im gesamten Kaufhaus Staub zu wischen, ging es nicht so gut aus: Sie verlor ihren Job. Das hätte nicht passieren dürfen. Ein Job-Trainer hätte vor Ort sein müssen, um die Aufgabe in Teilaufgaben zu unterteilen. Der Filialleiter zeigte mangelnde Toleranz und Geduld und war nicht willens, die Aufgabe an Marions Bedürfnisse anzupassen. Trotzdem wendete sich die Sache für Marion wieder zum Guten. Sie wurde von einem Konkurrenzunternehmen in der Nähe angestellt. Dort erhielt sie angemessene Anweisungen von einem fähigen Job-Trainer und entwickelte sich zu einer mustergültigen Angestellten, die von ihrem Arbeitgeber sehr geschätzt wird.

Training in sozialer Kompetenz: Abgesehen davon, dass der Job-Trainer die Menschen auf ihre

Aufgaben am Arbeitsplatz vorbereitet, ist seine vermutlich wichtigste Aufgabe die Vermittlung von sozialer Kompetenz und „Job-Etikette" am Arbeitsplatz. Forscher fanden heraus, dass Erwachsene mit Entwicklungsstörungen häufig Probleme im Beruf haben, allerdings meistens aufgrund fehlender sozialer Kompetenz, nicht wegen fehlender Job-Kompetenz (Greenspan and Shouts, 1981; Hill and Weyman, 1981, Weyman et al., 1988).

Soziale Kompetenz am Arbeitsplatz beinhaltet auch das Wissen, wie man mit dem Vorgesetzten, anderen Angestellten und Kunden oder der Öffentlichkeit umgeht. Soziale Kompetenz im Umgang mit Vorgesetzten ist besonders wichtig. Schwierigkeiten auf diesem Gebiet sind die Hauptursache für Entlassungen. Zum Beispiel sagte ein Vorgesetzter zu einem neuen Angestellten mit Down-Syndrom, er solle ruhig jederzeit zu ihm kommen. Er war ziemlich überrascht, als der junge Mann häufig von dem Angebot Gebrauch machte.

Einige Erwachsene verstehen vielleicht nicht, dass noch andere Menschen außer ihrem Job-Trainer oder ihrem unmittelbaren Vorgesetzten das Sagen haben. Ein junger Mann wurde in einem Supermarkt fast entlassen, weil er dem Filialleiter sagte, er nehme nur Anweisungen von seinem direkten Vorgesetzten entgegen. Andere wiederum lassen sich von ihren Kollegen, die ihnen eigentlich nichts zu sagen haben, zu leicht beeinflussen und tun alles, was sie ihnen sagen. Ein Beispiel:

Zwischen Gewerkschaft und Management eines Supermarkts tobte ein heftiger Arbeitskampf. Samantha wurde von wütenden Angestellten manipuliert, Beschwerden über ihren Chef aufzuschreiben. Einige ihrer Beschwerden waren angebracht, zum Beispiel, dass er die wöchentlichen Zeitpläne schlecht organisierte. Andere Beschwerden waren zwar richtig, hätten aber nicht geäußert werden sollen. Zum Beispiel beschrieb sie ihren Chef als „mürrisch", „manchmal schreit er" und so weiter. Samantha war leider nicht ganz so vernünftig und übergab diese Beschwerdeliste zum Entsetzen ihrer Familie und der Angestellten, die sie dazu angestiftet hatten, direkt ihrem Chef.

Glücklicherweise hatte Samanthas Chef Humor und wusste, dass sie von den anderen manipuliert worden war. Außerdem machte sich ihr Chef ausreichend Gedanken und war ganz gut über Samanthas Bedürfnisse informiert. Deshalb lud er Samanthas Familie, einen Mitarbeiter der Job-Coach-Agentur und einen aus unserem Zentrum zu einer Besprechung ein. Interessanterweise erklärte der Vertreter der Agentur, dass Samantha keine regelmäßigen Treffen mit ihrem Job-Coach mehr habe, da sie ihren Job kenne. Er lehnte es rigoros ab, die Verantwortung für Samanthas soziale Kompetenz am Arbeitsplatz zu übernehmen. Als die Familie dies hörte und zusätzlich von unserem Mitarbeiter ermutigt wurde, beschloss sie, sich an eine andere Agentur zu wenden. Der neue Job-Coach traf sich regelmäßig mit Samantha und half ihr, ihre sozialen Fähigkeiten weiterzuentwickeln. Seitdem gibt es keine Probleme mehr. Samantha bewältigt ihren Job so kompetent wie immer.

Menschen mit Down-Syndrom können manchmal auch Schwierigkeiten im Umgang mit Kunden oder Menschen haben, die sie an ihrem Arbeitsplatz treffen. Zum Beispiel kaufte eine Freundin eines der Autoren dieses Buches ein paar Kleinigkeiten in einem Supermarkt ein. Sie war in Eile und griff ohne nachzudenken ein, als eine dort beschäftigte Frau mit Down-Syndrom ihre Einkäufe einpacken wollte. Die reagierte sofort in einem Ton voller Frustration und Empörung und sagte: „Ihr Leute seid doch alle gleich ... immer seid ihr in Eile." Als sie uns von dem Ereignis berichtete, musste sie lächeln und zugeben, dass die Frau mit Down-Syndrom recht hatte (siehe: „Das Eigentempo" und zwanghafte Langsamkeit, in Kapitel 16).

Leider sind viele Kunden nicht ganz so verständnisvoll. Es gibt viele gemeine und wütende Menschen, die in dem Angestellten mit Down-Syndrom ein leichtes Ziel sehen. Zum Beispiel verlor ein Mann mit Down-Syndrom fast seinen Job in einem Restaurant, weil er einer Frau widersprach, die ihn tadelte, weil er so langsam beim Abräumen des Tisches war, auf den sie wartete. (Was er tatsächlich sagte, war: „Ich arbeite so schnell wie ich kann.") Sie beschwerte sich bei der Verwaltung der Restaurantkette, die den Manager anwies, den Mann abzumahnen. Glücklicherweise hatte der junge Mann einen guten Job-Coach und auch der Restaurantmanager und die anderen Angestellten mochten ihn sehr. Der Job-Trainer und die anderen Mitarbeiter verwendeten viel Zeit und Mühe darauf, ihm beizubringen, wie er seine Bemerkungen und seine Wut in solchen Situationen unter Kontrolle halten konnte. Er lernte aus der wertvollen Lektion und führte danach jahrelang seinen Job ohne weitere Kundenbeschwerden aus.

Fortwährende Unterstützung: Ein weiteres soziales Problem ist, dass viele Menschen mit Down-Syndrom, die einem Job auf dem freien Arbeitsmarkt nachgehen, allein und isoliert zu sein scheinen. Ein Beispiel:

Bei Ellen, 30, mussten wir eine Depression diagnostizieren. Sie hatte vor kurzem einige Verluste in ihrem Leben zu verkraften gehabt, aber wir fanden auch heraus, dass sie bei der Arbeit keine Freunde und Vertrauten hatte. Sie arbeitete in einem Fast-Food-Restaurant, in dem es nur wenige Stammgäste gab und auch die Angestellten und das Management häufig wechselten, und war für das Abräumen und die Reinigung der Tische zuständig. Die meisten anderen Angestellten sprachen hauptsächlich Spanisch und hatten Schwierigkeiten, Ellen zu verstehen und überhaupt mit ihr zu sprechen. Wir gaben Ellen Antidepressiva, die ihre Symptome verringerten, und empfahlen ihr dringend, den Job zu wechseln und in einer Arbeitsumgebung zu arbeiten, in der sie mehr Unterstützung bekommt. Wir sind der Überzeugung, dass Medikamente den Zustand nur bedingt verbessern können, wenn sich das Umfeld der Person nicht ändert. Bald danach wechselte Ellen in ein anderes Restaurant, das mehrere Menschen mit Behinderungen beschäftigte, darunter auch einen Freund von ihr. Nach dem Arbeitsplatzwechsel machte sie wieder Fortschritte in ihrer Entwicklung und hat nun seit drei Jahren keine Depressionen mehr.

Wir kennen viele Menschen mit Down-Syndrom, die sich besonders gut in so genannten Nischen bewähren, wo sie an einem Arbeitsplatz mit anderen behinderten Menschen, aber auch mit Angestellten ohne Behinderung arbeiten. Dies ist eine ausgezeichnete Möglichkeit, die Isolierung der Menschen zu verringern, und auch für den Job-Trainer eine sehr produktive Art zu arbeiten, weil er sich so um mehrere Menschen gleichzeitig kümmern kann.

Einige Menschen mit Down-Syndrom werden in einer beschützten Werkstatt am meisten Unterstützung erfahren. Diese Werkstätten wurden in den fünfziger, sechziger Jahren und danach durch Eltern- oder andere Interessengruppen entwickelt, damit Menschen mit Behinderungen eine Ausbildung erhalten und in einer abgetrennten (und geschützten) Umgebung arbeiten können. Werkstätten bieten in der Regel Aufgaben auf verschiedenen Niveaus an, um die Bedürfnisse von Arbeitern mit unterschiedlicher Kompetenz möglichst zu erfüllen. Auf den niedrigeren Niveaus werden hauptsächlich Arbeits- und Alltagsfertigkeiten vermittelt, wohingegen man auf den höheren Niveaus Arbeiten ausführt, die fabrikähnlicher Montagearbeit entsprechen. Obwohl das „Idealziel" die Beschäftigung auf dem freien Arbeitsmarkt ist, haben beschützte Werkstätten doch ein großes Potenzial. Dies trifft vor allem für ältere Menschen zu, die noch kein Arbeitstraining erhalten haben, so wie das heute weit verbreitet ist. Sicherlich gibt es immer noch Werkstätten, die schlecht ausgestattet sind, die nur monotone Tätigkeiten anbieten und wo es sehr laut ist. Es gibt aber auch immer mehr Werkstätten, die mit jedem Arbeitsplatz auf dem freien Arbeitsmarkt konkurrieren können und die sinnvolle Arbeiten anbieten. Ein weiterer Vorteil von Werkstätten ist, dass Menschen mit Down-Syndrom in einer solchen Umgebung häufig ihresgleichen finden.

In Werkstätten werden hauptsächlich Akkord- und Montagearbeiten ausgeführt, die natürlich auch bezahlt werden. Die besseren Werkstätten bieten neben einer Reihe verschiedener Montagearbeiten auch andere Arbeiten an, wie zum Beispiel Hausmeistertätigkeiten und Tätigkeiten im Versand. Viele Werkstätten versuchen, unterschiedliche Aufträge zu akquirieren, sodass die Menschen in unterschiedlichen Tätigkeitsfeldern beschäftigt sein können und das Interesse an ihrer Arbeit behalten. Sie versuchen, Akkordlohn zu zahlen, genau wie eine Fabrik. Menschen, die mehr leisten, sollten auch mehr Geld verdienen. Obwohl dies wahrscheinlich nie ein Gehalt sein wird, von dem man leben kann, sollte es eine angemessene Vergütung für einen Tag Arbeit sein. Die meisten Menschen mit Down-Syndrom sind sehr stolz auf ihr Gehalt, auch wenn sie den Wert des Geldes nicht vollständig erfassen können.

Viele der besseren Werkstätten bieten während und nach der Arbeit soziale, Freizeit- und Sportprogramme für die Angestellten an. Aerobic-Kurse gibt es immer häufiger und nicht nur, wenn nicht viel zu tun ist, sondern als regulärer Teil des Tagesprogramms. Außerdem gibt es häufig Kurse, in denen die Kreativität gefördert wird. Viele Werkstätten sind zwar immer noch reine Beschäftigungsstätten, aber es gibt zunehmend mehr, die ein interessantes Kursangebot haben, in denen Spezialisten unterrichten. Von diesen Kursen profitieren alle Teilnehmer, sie fördern das Selbstbewusstsein und dienen der Selbstverwirklichung.

Einige Menschen mit Down-Syndrom profitieren sehr von einer Kombination aus einer Beschäftigung auf dem ersten Arbeitsmarkt und einer Arbeit in einer Werkstatt. Sie sind stolz auf ihre reguläre Tätigkeit, die durchaus mit Aufregung verbunden ist, haben andererseits Kontakt zu den Freunden in der Werkstatt und bekommen von dort Unterstützung, wenn nötig.

Natürlich sind wir nicht der Meinung, dass alle Erwachsenen mit Down-Syndrom mit ihresgleichen zusammenarbeiten müssen. Einige Erwachsene mit Down-Syndrom entwickeln sich sehr gut, auch wenn sie in ihrem Unternehmen vielleicht der einzige Angestellte mit einer Behinderung sind. Wenn man jedoch bemerkt, dass ein Erwachsener mit Down-Syndrom bei der Arbeit unglücklich und in sich zurückgezogen zu sein scheint, könnte es vorteilhaft sein, ihn einen Job ausprobieren zu lassen, bei dem er mehr Kollegen mit Behinderungen hat.

Kompetenz zu Hause

Das Wohnumfeld sollte die Unabhängigkeit, das Selbstbewusstsein und das Selbstwertgefühl fördern. Eltern und Betreuer in Wohnheimen oder andere Aufsichtspersonen sollten den Fähigkeiten des Menschen entsprechende Steuerung und Betreuung bieten. Erwachsene mit Down-Syndrom brauchen Eigenständigkeit, damit sie das tun können, wozu sie in der Lage sind, jedoch brauchen sie in bestimmten Bereichen auch Hilfe und Unterstützung.

Probleme ergeben sich, wenn Menschen mit Down-Syndrom zu wenig oder zu viel Unabhängigkeit erfahren. Wir haben festgestellt, dass zu viel Unabhängigkeit weit häufiger vorkommt. Der Grund dafür ist oft der, dass das Maß an Betreuung, die eine Person braucht, häufig an ihrer Fähigkeit gemessen wird, wie gut sie sich pflegen und versorgen kann, anstatt ihre Reife hinsichtlich bestimmter wichtiger Themen zu prüfen. Die meisten Menschen sind in der Lage, sich alleine um ihre Körperhygiene sowie um Ordnung und Sauberkeit im Haushalt zu kümmern. Sie können jedoch Entscheidungen hinsichtlich Ernährung, Schlaf und Freizeitaktivitäten treffen, die sich negativ auf ihre Gesundheit, ihr Wohlbefinden und ihr Selbstwertgefühl auswirken. Ein Beispiel:

Drei Frauen mit Down-Syndrom, die zusammenwohnten, kamen wegen Depressionen und eines offensichtlichen Verlusts ihrer Alltagskompetenz zu uns. Die Symptome waren unter anderem, dass sie das Interesse verloren hatten, an geselligen und Freizeitaktivitäten teilzunehmen, an denen sie früher gerne teilgenommen hatten, sowie signifikante Gewichtszunahme, Energieverlust, Müdigkeit und die Neigung, während des Tages einzuschlafen, wodurch ihre Arbeitsleistung stark beeinträchtigt wurde. Tatsächlich stand eine der Frauen kurz davor, ihren Job in einem Tierheim zu verlieren, obwohl sie ihn eigentlich sehr mochte. Die andere Frau verdiente nur noch ein Drittel ihres vorherigen Einkommens in einer Werkstatt. Beim ersten Termin waren weder die Frauen selbst noch ihr Betreuer in der Lage, die Ursache für ihre Depression und ihre Müdigkeit zu finden. Ihre Betreuer waren sogar von den Symptomen überrascht, da die Frauen früher sehr kompetent und gesellig gewesen waren und zudem sehr produktiv gearbeitet hatten.

Glücklicherweise fand man eine Erklärung, als der zweite Termin auf den späten Nachmittag gelegt wurde. Dieses Mal wurden sie von einer Betreuerin begleitet, die immer abends bei ihnen Dienst hatte. Diese erklärte, dass die Frauen nach den Maßstäben der betreuenden Stelle unabhängig genug waren, um die Nacht alleine zu verbringen. Wenn sie um 23 Uhr ging, stellte sie sicher, dass das Licht aus war und die Frauen im Bett waren. In letzter Zeit hatte sie allerdings beobachtet, dass alle Lichter in der Wohnung wieder eingeschaltet wurden, nachdem sie gegangen war. Auf Nachfragen gaben die Frauen kleinlaut zu, dass sie wieder aufstanden, sobald die Betreuerin weggefahren war, und sich ihre Lieblingssendungen und Filme bis zum frühen Morgen anschauten. Zusätzlich naschten sie noch eine ganze Menge, während sie fernsahen. Dies ging schon seit mindestens drei Monaten so. Sie bekamen daher fortwährend zu wenig Schlaf, was sich negativ auf ihre Leistungsfähigkeit tagsüber auswirkte.

Um dieses Problem zu lösen, wurden mehrere Treffen mit den Frauen, ihren Eltern, den Betreuern und weiteren verantwortlichen Mitarbeitern der betreuenden Stelle abgehalten. Es wurden die Patientenrechte und ihre Grenzen diskutiert und die betreuende Stelle stimmte einer 24-Stunden-Betreuung zu. Bald gewöhnten sich die Frauen wieder an normale Schlafenszeiten. Nach und nach erlangten sie auch ihre früheren Kompetenzen zurück.

Wir haben ebenfalls festgestellt, dass viele Menschen, die in einer Umgebung mit nur wenig Aufsicht wohnen, nicht die Fähigkeit haben oder nicht selbst die Initiative ergreifen, an geselligen Ereignissen oder Freizeitprogrammen teilzunehmen, wenn sie selbst die Verantwortung übernehmen müssen, dorthin zu gehen. Dies kann auch auf Personen zutreffen, die sonst fähig sind, sich erfolgreich um ihre Belange zu kümmern. Sie sind dann unter Umständen isoliert und laufen daher Gefahr, Depressionen oder andere physische und psychische Krankheiten zu entwickeln (siehe „Das Dennis-Prinzip" in Kapitel 3). Ein Beispiel:

Peter, 31, zog aus einem Wohnheim für 15 Bewohner um in eine Drei-Personen-Wohngemeinschaft in einer reinen Wohngegend. Seine guten Alltagskompetenzen rechtfertigen einen Umzug in eine unabhängigere Wohnsituation. Nachdem er ein Jahr in seiner neuen Wohngemeinschaft gelebt hatte, brachten ihn seine Schwester und sein Betreuer zu uns, da er sich zunehmend zurückzog und teilnahmslos wurde. Aufgrund mangelnder Aktivität hatte er auch erheblich zugenommen. Als er noch im Wohnheim wohnte, war Peter aktiv an geselligen Ereignissen und Freizeitprogrammen beteiligt gewesen, aber in seiner neuen Wohnung war er selbst für seine Zeitplanung und auch dafür verantwortlich, zu den entsprechenden Freizeitaktivitäten zu gelangen. Obwohl er das nötige Training und die Fähigkeiten hatte, schien es ihm an Motivation oder Initiative zu fehlen, an diesen Aktivitäten teilzunehmen. Deshalb verbrachte er den größten Teil seiner Freizeit damit, auf der Couch zu sitzen und fernzusehen. Außerdem war Peter meistens alleine in seiner neuen Wohnung, da seine Mitbewohner ihren eigenen Aktivitäten nachgingen. Peters Schwester vereinbarte einen Termin in der Ambulanz, nachdem er sich geweigert hatte, sie zu besuchen, was er vorher immer sehr gerne getan hatte.

Nach dem ersten Termin war unseren Mitarbeitern klar, dass Peter aufgrund seiner sozialen Situation depressiv war. Danach wurde ein zweiter Termin zusammen mit Betreuern aus dem Wohnheim vereinbart. Bei diesem Treffen vertraten die Betreuer die Meinung, dass Peter das „Recht" habe zu wählen, ob er an geselligen Aktivitäten teilnehmen möchte oder nicht. Unsere Mitarbeiter erklärten wiederum, dass Peters Gesundheit und Wohlbefinden stark unter seiner Unfähigkeit litten, soziale Aktivitäten zu organisieren. In der anschließenden Diskussion verstanden die Mitarbeiter der betreuenden Stelle allmählich, dass nicht nur Peter, sondern viele andere Menschen, die in wenig beaufsichtigten Umgebungen leben, ein größeres Risiko haben, an Depressionen zu erkranken.

Zum Abschluss der Besprechung wurde ein Programm entwickelt, anhand dessen Peter und anderen Personen eine breite Auswahl an sozialen Aktivitäten angeboten wurde. Die Betreuer arbeiteten gemeinsam mit der jeweiligen Person Zeitpläne aus und sorgten für den Fahrdienst. Sie erstellten einen Terminkalender voller sozialer Ereignisse und Freizeitaktivitäten. Für Peter sah der „Sozialplan" vor, mit anderen, die in der Nähe wohnten, in kleinen Bussen zu den jeweiligen Veranstaltungen zu fahren. Dabei fand Peter neue Freunde und frischte seine Freundschaften mit vielen Menschen auf, die er über die Jahre bei geselligen Aktivitäten kennengelernt hatte. Nachdem er mit seinem neuen Aktivitätsplan angefangen hatte, verlor er wieder an Gewicht und konnte seine positive Stimmung und Haltung zurückgewinnen. Nach neun Monaten berichtete seine Schwester, dass Peter wieder der Alte sei.

Bei Peter und den oben erwähnten Frauen stellten sich Alltagskompetenz und Selbstwertgefühl wieder ein, nachdem entsprechende Hilfen und Unterstützung angeboten wurden. Interessanterweise sind es meistens nicht die Menschen mit Down-Syndrom oder ihre Familien, die man von der Notwendigkeit solcher Hilfen überzeugen

Zuständige Stellen zu angemessener Unterstützung auffordern

Wir haben festgestellt, dass das Problem unzureichender Begleitung, wie in den obigen Beispielen, viele Menschen in Wohnheimen betrifft. In den meisten Wohnheimen stehen nur begrenzte Mittel für Betreuer zur Verfügung. Manchmal ist es allerdings auch sehr bequem, unzureichende Betreuung als „Recht auf Selbstbestimmung" zu verkaufen. Familien zögern häufig, die entsprechenden Stellen aufzufordern, für mehr Unterstützung zu sorgen, da sie befürchten, den Wohnplatz zu verlieren. Manchmal ist es sinnvoll, dass interessierte Dritte, wie zum Beispiel Fallbetreuer, Sozialarbeiter oder Ärzte, die Familie unterstützen und für die Bedürfnisse des Menschen mit Down-Syndrom eintreten. Diese Strategie gibt der Familie meistens das Gefühl, dass sie die Unterbringung weniger gefährden.

In unserer Ambulanz können wir die betreuenden Stellen darauf ansprechen, wenn sie die „Patientenrechte" vorschieben, und sie davon überzeugen, für mehr Begleitung und Bildung zu sorgen, insbesondere wenn eine Gefahr für die Gesundheit und das Wohlergehen der Person besteht. Sollte es notwendig sein, schreiben wir sogar ärztliche Verordnungen, in denen steht, was für die Person getan werden muss. Die Schwierigkeiten sind häufig ernster Natur wie Schlaf- oder Essprobleme, aber auch die fehlende Teilnahme an geselligen und Freizeitaktivitäten kann problematisch sein. Diese Aktivitäten sind für das Wohlbefinden eines Menschen von äußerster Wichtigkeit. Wenn Menschen aktiv sind und nicht bloß herumsitzen, bleiben sie fit und gesund. Dies ist besonders wichtig für Menschen mit Down-Syndrom, die aufgrund ihres langsameren Stoffwechsels regelmäßig Sport treiben müssen und Bewegung brauchen. Die regelmäßige Teilnahme an geselligen Ereignissen und Freizeitprogrammen ist ebenfalls wichtig, um die soziale Isolation zu vermeiden (dies wird weiter unten besprochen).

muss, sondern die Wohnheimbetreiber, die häufig nur begrenzte Budgets und zu wenige Mitarbeiter haben.

Angemessene soziale Unterstützung ist nicht nur in Wohnheimen ein Problem. Auch wenn ein Erwachsener mit Down-Syndrom mit seinen Eltern oder anderen Familienmitgliedern zusammenlebt, kann die Unterstützung alles andere als optimal sein. Wir wissen von einigen Teenagern und Erwachsenen, die zu Hause wohnen und wenig Gelegenheit zu sozialen oder Freizeitaktivitäten haben. Manchmal liegt es an mangelnden Transportmöglichkeiten, wenn die Eltern zum Beispiel arbeiten oder nicht fahren können. Dieses Problem kann jedoch gelöst werden. In vielen Gemeinden gibt es zum Beispiel einen Fahrdienst für ältere oder behinderte Menschen. Die Betreuer der entsprechenden Stellen, die für die Bedürfnisse von Personen mit Behinderungen zuständig sind, und Mitarbeiter des Freizeitprogramms kennen solche Fahrdienste. Vielleicht könnte man auch bei den Familien anderer Programmteilnehmer mitfahren. Familien, die nach Fahrmöglichkeiten suchen, finden meist auch welche. Für die Person mit Down-Syndrom lohnt es sich auf jeden Fall, wenn man etwas Zeit und Aufwand darin investiert.

Ein weiteres Problem, mit dem Familien manchmal konfrontiert sind, ist der Mangel an geeigneten sozialen Aktivitäten. Diese Familien sollten sich zusammenschließen und selbst soziale Aktivitäten organisieren. Zum Beispiel haben Eltern aus Chicago von einem erfolgreichen „Pizza und Film"-Abend berichtet *(NADS News,* Januar 2004). Anfangs wurde ein Treffen für zwei oder drei junge Frauen mit Down-Syndrom bei einer der drei zu Hause organisiert. Inzwischen kommen zu diesen Abenden acht bis zehn Personen, die sich mindestens jeden zweiten Freitagabend bei einem der Teilnehmer treffen. Mittlerweile gibt es mindestens zwei dieser Gruppen im Großraum Chicago. Das Schöne daran ist, dass es keine Planung gibt. Niemand muss sich an Regeln halten oder Mindestanforderungen für die Teilnahme erfüllen, außer zu einer bestimmten Zeit an einem bestimmten Ort zu sein. Die Gruppe trifft sich einfach, isst gemeinsam Pizza und schaut einen Film an. Für Menschen mit Down-Syndrom, die häufig den ganzen Tag gesagt bekommen, was sie tun sollen, ist dies eine willkommene Abwechslung. Was die Familien dabei überrascht hat, ist, wie die Gruppen sich entwickelt haben und die Teilnehmer eine Gemeinschaft wurden. Allmählich begannen sie, miteinander über ihre persönlichen Gefühle zu sprechen, sodass sich Vertrautheit und echte Freundschaft zwischen ihnen entwickeln konnten. Die Teilnahme ist freiwillig, aber die meisten verpassen den „Pizza und Film"-Abend nur selten.

Obwohl in den meisten Teilen von Chicago spezielle Freizeitprogramme angeboten werden, freuen sich die Teilnehmer doch immer sehr auf ihren „Pizza und Film"-Abend. Diese Art von Gruppenaktivität ist sicher auch in kleineren Gemeinden realisierbar, in denen es relativ wenig passende Freizeitangebote gibt, wie zum Beispiel auf dem Land oder in den Vorstädten, und die solche Programme auch gar nicht finanzieren können. Eltern in dünner besiedelten Gegenden müssen eine längere Strecke fahren, um solche Treffen für ihre Kinder zu ermöglichen, aber das kann durchaus die Mühe wert sein.

In einigen Gemeinden gibt es eventuell auch andere Ressourcen zur Organisation solcher Gruppenaktivitäten. Zum Beispiel haben sich Gruppen aus Schulabgängern bestimmter Universitätskurse gebildet. Beeindruckend sind auch Projekte, bei denen sich ein Teenager oder Erwachsener mit Down-Syndrom mit einem Gleichaltrigen ohne Behinderungen trifft. Viele weiterführende Schulen führen solche Projekte durch, die unter verschiedenen Namen laufen, zum Beispiel Peer Buddies. Dabei verbringt ein Teenager ohne Behinderung Zeit mit einem Teenager, der das Down-Syndrom hat. Zusätzlich dazu gibt es Gruppenaktivitäten mit allen Teilnehmern. Diese Programme helfen dabei, Menschen mit Down-Syndrom in die Gesellschaft zu integrieren und ihnen insbesondere die Teilnahme an außerschulischen Aktivitäten zu ermöglichen, die für das soziale Leben aller Schüler so wichtig sind.

Für Studenten gibt es ähnliche Programme. Dabei werden Studenten mit Teenagern und Erwachsenen zusammengebracht, die Down-Syndrom oder andere Behinderungen haben. Im Gegensatz zu Schulprogrammen besuchen die Menschen mit

Down-Syndrom nur selten die Universitäten, von denen die Studenten kommen. Diese Programme laufen unter verschiedenen Namen, wie zum Beispiel „Best Buddies" (beste Kumpel) und „Natural Ties" (natürliche Verbindungen). Viele Familien und Menschen mit Down-Syndrom selbst haben über die Vorteile dieser Programme berichtet. Interessanterweise sind es häufig die Studenten oder die Schüler, die die größten Vorteile sehen. Ihre Bemerkungen ähneln häufig denen von Familien hinsichtlich der Zuneigung und der Sensibilität von Menschen mit Down-Syndrom, aber sie berichten auch über Lektionen, die sie von ihnen gelernt haben, zum Beispiel, die Dinge langsamer angehen zu lassen und etwas hier und jetzt zu genießen. Wir haben gehört, dass viele Menschen diese Freundschaften lange über die Universitätszeit hinaus pflegen, was etwas über die Qualität dieser Beziehungen aussagt.

Wenn Sie einfallsreich sind und nicht so schnell aufgeben, fallen Ihnen vermutlich viele weitere Möglichkeiten ein. Zum Beispiel können Sie sich mit anderen Familien zusammentun und einen Sonderpädagogen oder einen Spezialisten engagieren, der Aktivitäten für diese Erwachsenen organisiert.

Die Entwicklung persönlicher Talente und Fähigkeiten

Zusätzlich zu einem gesunden Selbstbewusstsein und einem Kompetenzgefühl bei wichtigen Aufgaben zu Hause, in der Schule und am Arbeitsplatz gibt es noch einen weiteren Bereich, der für das Selbstwertgefühl eines Erwachsenen mit Down-Syndrom wichtig ist: das Erkennen und die Entwicklung seiner persönlichen Talente und Begabungen.

Einige Personen mit Down-Syndrom haben ganz offensichtliche Talente, die andere rasch erkennen, wie zum Beispiel Gedichte schreiben, Reden halten, Musikinstrumente spielen, sie sind künstlerisch begabt, sind geborene Schauspieler, können gut schwimmen und so weiter. Andere haben ein großartiges Talent im Umgang mit Menschen. Sie können zum Beispiel Emotionen anderer erkennen oder das Beste aus anderen herausholen, obwohl Kommunikationsprobleme dies manchmal erschweren. Es gibt aber auch Menschen mit Down-Syndrom, deren Begabungen nicht direkt von Außenstehenden wahrgenommen werden, deren besonderen Stärken allerdings von Familienmitgliedern und Freunden sehr geschätzt werden.

Egal ob ein Erwachsener in der Welt des Down-Syndroms ein „Superstar" ist oder nicht, er muss das Gefühl bekommen, dass von ihm erwartet wird und er dazu ermutigt wird, seine persönlichen Begabungen und Fähigkeiten weiterzuentwickeln. Für Menschen mit Down-Syndrom, die häufig danach beurteilt werden, was sie nicht haben oder nicht tun können, ist dies eine Möglichkeit zu sagen: „Ich bin wer!"

Wie andere Menschen, die einer Minderheit angehören, wollen Personen mit Down-Syndrom ebenfalls sowohl als zu einer Gruppe zugehörig gesehen werden als auch als eigenständige Person, als ein Individuum. Tatsächlich definiert er sich über seine Eigenständigkeit noch mehr als über das Down-Syndrom. Seine Individualität muss daher erkannt und gefördert werden. Die meisten Familien wissen, wie wichtig dies ist. Familienmitglieder sagen uns so oft: *„Natürlich hat er Einschränkungen, wie andere Menschen mit Down-Syndrom auch, **aber wussten Sie, dass er** ... ein Künstler ist ..., seinen Job besser als jeder andere macht ..., unsere Familie verändert hat ..., besonders sensibel auf die Gefühle und Bedürfnisse anderer reagiert ..., ein außergewöhnliches Gedächtnis hat"* und so weiter. Der Stolz und die Achtung, die in diesen Aussagen zum Ausdruck kommen, sind für den Menschen mit Down-Syndrom sehr wichtig. Das vermittelt ihm, dass er etwas Besonderes und Einmaliges zu seiner Familie und zur Gesellschaft beitragen kann. Er mag zwar Einschränkungen in einigen Bereichen haben, dafür aber Stärken und Talente in anderen, und das macht ihn aus.

Empfehlungen für die Förderung von Begabung und Talenten

Nachfolgend einige Empfehlungen, die Erwachsenen mit Down-Syndrom helfen, ihre eigenen Talente und Eigenschaften zu erkennen und zu schätzen (mit Beispielen aus verschiedenen Talentbereichen):

„Das Recht auf Entscheidungen" im Vergleich zur „Notwendigkeit, gesunde Entscheidungen zu treffen"

Wann immer es möglich ist, sollten Erwachsene mit Down-Syndrom ihre eigenen Entscheidungen treffen und aus ihren Fehlern lernen können. Aber was geschieht, wenn sie ständig Entscheidungen treffen, die schädlich für sie sind? Wann und wie sollte eine Familie eingreifen, um den Erwachsenen vor den Konsequenzen schlechter Entscheidungen zu bewahren? Die Antwort auf diese Frage hängt oft von drei wichtigen Aspekten ab: erstens Sicherheit, zweitens Menschen mit Einfluss und drittens juristische Angelegenheiten.

Wir glauben, dass Sicherheit der wichtigste Aspekt ist. Familien sollten eingreifen, wenn der Mensch ständig Entscheidungen trifft, die ihn physisch oder emotional Verletzungen aussetzen. Wir haben einige der häufigsten Ursachen hierfür besprochen, wie zum Beispiel ernstere Probleme mit Schlafen, Ernährung und sozialer Isolation. Eine unmittelbare Gefahr können Risiken sein, die sich ergeben, wenn jemand ohne Begleitung unterwegs ist oder alleine wohnt und Risiken wie zum Beispiel Feuer ausgesetzt ist oder auf unangenehme Menschen trifft.

Die zweite Überlegung besteht darin, ob es einen Konsens gibt, was den Umfang der Unabhängigkeit angeht, den der Mensch mit Down-Syndrom bewältigen kann. Eltern, erwachsene Geschwister, Lehrer, Mitarbeiter in Wohnheimen oder am Arbeitsplatz und andere Menschen, die Einfluss auf den Erwachsenen mit Down-Syndrom haben, können dazu alle verschiedene Pläne oder Meinungen haben. Dadurch kann eine Art Konkurrenz entstehen über die Einflussnahme auf die Entscheidungen des Menschen mit Down-Syndrom, der dann zwischen den Stühlen sitzt, was ihn sehr unter Stress setzen kann. Es kann sich auch als kontraproduktiv herausstellen, wenn jemand mehr Unabhängigkeit erwartet, als der Erwachsene mit Down-Syndrom leisten kann, wodurch dieser eventuell bestimmten Risiken ausgesetzt wird (wie in den obigen Beispielen von Peter und den Frauen in der Wohnung). In solchen Situationen sollten Familien mit Dritten zusammenarbeiten, die in der Lage sind, eine bessere Lösung zu vermitteln (siehe Diskussion nach dem Beispiel von Peter auf Seite 122). Betreuende Stellen, die Erfahrung im Umgang mit Menschen mit Down-Syndrom haben und über die nötige Autorität verfügen, sind dann die richtigen Ansprechpartner.

Das dritte Thema hängt damit zusammen, ob ein Familienmitglied die Vormundschaft hat oder ob der Erwachsene mit Down-Syndrom sein eigener Vormund ist. Ob und wie schnell Meinungsverschiedenheiten über den Betreuungsbedarf beigelegt werden können, hängt auch davon ab, wie die Vormundschaft geregelt ist. Eltern, die die Vormundschaft haben, haben das juristische Recht, von einer betreuenden Stelle eine angemessene Betreuung zu verlangen. Wenn sie Angst haben, den Wohnplatz zu verlieren, können sie mit Dritten zusammenarbeiten (siehe oben). Wenn der Erwachsene mit Down-Syndrom allerdings sein eigener Vormund ist, kann die betreuende Stelle berechtigterweise sagen, dass er das Recht hat, seine eigenen Entscheidungen zu treffen, auch wenn diese für ihn schädlich sind. Siehe auch den Abschnitt über Vormundschaft in Kapitel 13 für weitere Informationen über die Vor- und Nachteile einer Vormundschaft.

- Gehen Sie davon aus, dass der Mensch mit Down-Syndrom bestimmte Talente und Begabungen besitzt.
- Lassen Sie ihn an den unterschiedlichsten Aktivitäten teilnehmen, um seine Talente und Begabungen herauszufinden.
- Gehen Sie nicht davon aus, dass er in bestimmten Bereichen keine Fähigkeiten besitzt. Probieren Sie alles aus.
- Fördern Sie Begabungen, an denen die Person mit Down-Syndrom viel Interesse zeigt. Wenn es von der Person selbst ausgeht, bedeutet das ein echtes Interesse und eine echte Motivation.
- Suchen Sie nach Möglichkeiten, sein spezielles Talent erfolgreich zu fördern. Wenn er zum Beispiel eine besondere Begabung für Kunst oder Musik hat, kann es hilfreich sein, Unterricht bei einem entsprechenden Lehrer zu nehmen. Wenn der Mensch eine „soziale Ader" hat, gibt es vielleicht eine Möglichkeit, dies in die Praxis umzusetzen (zum Beispiel mit freiwilliger Arbeit in einem Pflegeheim oder in einem guten Kinderbetreuungsprogramm). Für Sportler bieten sich verschiedene Sportarten und Freizeitaktivitäten an.
- Versuchen Sie auch, Talente zu Hause zu fördern. Für Künstler sollte genügend Platz zum Arbeiten mit dem entsprechenden Material geschaffen werden, für Musiker ein Instrument zum Üben vorhanden sein. Ermutigen Sie diejenigen mit besonderen sozialen Fähigkeiten, diese in der Familie und bei Freunden anzuwenden. Nehmen Sie sich bei Sportlern die Zeit, mit ihnen zu spielen und zu trainieren oder Sportaktivitäten in der Nachbarschaft zu organisieren.
- Fördern Sie, aber üben Sie nicht zu viel Druck aus. Nichts dämpft den Unternehmungsgeist und die Energie so sehr wie zu viel Druck von anderen.
- Nehmen Sie sich die Zeit, die Leistungen der Person zu begutachten und zu würdigen. Sehen Sie sich ihre Kunstwerke an, hören Sie ihrer Musik zu, beobachten Sie sie bei ihrem freiwilligen Einsatz im Pflegeheim, seien Sie bei den Sportaktivitäten dabei.
- Loben Sie ehrlich, aber übertreiben Sie es nicht. Menschen mit Down-Syndrom können in der Regel erkennen, wenn das Lob nicht echt ist.
- Übermäßiges Loben kann zur Folge haben, dass die Person sich nur bemüht, um anderen damit zu gefallen, dies aber nicht zur Stärkung des eigenen Selbstwertgefühls beiträgt.
- Lob wird meist automatisch von anderen Menschen geäußert, wenn die Person mit Down-Syndrom mit ganzem Herzen bei der Sache ist (siehe das Beispiel von Emily weiter unten). Sportarten, künstlerische Bestrebungen und andere Aktivitäten erzeugen ebenfalls Lob von anderen, unter anderem auch von Gleichaltrigen (diese Form des Lobs wird sehr geschätzt).
- Das Lob sollte das Selbstwertgefühl stärken und nicht andere zufriedenstellen. So sollten Sie lieber sagen: „Du solltest sehr stolz auf dich sein", als: „Ich bin so stolz auf dich!"

Eine Mutter war besorgt, wie ihre 29-jährige Tochter Emily auf den Umzug der Großmutter in ein Pflegeheim aufgrund ihrer zunehmenden Demenz reagieren würde. Nachdem sie den Besuch im Pflegeheim lange hinausgeschoben hatte, besuchte sie die Großmutter schließlich zusammen mit Emily. Ihre Mutter war überrascht und enorm stolz, dass Emily ihrer Großmutter gegenüber nicht nur ungewöhnlich sensibel und fürsorglich war, sondern auch sehr sensibel auf eine Reihe anderer Personen in dem Pflegeheim reagierte, insbesondere auf diejenigen, die alleine waren und Aufmerksamkeit am dringendsten benötigten. Emilys Mutter sagte ihr, wie stolz sie sei, aber auch die alten Menschen in dem Heim, die von ihrem fürsorglichen Interesse profitierten, drückten ihren tiefen Dank durch ihre Worte und ihre Mimik aus. Emily ging noch oft in das Pflegeheim, sowohl vor als auch nach dem Tod ihrer

Großmutter. Schließlich bat die Leitung des Pflegeheims sie, als Freiwillige weiterzumachen, was sie zum Wohle aller und ihrer selbst tatsächlich tat.

Liebe, Freundschaft und Selbstachtung

Wie bereits im vorhergehenden Abschnitt besprochen, sind die drei wichtigsten Aspekte für die Entwicklung von Selbstachtung: die Akzeptanz der eigenen Identität, die Kompetenzentwicklung sowie das Erkennen und das Entwickeln der eigenen Talente und Begabungen. Der vierte wichtige Aspekt, der für das Selbstwertgefühl ebenso wichtig ist, ist das Gefühl, dass man geliebt wird und liebenswert ist.

Bei *allen* Menschen geht es in Beratungsgesprächen häufig darum, dass sie ihrer Wahrnehmung zufolge nicht geliebt werden oder nicht liebenswert sind und Mittel und Wege finden möchten, Liebe zu bekommen.

Für einige Menschen mit Down-Syndrom ist es sehr schwierig, die Liebe zu finden, die sie brauchen, aber viele sind auf dem Gebiet sehr geschickt. Auf jeden Fall sind sich Menschen mit Down-Syndrom Liebesäußerungen sehr bewusst und reagieren darauf sehr sensibel. Viele merken auch sehr deutlich, wenn dies in ihrem Leben fehlt. In vielen Fällen sind sie so gut darin, anderen Menschen Liebe zu entlocken, dass sie sogar die Häufigkeit, mit der in einer Familie Liebe zum Ausdruck kommt, und auch deren Intensität ändern können. Auch diese Fähigkeit kann ganz positiv sein, aber sie kann auch einige negative Konsequenzen haben, die wir in diesem Abschnitt besprechen wollen.

Liebe und Zuneigung ausdrücken

Das Gefühl, geliebt zu werden, ist für uns alle lebenswichtig. Bei Menschen mit Down-Syndrom gibt es einige Besonderheiten. Bevor wir diese besprechen, wollen wir erst zwei Vorurteile erläutern, die wir ständig hören. Das erste ist, dass sie stur sind. Dies werden wir in Kapitel 9 besprechen. Das zweite Vorurteil ist die Ansicht, dass Menschen mit Down-Syndrom ungewöhnlich liebevoll und herzlich sind. Meistens trifft dieses Vorurteil auch zu. Viele Familien bestätigen, dass ihr Sohn oder ihre Tochter mit Down-Syndrom einen starken positiven Einfluss auf einen liebevollen Umgang innerhalb der Familie hat. Auch wir erfahren diese Zuneigung aus erster Hand bei unserer Arbeit. Unsere Patienten mit Down-Syndrom müssen unangenehme Untersuchungen über sich ergehen lassen, werden abgeklopft und mit Nadeln gestochen und, am allerschlimmsten, mit Fragen gelangweilt, aber trotzdem werden wir häufiger umarmt als die meisten Ärzte auf dieser Welt. Wir genießen diese Umarmungen ebenso sehr wie die Familien.

Wie man vielleicht erwarten kann, gibt es eine negative Seite dieser Ausdrucksformen der Liebe und Zuneigung. Wann, wo, wie und bei wem die Person mit Down-Syndrom ihre Liebe und Zuneigung ausdrücken kann, ist ein wichtige soziale Fähigkeit. Eltern, Lehrer und Betreuer verwenden häufig viel Zeit und Mühe darauf, die angemessenen Ausdrucksformen für Zuneigung deutlich zu machen. Zum Beispiel lernen Menschen mit Down-Syndrom, dass Zuneigung bei Familie und Freunden angebracht ist, aber nicht unbedingt in der Öffentlichkeit. In gleicher Weise ist das Zeigen von Zuneigung bei einer Freundin oder einem Freund im privaten Rahmen in Ordnung, aber nicht am Arbeitsplatz oder in Gesellschaft. Natürlich sind nicht alle Menschen mit Down-Syndrom extrovertiert und zeigen ihre Zuneigung, einige wehren sich sogar dagegen, angefasst zu werden, insbesondere von Fremden. Manche Familie verwendet sogar mehr Zeit darauf, anderen zu erklären, dass sie es bevorzugen, wenn ihr Kind mit einem Handschlag begrüßt wird, als damit, ihrem Kind zu zeigen, wie es andere begrüßen soll.

Wenn ein Jugendlicher oder Erwachsener mit Down-Syndrom sehr anhänglich ist, besteht das größte Problem darin, dass er seine Zuneigung gegenüber Fremden oder Menschen, die nicht Teil der Familie oder enge Freunde sind, genauso zeigt. Dies ist einleuchtend, denn es gibt skrupellose Menschen, die einen Menschen mit Down-Syndrom missbrauchen könnten, genauso wie es Menschen gibt, die Kinder missbrauchen. Die Sorge von Familien um die Sicherheit und das Wohlergehen ihres Sohnes oder ihrer Tochter mit Down-Syndrom ist gerechtfertigt und wird durch die Offenheit und die Zuneigung, die viele Menschen mit Down-Syndrom zeigen, noch verstärkt.

Seit einiger Zeit ist die Sicherheit von Menschen im Allgemeinen und insbesondere von Menschen mit Behinderungen ins Licht der Öffentlichkeit gerückt. Dies trägt unserer Ansicht nach zu einem anderen Problem bei, das uns aufgefallen ist. Es scheint meistens aufzutreten, wenn Erwachsene mit Down-Syndrom von zu Hause aus- und in ein Wohnheim oder eine Wohngemeinschaft ziehen. Bei ihrer Familie können Menschen mit Down-Syndrom ihre Liebe und Zuneigung gewöhnlich frei zum Ausdruck bringen und auch empfangen. In Wohnheimen werden die Betreuer jedoch dazu angehalten, keine körperliche Zuneigung zu zeigen, da man sie sonst des sexuellen Missbrauchs bezichtigen könnte.

Wir sind der Meinung, dass viele Erwachsene ein starkes Verlustgefühl erleben, wenn sie von ihrer Familie weg in eine sterilere oder unpersönlichere Umgebung ziehen. Der Erwachsene mit Down-Syndrom versteht möglicherweise nicht, warum die Mitarbeiter ihm keine körperliche Zuneigung zeigen dürfen. Er denkt vielleicht: „Hier ist mein Zuhause und dies ist eine Person, die mir wichtig ist und die sich um mich kümmert. Aber er (sie) nimmt mich nic in den Arm." Das Problem kann sich noch verschlimmern, wenn der Erwachsene aufgrund von sprachlichen Einschränkungen sowieso länger braucht, um sich mit Menschen anzufreunden. Der Mangel an Körperkontakt und die eingeschränkte Ausdrucksfähigkeit könnten die Hauptgründe sein, weshalb Menschen Schwierigkeiten bei der Eingewöhnung in Wohnheimen haben. Das kann auch der Grund dafür sein, warum ein Betreuerwechsel schwer zu verkraften ist.

Empfehlungen für den sicheren
Ausdruck von Zuneigung

Das Bedürfnis, körperliche Zuneigung auszudrücken und zu erhalten, ist genauso wichtig, wie Menschen mit Down-Syndrom vor sexuellem Missbrauch und vor Tätern zu schützen. Für beides gibt es keine einfache Lösung. Empfehlungen für die Sicherheit von Erwachsenen mit Down-Syndrom beinhalten folgende Punkte:

- Melden Sie, wenn möglich, den Erwachsenen zu einem Programm an, das Menschen mit Entwicklungsstörungen vermittelt, wie sie sich sicher im Alltag verhalten sollen. Diese Kurse werden in der Regel von örtlichen Selbsthilfegruppen oder den entsprechenden Stellen veranstaltet, die sich für Menschen mit geistigen Behinderungen einsetzen. Dort kann erfolgreich gelehrt werden, welche Verhaltensweisen zur eigenen Sicherheit richtig sind und wie sie ein Teil des täglichen Lebens des Erwachsenen werden. Einem Mann, der manchmal allein zu Hause war, wurde eingeschärft, niemandem die Tür zu öffnen. Seine Eltern waren erleichtert, als sie feststellten, dass er diese Regel sogar beibehielt, als ein Nachbar etwas Zucker borgen wollte. In gleicher Weise lehnte eine Frau das Angebot von einer Nachbarin ab, sie bei strömendem Regen im Auto mitzunehmen, weil diese Frau nicht zur Familie gehörte.

- Zeigen Sie dem Menschen mit Down-Syndrom, welche Arten der körperlichen Zuneigung angemessen sind. Denken Sie daran, dass Menschen mit Down-Syndrom visuell lernen und daher das Gezeigte am besten aufnehmen können, wenn sie das entsprechende Verhalten sehen.

- Vergessen Sie nicht, dass für Erwachsene mit Down-Syndrom viele Situationen verwirrend und widersprüchlich sein können, obwohl sie im Allgemeinen verstehen, was angemessene körperliche Berührungen sind. Ein Beispiel: Warum darf man Menschen bei einem Hochzeitsempfang umarmen, aber nicht in einem Kaufhaus? Warum ist es in Ordnung, den Eltern gegenüber Zuneigung zu zeigen, nicht aber den Betreuern im Wohnheim, obwohl diese Menschen sich häufig wie Eltern verhalten? Wir erlauben unseren Patienten auch, uns zu umarmen. Aber was geschieht, wenn sie versuchen, andere Ärzte zu umarmen? Aufgrund dieser widersprüchlichen Erwartungen brauchen Menschen mit Down-Syndrom präzise Richtlinien, wann, wo und gegenüber wem es angemessen ist, Zuneigung zu zeigen. Unter Umständen muss jede Person einzeln benannt werden, denen sie ihre Zuneigung zeigen dürfen, und nicht nur eine Gruppe von Menschen, wie alle Ärzte, alle Betreuer und so weiter.

Empfehlungen, die sicherstellen, dass Erwachsene mit Down-Syndrom körperliche Zuneigung sicher geben und empfangen können:

- Falls und wenn der Erwachsene von zu Hause auszieht, versuchen Sie sicherzustellen, dass er weiterhin regelmäßig Familienmitglieder trifft und dass ihm diese Familienmitglieder ausreichend und angemessen die Gelegenheit für Umarmungen geben.
- Ermutigen Sie den Erwachsenen mit Down-Syndrom, an Tanzveranstaltungen mit Freunden teilzunehmen, bei denen körperlicher Kontakt Teil der Aktivität ist.
- Stellen Sie sicher, dass der Erwachsene die Unterstützung, die Möglichkeiten und die Privatsphäre hat, um Zuneigung beim Zusammensein mit einem Freund/einer Freundin zu zeigen. Wir haben festgestellt, dass es bei solchen Treffen selten zu sexuellen Intimitäten kommt und dass Händchenhalten und andere Formen der Zuneigung für beide sehr bereichernd sind.
- Haustiere können ebenfalls eine sichere und wunderbare Möglichkeit sein, damit Menschen mit Down-Syndrom Zuneigung zeigen und bekommen können. Zusätzlich stellt die Verantwortung für die Pflege des Tieres eine weitere wichtige Dimension dar.
- Vergessen Sie nicht, dass Fürsorge für diejenigen, die sie brauchen, eine positive Möglichkeit für Menschen mit Down-Syndrom sein kann, ihre fürsorgliche und liebevolle Art zum Ausdruck zu bringen. Betreuer müssen unter Umständen sicherstellen, dass die Person mit Down-Syndrom nicht von demjenigen ausgenutzt wird, um den er sich kümmert. Wenn diese Gefahr nicht gegeben ist, können beide von dieser Erfahrung profitieren. Wenn Menschen von sich geben, erhalten sie Zuneigung und Dank dafür, sie bekommen ein Gefühl, etwas geleistet zu haben, und sind stolz, dass sie anderen geholfen haben.

Auch wenn fortwährende Anstrengungen unternommen werden, Sicherheit zu unterstützen, kann die Lösung nicht im völligen Verlust körperlichen Kontakts liegen. Eine Umarmung, ein freundlicher Klaps auf die Schulter und andere nicht sexuell geprägte körperliche Kontakte sind sehr wichtig. Um die beste emotionale Unterstützung und ausreichende Sicherheit zu gewähren, sind dauerhafte Bemühungen notwendig. Genaue Beobachtung und die Zusammenarbeit mit einfühlsamen und fürsorglichen Betreuern sind dabei ausschlaggebend.

Beziehungen zu ebenbürtigen Menschen

Freundschaften mit seinesgleichen sind für jedermanns Gesundheit und Wohlergehen wichtig. Solche Freundschaften sind anders als die Beziehung zu Eltern oder Lehrern, aber sie spielen eine genauso wichtige Rolle bei der Entwicklung des eigenen Ichs und des Selbstwertgefühls. Wie bei einer Eltern-Kind-Beziehung geht es auch bei einer Beziehung zu seinesgleichen um den Ausdruck positiver Gefühle und von Unterstützung, aber es gibt einem auch das überaus wichtige Gefühl, zu einer Gruppe zu gehören. Diese Gruppe hat gemeinsame Interessen, sie kämpft mit ähnlichen Problemen und dient als Spiegel bei der Bildung der eigenen Identität. Gleichaltrige mit ähnlichen Behinderungen spielen dabei eine noch größere Rolle – trotz der Einschränkungen durch die Behinderung –, Stolz und Selbstachtung zu entwickeln. Andere Menschen, die eine Behinderung haben und im Blickpunkt der Öffentlichkeit stehen, wie die Schauspieler Chris Burke und Andrea Friedman, oder viele der Künstler und Musiker, die ihr Talent bei Kongressen über das Down-Syndrom zeigen, spielen eine genauso wichtige Rolle. Sie zeigen ein positives Bild von Down-Syndrom, auf das Menschen stolz sein und dem sie nacheifern können.

Und doch stellen einige Familien und Forscher den Wert von Freundschaften zwischen Menschen mit Down-Syndrom und Menschen mit anderen Behinderungen in Frage. Sie betonen die Schwierigkeiten, die Menschen mit Down-Syndrom haben, ein Gespräch zu beginnen und aufrechtzuerhalten, und die nachweislichen Schwierigkeiten, Interesse zu zeigen und den Standpunkt eines anderen zu sehen. Viele Familien berichten jedoch, dass sogar dann, wenn die Fähigkeiten zur Interaktion mit anderen Menschen offensichtlich nicht ausreichend entwickelt sind, Beziehungen zu ihresgleichen in der Regel stark, lang andauernd und außergewöhnlich wichtig sind. Typischerweise entwickeln sich diese Beziehungen über längere Zeit und Vertrautheit entsteht, zum Beispiel wenn Menschen über viele Jahre zusammenarbeiten oder im selben Schulprogramm sind. Diese Freundschaften brauchen vielleicht länger, um sich zu entwickeln, wenn sie aber erst einmal entstanden sind, sind sie für das Selbstwertgefühl sehr wichtig.

Familien, die Schwierigkeiten haben, das Down-Syndrom bei ihrem Angehörigen zu akzeptieren, raten vielleicht von einer Beziehung zu anderen Menschen mit Behinderungen ab. Andere Familien verhindern diese Beziehungen vielleicht zufällig, weil sie so sehr darauf bedacht sind, dass ihr Kind mit Down-Syndrom in der Schule und bei Freizeitaktivitäten mitmachen kann, dass es andere Menschen mit Down-Syndrom selten oder überhaupt nicht trifft. Das soll nicht bedeuten, dass Freundschaften mit Gleichaltrigen ohne Behinderungen nicht möglich sind oder dass sie nicht sehr positiv sein können. Jedoch sind diese Freundschaften nicht so häufig, wie Eltern sich dies wünschen würden, und wenn sie sich entwickeln, kann ihr Fortbestehen über lange Zeit schwierig sein, da sich diese Gleichaltrigen in ihrem Leben schneller weiterentwickeln.

Freundschaften zu Menschen mit Behinderungen zu unterdrücken ist nicht ratsam. Die traurigsten Menschen, denen wir bei unserer Arbeit begegnet sind, sind die, die nichts mit ebenbürtigen Menschen, die ebenfalls das Down-Syndrom oder andere Behinderungen haben, zu tun haben wollen. Diese Personen befinden sich zwischen zwei Welten und haben Probleme mit einem positiven Selbstverständnis. Einerseits werden sie häufig nicht von den sich typisch entwickelnden Gleichaltrigen akzeptiert oder sie verlieren im Laufe der Zeit den Kontakt zu ihnen. Andererseits isolieren sie sich häufig freiwillig von Gleichaltrigen mit Behinderungen, die ihre Freunde sein könnten und die häufig noch da sind, wenn nicht behinderte Freunde woanders die Universität besuchen oder anderen Lebensplänen eines Erwachsenen nachgehen.

Einige unserer Patienten leben in etwas, das wir als „Existenz-Hölle" beschreiben. Sie haben festgestellt, dass ihre Schulfreunde ohne Behinderungen plötzlich andere Prioritäten in ihrem Leben haben. Und doch glauben sie, dass es unangemessen ist, mit Menschen zu verkehren, die behindert sind. Sie „ringen" mit ihrer eigenen Identität, weil sie unfähig sind, sich zu akzeptieren oder „damit zurechtzukommen", dass sie das Down-Syndrom haben. Sie stehen zwischen zwei Welten und sind völlig isoliert. Sie fühlen sich alleine, aber unglücklicherweise fühlen sie sich noch nicht einmal mit sich selbst wohl. Die in diesem Kapitel besprochenen Ansätze sollten als Präventionsmaßnahmen gegen solche Probleme verwendet werden. Sollte jedoch solch eine Situation auftreten, fangen wir bei den am Anfang dieses Kapitels besprochenen Konzepten an und versuchen, das Selbstwertgefühl wieder aufzubauen.

Empfehlungen zur Förderung von Freundschaften mit ebenbürtigen Freunden und Gefährten

Es gibt einige Dinge, die Familien tun können, um die Person mit Down-Syndrom zu ermutigen, andere Menschen mit Behinderungen kennenzulernen, anstatt sie zu meiden:

- Ermutigen Sie den Menschen zur Teilnahme an den Special Olympics oder anderen Freizeitaktivitäten für Menschen mit Behinderungen. Dies ist wichtig, auch wenn die Person sich zunächst weigert, an diesen Aktivitäten teilzunehmen. Häufig werden Menschen vom Team mitgerissen, wodurch sich ein positives Ereignis und eine positive Erfahrung mit anderen Teammitgliedern ergeben (auch wenn sie Beeinträchtigungen haben).
- Versuchen Sie Situationen zu schaffen, in denen derjenige, der anderen Personen mit Be-

hinderungen ausweicht, einem behinderten Menschen helfen muss. Zum Beispiel könnte er einem Kollegen oder Mitbewohner zeigen, wie dieser eine Aufgabe erledigen kann. Diese Strategie hat einen dreifachen Nutzen:

1. Der Anreiz, zu zeigen, dass er eine Sache gut erledigen kann, wird ihn häufig von seinem anfänglichen Zögern abbringen, mit anderen behinderten Personen zu interagieren. Wenn Sie eine solche Situation planen, kann es hilfreich sein, an die Fähigkeiten des Helfers bei der Bewältigung der Aufgabe zu appellieren.

2. Die Rolle des Helfers zu übernehmen ändert Einstellung und Verhalten häufig von negativ oder teilnahmslos zu positiv und hilfreich.

3. Dies wiederum ändert die Reaktion und die Einstellung der Person, der geholfen wird. Das ist wichtig, da viele Menschen mit Down-Syndrom merken, wenn andere sie nicht mögen oder nicht anerkennen. Gewöhnlich meiden sie diese Menschen oder reagieren negativ auf sie.

Das Ergebnis ist eine positive Erfahrung zwischen dem Ausweichenden und der Person, der er ausweicht. Dies kann seine Einstellung und sein späteres Verhalten gegenüber anderen mit Behinderungen ändern. Nach einer Reihe von positiven Erfahrungen entwickelt die Person eventuell eine dauerhafte positive Einstellung gegenüber anderen Menschen mit Behinderungen.

- Wir haben festgestellt, dass manche Menschen, die andere mit Down-Syndrom meiden, offener mit jemandem interagieren, der eine andere Behinderung hat als sie, beispielsweise eine Körperbehinderung. Manche Menschen mit Down-Syndrom helfen gerne Rollstuhlfahrern, von einem Platz zum anderen zu gelangen. Man kann dann die Person für ihre Sensibilität loben und darauf hinweisen, dass Menschen mit Down-Syndrom einfach eine andere Art von Behinderung haben als Personen mit einer Körperbehinderung. Vielleicht hilft dies, seine eigene Behinderung zu akzeptieren (siehe Kapitel 13 über Betreuer mit Akzeptanzproblemen.)

- Beobachten Sie, ob der Erwachsene weniger Widerstand leistet, wenn er jüngeren Menschen helfen soll, zum Beispiel Kindern in einem Tagesheim. Häufig betrachten Kinder diejenigen, die ihnen helfen, als Helden und Vorbilder. Dies könnte bei dem Erwachsenen nicht nur eine positivere Sicht seiner selbst und seines Down-Syndroms auslösen, sondern hilft auch den Kindern.

- Richten Sie es ein, dass der Erwachsene an Konferenzen oder Treffen zum Down-Syndrom teilnimmt. Bei diesen Konferenzen wird er von Menschen umgeben sein, die dem Down-Syndrom gegenüber positiv eingestellt sind, und Aktivitäten erleben, die ihm weiterhelfen können. Vielleicht wird er sogar positiv durch Menschen mit Down-Syndrom beeinflusst, die etwas zu sagen haben und für sich selbst sprechen und trotz ihrer Behinderung Akzeptanz genießen und Selbstachtung gefunden haben.

- Achten Sie auf Ihre eigene Einstellung und Ihr Verhalten und das anderer Betreuer gegenüber anderen Menschen mit Behinderungen. Ihre Einstellung hat einen starken Einfluss auf die von Ihnen betreute Person mit Down-Syndrom. Auch wenn Sie denken, dass Sie Ihre Einstellung verbergen, wird eine negative Einstellung häufig von dem Menschen mit Down-Syndrom erkannt. Wenn Sie merken, dass Sie keine positive Einstellung zu Menschen mit Behinderungen haben, dann sollten Sie mit jemandem sprechen, der Ihnen helfen kann. Sicherlich ist es auch sehr hilfreich, sich einer Selbsthilfegruppe für Eltern mit ähnlichen Problemen anzuschließen.

Die Förderung von Freundschaften bei schüchternen Menschen und Erwachsenen mit wenig sozialer Erfahrung

Manchmal meiden Jugendliche und Erwachsene mit Down-Syndrom andere Menschen, weil sie schüchtern sind oder wenig Erfahrung im Umgang mit anderen haben, und nicht unbedingt, weil sie nicht gerne mit behinderten Menschen zusammen sind. Es gibt einige erfolgreiche Strategien, die von Familien angewendet werden, die in unsere Ambulanz kommen:

- Ermutigen Sie die Teilnahme an den Special Olympics und ähnlichen Freizeitaktivitäten. Die Teilnahme an strukturierten Aktivitäten ist viel einfacher als die Teilnahme an unstrukturierten geselligen Ereignissen. Nach einiger Zeit fühlen sich die Personen im Umgang mit anderen wohler, insbesondere wenn es sich um Teamaktivitäten handelt, die positive Erfahrungen bieten.
- Tanzveranstaltungen können eine gute Möglichkeit für schüchterne Erwachsene sein, um mit anderen Menschen zusammenzukommen. Viele Menschen mit Down-Syndrom tanzen sehr gerne, sowohl mit anderen als auch alleine. Bei diesen Gelegenheiten scheint jeder zu tanzen und sich zu amüsieren und es scheint nicht diesen gewissen sozialen Druck zu geben, der bei den üblichen Tanzveranstaltungen für Teenager oder junge Erwachsene herrscht.
- Einige sehen die Teilnahme an Programmen für Teenager und Erwachsene bei Down-Syndrom-Konferenzen und -Treffen als eine gute Möglichkeit, Gleichgesinnte kennenzulernen. Diese Programme ermöglichen es den Menschen, bequem mit ihresgleichen zu interagieren, während sie an Programmaktivitäten teilnehmen. Das können Aktivitäten sein, die speziell für den Aufbau von Selbstvertrauen in geselligen Situationen konzipiert sind. Häufig können Menschen mit Down-Syndrom, die schon erfahren und erfolgreich darin sind, für sich selbst zu sprechen, eine positive Einstellung fördern und das Selbstwertgefühl der anderen beeinflussen, sodass sie mehr Selbstvertrauen in sozialen Situationen mit ihresgleichen bekommen.
- Auch ein Volontariat oder die Mitarbeit in einem Programm für junge Menschen oder Kinder mit Down-Syndrom kann dazu beitragen, dass der Erwachsene mehr Selbstvertrauen in sozialen Situationen bekommt. Wenn die jüngeren Menschen zu ihm aufblicken, ist das förderlich für sein Selbstwertgefühl und sein Selbstvertrauen.
- Die Teilnahme an „Buddy Walks" oder anderen Programmen kann für das Selbstvertrauen ebenfalls förderlich sein, vor allem wenn die Teilnehmenden den Menschen mit Down-Syndrom unterstützen. Dort können auch Kontakte zu Menschen mit Down-Syndrom entstehen, die stolz auf sich selbst sind und ein gutes Selbstwertgefühl haben.
- Versuchen Sie, informelle Treffen für Menschen mit Down-Syndrom zu organisieren, wie die oben beschriebenen „Pizza und Film"-Abende. Bei dieser Art organisierter Aktivität fühlen sich viele Menschen wohler, insbesondere wenn sie in einem gemütlichen Zuhause stattfindet. Auch wenn immer wieder ein anderer Teilnehmer der Gastgeber bei den Treffen ist, wird durch solche Aktivitäten das Selbstvertrauen gefördert, weil man sich bei dem Zusammensein auch um andere Menschen kümmern muss. Als zusätzlichen Anreiz können die Personen ihre Musik, ihre Hobbys und ihre Interessen vorstellen, wodurch wiederum Interesse bei anderen geweckt und eine positive Erfahrung gemacht werden kann.

Zusammenfassung

Familien, die bei der Förderung des Selbstwertgefühls ihres Angehörigen am erfolgreichsten sind,

- akzeptieren das Down-Syndrom und entwickeln Verständnis für das Down-Syndrom, sie ermutigen ihr Kind mit Down-Syndrom, das ebenfalls zu tun,
- kennen sowohl die Grenzen ihres Kindes als auch sein Potenzial für die Entwicklung von Alltagskompetenzen, durch die sie unabhängiger werden können, sowie seine individuellen Talente und Fähigkeiten,

- fördern das Selbstwertgefühl und die Unabhängigkeit, indem sie ihren Angehörigen stets mit neuen Aufgaben herausfordern, zum Beispiel in der Körperpflege, aber auch mit Aufgaben, die sich im Wohnheim oder im Alltag ergeben,
- unterstützen die sprachliche Ausdrucksfähigkeit und soziale Beziehungen zu ihresgleichen,
- unterstützen produktive „Grooves", insbesondere solche, die dazu beitragen, dass die Person ihre Körperpflege verlässlich bewältigt und im Job erfolgreich agiert,
- ermutigen zur Teilnahme an geselligen Ereignissen und Freizeitaktivitäten,
- versuchen die richtige Schule, den richtigen Arbeitsplatz oder den richtigen Wohnplatz zu finden, der den Bedürfnissen und Fähigkeiten ihres Sohns oder ihrer Tochter entspricht. Sie ermutigen auch die Betreuer, auf den bestehenden Stärken und positiven Erfahrungen ihres Angehörigen aufzubauen und damit zur Steigerung seines Selbstvertrauens und seiner Motivation in der jeweiligen Umgebung beizutragen.

Familien, die die Unabhängigkeit ihres Kindes fördern, verstehen auch die wertvolle Lektion, die ihr Kind sie lehrt – innezuhalten, das Tempo zu verlangsamen und das Leben hier und jetzt zu genießen.

8 Selbstgespräche, Fantasiefreunde und Fantasieleben

Bei Untersuchungen von Erwachsenen mit Down-Syndrom in unserer Ambulanz wird uns häufig berichtet, dass sie Selbstgespräche führen. Viele Eltern und Betreuer sind sehr besorgt und fragen sich, ob dieses Verhalten „normal" oder ob es ein Symptom für schwerwiegende psychische Probleme ist.

Es war uns ein wichtiges Anliegen, die Selbstgespräche unserer Patienten genauer zu untersuchen, weil wir verhindern wollten, dass sie als Zeichen einer Psychose bei Menschen mit Down-Syndrom fehlinterpretiert werden. Wir haben festgestellt, dass diese Gespräche mit sich selbst oder mit Fantasiefreunden allzu oft mit dem „Hören von Stimmen" verwechselt und mit Antipsychotika (wie zum Beispiel Haldol® oder Risperdal®) behandelt werden. Da es sehr schwierig ist, den Denkprozess von Jugendlichen und Erwachsenen mit geistigen Behinderungen und eingeschränkten Kommunikationsfähigkeiten einzuschätzen, raten wir zu einem sehr vorsichtigen Vorgehen bei der Interpretation und der Behandlung dieser Selbstgespräche, weil sie für Erwachsene mit Down-Syndrom eine gängige und manchmal sehr hilfreiche Methode zu sein scheinen, mit dem Leben zurechtzukommen und viele Dinge zu bewältigen.

Seit der Eröffnung unserer Ambulanz im Jahre 1992 befragen wir unsere Patienten sowie ihre Familien und Betreuer zu Selbstgesprächen. Laut unseren Unterlagen führen 83 Prozent unserer Patienten Selbstgespräche und sprechen mit Fantasiefreunden (McGuire und Chicoine, 2002). Befragt wurden Menschen mit Down-Syndrom zwischen zwölf und 83 Jahren. Dass tatsächlich so viele Menschen Selbstgespräche führen, scheint nicht sehr bekannt zu sein. Für einige Eltern und Betreuer ist es beruhigend, wenn sie das erfahren. Der Inhalt dieser Gespräche, ihre Häufigkeit, ihr Ton und der Kontext geben Aufschluss darüber, ob eine Behandlung angezeigt ist.

Zusätzlich zu ihrer Neigung zu Selbstgesprächen haben viele Menschen mit Down-Syndrom auch ein ausgeprägtes Fantasieleben. Manche unterhalten sich mit Fantasiefreunden oder spielen zur Unterhaltung Szenen aus ihrer Fantasie. Es ist daher wichtig zu verstehen, dass und warum dieses Verhalten für Menschen mit Down-Syndrom „normal" sein kann und nicht ein Hinweis auf eine Psychose ist.

Hilfreiche Selbstgespräche

Viele Menschen führen manchmal Selbstgespräche. Bei normal entwickelten kleinen Kindern kommen Selbstgespräche häufig vor und auch Erwachsene ohne Behinderung sprechen bisweilen mit sich selbst. Selbstgespräche werden im Allgemeinen aus folgenden vier Gründen geführt:

1. Wenn das eigene Verhalten gesteuert wird (zum Beispiel kann jemand beim Stricken eines Pullovers „zwei rechts, zwei links" vor sich hin murmeln),

2. wenn man laut überlegt (zum Beispiel wenn man über eine Frage nachdenkt oder wenn

man die Ereignisse des Tages Revue passieren lässt),
3. wenn man „Dampf ablässt" (zum Beispiel fluchen viele Menschen laut oder kritisieren sich selbst mit Bemerkungen wie: „Mensch, das war dumm"),
4. zur eigenen Unterhaltung (zum Beispiel singen viele Menschen bei langen Autofahrten, führen Selbstgespräche und sprechen mit dem Radiomoderator, obwohl sie natürlich wissen, dass er sie nicht hört).

Menschen mit Down-Syndrom führen in den meisten Fällen ihre Selbstgespräche aus eben diesen normalen Gründen. Allerdings halten sie sich in der Gegenwart anderer seltener zurück, weshalb sie viel häufiger bei Selbstgesprächen beobachtet werden.

Selbstgespräche zur Steuerung des eigenen Verhaltens

Es ist wichtig, dass Familien und Betreuer verstehen, dass Selbstgespräche nicht nur „normal", sondern sogar hilfreich sind. Sie spielen eine unentbehrliche Rolle in der kognitiven Entwicklung aller Kinder bis zu einem Alter von etwa sieben Jahren, bei manchen Kindern bis zu neun Jahren (Diaz und Berk, 1991; Vygotsky, 1991). Selbstgespräche helfen Kindern dabei, ihre Handlungen und Gedanken zu koordinieren. Sie scheinen auch ein wichtiges Werkzeug beim Erlernen neuer Fähigkeiten und bei der Entwicklung der Denkfähigkeit auf einer höheren Ebene zu sein. So sagte die drei Jahre alte Suzy zu sich selbst: „Dieses rote Teil passt in das runde Loch." Und dann steckte sie das rote Teil in das runde Loch der Schablone.

Wir vermuten, dass Selbstgespräche bei vielen Jugendlichen und Erwachsenen mit Down-Syndrom denselben hilfreichen Zweck der Verhaltenssteuerung erfüllen. Sehen wir uns das Beispiel des 20-jährigen Nick an, dessen Mutter von folgendem Vorkommnis berichtete: Sie bat Nick, am Sonntagnachmittag an einem Familientreffen teilzunehmen, obwohl Nick zu dieser Zeit sonst regelmäßig ins Kino ging. Nick erklärte seiner Mutter, dass er nicht an dem Familientreffen teilnehmen würde. Seine Mutter bat ihn, es noch einmal zu überdenken. Nick rannte in sein Zimmer und schlug die Tür hinter sich zu. Seine Mutter hörte folgenden Dialog (sie vernahm nur Nicks Stimme):
„Du solltest mitkommen, Nick."
„Aber ich will ins Kino gehen."
„Hör auf deine Mutter!"
„Aber Sonntag ist mein Kinotag."
„Du kannst nächsten Sonntag gehen."

Nicks Mutter berichtete, dass er unter der Bedingung zu dem Familientreffen mitkam, dass er am folgenden Sonntag ins Kino gehen könne. Vielleicht hat Nick mit einer imaginären Person gesprochen oder mit sich selbst diskutiert, in jedem Fall hat er eine Situation bewältigt, die ihm nicht gefiel. Er hat das Problem mit Hilfe von Selbstgesprächen gelöst.

Mit zunehmendem Alter verinnerlichen Kinder ohne diagnostizierte Lernprobleme Selbstgespräche, das heißt, sie führen sie still mit sich selbst. Kinder mit höheren intellektuellen Fähigkeiten verinnerlichen ihre Selbstgespräche sogar noch früher. Wenn Selbstgespräche in Denken auf einer höheren Ebene umgewandelt werden, werden sie seltener und das Kind beginnt, Anweisungen für seine Handlungen zu *denken, anstatt zu sagen*. Die intellektuellen und sprachlichen Beeinträchtigungen von Menschen mit Down-Syndrom sind vermutlich ein Grund dafür, weshalb sie so häufig Selbstgespräche führen. Oftmals ist dieses Verhalten im Hinblick auf die intellektuellen und adaptiven Beeinträchtigungen des Menschen für das jeweilige Entwicklungsalter durchaus angemessen.

Die Funktionen, die das Selbstgespräch bei Erwachsenen ohne intellektuelle Beeinträchtigungen erfüllt, sind weder gut erforscht noch werden sie verstanden. Man weiß jedoch, dass sehr viele Sportler Selbstgespräche zur eigenen Motivation und Leistungssteigerung einsetzen. In einer Studie wurde sogar festgestellt, dass viele Menschen beim Training recht häufig Selbstgespräche führen (Gamage et al., 2001). Die Erfahrung zeigt, dass auch Menschen, die keinen Leistungssport treiben, laute Selbstgespräche führen, wenn sie alleine und mit neuen oder schwierigen Aufgaben konfrontiert sind. Studien haben ergeben, dass Erwachsene aus denselben Gründen Selbstgespräche zu führen scheinen wie Kinder, wenn auch seltener. Erwachsene führen Selbstgespräche zur Verhaltenssteuerung und beim Erlernen neuer Fähigkeiten. Doch sind sie sich des sozialen Kontextes bewusster, weshalb andere Menschen nur selten Zeugen davon werden, denn die betreffenden Personen möchten nicht, dass andere diese privaten Gespräche mithören.

Selbstgespräche werden häufiger bei älteren Menschen wahrgenommen und, wie bei Kindern, gewöhnlich akzeptiert. Soziale Isolation und die zunehmend schwierigere Bewältigung täglicher Aufgaben können erklären, weshalb Selbstgespräche bei älteren Menschen häufiger auftreten. Diese Erklärungen treffen auch auf Erwachsene mit Down-Syndrom zu, denn sie sind häufiger sozial isoliert und die Herausforderungen des täglichen Lebens können sie überfordern und entmutigen.

Selbstgespräche zum lauten Nachdenken und Ausdrücken von Gefühlen

Viele Erwachsene mit Down-Syndrom führen Selbstgespräche, um Gefühle wie Traurigkeit und Frustration auszudrücken. Sie *denken laut* und verarbeiten damit die Ereignisse des täglichen Lebens. Eine Ursache hierfür kann die erschwerte Kommunikation aufgrund von sprachlichen oder kognitiven Beeinträchtigungen sein. Tatsächlich stellen Betreuer häufig fest, dass der Umfang und die Intensität der Selbstgespräche die Anzahl und die emotionale Intensität der Ereignisse im täglichen Leben der Person mit Down-Syndrom widerspiegeln. Sie beobachten auch, dass die Person in Selbstgesprächen häufig deutlicher spricht als in einer Unterhaltung. Der Grund hierfür kann im geringeren sozialen Druck beim Selbstgespräch liegen.

Selbstgespräche zu Unterhaltungszwecken

Für Erwachsene mit Down-Syndrom können Selbstgespräche die einzige oder bevorzugte Art der Unterhaltung sein, wenn sie für längere Zeit alleine sind. Eine Mutter berichtete, dass ihre Tochter Debbie (23) nach einem Umzug in eine neue Wohngegend stundenlang in ihrem Zimmer mit Fantasiefreunden sprach. Als Debbie wieder mehr an gesellschaftlichen Aktivitäten teilnahm und auch wieder arbeitete, hatte sie weder die Zeit noch das Verlangen, so häufig mit ihren imaginären Freunden zu sprechen.

Viele Menschen mit Down-Syndrom scheinen sich gerne ihre Lieblingsgeschichten oder -filme zu erzählen, wenn gerade nichts los ist oder sie das Geschehen um sie herum langweilt. Der Abschnitt über Fantasiefreunde und Fantasie in diesem Kapitel beschäftigt sich eingehend mit der Rolle von Fantasiefreunden bei Selbstgesprächen und anderen Lebensaspekten bei Menschen mit Down-Syndrom.

Wann Selbstgespräche angemessen sind

Die meisten Erwachsenen mit Down-Syndrom haben durchaus ein Gefühl dafür, dass ihre Selbstgespräche privater Natur sind. Wie bei Nick in obigem Beispiel berichten Eltern und Betreuer, dass Selbstgespräche häufig hinter geschlossenen Türen oder in Situationen stattfinden, in denen der Erwachsene allein zu sein glaubt. Einige Menschen haben jedoch Schwierigkeiten bei der Einschätzung dessen, was privat und was „gesellschaftlich angemessen" ist. Das kann ein Grund dafür sein, dass Selbstgespräche von Menschen mit Down-Syndrom anscheinend häufiger geführt werden.

Wann man sich Sorgen machen sollte

Es ist nicht ganz einfach, hilfreiche und förderliche Selbstgespräche von besorgniserregenden Selbstgesprächen mit eventuellen negativen Auswirkungen zu unterscheiden. In vielen Fällen können sogar laute und bedrohliche Selbstgespräche harmlos sein. Solche Selbstgespräche eines Erwachsenen mit Down-Syndrom unterscheiden sich unter Umständen nicht sehr von denen eines Menschen, der selten flucht, aber einen Kraftausdruck brüllt, nachdem er sich mit dem Hammer auf den Daumen geschlagen hat. Solche Ausbrüche können einfach ein unmittelbares, fast reflexartiges Ventil für Frustrationen sein.

Um festzustellen, wann Anlass zur Sorge gegeben ist, raten wir, sorgsam auf Änderungen hin-

> **Empfehlungen bei Selbstgesprächen**
>
> - Machen Sie der Person mit Down-Syndrom wegen ihrer Selbstgespräche kein schlechtes Gewissen.
> - Versuchen Sie nicht, die Selbstgespräche zu unterbinden.
> - Sprechen Sie mit der Person über ihre Selbstgespräche – Selbstgespräche sind in Ordnung, aber einige Menschen verstehen das nicht oder fühlen sich dadurch gestört, weshalb es höflich ist, dies nicht vor anderen zu tun.
> - Ermutigen Sie die Person, angemessene (gesellschaftlich akzeptable) Orte für Selbstgespräche zu wählen, und raten Sie sanft von unangemessenen Orten ab (zum Beispiel am Arbeitsplatz oder in der Schule).
> - Vereinbaren Sie ein bestimmtes Zeichen, mit dem Sie der Person anzeigen, dass sie in der Öffentlichkeit Selbstgespräche führt.
> - Besprechen Sie Selbstgespräche mit anderen, die Kontakt mit der Person mit Down-Syndrom haben (erklären Sie, dass das normal ist).

sichtlich der Häufigkeit und des Kontextes der Selbstgespräche zu achten. Wenn die Selbstgespräche hauptsächlich dazu dienen, die eigene Person herabzusetzen und zu entwerten, sollte man eventuell eingreifen. Es ist wahrscheinlich harmlos, wenn Jenny zum Beispiel brüllt: „Ich bin ein Dummkopf", nachdem es ihr nicht gelungen ist, einen Kuchen zu backen. Wenn Jenny aber immer wieder sagt: „Ich bin ein Dummkopf und kann nichts richtig machen", sollte man sich Sorgen machen und sie psychiatrisch untersuchen lassen.

Ein signifikanter Anstieg der Häufigkeit und eine Veränderung im Klang der Selbstgespräche können auch Zeichen für ein sich anbahnendes Problem sein. Irving begann zum Beispiel, häufiger Selbstgespräche zu führen, und zwar nicht nur in seinem Zimmer in der Wohngemeinschaft. Er schien kein Interesse mehr an seinen Mitbewohnern zu haben und verbrachte immer mehr Zeit mit Selbstgesprächen. Irving sprach an der Bushaltestelle, in der Werkstatt und im Wohnheim mit sich selbst, und zwar laut und in bedrohlicher Weise. Daraufhin wurde bei ihm eine schwere Depression diagnostiziert. Nach längerer Zeit begann er, auf Antidepressiva und Gruppentherapie anzusprechen.

In einem anderen Fall zeigte sich bei Ray (wie bei Irving) ein starker Anstieg der Häufigkeit von Selbstgesprächen. Ray weigerte sich, arbeiten zu gehen oder an den gesellschaftlichen Aktivitäten teilzunehmen, die früher Teil seines Lebens waren. Es stellte sich heraus, dass Rays Verhaltensänderung nicht auf eine Depression zurückzuführen war. Rays Familie und die Mitarbeiter an seinem Arbeitsplatz fanden heraus, dass er von einem neuen Kollegen eingeschüchtert und schikaniert wurde. Als der Kollege die Werkstatt verlassen musste, gewann Ray allmählich sein Vertrauen in die Sicherheit der Werkstatt zurück. Seine Selbstgespräche wurden weniger und sein Interesse an früheren Aktivitäten kehrte zurück. Bald war er wieder so aktiv wie zuvor.

Werden Inhalt, Kontext, Tonfall und Häufigkeit der Selbstgespräche von Erwachsenen mit Down-Syndrom weiter untersucht, kann man mehr Erkenntnisse und Einsichten in ihre privaten inneren Welten erhalten. Wir schließen aus dem, was wir beobachtet haben und was uns von Familien und Betreuern berichtet wurde, dass Selbstgespräche wichtige Hilfsmittel zur Lebensbewältigung sind und nur selten ein Symptom einer schweren psychischen Krankheit oder Psychose darstellen. Eine dramatische Änderung der Selbstgespräche kann auf psychische oder situative Probleme hindeuten. Zwar werden Selbstgespräche als merkwürdig oder störend empfunden, unsere Erfahrung zeigt jedoch, dass sie Erwachsenen mit Down-Syndrom bei der Lösung von Problemen, dem Ausdrücken ihrer Gefühle, ihrer eigenen Unterhaltung und der Verarbeitung von Geschehnissen in ihrem täglichen Leben helfen.

Warnsignale für problematische Selbstgespräche

- Die Häufigkeit der Selbstgespräche steigt signifikant.
- Die Selbstgespräche werden zunehmend selbstkritisch.
- Die Selbstgespräche werden laut oder bedrohlich.
- Die Selbstgespräche sind aufgeregt.
- Die Person führt Selbstgespräche in der Öffentlichkeit und tat dies vorher nur an privaten Orten.

Was tun, wenn man derartige Veränderungen wahrnimmt?

- Fragen Sie die Person mit Down-Syndrom, ob sie etwas bedrückt.
- Hören Sie den Selbstgesprächen zu, damit Sie Hinweise auf das Problem finden.
- Fragen Sie Lehrer, Arbeitgeber, andere Familienmitglieder und so weiter, ob es neue Stressfaktoren gibt.
- Achten Sie auf Krankheitssymptome und lassen Sie die Person ärztlich untersuchen.
- Sollten die obigen Schritte nicht zur Identifizierung der Ursache (und einer Lösung) beitragen, holen Sie ein psychiatrisches Gutachten ein.

Vorstellungskraft und Fantasie

Menschen mit Down-Syndrom verfügen häufig über eine lebhafte und kreative Vorstellungskraft und Fantasie. Aufgrund ihres ausgezeichneten visuellen Gedächtnisses fällt es ihnen leicht, aus ihren visuellen Erinnerungen, Lieblingsfilmen und Fernsehsendungen Fantasien zu kreieren (siehe Kapitel 5 über das Gedächtnis). Viele Menschen stellen sich vor, sie seien Polizisten oder Feuerwehrmänner, Profi-Ringer oder andere prominente Sportler, Prinzessinnen, Helden oder Superhelden und natürlich Film- oder Musikstars. Interessanterweise sind die beliebtesten Musikstars nicht immer die aktuellen Berühmtheiten, sondern „Oldies" wie die Beatles, die Beach Boys und Elvis (der in der Welt des Down-Syndroms weiterlebt). In gleicher Weise existieren Film- und Fernsehstars durch Videos, DVDs und Fernsehwiederholungen weiter und sind bei Menschen mit Down-Syndrom genauso beliebt. Musicals wie *Grease* und *Cats* gehören häufig zu den Lieblingsmusicals.

Wir haben schon äußerst fantasiereiche Geschichten über Heiraten, geborene Babys, Beziehungen mit Stars und Leistungen der erzählenden Person oder ihres Lebenspartners gehört, die allesamt Übertreibungen oder Fantastereien sind. Eltern, Betreuer und Ärzte bringen häufig ihre Besorgnis zum Ausdruck, dass ein solches Verhalten für einen Erwachsenen mit Down-Syndrom „unangemessen" sei. Dem können wir in den meisten Fällen nicht zustimmen. Bei der Beurteilung der Angemessenheit solcher Geschichten und Fantasien ist es wichtig, das Entwicklungsalter und nicht das tatsächliche Alter zu berücksichtigen. Zum Beispiel kann eine Person von 27 Jahren im Hinblick auf abstraktes Denken, Reife der Entscheidungen und so weiter tatsächlich das Entwicklungsalter eines Fünf- oder Sechsjährigen haben.

In gleicher Weise ist für viele Menschen mit Down-Syndrom die Grenze zwischen Realität und Fantasie verschwommen, genauso wie für normal entwickelte Kinder bis zum Alter von sechs Jahren oder bei manchen auch darüber. Manche Siebenjährige und auch ältere Kinder glauben zum Beispiel noch immer an den Weihnachtsmann. Dadurch werden auch ausgedachte Ereignisse und Charaktere aus Filmen und Comics leicht mit echten Menschen und Ereignissen durcheinandergebracht. Wenn man dies bedenkt, dann ist es für die meisten Menschen mit Down-Syndrom ganz normal und angemessen, Fantasien zu kreieren und daran zu glauben.

Eine weitere Sorge beschäftigt sich mit der Frage, ob ausgedachte Geschichten und Fantasien einfach „Lügen" sind oder sogar Anzeichen für eine Psychose. Obwohl wir in unserem Zentrum einige Menschen mit Down-Syndrom gesehen haben, die Lügen erzählen oder psychotische Symptome zeigen, haben wir doch festgestellt, dass Fantasien im Allgemeinen einfach Ausdruck einer aktiven und kreativen Vorstellungskraft sind.

Fantasien können sich positiv auswirken

Wenn man für die meisten Menschen mit Down-Syndrom ein niedriges Entwicklungsalter annimmt und dies mit einer lebhaften Fantasie kombiniert, die von lebendigen visuellen Erinnerungen aus Filmen und Erlebtem geschürt wird, dann ergibt dies das Potenzial für die Entwicklung einiger sehr interessanter Geschichten und Fantasien. Die Ergebnisse dieser Fantasien können sowohl positiv als auch negativ sein. Positive Auswirkungen sind, dass hierdurch bei kreativem Unterfangen wie Malen, Musik und Tanzen Außergewöhnliches geleistet werden kann. Wie schon erwähnt, kann auch fantasievolles Spielen eine wunderbare Möglichkeit der Freizeitgestaltung sein. Manche Menschen lassen in ihrer Erinnerung Filme oder Geschehenes wieder ablaufen oder haben Gedächtnisstützen wie zum Beispiel Bilder ihrer Lieblingshobbys (Ringen, Sport, Berühmtheiten und so weiter). Manche bauen auch Spielzeug oder Sammlerstücke (Puppen, Matchbox-Autos und Ähnliches) in ihre Fantasiespiele mit ein.

Es ist unsere feste Überzeugung, dass Fantasie ein notwendiger Bestandteil für ein gesundes Leben eines jeden Menschen ist. Tatsächlich erfüllen kreative Fantasien eine wichtige Funktion, die von Daniel Levinson als „Der Traum" beschrieben wurde. Ein Traum kann alle unsere Hoffnungen und Sehnsüchte nach einer erfolgreichen Karriere, einer Ehe und einem wunderbaren Familienleben beinhalten, aber auch Fantasien darüber, ein Rockstar, ein Spitzensportler oder Ähnliches zu sein. In Wahrheit können wir unsere Träume nur selten ganz erfüllen und doch ist dies ein lebenswichtiger Bestandteil unserer Entwicklung als Menschen. Wir brauchen etwas, wonach wir streben können, auch wenn es etwas Unerreichbares ist.

Es ist interessant, dass sich die Träume und Fantasien von Menschen mit Down-Syndrom häufig darum drehen, einfach ein Leben zu führen und den gleichen Aktivitäten nachgehen zu können wie ihre Geschwister und ihre Eltern (zum Beispiel Ehe, Karriere, Kinder und so weiter). Wie bei uns allen erfüllen sich ihre Träume vielleicht nicht, aber dies ist in der Regel nicht problematisch. Zum Beispiel erklärte ein junger Mann, der seit zehn Jahren in unser Zentrum kommt, dass er versprochen hat, in fünf Jahren zu heiraten. Er wird natürlich sein Leben nicht als wertlos ansehen, wenn dies nicht geschehen sollte, aber er muss so wie wir alle davon träumen können.

Wenn Fantasien negative Konsequenzen haben

In bestimmten Situationen können die vielen reichhaltigen Erinnerungen und Fantasien im Wettstreit mit den tatsächlichen Geschehnissen im Leben des Erwachsenen stehen. Man kann leicht erkennen, wie dies geschehen kann, insbesondere wenn das „Hier und Jetzt" eine laute, langweilige oder stressige Umgebung und das fantasierte Leben voll spaßiger, unterhaltender, beruhigender oder aufregender Dinge ist. Unglücklicherweise kann es als ein Symptom für eine Verhaltensauffälligkeit oder eine psychische Krankheit fehlinterpretiert werden, wenn jemand seinem Fantasieleben zu viel Aufmerksamkeit schenkt, vor allem in der Öffentlichkeit. Zum Beispiel:

Dr. McGuire wurde gebeten, sich wegen Tim mit dessen Schule in Verbindung zu setzen. Tim ist ein 15-jähriger Junge mit Down-Syndrom, der sich in der Klasse merkwürdig verhielt. Als Dr. McGuire in der Schule ankam, saß Tim unter einem Tisch und machte Geräusche mit seinem

Mund, gestikulierte mit den Armen und sprach laut mit sich selbst. In einem anschließenden Treffen mit seiner Familie und der Schulbehörde berichteten seine Lehrer, dass er dieses und anderes merkwürdiges Verhalten in einer Reihe von Fächern an den Tag lege. Die Schule war besorgt, dass Tim Zeichen einer Psychose zeigte.

Als wir die Situation näher betrachteten, wurde offensichtlich, dass der junge Mann versuchte, extreme Langeweile auszudrücken. Was er unter dem Tisch tat, war „Star Wars" zu spielen und andere Fantasien auszuleben und damit die Stunden voller Langeweile zu füllen. Seine Mutter beschrieb Tim als sehr einfallsreich und kreativ beim Spielen. Es stellte sich heraus, dass die Fächer, in denen er die meisten Selbstgespräche führte und seine Fantasien auslebte, akademische Fächer waren, deren Niveau seine Fähigkeiten und Interessen überstieg. In dem Fach Kunst, in dem er ausgezeichnete Leistungen erbrachte, führte er selten Selbstgespräche und beschäftigte sich nicht mit Fantasiespiel, ebenso in den berufsbezogenen Programmen, die hauptsächlich aus On-the-Job-Training bestanden. Aufgrund unserer Empfehlung nahm man ihn aus den akademischen Kursen heraus und ließ ihn berufsbezogene Kurse besuchen, womit das Problem so gut wie gelöst war.

Ein weiteres Beispiel vom anderen Ende des Altersspektrums stellt Phil dar:

Phil war ein sympathischer, 52 Jahre alter Mann mit Down-Syndrom, der mit seinem Bruder und seiner Schwägerin zusammenlebte. Er erledigte Hausmeistertätigkeiten in einer Werkstatt in der Nähe. Phil hatte eine unglaublich große Fantasiefamilie, die aus tatsächlich existierenden Familienmitgliedern (von denen viele bereits verstorben waren) und Figuren aus klassischen Fernsehserien bestand. Obwohl sein Bruder berichtete, dass Phil schon immer eine lebhafte Fantasie gehabt hatte, erschien es, als verbringe er immer mehr Zeit in seiner Fantasiewelt. Dies war insbesondere der Fall in der Werkstatt, wo er über viele Jahre verlässlich und akribisch genau drei große Toilettenräume gereinigt hatte. Unglücklicherweise verbrachte er jetzt so viel Zeit mit Gesprächen mit seiner Fantasiefamilie, dass er kaum einen Toilettenraum bis zum Ende des Tages fertig machen konnte. Die Mitarbeiter der Werkstatt waren besorgt und fragten sich, ob er Anzeichen einer Psychose oder Demenz zeigte, weil er häufig vergesslich und verwirrt schien.

Glücklicherweise änderte sich Phils Verhalten, als er von seiner Reinigungstätigkeit, wo er die meiste Zeit allein war, in eine Werkstatt mit 15 weiteren Teilnehmern und einem Vorgesetzten wechselte. Die Mitarbeiter stellten erstaunt fest, dass er wieder sehr gesellig war und es für ihn nicht mehr notwendig war, mit seiner Fantasiefamilie zu sprechen. Zusätzlich wurden seine Arbeitsaktivitäten konzentrierter und es gab keine weiteren Vorkommnisse von Verwirrung oder Vergesslichkeit. Was verursachte die positive Veränderung? Vielleicht bedurfte es einfach der sozialen Stimulation der Gruppe und einer Änderung seiner Arbeitsaufgaben. Genau wie Tim hatte wohl auch Phil versucht, sein Bedürfnis nach etwas (einer sozialen Gruppe) zum Ausdruck zu bringen, das ihn mehr erfüllen würde als sein Fantasieleben.

Wir haben einige Menschen mit Down-Syndrom kennengelernt, die sich nicht nur für einen ihrer Lieblingsfilm- oder Fernsehhelden halten, sondern sie gehen noch einen Schritt weiter und übernehmen die Rolle dieses Helden in ihrem eigenen Leben. Zum Beispiel wurde aus einem Mann die Disney-Filmfigur „Inspektor Gadget", mit all dem Detektivzubehör aus dem Film. Jeder in seinem Leben wurde auch zu einer Filmfigur. Dies war für sein Umfeld etwas irritierend, aber glücklicherweise beeinträchtigte es nicht seine Fähigkeiten, seinen normalen Aktivitäten zu Hause und bei der Arbeit nachzukommen.

Wir haben auch eine Reihe von Erwachsenen mit Down-Syndrom gesehen, die zu Feuerwehrleuten oder Polizisten wurden, einschließlich Uniform, Abzeichen, Funkgerät und anderem Zubehör. Manche werden zu Sportlern, Film- oder Musikstars. Manchmal geht diese Art von Rollenspiel zu weit (oder sie „übertreiben", wie ein Vater es beschrieb). Ein Beispiel:

Ein Mann übernahm die Rolle des mit Lederjacke bekleideten Fonzie aus der US-Fernsehserie „Happy Days". Eine Zeit lang war das „witzig". Unglücklicherweise kostete ihn sein Rollenspiel beinahe seinen Job, weil er seine weibliche Vorgesetzte mit „Babe" ansprach.

Auch warf man ihn beinahe aus seinem Wohnheim, weil er die weiblichen Mitarbeiter „Puppen" nannte und mehreren einen Klaps auf den Po gab. Dieses Problem wurde rasch gelöst, indem ein Treffen anberaumt wurde und alle Betreuer, einschließlich seiner Familie und der Mitarbeiter des Wohnheims und seiner Werkstatt, ihm deutlich machten, dass es ernste Konsequenzen geben würde, falls er bei seiner Rolle als Fonzie blieb.

In einem anderen Fall bedurfte es einer Therapie, um das Problem zu lösen. Es ging um Jack, einen 28-jährigen Mann mit Down-Syndrom:

Jack hatte eine Beziehung zu einer jungen Frau begonnen, die auf einer romantisierten Liebesbeziehung aus seiner Lieblingsfernsehserie und dem Film „Die Partridge Familie" basierte. Er hatte in seinem eigenen Leben erheblichen Stress und Verluste erlebt und die Serie gab ihm eine Möglichkeit, in eine perfektere Welt zu entfliehen. Unglücklicherweise entsprach die Wirklichkeit seiner Beziehung nicht dem Film. Zunächst versuchte er die Frau zu ändern, damit sie seiner Fantasiewelt besser entsprach. Als dies nicht funktionierte, war er zunehmend damit beschäftigt, den Film in seiner Fantasie nachzuspielen, was sich äußerst negativ auf seine Arbeit und sein Sozialleben auswirkte.

Nachdem dies eine Weile so gegangen war, wurde Jack in unsere Ambulanz gebracht, wo eine Depression mit zwanghaft obsessiven Elementen diagnostiziert und behandelt wurde. Er reagierte auf die Medikamente und ließ sich auch von den Betreuern an seinem Arbeitsplatz helfen, die ihn langsam zurück zu seinen früheren täglichen Aktivitäten steuerten. Nach einiger Zeit konnte er zu seinen normalen Aktivitäten zurückkehren.

Empfehlungen für den Umgang mit Fantasie

- Versuchen Sie, das Fantasieleben einzuschränken, wenn es Arbeit, Schule oder Beziehungen zu anderen Menschen beeinträchtigt.
- Wenn die Fantasien das Leben der Person beeinträchtigen, steuern Sie sie zu anderen Aktivitäten.
- Wenn Sie die Person in eine andere Richtung steuern, kann es hilfreich sein, ihr zu sagen, dass das Objekt ihrer Fantasievorstellung nicht real ist (zum Beispiel: „Rocky ist nur eine Figur im Fernsehen. Der Mann, den du im Film siehst, ist nur ein Schauspieler, der vorgibt, Rocky zu sein."). Häufig wird dies jedoch weder verstanden noch akzeptiert. Wenn dem so sein sollte, ist es notwendig oder hilfreich, darauf zu bestehen, dass die Figur nicht real ist.
- Wenn Sie den Menschen von dem Fantasieleben wegsteuern (indem Sie den Zugang zu Videos, DVDs, Spielen und so weiter einschränken, mit denen er sich immer wieder beschäftigt), tun Sie dies auf eine positive Art, indem Sie ihn zu etwas anderem Positiven hinführen und nicht nur von den negativen Einflüssen weg.

Fazit

Selbstgespräche und Fantasiefreunde sind in der Regel bei Jugendlichen und Erwachsenen mit Down-Syndrom völlig „normal" und kein Zeichen einer psychischen Krankheit. Bei den meisten Menschen mit Down-Syndrom können Gespräche mit sich selbst oder mit imaginären Freunden viele nützliche Zwecke erfüllen. Ein Eingreifen ist in der Regel nur notwendig, wenn Symptome einer psychischen Krankheit auftreten und/oder das Verhalten die Teilnahme an anderen Aktivitäten erheblich beeinträchtigt.

9 Der Groove und Flexibilität

Don stand jeden Tag zur gleichen Zeit auf und folgte dann immer derselben Routine. Zuerst aß er seinen Toast und trank einen Saft, dann rasierte und duschte er sich und zog sich anschließend an – immer auf die gleiche sorgfältige Art und Weise. Seine Eltern und sein Chef konnten sich darauf verlassen, dass er sauber und gepflegt zur Arbeit erschien. Genauso konnte sich sein Chef darauf verlassen, dass er seine Aufgaben am Arbeitsplatz pünktlich und verlässlich ausführte. Nach der Arbeit aß Don einen Snack, erledigte seine Aufgaben im Haus (den Müll hinaustragen, den Tisch decken) und stellte sicher, dass sein Zimmer aufgeräumt war. Dienstags wurden seine Kleider gewaschen, mittwochs räumte er auf und saugte Staub. Nach dem Abendessen entspannte er sich in seinem Zimmer bei seinem Lieblingsfilm oder bei Musik, während er in sein Notizbuch schrieb oder Kreuzworträtsel löste. Samstags stand er ebenfalls um die gleiche Zeit auf und frühstückte wie an den übrigen Werktagen. Danach folgten Rasieren, Duschen und Anziehen. Anschließend ging er Kegeln und später in ein Freizeitzentrum. Seine Familie gewöhnte sich an Dons regelmäßige Aktivitäten und konnte sich auf seine Routinen verlassen.

In unserer Ambulanz für Erwachsene mit Down-Syndrom haben wir festgestellt, dass eine ungewöhnlich große Anzahl der Menschen mit Down-Syndrom genau wie Don die gleichen Abläufe, Wiederholungen und Ordnung in ihrem Leben braucht. Diese Neigung nennen wir „Groove". Mit dem Begriff „Groove" wird unter anderem eine Spur oder die Rille einer Schallplatte bezeichnet. Wenn die Plattennadel diese Rille immer wieder abtastet, wird die Information daraus erneut wiedergegeben. Das Verhalten der Personen folgt meistens demselben bewährten Muster. Diese Tendenz zu festen Verhaltensmustern und Grooves tritt bei Menschen mit Down-Syndrom so häufig auf, dass ihr Fehlen eine bemerkenswerte Seltenheit darstellt. Im Folgenden besprechen wir die verschiedenen Arten von Grooves und ihre Vor- und Nachteile. Danach erläutern wir, wie man Probleme, die sich aus „festgefahrenen" und unflexiblen Grooves ergeben, erkennen und lösen kann.

Was ist ein Groove?

Eine einfache Definition für einen Groove ist ein festes Verhaltensmuster, ein Routineablauf bestimmter Handlungen oder immer gleiche Überlegungsmuster. Wir alle üben bestimmte Routinen in unserem täglichen Leben aus, sonst würden wir vermutlich gar nichts zustande bringen. Wenn wir zum Beispiel jeden Morgen aufs Neue überlegen müssten, wann oder wie wir duschen, unsere Zähne putzen, Socken anziehen, Schuhe zubinden und Frühstück machen sollen, wären wir mittags immer noch zu Hause. Wenn man dies auf alle anderen automatischen oder Routineaufgaben überträgt, die man jeden Tag zu Hause, am Arbeitsplatz oder in seiner Umgebung erledigen muss, kann man leicht erkennen, dass eine Welt ohne Grooves zum Stillstand käme. Menschen mit Down-Syndrom sind besonders gut darin, Grooves in ihr tägliches Leben aufzunehmen und zu befolgen. Viele befolgen diese Grooves mit einer Genauigkeit, die einen peniblen Buchhalter beeindrucken würde. Beispiele für Grooves sind:

- eine tägliche Routine mit festgelegter Reihenfolge und festem Zeitplan, einschließlich fester Morgen-, Abend- und Arbeitsroutinen, aber auch Routinen für entspannende Aktivitäten, wie Malen oder das Abschreiben von Wörtern oder Briefen,
- große Sorgfalt bei der Körperpflege und der Pflege der eigenen Erscheinung, aber auch bei der Pflege ihres Zimmers und ihrer Sachen; Menschen mit Down-Syndrom haben häufig einen festen Platz für ihre Möbel und andere persönliche Dinge in ihrem Zimmer oder ihrer Wohnung; legt jemand Dinge an einen anderen Ort, werden sie meist umgehend wieder an ihren ursprünglichen Platz zurückgebracht,
- die Entwicklung von Grooves für weniger häufige Aktivitäten, zum Beispiel eine feste Methode zum Kofferpacken, zum Bestellen in einem Restaurant oder zum Feiern von Hochzeiten, Geburtstagen, Feiertagen und so weiter.
- persönliche Vorlieben für Themen wie Musik, Sportmannschaften, soziale und Freizeitaktivitäten oder für Berühmtheiten, aber auch persönliche Dinge, wie zum Beispiel ein Lieblingsverwandter oder eine Liebesbeziehung; diese Grooves sind hilfreich für die eigene Persönlichkeitsbildung, weil der Mensch durch das, was er gerne tut, und durch Mitmenschen, mit denen er gerne zusammen ist, seine Persönlichkeit formt.

Vorteile von Grooves

Grooves bringen eine Reihe von Vorteilen mit sich. Sie vermitteln ein Gefühl der Ordnung und der Struktur im täglichen Leben. Grooves unterstützen und fördern die Selbstständigkeit. Sobald eine Tätigkeit gelernt wurde und Teil einer täglichen Routine geworden ist, wird diese Aufgabe gewissenhaft erledigt. Dadurch wird man unabhängiger und kann auch seine Arbeitsleistung steigern. Arbeitgeber sind häufig beeindruckt, wie verlässlich Angestellte mit Down-Syndrom bei der Ausführung von Routinearbeiten und dem Befolgen von Zeitplänen sind.

Grooves zur Entspannung

Groove-Aktivitäten können eine Zuflucht vor Stress und den Belastungen des täglichen Lebens zu Hause oder am Arbeitsplatz bieten. Diese Aktivitäten beinhalten häufig die Wiederholung einer bestimmten erfreulichen Tätigkeit in einer ruhigen oder privaten Umgebung und sind manchmal Teil einer täglichen Routine. Zu Hause ist der private Raum einer Person häufig ihr Schlafzimmer oder das Badezimmer. Einige der häufigsten Aktivitäten, die von Menschen mit Down-Syndrom gerne wiederholt werden, sind Lesen, Schreiben oder Zeichnen, Musik hören, Fernsehen oder Videos ansehen, Familienbilder betrachten, Handarbeiten oder Hobbys wie das Ordnen von Sammelobjekten. Einige Aktivitäten erscheinen eher ungewöhnlich, wie zum Beispiel das Abschreiben von Briefen oder Wörtern auf Zettel oder in ein Notizbuch oder das Saubermachen und das Aufräumen des Zimmers. Es besteht aber kein Zweifel daran, dass diese Tätigkeiten für die Person entspannend sind. Im Badezimmer beinhalten entspannende Aktivitäten Reinigungs- oder Pflegetätigkeiten. Manche Menschen sitzen aber gerne auch einfach nur da, um zu relaxen.

Am Arbeitsplatz ermöglicht eine immer gleiche, entspannende Aktivität vielen Menschen mit Down-Syndrom eine kurze, aber wertvolle Ruhepause von dem Zusammensein und dem Umgang mit Arbeitskollegen, dem Lärm und den Anforderungen des Arbeitsplatzes sowie der Eintönigkeit der Arbeit. Der bevorzugte private Raum am Arbeitsplatz ist oft die Toilette, weil dies meistens der einzige Ort ist, an dem man Ruhe und Privatsphäre hat. Wie zu Hause können entspannende Grooves hier ebenfalls Körperpflege beinhalten oder nur das einfache Herumsitzen. Debra, 32, eine Büroangestellte, entspannt sich während der Pausen häufig, indem sie über ihre Kopfhörer

Musik hört oder an ihrem Schreibtisch Wortsuchrätsel löst.

Grooves im Zusammenhang mit dem eigenen Aussehen und Besitztümern

Für Menschen mit Down-Syndrom sind Grooves sehr vorteilhaft, die sich um die sorgfältige Pflege der eigenen Erscheinung, des Zimmers und persönlicher Gegenstände drehen. Sorgfältige Körperpflege und Kleidung vermitteln anderen ein Bild des Selbstbewusstseins, der Selbstachtung und der Würde und können das eigene Selbstwertgefühl und die eigene Selbstachtung steigern. Letzteres kann für Menschen mit Down-Syndrom sehr wichtig sein, weil sie unverkennbare körperliche Merkmale aufweisen, die sie deutlich anders erscheinen lassen. Diese Unterschiede machen sie anfälliger für Diskriminierung, so wie das bei anderen Minderheiten auch der Fall ist. Das Selbstbewusstsein, das durch eine sorgfältige Körperpflege und durch ordentliche Kleidung entsteht, kann den stigmatisierenden Effekt des „Andersseins" deutlich verringern.

Grooves im Zusammenhang mit Ordnung

Ordnungs-Grooves sind für viele Menschen mit Down-Syndrom ebenfalls wichtig. Ordnung beinhaltet, gepflegt und reinlich zu sein, wenn es um das eigene Zimmer, Möbel, Kleidung und andere persönliche Gegenstände wie Videos, Bilder und Ähnliches geht. Beim Ordnen und Aufräumen fühlen viele Menschen ein Bedürfnis, Türen und Schränke zu schließen und das Licht auszumachen, und sind sehr sorgfältig beim Falten und Einräumen von Kleidung in Schubladen und auf Bügel in ihre Schränke. Im Extremfall kann diese starke Neigung, auf eine bestimmte Weise Ordnung zu halten, für Familien schwer zu ertragen sein, wie im Abschnitt „Nachteile" noch detaillierter beschrieben wird.

Grooves in Verbindung mit persönlichen Vorlieben

Grooves sind letztendlich eine wichtige Ausdrucks- und Kommunikationsmöglichkeit. Dies gilt insbesondere für Menschen mit Down-Syndrom, die sich nur eingeschränkt verbal ausdrücken können. Jeder Groove ist der klare und eindeutige Ausdruck einer persönlichen Wahl oder Vorliebe. So drücken tägliche Grooves und Routinen zum Beispiel aus, wie jemand Tätigkeiten wie seine Körperpflege oder sein Aussehen und seine persönlichen Gegenstände, seine Teilnahme an geselligen und Freizeitaktivitäten, seine Aufgaben am Arbeitsplatz und seine persönlichen Vorlieben hinsichtlich Musik, Hobbys und künstlerischer Unternehmungen organisieren und handhaben möchte. Umgekehrt formt und definiert die von einer Person getroffene Auswahl ihren eigenen einmaligen Stil und ihre Persönlichkeit.

Für manche Menschen können Grooves sogar eine lebenserhaltende Funktion haben. Ein Beispiel:

Cassie, 28, hat das Down-Syndrom und zudem eine genetische Krankheit, die mit einer fortschreitenden und irreversiblen Muskelzerstörung einhergeht und letztendlich zu einem frühzeitigen Tod führt. Alle ihre Geschwister bis auf eines waren dieser schrecklichen Krankheit bereits zum Opfer gefallen. Cassie ist sich ihres Zustandes bewusst, aber sie hat nach wie vor eine starke positive Einstellung zu ihrem Leben und den Menschen in ihrem Leben. Als wir Cassie zum ersten Mal trafen, bestand ihr Hauptproblem nicht in den durch die Krankheit hervorgerufenen Schmerzen und Beschwerden, sondern darin, dass sie häufig zu müde oder krank war, um sich mit ihren Freunden am Arbeitsplatz oder zu Freizeitaktivitäten zu treffen.

Wir stellten fest, dass der Hauptgrund für Cassies positive Einstellung eine Reihe von Routinen war, die nicht nur sehr entspannend waren, sondern es ihr auch ermöglichten, Kontakte zu pflegen. Wie es bei einem Groove üblich ist, werden diese Routinen meistens zu einer bestimmten Zeit und in einer bestimmten Reihenfolge absolviert. So beginnt Cassie häufig mit ihrer Lieblingsbeschäftigung und schreibt am Computer eine ihrer endlosen Listen. Danach schreibt sie Briefe an Freunde und Familienmitglieder und zum Schluss werden ihre persönlichen Gedanken sorgfältig und akribisch in ihr Tagebuch notiert. Trotz ihrer Krankheit und der vielen Verluste in ihrem Leben gestalten und ordnen diese Routinen Cassies Freizeit und erfüllen damit mindestens drei Aufgaben. Erstens verzweifelt sie nicht, weil sie für Selbstmitleid keine Zeit hat. Zweitens helfen ihr die Briefe, mit ihrer Familie und ihren Freunden in Kontakt zu bleiben, auch wenn dies nicht persönlich möglich ist. Dank ihres ausgezeichneten visuellen Gedächtnisses hat sie das Gefühl, beim Schreiben mit ihnen zu sprechen. Tröstlich ist es für sie auch, ihren verstorbenen Familienmitgliedern „im Himmel" zu schreiben. Drittens kann sie durch ihre Briefe und ihr Tagebuch ihre Gefühle zum Ausdruck bringen, sowohl die positiven Gefühle als auch ihre Ängste und Sorgen hinsichtlich ihrer Krankheit und der großen Verluste, die sie empfindet. Diese Aktivitäten werden verlässlich jeden Tag als Grooves wiederholt und helfen Cassie, ihr Leben zu meistern.

Nachteile von Grooves

Obwohl Grooves viele Vorteile bieten, können sie auch Probleme und Nachteile mit sich bringen. Aber nicht alle Probleme müssen ernsthafter Natur sein, wenn andere angemessen damit umgehen. So kann sich ein Erwachsener mit Down-Syndrom für ein bestimmtes Thema sehr interessieren, wie zum Beispiel seine Lieblingsfußballmannschaft, und dieses Thema immer wieder bei Freunden und in der Familie zur Sprache bringen. Dies mag vielleicht für seine Gesprächspartner etwas irritierend sein, aber es handelt sich nicht unbedingt um ein Problem, das wichtige Lebensbereiche dieser Person durcheinanderbringt.

Es gibt auch Grooves, die durchaus nützlich sind, wenn sie zum geeigneten Zeitpunkt oder am geeigneten Ort durchgeführt werden. Am falschen Ort oder zur falschen Zeit können sie allerdings ein Problem darstellen. Zum Beispiel werden alle Familienmitglieder einen Groove schätzen, der mit dem Putzen des Badezimmers zu tun hat, aber nicht, wenn dieser am Morgen durchgeführt wird, wenn sich alle noch fertig machen müssen. Es wäre besser, diese Aufgabe in eine Nachmittagsroutine zu verlegen. Auch ein Restaurantmanager kann darüber erfreut sein, wenn sein Angestellter mit Down-Syndrom die Toiletten sehr sauber hält, vorausgesetzt kein Gast muss längere Zeit warten, weil die Arbeit zu sorgfältig durchgeführt wird. In diesem Fall wäre es besser, wenn der Angestellte die Arbeit erledigt, bevor das Restaurant öffnet oder wenn nur wenige Gäste da sind.

Es kommt durchaus vor, dass Ordnungs-Grooves zu mehr oder weniger ernsthaften Problemen führen. Menschen mit solchen Grooves werden häufig mit den Worten beschrieben, dass sie „ihren eigenen Ordnungssinn haben". Sie arrangieren Dinge in ihrem Zimmer auf eine bestimmte Weise, aber nicht unbedingt in einer Art, die andere als aufgeräumt oder praktisch ansehen würden. Bücher, Kleidung, Videos, Papier und so weiter werden in Stapeln an verschiedenen Stellen auf den Boden gelegt, die unpraktisch sein können und es erschweren, durch den Raum zu gehen oder ihn sauber zu machen.

Einige Erwachsene mit Down-Syndrom haben die Angewohnheit, auch getragene Kleidung zu falten und einzuräumen. Manche brauchen enorm viel Zeit, um ihre Dinge zu ordnen oder Kleidung immer wieder, auf eine ganz bestimmte Weise, nämlich „genau so", zusammenzulegen oder aufzuhängen, wodurch sie sich zum Beispiel zu Ausflügen oder anderen Aktivitäten verspäten. Diese Erwachsenen neigen dazu, fast alle Dinge zwanghaft zu ordnen, angefangen von Kleidung und Einrichtungsgegenständen über besondere Zeitschriften oder Andenken bis hin zu einmaligen oder ungewöhnlichen Dingen wie ausgeschnittenes Papier, Flaschenverschlüsse und so weiter.

Das Aufbewahren von ungewöhnlichen oder sinnlosen Dingen, wie Bilder, Zeitschriften, Andenken, Stifte und Ähnliches, stellt ebenfalls einen recht weit verbreiteten Groove dar. Viele Menschen mit Down-Syndrom nehmen diese gesammelten oder besonderen Dinge überall mit hin, sorgfältig in Taschen oder Rucksäcke verpackt. Das Verhalten wird problematisch, wenn Rucksäcke extrem schwer werden oder wenn es sich zu einem Horten von Dingen wie Müll oder Abfall entwickelt (siehe „Horten" in Kapitel 16).

Dieser Ordnungssinn kann auch zu einem Problem werden, wenn stur darauf bestanden wird,

Dinge immer auf die gleiche Weise zu tun, zum Beispiel beim Essen immer auf demselben Stuhl oder an einem festen Platz zu sitzen, immer dieselbe Tasse zu verwenden oder das Essen immer auf eine bestimmte Weise auf dem Teller zu ordnen und so weiter.

Die Geschwindigkeit, mit der Menschen mit Down-Syndrom ihre Rituale ausführen, kann auch sehr problematisch sein. So kann zum Beispiel der Versuch, sie dazu zu bringen, sich zu beeilen, zur Folge haben, dass sie noch langsamer werden. Manche Erwachsene schalten vollständig ab, wenn sie zu stark angetrieben werden. Manchmal fangen sie die Routinetätigkeit sogar wieder ganz von vorne an. Dies geschieht unseren Erfahrungen nach am häufigsten bei Morgenroutinen, wenn nur eine begrenzte Zeitspanne zum Aufstehen und um aus dem Haus zu gehen zur Verfügung steht. Dies kann auch geschehen, wenn es in letzter Minute zu unerwarteten Änderungen im Zeitplan kommt. Andererseits kann das Abschalten auch eine Reaktion auf eine bedeutende Änderung im Leben des Erwachsenen sein. Zum Beispiel:

Susan, 39, weigerte sich häufig, abends mit den fünf anderen Bewohnern ihres Wohnheims an Freizeitaktivitäten teilzunehmen. Diese Weigerung hatte zu wachsendem Unmut bei den anderen Bewohnern geführt, die Spaß an den regelmäßigen Ausflügen hatten, aber wegen Susan nun zu Hause bleiben mussten. Die Ursache war wohl, dass Susan nicht daran gewöhnt war, viel zu unternehmen, weil sie erst vor kurzem aus einem Wohnheim mit 15 älteren Frauen, die einen ruhigeren Lebensstil pflegten, ausgezogen war.

Zur Lösung des Problems setzten die Mitarbeiter Susan zunehmend unter Druck, da sie ihre Ausrede (Susan wollte unbedingt jeden Abend um 19 Uhr ein Bad nehmen) absurd fanden. Auf dieses Drängen reagierte Susan mit noch mehr Widerstand, was man auch leicht hätte vorhersehen können.

Zunächst verlangsamte sie ihr Tempo, wenn sie sich fertig machen sollte, wodurch der Ausflug später begann. Mit zunehmendem Druck wurde sie nicht nur immer noch langsamer, sondern sie wurde auch hinsichtlich Kleidung und Körperpflege immer penibler und fing das ganze Prozedere immer wieder aufs Neue an, wenn es nicht auf eine ganz bestimmte Art und Weise, nämlich „genau so", ablief.

Nach einem Treffen in der Ambulanz mit allen Beteiligten wurde empfohlen, dass Susan in ein anderes Wohnheim mit älteren Bewohnern umziehen solle, was nach vorherrschender Meinung ihren Bedürfnissen besser entgegenkäme. Bevor dieser Plan jedoch umgesetzt werden konnte, ergab sich eine weitere Alternative. Es wurde vorgeschlagen, dass die Bewohner von mehreren nahe gelegenen Wohngruppen gemeinsam etwas unternehmen, sodass ein Mitarbeiter zu Hause bei Susan bleiben konnte. Da man den zweiten Plan für die bessere Alternative für Susan hielt, wurde er umgesetzt. Interessanterweise begann Susan, häufiger an geplanten Unternehmungen teilzunehmen, je wohler sie sich in ihrem Wohnheim fühlte, und ihre Beziehung zu den anderen Mitbewohnern verbesserte sich erheblich.

Bei unserer klinischen Arbeit erfahren wir viel über Routinen, aber wir haben auch selbst gelernt, die Routinen unserer eigenen Praktikanten und Angestellten mit Down-Syndrom in der Ambulanz zu respektieren. In den meisten Fällen konnten wir Routinen so einbauen, dass sie den Erwachsenen helfen, ihre Bürotätigkeiten verlässlich zu erledigen. Manchmal jedoch sorgen Routinen für kleinere Probleme. Ein Mann war zum Beispiel daran gewöhnt, immer Punkt zwölf Uhr zu Mittag zu essen, und nicht in der Lage, seine Arbeit so einzuteilen, dass er zusammen mit den anderen um 12.30 Uhr Mittagspause machte. Wir ließen ihn zunächst seinen eigenen Essenszeitplan beibehalten, aber dies bedeutete, dass er eine positive soziale Erfahrung mit anderen Angestellten versäumte. Glücklicherweise konnte er nach einigen Wochen sanfter Ermutigung dennoch dazu bewegt werden, zusammen mit den anderen Angestellten zu essen. Manchmal ist es einfach besser, einem Menschen mit Down-Syndrom nicht in die Quere zu kommen, wenn er seiner Routine nachgeht. Zum Beispiel werden wir ihn nicht unterbrechen, wenn er gerade am Kopieren ist, nur um selbst „schnell eine Kopie" zu machen. Das ist für ihn einfach zu störend und bringt ihn durcheinander.

Ernsthaftere Probleme

Manchmal kann sich ein Groove zu einem ernsten Problem entwickeln und gelegentlich wird daraus sogar eine Zwangsstörung. Wenn Zwangsgedanken und Zwangshandlungen auftreten, die normale und wichtige Aktivitäten wesentlich beeinträchtigen, spricht man von einer Zwangsneurose. Ein Groove wird beispielsweise dann höchst problematisch, wenn Morgen- oder Abendroutinen so umfangreich werden, dass jemand ständig seine Arbeit oder soziale Aktivitäten, die für ihn positiv wären, versäumt. Zwangsstörungen werden in Kapitel 16 besprochen.

Die Risiken von unflexiblen und damit problematischen Grooves

Menschen mit Down-Syndrom zeigen häufiger auffälliges Verhalten in Zusammenhang mit Routinehandlungen als andere Menschen. In unserer Ambulanz für Erwachsene mit Down-Syndrom sind diese problematischen Grooves nach Depressionen das am zweithäufigsten diagnostizierte psychische Gesundheitsproblem. Sie müssen jedoch nicht zwangsläufig bei allen Personen mit Down-Syndrom auftreten. Obwohl die meisten Menschen mit Down-Syndrom Grooves haben (wie weiter unten beschrieben), sind diese doch bei jedem Einzelnen unterschiedlich stark ausgeprägt.

Man kann Grooves mit dem Konzept verschiedener Temperamente vergleichen (Carey und McDevitt, 1995). Temperament ist ein gängiger psychologischer Fachausdruck für die unserer Persönlichkeit zugrunde liegenden Wesenszüge oder Eigenheiten, die unsere Stimmungen und unsere emotionale Natur bestimmen. Alle Eltern mit mehr als einem Kind können bestätigen, dass jedes Kind von Geburt an ein unterschiedliches Temperament zeigt. Damit soll nicht gesagt werden, dass Familien oder die Umwelt nicht auch einen starken Einfluss auf das Temperament haben können, sondern dass es auf jeden Fall eine starke biologische Komponente gibt, die Gefühle und Stimmungen wesentlich mitbestimmt. Den Grooves scheint ebenfalls eine angeborene, biologische Komponente zugrunde zu liegen, aber wie beim Temperament gibt es eine große Bandbreite, wie stark diese Neigung zu ritualisiertem Verhalten ausgeprägt ist. Mit anderen Worten: Manche Menschen sind mehr anfällig als andere, intensive Grooves zu entwickeln. Unsere Erfahrungen zeigen, dass Menschen mit besseren adaptiven Fähigkeiten häufig flexibler sind und weniger anfällig für ungünstige Grooves oder Zwangsstörungen.

Die biochemische Grundlage von Grooves

Um die Neigung einiger Menschen mit Down-Syndrom zu ungünstigen Grooves zu verstehen, muss man die zugrunde liegenden chemischen Prozesse im Gehirn verstehen. Wissenschaftler wissen seit geraumer Zeit, dass menschliches Verhalten das Ergebnis von Nervenimpulsen im Gehirn ist. Diese Nervenpfade im Gehirn funktionieren ähnlich wie ein elektrisches System, weisen jedoch Spalten an den Kontaktstellen auf. Diese Schnittstellen werden von chemischen Substanzen (Neurotransmittern) überbrückt, wodurch das Nervensystem erst richtig funktionieren kann.

In jüngster Zeit setzen Forscher hoch entwickelte Gehirnscans zur Lokalisierung von Nervenbahnen und Gehirnregionen ein, die mit bestimmten menschlichen Verhaltensweisen in Verbindung stehen (Saxena et al., 1998; Schwartz, Stoessel, Baxter et al., 1996; Breiter, Rauch, Kwong et al., 1996). Grooves (Zwangsgedanken und zwanghaftes Verhalten) werden zum Beispiel mit dem Nervensystem in und zwischen dem Frontallappen und den Basalganglien in Verbindung gebracht. Forscher haben auch herausgefunden, dass ein Mangel der chemischen Substanz Serotonin, die bestimmte Nervensynapsen überbrückt, problematisches Verhalten bedingen kann. Mit anderen Worten: Bestimmte Nervenaktivitäten stehen in Zusammenhang mit einer Neigung zu Routinehandlungen, die allerdings zu weniger funktionalen oder starren Grooves führen können

Grooves auf dem Kontinuum

Alle Grooves, ob positiv oder negativ, stehen mit denselben biochemischen Prozessen im Zusammenhang. Dies erklärt auch, wie es überhaupt zu einer negativen Entwicklung kommen kann. Um dieses Konzept besser zu verstehen, kann es hilfreich sein, Grooves auf einem Kontinuum von „positiv" bis „negativ" (problematisch) anzusiedeln:

Das linke Ende des Kontinuums repräsentiert die Grooves oder automatisierte Routinehandlungen, die für das tägliche Überleben und das Funktionieren jedes Menschen notwendig sind. Dies gilt natürlich auch für Menschen mit Down-Syndrom. Grooves ermöglichen es Menschen, sich selbst zu versorgen und ihre Aufgaben am Arbeitsplatz verlässlich auszuführen. Wir könnten noch einen Schritt weiter gehen und sagen, dass Grooves die Basis unseres eigenen Überlebens bilden und als Grundlage und Struktur einer zivilisierten Gesellschaft dienen.

Etwa in der Mitte des Kontinuums siedeln wir Grooves an, die eigentlich überflüssig und weniger funktional sind. Dies ist dann der Fall, wenn Menschen dem Groove zu starr folgen oder wenn der Groove keinen sinnvollen Zweck erfüllt. Familien beginnen ihre Beschreibung dieser Art von Grooves gewöhnlich mit: „Ich weiß nicht, warum er/sie dies tut, aber ..."

Manche Menschen mit Down-Syndrom wiederholen zwanghaft dieselbe Frage immer und immer wieder, auch wenn sie die Antwort schon kennen. Andere weit verbreitete Beispiele sind das Bedürfnis, Möbel oder persönliche Gegenstände auf eine bestimmte Weise anzuordnen, das Licht an- und auszuschalten oder eine Tür beim Verlassen eines Raums oder eines Hauses wiederholt abzuschließen. Grooves können auch sich wiederholende Gedanken oder Aktivitäten mit einschließen, die keine Gesamtfunktion haben, auch wenn ein Teil dieser Aktivität durchaus funktional ist. Essen ist zum Beispiel notwendig, aber es gibt keine Notwendigkeit, einen Stuhl „genau so" hinzustellen oder zum Abendessen immer am gleichen Platz zu sitzen. Genauso wenig gibt es eine Notwendigkeit, das Essen auf dem Teller so anzuordnen, dass sich die einzelnen Teile nicht berühren.

Auch bei Menschen, deren Grooves passend und nützlich sind, kann es ab und zu vorkommen, dass sie in bestimmten Situationen wiederholt Verhaltensweisen zeigen, die sinnlos und unerklärlich sind. Die meisten Menschen haben gelegentlich unsinnige, sich wiederholende Gedanken oder Verhaltensweisen wie zum Beispiel vor sich hin zu zählen, den Ofen immer wieder zu überprüfen, penibel sauber zu machen oder Dinge auf eine ganz bestimmte, immer gleiche Weise anzuordnen. Was geht da vor? Die chemischen Prozesse im Gehirn, die zu Grooves führen können, fluktuieren bei allen Menschen oder weisen manchmal einen Mangel auf, der sich dann in mehr oder weniger sinnlosem Verhalten äußert.

Wann ist ein Groove krankhaft? Unabhängig davon, wie unlogisch, merkwürdig oder unsinnig das sich immer wiederholende Verhalten ist, es muss nicht problematisch sein oder die Kriterien für eine Zwangsstörung erfüllen, solange es sich nicht störend auf die Funktionsfähigkeit in den wichtigsten Bereichen des Soziallebens oder auf zu Hause oder am Arbeitsplatz auswirkt. So kann es zwar unsinnig sein, den Stuhl oder das Essen bei Tisch immer auf eine bestimmte Art anzuordnen, aber es stellt kein echtes Problem dar, es sei denn, diese Aktivität hält einen vom Essen in einer angemessenen Zeit ab. In gleicher Weise kann das ständige Wiederholen von Fragen oder Bemerkungen über einen Lieblingsstar, eine Sportmannschaft oder einen besonderen Feiertag anderen auf die Nerven gehen, aber es stellt kein Problem dar, wenn es nicht mit der Arbeit oder mit sozialen Aktivitäten in Konflikt gerät.

Weiter rechts auf dem Kontinuum befindet sich ein Punkt, an dem der Groove die Aktivitäten des täglichen Lebens behindert und zunehmend unflexibel beziehungsweise problematisch wird. Sobald die immer wiederkehrenden Gedanken oder ein sich ständig wiederholendes Verhalten die normalen Lebensaktivitäten erheblich beeinträchtigen, sind die Kriterien für eine Zwangsstörung erfüllt. An dieser Stelle möchten wir anmerken, dass wir einen Unterschied festgestellt haben, wie Zwangsstörungen bei der allgemeinen Bevölkerung und wie sie bei Jugendlichen und Erwachsenen mit Down-Syndrom erlebt werden. In der Durchschnittsbevölkerung sind das Kennzeichnende für diese Störung merkwürdige oder beunruhigende Gedanken, die das Denken dieser Menschen völlig beherrschen. Dies führt dann zu typischen und hinderlichen Ritualen und zu Verhaltensauffälligkeiten, mit denen diese Menschen versuchen, die sie aufwühlenden Gedanken abzuwehren oder zu kontrollieren. So können zum Beispiel unlogische Ängste vor Schmutz oder Infektionen zu immer wiederkehrenden Waschritualen führen. Dieses Problem muss behandelt werden, nicht unbedingt wegen der vielleicht merkwürdigen Überlegungen, sondern wegen des Verhaltens, das daraus entsteht und das das Leben der Menschen beeinträchtigt.

Menschen mit Down-Syndrom werden aber kaum über beunruhigende Gedanken im Zusammenhang mit diesen Zwangshandlungen berichten. Dies kann teilweise auf die beeinträchtigte sprachliche Ausdrucksfähigkeit zurückzuführen sein, durch die es dem Menschen schwerer fällt, solche Gedanken zu formulieren und mitzuteilen. Es ist auch möglich, dass die meisten Menschen mit Down-Syndrom solche beunruhigenden Gedanken gar nicht haben, jedenfalls nicht bewusst. Es gibt jedoch Fälle, bei denen man davon ausgehen kann, dass Gedanken, die die jeweilige Person verstören, vorhanden sind. Wir haben zum Beispiel einige Patienten behandelt, die den größten Teil ihrer Zeit mit Duschen oder Saubermachen zugebracht hatten, was auf Ängste hinsichtlich Verunreinigungen und Krankheiten durch Schmutz, Bakterien oder andere gefährliche Substanzen hindeutet. Andere irrationale Ängste kann man aus Ritualen ableiten, die immer wieder zur Vermeidung bestimmter Aktivitäten führen, zum Beispiel um Ausflüge oder Autofahrten zu umgehen. Sogar in Fällen, in denen solche Kontaminations- oder Sicherheitsängste offensichtlich zu sein scheinen, sind Menschen mit Down-Syndrom nur selten in der Lage, ihre Ängste und Sorgen zu verbalisieren, auch wenn eine Vertrauensperson danach fragt. Unabhängig davon, ob beunruhigende Gedanken vorhanden sind oder nicht, sind es vor allem die ritualisierten Handlungen, die den Alltag und damit das Leben beeinträchtigen.

Die Intensität negativer Grooves kann sowohl durch Stressabbau als auch dadurch reduziert werden, dass der Groove auf produktivere Tätigkeiten gelenkt wird, wie zum Beispiel auf Körperpflege oder auf Aufgaben am Arbeitsplatz. Wenn Grooves jedoch weiterhin wichtige Funktionen im Leben behindern, kann sich die Einnahme eines Antidepressivums zur Normalisierung des biochemischen Ungleichgewichts positiv auswirken. Dies wird detailliert in Kapitel 16 besprochen.

Der Einfluss von Stress auf Grooves

In den vorangehenden Abschnitten haben wir die den Grooves zugrunde liegenden chemischen Prozesse beschrieben und erörtert, wodurch sich ein wirklich problematischer Groove von einfach nur merkwürdigem oder unsinnigem Verhalten unterscheidet. In dem folgenden Teil werden wir besprechen, welche anderen Gründe und Stressfaktoren in negativen Grooves resultieren können. Hierzu müssen wir eine einfache, aber wesentliche Tatsache berücksichtigen, nämlich dass Menschen mit Down-Syndrom eine starke Neigung haben, bestimmte Gedanken und Verhaltensweisen, wenn sie sich diese einmal zu eigen gemacht haben, zu wiederholen. Das schließt leider auch Gedanken und Verhalten mit ein, die nicht immer angemessen sind und sogar eine ernste Gefahr für ihre Gesundheit und ihr Wohlergehen sein können und deshalb problematisch sind. Viele Familien klagen, dass sich der Erwachsene mit Down-Syndrom schlechte Angewohnheiten zu eigen macht, indem er zuerst das Verhalten anderer imitiert und es dann wiederholt, zum Beispiel mit den Armen wedeln, schlagen, kratzen und sogar Krampfanfälle vortäuschen. Menschen mit Down-Syndrom können negative Routinen entwickeln, wenn sie falsche Entscheidungen im Hinblick auf ihr Verhalten treffen, die dann zu einem Gewohnheitsmuster werden. Manche Menschen gewöhnen sich zum Beispiel an, viel zu spät ins Bett zu gehen, weil sie noch fernsehen möchten und dabei auch noch ungesunde Dinge essen und trinken.

Dieser Hang zu Grooves kann in Stresssituationen leicht zu einer negativen Entwicklung führen. Der Grund hierfür liegt darin, dass Grooves bestehende Neigungen oder Wege repräsentieren, die als natürliche „Stressableiter" genutzt werden. Mit anderen Worten: Ein Groove ist wie jede andere körperliche Veranlagung. Zum Beispiel haben viele Menschen eine Veranlagung für Kopfschmerzen oder neigen zu Magen- oder Verdauungsproblemen, die dann durch Stress akut werden. Diese „Schwachstellen" zeigen uns durch körperliche Symptome, dass die betroffene Person unter Stress steht. In ähnlicher Weise kann die Neigung von Menschen mit Down-Syndrom zur Entwicklung von Routinen und Grooves unter Stress in „festgefahrenen" und unproduktiven Grooves resultieren.

Wenn man sich die Verbindung zwischen Grooves und den chemischen Prozessen bei einer Zwangsstörung genauer ansieht, kann man erklären, wie es zu der Entwicklung eines problematischen Grooves kommt. Unter Stress kann ein Mangel an der Substanz auftreten, die zur Überbrückung des Spaltes zwischen den Nervenenden benötigt wird, ähnlich wie bei den Mangelerscheinungen bei Zwangsstörungen. Aus diesem Grund kann der Groove starr und problematisch werden. So kann jemand, der normalerweise recht flexibel ist, unter Stress stur an einer Routine festhalten, wie zum Beispiel jeden Abend um 19 Uhr ein Bad zu nehmen, auch wenn es ihn von der Teilnahme an Aktivitäten, die er immer gern gemacht hat, wie einem Kinobesuch, abhält. Ein anderes weit verbreitetes Beispiel ist, dass jemand so mit seinem Lieblingsstar oder einer Liebe (real oder imaginär) beschäftigt ist, dass sich dies störend auf Aktivitäten zu Hause oder am Arbeitsplatz auswirkt.

Kurz gesagt, Menschen mit Down-Syndrom neigen häufig dazu, Gedanken und Verhalten zu wiederholen, was äußerst nützlich sein kann, aber auch ernste Probleme verursacht. Ironischerweise können problematische Grooves sehr nützliche Kommunikationsmethoden darstellen. Genauso wie positive Grooves ein wichtiges Mittel sind, um Interessen und Vorlieben auszudrücken, kann ein festgefahrener Groove eine gute Möglichkeit sein, gesundheitlichen, gefühlsmäßigen, sozialen oder emotionalen Stress zum Ausdruck zu bringen. Dies ist vergleichbar mit physischem Schmerz, der den einzigen Hinweis auf ein bestehendes Gesundheitsproblem geben kann. Ein festgefahrener Groove kann Probleme in allen Bereichen des täglichen Lebens zum Ausdruck bringen, wie zum Beispiel Gesundheitsprobleme, Wahrnehmungsstörungen oder Stress am Arbeitsplatz oder zu Hause.

Interpretation von „festgefahrenen" Grooves

Festgefahrene Grooves können eine Warnung dafür sein, dass eine Person mit Down-Syndrom Stress empfindet. Zusätzlich kann diese Person auch versuchen, eine spezifischere Botschaft über ein Problem zu vermitteln.

Anzeichen für Schmerz oder physische Probleme

Um auf den Vergleich mit den Kopfschmerzen zurückzukommen: Kopfschmerzen können ein allgemeines Warnsignal für ein gesundheitliches Problem sein, sie können aber auch auf ein ganz bestimmtes Problem hindeuten, wie zum Beispiel eine Nebenhöhlenentzündung. In gleicher Weise kann ein festgefahrener Groove, wie zum Beispiel das wiederholte Aufsuchen der Toilette, ein allgemeines Warnsignal für ein Problem sein, es kann aber auch ein spezifisches gesundheitliches Problem dahinterstecken, wie eine Blasen- oder Nierenentzündung. In manchen Fällen wurden bei Menschen mit Down-Syndrom, die ihre Gesichter fast ritualartig berührten oder die in den Ohren bohrten, ernste Nebenhöhlen- oder Ohrentzündungen festgestellt. Solche Handlungen können Betreuer auf das Vorhandensein einer Hör- oder Sehbeeinträchtigung aufmerksam machen.

Physische Probleme haben in der Regel eine gesteigerte Empfindlichkeit der betroffenen Körperregion zur Folge, die dann zu einem bestimmten Verhaltensmuster führen kann. Wenn ein Erwachsener mit Down-Syndrom einen festgefahrenen Groove hat, ist es immer wichtig, ihn nicht nur zu einem Psychologen, sondern auch zu einem Arzt zu bringen, insbesondere wenn der Groove etwas mit dem Körper oder einer Körperfunktion zu tun hat.

Henry führte seine Hand wiederholt in sein Rektum ein. In der Ambulanz wurde ein schmerzhaftes und unangenehmes Blasenproblem diagnostiziert, wodurch er nicht urinieren konnte. Seine Handlung brachte ihm etwas Erleichterung, da er so die Blase zur Entleerung stimulierte. Obwohl seine Handlungen ungewöhnlich und besorgniserregend waren, wiesen sie seine Betreuer doch erfolgreich auf ein ernstes Gesundheitsproblem hin und zeigten zudem auf die genaue Region des Körpers. Wie man sich vorstellen kann, hatte dies die sofortige Hilfe durch die Mitarbeiter zur Folge, auch deshalb, weil Henry vergaß, seine Hände zu waschen, und Kot an die Wände schmierte. Dieses Problem wurde schließlich durch die erfolgreiche Behandlung seiner Blasenstörung behoben. Allerdings dauerte es noch mehrere Monate, bis er seine Handlungen einstellte und seinen Groove wieder verlernt hatte.

Wahrnehmungsstörungen und Grooves

Wahrnehmungsstörungen, zum Beispiel bei Berührungen, beim Schmecken, Riechen und Sehen, können auch zu starren Grooves führen. Diese Art von Grooves ist häufig ein allgemeines Warnsignal, kann aber auch auf eine spezifische Wahrnehmungsstörung hindeuten. So können ungewöhnliche Vorlieben in Bezug auf ihre Kleidung, die manche Erwachsene mit Down-Syndrom aufweisen, durch eine ausgeprägte Berührungs- oder Tastempfindlichkeit verursacht werden. Manche Menschen möchten nur weiche und lose Kleidung wie Jogginghosen tragen, da sie auf bestimmte Stoffe überempfindlich reagieren. Andere weigern sich, neue Jeans zu tragen, und einige tragen überhaupt keine neuen Sachen. Manche versuchen sogar, jeden Tag dieselbe Kleidung oder dieselbe „Uniform", bestehend aus längst abgetragenen Hemden und Hosen, anzuziehen.

Familienmitglieder erfinden häufig kreative Lösungen, um mit dieser Eigenart umzugehen. Wenn ein Erwachsener zu jeder besonderen Gelegenheit (Hochzeit, Treffen mit wichtigen Persönlichkeiten und Ähnliches) nur ein bestimmtes Outfit anziehen will, waschen sie die Kleidung nachts, während ihr Angehöriger schläft. Andere Familien waschen neue Kleidung 20 Mal, bevor sie angezogen wird, oder sie suchen spezielle Used-Jeans oder sorgfältig ausgewählte Secondhand-Kleidung.

Wir haben jedoch festgestellt, dass diese Probleme je nach Stressaufkommen, der Reife des Erwachsenen und anderen Faktoren zu- und abnehmen. Daher sind Menschen zu manchen Zeiten auch eher dazu in der Lage, verschiedene Lösungen für diese Probleme auszuprobieren. So kann ein Erwachsener bei warmem Wetter eher willens sein, etwas anderes als Jogginghosen zu tragen, zum Beispiel weiche Baumwoll-Shorts oder weichere Stoffhosen, die bei formellen Anlässen besser geeignet sind. Glücklicherweise ändern viele, die nur ein bestimmtes Outfit oder eine Uniform tragen wollen, es von Zeit zu Zeit dann doch. Wenn das Problem jedoch außer Kontrolle gerät und beginnt, Auswirkungen auf wichtige Aktivitäten zu Hause oder am Arbeitsplatz zu haben, haben wir Patienten durch die Anwendung von Verhaltensstrategien und, wenn notwendig, durch Medikamente (Selektive Serotonin-Wiederaufnahmehemmer (SSRI)) geholfen, wieder etwas flexibler zu werden. In Kapitel 16 über Zwangsstörungen erhalten Sie diesbezüglich weitere Informationen.

Viele Menschen mit Down-Syndrom haben, was das Essen anbelangt, eigene Rituale, die problematisch werden können. Eine der vielen möglichen Ursachen ist eine Abneigung gegen eine bestimmte Konsistenz oder einen bestimmten Geschmack. Menschen mit diesem Problem werden häufig als pingelige Esser bezeichnet, weil sie manche Lebensmittel meiden. Manche weigern sich, bestimmte Speisen überhaupt zu essen, nur weil sie einmal die Erfahrung gemacht haben, dass diese in einer für sie unangenehmen Weise zubereitet waren (zu kross, zu weich und so weiter). Mit viel Zeit und durch Ausprobieren finden die meisten Familien genügend Nahrungsmittel und genügend Arten, diese zuzubereiten, sodass sie von ihrem Angehörigen akzeptiert werden. Einige wenige Erwachsene mit Down-Syndrom entwickeln eine extreme Abneigung gegen Lebensmittel und verweigern dann jede Nahrung. Glücklicherweise kommt dieses Problem nur selten vor und kann in der Regel schnell behoben werden. Die meisten Betroffenen sprechen auf Medikamente und Verhaltenstherapie an (siehe Kapitel 18 für weitere Informationen über mögliche Behandlungen).

Eine weitere häufig auftretende Wahrnehmungsstörung bei Menschen mit Down-Syndrom sind Probleme mit der Tiefenwahrnehmung oder andere Sehstörungen, wodurch es für sie schwierig ist, Treppen zu steigen oder über unebenes Gelände zu gehen. Dieses Problem scheint oft mit dem Alter zuzunehmen, obwohl manche diese Art von Wahrnehmungsstörungen bereits im Kindesalter haben. In der Regel ist dies kein unlösbares Problem. Die meisten Menschen gehen trotzdem über unebenes Gelände (sogar über nasse oder verschneite Oberflächen) oder sie steigen Treppen hinauf und hinab, allerdings sehr langsam und vorsichtig. Viele Menschen entwickeln für solche Situationen jedoch Grooves und Rituale, die in bestimmten Situationen Probleme verursachen. Wir haben zum Beispiel festgestellt, dass viele Menschen mit Down-Syndrom Schwierigkeiten mit Treppen in einem Hörsaal, im Kino oder in einem Sportstadion haben, insbesondere, wenn es dunkel oder sehr voll ist.

Um an solchen Orten zurechtzukommen, bewegen sie sich sehr langsam und systematisch, was für andere nicht immer einfach ist, besonders bei großen Veranstaltungen. Familien und Betreuer können das Problem in der Regel umgehen, wenn sie frühzeitig am Veranstaltungsort sind und wenn sie beim Verlassen des Raums warten, bis die meisten Leute gegangen sind. Dennoch weigern sich viele Menschen mit Down-Syndrom rundweg, solche Umgebungen aufzusuchen, wahrscheinlich aufgrund vorheriger negativer Erfahrungen. Dies kann zu einem schwerwiegenden Problem werden, wenn die Person auch solche Treppen nicht mehr bewältigen kann, die unvermeidbar sind, wie zum Beispiel in Kaufhäusern, in Schulen oder am Arbeitsplatz. Solchen Problemen liegt in der Regel neben einem starren Groove (einer Zwangsstörung) auch eine Angststörung zugrunde. An dieser Stelle verweisen wir auf Kapitel 15 über Ängste und Kapitel 16 über Zwangsstörungen.

Viele andere Arten von Wahrnehmungsstörungen können sich ebenfalls in festgefahrenen Grooves äußern. Das können sich ständig wiederholende Hand- oder Körperbewegungen sein, einschließlich geringfügiger Selbstverletzungen wie das Kratzen an kleinen Wunden, auf den Fingern kauen und so weiter.

Die Ursachen für diese Verhaltensweisen sind mannigfaltig und können auch in Ängsten oder sogar Tics liegen, die der Mensch nicht kontrollieren kann. Jedoch können sie auch mit Wahrnehmungsstörungen im Zusammenhang stehen, einschließlich, wie oben erwähnt, mit Berührung, Geschmack, Sehen, Hören, Riechen, aber auch mit weniger bekannten Bereichen wie der Propriozeption (Eigenwahrnehmung des Körpers) und dem Gleichgewichtssinn, der für die Bewegung und die Ausrichtung des Körpers im Raum verantwortlich ist. Diese Probleme können am besten von einem Ergotherapeuten beurteilt werden, der sich auf sensorische Integration spezialisiert hat. Die Ergotherapie hat in den vergangenen mehr als 25 Jahren große Fortschritte bei der Identifizierung und der Lösung von Problemen gemacht, die von einer Fehlfunktion des komplexen sensorischen Systems herrühren.

Anzeichen für Stress in der persönlichen Umgebung

Ein problematischer Groove kann auch auf irgendeine Art von Stress in der Umgebung des Menschen hindeuten. Häufig wird versucht, durch bestimmte starre Handlungen etwas Unangenehmes zu vermeiden. Solche Handlungen entwickeln sich oft aus einer Beschäftigung, die zunächst zum Entspannen diente. Wie bereits beschrieben, entspannen sich viele Menschen mit Down-Syndrom, indem sie eine unterhaltsame Aktivität in einer ruhigen oder privaten Umgebung wiederholen. Wenn Spannungen oder Konflikte in ihrer Umgebung zunehmen, verbringen sie unter Umständen immer mehr Zeit in ihrem Zimmer mit entspannenden Aktivitäten, in denen sie ganz aufgehen können. Einige Erwachsene mit Down-Syndrom bewegen sich noch langsamer und werden noch pedantischer bei der Ausführung ihrer Morgenroutine, um so einem Problem in der Schule oder am Arbeitsplatz zu entgehen. Wenn sie langsam genug sind, verpassen sie wahrscheinlich den Bus und können den Konflikt dann vollständig meiden.

Es gibt viele verschiedene Situationen oder Konflikte, die Menschen zu meiden versuchen, wie zum Beispiel physische und verbale Aggression oder einen übervorsichtigen oder aufdringlichen Betreuer. Am Arbeitsplatz können Erwachsene mit Down-Syndrom versuchen, ernste Konflikte oder Spannungen mit anderen genauso wie Lärm und Langeweile bei der Arbeit zu vermeiden, indem sie an einem ruhigen Ort wie der Toilette verweilen.

Weitere Gründe für das Auftreten von Grooves

Manchmal weist eine Angewohnheit auf ein relativ harmloses oder wenig kritisches Problem hin. Manche Menschen entwickeln zum Beispiel bestimmte Grooves bei der Körperpflege, wenn sie das Entwicklungsalter eines Teenagers erreichen. (Bedenken Sie, dass dies bei Erwachsenen mit Down-Syndrom im Vergleich zur allgemeinen Bevölkerung später beginnt, siehe Kapitel 10.) So bürsten oder kämmen sie vielleicht ihr Haar übertrieben lang oder ziehen sich am Morgen häufig um, um das am besten aussehende Outfit zu finden.

Merkwürdiges oder untypisches Verhalten, wie dauerndes Sprechen oder Zeichnungen mit sexuellem oder Gewalt darstellendem Inhalt, kann andere auf eventuellen sexuellen oder physischen Missbrauch hinweisen. Als Gary zum Beispiel plötzlich begann, öfter Zeichnungen mit sexuell eindeutigem Inhalt anzufertigen, führte eine vorsichtige Untersuchung zu der Entdeckung, dass er sexuell missbraucht wurde. Eine entsprechende Behandlung und eine andere Umgebung führten zu einer Verminderung dieses Verhaltens.

Wie andere die Entwicklung gesunder Grooves beeinflussen können

Eltern, Geschwister, Kollegen, Freunde, Mitbewohner und Betreuer können einen wichtigen Einfluss auf die Grooves des Erwachsenen ausüben. Die Art und Weise, wie sie die Rituale verstehen, akzeptieren und darauf reagieren, kann bestimmen, ob diese für eine Person etwas Positives und Hilfreiches sind oder ob sie starr und problematisch werden. Die wichtigsten Methoden, mit denen Familien und andere im Umfeld des Erwachsenen die Entwicklung von Grooves beeinflussen können, sind:

1. die richtige Einschätzung des Groove-Verhaltens (wird es zum Beispiel als absichtlich widerspenstiges Verhalten aufgefasst oder einfach als etwas, das die Person braucht),
2. es sollten keine Regeln aufgestellt und durchgesetzt werden, die die Entwicklung von gesunden Grooves verhindern,
3. es muss ein angemessenes Maß an Betreuung geboten werden, damit schlechte Angewohnheiten, die zu starren Grooves werden können, nicht ausgelebt beziehungsweise diese verhindert werden können,
4. Flexibilität sollte stark gefördert werden.

Die richtige Interpretation von bestimmten Verhaltensweisen

Es kann leicht passieren, dass das Bedürfnis eines Menschen, Routinen oder Grooves zu entwickeln und auszuleben, als Widerspenstigkeit fehlinterpretiert wird. Die meisten Menschen mit Down-Syndrom versuchen zum Beispiel, eine Routinehandlung zu beenden, bevor sie mit einer neu zugewiesenen Aufgabe beginnen. Daraus kann schnell ein Konflikt entstehen, nämlich dann, wenn derjenige, der die Aufgabe stellt, annimmt, dass die Person mit Down-Syndrom sich der Autoritätsperson widersetzt. Mehr Druck von Eltern, Lehrern oder Vorgesetzten führt häufig dazu, dass die Person sich noch intensiver mit seinen Grooves beschäftigt. Ist dies nun widerspenstiges Verhalten oder ein Verhalten, das die Person nicht völlig kontrollieren kann, weil es biologisch bedingt ist? Wenn Sie glauben, dass es sich um vorsätzliches und widerspenstiges Verhalten handelt, werden Sie wahrscheinlich auf Ihrer Sache bestehen, wodurch die Person voraussichtlich noch mehr auf ihrem Groove beharren wird.

Was diese Situation noch verwirrender macht, ist, dass die meisten Menschen unabhängig sein wollen und einen normalen Drang verspüren, in jeder Situation, in der ihnen gesagt wird, was sie tun sollen, zu rebellieren. Wahrscheinlich ist hier jedoch die biologische Komponente die stärkere Kraft, denn die Biologie (wie Mutter Natur) lässt nicht mit sich spaßen oder sich ignorieren – beachtet man sie nicht, hat dies Konsequenzen. Man kann dies mit dem ungestümen Verhalten und den Stimmungsschwankungen von Teenagern vergleichen, bei denen sich in dieser Entwicklungsphase der Hormonhaushalt umstellt. Eltern, die erfolgreich mit Söhnen und Töchtern im Teenageralter zurechtkommen, wissen und respektieren, wie hormonelle Veränderungen Stimmungen und Temperament beeinflussen. Sie lernen, sehr vorsichtig und geduldig auf die Stimmungen des Teenagers zu reagieren, und dass zu starke Reaktionen die Dinge nur verschlimmern. Ebenfalls kann man Menschen zum Vergleich heranziehen, die launisch und unvernünftig werden können, wenn der Blutzuckerspiegel zu niedrig ist. Familienmitglieder wissen meist, dass diese Person erst etwas essen muss, bevor sie wichtige Angelegenheiten besprechen können. Möchte man einen Menschen mit Down-Syndrom zu etwas zwingen, wird das vermutlich nicht von Erfolg gekrönt sein, da er sich dann umso mehr in sein „problematisches Verhalten" zurückziehen wird.

Unserer Erfahrung nach ist es sehr wichtig, Gründe für das Verhalten einer Person zu suchen, vor allem wenn sie irritierende oder unsinnige Grooves entwickelt, bevor man den Schluss zieht, dass sich die Person einfach nur stur und widerspenstig verhält. Wie bereits mehrfach in diesem Buch erwähnt, muss man berücksichtigen, dass Menschen mit Down-Syndrom nicht immer fähig sind, Probleme oder Sorgen verbal auszudrücken oder mitzuteilen, und dass sie diese deshalb durch ihr Verhalten zum Ausdruck bringen. Die Tatsache, dass Grooves eine natürliche Rolle im Leben dieser Menschen spielen, macht sie zu einem logischen Mittel für den Ausdruck von Stress. Kennt man die Ursachen von Stress und kann sie verringern oder ganz vermeiden, verringert man auch das Auftreten von problematischen oder irritierenden Grooves.

Natürlich gibt es Situationen, in denen Menschen nicht zwanghaft handeln, sondern einfach widerspenstig sind und sich auflehnen. In der Regel kann man das feststellen, indem man die Anzahl und die Intensität der Situationen notiert, in denen dieses Verhalten auftritt. Wenn sich jemand absichtlich widerspenstig verhält, wird er dieses Verhalten immer an den Tag legen, sobald er von einer Autoritätsperson zu etwas aufgefordert wird.

Wenn er in bestimmten Situationen lediglich versucht, einen Groove fertig auszuführen, sollte es anderenfalls, wenn er genug Zeit hat, keine Probleme geben. Ein Anhaltspunkt für das Verhalten der Person ist auch, wie die Person versucht, ein Problem zu lösen. Gibt man ihr genügend Zeit, und sie behält dennoch eine negative Einstellung bei, dann liegt der Grund hierfür vermutlich nicht darin, dass sie mehr Zeit gewinnen möchte, sondern dass sie tatsächlich der Autoritätsperson trotzen will. Eventuell benötigt die Person in solchen Situationen mehr Freiheit und Unabhängigkeit; dies ist allerdings ein anderes Thema.

Wie man vernünftige Regeln durchsetzt

Probleme können ebenfalls auftreten, wenn der verantwortliche Betreuer Regeln aufstellt, die mit der Ausführung eines Grooves kollidieren oder auf Grooves keine Rücksicht nehmen. Ein Beispiel:

Lynne, 42, wurde in unsere Ambulanz gebracht, weil sie Verhaltensauffälligkeiten zeigte. Sie schrie Mitarbeiter und andere Bewohner in ihrem Wohnheim an und ab und zu schlug sie die Person, die den Boden wischte. Die Regeln ihres Wohnheims besagten, dass die Hausarbeiten aufgeteilt werden. Montags wischte Lynne den Boden, dienstags räumte sie den Tisch ab, mittwochs brachte sie den Müll nach draußen und so weiter. Sämtliche Bewohner erledigten jeden Tag eine andere Aufgabe. Lynne wischte aber gerne den Boden und tat dies auch sehr gut. Sie ärgerte sich sehr, wenn sie eine andere Aufgabe erledigen sollte. Nach eingehender Befragung erfuhren wir, dass es den anderen Frauen egal war, ob sie den Boden wischten. Die Betreuerin von Lynne fragte, ob dies ein Beispiel für eine Zwangsstörung sei. Die Frage war durchaus berechtigt. Dieses Verhalten kann natürlich auf eine Zwangsstörung hinweisen, aber nicht bei Lynne. Die Regeln waren in diesem Fall zu starr und führten zu unnötigen Konflikten. Also wurden die Hausregeln geändert. Nachdem Lynne nun jeden Tag den Boden wischen konnte, glänzte er ganz wunderbar und Frieden kehrte wieder in das Wohnheim ein.

Dieser Art von Problemen begegnen wir häufig bei Regeln am Arbeitsplatz oder im Wohnheim, wenn die Mitarbeiter oder die Leitung wenig Erfahrung mit Menschen mit Down-Syndrom haben. Sie können aber auch zu Hause auftreten, wenn die Familie Groove-ähnliche Situationen nicht versteht:

Familie Baker hatte ständig Probleme mit ihrem Sohn Greg, einem Teenager, der jeden Morgen zu spät für die Schule fertig war. Gregs Eltern hatten für ihn und seine zwei Brüder in bester Absicht dieselben Regeln aufgestellt, weil sie wollten, dass Greg so wie die anderen Kinder in der Familie behandelt wurde. In vielerlei Hinsicht war er auch wie jeder andere, nur bewegte er sich morgens nicht so schnell. Wie viele andere Menschen mit Down-Syndrom ging er beim Baden, bei der Körperpflege und beim Anziehen sehr langsam, präzise und methodisch vor. Daher sah er auch immer sehr ordentlich und gepflegt aus, aber er kam dadurch stets zu spät.

Die Bakers kamen in unsere Ambulanz, als die morgendlichen Konflikte und Spannungen unerträglich geworden waren. Die Eltern erzählten, dass sie begonnen hatten, Greg zu „ermutigen", sich schneller zu bewegen. Greg berichtete jedoch, dass sie ihn drängten und wie ein kleines Kind behandelten. Je mehr sich die Eltern bemühten, desto mehr Widerstand leistete er. Schließlich schrien sich alle gegenseitig an. Greg weigerte sich sogar, zur Schule zu gehen, was für ihn sehr ungewöhnlich war. In der Ambulanz waren sich alle einig, dass der Versuch gescheitert war, ihn zur Eile anzutreiben, und dass eine neue Strategie entwickelt werden musste. Gregs Eltern hörten unseren Ausführungen über den Groove geduldig zu. Sie erkannten, dass er einige Grooves hatte, die im Allgemeinen auch gut für ihn waren. Sie hatten nicht bedacht, dass dies der Grund seiner morgendlichen Langsamkeit sein könnte. Alle waren sich einig, dass mehr Zeit die beste Lösung für Greg sei. Er ergriff die Initiative und stellte seinen Wecker und ab diesem Zeitpunkt gab es keine weiteren Probleme mehr.

Wir kennen ähnliche Situationen aus Schul- und Arbeitsumgebungen. Zum Beispiel beschwerten sich Mitarbeiter eines Unternehmens, dass die Angestellten mit Down-Syndrom immer zu spät von ihrer Mittagspause zurückkamen. Die Mittagspause dauerte nur eine halbe Stunde, wodurch diese Angestellten mit ihrem langsameren Tempo nicht genug Zeit zum Essen und zum Zurückkommen hatten. Bei dieser Art von Problemen kann man häufig eine Lösung erarbeiten, indem man die Vorteile von Grooves bespricht. Arbeitgeber geben meistens bereitwillig zu, dass es die Verlässlichkeit und die Genauigkeit dieser Personen sind, die sie ihre Arbeit so ausgezeichnet erledigen lassen. Wenn man ihnen erklärt, dass Tempo und Gewissenhaftigkeit bei Menschen mit Down-Syndrom eng zusammenhängen, und dies auch für das Essen gilt, sind sie meistens bereit, ein wenig mehr Zeit für die Mittagspause einzuräumen (in der Regel werden nur fünf bis zehn Minuten mehr benötigt).

Ähnliches wurde uns über Schüler mit Down-Syndrom berichtet, die häufig nach dem Sportunterricht zu spät kommen, weil sie mehr Zeit zum Duschen und Anziehen benötigen. Wenn wir dann mit den Lehrern sprechen, stellt sich häufig heraus, dass die Eltern bereits versucht haben, das Bedürfnis nach mehr Zeit deutlich zu machen. In der Schule wird diese Erklärung oft nicht ernst genommen, weil man denkt, dass die Eltern voreingenommen oder überfürsorglich sind. Mitarbeiter der Ambulanz werden aber von den Schulen als weniger befangen und professioneller angesehen, weshalb ihnen das Lehrpersonal meist bereitwilliger zuhört, auch wenn sie dasselbe sagen wie die Familie. Wir haben festgestellt, dass Schüler mit Down-Syndrom oft nur ein paar zusätzliche Minuten benötigen. Sobald dies verstanden wurde, lassen sich die Probleme recht einfach lösen.

Manchmal ist es nicht möglich oder nicht im Interesse des Menschen mit Down-Syndrom, wenn er so viel Zeit bekommt, wie er gerne hätte. Zum Beispiel kann eine Verlängerung der Badezeit ein Problem mit trockener Haut verschlimmern. Der Gebrauch von Kurzzeitweckern kann recht erfolgreich sein. Sofern dies möglich ist, überlassen wir der Person mit Down-Syndrom die Kontrolle des Weckers.

Die Bedürfnisse und die Fähigkeiten der jeweiligen Person müssen mit den Bedürfnissen der Familie, der Schule und so weiter in Einklang gebracht werden. Wenn die Person körperlich tatsächlich nicht in der Lage ist, sich schnell genug zu bewegen, um die Regeln zu befolgen, dann ist es ihr gegenüber nicht fair, trotzdem darauf zu bestehen. Wenn die Person aber andererseits die Langsamkeit als Verzögerungstaktik einsetzt, ist dies häufig ein Anzeichen für ein ernsthafteres Problem. Meist will die Person mit Down-Syndrom die Situation aus irgendeinem Grund umgehen.

Wir sind überzeugt, dass diese Art von Fehlinterpretation eines Grooves häufig der Grund dafür ist, dass Menschen mit Down-Syndrom den Ruf haben, „stur" zu sein. Wenn man für diese Neigung Verständnis hat und sie beim Aufstellen und Durchsetzen von Regeln berücksichtigt, kann man viele Probleme vermeiden.

Das richtige Maß an Betreuung

Erwachsene Autoritätspersonen spielen ebenfalls eine Rolle, wenn es darum geht, die Entwicklung „schlechter Gewohnheiten", die zu unflexiblen Grooves werden könnten, zu fördern oder zu verhindern. In einem zuvor genannten Beispiel hatten sich mehrere Bewohner eines Wohnheims angewöhnt, lange aufzubleiben und Filme anzuschauen oder fernzusehen. Zwar ist dies in erster Linie eine Fehlentscheidung der Erwachsenen mit Down-Syndrom, aber es deutet auch auf einen Mangel an entsprechender Betreuung hin, die für das Entwicklungsalter und die Reife dieser Erwachsenen angemessen ist.

Wie bereits in Kapitel 4 besprochen, kann sich das Entwicklungsalter vom tatsächlichen Alter unterscheiden. So hat ein Mann mit Down-Syndrom, der 30 Jahre alt ist, vielleicht gute Alltagsfertigkeiten, aber sein Urteilsvermögen kann weit weniger gut entwickelt sein. Wenn andere davon ausgehen, dass seine Fähigkeiten beim Lösen von Problemen genauso gut sind wie seine Fähigkeiten beim Saubermachen, beim Kochen und bei der Körperpflege, bekommt er unter Umständen nicht die Betreuung und die Unterstützung, die er in anderen Bereichen braucht. In einem Wohnheim können unzureichende Betreuung und Unterstützung auf einen finanziellen oder Mitarbeitermangel zurückzuführen sein, es kommt aber auch durchaus vor, dass rationalisiert wird, weil man fälschlicherweise meint, man könne die Menschen ihrem chronologischen Alter entsprechend behandeln.

In solchen Situationen kann es leicht passieren, dass die Bedeutung und die Beharrlichkeit von Grooves nicht erkannt und verstanden werden. Betreuer verstehen unter Umständen nicht, dass die Menschen von Natur aus dazu neigen, Verhaltensweisen ständig zu wiederholen. Wenn jemand einmal auf den Geschmack gekommen ist, gerne lange aufbleibt und sich abends die Zeit mit Filmen und Mitternachtssnacks vertreibt, kann dies sehr schnell zu einer schlechten Angewohnheit werden. Das führt dann wiederum zu großen Problemen am Tage, nämlich Schlafmangel, Müdigkeit und Lethargie. Das kann sogar so weit gehen, dass die Schule geschwänzt wird, man überall zu spät kommt und am Arbeitsplatz sehr unproduktiv wird. Zudem birgt dies ein erhöhtes Risiko für Depressionen, Gewichtszunahme und einer langen Liste damit zusammenhängender Gesundheitsprobleme.

Fördern Sie Flexibilität!

Obwohl wir auf jeden Fall empfehlen, den Groove einer Person zu respektieren, wissen wir auch, dass zu viel Groove problematisch werden kann. Daher empfehlen wir, die Entwicklung von Flexibilität bei dem Erwachsenen zu fördern. Das ist ein fortwährender Prozess, der jeden Tag aufs Neue beginnt. Man muss den Groove respektieren, aber gleichzeitig die Person sanft ermutigen und lenken, dass sie andere Optionen entdeckt.

Empfehlungen zur Förderung der Flexibilität bei negativen Grooves

- Wählen Sie eine Verhaltensweise aus, bei der eine Änderung wahrscheinlich möglich ist. Nimmt man sich eine Aufgabe vor, die zu schwierig ist, führt dies zu Entmutigung und zu mehr Starre.
- Arbeiten Sie am Thema Flexibilität nur

Empfehlungen für Gegenmaßnahmen bei starren Grooves:

Bedenken Sie, dass Menschen mit Down-Syndrom dazu neigen, Handlungen anderer nachzuahmen, viel mehr, als auf das zu hören, was ihnen gesagt wird.

Viele Menschen mit Down-Syndrom lernen visuell (dies wird detailliert in Kapitel 5 besprochen). Sie lernen, indem sie andere um sie herum beobachten. Wenn Sie nicht möchten, dass eine Person mit Down-Syndrom schlechte Angewohnheiten entwickelt, sollten Sie den Kontakt mit Menschen, die eher negative Vorbilder sind, versuchen zu meiden und den Kontakt zu Personen, die ein positives Vorbild sein können, fördern.

Geben Sie Menschen mit Down-Syndrom „ausreichend" elterliche Fürsorge und Betreuung.

Dies wurde detailliert in Kapitel 7 beschrieben. Das richtige Maß an Betreuung ermöglicht den Menschen, so viele Freiheiten zu haben, wie sie bewältigen können, und gleichzeitig gesund und wohlauf zu bleiben. Zu viel Betreuung kann erdrückend sein, aber zu wenig kann zum Beispiel die Entwicklung ungünstiger Schlaf- oder Essgewohnheiten fördern.

Schränken Sie Situationen ein, die hohe Risiken bergen.

Die meisten Eltern wissen, dass bestimmte Situationen ein Risiko für den Menschen mit Down-Syndrom darstellen, weil sie schnell zu einem Ritual beziehungsweise einem starren Groove werden können. Setzt man den Angehörigen diesen Situationen aus, ist das vermutlich dasselbe, als stellte man mehrere Schachteln Pralinen vor einen „Schokoholiker". Die Wahrscheinlichkeit, dass die Pralinen innerhalb kürzester Zeit gegessen werden, ist recht hoch. In gleicher Weise können Menschen mit Down-Syndrom süchtig nach Fernsehen oder Filmen werden. Wenn man sie selbst entscheiden lässt, wie lange sie sich diesen Aktivitäten zuwenden dürfen, werden sie zweifelsohne zu viel fernsehen und an zu wenig positiven Aktivitäten wie sozialen oder Freizeitaktivitäten teilnehmen. Glücklicherweise funktionieren Grooves in beide Richtungen. Sobald Jugendliche und Erwachsene einen Zeitplan haben, der eine vernünftige Menge an Fernsehen oder Filmen beinhaltet, folgen sie diesem im Allgemeinen auch.

Nehmen Sie sich Zeit, darüber zu sprechen.

Unsere Gewohnheiten und Verhaltensmuster ergeben sich nicht nur aus verschiedenen Lebenssituationen oder dem, was wir wollen oder wünschen. Wir können nämlich auch aktiv handeln und auf den Einfluss anderer reagieren. Menschen mit Down-Syndrom haben zwar unter Umständen Schwierigkeiten mit abstraktem Denken, aber sie sind sehr sensibel, wenn es um die Gefühle und die Meinungen anderer geht. Deshalb sollte man sich die Zeit nehmen, mit ihnen darüber zu sprechen, warum sie produktiven Aktivitäten nachgehen sollten. Auch wenn sie nicht vollständig verstehen, warum eine vernünftige Ernährung oder soziale und Freizeitaktivitäten positiv sind, ist doch für sie die Tatsache von großer Bedeutung, dass es für die Menschen, die ihnen nahestehen, anscheinend wichtig ist. Auch kann es hilfreich sein, wenn man sich die Zeit nimmt, das Problem in konkreteren Begriffen zu erklären. Versuchen Sie zum Beispiel zu erklären, dass eine vernünftige Ernährung und Sport dazu beitragen können, dass Ihr Angehöriger wieder in seine Hose passt, mehr Energie hat, sich besser fühlt und so weiter.

dann, wenn Sie genügend Zeit haben und die nötige Geduld aufbringen können.
- Erklären Sie deutlich und geduldig, welche Verhaltensweisen flexible Optionen zum aktuellen Verhalten darstellen.
- Teilen Sie die Tätigkeit in überschaubare Schritte auf, die leicht zu bewältigen sind.
- Verwenden Sie visuelle Hilfsmittel: Bilder, einen Kalender, zeigen Sie der Person eine andere Herangehensweise oder setzen Sie weitere Hilfsmittel ein, um das Lernen und das Verstehen zu vereinfachen.
- Versuchen Sie nicht, einen Groove genau dann zu ändern, wenn die Person mit Down-Syndrom gerade viel Stress hat.
- Seien Sie nicht wertend oder kritisch. (Nichts fördert Starrheit so sehr, wie jemandem zu sagen: „Es macht mich wahnsinnig, wenn du …")
- Erklären Sie eventuelle Änderungen und geben Sie der Person ausreichend Zeit, sich darauf vorzubereiten, aber nicht zu lange, damit die Änderung nicht zusätzliche Ängste hervorruft.
- Es kann hilfreich sein, das Wort „flexibel" zu erklären, indem Sie auf Situationen hinweisen und die Person mit Down-Syndrom loben, wenn sie flexibel ist (siehe Beispiel unten).

Die folgende Geschichte ist ein wunderbares Beispiel für Flexibilität:

William, 34, kam von der Arbeit nach Hause und fand seine Mutter und seine Tante, die aus Europa zu Besuch war, am Küchentisch vor, wo sie sich unterhielten. Die Mutter fragte ihn, ob er nicht mit ihnen an dem Abend ins Kino gehen wolle. William sagte, dass es Dienstagabend sei und dass er am Dienstagabend immer eine Stunde Training mit seinem Lieblings-Fitnessvideo absolviere. Seine Mutter schlug vor, er könne seinen normalen Zeitplan ändern, mit ihnen ins Kino gehen und das Training im Laufe der Woche nachholen.

William ging in sein Zimmer und seine Mutter hörte ihn ein Selbstgespräch über das Thema führen. Er kam zurück in die Küche und sagte zu seiner Mutter: „Ich will über das Wort mit F sprechen." Seine Mutter wartete angespannt auf diese peinliche Unterhaltung, die noch nie zuvor stattgefunden hatte, noch dazu vor der Tante. William fuhr fort: „Ich möchte über Flexibilität sprechen. Ich gehe heute Abend mit dir und Tante Jenny ins Kino." Die vielen Jahre, in denen William sanft ermutigt wurde, Alternativen zu seinen Grooves zu akzeptieren, wenn dies nötig war, zahlten sich nun aus und führten zu einem erfolgreichen und vergnüglichen Abend.

Zusammenfassung

In diesem Kapitel haben wir verschiedene Arten und Ausprägungen von Grooves vorgestellt. Jede davon kann eine positive Funktion haben. Allerdings haben wir auch Patienten mit diesen Grooves gesehen, die sich auf dem Kontinuum weit nach rechts an einen Punkt bewegt haben, an dem die Grooves negative Auswirkungen hatten und zu erheblichen Herausforderungen für andere wurden. Diese Verhaltensweisen können so problematisch werden, dass sie die Kriterien für eine Zwangsstörung erfüllen. Wenn die Person trotz vieler sanfter Ermutigung durch andere nicht in der Lage ist, flexibler zu werden, und die Grooves viele Konflikte oder Probleme verursachen, dann sollte man auf eine Zwangsstörung hin untersuchen und eventuell sogar Medikamente einsetzen. In Kapitel 16 werden die Diagnose- und Behandlungsoptionen detailliert besprochen.

Auch wenn Flexibilität und Rituale an sich ein Widerspruch sind, behindern die Routinen das Leben in der Regel nicht erheblich. Die meisten Menschen mit Down-Syndrom können sich an Veränderungen anpassen, wenn sie die entsprechende Zeit bekommen und von anderen ermutigt werden. Auch in solchen Situationen wie der von Susan auf Seite 147, in der starre Routinen Probleme bereiten, können diese gelöst werden, wenn andere dabei helfen, neue, produktivere Routinen zu entwickeln oder eine Umgebung zu finden, die die Routinen eher akzeptiert oder sich damit arrangieren kann.

Man kann Grooves eindeutig als ein häufig vorkommendes charakteristisches Merkmal bei Menschen mit Down-Syndrom bezeichnen. Versucht man, Grooves vollständig zu verhindern, hat das meist nicht nur wenig Erfolg, sondern kann sich auch sehr negativ auf den Menschen und seine Lebenssituation auswirken. „Gesunde" oder nützliche Grooves sind meist sehr vorteilhaft. Wir empfehlen, fortwährend daran zu arbeiten, die Grooves einer Person zu respektieren, und gleichzeitig zu versuchen, ein Gleichgewicht zwischen Groove und Flexibilität zu finden.

10 Besondere Aspekte in kritischen Lebensphasen

Pubertäres Verhalten, Isolation, Rückzug, Ruhestand

Niemand ist mit 50 immer noch dieselbe Person wie mit 20 oder 40 Jahren. Wir verändern uns, weil wir reifer werden, uns weiterentwickeln und uns verschiedene Erfahrungen im Leben beeinflussen. Solche Veränderungen sind normal und ein wesentlicher Bestandteil des menschlichen Lebens. Unser Verhalten, unsere Einstellungen und unsere Persönlichkeit wandeln sich. Zwar ist das Ausmaß der Veränderung von Person zu Person unterschiedlich, aber kein Mensch bleibt immer derselbe, jeder verändert sich mit der Zeit. Dies gilt für Menschen mit Down-Syndrom im Laufe ihres Lebens natürlich ebenfalls. Und wie bei allen anderen sind Veränderungen am ehesten in bestimmten Lebensphasen zu erwarten. Damit befassen wir uns in diesem Kapitel, besonders weil die Gefahr besteht, dass solche Veränderungen bei Menschen mit Down-Syndrom als Verhaltensauffälligkeiten fehlinterpretiert werden.

Verhalten im Teenageralter

Die Teenager- und Jugendzeit kann sowohl für den Jugendlichen als auch für sein Umfeld große Herausforderungen mit sich bringen. In dieser Lebensphase entwickelt der Mensch sein Selbstbild und seine Unabhängigkeit von anderen. Dieser Prozess des „Sich-selbst-Findens", aber gleichzeitig des „Dazugehören-Wollens" ist ein schwieriger Balanceakt, der oft von Stimmungsschwankungen, Rückzug in die Isolation, Ausprobieren verschiedener Verhaltensweisen und dem Durchsetzen der eigenen Meinung gekennzeichnet ist. Für Menschen aus dem Umfeld des Teenagers, besonders für die Eltern, sind das Verstehen und das Akzeptieren dieses Prozesses wesentlich, um diese Phase im Leben des Teenagers zu „überstehen": Aber nicht allen Eltern fällt es leicht, das Verhalten des Jugendlichen zu akzeptieren, vor allem dann nicht, wenn in dieser Phase zwischen Eltern und Teenager ernste Konflikte zu bewältigen sind.

Eltern, die „Überlebensstrategien" suchen, empfehlen wir ein sehr nützliches Buch von Dr. Anthony Wolf, selbst Vater und ein bekannter Psychologe, über das Teenageralter. Er hat Tausende Teenager und ihre Familien in seiner Praxis behandelt. Der Titel des Buches lautet „Verschwinde aus meinem Leben, aber fahr mich und meine Freundin bitte erst noch ins Einkaufszentrum" (Originaltitel: Get Out Of My Life, But First Could You Drive Me & Cheryl To The Mall …?). Das Buch beschreibt die Probleme mit Teenagern auf humorvolle Weise und bietet Lösungsansätze für diese Zeit. Der Autor gibt den Eltern Hoffnung und beschreibt überraschend einfach, wie man diese Zeit, die für beide Seiten so verwirrend ist und gleichzeitig eine große Herausforderung darstellt, überstehen kann. Dr. Wolf erklärt, dass Teenager sich oft so konträr verhalten, weil sie ihren Eltern so ähnlich sind, doch wollen sie gerade in dieser Lebensphase unabhängig werden und herausfinden, wer sie sind. Dazu müssen sie sich von den Eltern loslösen und ein Stück weit entfernen. Hinzu kommt natürlich auch noch, dass sich der Körper verändert und die Hormone verrücktspielen, wodurch die Teenager zeitweise leicht reizbar, launisch und unberechenbar sind.

Wenn man bedenkt, wie schwer es die Jugendlichen in dieser Lebensphase haben und welche körperlichen Veränderungen sie durchmachen, kommen wir Eltern noch ganz gut weg, wenn wir nur drei bis vier Jahre einerseits angeschwiegen oder nicht beachtet werden, andererseits gleichzeitig gelegentliche Wutanfälle, feindseliges und trotziges Verhalten aushalten müssen. Unsere Jugendlichen fordern uns und unsere Regeln heraus, aber gleichzeitig brauchen sie Grenzen. Dr. Wolf versichert uns, dass sich die Hormone mit der Zeit wieder beruhigen. Irgendwann finden das Streben nach Unabhängigkeit und das Entdecken der eigenen Identität wieder in geregelteren Bahnen statt und der Jugendliche wird wieder vernünftiger.

Eltern sollten ihr Kind während dieser Lebensphase unterstützen, ihm aber auch gleichzeitig Grenzen setzen. Zum frühen Jugendstadium (zu Beginn der Pubertät) gehören zum Beispiel auch das Erlernen der entsprechenden Körperpflege (Deos anwenden und Haare kämmen) sowie Hygienemaßnahmen während der Regel bei Mädchen. Im späteren Jugendstadium unterstützen die Eltern ihr Kind bei sozialen und schulischen Aufgaben sowie bei der Wahl eines geeigneten Berufs und helfen ihm so, den Übergang zum Erwachsenenalter und zu den dazugehörigen Rechten und Pflichten erfolgreich zu bewältigen. In jedem Stadium dieser Lebensphase lernt der Jugendliche, Dinge selbst in die Hand zu nehmen und zu tun (Psychologen nennen das „Kompetenz"), stärkt somit sein Selbstwertgefühl sowie seine Selbstachtung und trägt zu seiner Selbstfindung bei. Hilfreich bei diesem Prozess ist die weitere Förderung kognitiver Fähigkeiten, um logisches und abstraktes Denken zu verbessern. Dies hilft dem Jugendlichen, seine Gefühle besser zu kontrollieren und zu erkennen, dass er nicht nur Handlungen ausführt, sondern dafür auch selbst verantwortlich ist.

Gemeinsamkeiten von Jugendlichen mit und ohne Down-Syndrom

Körperliche und hormonelle Veränderungen

Jugendliche mit Down-Syndrom durchlaufen dieselben Lebensphasen wie andere Jugendliche. Sie müssen in der Pubertät, die zur gleichen Zeit (oder leicht verzögert) anfängt, dieselben körperlichen und hormonellen Veränderungen bewältigen und zeigen ebenfalls Stimmungsschwankungen und Reizbarkeit. Im Teenageralter legen sie dieselben Verhaltensweisen wie andere Jugendliche an den Tag:

- Sie achten sorgfältig auf Körperpflege und Kleidung.
- Sie brauchen ewig im Badezimmer und kämmen stundenlang ihre Haare und so weiter.
- Sie verwenden Rasierwasser, Deos und Haargel, und manchmal zu viel davon.
- Sie haben Probleme mit Pickeln und Akne.
- Sie interessieren sich für das andere Geschlecht.
- Und vielleicht fangen sie auch an zu masturbieren.

Auch den Eltern fallen je nach Geschlecht gewisse Veränderungen auf. Die Jungen beginnen, sich zu rasieren (wie ihre Väter, auch wenn ihnen noch gar kein Bart wächst) und benutzen plötzlich Deos. Die Mädchen fangen an, sich zu schminken (wie ihre Mütter), und bekommen ihre Regel. Manche fühlen sich während dieser Zeit unwohl oder leiden sogar unter Regelschmerzen oder emotionalen Problemen, verursacht durch PMS. Mit anderen Worten: Teenager mit Down-Syndrom durchlaufen die Pubertät mit denselben körperlichen und emotionalen Veränderungen wie andere Jugendliche.

Konflikte mit den Eltern

Die elterlichen Beschwerden über das Verhalten und die Stimmungslage ihrer Teenager unterscheiden sich meist kaum von den generellen Beschwerden über ihre Kinder. Vor allem jüngere Teenager legen manchmal Verhaltensweisen und Gefühlsäußerungen an den Tag, die kindisch oder einfach ihrem Alter nicht mehr angemessen sind. Manche bekommen richtige Trotz- oder Wutanfälle, auch wenn sie solch ein Verhalten seit der frühen Kindheit nicht mehr gezeigt haben. Einige Eltern berichten auch, dass Probleme, die schon vorher existierten, sich während der Pubertät zeitweise noch verschlimmern. Viele Teenager werden ungeduldig und können kleinere Ärgernisse oder Unannehmlichkeiten weniger gut tolerieren, und natürlich widersetzen sich viele den Regeln und Anweisungen der Eltern oder anderer Autoritätspersonen.

Die Wesensänderungen, die mit der Pubertät einhergehen, sind bei manchen Teenagern stärker ausgeprägt als bei anderen. Bei einigen tritt dieser Prozess später oder verzögert ein, dafür aber umso heftiger. Es gibt aber durchaus auch viele Eltern, die berichten, dass sie bei ihren Jugendlichen mit Down-Syndrom vor und während der Pubertät kaum oder gar keinen emotionalen Umbruch feststellen konnten. Dasselbe gilt natürlich für alle Teenager. Generell gibt es große Unterschiede, was die Intensität der Pubertät und die daraus resultierenden Probleme für Eltern anbelangt.

Über das Verlangen, verschiedene Dinge von nun an selbst zu tun

Teenager mit Down-Syndrom unterscheiden sich auch kaum von anderen Teenagern in ihrem Verlangen, unabhängig zu werden und viele Dinge von nun an selbst zu tun. Der Beginn dieser Phase setzt bei ihnen aufgrund ihrer Entwicklungsverzögerung erst später ein. Sie werden dann zum Beispiel darauf bestehen, die Körperpflege wie Duschen und Ähnliches ohne elterliche Hilfe auszuführen. Die meisten Teenager ohne Down-Syndrom besitzen solche Fähigkeiten schon früher, dafür gibt es andere Dinge, die sie nun selbst tun wollen, wie zum Beispiel alleine auszugehen.

Da die Spannbreite in der Entwicklung und der Fähigkeiten bei Kindern mit Down-Syndrom sehr groß ist, gibt es durchaus auch einige Teenager, die dieselben Dinge tun wollen wie Gleichaltrige ohne Down-Syndrom. Ihre Fähigkeiten sind jedoch im Vergleich zu denen ihrer Altersgenossen weit weniger entwickelt. Eltern beider Gruppen beklagen sich allerdings oft, dass ihre Kinder Dinge tun wollen, für die sie die erforderlichen Fähigkeiten noch gar nicht besitzen. Hierbei testen die Jugendlichen die ihnen gesetzten Grenzen aus, zum Beispiel ob und wohin man ausgehen darf. Viele Teenager überschreiten diese Grenzen und tun Dinge, die ihnen nicht erlaubt wurden, auch wenn sie mit Risiken verbunden sind (und ihren Eltern viele graue Haare bescheren).

Hinzu kommt, dass viele Jugendliche mit Down-Syndrom als gute visuelle Lerner beobachten, was Gleichaltrige tun. Natürlich wollen sie so wie alle anderen Jugendlichen in ihrem Alter sein, zumindest was Kleidung und Körperpflege angeht. Das ist nicht immer vernünftig oder in ihrem Interesse. Manche Jugendliche sind zum Beispiel noch nicht in der Lage, ihren Genitalbereich gründlich zu reinigen, sich das Shampoo aus dem Haar zu waschen oder ihre Zähne richtig zu putzen.

Einige Eltern müssen sehr kreativ werden, um solche Probleme zu bewältigen. Wenn sie zu direkt oder zu autoritär auftreten, zieht sich der Teenager vielleicht zu sehr zurück und möchte gar nicht mehr auf seine Eltern hören. Wenn es die Eltern aber zulassen, dass die Aufgabe nicht richtig oder unvollständig ausgeführt wird, werden ihre Kinder eventuell von anderen gehänselt oder kritisiert. Zudem kann dies auch nachteilige Auswirkungen auf die Gesundheit haben, nämlich Parodontose aufgrund schlechter Mundhygiene oder Ausschlag und sogar schmerzhafte Eiterbläschen bei mangelnder Körperhygiene. Eine kreative Lösung für eine bessere Mundhygiene kann die Anschaffung einer elektrischen Zahnbürste sein, mit der man die Zähne gründlich reinigen kann und die Reinigung auch noch Spaß macht. Eine bewährte Strategie ist, jemanden einzuspannen, den der Jugendliche eher akzeptiert und der ihm verschiedene wichtige Fähigkeiten beibringen kann, zum Beispiel ältere Geschwister, Cousins, Großeltern und so weiter. Am ehesten werden Personen akzeptiert, die etwas reifer sind und zu denen der Jugendliche aufschaut. Unterricht in Alltagskompetenzen in den Schulen kann ebenfalls erfolgreich sein.

Auch wenn der Teenager mit Down-Syndrom integrativ beschult wird, so ist es dennoch wichtig für ihn, dass er auch Zeit mit Schülern verbringt, die ebenfalls das Down-Syndrom oder eine andere Lernbeeinträchtigung haben. Obwohl es manchmal Eltern nicht gefällt, wenn mehrere Jugendliche mit Behinderungen innerhalb einer Integrationsschule ab und zu in Gruppen zusammengefasst werden, ist dies für das Selbstbewusstsein und das Selbstbild der Teenager oft enorm wichtig (mehr dazu in Kapitel 7). Teenager mit anderen Beeinträchtigungen kämpfen oft mit denselben oder ähnlichen Problemen. In solchen Situationen sind Lehrer und Gleichgesinnte ein wesentlicher Bestandteil des Lernprozesses. Die Jugendlichen lernen, indem sie andere beobachten, und am meisten lernen sie, wenn sie einer anderen Person die Lerninhalte beibringen können. Auch kann die Neigung zu Grooves und Routinen bei Menschen mit Down-Syndrom in dieser Lebensphase sehr nützlich sein. Wenn die Jugendlichen erst einmal gelernt haben, wie sie bestimmte Aufgaben korrekt ausführen, befolgen sie dies meist sehr zuverlässig (siehe Kapitel 9).

Unterschiede zwischen Teenagern mit und ohne Down-Syndrom

Abstraktes Denken

Wie bereits zuvor erwähnt, ist es für Teenager normal, sich über Regeln hinwegzusetzen. Genauso normal ist es, dass sich die Eltern zunehmend Sorgen machen, wenn die Teenager über die Stränge schlagen und größere Risiken eingehen, je älter sie werden. Zu Beginn der Pubertät möchten die Jugendlichen vielleicht nur ihre Kleidung oder ihre Frisur selbst auswählen, aber wenn sie älter werden, wollen viele auch mit ihren Freunden ausgehen und immer später nach Hause kommen. In der Regel machen Eltern die Erfahrung, dass ihre Kinder vernünftiger werden, je älter und reifer sie werden. Grund dafür ist die Entwicklung ihrer kognitiven Fähigkeiten, wodurch sie allmählich die Konsequenzen für ihr Handeln besser verstehen. Die Jugendlichen sehen irgendwann ein, warum die Eltern bestimmte Regeln aufstellen und dass sie sich nicht über jede Regel hinwegsetzen müssen. Sie verstehen zum Beispiel irgendwann auch, dass es durchaus sinnvoll ist, unter der Woche nicht so spät nach Hause zu kommen, weil man sonst morgens in der Schule zu müde ist und dem Unterricht nicht folgen kann. Auch verstehen sie irgendwann, warum bestimmte Personen kein guter Umgang für sie sind.

Im Vergleich zu Jugendlichen ohne Beeinträchtigungen denken die jungen Menschen mit Down-Syndrom auch weiterhin eher konkret. Dies kann sich negativ auf ihre Fähigkeit auswirken, bestimmte Dinge in dieser Lebensphase zu verstehen und entsprechende Probleme zu bewältigen. Wir wissen aber, dass diese Teenager oft andere Stärken und Eigenschaften besitzen, die es ihnen ermöglichen, dieses Defizit zu kompensieren. Viele Menschen mit Down-Syndrom haben ein natürliches Gespür für die Gefühle und Emotionen anderer Menschen (siehe Kapitel 4). Darin unterscheiden sie sich deutlich von Jugendlichen ohne Down-Syndrom, die von ihren Eltern häufig als sehr mit sich selbst beschäftigt, von sich eingenommen und ichbezogen und so weiter beschrieben werden. Man muss jedoch der Fairness halber sagen, dass es in dieser Lebensphase und unter diesen hormonellen Bedingungen ganz normal ist, dass man auf sich selbst und auf gleich gesinnte andere fokussiert ist und das Bedürfnis hat, seine eigene Identität zu finden und zu verwirklichen. Wir wollen damit nicht sagen, dass nicht auch Jugendliche mit Down-Syndrom mit sich selbst beschäftigt sind und ichbezogen agieren, aber sie tun das in geringerem Maße als Gleichaltrige ohne Down-Syndrom.

Warum Teenager mit Down-Syndrom diese besondere Sensibilität anderen Menschen gegenüber entwickeln, können wir leider auch nicht beantworten. Es könnte ein Schutzmechanismus sein, der ihnen trotz ihrer Beeinträchtigungen ein Überleben in der Gesellschaft ermöglicht (in dem sie die für sie wichtigen Personen „ergründen" können). Wir nennen diese Fähigkeit auch „emotionaler Radar". Lehrer und Betreuer fassen dies oft auf als „das Bedürfnis, zu gefallen", aber die meisten Eltern sind der Meinung, dass diese Fähigkeit doch viel mehr ist als das. Diese Jugendlichen haben ein intuitives Gefühl für andere Menschen, durch das sie wissen, wem sie sich zuwenden können und von wem sie sich besser fernhalten. Dadurch spüren sie auch recht schnell, wenn es Familienmitgliedern oder Freunden nicht gut geht, und können Trost und Hilfe anbieten. Diese Sensibilität für andere und insbesondere für die Eltern trägt ohne Zweifel dazu bei, dass die rebellische Phase bei vielen Teenagern mit Down-Syndrom gemäßigter abläuft. Sie können, auch wenn ihr Urteilsvermögen beeinträchtigt ist, häufig von den Eltern dahin gehend beeinflusst werden, dass sie sich weiterhin nur Aktivitäten zuwenden, die ihrem Entwicklungsstand entsprechen.

Neigungen zu Zwangsverhalten

Ein weiterer wesentlicher Unterschied zwischen Jugendlichen mit und ohne Down-Syndrom ist, dass die Jugendlichen mit Down-Syndrom oft sehr ordentliche und aufgeräumte Zimmer bewohnen, in denen Kleidung und persönliche Gegenstände einen bestimmten Platz haben. Eltern von anderen Teenagern berichten, dass ihre Kinder eher chaotisch sind und die Zimmer aussehen, als wäre eine Bombe eingeschlagen. Einige Jugendliche mit Down-Syndrom haben ebenfalls chaotisch aussehende Zimmer, aber dem ganzen Chaos liegt meistens eine gewisse Ordnung zugrunde. Oft legen sie bestimmte Dinge auf bestimmte Stapel. Wir schätzen, dass ungefähr 90 Prozent aller Teenager mit Down-Syndrom ihr Bett machen und ihr Zimmer aufräumen, während das ungefähr 90 Prozent aller Teenager ohne Down-Syndrom nicht tun. Das passt auch zu unserer Beobachtung, dass Zwangsstörungen und Grooves bei Teenagern (und auch Erwachsenen) mit Down-Syndrom viel häufiger vorkommen (siehe Kapitel 9).

Grooves werden problematisch, wenn sie starr und unflexibel werden. Die Gefahr dazu ist besonders in der Pubertät gegeben, wenn Teenager mit Down-Syndrom dem dazugehörigen Stress durch körperliche, emotionale und soziale Veränderungen ausgesetzt sind. Unsere Patientin Beth wurde zum Beispiel zu Beginn eines jeden neuen Schuljahres zu Hause sehr unflexibel und bestand auf ihren Routinen. Das dauerte so lange, bis sie sich an ihre neue Klasse und die Klassenkameraden gewöhnt hatte und ihre Angst davor langsam nachließ. Sie beharrte dann darauf, ihr Bett „genau so" zu machen, bevor sie frühstückte, auch wenn sie dadurch Gefahr lief, ihren Bus zu verpassen. Sie weigerte sich, ihr Frühstück zu essen, wenn ihr Toast „falsch" geschnitten und ihr Saft in dem falschen Glas war. Sie packte ihre gesamte Schultasche neu, wenn ihre Mutter versuchte, die Frühstücksbox schnell hineinzustecken, damit Beth den Bus noch erreichen konnte.

Auf der anderen Seite können Grooves in dieser Lebensphase auch sehr hilfreich sein. Der Teenager mit Down-Syndrom kann mit Grooves seinen Wunsch nach Unabhängigkeit und Selbstbestimmung ausdrücken. Wie bereits in Kapitel 9 besprochen, sind Grooves und Routinen ein klarer und unmissverständlicher Ausdruck persönlicher Präferenzen und Wünsche, zum Beispiel bei Kleidung und Aussehen, bei sozialen und Freizeitaktivitäten und bei Musik, Hobbys und künstlerischen Aktivitäten. Die eigenen Entscheidungen des Teenagers helfen ihm dabei, seinen eigenen Stil und seine eigene Identität zu entwickeln, was für diese Lebensphase so ungeheuer wichtig ist. Mit den Grooves verfügen die Jugendlichen über eine wirkungsvolle und geschickte Methode, ihre Unabhängigkeit von den Eltern auszudrücken. Sie brauchen nicht erst wütend zu werden oder rebellisches Verhalten an den Tag zu legen.

Manche Teenager mit Down-Syndrom sind sehr kompetent und selbstständig. Sie haben mehr Selbstvertrauen und sind sich ihrer sicherer, wenn sie Konflikte mit Eltern oder Autoritätspersonen lösen müssen. Diese Teenager können ihre Gefühle gut ausdrücken und erreichen einen ähnlichen Unabhängigkeitsgrad wie Gleichaltrige ohne Down-Syndrom, und dies geschieht, wie bereits erwähnt, oft ohne die typischen impulsiven und wütenden Ausbrüche, die man häufig bei Teenagern ohne Down-Syndrom beobachten kann. Trotzdem fordert diese Gruppe Teenager die Eltern durch ihre unflexiblen Angewohnheiten stark heraus, während die Jugendlichen ohne Down-Syndrom viel unbeständiger sind, was ihre Vorlieben und Abneigungen anbelangt. Die ständigen Änderungen der Vorlieben verwirren die einen Eltern sehr oft, während die anderen Eltern eher irritiert sind, weil ihr Kind auf bestimmten Verhaltensmustern oder Routinen beharrt. Die meisten Eltern lernen jedoch, die Eigenarten ihres Kindes und die Entwicklung dahin zu schätzen (auch wenn die Kinder während dieser Phase absolute Chaoten, extrem pedantisch oder sammelwütig und so weiter sind).

Verzögertes pubertäres Verhalten

Der dritte wesentliche Unterschied besteht darin, dass Eltern von Teenagern mit Down-Syndrom die Probleme, die die Pubertät mit sich bringt, eventuell in zwei unterschiedlichen Lebensphasen bewältigen müssen, anstatt in nur einer (möglicherweise sehr langen) wie bei anderen Teenagern. Eine zweite Lebensphase, in der ein Jugendlicher zum Erwachsenen heranreift, mag durchaus Vorteile mit sich bringen, kann aber auch zu großer Verwirrung führen, wenn Eltern und andere Betreuer dies nicht als solches erkennen und verstehen.

Im Folgenden erklären wir, wie es dazu kommt. Die erste Phase der Pubertät erleben Teenager mit Down-Syndrom, wenn sie die dazugehörigen körperlichen und hormonellen Veränderungen durchmachen. Das passiert normalerweise zum gleichen Zeitpunkt wie bei Teenagern ohne Down-Syndrom, das heißt in den frühen Jugendjahren. Die meisten Jugendlichen mit Down-Syndrom besitzen jedoch noch nicht die entsprechende Reife und die Fähigkeiten, um den Übergang ins Erwachsenenleben zu meistern. Dieser Übergang findet daher manchmal zu einem viel späteren Zeitpunkt statt, als dies bei Teenagern ohne Down-Syndrom der Fall ist.

Nicht nur Jugendliche wollen unabhängig sein. Auch Kinder streben in allen Phasen ihrer Entwicklung nach mehr Unabhängigkeit. Dieses Bestreben kann bei einem Kleinkind genauso stark sein wie bei einem Erwachsenen. Der Unterschied zwischen Teenager und Kleinkind ist, dass das Kleinkind innerhalb der Familie unabhängig wird, während der Teenager von der Familie unabhängig werden will. Das Stadium des Erwachsenwerdens ist im Wesentlichen nicht nur von den körperlichen Veränderungen oder dem rebellischen Verhalten des Teenagers gekennzeichnet, sondern vor allem auch von den Fortschritten in seiner Entwicklung und der damit verbundenen größeren Unabhängigkeit von anderen. Reifere Jugendliche mit Down-Syndrom werden bereits im Teenageralter immer unabhängiger und können in einem oder mehreren Bereichen mehr Verantwortung übernehmen und hegen dann zum Beispiel den Wunsch, einen Job zu haben oder selbstständig zu wohnen. Viele Jugendliche mit Down-Syndrom durchlaufen zwar die Pubertät und die damit einhergehenden Stimmungsschwankungen und Verhaltensänderungen, sind aber noch nicht unbedingt so weit, dass sie die Abnabelung von der Familie bewältigen können. Bei vielen ist dies erst möglich, wenn sie älter sind (20, 30 oder sogar 40 Jahre alt). Auch dann sind sie in einigen Bereichen noch von den Eltern abhängig.

Dies wird auch als „unharmonisches" Entwicklungsmuster bezeichnet, weil der Zeitpunkt der körperlichen Reifung nicht mit der geistigen Reifung oder der altersentsprechenden Entwicklung der Alltagsfähigkeiten übereinstimmt. Das bedeutet nicht, dass körperliche und geistige Entwicklung nie übereinstimmen werden, sondern in vielen Fällen ist die geistige Entwicklung einfach verzögert oder verändert. Aus diesem Grund erscheint es vielen Eltern so, als würde die geistige Reifung gar nicht mehr eintreten.

Wir haben viele Menschen mit Down-Syndrom von Anfang zwanzig bis Mitte dreißig erlebt, die plötzlich Verhaltensänderungen zeigten. „Sie nimmt nicht mehr so wie früher an Familienaktivitäten teil!" „Er verbringt viel Zeit in seinem Zimmer." Wenn die Eltern dies oder Ähnliches berichten, fällt es ihnen meist schwer, die Verhaltensänderung des Sohnes oder der Tochter zu deuten.

Diese Verhaltensänderungen bedeuten für alle Familien eine große Herausforderung. Die folgenden Probleme können in dieser Lebensphase auftauchen und einem erfolgreichen Übergang ins Erwachsenenalter im Wege stehen:

1. Familien und das unterstützende Umfeld realisieren oder akzeptieren eventuell nicht, dass der Mensch mit Down-Syndrom eine normale Entwicklung durchmacht, weil bestimmte Entwicklungsschritte verzögert auftreten, und interpretieren sein Verhalten falsch.

2. Familien und andere Beteiligte können Schwierigkeiten damit haben, dem Menschen mit Down-Syndrom ein angemessenes Maß an Unabhängigkeit zuzugestehen.

3. Es kann schwierig sein, zwischen normalem Teenager-Verhalten und Verhaltensauffällig-

keiten zu unterscheiden, die eventuell professionell behandelt werden müssen.

Wie man normale entwicklungsbedingte Verhaltensänderungen erkennt und akzeptiert

Den älteren Familien, die zu uns ins Zentrum kommen und deren Söhne und Töchter nun Mitte vierzig und älter sind, wurde oft gesagt, dass ihre Kinder das Erwachsenenalter nicht erleben würden. Ihnen wurde außerdem mitgeteilt, dass ihre Kinder nicht laufen, sprechen oder lesen lernen und noch weitere schwere Behinderungen haben würden. Einige jüngere Familien bekamen ebenfalls sehr pessimistische Informationen, was die mögliche Entwicklung ihrer Kinder anbelangt. Deshalb haben viele Eltern, die aufgrund der schlechten Prognosen glaubten, dass ihr Kind das Erwachsenenalter nicht erreichen und niemals die notwendigen Fähigkeiten besitzen würde, um an der Gesellschaft teilzunehmen, sich wenig Gedanken über die verschiedenen Lebensphasen ihres Kindes gemacht. Die Prognose von Fachleuten lautete ja, dass ihr Kind sich nicht entwickeln, sondern immer auf dem Stand eines Kleinkindes bleiben würde.

Viele Familien glaubten das jedoch nicht. Sie nahmen ihr Kind entgegen dem ärztlichen Rat mit nach Hause, förderten und unterstützten es dabei, die Fähigkeiten zu erlangen, die es nach Meinung der Fachleute niemals haben würde. Trotzdem fällt es manch einem immer noch schwer einzusehen, dass Menschen mit Down-Syndrom sich kontinuierlich weiterentwickeln und die gleichen Veränderungen erleben, die andere in verschiedenen Lebensphasen genauso erfahren. Auch jüngeren Familien, die nach der Geburt ihres Kindes aktuellere Informationen erhalten haben und eine bessere Prognose hinsichtlich der Entwicklung bekamen, fällt es oft schwer zu verstehen, dass die Entwicklung von Menschen mit Down-Syndrom im Großen und Ganzen normal abläuft. Sie folgt dem normalen Entwicklungsmuster und ist lediglich (mehr oder weniger) verzögert.

Wenn die Familie versteht, dass der Mensch mit Down-Syndrom in verschiedenen Lebensphasen dieselben Veränderungen erlebt wie andere Menschen auch, kann sie ihren Angehörigen auch besser dabei unterstützen. Wenn uns Eltern aufgrund der Verhaltensänderungen ihres Sohnes oder ihrer Tochter um Rat bitten, ist unsere Frage meistens: „Können Sie sich noch daran erinnern, wie Ihre anderen Kinder als Teenager waren?" Die meisten Eltern überlegen erst kurz, dann lächeln sie und verziehen ihr Gesicht. Viele verstehen, was es bedeutet, seinem Kind im Teenageralter dabei zu helfen, Selbstbewusstsein zu entwickeln und unabhängig zu werden. Es ist sicher nicht immer leicht, diesen Prozess zu akzeptieren und zu unterstützen, aber die meisten Eltern sehen die Notwendigkeit ein.

Wir haben festgestellt, dass es den Eltern von Erwachsenen mit eingeschränkten sprachlichen Fähigkeiten noch schwerer fällt, das Verhalten ihres Kindes beziehungsweise sein Streben nach Unabhängigkeit richtig zu deuten. Manchmal kann aber die Person mit Down-Syndrom nur durch sein Verhalten zeigen, dass etwas nicht stimmt. Eine Mutter rief uns zum Beispiel an und berichtete, dass ihr 33 Jahre alter Sohn Richard sich morgens plötzlich weigerte aufzustehen. Wir fanden nach und nach heraus, dass Richard keine Kontakte außerhalb der Familie hatte und dass er sehr unselbstständig war, weil seine Mutter alles für ihn tat und ihm alles abnahm. Seine Weigerung aufzustehen war seine einzige Möglichkeit, sich mitzuteilen. Diese Strategie war sehr erfolgreich, weil er durch seine Weigerung eine Botschaft übermittelte, und zwar an seine **Mutter,** die seine **Schwester** anrief (die einzige andere Verwandte, die sich noch um Richard kümmerte), die unsere Website besuchte und schließlich in der **Ambulanz** anrief, wo man sich des Problems annahm und ein interessanteres und aktiveres Leben für **Richard** empfahl.

Natürlich gäbe es noch viel mehr zu diesem Fall zu sagen, aber das Hauptproblem und die Lösung dafür haben wir genannt. Richards Mutter stimmte schließlich zu, ihn an einem Tagesprogramm und verschiedenen anderen Aktivitäten teilnehmen zu lassen, um sein Leben zu bereichern und ihm andere Anregungen zu bieten. Es dauerte zwar etwas, bis wir sie überzeugt hatten, denn sie hatte einfach Angst, Richard mit anderen Menschen zusammenzubringen, weil er früher in der Schule von anderen Schülern sehr gehänselt wurde. Aber sie verstand seinen Protest und freute sich dann, als Richard mit seiner neuen Unabhängigkeit sehr glücklich war. Wir haben in anderen Situationen, bei denen es ebenfalls um Veränderungen im Verhalten ging – vielleicht nicht ganz so dramatisch –, ähnliche Lösungen vorgeschlagen. Dies können einerseits Verhaltensänderungen sein, die überhaupt nicht zu dem Menschen passen, andererseits wird bereits bestehendes Verhalten verstärkt ausgeübt. Die Botschaft ist aber klar: „Ich brauche mehr Unabhängigkeit!"

Wenn dies der Fall ist und die Familie auf die Lösungsvorschläge eingeht, sind alle am Ende sehr erleichtert und freuen sich über die Fortschritte, die ihr Angehöriger zum Beispiel in der Kommunikation macht, und darüber, dass er Unabhängigkeit gewinnt und bestimmte Bereiche seines Lebens selbst kontrolliert.

Wie gewährt man ein angemessenes Maß an Unabhängigkeit?

Für alle Eltern ist es eine große Herausforderung, das richtige Maß an Anleitung und Überwachung, Unterstützung und Loslassen zu finden. Viele Eltern haben Angst, ihr Kind loszulassen, weil es dann bildlich gesprochen alleine gehen muss. Es kann Fehler machen, stolpern und sich verletzen. Bei Kindern ohne Down-Syndrom erwartet man, dass sie irgendwann unabhängig werden. Die meisten Menschen mit Down-Syndrom sind hingegen ihr Leben lang mehr oder weniger von anderen abhängig. Zudem dauert es viel länger, bis sie einen gewissen Grad an Unabhängigkeit erreichen. Dies macht es viel schwieriger, sie loszulassen. Für die meisten Familien ist es ein großer Unterschied, ob man ein Kind mit oder ein Kind ohne Down-Syndrom ziehen lässt.

Für Eltern eines Kindes mit Down-Syndrom mag es auch deshalb schwieriger sein, ihr Kind loszulassen, weil, wenn dieser Zeitpunkt eintritt, viele von ihnen bereits älter sind. Das Kind mit Down-Syndrom verlässt das Elternhaus meistens als Letztes. Manche Eltern haben zu diesem Zeitpunkt auch einfach nicht mehr dieselbe Energie, ihr Kind in diesem Prozess so zu unterstützen, wie sie das bei den Geschwistern getan haben.

Die Empfehlungen sind jedoch für beide Gruppen ähnlich:

1. Seien Sie sich dessen bewusst, dass das Kind irgendwann einmal unabhängig werden will.
2. Akzeptieren Sie das.
3. Unterstützen Sie Ihr Kind. Helfen Sie ihm dabei, im Einklang mit seinen Alltagskompetenzen so viel Unabhängigkeit wie möglich zu entwickeln.
4. Ihr Kind wächst an Entscheidungen, die es persönlich treffen muss. Unterstützen Sie es dabei. Es kann die Fähigkeit, Entscheidungen zu treffen, nur erlernen und entwickeln, wenn es selbst Entscheidungen trifft und die Folgen daraus tragen muss.
5. Überlegen Sie, an welcher Front Sie kämpfen wollen. Entscheidungen selbst zu treffen ist ein Teil dieses Prozesses. Natürlich sind einige Entscheidungen absolut nicht akzeptabel und können nicht zugelassen werden. Allerdings sollte man sich nur auf eine einzige „Front" konzentrieren. Das zu lernen braucht Zeit und Geduld. Ein Kind muss viele Entscheidungen treffen und die Konsequenzen dafür tragen, um daraus zu lernen und sich weiterzuentwickeln. Menschen mit Down-Syndrom benötigen häufig mehr Zeit für diesen Prozess. Wenn Sie sich immer wieder einmischen, wird diese Entwicklung verlangsamt und im schlimmsten Fall sogar ganz aufgehalten.
6. Achten Sie stets auf die Sicherheit der Person. Selbstverständlich sollte man ein kleines Kind nicht auf der Straße spielen und es von einem Auto überfahren lassen, um ihm beizubringen, dass die Straße kein Spielplatz ist. Auf dem Weg in die Unabhängigkeit gibt es viele Situationen, in denen die Person gefährdet sein kann. Sie können Ihren Sohn oder Ihre Tochter aber auf dem Weg ins Erwachsenenalter begleiten und ein Stück weit auch führen, indem Sie für Probleme mehrere Lösungsmöglichkeiten vorschlagen und ihn oder sie dann die richtige Entscheidung selbst treffen lassen. Wenn Sie einem Men-

schen mit Down-Syndrom erlauben, im Dunkeln alleine nach Hause zu laufen, mag das nicht unbedingt sicher sein. Er kann aber trotzdem alleine ausgehen und spät nach Hause kommen, wenn es die Möglichkeit einer Fahrgemeinschaft mit Freunden gibt oder er zum Beispiel ein Taxi oder öffentliche Verkehrsmittel benutzen kann.

7. Wenn Ihr Kind Entscheidungen trifft, die zwar seine Sicherheit nicht gefährden, es aber Spott und Hänseleien von anderen aussetzt, besprechen Sie Ihre Bedenken mit ihm. Bieten Sie Alternativen an und ermutigen Sie Ihr Kind. Letztendlich gehören solche Entscheidungen auch zu diesem Lernprozess und damit zum Erwachsenwerden dazu. Geschwister oder andere Jugendliche können ebenfalls zum Lernprozess beitragen (sie machen dies häufig nicht auf die feine, mehr auf eine sehr direkte Art). Seien Sie sich dessen bewusst, dass Sie Ihr Kind später trösten müssen, allerdings bitte ohne: „Das habe ich dir doch gesagt." Es kann natürlich auch sein, dass Ihr Kind ausgelacht wird, aber dennoch an seiner Entscheidung festhält. Es möchte seine Unabhängigkeit dadurch zeigen, dass es eben nicht der Masse folgt.

8. Denken Sie daran, dass Menschen mit Down-Syndrom das richtige Verhalten häufig erlernen, indem sie es imitieren. Das ist erfolgreicher, als wenn sie verbal darauf hingewiesen werden. Wenn Sie zum Beispiel erwarten, dass Ihr Teenager Ihre Fragen höflich beantwortet und Sie nicht ignoriert, sollten Sie seine Fragen ebenfalls höflich beantworten, anstatt zu entgegnen, dass Sie gerade beschäftigt sind oder keine Zeit haben.

9. Natürlich werden im Jugendalter auch Verhaltensweisen entwickelt, die sich nicht mehr ändern lassen, sondern so bestehen bleiben. Es kann zum Beispiel sein, dass der junge Erwachsene ab jetzt lieber mit seinen Freunden zusammen ist als mit seinen Eltern oder dass er Dinge einfach so machen möchte, wie er denkt. Unabhängigkeit zu unterstützen und zu fördern bedeutet manchmal auch, dass man Entscheidungen akzeptieren muss, die man selbst so nicht getroffen hätte. Wenn Ihr Kind aber jede Entscheidung so treffen würde, wie Sie das tun, wäre es nicht wirklich unabhängig. Ein Beispiel:

Kevin, 23, wollte nicht mehr so viel mit seinen Eltern zusammen sein und verbrachte immer mehr Zeit alleine in seinem Zimmer. Sein älterer Bruder Steve war vor kurzem ausgezogen. Er traf sich aber noch regelmäßig mit Kevin, um Videospiele und Basketball zu spielen und so weiter. Kevin nahm auch an einem Mentorenprogramm teil, bei dem er sich regelmäßig mit den Eltern eines Kleinkindes mit Down-Syndrom zu Veranstaltungen traf. Er sprach immer weniger mit seinen Eltern und verbrachte mehr Zeit alleine in seinem Zimmer, als er das als Kind getan hatte. Gleichzeitig aber ging er aus und amüsierte sich bei verschiedenen Aktivitäten. Wie bei vielen Teenagern funktionierte der Kontakt zu anderen Personen besser als zu den Eltern.

Wir würden Kevins Verhalten durchaus als „normal" bezeichnen. Obwohl sich sein Verhalten mit der Zeit besserte, wurde es nie wieder so wie damals, als er noch ein Kind war. Das deutet nicht auf erzieherisches Versagen hin, sondern ist eine zu erwartende Entwicklung. Menschen entwickeln sich während ihres gesamten Lebens immer weiter. Es gibt bestimmte Zeitpunkte im Leben, in denen die Veränderungen größer sind und schneller geschehen. Die Lebensphase des Erwachsenwerdens gehört eindeutig dazu.

Gleichaltrige und ebenbürtige Freunde

Der Wunsch, so wie andere Jugendliche zu sein, gehört zum Erwachsenwerden dazu. Das kann besonders für Jugendliche mit Down-Syndrom eine große Herausforderung bedeuten, weil es einige Dinge gibt, die sie nicht tun können. Sie müssen meist zusehen, wie Gleichaltrige ihren Führerschein machen und Auto fahren, sich ohne Begleitung mit anderen treffen, auf die Uni gehen, von zu Hause ausziehen und heiraten. Oft fühlen sie sich ausgeschlossen und sind traurig oder frustriert, wenn sie all diese Dinge nicht tun können. Solche Situationen hat es in den Familien immer schon gegeben, wenn die Geschwister älter wurden. Sie kommen jedoch jetzt auch vor in Zusammenhang mit anderen Gleichaltrigen. Da Kinder mit Down-Syndrom immer häufiger in Regelschulen integriert sind und an regulären sozialen Aktivitäten teilnehmen, kommen sie mit vielen Gleichaltrigen ohne Down-Syndrom zusammen. Natürlich ist die Integration wünschenswert und von vielen positiven Aspekten begleitet. Ein negativer Aspekt kann jedoch sein, dass sie zusehen müssen, wie die Gleichaltrigen an Aktivitäten teilnehmen, zu denen sie eventuell keinen Zugang haben (mehr dazu in Kapitel 7).

Wie man erkennt, dass man professionelle Hilfe braucht

In Zeiten oder Lebensphasen, in denen schnelle Veränderungen auftreten, ist der Mensch größerem Stress ausgesetzt und damit eher gefährdet, eine psychische Störung zu entwickeln. Die Lebensphase des Erwachsenwerdens gehört eindeutig dazu. Am häufigsten treten Depressionen auf, aber auch Angstzustände können sich entwickeln. Manchmal fällt es schwer, typisches Teenagerverhalten von den Symptomen einer Depression zu unterscheiden:

- Es ist nicht ungewöhnlich, dass der Teenager kein Interesse daran hat, mit seinen Eltern an Aktivitäten teilzunehmen. Verliert er aber das Interesse an allen Aktivitäten, ist das ein Anlass zur Sorge.
- Der Schlafrhythmus verändert sich bei Jugendlichen oft. Sie brauchen mehr Schlaf, wollen aber auch länger aufbleiben und morgens länger schlafen. Wenn sie aber nur noch schlafen oder gar nicht mehr schlafen, ist das ein Grund zur Sorge.
- Stimmungsschwankungen sind zu erwarten, aber unkontrollierte Wutausbrüche und Aggressionen können auf ein größeres Problem hindeuten. Regelmäßig auftretende Stimmungsschwankungen können auch ein Zeichen prämenstrueller Beschwerden sein.

In Kapitel 14 werden Depressionen im Detail besprochen. Wenn die Intensität oder die Dauer der Verhaltensänderungen ungewöhnlich oder übermäßig erscheint, sollte überprüft werden, ob dem eine Depression zugrunde liegt.

Wenn bei Jugendlichen ernsthafte Probleme auftreten

Depressionen: Wir haben festgestellt, dass einige Teenager mit Down-Syndrom aufgrund des Stresses, den das Erwachsenwerden mit sich bringt, eine Depression entwickeln, die sich darin äußert, dass sie sich von anderen zurückziehen und völlig isolieren. Wenn das geschieht, entstehen häufig Spannungen zwischen Eltern und Kind, weil die Eltern versuchen, den Teenager aus seiner Isolation zu holen. Die Neigung, sich zurückzuziehen und zu isolieren, kann auch mit dem Konzept der „erlernten Hilflosigkeit" (Seligman, 1975) zu tun haben, das ebenfalls eine starke Tendenz zum Rückzug von anderen und Depressionen bei Erwachsenen mit Down-Syndrom beschreibt.

Erlernte Hilflosigkeit kann dann auftreten, wenn der Mensch nur begrenzte Erfahrungen darin hat, seine eigenen Probleme zu lösen und sich durchzusetzen. Das hat zur Folge, dass der Teenager „zumacht" und sich in ein Stadium der Hilflosigkeit zurückzieht, sobald er mit einer größeren Herausforderung, wie zum Beispiel den körperlichen und emotionalen Veränderungen in der Teenagerzeit, konfrontiert ist, anstatt sich der Herausforderung zu stellen. Dies kann dann dazu führen, dass sich der Teenager nur mit Fantasien, Filmen oder Ereignissen aus der Vergangenheit beschäftigt, vor allem wenn er wie bei vielen Menschen mit Down-Syndrom üblich ein gutes visuelles Gedächtnis besitzt (siehe Kapitel 5). Durch den Rückzug in die eigene Welt entgeht der Teenager zwar den Konflikten und den Spannungen um ihn herum, aber dieses Verhalten verzögert nur das Angehen und das Lösen der Probleme dieses Lebensabschnitts (siehe Behandlungsstrategien für diese Probleme in Kapitel 14).

In der Regel ziehen sich alle Teenager bis zu einem gewissen Grad zurück und isolieren sich, aber sie sind doch eher bereit, für sich zu kämpfen und ihre Sache durchzusetzen. Der Leser mag nun einwenden, dass nicht behinderte Teenager noch viel eher dazu neigen, ihre Eltern aus ihrem Leben auszuschließen. Natürlich ist auch dies eine Art des Sich-Zurückziehens, und dieses Verhalten ist ganz und gar nicht passiv. Das kann jeder bestätigen, der einmal versucht hat, mit einem mürrischen und trotzigen Teenager zu reden. Auf der anderen Seite tendieren Teenager mit Down-Syndrom viel eher dazu, sich zu isolieren und abzuwarten, anstatt anderen ihren Ärger direkt auszudrücken oder dies indirekt zu tun, zum Beispiel durch „Nichtbeachten".

ADHS (Aufmerksamkeitsdefizit-Hyperaktivitätsstörung): Natürlich gibt es auch Teenager mit Down-Syndrom, die weit ernstere Verhaltensauffälligkeiten zeigen. Wenn wir diese Teenager genauer untersuchen, stellen wir oft noch andere gesundheitliche oder neurologische Probleme fest, die zusätzlich zu dem Stress der Teenagerjahre es ihnen noch schwieriger machen, ihr Verhalten zu kontrollieren. Einige dieser Teenager haben eine Aufmerksamkeitsdefizit-Hyperaktivitätsstörung, die besonders durch Impulsivität, Konzentrationsschwierigkeiten und extrem leichte Ablenkbarkeit gekennzeichnet ist. Wie bei anderen Kindern und Teenagern mit ADHS kann man den zusätzlichen Stress dadurch reduzieren, dass man ihnen entsprechende Medikamente verschreibt und sie angepasst an ihre Bedürfnisse schulisch fördert. Dennoch stellt der Stress der Teenagerjahre zusammen mit ADHS für die Teenager selbst und ihre Familien eine große Herausforderung dar.

Das Tourette-Syndrom: Wir haben auch jugendliche Patienten, deren Hormonveränderungen in der Pubertät neurologische Störungen wie das Tourette-Syndrom oder eine bipolare Störung auslösen. Wie in Kapitel 21 besprochen, ist das Tourette-Syndrom oft durch drei Symptome gekennzeichnet: erstens ein Aufmerksamkeitsdefizit und extrem leichte Ablenkbarkeit, zweitens multiple motorische Tics und, weniger häufig, vokale Tics sowie drittens Zwangsstörungen. Bei Menschen mit Tourette-Syndrom wird manchmal eine Fehldiagnose gestellt und nur eine der oben genannten Störungen diagnostiziert sowie angenommen, dass eine zusätzliche andere Verhaltensauffälligkeit vorliegt, wie zum Beispiel Trotzverhalten (weil die Tics des Kindes als willkürlich anstatt als biologisch bedingt angesehen werden). Bei dieser Art von Fehldiagnosen ist die Behandlung wenig erfolgreich. Eine Kombination dieser Symptome und Verhaltensweisen wirkt sich schwächend auf die physische und psychische Verfassung von Erwachsenen aus. Für Jugendliche sind solche Störungen katastrophal, besonders wenn sie gerade in einer Phase sind, in der sie sich bei Gleichaltrigen und in der Schule behaupten möchten.

Die bipolare affektive Störung ist eine psychische Erkrankung, die mit extremen Stimmungsschwankungen und Verhaltensauffälligkeiten einhergeht. Diese psychische Störung beginnt oft in der Jugendphase und bedeutet eine große Herausforderung sowohl für das Kind als auch die gesamte Familie. Bei Menschen mit Down-Syndrom ist es wesentlich schwieriger, eine bipolare affektive Störung zu diagnostizieren, vor allem im Jugendalter, weil die Stimmungsschwankungen oft für pubertäres Verhalten gehalten werden. Teenager und Erwachsene mit Down-Syndrom neigen eher dazu, ein Muster von schnell ab- und zunehmenden Stimmungshochs und -tiefs zu entwickeln. Auch ist es nicht ungewöhnlich, dass so ein Muster oder Zyklus in einer kurzen Zeitspanne wie einem Tag abläuft, während es in der Durchschnittsbevölkerung mehrere Wochen oder Monate dauern kann (mehr dazu in Kapitel 14).

Autismusspektrumsstörungen: Das Autismusspektrum umfasst mehrere Störungen, insbesondere den frühkindlichen und atypischen Autismus und das Asperger-Syndrom. Autismus ist meist gekennzeichnet durch Beeinträchtigungen des Sozialverhaltens und Schwierigkeiten mit der nonverbalen Kommunikation sowie durch Verhaltensauffälligkeiten, die sich mit Eintritt der Pubertät verschlimmern und teilweise unkontrollierbar werden. Bei vielen Teenagern mit Down-Syndrom und der Diagnose Autismus wurde diese Diagnose bereits im Kindesalter gestellt, und obwohl die Symptome im Jugendalter noch deutlicher werden, sind sie für die Familie und die betreuenden Ärzte keinesfalls neu. Oft werden im Umgang mit diesen Jugendlichen dieselben Strategien angewandt wie bei Teenagern mit Down-Syndrom ohne Autismus. Die autistischen Teenager mit Down-Syndrom wollen wie alle anderen auch ein gewisses Maß an Unabhängigkeit erreichen, aber sie brauchen dazu eventuell mehr Unterstützung.

Gesundheitliche Probleme und sensorische Integrations- und Wahrnehmungsstörungen: Als Letztes möchten wir die Schwierigkeiten von Jugendlichen mit Down-Syndrom besprechen, die gesundheitliche Probleme oder sensorische Integrations- und Wahrnehmungsstörungen haben. Wenn wir Teenager mit Down-Syndrom aufgrund von Verhaltensauffälligkeiten untersuchen, stellen wir oft fest, dass gesundheitliche Probleme die Ursache sind, so wie das auch oft bei Erwachsenen mit Down-Syndrom der Fall ist (in Kapitel 2 detailliert besprochen).

Auch sensorische Integrations- und Wahrnehmungsstörungen können sich sehr negativ auf die psychische Verfassung des Teenagers auswirken. Sensorische Integration ist die Koordination und das Zusammenspiel der verschiedenen Sinne, nämlich des Hörsinns, des Sehsinns, des Tastsinns, der Eigenwahrnehmung beziehungsweise des Körperempfindens (Propriozeption), des Geruchssinns und des Geschmackssinns. Zwar ist das Krankheitsbild der sensorischen Integrations- und Wahrnehmungsstörungen ein relativ neues, es gibt aber bereits Hinweise darauf, dass Jugendliche und Erwachsene mit Down-Syndrom eher davon betroffen sind als Menschen ohne Down-Syndrom. Oftmals werden bei sensorischen Integrations- und Wahrnehmungsstörungen Fehldiagnosen wie ADHS oder andere gestellt. Dies kann natürlich zu einer Verschlechterung der schon existierenden gesundheitlichen und psychischen Probleme beitragen. Teenagern mit gesundheitlichen Problemen und sensorischen Integrations- und Wahrnehmungsstörungen fällt es noch schwerer, die mit dem Erwachsenwerden einhergehenden Schwierigkeiten zu bewältigen. Dies äußert sich häufig in Verhaltensauffälligkeiten, die in diesem und anderen Abschnitten des Buches beschrieben werden. Um die Verhaltensprobleme zu lösen und dem Teenager eine realistische Chance zu geben, mit dem großen Druck und den Schwierigkeiten des Teenageralters fertig zu werden, müssen vorhandene sensorische Integrations- und Wahrnehmungsstörungen diagnostiziert und behandelt werden.

Verhaltensänderungen im Erwachsenenalter

Obwohl wir bei vielen Menschen mit Down-Syndrom erst verspätet Verhaltensweisen von Erwachsenen feststellen können, ist dies genau umgekehrt, wenn es um Verhaltensweisen geht, die eher zum Alter gehören. Menschen mit Down-Syndrom scheinen schneller zu altern. Während der Kindheit und der Jugendzeit erscheinen viele jünger, als es ihrem tatsächlichen Alter entspricht. Mitte dreißig ändert sich das. Menschen mit Down-Syndrom sehen nun oft älter aus, als sie tatsächlich sind, und verhalten sich auch so. Unserer Erfahrung nach schätzen wir Menschen über

Suizidale Tendenzen

Die „guten Neuigkeiten" über Teenager mit Down-Syndrom, die unter Depressionen leiden, sind wohl, dass sie viel weniger suizidgefährdet sind als gleichaltrige andere Teenager mit Depressionen. Ein Grund dafür mag sein, dass den suizidalen Tendenzen oft extremer Ärger und große Wut auf sich selbst und auf andere zugrunde liegen, was von Teenagern mit Down-Syndrom in einem weniger großen Umfang verspürt wird.

35 oder 40 Jahre oft fünf, zehn, 15 und sogar 20 Jahre älter ein. Oftmals haben sie die gesundheitlichen Probleme von älteren Menschen und fahren ihr Lebenstempo früher als andere herunter.

Alle älteren Menschen erleben im Alter Veränderungen und neue Herausforderungen. Ihre Kinder ziehen aus, sie werden Großeltern, gehen in Rente und müssen mit den eigenen gesundheitlichen Veränderungen und manchmal auch denen ihrer eigenen Eltern fertig werden. Menschen mit Down-Syndrom erfahren ähnliche Veränderungen. Sie werden Tante oder Onkel, gehen in Rente und müssen ebenfalls mit den eigenen körperlichen und gesundheitlichen Veränderungen und denen der Eltern fertig werden.

Unabhängig von ihrem Entwicklungsalter, ihren Fähigkeiten und Alltagskompetenzen können Menschen mit Down-Syndrom ihr gesamtes Leben lang Neues hinzulernen und sich weiterentwickeln. Sie werden wie andere im Alter oft ruhiger und geduldiger. Sie akzeptieren sich selbst und andere eher und treffen ausgereiftere und vernünftigere Entscheidungen. Einige ältere Menschen mit Down-Syndrom sträuben sich jedoch wie andere auch davor, neue Dinge zu erlernen und Veränderungen zu akzeptieren. Viele ziehen im Alter auch ruhigere Aktivitäten vor, bei denen sie sich nicht so viel bewegen müssen. Oftmals imitieren sie dabei die älteren Eltern, die auch nur noch ruhigeren Aktivitäten nachgehen. Bei vielen Menschen mit Down-Syndrom nehmen die kognitiven Fähigkeiten und das Gedächtnis im Alter ab, wie bei anderen auch. Manche entwickeln auch Alzheimer.

Da viele Erwachsene mit Down-Syndrom geboren wurden, als ihre Eltern schon älter waren, sind sie selbst oft noch relativ jung, wenn bei den Eltern der Alterungsprozess einsetzt. Interessanterweise waren einige unserer Patienten immer noch mit Problemen aus dem frühen Erwachsenenalter beschäftigt (Geschwister zogen zum Beispiel von zu Hause aus), als sie gleichzeitig mit den Problemen des Alters konfrontiert wurden (zum Beispiel, dass die Eltern gesundheitliche Probleme bekamen und langsam abbauten).

Lawrence arbeitete in einem sehr schnellen und hektischen Arbeitsumfeld. Je älter er wurde, desto schwieriger wurde es für ihn, sich anzupassen und mitzuhalten. Der Job wurde mit der Zeit zu einer immer größeren körperlichen und geistigen Herausforderung. Als er 48 war, ging sein Vater in Rente und Lawrence stellte fest, dass das neue Leben des Vaters viel attraktiver war, als jeden Tag zur Arbeit zu gehen. Von nun an fehlte er des Öfteren und verlor dadurch schließlich seinen Job. Er eignete sich einen ruhigeren Lebensstil an und verbringt nun die meiste Zeit des Tages mit der Fernbedienung vor dem Fernseher.

Melissa, 44, wurde von ihren Schwestern in unsere Ambulanz gebracht. Sie fürchteten, dass Melissa eine Depression entwickelte, weil sie sich überhaupt nicht mehr für Aktivitäten interessierte, an denen sie so viele Jahre sehr gerne teilgenommen hatte. Melissa spielte früher Softball und Volleyball, schwamm regelmäßig und startete auch bei Lauf- und Leichtathletikwettbewerben im Rahmen von Special-Olympics-Wettkämpfen. Sie arbeitete zwar immer noch in ihrem Job am Fließband, war aber längst nicht mehr so produktiv wie vorher. Ihre Schwestern fanden auch, dass sie nicht mehr so viel Energie hatte und sich nicht mehr so begeistert an langen Shoppingtouren und Familienfesten beteiligte, vor allem dann nicht, wenn kleinere Kinder anwesend waren.

Die Schwestern waren sehr erleichtert, als in der Ambulanz festgestellt wurde, dass Melissa keinesfalls an einer Depression litt. Unsere Mitarbeiter erläuterten, dass Menschen mit Down-Syndrom vorzeitig altern und dass dies eine Erklärung für den wahrgenommenen Altersunterschied von ungefähr 20 Jahren zu Menschen in der Durchschnittsbevölkerung sein könnte. Melissa bewegte sich langsamer und war nur noch an Aktivitäten interessiert, die weniger anstrengend, aber trotzdem anregend waren. Sie bastelte oder spielte Bingo und unternahm gerne kürzere Einkaufstrips, die sie nicht so ermüdeten. Sie nahm immer noch an Special-Olympics-Wettkämpfen teil, wechselte aber zu weniger anstrengenden Sportarten wie Kegeln. Mit anderen Worten, ihr Verhaltensmuster war für einen Menschen, dessen körperliche Verfassung eher der eines Ruheständlers entsprach, nicht ungewöhnlich.

Warum gestaltete sich Melissas Alterungsprozess nun viel positiver als Lawrences? Manche Familien müssen lernen zu akzeptieren, dass sich nicht nur das Durchhaltevermögen, die Interessen und die Motivation mit dem Alter verändern, sondern dass viele Menschen etwas eingefahrener werden und keine allzu großen Veränderungen mehr möchten. Das trifft natürlich auf alle Menschen zu, die älter werden, aber ganz besonders auf Menschen mit Down-Syndrom, weil sie von vornherein schon zu Routinen und Grooves neigen und sich diese Neigung im Alter oft verstärkt. Das bedeutet nicht, dass Menschen in Groove-ähnlichen Verhaltensmustern „stecken bleiben" müssen, vor allem dann nicht, wenn diese Verhaltensmuster nicht mehr passen und sich eher negativ auswirken. Wir würden uns hingegen wünschen, dass manche Betreuer mehr Geduld aufbrächten, wenn es darum geht, Grooves zu ändern. Die meisten älteren Menschen mit Down-Syndrom brauchen einfach mehr Zeit. Je länger der Mensch diesen Groove schon ausgeübt hat, desto schwieriger ist es auch, ihn zu ändern. Aber das gilt nicht grundsätzlich für alle Veränderungen. Wir haben viele Menschen gesehen, die sehr schnell auf Veränderungen reagieren, die sie selbst als positiv ansehen. Ein Beispiel:

Juan, 39, war, nachdem er von zu Hause ausziehen musste, weil seine Eltern ihn aufgrund ihres Alters nicht mehr versorgen konnten, total begeistert von seinem neuen Wohnheim. Seine Schwester, die den Umzug ermöglicht hatte, brachte es fast nicht übers Herz, ihren Eltern zu erzählen, wie glücklich Juan jetzt war, weil diese davon überzeugt waren, dass er den Auszug von zu Hause nicht verkraften würde. Taktvoll erzählte sie ihnen einerseits, dass Juan sie sehr vermissen würde, aber dass er andererseits im Wohnheim große Fortschritte machte – weil sie ihn so gut darauf vorbereitet hatten.

Wir haben natürlich auch Menschen gesehen, die mit plötzlichen Veränderungen wie einem nicht geplanten Umzug in ein Wohnheim nach dem Tod eines Elternteils große Schwierigkeiten hatten und sehr darunter litten. Das ist jedoch nicht bei allen Menschen der Fall. Manche verkraften diese Veränderungen gut. Allerdings fällt es den allermeisten schwer, sich an die neue Umgebung anzupassen. Bei einigen unserer Patienten konnten wir beobachten, dass sie mit der Zeit und mit Hilfe von einfühlsamen Betreuern in der Lage waren, sich anzupassen. Teilweise kann dieser Prozess aber Jahre dauern und mit sehr vielen Problemen verbunden sein.

Wir empfehlen, dass Eltern ihre Kinder so früh wie möglich auf einen Auszug aus dem Elternhaus vorbereiten. Nur so kann der Erwachsene mit Down-Syndrom gemeinsam mit den Eltern, für die diese Veränderung im Leben oftmals viel schwieriger ist, den Auszug positiv gestalten. Auch sollte man unbedingt bedenken, dass man bei einer kurzfristigen Planung die zukünftige Bleibe eventuell nicht auswählen kann, sondern mit derjenigen Wohnmöglichkeit vorliebnehmen muss, in der gerade ein Platz frei ist. Wir, die wissen, wie Menschen mit Down-Syndrom auf plötzliche Veränderungen reagieren, raten allen Familien, weit im Voraus zu planen und in Ruhe ein Wohnheim oder eine Wohnmöglichkeit für die Zukunft auszusuchen.

Der Ruhestand

Das Renteneintrittsalter ist bei Menschen mit Down-Syndrom genauso unterschiedlich wie bei allen anderen auch. Einige von ihnen gehen schon mit Mitte vierzig in Rente. Wenn man den vorzeitigen Alterungsprozess bei Menschen mit Down-Syndrom bedenkt, ist das ungefähr vergleichbar mit jemandem ohne Down-Syndrom, der mit Mitte sechzig in Rente geht. Einige Menschen mit Down-Syndrom möchten sich nicht aus dem Berufsleben zurückziehen, sondern wollen gerne weiterarbeiten. Das Renteneintrittsalter hängt nicht von einem bestimmten Lebensalter ab, sondern von den individuellen Fähigkeiten und Möglichkeiten des Menschen.

Werden die körperlichen und geistigen Herausforderungen am Arbeitsplatz zu viel, ist es sinnvoll, nach einer Alternative zu suchen. Auf keinen Fall sollte man den Ruhestand als einen Lebensabschnitt ansehen, in dem man nichts tut. Zwar ist der Rückzug aus dem Arbeitsleben meist mit weniger Aktivität verbunden, doch das gehört

Menschen mit Down-Syndrom bleiben nicht ewig Kinder

Viele Menschen glauben, dass Personen mit Down-Syndrom „ewig Kind" bleiben, und bezeichnen sie oft als „Kinder", auch wenn sie bereits 50 Jahre alt sind. Dafür gibt es viele mögliche Gründe. Vor allem aufgrund der geistigen Beeinträchtigung wird angenommen, dass Personen mit Down-Syndrom auf dem Entwicklungsstand eines Kindes stehen bleiben. Zwar macht die Person in manchen Situationen vielleicht einen „kindlichen" Eindruck, aber sie hat mit Sicherheit auch Fähigkeiten, Träume und Wünsche, die denen eines Erwachsenen entsprechen.

Eine weitere Ursache, dass Menschen mit Down-Syndrom häufig als „ewige Kinder" angesehen werden, hat zu tun mit der Zeit, in die die jetzigen Erwachsenen hineingeboren wurden. Damals, in den fünfziger und sechziger Jahren, wurden sie wenig bis gar nicht medizinisch betreut. Sie besuchten keine Schule und nahmen auch nicht an sozialen oder anderen Aktivitäten teil. Laut der allgemeinen Auffassung ging ihre Lebenserwartung nicht über die Kindheit hinaus. Ab 1975 hatten Menschen mit Down-Syndrom zwar ein Recht auf Schulbildung, doch hatten sie immer noch mit vielen Widerständen zu kämpfen. Es wurde ihnen nach wie vor schwer gemacht, am täglichen Leben teilzunehmen. Familien dieser älteren Menschen mit Down-Syndrom fällt es manchmal schwer, ihren Angehörigen als einen Erwachsenen wahrzunehmen, weil Ärzte und andere Spezialisten sowie ihr Umfeld sehr niedrige Erwartungen hatten, was die Entwicklung betraf. Zudem gab es nicht viele Möglichkeiten, Alltagskompetenzen zu erlernen und zu entwickeln.

Heute ist die Situation eine andere. Es gibt eine neue Generation von Menschen mit Down-Syndrom, die von Anfang an Frühförderung erhalten und in der Schule und in das Alltagsgeschehen integriert werden können. Wir fragen uns oft, ob wir in ein paar Jahren, wenn diese Kinder zu Erwachsenen heranreifen, ein ganz anderes Bild von Menschen mit Down-Syndrom haben werden, wesentlich gesünder und mit besseren kognitiven und sozialen Fähigkeiten und mit mehr Alltagskompetenzen. Da die Lebenserwartung von Menschen mit Down-Syndrom heutzutage fast der der Durchschnittsbevölkerung entspricht, ist es umso wichtiger, Verständnis für ihre Entwicklung zu Jugendlichen und Erwachsenen aufzubringen und diese zu unterstützen.

zu diesem Entwicklungsprozess. Manchen Familien und Betreuern fällt es schwer, das geringere Maß an Aktivitäten im (eventuellen frühen) Rentenalter zu akzeptieren. Zudem fordern einige gesetzliche Bestimmungen, dass Menschen mit Down-Syndrom, die in Wohnheimen oder Gruppenunterkünften leben, Tagesprogramme zur Verfügung stehen müssen.

Wenn man diesen Entwicklungsschritt im Leben eines Menschen als „in Rente gehen, um etwas anderes zu tun" ansieht und nicht als „sich aus dem Arbeitsleben verabschieden und im Ruhestand nichts zu tun", kann der Übergang in den Ruhestand oft besser bewältigt werden. Er wird voraussichtlich dann erfolgreich sein, wenn folgende Kriterien erfüllt sind: langsamere Abläufe, weniger „Arbeit", mehr Pausen und Rücksichtnahme auf die veränderte gesundheitliche Situation. Auch sollte die Person die Möglichkeit haben, sich tagsüber zurückzuziehen und zu ruhen, wenn es notwendig ist.

Ruhestandsprogramme sollten nicht langweilig oder eine Unterforderung sein. Wir haben einige sinnlose Angebote gesehen, die im Wesentlichen daraus bestanden, dass die Ruheständler den ganzen Tag nur vor dem Fernseher saßen oder sich völlig selbst überlassen waren. Da es immer mehr ältere Menschen mit Down-Syndrom gibt, entstehen glücklicherweise auch immer mehr Angebote, die auf ihre Bedürfnisse abgestimmt sind und ihnen Anregungen und wertvolle neue Lebenserfahrungen bieten, unter anderem im künstlerischen Bereich. Manche nehmen an Kursen teil, die von professionellen Künstlern geleitet werden, und produzieren Werke, die sich in Kunstgalerien durchaus sehen lassen können. Viele Programme beinhalten auch regelmäßige Aktivitäten wie Restaurantbesuche, Einkaufstrips sowie kulturelle, sportliche und andere Freizeitaktivitäten. Dies kann eine sinnvolle Ergänzung zu den üblichen Angeboten für Senioren sein. Die Ruheständler haben so die Möglichkeit, sich weiterhin aktiv zu betätigen, und sind davon in der Regel begeistert. Viele Wohnheime haben ebenfalls Programme entwickelt, die diese Kriterien und auch die gesetzlichen Bestimmungen erfüllen, die ja besagen, dass jede Person an einem Tagesprogramm teilnehmen muss.

Viele ehrenamtliche Tätigkeiten erfüllen diese Kriterien ebenfalls. Es gibt eine Reihe innovativer Programme, bei denen sich Menschen mit Down-Syndrom im Ruhestand ehrenamtlich an verschiedenen Projekten in der Gemeinde beteiligen können. Bei einem Programm gehen „Pensionäre", mit Down-Syndrom, zum Beispiel in Altenheime. Dort unterstützen sie Menschen, die einsam oder älter und gebrechlich sind. Sie leisten ihnen Gesellschaft und unterhalten sich mit ihnen. Die Betreuer in diesen Altenheimen berichten, dass sich die Stimmung dort auf wundersame Weise aufhellt, wenn die „Down-Syndrom-Gruppe" hereinspaziert kommt. Das liegt sicher zum Teil an dem guten Einfühlungsvermögen dieser Menschen anderen gegenüber. Für viele Menschen mit Down-Syndrom gibt es kaum etwas, das so bereichernd und motivierend ist, als die Möglichkeit zu haben, anderen zu helfen, vor allem, wenn diese sich darüber freuen und das zu schätzen wissen.

Auch wenn es, wie gerade oben beschrieben, ausgezeichnete Angebote für Ruheständler gibt, müssen sie nicht für jeden das Richtige sein. Man muss deshalb vorher überlegen, welche Interessen und Wünsche die Person hat und welche Tagesstruktur das Richtige sein könnte. Möchte sich die Person aus dem Erwerbsleben zurückziehen? Ist der Job zu anstrengend? Würde es reichen, wenn man den Job an die veränderten Bedürfnisse des Menschen anpasst? Wäre ein anderes Tagesprogramm vielleicht besser geeignet? Der Ruhestand ist nicht für jeden das richtige Lebensmodell, und nicht jedes Programm ist wirklich für jeden Rentner geeignet.

Victor, 52, machte die Arbeit immer weniger Spaß. Er fand seinen Job immer anstrengender, war frustriert und schaffte es nicht mehr, die erwartete Warenmenge zu produzieren. Zwar war er gerne beschäftigt, aber er hatte mehr Freude daran, das Haus, in dem er lebte, sauber zu halten, und zwar in seinem eigenen Tempo. Er konnte sich ausruhen, wenn er müde war, und dann wieder weiterarbeiten. Seine sprachlichen Fähigkeiten waren recht eingeschränkt, daher vermittelte er sein Anliegen, indem er abends lange aufblieb, um sauber zu machen. Morgens weigerte er sich dann, aufzustehen und zur Arbeit zu gehen. Victor wurde in ein „Ruheständler-Programm" im Gebäude nebenan aufgenommen. So konnte er einen Großteil des Tages mit Reinigungstätigkeiten verbringen, wie er es sich vorgestellt hatte. Den Rest des Tages verbrachte er mit den anderen Teilnehmern aus seiner Seniorengruppe. Sein Schlafrhythmus verbesserte sich, weil er tagsüber das tun konnte, was er wollte, und abends nicht länger aufbleiben musste, um es zu erledigen.

Fazit

Menschen mit Down-Syndrom sind zu keinem Zeitpunkt in ihrem Leben statisch, sondern sie verändern sich fortwährend, in ihrer Jugend, im Rentenalter, und entwickeln sich ihr ganzes Leben lang weiter. Ihre Bedürfnisse und Wünsche verändern sich ebenfalls. Viele Vorgehensweisen, die bei Menschen ohne Down-Syndrom in kritischen Lebensphasen angewendet werden, um sie zu unterstützen, können auch bei Menschen mit Down-Syndrom zum Einsatz kommen. Dabei muss man allerdings stets berücksichtigen, dass es doch Unterschiede gibt, wie zum Beispiel die langsamere Entwicklung und der frühere Alterungsprozess. Die Vorgehensweisen zur Unterstützung von Menschen mit Down-Syndrom müssen deshalb entsprechend angepasst werden.

11 Psychische Erkrankungen und ihre Auslöser

Im zweiten Teil dieses Buches haben wir Ihnen eine Reihe von Möglichkeiten und Methoden zur Förderung und Verbesserung der psychischen Gesundheit von Menschen mit Down-Syndrom vorgestellt und gezeigt, dass sich bei ihnen eine gute psychische Gesundheit aufgrund häufig auftretender Verhaltensweisen wie Selbstgespräche oder „Grooves" und von Unterschieden in der Sprachkompetenz und der Gedächtnisfähigkeit nicht unbedingt genauso äußert wie eine gute psychische Gesundheit bei Menschen ohne Down-Syndrom.

Aufgrund dieser Unterschiede werden solche harmlosen Verhaltensweisen manchmal als psychische Erkrankung oder Störung fehlgedeutet, sind aber im Allgemeinen kein Grund zur Besorgnis, sofern Familien und Betreuer angemessen darauf reagieren.

Natürlich können Jugendliche und Erwachsene mit Down-Syndrom trotzdem auch von einer psychischen Störung betroffen sein. Eine psychische Störung (psychische Erkrankung) ist in *der vierten Ausgabe des Diagnostischen und Statistischen Manuals Psychischer Störungen, Textrevision, (DSM-IV-TR)* definiert als:

- ein klinisch auffälliges Verhalten, psychisches Syndrom oder Merkmalsmuster, das bei der betroffenen Person auftritt.
- mit aktuellen Beschwerden und Einschränkungen verbunden oder mit dem Gefühl, dass man ein erhöhtes Risiko hat zu sterben, Schmerzen oder Behinderungen zu erleiden, oder auch verknüpft mit der Angst, seine Freiheit zu verlieren.
- Das Syndrom oder Merkmalsmuster muss komplexer und nachhaltiger sein als lediglich die zu erwartende und kulturell angemessene Reaktion auf ein bestimmtes Ereignis (wie zum Beispiel den Tod eines geliebten Menschen).
- Unabhängig von der eigentlichen Ursache muss es als ein Hinweis auf eine Verhaltensstörung oder eine psychische oder biologische Dysfunktion bei der betroffenen Person betrachtet werden.
- Von der Norm abweichendes Verhalten und Konflikte, die hauptsächlich zwischen der Person und der Gesellschaft bestehen, sind nicht als psychische Störungen anzusehen, es sei denn, das abweichende Verhalten oder der Konflikt ist bei dem Betroffenen ein Symptom der Störung (DSM-IV-TR, 2000).

Die folgenden psychischen Störungen treten häufiger auf:

- affektive Störungen (Hauptmerkmal: Stimmungsstörungen) wie Depressionen, bipolare Störungen (manisch-depressive Erkrankung), Dysthymien (chronische depressive Verstimmung) und Stimmungsstörungen aufgrund von gesundheitlichen Problemen,

- Störung des Verhaltens und oppositionelles Trotzverhalten,
- Schizophrenie und andere psychotische Störungen (Hauptmerkmale: Wahnvorstellungen und Halluzinationen),
- Angststörungen und Zwangsstörungen;
- Impulskontrollstörung (zwanghaftes und oft automatisches Ausführen von impulsivem Verhalten oder der Drang, sich selbst oder anderen Personen Schaden zuzufügen, der nicht durch eine weitere psychische Erkrankung hervorgerufen wird).

Psychische Erkrankungen kommen bei Erwachsenen relativ häufig vor. Schätzungsweise 26 Prozent aller Erwachsenen in den Vereinigten Staaten haben eine psychische Störung (Kessler et al., 2005) und ungefähr 9,5 Prozent erkranken pro Jahr an einer Depression. Schwere Depressionen gelten in den USA als die Hauptursache für Arbeitsunfähigkeit. Erwachsene mit Down-Syndrom weisen eine geringfügig höhere Wahrscheinlichkeit auf, im Laufe ihres Lebens an einer psychischen Störung zu erkranken. Ein Forscher berichtet, dass dies bei 27,1 Prozent aller Menschen mit Down-Syndrom der Fall ist (Chen). Die Daten aus unserer Ambulanz besagen sogar, dass die Zahl bei 35 Prozent liegt, wobei natürlich viele unserer Patienten gerade deswegen an uns verwiesen werden, weil sie psychische Probleme haben, weshalb unsere Quote erwartungsgemäß höher sein muss. Ungefähr zwei Drittel unserer Patienten haben jedoch keine psychische Erkrankung. Sie fühlen sich wohl, und von ihnen haben wir viel gelernt, was die Erhaltung und die Förderung der psychischen Gesundheit anbelangt (wie bereits in den vorherigen Kapiteln beschrieben wurde).

Auslöser von psychischen Störungen

Psychische Störungen werden im Allgemeinen auf zwei Arten ausgelöst: entweder durch physische Ursachen, wie zum Beispiel durch eine Krankheit oder abweichende biochemische und strukturelle Abläufe im Gehirn, oder durch „Stress" („oder Stressfaktoren"), wie es der Laie nennt. Auch kann eine Kombination dieser Faktoren auftreten.

In Kapitel 13 werden wir die strukturellen und die biochemischen Abweichungen im Gehirn von Menschen mit Down-Syndrom, durch die sie für einige psychische Erkrankungen anfälliger sind, näher beleuchten. So ist es bei Menschen mit Down-Syndrom zum Beispiel aufgrund der Unterschiede beim Transport von Serotonin wahrscheinlicher, dass sie eine Depression entwickeln. In Kapitel 2 haben wir viele gesundheitliche Probleme besprochen, die bei Menschen mit Down-Syndrom zu psychischen Störungen führen können. In diesem Kapitel werden wir uns auf die Stressfaktoren konzentrieren, die eine psychische Erkrankung möglicherweise auslösen können.

Stress

Menschen mit Down-Syndrom leiden interessanterweise sehr selten unter Hypertonie (Bluthochdruck). Wenn wir das erwähnen, hören wir häufig: „Das kommt vermutlich daher, dass sie keinen Stress in ihrem Leben haben." Das ist ein Ammenmärchen. Menschen mit Down-Syndrom sind wie wir alle nicht nur Stress ausgesetzt, sondern sie nehmen ihn auch als solchen wahr und leiden durchaus darunter.

Es gibt sicherlich einige Herausforderungen im Leben, denen sich viele Menschen mit Down-Syndrom nicht stellen müssen. So müssen sie sich zum Beispiel recht selten Gedanken darüber machen, wie sie eine Wohnung finanzieren können. Das bedeutet jedoch nicht, dass in ihrem Leben keine Stressfaktoren auftreten. Manchmal erwartet man von Erwachsenen mit Down-Syndrom, dass sie mit Herausforderungen fertig werden, mit denen andere nicht konfrontiert werden. Zum Beispiel wohnen viele unserer Patienten in Wohnheimen mit anderen Personen zusammen, die teilweise unangenehme Angewohnheiten haben, wie nachts wach zu bleiben, oder die sie einfach nicht mögen. Leider haben sie nur wenige Möglichkeiten, Dinge, die sie stören, zu ändern oder einfach mit den Personen zusammenzuziehen, mit denen sie am liebsten zusammenleben würden. Zudem sind sie aufgrund der mit dem Down-Syndrom einhergehenden geistigen Beeinträchtigungen häufig nicht in der Lage, mit Stress angemessen umzugehen. Ein Erwachsener mit

Down-Syndrom kann also zeitweise genauso viel Stress erfahren wie jeder andere, wenn nicht sogar mehr, aber er kann unter Umständen schlechter damit zurechtkommen.

Normalerweise löst Stress im Leben eines Menschen keine psychische Erkrankung aus. Bestimmte Strategien wie entsprechende Unterstützung, Vermeiden der Situation, Teilnahme an Aktivitäten, die Stress vermindern, sind hilfreich, um die Entwicklung psychischer Erkrankungen zu verhindern. Häufig ist es jedoch notwendig, den Stress erst einmal als solchen zu erkennen, um aktiv Strategien zur Bewältigung entwickeln zu können. Erwachsene mit Down-Syndrom erkennen unter Umständen nicht, was bei ihnen Stress auslöst, oder sind aufgrund eingeschränkter Kommunikationsfähigkeiten nicht in der Lage, ihre Probleme zu verbalisieren. Man sollte deshalb nicht annehmen, dass eine Person nicht unter Stress leidet, nur weil sie sich diesbezüglich nicht mitteilen kann. Stattdessen ist es notwendig zu erkennen, ob die Person unter Stress steht, damit man sie eventuell bei der Entwicklung von Bewältigungsstrategien unterstützen kann.

Häufige Stressfaktoren, die bei Erwachsenen mit Down-Syndrom psychische Erkrankungen auslösen können, sind:

- erlernte Hilflosigkeit,
- mangelnde Möglichkeiten, etwas zu tun,
- mangelnder Respekt,
- vorhersehbare belastende Situationen,
- unvorhersehbare belastende Situationen,
- Trauer.

Häufige Stressfaktoren

Erlernte Hilflosigkeit

Eine psychische Erkrankung kann vor allem dann ausgelöst werden, wenn ein Mensch das Gefühl hat, dass er sein Leben und seine Umwelt nicht beeinflussen kann, weil er ständig versagt und überhaupt keine Erfolgserlebnisse hat. Diese Situation ist vergleichbar mit dem Konzept der „erlernten Hilflosigkeit" bei Kleinkindern. Wenn ein Kind wiederholt weint und niemand reagiert, lernt es irgendwann, dass es sinnlos ist zu weinen, und hört damit auf. Im Grunde genommen gibt es auf. Es hat gelernt, hilflos zu sein und zu bleiben.

Wir haben viele Erwachsene mit Down-Syndrom kennengelernt, die mit ihrer Situation unzufrieden und dadurch frustriert waren. Sie hatten wiederholt, aber leider erfolglos, versucht, anderen ihre Probleme mitzuteilen oder mit ihren Problemen ernst genommen zu werden. Irgendwann waren sie so verzweifelt, dass sie aufgaben. Meist gaben sie nicht nur auf und beließen ihre Situation so, wie sie war, sondern wurden immer niedergeschlagener und teilnahmsloser.

Manchmal kann eine Person aufgrund begrenzter Sprachfähigkeiten ihre Probleme nicht verständlich ausdrücken oder andere nehmen diese Probleme nicht ernst oder betrachten sie als unwichtig. Mangelnde Alternativen können eine Situation ebenfalls erschweren. Wenn sich jemand zum Beispiel in seinem Wohnheim nicht wohlfühlt, es aber keine anderen Wohnmöglichkeiten gibt, ist es sehr unwahrscheinlich, dass man die Situation ändern oder verbessern kann.

Zachary, 22, entwickelte Depressionen. Seine Eltern hatten alles darangesetzt, ihm einen Platz in einer Werkstatt zu besorgen, aber Zachary gefiel die Arbeit nicht und er fühlte sich gefangen. Aufgrund seiner begrenzten Sprachfähigkeiten war es für ihn sehr schwer, anderen seinen Wunsch mitzuteilen, woanders zu arbeiten. Mit der Zeit wurde das Problem deutlich und seine Eltern besorgten ihm einen neuen Job. Dieser unterschied sich kaum von dem alten, aber Zachary war dort viel glücklicher. Sein Glücksgefühl schien vor allem daher zu kommen, dass er seine Situation selbst hatte mitbestimmen können.

Wenn Sie einem Menschen mit Down-Syndrom Unterstützung bieten möchten, müssen Sie auf das, was er Ihnen mitteilen will, reagieren. Wenn Sie dem Menschen zuhören, haben Sie schon den ersten Schritt getan, aber Sie müssen sein Problem auch verstehen, um eine sinnvolle Lösung dafür finden zu können. Natürlich ist es ziemlich schwierig, die Bedürfnisse einer Person mit Down-Syndrom zu verstehen, wenn ihre Sprachfähigkeiten begrenzt sind. In diesem Buch beleuchten wir verschiedene Probleme und Eigenschaften, die bei Menschen mit Down-Syndrom vermehrt auftreten. Allerdings weisen wir auch darauf hin, dass jeder Mensch mit Down-Syndrom ein Individuum mit eigenen Bedürfnissen, Wünschen und Hoffnungen ist. Wenn ein Mensch seine Bedürfnisse zum Ausdruck bringt, ihm aber niemand zuhört, kann dies sehr frustrierend sein und schließlich dazu führen, dass er verzweifelt.

Halten Sie sich das folgende Beispiel vor Augen, wenn Sie verstehen wollen, wie frustrierend es sein muss, wenn andere einem nicht zuhören. Stellen Sie sich vor, Sie haben vor kurzem ein schönes T-Shirt in einem Kaufhaus gekauft und bringen es nun dorthin zurück. Sie stellen sich beim Kundenservice in der Schlange an. Nach langem Warten sind Sie an der Reihe und legen das T-Shirt auf die Theke. Bevor Sie irgendetwas sagen können, lächelt der Servicemitarbeiter, nimmt das T-Shirt und gibt Ihnen Ihr Geld zurück. Sie freuen sich über das höfliche Benehmen und die freundliche Behandlung durch den Mitarbeiter. Aber Sie sind gleichzeitig ziemlich frustriert, als er das T-Shirt weglegt, denn eigentlich wollten Sie ihn nur bitten, das Sicherheitsetikett zu entfernen, weil das versäumt wurde, als Sie das T-Shirt gekauft hatten – aber Sie kamen gar nicht dazu! Das T-Shirt hatte Ihnen sehr gut gefallen und nun müssen Sie zusehen, wie es weggelegt wird. Der Kundenservice war sehr gut, aber Sie bekamen nicht das, was Sie brauchten.

Jeder Mensch ist natürlich frustriert, wenn seine Versuche, etwas zu bewirken, nicht beachtet oder falsch interpretiert werden. Wenn sich solche Situationen häufig wiederholen, kann dies leicht eine psychische Erkrankung nach sich ziehen.

Mangelnde Chancen und Perspektiven

Wenn ein Mensch keine Gelegenheit bekommt, sich zu entfalten, kann dies ebenfalls Stress verursachen, frustrierend sein und das Selbstwertgefühl beeinträchtigen (siehe Kapitel 7). Wenn er sich einer Aufgabe oder Arbeit stellen muss, bedeutet dies nicht nur, dass er etwas zu tun und damit einen Zeitvertreib hat, sondern auch, dass er angeregt und herausgefordert wird und dass seine Kreativität gefragt ist. Für einige Erwachsene mit Down-Syndrom können die verfügbaren Aufgaben oder Jobs diese Kriterien nicht einmal ansatzweise erfüllen. Für manche andere gibt es aufgrund mangelnder Finanzierung oder aus anderen Gründen gar keine Aufgaben oder Jobs.

Natürlich ist es von Mensch zu Mensch unterschiedlich, ob eine Arbeit als erfüllend empfunden wird oder nicht. Eine Aufgabe, die Ihnen langweilig oder wenig sinnvoll erscheint, kann für einen Menschen mit Down-Syndrom durchaus sinngebend sein und eine Bereicherung darstellen. Auch das Gegenteil ist oft der Fall. Leider können viele Erwachsene mit Down-Syndrom die Wahl ihres Arbeitsplatzes wenig oder gar nicht beeinflussen, was zu Frustration führen kann.

Auch die Wohnsituation kann eine Ursache für Frustration und Stress sein, weil Menschen mit Down-Syndrom hier häufig nicht mitbestimmen können. Oftmals sind geeignete Wohnmöglichkeiten unter anderem aus finanziellen Gründen Mangelware. Wenn dann auch noch nach dem Tod der Eltern schnell ein Wohnheim gefunden werden muss, kann das sehr problematisch sein. Es ist sicherlich ideal, wenn sich die Familien schon frühzeitig um einen Wohnplatz kümmern; dies geschieht jedoch nicht immer. Auch kann sich im Laufe der Zeit die Finanzierungssituation ändern und ein gut vorbereiteter Übergang dann trotzdem Schwierigkeiten verursachen, weil sich zum Beispiel die diesbezüglichen Vorgaben des Staates oder des Wohnheimbetreibers geändert haben.

Manche Erwachsene mit Down-Syndrom leben weiterhin zu Hause bei den Eltern und/oder Geschwistern, und das kann sehr gut funktionieren. Andere ziehen in ein Wohnheim um, was auch sehr gut funktionieren kann. Manchmal sind jedoch keine Wohnmöglichkeiten verfügbar, wenn jemand von zu Hause ausziehen möchte. Andere wiederum ziehen in Wohnheime und fühlen sich dort überhaupt nicht wohl. Deshalb möchten wir an dieser Stelle noch einmal betonen, dass eine individuelle Einschätzung der Bedürfnisse und eine dementsprechende Planung notwendig sind, um die Situation optimal zu gestalten und das Stressaufkommen zu minimieren.

Auch in einem vorbildlich geführten privaten Wohnheim kann es zu Stresssituationen kommen.

Während der Studienzeit hatten wir zum Beispiel ein Zimmer in einem Studentenwohnheim. Das war eine schöne Zeit, aber immer könnten wir dort nicht wohnen. Wir mussten den Lärm der Mitbewohner aushalten, Angewohnheiten von anderen tolerieren und jeden Tag neue Kompromisse eingehen. Das kann ganz schön nervenaufreibend sein. Natürlich gibt es solche Herausforderungen auch in jeder Familie, aber in einem Wohnheim treffen noch viel mehr Individuen zusammen, die alle ihre eigenen Ideen und Vorstellungen entwickeln, was das Zusammenleben schwieriger macht. Dazu kommt, dass einige Bewohner natürlich auch beeinträchtigte Sprachfähigkeiten haben und anderen ihre Bedürfnisse und Sorgen nicht so gut mitteilen können (siehe Kapitel 6).

Die Herausforderung für die Familie und die Betreuer liegt darin, die neue Wohnumgebung für den Menschen mit Down-Syndrom zu einem Zuhause zu machen, in dem er sich wohlfühlt. Dies ist auch die Aufgabe von Geschwistern, falls die Person mit Down-Syndrom bei ihnen einzieht, sowie des Personals in Wohnheimen, falls der Umzug dorthin erfolgt.

Menschen mit Down-Syndrom haben außerdem wenige Möglichkeiten, ihre Freizeit selbst interessant und sinnvoll zu gestalten, sich zum Beispiel weiterzubilden oder zu reisen. Auch dies kann bei manchen Stress verursachen. Ist das Problem erkannt, sollte der Erwachsene ermutigt und dabei unterstützt werden, sich an anregenden Freizeitaktivitäten zu beteiligen.

Integration und Wahlmöglichkeiten

Motiviert durch den Integrationsgedanken sollten Schulen es Kindern mit Lernbeeinträchtigungen ermöglichen, den regulären Unterricht gemeinsam mit sich normal entwickelnden Schülern zu besuchen. Auch für erwachsene Menschen mit Lerneinschränkungen wird Integratopm zunehmend als anzustrebendes Ziel gesehen, denn um in unsere Gesellschaft integriert zu sein, muss man auch die Möglichkeit haben, an ihr teilzunehmen. Das geht nur, wenn man Wahlmöglichkeiten hat und selbst mitbestimmen kann. Viele Erwachsene mit Down-Syndrom sind leider nicht integriert, weil sie gar keine entsprechenden Wahlmöglichkeiten (zum Beispiel was den Arbeitsplatz oder die Wohnsituation anbelangt) haben. Oftmals werden ihnen aufgrund knapper Kassen und auch durch eine falsche Einschätzung ihrer Fähigkeiten von der Gesellschaft und von Fachleuten Grenzen gesetzt. Auch ist man außerdem bisweilen der Meinung, dass es für Menschen mit Down-Syndrom nur einen vorgegebenen Weg gibt, den sie gehen müssen.

Mangelnder Respekt

Für Personen mit Down-Syndrom ist es sehr belastend, wenn sie sich mit Menschen abgeben müssen, die sie nicht ernst nehmen oder die ihnen keinen Respekt entgegenbringen. Besonders problematisch wird es, wenn sich andere, egal ob Erwachsene oder Kinder, abfällig äußern oder dem Menschen mit Down-Syndrom hässliche Dinge nachrufen. Unfreundliche und abfällige Kommentare können sehr verletzend sein. Aber auch freundliche und wohlmeinende Personen können dem Menschen mit Down-Syndrom Stress bereiten, wenn sie seine Fähigkeiten und Kompetenzen unterschätzen oder nicht anerkennen.

Bill, 27, liebte seine Tätigkeit in einem Supermarkt. Ab und zu kamen jedoch Kunden, die ihn sehr verärgerten. Man kann sich leicht vorstellen, dass es ihn sehr belastet, wenn er von einem Kunden „Idiot" genannt wird. Aber auch Kunden, die Bill bei seiner Aufgabe, die Einkäufe einzupacken, helfen wollen, setzen ihn unter Stress. Bill ist sehr stolz auf seine Arbeit und versteht diese Hilfe als ein Zeichen dafür, dass man ihn nicht für fähig hält, seine Arbeit selbst auszuführen. Trotz der vielen positiven Aspekte des Jobs für Bill, wie ein verbessertes Selbstbewusstsein und so weiter, bringt der tägliche Kontakt mit Kunden die Gefahr mit sich, eine psychische Erkrankung auszulösen. Bill hat aber jeden Abend nach dem Essen die Möglichkeit, seinen Tag mit den Betreuern seines Wohnheims zu besprechen. Er erhält Unterstützung und nimmt nach der Arbeit an Aktivitäten teil, die für ihn entspannend sind. Trotz der verschiedenen Probleme und Herausforderungen in seinem Job ist er in der Lage, diesen auch weiterhin gut und zuverlässig auszuführen.

Im Folgenden beschreiben wir, wie Sie einem Jugendlichen oder Erwachsenen mit Down-Syndrom helfen können, wenn er das Gefühl hat oder es tatsächlich so ist, dass man ihn nicht respektiert oder nicht ernst nimmt:

- Überlegen Sie mit ihm gemeinsam, warum die Person sich ihm gegenüber so benimmt und ob die Person ihn tatsächlich geringschätzig behandelt oder ob er dies nur so empfindet.
- Erklären Sie, dass die Person, die ihm gegenüber absichtlich so unhöflich ist, diejenige ist, die ein Problem hat. Ermutigen Sie ihn, dies so weit wie möglich zu ignorieren oder diese Person anzusprechen (oder von jemand anderem ansprechen zu lassen), wenn es sich um eine Situation handelt, an der man etwas ändern kann.
- Ermutigen Sie ihn, darüber zu sprechen, wenn er respektlos oder unhöflich behandelt wird. Zeigen Sie Verständnis für seine Gefühle und unterstützen Sie ihn dabei, damit umzugehen. Stärken Sie ihn und helfen Sie ihm auf verschiedene Weise, ein gutes Selbstwertgefühl zu entwickeln (siehe Kapitel 7).
- Helfen Sie ihm dabei, Strategien zu entwickeln, wie er mit seinen Gefühlen umgehen kann. Das können Entspannungstechniken, Sport und andere Strategien sein.

Vorhersehbare belastende Situationen

Bei allen Menschen entstehen im Laufe der Zeit Situationen in ihrem Umfeld, die belastend sein können und Stress auslösen. Einige Ereignisse werden sicher eintreten oder sind vorhersehbar, wie zum Beispiel der Schulabschluss und der Beginn des Arbeitslebens. Andere Ereignisse sind weniger vorhersehbar. Eine Krankheit, der Tod eines Angehörigen, die Scheidung der Eltern und andere Begebenheiten treten ungeplant ein. Deshalb ist es hilfreich und wichtig, die Person mit Down-Syndrom darauf vorzubereiten, dass vorhersehbare und unvorhersehbare Ereignisse auftreten können, mit denen man entsprechend umgehen muss.

Bedenken Sie, dass viele Menschen mit Down-Syndrom nur schwer mit Veränderungen zurechtkommen. Besonders schwierig ist es oft, wenn Geschwister von zu Hause ausziehen, auf die Universität gehen oder heiraten. Diese Veränderungen können einen Menschen mit Down-Syndrom auf zwei Arten beeinflussen. Zum einen erfährt er den Auszug des Bruders oder der Schwester als Verlust und durchläuft einen Trauerprozess. Zum anderen spürt er häufig, dass dies normale Ereignisse sind, die er jedoch niemals selbst erleben wird. Unsere Patientin Joan sagte zum Beispiel, nachdem sie bei der Hochzeit ihrer Schwester sehr traurig wurde: „Ich werde nie heiraten und Kinder haben." Wenn ein Kind mit Down-Syndrom das Jugend- und das Erwachsenenalter erreicht, können die Unterschiede zwischen seinem Leben und dem Leben der Geschwister und Gleichaltriger ohne Behinderung deutlicher werden.

Die Trauer darüber, dass ein Geschwisterkind auszieht, sollte nicht unterschätzt werden. Für Menschen mit Down-Syndrom ist das ein schwerwiegendes Ereignis. In dem Abschnitt über Trauer in diesem Kapitel haben wir einige Möglichkeiten vorgestellt, wie man sie im Trauerprozess unterstützen kann. Der größte Unterschied zwischen dem Auszug eines Familienmitglieds und dem Tod eines Angehörigen ist natürlich der, dass körperlicher Kontakt wie Umarmungen mit diesem Menschen auch nach seinem Auszug noch möglich ist. Wenn der Angehörige trotz Auszugs weiterhin am Leben der Person mit Down-Syndrom teilnimmt, lässt sich der Verlust besser verkraften. Beständigkeit und Regelmäßigkeit sind für Menschen mit Down-Syndrom von größter Bedeutung. Wir haben häufig beobachtet, dass Menschen mit Down-Syndrom sehr verletzt sind, wenn Versprechen nicht gehalten werden (wenn ein Familienmitglied zum Beispiel ein geplantes Ereignis versäumt). Aufgrund ihrer Neigung zu Ordnung, Wiederholung und Regelmäßigkeit (siehe Kapitel 9, Grooves) können sie sich schwer damit abfinden, wenn sie zum Beispiel nur unregelmäßig besucht werden.

Die Probleme, die aufgrund der geringeren Chancen und Möglichkeiten für Menschen mit Down-Syndrom entstehen, können verringert oder sogar behoben werden, wenn für Menschen mit Down-Syndrom mehr Gelegenheiten geschaffen werden, am Leben in der Gesellschaft teilhaben zu können, und ihnen mehr Chancen geboten werden, sich zu entfalten. Viele haben jedoch Beeinträchtigungen, aufgrund derer sie einige Dinge im Leben nicht tun können, die für Geschwister und Gleichaltrige ohne Behinderungen ganz selbstverständlich sind. Deshalb sollten die positiven Aspekte im Leben des Menschen betont und Wege und Möglichkeiten angestrebt werden, die den Aktivitäten der Geschwister und Gleichaltriger gleichkommen, um so das Selbstbewusstsein des Menschen zu stärken.

Positive Aspekte betonen

Jeder Mensch hat seine Grenzen. Der zweite Autor dieses Buches konnte zum Beispiel kein Profi-Basketballer werden, weil er nicht groß genug war, nicht hoch genug sprang und auch fast nie in den Korb traf. Seine Familie und sein Umfeld haben ihn jedoch ermutigt und dabei unterstützt, seine Stärken zu entdecken und zu fördern, und an Aktivitäten teilnehmen lassen, bei denen er diese sinnvoll einsetzen konnte. Viele unserer Patienten mit Down-Syndrom besitzen unentdeckte Talente und Fähigkeiten, zum Beispiel eine künstlerische oder musikalische Begabung, ein unglaubliches Gedächtnis, einen großartigen Sinn für Ordnung und noch weitere wertvolle Talente. Diese Stärken können sehr zu einem erfüllten Leben beitragen. Sie wurden in den Kapiteln 4, 5 und 7 besprochen. Für alle Menschen bedeutet es Glück und Zufriedenheit, wenn ihre Talente erkannt und gefördert werden und sie die Möglichkeit bekommen, dazuzulernen und ihre Fähigkeiten weiterzuentwickeln.

Ähnliche und vergleichbare Möglichkeiten auftun

Für das Selbstbewusstsein von Menschen mit Down-Syndrom ist es sehr wichtig, Zugang zu Möglichkeiten zu haben, die mit denen Gleichaltriger oder von Geschwistern vergleichbar sind. Wir kennen einige Erwachsene mit Down-Syndrom, die ebenfalls gerne ein Auto fahren, heiraten und/oder von zu Hause ausziehen möchten und diese Lebensziele auch erreicht haben. Da Menschen mit Down-Syndrom zunehmend in die Gesellschaft integriert werden, haben sie auch bessere Möglichkeiten, um solche Ziele zu verwirklichen. Allerdings muss man realistischerweise dazusagen, dass nicht alle Menschen mit Down-Syndrom die Fähigkeiten dazu besitzen. Aber auch hier gilt es, die Interessen und die vorhandenen Fähigkeiten des Menschen zu erkennen, zu fördern und, wenn notwendig, alternative Möglichkeiten anzubieten, indem er lernt, seine Stärken entsprechend einzusetzen. Dies wirkt sich positiv auf sein Selbstwertgefühl und seine Zufriedenheit im Leben aus und lässt ihn Veränderungen leichter akzeptieren.

Darryl, ein 18-jähriger Mann mit Down-Syndrom, war sehr frustriert, weil er nicht Auto fahren konnte. Er hatte am Theorieunterricht in einer Fahrschule teilgenommen, aber er besaß nicht die praktischen Fähigkeiten, um tatsächlich ein Auto fahren zu können. Auch hatte er nicht das notwendige Einschätzungsvermögen, um am Straßenverkehr teilzunehmen.

Seine Familie fand heraus, dass er im Wesentlichen deshalb frustriert war, weil er sich nicht unabhängig fortbewegen konnte und immer auf andere angewiesen war. Also suchten sie nach einer Alternative und brachten ihm bei, öffentliche Verkehrsmittel selbstständig zu nutzen. Für Darryl war es eine positive Erfahrung, dass ihn seine Familie nicht mehr überall mit dem Auto hinfahren musste. Zudem benutzen sie nun auch häufiger öffentliche Verkehrsmittel. Wenn zum Beispiel sein älterer Bruder zu Besuch kommt und er und Darryl ins Kino, ins Museum oder zu Veranstaltungen gehen, fahren sie mit dem Bus. Darryl übernimmt bei diesen Gelegenheiten die Führung, weil sich sein älterer Bruder nicht so gut mit dem System auskennt.

Mangelnde Fähigkeiten oder zu wenig Entfaltungsmöglichkeiten stellen Herausforderungen dar, die überwunden oder für die Alternativen gesucht werden müssen. Das Wichtigste ist die Förderung eines gesunden Selbstbewusstseins, um den Veränderungen im Leben gewachsen zu sein. Kapitel 7 geht näher auf die Förderung des Selbstbewusstseins ein.

Vorbereitung auf wichtige Ereignisse

Menschen mit Down-Syndrom können sich mithilfe von Kalendern oder Terminplänen sehr gut auf geplante Ereignisse vorbereiten. Wie in Kapitel 5 beschrieben, ist das visuelle Gedächtnis oftmals stärker ausgeprägt, sodass bildliche Hinweise oft hilfreicher sind als verbale Erinnerungen. Deshalb ist der Einsatz eines Kalenders oder Terminplans mit Bildern sehr vorteilhaft. Wir haben oft festgestellt, dass ein Foto des anstehenden Ereignisses dem Menschen am besten hilft, sich darauf vorzubereiten, besonders dann, wenn es ihn selbst bei einem solchen Ereignis zeigt.

George, 28, hatte eine schwere atlantoaxiale Instabilität. Vor der Operation musste seine Halswirbelsäule mehrere Wochen gestreckt werden, damit sie korrekt ausgerichtet werden konnte. Diese Wochen waren extrem schwierig für ihn. George bekam ein Bild mit dem geplanten Operationsdatum und klebte es auf seinen Kalender. Für ihn war das Bild ein Symbol, das ihm vermittelte, dass sich sein Zustand durch die Operation verbessern würde. Dies half ihm über die Wochen hinweg, in denen er die Streckung über sich ergehen lassen musste.

Zusätzlich zu visuellen Hilfen ist oft eine frühzeitige Ankündigung erforderlich. Im Alltag erweist es sich als sinnvoll, Veränderungen rechtzeitig anzukündigen, zum Beispiel der Person fünf oder zehn Minuten vor Arbeitsschluss mitzuteilen, dass es bald Zeit ist, die Arbeit zu beenden und nach Hause zu gehen. Eine zu frühe Ankündigung der jeweiligen Veränderung ist meist nicht so sinnvoll, weil die Person es dann wieder vergisst oder sich erneut ihrer Tätigkeit zuwendet. Wird die Veränderung nicht angemessen oder gar nicht angekündigt, hat die Person keine Gelegenheit, sich darauf vorzubereiten.

Auch größere Veränderungen in der Familie oder ein Umzug sollten entsprechend angekündigt werden. Ein Bild, das das Ereignis symbolisiert, kann auf dem jeweiligen Tag des Kalenders angebracht werden; zum Beispiel ein Bild des Erwachsenen mit Down-Syndrom, der vor seinem neuen Zuhause steht. Man kann dann auf das Datum zeigen und die Tage zählen. Auch hier sollte man darauf achten, dass man die Ankündigung nicht zu früh ausspricht. Der Zeitpunkt muss bei jedem Menschen individuell bestimmt werden.

Oft zögern Eltern und Betreuer damit, dem Menschen mit Down-Syndrom ein Ereignis anzukündigen, damit er sich im Vorfeld nicht nur noch damit beschäftigt. Nicht selten bekommt er es aber sowieso mit, weil er bei Gesprächen etwas aufschnappt. Viele Menschen mit Down-Syndrom haben außerdem ein besseres Gespür für bevorstehende Ereignisse und Veränderungen, als gemeinhin angenommen wird. Dieser spezielle „Radar" hilft ihnen dabei, Änderungen im Verhalten anderer zu erkennen und bevorstehende Ereignisse somit zu „erspüren". In solchen Situationen ist es besser, ein offenes Gespräch zu führen und den Personen bei der Umstellung zu helfen, anstatt die Ankündigung hinauszuzögern. Sonst könnten sie falsche Schlüsse über das ziehen, was passieren wird, und sich noch mehr Sorgen machen. Natürlich können sie auch die richtigen Schlüsse ziehen. Weil sie es aber eigentlich noch nicht wissen sollen, bietet sich ihnen nicht die Möglichkeit, über ihre Gefühle zu sprechen.

Wir haben schon oft gehört, dass eine Verhaltensänderung oder eine Veränderung der psychischen Verfassung geraume Zeit vor dem bevorstehenden Ereignis eintrat. „Als seine Depressionen einsetzten, hatten wir ihm doch noch gar nichts davon erzählt." Anscheinend war er sich der bevorstehenden Änderung jedoch schon bewusst und hatte Schwierigkeiten, sie angemessen zu bewältigen. Bedenken Sie deshalb immer, dass viele Menschen mit Down-Syndrom die erstaunliche Fähigkeit besitzen, Ereignisse zu „erspüren", von denen sie eigentlich noch gar nichts wissen können.

Unvorhersehbare belastende Situationen

Natürlich können Sie die meisten Empfehlungen über den Umgang mit bevorstehenden Ereignissen nicht anwenden, wenn ein Ereignis ungeplant oder unerwartet eintrifft. Dennoch können einige Situationen ähnlich gehandhabt werden.

Viele unerwartete Ereignisse, wie Tod oder Krankheit und auch Scheidung, bringen ein Verlustgefühl mit sich. Der Tod eines Angehörigen, Freundes oder Betreuers kann besonders schwer zu bewältigen sein. Aus diesem Grund besprechen wir den Trauerprozess eingehend im nächsten Abschnitt. Viele der Strategien, die einen Menschen mit Down-Syndrom durch seinen Trauerprozess begleiten und ihn unterstützen, können auch bei unerwartet eingetretenen Ereignissen eingesetzt werden.

Zuallererst muss man feststellen, „wo sich die Person befindet". Dort setzt man an. Sie müssen herausfinden, was sie über den Verlust weiß und was sie versteht. So können Sie gezielter helfen. Wenn die Person nonverbal kommuniziert, können in Kapitel 6 besprochene Strategien hilfreich sein.

Ein Verlust bedeutet stets eine Veränderung, und viele Menschen mit Down-Syndrom kommen nur schwer mit Veränderungen zurecht. Falls es in irgendeiner Weise möglich ist, sollten Sie die Veränderung ankündigen, damit die Person sie in ihrem eigenen Tempo verarbeiten kann. Beobachten Sie genau, wie der Mensch reagiert, egal ob verbal oder mit Körpersprache, damit Sie ihn nicht mit Informationen überfordern. Teilen Sie ihm so viel mit, wie er verkraften und verstehen kann, und seien Sie für ihn da, wenn er Sie braucht.

Geht es bei dem Verlust nicht um einen Todesfall, sondern zum Beispiel um eine Erkrankung, hat die Person mit Down-Syndrom meistens noch die Möglichkeit, mit demjenigen Menschen in Kontakt zu bleiben und die veränderte Situation mitzuverfolgen. Auch hier ist es sehr wichtig, richtig einzuschätzen, wie die Person mit der neuen Situation zurechtkommt. Eine der Fragen, die oft gestellt werden, lautet, ob die Person mit Down-Syndrom tatsächlich einen kranken Familienangehörigen besuchen sollte oder ob das zu belastend wäre. Wir empfehlen regelmäßige Besuche. Nur selten sind die Veränderungen bei dem kranken Menschen für die Person mit Down-Syndrom zu belastend. Sollte dies aber der Fall sein, müssen die Besuche eingeschränkt oder ganz eingestellt werden.

Es kann hilfreich sein, der Person mit Down-Syndrom Fotos von sich zusammen mit dem kranken Menschen zu zeigen, den sie aufgrund der Krankheit oder eines anderen Ereignisses eventuell verlieren wird. Das ausgezeichnete Gedächtnis so vieler Menschen mit Down-Syndrom kann in solchen Situationen ein wahrer Segen sein, denn die Bilder helfen ihnen, sich an glücklichere Zeiten zu erinnern und dadurch Trost zu erhalten.

Ein Kalender oder ein Terminplan mit Bildern kann dem Erwachsenen mit Down-Syndrom helfen, sich auf den eventuellen Verlust vorzubereiten. Zum Beispiel werden das Anfangs- und das Enddatum einer Behandlung oder ein Operationstermin in den Kalender eingetragen, um so einen Zeitrahmen beziehungsweise ein Gefühl für Ordnung zu vermitteln.

Wenn der Mensch mit Down-Syndrom selbst krank wird oder sich einer Operation unterziehen muss, kann ebenfalls ein Kalender eingesetzt werden. Man schafft so eine Struktur, erhöht die Vorhersehbarkeit des Ereignisses so weit wie möglich und hilft dem Menschen dabei, mit der Krankheit umzugehen. Auch ist es extrem wichtig, den Behandlungsablauf und die Vorgehensweisen verständlich zu erklären. Wenn unsere Patienten Angst davor haben, in unsere Sprechstunde zu kommen, geben wir ihnen ein Buch mit Bildern und Texten, das sie quasi durch die Sprechstunde führt. Das Buch enthält Bilder vom Anamnesegespräch, von den einzelnen Untersuchungen, vom Blutabnehmen und von verschiedenen Behandlungen. Wir stellen unseren Patienten auch Kopien dieses Buches zur Verfügung, sodass sie es sich zu Hause in Ruhe ansehen können.

Es gibt viele Veränderungen und Verluste im Leben, die für Erwachsene mit Down-Syndrom sehr schwer zu bewältigen sein können. Verleiht man diesen Verlusten eine Struktur und optimiert man ihre Vorhersehbarkeit, trägt man sehr viel dazu bei, dass der Mensch besser damit umgehen kann. Hierbei sollten vor allem das gute Gedächtnis und die visuelle Lernfähigkeit genutzt werden, weil man so die besten Erfolge erzielt.

Überdies sollte stets bedacht werden, dass auch eine positive Veränderung eine Veränderung ist. Gute Neuigkeiten wie eine Beförderung oder eine Einladung zu einer Reise mit einem Freund oder die Geburt eines Neffen oder einer Nichte können sehr positive Erlebnisse im Leben eines Menschen mit Down-Syndrom darstellen, allerdings auch Stress verursachen. Die oben beschriebenen Strategien können verhindern, dass aus solchen positiven Ereignissen negative werden.

Trauer

Trauer ist ein sehr individueller Prozess. Menschen trauern auf die verschiedensten Weisen. Bei Menschen mit Down-Syndrom haben wir jedoch einige Gemeinsamkeiten festgestellt, was den Trauerprozess betrifft. Zum einen reagieren sie oft verspätet auf schmerzvolle Ereignisse in ihrer Umgebung. Zum anderen trauern sie auf ihre eigene Art und Weise. Drittens verkompliziert ihr leistungsstarkes Gedächtnis den Trauerprozess häufig. Schwierige oder anhaltende Trauer kann manchmal zu psychischen Erkrankungen wie einer Depression führen.

Vom Umgang mit Scheidungen

Eine Scheidung ist gleichzeitig vorhersehbar und nicht vorhersehbar. In der Regel ist eine Scheidung nichts, was die Person mit Down-Syndrom plötzlich überrascht. Häufig ist sie sich der bestehenden Probleme bewusst, auch wenn man nicht direkt mit ihr darüber gesprochen hat. Daher empfehlen wir die folgenden Schritte zur Vorbereitung auf eine Scheidung:

- Versichern Sie dem Menschen, dass es nicht seine Schuld ist.
- Versichern Sie ihm, dass ihn seine Eltern immer noch lieben.
- Versichern Sie ihm, dass er auch weiterhin ein Zuhause haben, versorgt sein und beide Eltern sehen wird.
- Bringen Sie ihn nicht in eine Situation, in der er zwischen beiden Eltern steht. Bringen Sie ihn auch auf keinen Fall in eine Situation, in der er Partei ergreifen muss.
- Achten Sie darauf, dass sein Zeitplan so weit wie möglich eingehalten wird.
- Ermutigen Sie ihn, seine Sorgen zu besprechen, und geben Sie ihm die Gelegenheit dazu.
- Unterstützen Sie Aktivitäten, die Stress abbauen.

Verspätete Reaktion auf schmerzvolle Ereignisse

Bei Menschen mit Down-Syndrom kann der Trauerprozess verspätet einsetzen. Es ist nicht ungewöhnlich, dass es einer Person mit Down-Syndrom sechs Monate oder länger nach dem Tod eines geliebten Menschen gut geht und sie erst dann beginnt, ihre Trauer zu zeigen. Manchmal geht es jemandem auch eine lange Zeit gut und ein weiterer Verlust löst dann erst die Trauerreaktion aus. So kann zum Beispiel ein sehr wichtiger Mensch (wie ein Elternteil) sterben und unser Patient scheint es gut zu verkraften. Monate oder manchmal Jahre später tritt ein anscheinend weniger schwer wiegender Todesfall ein (ein flüchtiger Bekannter oder die Schildkröte der Wohngemeinschaft) und unser Patient beginnt dann erst, wegen des ersten, bedeutsameren Todesfalles zu trauern. Wir haben mehrere solcher Fälle erlebt, in denen ein Erwachsener mit Down-Syndrom erst nach einigen Jahren plötzlich über den Verlust einer wichtigen Person in seinem Leben zu sprechen beginnt.

In ihrer Schrift „Wenn Menschen mit geistiger Behinderung trauern" („Mental Retardation and Grief Following a Death Loss") führt Charlene Luchterhand (Master's Degree of Social Work (diplomierte Pädagogin mit Schwerpunkt Sozialarbeit)) einige mögliche Erklärungen für die verspätete Trauer (Luchterhand, 1998) an. Vielleicht hat die Person keine Gelegenheit zu trauern gehabt oder sie braucht länger, um sich ihrer Gefühle und Emotionen bewusst zu werden. Vielleicht hat sie auch nicht die Fähigkeit, die Trauer überhaupt zu verstehen und damit umzugehen.

Wir haben uns zudem häufig gefragt, ob viele unserer Patienten überhaupt ein Zeitverständnis besitzen. Wenn ein Erwachsener mit Down-Syndrom den Tod eines Familienmitglieds beschreibt, spricht er manchmal so, als habe dies in den vergangenen Wochen stattgefunden, obwohl es tatsächlich bereits mehrere Jahre her ist. Diese Schwierigkeiten mit dem Zeitverständnis haben wir auch in anderen Bereichen beobachtet. Was also für andere wie ein ungewöhnlicher Zeitpunkt zum Trauern erscheint, kann mit der unterschiedlichen Zeitwahrnehmung zusammenhängen (siehe Kapitel 4).

Joel, 26, erfreute sich bester Gesundheit, als er zu uns gebracht wurde. Seine Eltern hatten vor kurzem ihr Testament aktualisiert und sich Grabstätten auf dem örtlichen Friedhof gekauft. Sie waren noch relativ jung und gesund, sodass man nicht annehmen musste, dass die Grabstätten bald gebraucht werden würden.

Als sie ihre Gräber kauften, kauften sie auch ein Grab für Joel. Er war bestürzt und brauchte sogar ein Antidepressivum, weil es ihm so große Angst einjagte, dass bereits ein Grab für ihn erworben wurde. Es war für ihn sehr schwer zu verstehen, dass das Grab für einen Zeitpunkt gekauft wurde, der weit, weit in der Zukunft lag. Joel hatte nun große Angst, dass er bald sterben würde, obwohl er absolut gesund war. Da er kein Zeitverständnis besaß, konnte er auch nicht verstehen, dass man Pläne für die Zukunft schmieden konnte.

Wenn man Joel aber vorher besser erklärt hätte, warum die Gräber gekauft werden sollten, hätte er vielleicht nicht ganz so extrem reagiert. Auf der anderen Seite hätten seine Eltern diese Reaktion voraussehen können, weil er auf andere Ereignisse ähnlich reagiert hatte. Deshalb wäre es eventuell sinnvoller gewesen, ihm gar nichts zu erzählen.

Erinnerungen

Menschen mit Down-Syndrom haben oft ein ausgezeichnetes Gedächtnis. Diese Fähigkeit kann sehr nützlich sein, aber sie kann ihnen auch Probleme bereiten, weil sie sich dadurch auch sehr gut an schmerzhafte Ereignisse in ihrem Leben erinnern können. Für viele Menschen ohne Down-Syndrom beinhaltet der Trauerprozess, dass man einen Verstorbenen natürlich im Gedächtnis behält, sich der Schmerz darüber aber abschwächt und irgendwann einmal vielleicht auch ganz vergeht. Das starke Erinnerungsvermögen vieler Menschen mit Down-Syndrom kann einen Trauerprozess allerdings schwierig gestalten. In solchen Situationen sollte man Strategien einsetzen, die dem Menschen mit Down-Syndrom dabei helfen, sich an glücklichere Zeiten mit dem Verstorbenen zu erinnern. In Kapitel 5 wird dies detailliert besprochen.

Der richtige Zeitpunkt zum Trauern

Wenn man einen Menschen mit Down-Syndrom in seinem Trauerprozess unterstützen möchte, sollte man mit der Hilfe warten, bis er bereit ist, sie anzunehmen. Wir haben schon oft beobachtet, dass es für viele Menschen mit Schwierigkeiten verbunden ist, zum Beispiel zu einer festgelegten Zeit an einer Gesprächsgruppe teilzunehmen, in der über Trauer gesprochen wird. Vielleicht ist er dienstagnachmittags um 16 Uhr einfach nicht in der Lage oder bereit, über den Tod seiner Mutter zu sprechen. Tatsächlich kann die Teilnahme an einer Gruppe in diesem Stadium der Trauer schmerzhafte Erinnerungen auslösen und den Menschen veranlassen, in seinem Schmerz zu verharren. Fest geplante Trauergruppen können einigen Menschen helfen, aber für viele bringen sie nur den Schmerz zurück, den sie für eine Weile beiseitegeschoben hatten.

Meist ist es hilfreicher, allerdings auch schwieriger und anstrengender, wenn man einem Menschen ermöglicht, sich dann mit der Trauer auseinanderzusetzen, wenn er dazu bereit ist. Wenn sich alle für eine Veranstaltung zurechtgemacht haben und gerade zur Tür hinausgehen wollen und er seine vor kurzem verstorbene Mutter zur Sprache bringt, ist dies sicher nicht der am besten geeignete Zeitpunkt, aber höchstwahrscheinlich ist ein Gespräch genau dann Erfolg versprechend. Wir empfehlen, das Gespräch der Person mit Down-Syndrom selbst lenken zu lassen, und zwar zu dem von ihr gewählten Zeitpunkt, auf ihre Art und Weise und in einer von ihr gewählten Umgebung. Wenn sie über den Verstorbenen sprechen möchte, sollte man ihr unbedingt die Möglichkeit dazu geben. Besonders dann, wenn der Familien- und Freundeskreis der Person klein und überschaubar ist, kann ein Gespräch über den geliebten verstorbenen Menschen ihr das Gefühl geben, dass sie mit diesem Menschen durch die Erinnerung verbunden ist.

Trauergruppe – Wörtlich genommen!

Wie bereits in Kapitel 4 besprochen, denken die meisten Menschen mit Down-Syndrom eher konkret und nehmen alles wörtlich. Das kann im Alltag zu unerwarteten Problemen und Missverständnissen führen.

Scott war 34, als seine Mutter starb. Seine Betreuer veranlassten, dass er an einer Trauergruppe in seinem Wohnheim teilnahm. Die Gruppe wurde „Mourning Group" (Trauergruppe) genannt und traf sich jeden zweiten Mittwochnachmittag. Wir fanden jedoch nie heraus, ob Scott eine Teilnahme geholfen hätte. Er versteifte sich dermaßen auf die Tatsache, dass die Gruppe sich nachmittags traf, obwohl sie „Morning"-Gruppe (Morgengruppe; „mourning" und „morning" werden identisch ausgesprochen) hieß, dass er sich weigerte hinzugehen.

Wie man einem trauernden Menschen helfen kann

Charlene Luchterhand empfiehlt folgende Strategien, um einen Erwachsenen mit geistiger Beeinträchtigung im Trauerprozess zu unterstützen:

- Bleiben Sie bei der Person. Verbringen Sie Zeit mit ihr.
- Sprechen Sie über den Tod und den verstorbenen Menschen.
- Sprechen Sie über die Gefühle der Person.
- Ermutigen Sie die Person, an der Totenwache, der Beerdigung oder dem Gedenkgottesdienst teilzunehmen.
- Versuchen Sie, andere Veränderungen zu verhindern.

- Lassen Sie die Person selbst bestimmen, wie sie trauern möchte.

Um Menschen mit geistigen Beeinträchtigungen den Tod zu erklären, empfiehlt Charlene Luchterhand Folgendes:

- Verwenden Sie einfache Wörter und vermeiden Sie solche, die mehr als eine einzige Bedeutung haben (zum Beispiel „schlief ein").
- Verwenden Sie Beispiele aus dem täglichen Leben (wie zum Beispiel den Tod eines Tieres oder einer berühmten Person).
- Verwenden Sie im Laufe der Zeit verschiedene Beispiele.
- Zeigen Sie der Person, wie Sie selbst mit Verlusten in Ihrem Leben umgehen.
- Erlauben Sie ihr, Gefühle zu zeigen.
- Ermutigen Sie sie, Fragen zu stellen
- Sprechen Sie über die verschiedenen Lebensabschnitte: Geburt, Kindheit, Pubertät, Erwachsenenalter, Älterwerden, Tod.
- Wenn Sie das Gefühl haben, dass die Person dazu in der Lage ist, fragen Sie nach, ob sie in einer speziellen Gruppe mit anderen über Tod und Trauer sprechen möchte.
- Beschreiben Sie die positiven Seiten des Todes (kein Leiden mehr oder ein Weiterleben nach dem Tod, wenn das Teil der religiösen Überzeugung ist). Sprechen Sie aber keine religiösen Konzepte an, wenn die Person damit nicht vertraut ist.
- Helfen Sie der Person, sich nun sicher zu fühlen. Versichern Sie ihr, dass sie und die anderen Angehörigen gesund sind.

Aufgrund unserer Erfahrung mit Trauergruppen empfehlen wir, dass zuerst überlegt wird, ob die Teilnahme an einer solchen Gruppe für den Erwachsenen mit Down-Syndrom hilfreich oder eher problematisch wäre. Neigt er dazu, bei anderen Problemen zu verweilen und sich nur noch damit zu beschäftigen? Hilft es ihm, wenn jemand anders über den Tod eines geliebten Menschen spricht, oder bereitet ihm das nur noch mehr Probleme? Hat er sich früher gut in strukturierten Gruppen zurechtgefunden? Die Antworten auf diese Fragen können klären, ob die Teilnahme an einer Trauergruppe hilfreich sein würde oder nicht. Wenn Sie unsicher sind, ob Sie tatsächlich die richtigen Antworten auf die Fragen gefunden haben, empfehlen wir, zunächst versuchsweise an einer Trauergruppe für Menschen mit Down-Syndrom und anderen geistigen Beeinträchtigungen teilzunehmen.

Ebenfalls sehr hilfreich ist es, ein Buch mit Fotos des Verstorbenen anzufertigen, vor allem, wenn Sie Fotos verwenden, auf denen der Verstorbene vergnügliche Dinge tut. So kann sich der Erwachsene mit Down-Syndrom positiv an ihn erinnern. Meist ist es auch hilfreich, wenn Sie Bilder von dem Verstorbenen zusammen mit der Person mit Down-Syndrom zeigen. Ziel ist es hier, dem Erwachsenen die Trauer zu erleichtern und den Schmerz über den Tod des Angehörigen zu lindern. So kann er den Schmerz für einen kurzen Augenblick vergessen, während er sich auf glückliche Erinnerungen konzentriert. Achten Sie aber darauf, die Trauer nicht zu bagatellisieren oder „unter den Teppich zu kehren". Sicher ist es jedoch positiv, die Trauer auf glückliche Erinnerungen „umzuleiten".

Es ist leider nicht immer möglich, Veränderungen zu vermeiden. Über vieles, was in unserem Leben passiert, haben wir nun einmal keine Kontrolle. Wir empfehlen jedoch, Veränderungen wie einen Umzug oder einen Arbeitsplatzwechsel während der intensiven Trauerphase zu vermeiden.

Auch die Angst vor einem weiteren Verlust kann sehr verstörend wirken, vor allem wenn der Erwachsene Angst hat, dass weitere ihm nahestehende Menschen sterben werden. Viele unserer Patienten befürchten, noch einen Elternteil, ein Geschwister oder eine andere nahestehende Person zu verlieren. Bleiben Sie in engem Kontakt mit dem Menschen mit Down-Syndrom und geben Sie ihm Sicherheit und Geborgenheit.

Manchmal hält die Trauer längere Zeit an und unterbricht das Leben eines Menschen. Trauer kann auch eine Depression nach sich ziehen. Wenn das der Fall ist, ist es zwingend notwendig, die Person, wie hier beschrieben, durch ihren Trauerprozess zu begleiten. Wenn die Trauer allerdings zu lange anhält oder sich zu mehr als einer Trauerreaktion entwickelt, können eine Untersuchung des Gemütszustands und eine entsprechende Behandlung erforderlich werden. Im nächsten Kapitel erläutern wir, wie man vorgehen sollte, wenn sich eine psychische Erkrankung andeutet.

Bedenken Sie, dass jeder Mensch anders trauert. Was für den einen Menschen gut ist, muss für andere nicht ebenfalls gut sein. Zwar trauern viele Menschen auf ähnliche Weise, aber davon kann man sicher nicht auf alle Menschen schließen. Oftmals kann ein Mensch, der die Person mit Down-Syndrom vor dem Verlust kannte, am besten beurteilen, wie man sie in ihrer Trauer unterstützen kann. Die trauernde Person sollte sorgfältig und mitfühlend beobachtet werden, damit man reagieren und ihr helfen kann, wenn sie darum bittet oder sich dafür bereit zeigt.

Auch wenn jeder Mensch anders trauert, kann es doch hilfreich sein zu erfahren, wie andere eine Person mit Down-Syndrom in ihrer Trauer begleitet und unterstützt haben. Vor einigen Jahren schrieb uns Sheila Hebein, die Vorsitzende der National Association for Down Syndrome, den folgenden Brief als Antwort auf einen Artikel über Trauer in unserem Newsletter:

Mein Sohn Chris musste in seinem Leben schon viele Verluste verkraften. Der erste Verlust trat ein, als mein Vater starb, Chris war erst fünf. Als er elf war, verlor er seine Großmutter väterlicherseits (Nona). Er hatte ihr extrem nahegestanden, aber wir waren offen mit ihm und beantworteten seine Fragen so ehrlich wie wir konnten. Er nahm mit dem Rest der Familie an der Totenwache und als Ministrant an dem Trauergottesdienst teil, wobei er zusammen mit zwei Cousins bei der Gabenbereitung half. Einige Jahre später starb sein Großvater väterlicherseits, und auch zu ihm hatte er ein inniges Verhältnis, da der Großvater während mehrerer Jahre immer wieder bei uns gewohnt hatte. Chris war zu dem Zeitpunkt 19 und wir bezogen ihn in jeder nur möglichen Weise mit ein. Er hielt sich während der gesamten Totenwache bei der Familie auf. Ich glaube, er war das einzige Enkelkind, das nicht den Raum verließ, um etwas zu essen. Er ging immer wieder an den Sarg, berührte die Hand seines Großvaters, kniete sich hin und betete. Zusammen mit seinen Cousins trug er den Sarg und wir sprachen zu Hause häufig über seinen Opa.

Vor vier Jahren starb meine Mutter in England und Chris konnte nicht an ihrer Beerdigung teilnehmen, aber wir sprachen viel über „Nana". Dann starb der Mann meiner Schwester, das war auch sehr schwierig. Wir fuhren zu der Beerdigung in New Hampshire und Chris nahm zusammen mit seinen Cousins an der Messe und der Beerdigung teil.

Wir hatten viele Familienurlaube in New Hampshire verbracht. Ich hatte immer Videoaufnahmen gemacht, weil alle unsere Familienmitglieder in einem anderen Staat oder Land leben, und diese Filme halfen Chris, mit allen „in Verbindung zu bleiben". Er schaute sich die Videos seiner Nana, seines Onkels und seines Opas, nachdem sie gestorben waren, häufig an und ich glaube, dass ihm das guttat.

Die darauf folgenden Jahre brachten noch weitere schwere Verluste für ihn. Eine von Chris' früheren Lehrerinnen starb. Sie gehörte zur Kirchengemeinde, in der Chris Ministrant ist. Arlene kämpfte gegen den Krebs und als wir sie zum letzten Mal vor ihrem Tod besuchten, sagte sie ihm, dass sie sich darauf verlasse, dass er bei ihrer Totenmesse ministriere, wie er es ihr versprochen habe. Es war so ein trauriger Tag. Chris hielt durch, obwohl er während und nach der Beerdigung weinte.

Ein weiterer großer Verlust für ihn (und uns) war der Tod des Bruders meines Mannes. Onkel Jim war Priester in Upper Michigan und an Neujahr lag er an ein Beatmungsgerät angeschlossen auf der Intensivstation. Wir verbrachten vier Tage bei ihm und Chris betete mit ihm, befeuchtete seinen Mund und saß einfach ruhig bei ihm. Als er sich mit seinem Vater im Wartesaal aufhielt, begann er zu weinen. Er sagte: „Ich habe Angst, dass mein Onkel Jim sterben wird." Zu dem Zeitpunkt glaubten wir das nicht, aber drei Wochen später war er tot. Auch diesmal nahm Chris an der Messe und der Beerdigung teil. Da Jim Priester gewesen war, hielt der Bischof die Messe und es waren über 50 Amtsbrüder in ihren weißen Gewändern anwesend. Es war eine richtige Gedenkfeier für Jim. Chris spielte während der Messe und während der Aufbahrung in der Kirche Klavier. Zusammen mit seinen Cousins trug er auch hier den Sarg

Auch seiner Cousine Julie, die in England lebte, stand Chris sehr nahe. Vor drei Jahren geleitete er die Gäste bei ihrer Hochzeit zu ihren Plätzen. Im April bekam Julie ihr erstes Baby, das nach nur zwei Wochen starb. Das war sehr hart für Chris, weil er sich so gefreut hatte, das Baby bei unserem Besuch in England zu sehen. Seine Offenheit mit Julie und ihrem Ehemann Ciaran hat mich sehr berührt. Er legte seine Arme um sie und sagte: „Julie, es tut mir so leid, dass Sinead gestorben ist." Später hörte ich, wie er mit Ciaran sprach und ihm sagte, wie traurig er sei, dass Ciaran seine Tochter verloren habe. Einige Leute meinten, dass er nicht über diesen furchtbaren Verlust sprechen solle, weil es Julie und Ciaran aus der Fassung bringen würde, aber ich denke, dass es gesund und hilfreich ist, seine Gefühle auszudrücken, und ich weiß, dass Chris' Sensibilität und Liebe sie bewegten. Ich weiß auch, dass sie sowieso die ganze Zeit an Sinead denken. Chris hat viel mit ihnen zusammen geweint.

In den meisten Fällen versuchten wir, Chris auf den Tod einer geliebten Person vorzubereiten. Wenn möglich nahmen wir ihn bei Krankenbesuchen mit und erklärten ihm, wie krank der Patient war. Ich denke, dass sich Chris so auf den Verlust vorbereiten konnte.

Chris ist ein sehr gläubiger Mensch und wir haben unseren Glauben stets mit ihm geteilt. Daher weiß ich, dass er wirklich daran glaubt, dass geliebte Personen nach ihrem Tod in den Himmel kommen. Er betet jeden Tag für die Menschen, die er geliebt und verloren hat. Wenn wir die Gräber besuchen, betet er mit ausgestreckten Armen und bittet den Herrn, auf seine Nana, seinen Großvater, Baby Sinead oder seine Nona, seinen Opa und Onkel Jim aufzupassen. Ich denke, dass es ihm und uns hilft, wenn er offen über sie spricht und für sie betet.

Chris hat ein ziemlich gutes Zeitgefühl, aber ich weiß, dass dies nicht bei allen Erwachsenen mit Down-Syndrom so ist. Ich bin mir nicht sicher, ob Zeit so wichtig ist, wenn man an jemanden denkt, den man geliebt und verloren hat. Wenn man an diese Menschen denkt, ist es wahrscheinlich in Ordnung, über sie zu sprechen. Wenn jemand „festgefahren" zu sein scheint und nur noch über eine vor mehreren Jahren verstorbene Person nachdenkt, ist es vermutlich hilfreich, wenn man sich eingesteht, dass man die Person ebenfalls vermisst. Vielleicht können Sie zusammen ein Gebet sprechen und dann versuchen, sich etwas anderem zuzuwenden, aber ich denke, es ist wichtig, die Gefühle der Person zu bestätigen und sie nicht abzutun. Mein Neffe war 25, als er vor mehreren Jahren bei einem Autounfall getötet wurde. Meine Schwester kann immer noch kaum über Neil sprechen, ohne zu weinen, und es würde mir nicht einmal im Traum einfallen, ihr zu sagen, dass das Leben weitergeht. Wir sind alle verschieden und werden auf unsere eigene Art mit Verlusten fertig, ob wir Down-Syndrom haben oder nicht.

Es gibt viele Arten von Stress im Leben, die eine psychische Erkrankung auslösen können. Bei einigen handelt es sich um relativ kleine Probleme, die Teil unseres täglichen Lebens sind, andere sind größer, aber vorhersehbar, und wieder andere sind größer, jedoch unvorhersehbar. Es können viele Strategien angewendet werden, um einer Person mit Down-Syndrom bei der Bewältigung von Stress zu helfen. Zunächst muss man anerkennen, dass eine Person mit Down-Syndrom in ihrem Leben ebenfalls Stress haben kann. Man sollte sich ihre Sorgen anhören und ihr helfen, Wege zur Bewältigung des Stresses zu finden. Wir haben in diesem Kapitel zusätzliche Methoden beschrieben, die auf den Bedürfnissen und der Persönlichkeit des Menschen mit Down-Syndrom basierend angewendet werden können.

12 Die Untersuchung auf psychische Erkrankungen

In Kapitel 1 haben wir ganz allgemein erläutert, wie wir die psychische Gesundheit von Jugendlichen und Erwachsenen mit Down-Syndrom untersuchen, unabhängig davon, ob ein Verdacht auf eine psychische Erkrankung vorliegt oder nicht. Wenn eine psychische Erkrankung wahrscheinlich ist, setzen wir das Gespräch mit dem Patienten und seinen Betreuern fort. Wir untersuchen die zeitliche Reihenfolge der Ereignisse im Leben des Menschen sehr genau und achten auf mögliche Auslöser einer psychischen Erkrankung. Auch untersuchen wir die Familiengeschichte, frühere Behandlungen, die Auswirkung der gesundheitlichen Veränderung auf die Person und die Familie sowie andere Fragen in Bezug auf die Erkrankung.

Aufgrund der Beeinträchtigungen im konzeptionellen Denken und in der Kommunikationsfähigkeit sowie bei den allgemeinen kognitiven Fähigkeiten ist es häufig recht schwierig, einen Menschen mit Down-Syndrom, der eine psychische Erkrankung hat oder eine Verhaltensauffälligkeit zeigt, zu untersuchen und den genauen Krankheitsverlauf nachzuvollziehen. Ein Großteil der diagnostischen Kriterien für psychische Erkrankungen, die von der American Psychiatric Association erarbeitet wurden, basieren nämlich darauf, dass der Patient selbst über seine subjektiven Gefühle berichtet. Diese Kriterien werden in der *vierten Ausgabe des Diagnostischen und Statistischen Manuals Psychischer Störungen, Textrevision, (DSM-IV-TR)* beschrieben. Menschen mit Depressionen berichten zum Beispiel häufig von Traurigkeit, mangelnder Energie, Interesselosigkeit an früher gern ausgeführten Tätigkeiten, Schuldgefühlen und Gefühlen von Wertlosigkeit. Menschen mit Angststörungen berichten oft, dass sie in bestimmten Situationen ängstlich und furchtsam sind.

Für Menschen ohne geistige Beeinträchtigungen stehen standardisierte Fragebögen für die Diagnostik von psychischen Erkrankungen zur Verfügung. Diese Fragebögen helfen dem Arzt im Wesentlichen, die Person auf Basis der DSM-IV-TR-Kriterien einzuschätzen. Menschen mit Down-Syndrom haben häufig Schwierigkeiten bei der Beantwortung solcher schriftlicher Fragestellungen.

Da es häufig nicht so einfach ist, bei Menschen mit Down-Syndrom aussagekräftige Informationen über emotionale oder Verhaltensänderungen mit Hilfe konventioneller Mittel zu erhalten, versuchen wir, die Daten mittels verschiedener Ansätze zu sammeln.

1. Wir versuchen, so viele Informationen wie möglich von dem Erwachsenen selbst zu erhalten.
2. Wir fragen Eltern und andere Betreuer nach Informationen über die Entwicklung der emotionalen Probleme und der Verhaltensänderungen.
3. Wir beobachten das Verhalten der Person.

Wie man bei Erwachsenen mit Down-Syndrom Informationen sammelt und eine Anamnese erstellt

Wie bereits erwähnt, haben die meisten Menschen mit Down-Syndrom Schwierigkeiten, anderen ihre subjektiven Gefühle mitzuteilen oder Fragen dazu zu beantworten. Auch Menschen mit Down-Syndrom, die über gute verbale Fähigkeiten verfügen, fällt es schwer, über ihre Gefühle zu sprechen. In Kapitel 6 haben wir bereits erwähnt, dass dies ein noch größeres Problem sein kann, wenn der Erwachsene mit Down-Syndrom mit jemandem sprechen muss, den er nicht kennt. Wir empfehlen trotzdem, so viele Informationen wie möglich von dem Erwachsenen selbst zu erhalten. Auch wenn er vielleicht nicht über seine subjektiven Gefühle berichten möchte, kann er dennoch andere wichtige Details liefern. Ein Beispiel:

Randy wurde aufgrund seines aggressiven Verhaltens zu uns gebracht. Niemand hatte ihn zuvor gefragt, weshalb sich sein Verhalten geändert hatte, aber er erzählte uns, dass Alvins Verhalten der Grund dafür sei. Alvin kam jeden Abend, nachdem die Betreuer in ihre Büros gegangen waren, in Randys Zimmer im Wohnheim. Er ärgerte Randy und nahm ihm seine Sachen weg. Randy unternahm nichts, wenn das geschah, aber er grübelte mehrere Tage darüber nach. Schließlich rächte er sich, indem er den Betreuern gegenüber aggressiv wurde. Aufgrund seiner beeinträchtigten Sprachfertigkeiten wusste er nicht, wie er den Betreuern auf andere Weise von Alvins Treiben berichten sollte. Da Randy den Betreuern nicht vermitteln konnte, welche Vorgeschichte seine Aggressionen hatten und welche Entwicklung dazu geführt hatte, hielten sie sein Verhalten für einen „grundlosen Wutausbruch". Die von Randy erhaltenen Informationen waren außerordentlich wertvoll für uns, weil wir seine Verhaltensauffälligkeiten so richtig behandeln konnten.

Wir empfehlen folgende Schritte, wenn Sie eine Person mit Down-Syndrom aufgrund einer Verhaltensänderung oder einer möglichen psychischen Erkrankung untersuchen und den Verlauf ihrer Erkrankung herausfinden möchten:

- Nehmen Sie die Person, wenn möglich, aus dem problematischen Umfeld heraus. Wenn zwei Personen zum Beispiel unangemessen miteinander umgehen, trennen Sie sie, um die Situation zu entschärfen, und stellen Sie Ihre Fragen dann unter vier Augen.

- Beruhigen und ermutigen Sie die Person: „Tina, du weißt, dass ich dich lieb habe. Dieses Verhalten kenne ich gar nicht an dir, und ich glaube, du weißt auch, dass es nicht richtig ist." „Julie, du wirkst in letzter Zeit so unglücklich." „Ich mache mir Sorgen um dich und möchte dir helfen."

- Beginnen Sie mit einer offenen Frage. „Kannst du mir sagen, was passiert ist?" „Kannst du mir sagen, was dich stört?"

- Wenn die Person nicht in der Lage ist, offene Fragen zu beantworten, versuchen Sie es mit direkteren Fragen, ohne aber eine Antwort vorzugeben (die das tatsächliche Problem sein kann). Achten Sie darauf, dass Sie keine Suggestivfragen stellen. Wenn Sie zum Beispiel beobachtet haben, dass Rosie in der Schulstunde nach dem Sport Schwierigkeiten hat, wäre es folgerichtig zu fragen: „Rosie, ist beim Sport etwas vorgefallen?" Eine Frage, die zu sehr in eine bestimmte Richtung führt, wäre: „Ich wette, George ärgert dich beim Sport. Habe ich recht?" Wir haben bereits erwähnt, dass viele Menschen mit Down-Syndrom versuchen, es anderen recht zu machen, und deshalb häufig die Antworten geben, von denen sie denken, dass sie ihr Gegenüber hören will. Suggestivfragen werden daher häufig mit dem beantwortet, was sie suggerieren.

Wenn Ihnen ein Patient seine Vorgeschichte nicht verbal mitteilen kann, sollten Sie nach einer Möglichkeit suchen, die Informationen auf andere Weise zu bekommen. Einer unserer Patienten, Gary, hat zum Beispiel spontan Bilder mit eindeutigem sexuellem Inhalt gemalt. Aufgrund der Bilder fand man schließlich heraus, dass er sexuell missbraucht worden war. Nur weil wir diese Informationen erhalten hatten, konnten wir eingreifen. Viele unserer Patienten schreiben sehr ausführlich. Der Inhalt dieser Schriftstücke kann ebenfalls wertvolle Informationen enthalten, die zur Aufklärung der Hintergründe der Erkrankung wichtig sind. Für manche Patienten ist es einfacher, wenn man sie bittet, das aufzuschreiben oder zu zeichnen, was sie belastet.

Grundlose Wutausbrüche

Der Begriff „Grundloser Wutausbruch" führt bei uns zu einem Wutausbruch, für den wir allerdings einen sehr guten Grund haben. Dieser Begriff wird viel zu häufig verwendet, um eine gründliche Untersuchung des Menschen und seiner Lebensumstände, die zu der Verhaltensauffälligkeit beitragen können, zu umgehen. Es stimmt zwar, dass sich Menschen mit Down-Syndrom manchmal ohne einen für uns ersichtlichen Grund unangemessen verhalten. Wie wir jedoch bereits erläutert haben, sehen Menschen mit Down-Syndrom die Welt unter Umständen anders als andere. So können zum Beispiel ihr ausgezeichnetes Gedächtnis, ihre Neigung, über Ereignisse nachzugrübeln, und ihr mangelndes Zeitverständnis zu einer Reaktion führen, die mit einem bestimmten Ereignis nicht im Zusammenhang zu stehen scheint. Die Bezeichnung „grundlos" zeugt deshalb eher vom mangelnden Verständnis des Beobachters als von einem zufälligen Kontrollverlust des Menschen mit Down-Syndrom über sich selbst. Der Begriff „Grundloser Wutausbruch" impliziert, dass die Person mit Down-Syndrom „behandelt" werden muss und dass das Umfeld keine Rolle bei der Ursache oder der Behandlung des Problems spielt.

Wie man von Eltern/Betreuern Informationen zum Krankheitsverlauf erhält

Von vielen Erwachsenen mit Down-Syndrom erhält man häufig nur begrenzte Informationen über ihre subjektiven Gefühle. Nahestehende Familienmitglieder sind jedoch oft in der Lage, wichtige symptomatische Verhaltensänderungen zu beobachten und entsprechend einzuschätzen. Wir haben zum Beispiel festgestellt, dass die meisten Menschen mit Down-Syndrom Traurigkeit nicht erwähnen. Ihre Familien bemerken jedoch eine signifikante Veränderung in der Persönlichkeit, nämlich einen Verlust der Lebensfreude und der Vitalität. Die meisten Menschen mit Down-Syndrom berichten auch nicht davon, dass sie keine Energie und kein Interesse an früher beliebten Aktivitäten mehr haben, aber nahestehende Familienmitglieder beobachten diese Verhaltensänderungen in der Regel und können sie uns mitteilen. Auch haben wir eine Person mit Down-Syndrom nur selten sagen hören, dass sie sich wertlos fühlt, weshalb wir dies nicht bei unseren Kriterien für Depression verwenden. Genauso wenig verbalisieren die meisten unserer Patienten Angstgefühle. Die Familien bemerken jedoch eine angespannte Körperhaltung und andere Anzeichen für Angst. Weitere Informationen zu den Kriterien für Depression und Angst finden Sie in den Kapiteln 14 und 15.

Familien können zudem sehr wichtige Informationen erhalten, wenn sie den Selbstgesprächen ihres Angehörigen mit Down-Syndrom zuhören. Wir sind vielen Menschen begegnet, die nicht in der Lage waren, klare Antworten auf Fragen nach den Problemen zu geben, die sie beschäftigten. Familien konnten jedoch oft beobachten, wie sie in Selbstgesprächen über diese Probleme sprachen (siehe Kapitel 8). Interessanterweise stellten viele Familien fest, dass die Person mit Down-Syndrom dabei sehr viel deutlicher spricht, als wenn sie sich mit anderen Menschen unterhält.

Angehörige können meist noch weitere wichtige Informationen beisteuern, nämlich medizinische Fakten aus der Familie. Viele psychische Erkrankungen kommen in Familien gehäuft vor. Die Familienhistorie kann daher zusätzliche Hinweise auf Ursachen einer Veränderung in der psychischen Gesundheit des Menschen mit Down-Syndrom geben. Wenn wir zum Beispiel erfahren, wie ein Familienmitglied auf ein bestimmtes Medikament reagiert, beeinflusst das unsere Entscheidung, welches Medikament wir verordnen.

Eltern und Betreuer können uns auch darüber informieren, wie der Erwachsene mit Down-Syndrom zuvor auf Medikamente reagiert hat. Wenn wir erfahren, dass ein bestimmtes Medikament nicht die erwartete Wirkung gebracht hat, fragen wir uns, ob die Diagnose korrekt gestellt war, ob das richtige Medikament verordnet wurde und ob wir wichtige Faktoren vielleicht nicht berücksichtigt haben. Stellen Sie sich zum Beispiel vor, dass jemand unter einer Depression leidet, wir aber nicht die Information erhalten, dass auch eine manische Störung vorliegt. Wir würden in dieser Situation vielleicht ein Antidepressivum verschreiben, das als Nebenwirkung eine manische Störung auslösen oder noch verstärken kann. In diesem Fall wäre es für uns also sehr wichtig, solche Informationen im Vorfeld zu erhalten. Da es meist recht schwierig ist, alle Tatsachen genau zu erfahren, müssen Diagnosen laufend überprüft und die Krankheitsgeschichte immer wieder neu abgefragt werden (insbesondere wenn die Behandlung nicht erfolgreich ist), um festzustellen, ob Teile der Vorgeschichte übersehen oder als nicht wichtig eingestuft wurden.

Schwierigkeiten bei der Interpretation von Informationen aus zweiter Hand

Trotz unserer Anstrengungen, so viel wie möglich zur medizinischen Vorgeschichte von unseren Patienten selbst zu erfahren, muss jedoch immer noch ein großer Teil der Informationen von Familie und/oder Betreuern beigesteuert werden. Leider kommt dadurch eine weitere Interpretationsebene dazu. Der Beobachter hat sich meist seine eigene Meinung gebildet, das Verhalten des Menschen selbst interpretiert, und stellt es möglicherweise fehlerhaft dar. Hinzu kommt, dass Außenstehende einem bestimmten Verhalten eine andere Bedeutung beimessen können, als es die Person mit Down-Syndrom selbst tun würde. Dies kann dazu führen, dass Verhaltensänderungen zu große oder zu wenig Bedeutung beigemessen wird. Das ist besonders problematisch, wenn der Beobachter nicht mit Menschen mit geistigen Beeinträchtigungen vertraut ist. Bestimmtes alltägliches, typisches Verhalten interpretiert er vielleicht als abnorm. Dadurch wird die gesamte Wahrnehmung der Ereignisse getrübt. Ein weiteres Problem ist, dass wir von Familien, Betreuern in Wohnheimen und bei Tagesprogrammen sowie anderen Dienstleistern oft völlig unterschiedliche Fakten erhalten. Ist dies der Fall, bemühen wir uns, so viele Informationen wie möglich von mehreren Quellen zu bekommen, und versuchen dann festzustellen, wo Diskrepanzen auftreten.

Empfehlungen für die Berichterstattung von Verhaltensauffälligkeiten

Wir empfehlen Folgendes, wenn Sie das Verhalten eines Menschen mit Down-Syndrom beobachten und darüber berichten wollen:

- *Schreiben Sie Ihre Beobachtungen auf.* Später kann es schwierig sein, sich an Einzelheiten zu erinnern. Häufig sieht man einen Zusammenhang mit einer Ursache erst, wenn man die Notizen durchgeht.

- *Notieren Sie Ereignisse in chronologischer Reihenfolge.* Wann traten die Symptome zuerst auf? Welche Änderungen ergaben sich im Laufe der Zeit? Wenn es um episodenhaftes Verhalten geht, notieren Sie, in welcher Reihenfolge sich die Ereignisse während einer solchen Episode abspielen.

- *Was geschah weiter zu dem Zeitpunkt, als das Verhalten auftrat?* Was passierte in der

Familie, bei der Arbeit, in der Schule oder mit Freunden? Bei episodischen Ereignissen ist es wichtig, das Geschehen und die Menschen im Umfeld mit zu betrachten. Da viele Menschen mit Down-Syndrom über ein ausgezeichnetes Gedächtnis verfügen, ist es, wie bereits erwähnt, wichtig, dass auch Dinge, die auf den ersten Blick unwichtig zu sein scheinen, notiert werden, da sie einen Hinweis auf eine Ursache geben können. Zum Beispiel kann es einen Geruch geben, ein Objekt oder einen anderen Auslöser, der die Person an ein negatives Ereignis in der Vergangenheit erinnert.

- *Seien Sie so objektiv wie möglich.* Vermeiden Sie subjektive Beobachtungen wie: „Er benimmt sich, als könne er mich nicht ausstehen!" Wenn man den Menschen beobachtet oder ihn befragt, sollte man darauf achten, dass man keine Suggestivfragen stellt und damit die Beobachtungen in eine falsche Richtung lenkt.

Beobachtungen machen

Für uns ist es meist sehr wichtig, uns zusätzlich zu den Informationen des Patienten, der Familie und der Betreuer selbst ein Bild des Patienten zu machen. Manchmal erhalten wir die wertvollsten Informationen, indem wir ihn zu Hause oder am Arbeitsplatz beobachten. Wie bereits in früheren Kapiteln erwähnt, sind die Angaben des Menschen mit Down-Syndrom aufgrund der Probleme mit Sprache, Gedächtnis und Zeitverständnis häufig unklar. Es kann daher von unschätzbarem Wert für uns sein, wenn wir die Möglichkeit bekommen, die verbalen Informationen in einen Kontext zu bringen, indem wir die Person in ihrer angestammten Umgebung besuchen.

Jason, 34, wurde wegen seiner Aggressionsausbrüche zu uns gebracht. Ein Besuch um 7.30 Uhr morgens bei ihm zu Hause führte uns sehr rasch zu der Ursache des Problems. Jasons Bus kam an diesem Tag pünktlich um 7.50 Uhr und er wurde unruhig, als wir weiterhin mit ihm sprachen und versuchten, ihn kurz aufzuhalten. Wir sahen eine deutlich zwanghafte Komponente in seinem Verhalten. Nachdem wir unsere Beobachtung mit den Betreuern besprochen und sie nochmals befragt hatten, berichteten sie (was sie vorher bestritten hatten), dass Jason manchmal zwanghaftes Verhalten zeigte, das bestimmte Aktivitäten verhinderte. Er musste zum Beispiel eine Aufgabe, wie das Aufräumen seines Zimmers, erst beenden, bevor er mit einer anderen Aufgabe oder Aktivität beginnen konnte. Wenn ein Betreuer eingriff und versuchte, ihn zu einer anderen Aufgabe zu bewegen, bevor er fertig war, wurde er aggressiv. Nachdem wir Jasons Problem verstanden hatten, schlugen wir vor, dass die Betreuer von nun an seine Aktivitäten so organisierten, dass es für ihn einfacher wurde, seine Aufgaben zu vollenden. Mit dieser Lösung ging es Jason besser.

Im Allgemeinen kündigen wir unsere Besuche an. Wir empfehlen, dies mit der Familie oder den Betreuern zu arrangieren und sicherzustellen, dass die Person mit Down-Syndrom informiert wird. Man soll sich dann vergewissern, ob das beobachtete Verhalten auch tatsächlich typisch ist, denn ein Verhalten kann sich nur allein dadurch ändern, dass es beobachtet wird.

Fazit

Es kann sehr schwierig sein, einen Jugendlichen oder einen Erwachsenen mit Down-Syndrom auf eine psychische Erkrankung hin zu untersuchen. Um eine aussagekräftige Anamnese zu erstellen, müssen sowohl der Patient als auch verschiedene Personen aus seinem Umfeld (Familie, Betreuer) befragt und, wenn notwendig, der Patient und seine Verhaltensweisen auch direkt beobachtet werden. Diese Maßnahmen können sich schwierig und sehr zeitaufwändig gestalten. Um jedoch das eigentliche Problem des Patienten tatsächlich verstehen zu können, ist es notwendig, ihn mithilfe von unterschiedlichen Ansätzen sorgfältig und fortlaufend zu untersuchen, damit ein therapeutischer Plan entwickelt werden kann, was im nächsten Kapitel detailliert beschrieben wird.

13 Behandlungsansätze bei psychischen Erkrankungen

Wenn eine psychische Krankheit diagnostiziert ist, besteht der nächste Schritt in der Entwicklung eines auf den Patienten abgestimmten Behandlungsplans. In den Kapiteln 14 bis 23 werden die spezifischen Behandlungen erläutert, die bei Jugendlichen und Erwachsenen mit Down-Syndrom, bei denen bestimmte psychische Erkrankungen oder Störungen diagnostiziert wurden, in der Regel die gewünschte Wirkung erzielen. Da jedoch viele dieser Behandlungen entweder eine Psychotherapie oder das Verordnen bestimmter Medikamente beinhalten, werden wir hier einen Überblick über die allgemeinen Probleme im Zusammenhang mit diesen Behandlungsansätzen geben, damit sie nicht in jedem Kapitel wiederholt werden müssen.

Teil 1
Wenn eine Psychotherapie notwendig ist

Eine Psychotherapie bei einem geschulten, sensiblen und erfahrenen Therapeuten kann für manche Jugendliche und Erwachsene mit Down-Syndrom sehr hilfreich sein und unter den richtigen Umständen Folgendes bewirken:

- Der Patient erhält Unterstützung und Ermutigung.
- Selbstachtung und Selbstbewusstsein werden gestärkt.
- Der Patient wird bei der Identifizierung und der Lösung seiner Alltagsprobleme unterstützt.
- Der Therapeut kann wesentlich zur Behandlung ernsthafter Probleme wie Depressionen, Ängste, Zwangsstörungen et cetera beitragen.

Dies klingt alles ganz wunderbar und kann es auch sein. Dass aber Menschen mit Down-Syndrom von einer Therapie profitieren können, setzt die Erfüllung mehrerer Bedingungen voraus.

Um eine qualifizierte Entscheidung über die Notwendigkeit und die Wirksamkeit einer Therapie treffen zu können, müssen Erwachsene mit Down-Syndrom sowie Familie und/oder Betreuer wissen, was eine Therapie genau beinhaltet. Wenn die Entscheidung zugunsten einer Therapie fällt, muss sichergestellt werden, dass:

1. die Therapeuten über die entsprechende Ausbildung, Schulung, Erfahrung und Sensibilität verfügen,
2. Therapeut und Patient von ihrer Persönlichkeit her zusammenpassen sowie
3. Sicherheit und Vertraulichkeit bei der Therapie gewährleistet sind,
4. für die Therapie sinnvolle Ziele gesetzt werden und die Möglichkeit gegeben ist, diese Ziele zu erreichen und den Erfolg zu messen.

Therapeuten

Therapeut ist ein allgemeiner Begriff, den wir für diejenigen verwenden, die ausgebildet sind, emotionale und Verhaltensprobleme, die Menschen in ihrem Leben haben, zu identifizieren und zu behandeln. In den USA gibt es verschiedene Therapeuten, unter anderem:

- Sozialarbeiter (Master in Sozialarbeit, Doctor of Social Works, oder Dr. phil.),
- Psychologen (Dr. phil. oder Doctor of Psychology),
- Therapeuten (M.A., M.S. oder Doctor of Education),
- Psychiater,
- geistliche Therapeuten (Master of Divinity, Doctor of Divinity oder Dr. phil.) und
- Ehe- und Familientherapeuten (M.F.T. – marriage and family therapist).

In den meisten Fällen ist es nicht wichtig, zu welcher Art Therapeut man geht. Am wichtigsten sind ihre Ausbildung und ihre Erfahrung sowie ihre Fähigkeit, einen bestimmten Therapieansatz erfolgreich anzuwenden. Dies hängt mehr von der Ausbildung des Therapeuten als von seiner Berufsbezeichnung ab. Vor mehr als 40 Jahren entwickelten Psychologen zum Beispiel die Verhaltenstherapie. Diese Therapieform wird mittlerweile nicht mehr nur von Psychologen, sondern auch von anderen Therapeuten eingesetzt. Ein zweites Beispiel ist die Ehe- und Familientherapie, die verschiedenste Therapeuten vor 30 Jahren erstmals einsetzten. Dieser Therapieansatz wird mittlerweile ebenfalls von den unterschiedlichsten Therapeuten angeboten, die sich auf Ehe- und Familientherapie spezialisieren. Die meisten Therapieansätze und -techniken können von den verschiedenen Therapeuten eingesetzt werden, wenn sie über die entsprechende (Zusatz-)Ausbildung verfügen.

Im therapeutischen Bereich gibt es jedoch einige Berufe, die ganz bestimmte Aufgaben übernehmen und die nur mit einer spezifischen Ausbildung ausgeübt werden können.

- **Psychologen** sind qualifiziert, Therapien durchzuführen, aber sie sind vor allem auch auf Psychometrie spezialisiert. Darunter versteht man den Einsatz standardisierter Tests und Instrumente zur Untersuchung und Messung verschiedener Bereiche der psychischen und der Verhaltensfunktionalität. Es gibt verschiedene Arten von Standardtests (neuropsychologische Testreihen, Persönlichkeitstests, Messung flexibler Fähigkeiten und starrer Funktionalität, ADHS-Tests und so weiter). Solche Tests, die häufig als „psychologisch" eingestuft werden, sind Standard-IQ-Tests, die das Niveau der intellektuellen Funktionalität einer Person messen. Diese Arten von IQ-Tests sind für Menschen mit Down-Syndrom und anderen Behinderungen häufig von Behörden vorgeschrieben, um den Grad der geistigen Behinderung einer Person festzustellen.

- **Psychiater** haben im Spektrum der psychischen Gesundheit eine einmalige Stellung. Sie sind Fachärzte (Psychiater oder Osteopathen), die eine Ausbildung zur Behandlung von Menschen mit psychischen Gesundheitsproblemen haben. Häufig absolvierten sie auch eine Ausbildung zum Therapeuten, aber viele spezialisieren sich auf die Behandlung mittels Psychopharmaka. Mit dieser Klasse von Medikamenten wie zum Beispiel Antidepressiva und Medikamente gegen Angststörungen oder Psychosen werden psychische Erkrankungen behandelt. Um die Sachlage noch komplizierter zu machen, dürfen auch Ärzte, die keine Psychiater sind, Psychopharmaka verschreiben, und viele tun dies auch. Überdies dürfen in den USA abhängig vom Bundesstaat sogenannte Nurse Practitioners (CPN, ausgebildete Krankenschwestern mit spezialisierter medizinischer Zusatzausbildung) oder Arztassistenten (PA) ebenfalls Medikamente verschreiben. Dies ist insbesondere bei Erkrankungen mit eher bekannten Symptomen der Fall, wie zum Beispiel Depressionen und Angststörungen. Ärzte können einen Patienten auch an einen Psychiater überweisen, genau wie an jeden anderen Facharzt. Viele Patienten wenden sich zur Diagnose und für eine Medikamentenempfehlung für eine psychische Erkrankung an einen Psychiater. Danach kann der Hausarzt die Folgerezepte ausstellen und die Patienten medizinisch betreuen.

Ist bei einer ernsteren psychischen Erkrankung die Behandlung durch einen Psychiater oder Arzt erforderlich? Die Antwort lautet ja und nein: Therapeuten, die eine psychische Erkrankung diagnostizieren und keine Medikamente verschreiben dürfen, überweisen den Patienten zur Verordnung von Psychopharmaka häufig an einen Arzt. In diesen Fällen geht der Patient für die Therapie weiter zum Therapeuten, während der Arzt für die Medikation zuständig ist. Analog überweisen viele Ärzte, die Medikamente für psychische Erkrankungen verschreiben, Patienten zur Therapie an einen Therapeuten. In jedem Fall profitiert der Patient von der Kombination aus Medikament und fortgesetzter Therapie. Die Forschung hat immer wieder gezeigt, dass sowohl Medikamente als auch Therapien positiv sein können, allerdings die Kombination beider bei der Behandlung dieser Art von Problemen und Symptomen erheblich effektiver ist (Frank et al., 1990).

Übernahme der Therapiekosten

Wir würden dieses Thema nicht vollständig behandeln, wenn wir nicht die Übernahme der Kosten hierfür ansprechen würden. Tatsache ist, dass Therapien und Gesundheitsdienstleistungen für psychische Erkrankungen in den USA von Versicherungen und von staatlicher Seite beklagenswert wenig oder schlecht finanziert werden. Private und gesetzliche Versicherungen übernehmen in den USA häufig nicht mehr als ein Drittel oder die Hälfte der Kosten oder zahlen unter Umständen gar nicht für diese Behandlung. In jedem Fall liegt die Kostenübernahme deutlich unter dem, was für eine vergleichbare medizinische Behandlung gezahlt würde.

In den vergangenen 30 Jahren wurden jedoch große Fortschritte in diesem Bereich gemacht. Das Bewusstsein und auch die Kostenübernahme für diese Art von Erkrankungen sind exponentiell gestiegen. Diese Änderungen sind das Verdienst der Familien von Menschen mit psychischen Erkrankungen. Auch sind die meisten Therapeuten für eine Kostenübernahme durch Dritte eingetreten. Die meisten Versicherungsgesellschaften, die die Kosten für Maßnahmen bei psychischen Erkrankungen übernehmen, tun dies für Therapien mit Sozialarbeitern, Psychologen und Psychiatern. Manche übernehmen auch die Kosten für andere Therapeuten. Allerdings gibt es hier große Unterschiede, weshalb sich Betroffene in den USA bei ihrer Versicherung erkundigen sollten, welche Kosten übernommen werden. Wenn die Kostenübernahme begrenzt ist, kann man möglicherweise zusätzliche Policen abschließen.

Ausbildung und Qualifikation von Therapeuten

Menschen mit Down-Syndrom benötigen qualifizierte Therapeuten. Nur weil ihre Gedanken und Gefühle weniger komplex erscheinen als die von Gleichaltrigen, bedeutet dies nicht, dass es ausreicht, sie von jemandem behandeln zu lassen, der nicht die entsprechende Qualifikation als Therapeut erworben hat.

Wie andere Jugendliche und Erwachsene sollten auch Menschen mit Down-Syndrom von Therapeuten behandelt werden, die eine universitäre Ausbildung durchlaufen haben. In den USA sollten sie als Minimalqualifikation ein „Master's Degree" einer für diesen Ausbildungsbereich anerkannten Universität besitzen. Dies beinhaltet vier Jahre universitärer Ausbildung und zwei zusätzliche Jahre in einem speziellen „Master's Program" für Therapeuten. Ferner müssen sie ihre Approbation in dem US-amerikanischen Bundesstaat erhalten haben, in dem sie praktizieren. In den meisten Fällen hängt die Approbation von dem Bestehen der Examensprüfungen und einer erfolgreich absolvierten praktischen Phase ab, in der der angehende Therapeut von einem erfahrenen Therapeuten überwacht und begleitet wird.

In der Betreuung von behinderten Menschen arbeiten viele Personen mit unterschiedlichen Aufgaben und Qualifikationen, so zum Beispiel die Geschäftsführer von Wohnheimen und Werkstätten, aber auch die direkten Betreuer der Menschen. Diese Personen zählen zum Umfeld der behinderten Menschen und sind damit ebenfalls sehr wichtig. Oft sind dies sehr einfühlsame und sensible Personen, die aber keine Ausbildung im therapeutischen Bereich haben. Sie sollten aus diesem Grund nicht für eine Therapie in Betracht gezogen werden.

Persönliche Qualifikation

Ein Therapeut sollte ein sensibler, einfühlsamer und mitfühlender Mensch sein. Er sollte zudem über ausreichende Lebenserfahrung verfügen, weil dies einen zusätzlichen wichtigen Faktor für den Therapieerfolg darstellen kann. Therapeuten, die „die Situation" selbst erlebt haben (nämlich verschiedene Aspekte des Lebens: Ehe, Kinder, Trauer und so weiter), haben häufig mehr Verständnis und urteilen weniger schnell als jüngere oder weniger erfahrene Therapeuten. Tatsächlich haben Forscher festgestellt, dass erfolgreiche Therapeuten in der Regel erfahrener sind und mehrere Therapieansätze einsetzen, um der Person und ihren Problemen gerecht zu werden. Jüngere Therapeuten arbeiten unter Umständen nur mit wenigen, bestimmten Methoden, weil sie noch nicht die Lebenserfahrung oder die Erfahrung in der Behandlung haben, um andere Dinge auszuprobieren, die ebenfalls oder noch besser funktionieren können. Glücklicherweise werden jüngere Therapeuten häufig von erfahreneren Therapeuten beobachtet und begleitet. Diese Art der Zusammenarbeit kann für den Patienten „das Beste aus zwei Welten" bieten: die Energie und den Enthusiasmus eines jungen Therapeuten in Verbindung mit dem Wissen eines erfahrenen Therapeuten.

Des Weiteren stellt sich die Frage, ob der Therapeut Erfahrung mit Menschen mit Down-Syndrom haben sollte. Unserer Meinung nach ist dies wünschenswert, denn es bewirkt meist eine positivere Therapieerfahrung für den Patienten. Die Person mit Down-Syndrom wird das Gefühl haben, dass der Therapeut sie wirklich versteht und ihre Stärken und auch Schwächen anerkennt. Ein Therapeut, der sich entsprechend „auskennt", stellt die richtigen Fragen und reagiert entsprechend auf die Probleme des Patienten. Dies signalisiert dem Patienten, dass er verstanden wird.

Oft ist es allerdings nicht so einfach, einen geschulten Therapeuten zu finden, der Erfahrung mit Erwachsenen mit Down-Syndrom hat. In diesem Fall ist es am besten, wenn man einen Therapeuten finden kann, der bereit ist dazuzulernen. Als wir diese Ambulanz aufbauten, hatten wir sehr wenig Erfahrung mit und Kenntnisse über Menschen, denen wir jetzt helfen. Wir haben jedoch viel von den Familien gelernt, die so viel Zeit, Energie und Aufwand investiert haben, um die betreute Person zu verstehen und für ihre Bedürfnisse einzutreten, und wir haben großen Respekt vor ihrem Wissen und ihrer Erfahrung. Es ist uns sehr wichtig, ihre Meinungen und Ideen zu hören. Wenn ein Therapeut in der Lage ist, sein Fachwissen einzubringen, und dazu bereit ist, von der Familie zu lernen, dann kann eine solche Zusammenarbeit hervorragend funktionieren. Im Gegensatz dazu sollte man einen Therapeuten ablehnen, der die Person mit Down-Syndrom nicht ernst nimmt oder mangelndes Verständnis oder keinen Respekt für sie oder die Betreuer aufbringt.

Interessenkonflikte

Eine grundlegende Regel im Bereich der Therapien besagt, dass ein Therapeut keine „doppelte Rolle" für die therapierte Person einnehmen darf. Er kann nicht Freund, Elternteil, Betreuer, Manager, Vorgesetzter, Verkäufer und ganz bestimmt nicht Partner in einer sexuellen oder Liebesbeziehung sein. Er darf nur die Rolle des Therapeuten übernehmen. Personal oder Betreuer in Wohnheimen und Arbeitsstätten können nicht als Therapeuten für die Menschen tätig sein, mit denen sie arbeiten oder die sie beaufsichtigen, auch dann nicht, wenn sie eine Ausbildung und Erfahrung als Therapeuten haben. Das funktioniert einfach nicht.

Manchmal werden Personen, die als Fallbetreuer oder als direkte Betreuer des Menschen tätig sind, „Fürsprecher" oder sogar „Therapeuten" genannt, was ziemlich verwirrend sein kann. Denn obwohl sie angemessen für die Bedürfnisse und die Belange der Person eintreten können und bei ihrer Fürsorge mithelfen, können sie nicht als ihr Therapeut tätig sein. Dies muss professionellen Therapeuten zur Gewährleistung der Integrität und der Sicherheit der Therapie überlassen werden (siehe den folgenden Abschnitt über Sicherheit und Vertraulichkeit).

Die persönliche Sicherheit des Patienten in der Therapie

Therapeuten können fürsorgliche Menschen sein, aber sie müssen stets darauf bedacht sein, ein professionelles Verhalten an den Tag zu legen und bestimmte Grenzen einzuhalten, um damit die Sicherheit des Patienten bei der Therapie zu gewährleisten. Aufgrund einiger Missbrauchsfälle ist das Bewusstsein der Öffentlichkeit für Sicherheitsfragen gestiegen, besonders bei religiösen Gruppierungen und bei Personen, die mit Kindern arbeiten. Familien machen sich zu Recht Sorgen über die Sicherheit von Familienmitgliedern mit Down-Syndrom, die auf die Fürsorge anderer angewiesen sind.

Sicherheit und Vertraulichkeit sind jedoch schon immer wichtige Themen unter Therapeuten. Viele Ärzte achten sorgfältig darauf, dass bei medizinischen Untersuchungen immer ein Mitarbeiter anwesend ist. Auch Therapeuten sollten einige Vorsichtsmaßnahmen ergreifen, wenn sie alleine Therapiesitzungen mit Patienten vornehmen. Eine Möglichkeit, für die Sicherheit während einer Einzelsitzung zu sorgen, besteht darin, die Tür mehrere Zentimeter offen stehen zu lassen. Den Patienten kann man vor der Tür nicht hören (zum Schutz der Vertraulichkeit, siehe unten), aber andere Therapeuten oder Familienmitglieder können hineinsehen.

Manchmal ist es auch angebracht, dass eine zweite Person anwesend ist: Ein Beispiel:

Teresa, eine 28-jährige Frau mit Down-Syndrom, kam in unsere Ambulanz, weil sie Verständnisprobleme hatte, was Sexualität und Verabredungen anbelangte. Sie hatte viele Fragen zu Sex und zu ihrer Beziehung zu ihrem Freund. Ihre Fragen zeigten, dass sie in vielerlei Hinsicht falsch informiert war und gar nicht genau wusste, was „Sex" eigentlich bedeutete. So fragte sie zum Beispiel, ob sie schwanger sei, wenn sie ihre Periode habe, oder ob sie schwanger werden könne, wenn sie ihren Freund küsst.

Obwohl Teresa sich sehr gut ausdrücken konnte, gute Alltagskompetenzen und einen Job hatte, war sie in bestimmten Bereichen unreif und hatte kein Gefühl dafür, welche Themen privater Natur waren. Sie stellte jedem, dem sie begegnete, Fragen über Sex, auch Kunden bei der Arbeit und Fremden bei Veranstaltungen. Als ihre Mutter hiervon erfuhr, war sie entsetzt und versuchte, die Fragen ihrer Tochter zu beantworten. Sie fühlte sich bei der Besprechung dieser Themen jedoch sehr unwohl und ihre Tochter schien die Erklärungen nicht zu verstehen. Deshalb brachte sie Teresa zu uns.

In der Ambulanz wurde Teresa von Janet Bilodeau, einer examinierten Krankenschwester (und die erfahrenste Schwester in der Ambulanz), medizinisch vollständig untersucht. Teresa und ihre Mutter hatten dann einen Termin bei Dr. McGuire (Therapeut), um ihr unangemessenes Verhalten zu besprechen. Obwohl Teresa Einzelsitzungen wünschte, war sie einverstanden, dass eine weibliche Mitarbeiterin von Dr. McGuire anwesend war. Diese Mitarbeiterin war Jenny Howard, die seit vielen Jahren als Sozialarbeiterin im Zentrum arbeitet. Jennys Anwesenheit war zum einen auf Grund der Sicherheitsaspekte (für Dr. McGuire und Teresa) wichtig und zum anderen brachte sie auch eine weibliche Perspektive mit in das Gespräch ein.

> *Um ihr unangemessenes Verhalten in den Griff zu bekommen, stimmte Teresa zu, alle Fragen aufzuschreiben, die sie über Sex und Verabredungen hat, und sie nur bei ihren Gesprächen im Zentrum oder mit ihrer Mutter zu besprechen. Des Weiteren wurde ein Termin mit Jenny und Janet für sie arrangiert, bei dem Teresa aufgeklärt wurde. Im Laufe der Therapiesitzungen und der Aufklärungsgespräche erfuhren unsere Mitarbeiter, dass Teresa gar keinen Geschlechtsverkehr haben, sondern mit ihrem Freund nur Zärtlichkeiten austauschen wollte. Nach und nach konnten alle beteiligten Mitarbeiter dieses und andere Themen zu Teresas Zufriedenheit und der ihrer Familie klären.*

Wie dieses Beispiel zeigt, ist es bei sensiblen und persönlichen Problemen und Themen enorm wichtig, alle relevanten Sicherheitsaspekte zu beachten, um somit die Integrität der Therapie zu gewährleisten und das Gespräch mit dem Patienten und eine erfolgreiche Lösung zu ermöglichen.

Die ärztliche Schweigepflicht

Die ärztliche Schweigepflicht und die vertrauliche Behandlung der Gespräche sind ebenfalls ein wichtiges Thema bei einer Therapie. Wie kann jemand dazu bereit sein, über sensible und private Probleme zu sprechen („und sein Herz auszuschütten"), wenn diese Informationen nicht vertraulich behandelt werden und darüber Stillschweigen gewahrt wird? Therapeuten vertreten einen klaren Standpunkt in dieser Angelegenheit, wenn es um Erwachsene in der Durchschnittsbevölkerung geht. Sie dürfen Punkte der Therapie mit einem Vorgesetzten besprechen (der ebenfalls zur Verschwiegenheit verpflichtet ist). Ansonsten wird die Schweigepflicht nur gebrochen, wenn die behandelte Person eine glaubhafte Drohung äußert, sich oder eine andere Person zu verletzen, oder wenn die Person zustimmt, dass Informationen in begrenztem Umfang weitergegeben werden, wie zum Beispiel an ihre Versicherung zur Kostenübernahme.

Schweigepflicht ist ein schwierigeres Thema bei Jugendlichen in der Durchschnittsbevölkerung. Streng juristisch betrachtet dürfen Sorgeberechtigte bis zur Volljährigkeit des Jugendlichen mit 18 Jahren alle Unterlagen einsehen. Um jedoch ein Vertrauensverhältnis aufzubauen, gestehen Eltern in den USA Teenagern ab 14 Jahren (und sogar Zwölf- oder 13-Jährigen, wenn sie sehr reif sind) in der Regel Vertraulichkeit zu, außer bei ernsthaften Sicherheitsaspekten (Bedrohung für sich und andere).

Bei Erwachsenen mit Down-Syndrom ist dieser Sachverhalt jedoch deutlich komplizierter. Vom chronologischen Alter her sind sie erwachsen, aber ihr Entwicklungsalter entspricht oft eher dem eines Kindes oder jungen Teenagers. Die juristischen Gegebenheiten sind für viele Familien mit Erwachsenen mit Down-Syndrom ebenfalls schwierig zu durchschauen. So unterliegen Erwachsene mit Down-Syndrom, die einen gesetzlichen (vom Gericht bestellten) Vertreter haben, denselben Gesetzen wie Kinder in der Durchschnittsbevölkerung. Gesetzliche Vertreter haben somit Zugriff auf ihre Unterlagen. Andererseits werden Erwachsene mit Down-Syndrom, die volljährig sind und keinen gesetzlichen Vertreter haben, als ihre eigenen gesetzlichen Vertreter betrachtet und haben damit alle juristischen Rechte anderer Erwachsener. Wir haben festgestellt, dass dies manchmal zu Problemen führt, zum Beispiel wenn Menschen, die ihr eigener gesetzlicher Vertreter sind, notwendigen medizinischen Behandlungen nicht zustimmen. Glücklicherweise kommt das nicht oft vor. Wenn ihnen ihre Rechte sorgfältig erklärt werden, stimmen die meisten Erwachsenen mit Down-Syndrom in der Regel zu, dass Betreuern relevante Informationen mitgeteilt werden. Dies ist zum Glück meistens der Fall, da wir nur selten Einzeltherapien ohne die fortwährende Beteiligung von Betreuern durchführen.

Wir beziehen Betreuer gerne mit ein, da es aufgrund der beeinträchtigten Sprachfähigkeiten für viele Menschen mit Down-Syndrom schwierig ist, dem Therapeuten relevante Probleme und Sorgen mitzuteilen, und Einzeltherapien deshalb oft wenig bringen. Wir bemühen uns daher, Informationen von Betreuern in verschiedenen Umgebungen einzuholen, damit die Therapie sich auf die wirklichen Bedürfnisse und Probleme des Erwachsenen konzentrieren kann. Je mehr Informationen dem Therapeuten zur Verfügung stehen, desto mehr kann der Therapeut verstehen und helfen.

Um eine offene Kommunikation zwischen dem Therapeuten und den Betreuern zu gewährleisten, muss man der Person mit Down-Syndrom und ihren Betreuern die Problematik der Schweigepflicht vor Beginn der Therapie sehr genau erklären. Wann immer dies möglich ist, muss der Therapeut Bedürfnisse und Wünsche der Person mit Down-Syndrom respektieren. Einige Erwachsene haben zum Beispiel mit ihren Eltern Probleme, die man eher im Teenageralter erwarten würde, die bei Menschen mit geistigen Beeinträchtigungen aber häufig verzögert auftreten (mit 20 oder auch noch mit 30 Jahren). In solchen Situationen versuchen wir, für den Menschen mit Down-Syndrom mehr Privatsphäre und weniger Einmischung durch die Betreuer zu erreichen (genau wie Therapeuten dies auch für Jugendliche in der Durchschnittsbevölkerung tun), auch wenn die Betreuer die gesetzlichen Vertreter sind. Auch versuchen wir, die Erlaubnis des Patienten einzuholen, wenn wir Eltern Informationen oder Fortschrittsberichte zur Therapie geben. Juristisch gesehen ist dies nicht notwendig, wenn jemand einen gesetzlichen Vertreter hat, aber es ist wichtig, in einer therapeutischen Beziehung ein Vertrauensverhältnis beizubehalten.

Wir legen auch Wert darauf, den Patienten zu fragen, bevor Informationen an seine Eltern oder an andere Betreuer weitergegeben werden. Es kann für die Person mit Down-Syndrom hilfreich sein, wenn sie dabei ist, wenn diese Informationen mit dem Betreuer persönlich oder am Telefon besprochen werden. Dies trägt auch wiederum dazu bei, Vertrauen und Zutrauen in die Integrität der Therapie zu entwickeln. Bis jetzt war es uns immer möglich, eine Zusammenarbeit aller Beteiligten zu erreichen, wenn mit diesen Themen von Anfang an offen und sensibel umgegangen wurde.

Passt jeder Therapeut zu mir?

Einige Therapeuten haben eine klinische Ausbildung absolviert und Praktika gemacht, besitzen umfangreiche Lebenserfahrung sowie sogar Erfahrung mit Menschen mit Down-Syndrom und können für eine bestimmte Person mit Down-Syndrom trotzdem der falsche Therapeut sein. Vielleicht sind sie trotz ihrer Ausbildung oder Erfahrung nicht sehr einfühlsam oder sie sind unsensibel, was einen bestimmten Problembereich angeht. Oder sie sind nicht fähig, die Person, die sie therapieren, zu verstehen und ihr ein Gefühl der Wärme und der Geborgenheit zu vermitteln.

Auch wenn ein Therapeut entsprechend geschult, verständnisvoll und sensibel ist, kann er immer noch die falsche Person für die Aufgabe sein. Wir sind alle unterschiedlich. Jeder Mensch hat seinen eigenen Stil und eine eigene Persönlichkeit, und die Persönlichkeiten des Therapeuten und des Patienten müssen nicht immer zusammenpassen, wie das bei Menschen in anderen Lebensbereichen ebenfalls der Fall ist. Therapie ist Kunst und Wissenschaft zugleich und ein großer Teil von Kunst wird durch den persönlichen Stil des Therapeuten bestimmt.

Therapeuten sind sich der Tatsache bewusst, dass unterschiedliche Persönlichkeiten eine kritische Komponente in der therapeutischen Arbeit darstellen, und sie empfehlen häufig, dass ein Patient sie zuerst selbst befragt, bevor sie die Therapie beginnen. Viele empfehlen auch eine Probezeit, bevor tatsächlich eine Therapie begonnen wird. Familien, die einen Therapeuten für ein Familienmitglied mit Down-Syndrom suchen, kann nur empfohlen werden, dass sie bei mindestens einer Sitzung dabei sind, um feststellen zu können, ob der Therapeut die richtige Person für die Aufgabe ist. Unterschiede in Persönlichkeit und Stil können nur durch persönlichen Kontakt festgestellt werden. Bei der Beobachtung einer Therapie müssen Familien ihrer Intuition vertrauen und ihrem Gefühl, ob die Therapie das Richtige für sie, aber insbesondere für das Familienmitglied mit Down-Syndrom ist.

Hinzu kommt, dass die meisten Menschen mit Down-Syndrom ein deutliches Gefühl haben, was die Wahl ihres Therapeuten anbelangt. Die Frage ist allerdings oft, wie man diese Informationen von dem Patienten erhält. Wie bereits in Kapitel 6 besprochen, versuchen Menschen mit Down-Syndrom häufig zu vermeiden, negativ oder kritisch zu sein. Allerdings kann jemand, der sie gut kennt, in der Regel ihre wahren Gefühle aus dem Grad ihrer Reaktion (von begeistert bis kaum begeistert) bestimmen. Wenn der Erwachsene mit Down-Syndrom die Therapie halbherzig befürwortet oder eine entsprechende Reaktion zeigt, sollte man sich die Situation sehr genau ansehen. Vielleicht benötigt die Person etwas Zeit, um sich an die Therapie zu gewöhnen, weil es sich um etwas Neues handelt. Wenn jedoch die Reaktion nach mehreren Sitzungen weiterhin halbherzig oder wenig begeistert ist, kann dies bedeuten, dass der Therapeut nicht gut zu den Bedürfnissen und der Persönlichkeit des Menschen mit Down-Syndrom passt. Ein guter Therapeut wird kein Problem damit haben, einen Patienten an einen anderen Therapeuten zu überweisen, der aufgrund seiner Persönlichkeit besser zu ihm passt.

Sinnvolle Therapieformen für Erwachsene mit Down-Syndrom

Unterstützende Beratung (englisch Supportive Counseling)

In unserer Ambulanz wird als Teil jeder multidisziplinären Untersuchung eine psychosoziale Untersuchung durch unseren therapeutischen Mitarbeiter (Dr. McGuire) durchgeführt, um so Schlüsselinformationen über die sozialen und adaptiven Fähigkeiten des Patienten und über die Unterstützung durch sein Netzwerk aus Familie und Gleichaltrigen zu erhalten.

Während dieser Untersuchung fragen die Betreuer die Person mit Down-Syndrom häufig, ob sie lieber alleine mit Dr. McGuire sprechen möchte, und erklären dazu, dass dies eine Möglichkeit für den Patienten sein kann, seine Gefühle auszudrücken und „sich Dinge von der Seele zu reden".

Obwohl viele Menschen mit Down-Syndrom nicht das Bedürfnis haben, ein Gespräch unter vier Augen zu führen, bevorzugen doch einige diese Gesprächsform. Interessanterweise haben die meisten Menschen, die privat sprechen wollen, keine aktuellen oder dringenden Probleme. Stattdessen möchten viele für sie bedeutende Erfahrungen oder Ereignisse aus der Vergangenheit besprechen. Häufig wiederkehrende Themen sind, dass sie von anderen verletzt beziehungsweise unfair behandelt oder von einem geliebten Menschen verschmäht wurden oder dass sie jemanden verloren haben, der ihnen nahestand. Auch werden gerne Probleme angesprochen, die anderen eher unbedeutend vorkommen mögen, wie zum Beispiel das versehentliche Zerbrechen von Geschirr. In vielen Fällen werden dieselben Probleme immer wieder neu angesprochen.

Unabhängig davon, wie unbedeutend die angesprochenen Themen sein mögen und wie häufig sie erneut angesprochen werden, nehmen wir die Beratungsgespräche in der Ambulanz sehr ernst. Wir hören geduldig und respektvoll zu, bitten bei Bedarf um Klärung, denken über die ausgedrückten Gefühle nach und geben Ratschläge, wenn es erforderlich ist. Unserer Erfahrung nach ist die Möglichkeit, sich jemandem mitzuteilen, der ihnen wirklich zuhört, für Erwachsene mit Down-Syndrom außerordentlich wichtig und stärkt ihr Selbstbewusstsein. Die Familien bestätigen diese Beobachtung. Für diese Personen ist das Gesagte oft weniger wichtig, aber es ist von großer Bedeutung, dass sie ihre Gefühle mitteilen können, gehört werden und ihr Gegenüber darauf mit Respekt und Verständnis reagiert.

Diese Therapieform wird unterstützende Beratung genannt. Und auch wenn ein echtes Problem offensichtlich nicht vorhanden ist, kann sie für die therapierte Person doch sehr wichtig und nutzbringend sein. Dieser Ansatz wird nur angewandt, wenn die Person das Angebot, mit einem erfahrenen Therapeuten zu sprechen, annimmt. Unserer Erfahrung nach sind diejenigen, die dieses Angebot annehmen, häufig der Meinung, dass sie für das, was sie sagen wollen, nur eine oder zwei Sitzungen benötigen. Manche Menschen brauchen natürlich einen längeren Zeitraum. Wenn die Therapie abgeschlossen ist, versuchen wir auf dem Laufenden zu bleiben, indem wir in kurzen Gesprächen den aktuellen Status im Zuge der medizinischen (Routine-)Nachuntersuchungen mit überprüfen. Dadurch bleibt die therapeutische Beziehung zwischen dem Therapeuten und der Person mit Down-Syndrom noch lange nach den Therapiesitzungen bestehen. Zusätzlich, und dies vielleicht am wichtigsten, bekommen viele Menschen hierdurch eine positive Therapieerfahrung, sodass sie zum Reden zurückkommen, wenn sie neue Probleme oder Sorgen haben, die sie beunruhigen.

Eine gute Therapie enthält immer Elemente unterstützender Beratung, bei denen der Therapeut sensibel auf die Gedanken und Gefühle der Person eingeht. Er zeigt dem Patienten, dass er ihm Nächstenliebe, Verständnis und Respekt entgegenbringt. Dies kann man natürlich genauso gut an jemanden übermitteln, der nonverbal kommuniziert oder begrenzte verbale Fähigkeiten hat, wie an jemanden mit guten verbalen Fähigkeiten. Die Therapieform des respektvollen Zuhörens und Reagierens ist für alle Patienten sehr wichtig und äußerst nutzbringend, unabhängig von ihrer sprachlichen Ausdrucksfähigkeit. Wir haben dies schon oft beobachtet, weil Patienten deutlich in nonverbalen Botschaften ihren Wunsch ausgedrückt haben, die Therapie fortzusetzen. So verwenden einige Personen die Gebärde für Sprechen, während andere improvisieren, indem sie ihre Hand von ihrem Mund wegbewegen. Andere legen ihre Hand auf ihre Brust und zeigen damit das Bedürfnis an, ihre Gefühle auszudrücken (die aus ihrem Herzen kommen).

Zwei Therapieansätze im Vergleich: Das einsichtorientierte Verfahren und Verfahren zur Änderung des Verhaltens

Ein wirkungsvoller Therapieansatz beinhaltet, dass der Patient dazulernt und Einsicht über sich selbst oder das eigene Verhalten gewinnt. Auch bei der unterstützenden Beratung kann eine Person lernen, dass sie geschätzt wird und mehr Fähigkeiten und Potenzial hat, als sie dachte. Häufig reicht dazu eine unterstützende Beratungstherapie aus. Manches Mal sind jedoch auch komplexere Maßnahmen angezeigt. In diesen Fällen sind das Ziel der Therapie häufig zuerst das Erkennen und dann die Änderungen von starren Gedankengängen und starrem Verhalten, die für die Person problematisch sind.

Einsichtorientierte Therapieansätze

Bei einigen Therapieverfahren geht es darum, die Denkweise des Patienten zu ändern. Diese Therapieansätze werden meist einsichtorientierte Therapien genannt. Befürworter dieser Ansätze gehen davon aus, dass die Patienten eine Motivation haben, sich angepasster zu verhalten, wenn sie die Ursache eines Problems verstehen. Für Teresa war es zum Beispiel ein Schlüsselerlebnis, dass es unangemessen ist, allen Menschen, denen sie zufällig begegnete, Fragen über sexuelle Themen zu stellen, anstatt nur dem therapeutischen und dem medizinischen Personal der Ambulanz.

Andere Ansätze betonen Verhaltensänderungen als einen Weg, Einsicht zu gewinnen. So werden dem Patienten zum Beispiel sorgfältig konzipierte Aufgaben gestellt, um damit starre Verhaltensmuster aufzubrechen. Die zugrunde liegende Annahme bei diesen Ansätzen ist, dass es einfacher ist, zu einer Einsicht zu gelangen, wenn jemand eine Aufgabe erfüllt und das positive Ergebnis erlebt. In Wirklichkeit arbeiten einsichtorientierte Ansätze und Ansätze zur Verhaltensänderung Hand in Hand und es ist nicht ungewöhnlich, Komponenten beider Ansätze in einer Therapie zu finden. Um noch einmal auf Teresas Beispiel zurückzukommen: Wir können erkennen, dass sie Einsicht gewonnen und ihr problematisches Verhalten (nämlich persönliche sexuelle Themen unangemessen zu besprechen) erkannt hat, sowohl vor als auch nach der gestellten Aufgabe (diese Themen nur mit den Mitarbeitern der Ambulanz zu besprechen).

Verfahren zur Änderung des Verhaltens

Es gibt auch eine Reihe von Ansätzen, bei denen der Fokus mehr auf der Verhaltensänderung und nicht auf der Einsicht liegt. Diese sogenannten Verhaltensansätze umfassen Verhaltensmodifikations- und angewandte Verhaltensanalyseverfahren. Verhaltenstherapeuten identifizieren die problematischen Verhaltensformen im Leben von Menschen und unterstützen und bestärken ein wünschenswertes Alternativverhalten. Behavioristen unterteilen das Problem häufig in bewältigbare Teilschritte. Der Behaviorismus sieht das Gehirn als eine bloße „Black-Box", die auf einen einwirkenden Reiz automatenhaft mit einer Reaktion antwortet, die innerpsychischen Vorgänge sind nicht von Bedeutung. Die richtigen Verhaltensweisen werden demzufolge mit adäquatem

Feedback (Belohnung für richtige Reaktion, Strafe für falsche Reaktion) verstärkt. Sie sind auch dafür bekannt, dass sie systematisch verfolgen, wie häufig das anvisierte Verhalten auftritt, und so Veränderungen bewerten.

Behavioristen sind nicht für ihre unterstützenden Therapietechniken bekannt, können aber dennoch mit den Gedanken und den Gefühlen des Erwachsenen mit Down-Syndrom und von dessen Familie sensibel umgehen, um eine Arbeitsbeziehung zu ihnen zu entwickeln. Bei der Ausarbeitung eines Verhaltensplans hören erfahrene Therapeuten den Betreuern sorgfältig und respektvoll zu, damit sie Problemverhalten und problematische Bereiche erkennen können. Da Betreuer häufig diejenigen sind, die das Verhalten des Erwachsenen verstärken und unterstützen müssen, benötigt der Therapeut deren uneingeschränkte Mitarbeit und vollständige Akzeptanz des Plans. Er oder sie muss Gründe und Erklärungen für die Verwendung dieses Ansatzes und die erwartete Verhaltensänderung angeben.

Ein erfolgreicher Behaviorist wird sich sehr darum bemühen, eine gute Zusammenarbeit mit der Person mit Down-Syndrom zu erreichen und ihr Verständnis und ihre Akzeptanz für seine Vorgehensweise zu erlangen. Er muss den Erwachsenen sorgfältig darin beraten, welche Verstärker oder Verhaltensstimuli in der jeweiligen Situation am wünschenswertesten sind. Es ist nicht nur respektvoll, wenn man dem Patienten dabei hilft, sich selbst in den Prozess einzubringen, sondern die Erfolgsaussichten werden dadurch auch erheblich gesteigert. Durch diese Vorgehensweise bekommt die Person das Gefühl, dass sie ihr Verhalten selbst beeinflussen kann. Erwachsene mit Down-Syndrom können auch selbst in der Lage sein, Diagramme zur Darstellung ihres Verhaltens zu verwenden, statt dies einfach Betreuern zu überlassen. Diese und andere Strategien tragen dazu bei, dass dieser Verhaltensansatz für Betreuer und die Person mit Down-Syndrom als Therapieform gut akzeptiert wird. In diesem Buch sind eine Reihe guter Beispiele für diesen Ansatz enthalten, so zum Beispiel die Geschichte von Janine auf Seite 281.

Kombinierte Therapieansätze

Viele Therapieansätze vereinen sowohl einsichtorientierte als auch Strategien zur Verhaltensänderung in sich. Wir möchten im Folgenden die zwei Ansätze erläutern, die sich unserer Erfahrung nach bei Menschen mit Down-Syndrom als besonders wirkungsvoll erweisen, und zwar den Ansatz des Modelllernens und den der kognitiven Verhaltenstherapie.

Der Therapieansatz des Modelllernens

Das Modelllernen ist einer der beliebtesten Ansätze im Therapiebereich. Bei einer breiten Vielfalt an Problemen, einschließlich Depressionen und Angststörungen, hat sich dieser Ansatz als erfolgreich erwiesen. Unter Anwendung einer Technik, Lernen am Modell genannt, ändern Menschen ein Problemverhalten, indem sie zuerst andere bei der Ausführung einer Aufgabe beobachten und dann lernen, dies selbst zu tun und sich ebenfalls so zu verhalten, und so soziale Kompetenzen üben.

Wir haben festgestellt, dass dies eine besonders wirkungsvolle Strategie für Menschen mit Down-Syndrom ist, da viele ein ausgezeichnetes visuelles Gedächtnis haben und dazu neigen, in visuellen Bildern zu denken. Wie bereits in Kapitel 5 besprochen, ist dies meist der Grund, weshalb sich Menschen mit Down-Syndrom so detailliert an Ereignisse in der Vergangenheit erinnern können. Ihre Fähigkeit, durch visuelle Beobachtung und Erinnerung zu lernen, ist ebenfalls sehr beeindruckend.

In Kapitel 16 haben wir ein Beispiel eines Erwachsenen mit Down-Syndrom eingefügt, in dessen Therapie die Technik des Nachahmungslernens eingesetzt wurde, um eine erwünschte Verhaltensänderung zu erreichen, die zuvor von seiner Schwester demonstriert wurde. Der Erwachsene, Charles, hatte die Gewohnheit entwickelt, die gleichen Toilettenartikel immer und immer wieder zu kaufen, obwohl er schon mehr als genug zu Hause hatte (zum Beispiel zehn Flaschen Shampoo). Nachdem seine Eltern gestorben waren und er bei seiner Schwester einzog, ließ sie sich von uns beraten, wie sie ihm dieses Verhalten abgewöhnen konnte. Der erste Schritt bestand darin, Charles in seinem Badezimmerschrank nachsehen zu lassen, was fehlte und was er wirklich brauchte. Seine Schwester half ihm dann dabei, ein Bild des Produkts, das er brauchte, zu finden oder zu zeichnen. Danach ging er mit diesem Bild in das Geschäft, damit er das Produkt finden und kaufen konnte.

Die neue Routine gab Charles ein Gefühl der Unabhängigkeit und einen Grund für seine Einkaufstouren. Seine Schwester war auch sehr erfreut, weil es ihm bei der Entwicklung seiner Unabhängigkeit half und ihn doch davon abhielt, Dinge unnötig zu kaufen und zu horten. Sie achtete darauf, dass er nach seinen Einkäufen die gekauften Artikel in seinen Schrank räumte. Dann lobte sie ihn überschwänglich für die gute Arbeit. Nachdem sie diese Routine mehrere Einkäufe lang zusammen durchgeführt hatten, begann Charles, die Aufgabe alleine zu erledigen.

Die vielleicht interessanteste und innovativste Anwendung des Modelllernens besteht in der Verwendung eines Fotos oder eines Videos der Person selbst. Dieser Ansatz nennt sich Selbstmodellierung oder auch Self-Modelling. Wie bereits in Kapitel 4 besprochen, interessieren sich Menschen mit Down-Syndrom für Fotos und Videos von Familie und Freunden, besonders aber für Bilder von sich selbst. Wir haben zum Beispiel festgestellt, dass unsere Patienten mit Down-Syndrom eher eine Aerobic-Übungsfolge mitmachen, wenn sie ein Video ansehen, auf dem sie die Übungen selbst durchführen. Ein weiteres Beispiel für Modelllernen ist die Geschichte von Brian, der sich weigerte, seinen Bruder zu treffen, nachdem dieser nicht zum Weihnachtsessen mit der Familie kommen konnte (Kapitel 5). Um Brian dazu zu bewegen, seinen Bruder wieder zu treffen, folgte seine Schwester unserem Rat, Brian Bilder von positiven vergangenen Familienereignissen zu zeigen, auf denen beide Brüder zusammen zu sehen waren. Es war keine große Überraschung, dass genau diese Bilder den größten Einfluss auf Brian hatten.

Das Bild der Person selbst kann auch eine große Motivation für angemessenes Benehmen sein. Das Schöne an einem Video oder einer DVD ist, dass man den Film so editieren kann, dass er das gewünschte Verhalten zeigt, das die Person an den Tag legen soll. Ein Beispiel:

Rosemary, 34, konnte Aufgaben wie sich waschen und anziehen selbstständig bewältigen, aber irgendwann fing sie an, sich morgens zu weigern, das Haus zu verlassen und zur Arbeit zu gehen. Nach einer gründlichen Untersuchung kamen wir zu dem Schluss, dass dies auf eine Reihe von Faktoren zurückzuführen war, einschließlich einer Unterfunktion der Schilddrüse, Müdigkeit und eines Konflikts mit einer jungen Betreuerin am Arbeitsplatz. Die Unterfunktion der Schilddrüse wurde behandelt und ihre Müdigkeit verschwand, nachdem Rosemary eine neue Zimmermitbewohnerin bekam, die sie nicht so lange wach hielt. Das Problem mit der Betreuerin wurde gelöst, indem sich morgens eine andere um Rosemary kümmerte.

Nach dieser Änderung verrichtete Rosemary ihre Morgenroutine ohne weitere Probleme, aber sie musste immer noch ständig ermahnt und angetrieben werden, damit sie die Routine in der vorgegebenen Zeit schaffte. Wir vermuten, dass das Problem so lange bestanden hatte, dass es für sie zu einem gewohnheitsmäßigen Verhaltensmuster geworden war. Deshalb schlugen wir vor, dass die Mitarbeiter Rosemary bei ihrer Morgenroutine filmten und auch das ständige Antreiben durch die Mitarbeiter mit aufnahmen. Das Video wurde dann unseren Anweisungen entsprechend mit zwei VHS-Rekordern überarbeitet (Dowrick, 1991). Auf dem bearbeiteten Video fehlten die Ermahnungen durch die Mitarbeiter und es zeigte eine ungefähr normale Geschwindigkeit für die Ausführung der Morgenroutine. Wir baten die Betreuer dann, Rosemary das bearbeitete Video morgens nach dem Aufwachen zu zeigen.

Nachdem die Betreuer Rosemary das Video gezeigt hatten, waren sie von dem Ergebnis sehr überrascht. Rosemary war nicht nur von dem Video fasziniert, sie führte ihre Routine auch in einem viel schnelleren Tempo und ohne viele Ermahnungen aus. In den darauffolgenden Tagen sah sie das Video jeden Morgen an und folgte der Routine in einem immer schnelleren Tempo, bis sie dann, am Ende der Woche, wieder das gleiche Tempo hatte wie vor dem Beginn ihres problematischen Verhaltens. Interessanterweise bestand die einzige Änderung zu ihrer früheren Routine darin, sich jeden Morgen das Video anzusehen, auch lange, nachdem das Problem gelöst war.

Die kognitive Verhaltenstherapie

Die kognitive Verhaltenstherapie eignet sich für viele Patienten, auch für Menschen mit Down-Syndrom. Bei diesem Therapieansatz konzentriert man sich auf die Änderung von Gedankengängen, die die Stimmung und das Verhalten einer Person negativ beeinflussen. Dieser Ansatz hat sich bei der Behandlung von Depressionen als besonders wirkungsvoll erwiesen. Untersuchungen haben gezeigt, dass Menschen mit Depressionen negative Gedanken über sich selbst („Ich bin wertlos"), über ihre Fähigkeit, die Welt zu beeinflussen („Ich kann nichts machen"), und über die Welt haben („ein kalter und gefühlloser Ort"). Man kann leicht erkennen, wie dadurch ihr Selbstbewusstsein beeinträchtigt wird und sie sehr anfällig für Depressionen werden. Beim kognitiven Verhaltensmodell hilft der Therapeut dem Patienten, negative Gedanken zu identifizieren und sie in positive Gedanken und positives Verhalten zu verwandeln.

Manchmal entstehen die negativen Gedanken einer Person aufgrund von Ereignissen oder Tatsachen, wenn sie zum Beispiel eine Aufgabe aufgrund begrenzter Fähigkeiten nicht ausführen kann. Für eine Person mit einem starken Hang zu negativen Gedanken unterstützt das „Versagen" bei einer Aufgabe die eigene Überzeugung, dass man selbst schlecht oder unfähig ist, wodurch es zu Depressionen kommen kann. In manchen Fällen ist das Versagen auch die Folge von unzureichenden Anweisungen für die Aufgabe. Wenn der Mensch die Aufgabe erst einmal erlernt hat, ist er erfolgreich. In anderen Fällen liegt die Aufgabe vielleicht außerhalb seiner Möglichkeiten. In solchen Situationen wird die Person ermutigt, eine Aufgabe auszuführen, die ihren Fähigkeiten eher entspricht. In jedem Fall wird sie, nachdem ihr gezeigt wurde, wie sie eine Aufgabe erfolgreich bewältigen kann, oder sie unterstützt wurde, eine angemessene Aufgabe erfolgreich zu erledigen, ermutigt, zuzuhören und positives Feedback von anderen anzunehmen. Zusätzlich wird die Person dazu ermutigt, selbst positive Bemerkungen über den eigenen Erfolg zu machen und damit noch vorhandenen negativen Gedanken und negativem Verhalten entgegenzuwirken.

Wird dieser Ansatz bei einer Person aus der Durchschnittsbevölkerung eingesetzt, untersucht der Therapeut die Gedankenmuster des Patienten sorgfältig auf negative und selbstzerstörerische Gedanken. Er wird den Patienten zum Beispiel fragen, was er sich selbst sagen würde, wenn er versucht, mit einem Problem zurechtzukommen (zum Beispiel: „Ich bin dieser Herausforderung nicht gewachsen."). Der Therapeut hilft dann dem Patienten, eine positivere Aussage in sein Gedankengefüge einzubringen („Ich habe die Stärke und die Fähigkeit, diese Herausforderung zu meistern"), wodurch sich eine positive Lösung eher ergeben kann. Dieser Ansatz kann auch bei Menschen mit Down-Syndrom angewandt werden, die über gute Sprachfähigkeiten verfügen.

Wir haben festgestellt, dass sich Selbstgespräche (siehe Kapitel 8) bei Menschen mit Down-Syndrom, die über weniger gute Sprachfähigkeiten verfügen, hervorragend dazu eignen, um ihre negativen Gedanken zu untersuchen. Betreuer kennen den Inhalt dieser Selbstgespräche häufig oder können ihn in Erfahrung bringen. Sobald negative Botschaften in den Selbstgesprächen identifiziert wurden, hilft der Therapeut in der Ambulanz der Person, diese gegen positivere Sätze auszutauschen, genau wie Therapeuten es bei anderen Patienten auch tun. Ein gutes Beispiel hierfür ist der Fall von Ben, der weiter unten detailliert beschrieben wird. Wenn Menschen positivere Gedanken haben, dann verhalten sie sich auch auf eine positivere Art. Sie erhalten mehr Lob und empfinden zunehmend Stolz und wachsendes Selbstbewusstsein, was wiederum zu weiteren positiven Gedanken und positivem Verhalten führt (und so weiter in einer zunehmend positiven Spirale).

Um einen realistischeren Blick auf die Arten von Problemen zu werfen, die wir in der Ambulanz sehen, und um zu zeigen, wie wir eine Kombination aus verschiedenen Therapieansätzen zur Lösung eines Problems einsetzen, wenden wir uns dem Beispiel von Ben zu:

Ben, 18, lebte zusammen mit seinem älteren Bruder bei seinen Eltern und nahm an einem

Arbeitstrainingsprogramm teil. Er konnte gut mit ihm bekannten Menschen kommunizieren, aber hatte manchmal Probleme, seine Gefühle in Worte zu fassen. Laut seiner Familie lief alles bestens, bis das zweite Jahr des Trainingsprogramms begann. Er zeigte plötzlich Symptome einer Depression und hatte Angst- und Zwangsstörungen. Anstelle seiner üblichen guten Stimmung war er launisch, angespannt und gereizt. Er zog sich zurück und weigerte sich, soziale Aktivitäten zu besuchen, die ihm früher Spaß gemacht hatten. Auch ging er nicht mehr den Freizeitaktivitäten nach, die er zuvor gerne ausgeführt hatte, wie Musikhören, das Ansehen seiner Lieblingsfilme oder die Beschäftigung mit Videospielen. Seine Familie bemerkte auch, dass sein Appetit nachgelassen und er große Schwierigkeiten hatte, einzuschlafen und durchzuschlafen. Er war lustlos und schien tagsüber wenig Energie zu haben.

Bens Familie machte sich auch über sein zunehmend zwanghaftes Verhalten Sorgen. In der Vergangenheit waren seine Zwänge oder „Grooves" im Allgemeinen vorteilhaft für ihn und seine Familie gewesen. Er war ordentlich und sorgfältig in seiner Erscheinung und konnte seine Körperhygiene und -pflege sowie Arbeitsaufgaben und Schularbeiten verlässlich zu erledigen, weil sie Teil seiner täglichen Routine waren. Dies änderte sich, als seine Grooves starrer wurden und seine normale Funktionalität behinderten. So begann er zum Beispiel, den Müll jede Stunde hinauszutragen und immer größere Mengen Lebensmittel in seinem Zimmer zu horten. Er wurde auch immer extremer, wenn es darum ging, dass Gegenstände an einem bestimmten Platz stehen mussten. Vorher hatte er nur darauf bestanden, dass Dinge in seinem Zimmer an einem bestimmten Platz standen, aber als er dieses Bedürfnis auf den Rest des Hauses übertrug, wurde daraus ein Sicherheitsproblem. Zu den Objekten, die er jetzt hin und her bewegte, gehörten massive Teile wie ein Klavier, der Fernseher, Sofas, große Glasobjekte und so weiter.

Am schwierigsten war es jedoch für Bens Familie, seine nächtlichen Tiraden auszuhalten. Obwohl er Familienmitgliedern gegenüber nicht aggressiv war, wurde er im Laufe der Nacht zunehmend wütend und erregt. Sein Wortschwall bestand aus lauter negativen oder hänselnden Bemerkungen, die andere gegen ihn gerichtet hatten. Unglücklicherweise verwendete er sein ausgezeichnetes Gedächtnis dazu, solche Bemerkungen aus den letzten 15 Jahren abzurufen. Er fing auch an, dieselben Ereignisse abends immer wieder im Selbstgespräch zu wiederholen, mit steigender Intensität im Laufe der Nacht. Seiner Familie erschien es, als führe Ben Gespräche mit unsichtbaren anderen (was nicht ungewöhnlich ist, siehe Kapitel 8), aber sie erkannten die meisten dieser Gespräche als Wiederholungen vergangener negativer Erfahrungen. Bens Familie bekam das Gefühl, dass er eine starke negative Haltung gegen sich selbst aufbaute.

Die Diagnose und die Behandlung von Bens Problem begannen mit einer vollständigen medizinischen Untersuchung, die eine Unterfunktion der Schilddrüse und eine Hörbeeinträchtigung ergab. Die gesundheitlichen Probleme wirkten sich zweifelsohne negativ auf seine aktuellen Symptome aus. Seine Eltern berichteten aber auch, dass er vor kurzem das Missbrauchsopfer einer weiblichen Schülerin mit Behinderung gewesen sei. Dies geschah, als Ben und die anderen Schüler an einer Freizeitgruppe im Gemeindezentrum teilnahmen. Die Schülerin hatte selbst ernsthafte Probleme und ließ ihren Ärger an Ben aus, der viel kleiner als sie war. Bei mindestens einer Gelegenheit hatte sie Ben im Genitalbereich angefasst. Seine Eltern glaubten, dass diese sexuellen Berührungen Ben viel mehr verstörten als die physische Aggression.

Nachdem wir von dem Missbrauch erfahren hatten, wurde Bens Verhalten verständlicher. Seine erregten Selbstgespräche waren ein deutliches Beispiel für Selbstvorwürfe und Selbstbeschuldigungen, die bei Missbrauchsopfern häufig zu beobachten sind. Seine außergewöhnliche Fähigkeit, sich an vergangene negative Ereignisse zu erinnern, machte sein Gefühl der Scham und seine Selbstvorwürfe nur schlimmer. Positiv war jedoch, dass seine Wut eine viel bessere Reaktion auf den Missbrauch war als ein Rückzug in Depressionen, was bei vielen Personen der Fall ist, die diese Art des Missbrauchs erleben. Sein Hineinsteigern in immer rigidere Zwänge ist insbesondere bei Menschen mit Down-Syndrom eine häufige Reaktion auf Stress, vor allem wenn der Mensch bereits vorher starke zwanghafte oder Groove-ähnliche Tendenzen gezeigt hat.

Unsere Behandlungsstrategien mit Ben und seiner Familie hatten mehrere Ansätze und beinhalteten zunächst die medizinische Behandlung seiner Schilddrüsenunterfunktion und eine Überweisung zum Hörtest. Nach sorgfältiger Abwägung wurde Ben auch ein Antidepressivum verschrieben, um die Intensität seines zwanghaften Verhaltens und seine aufgebrachte Stimmung zu verringern. Gleichzeitig boten wir Ben unterstützende Beratung an, um seinen Stolz und sein Selbstbewusstsein zu verbessern, die durch den Missbrauch schwer gelitten hatten. Wir hatten auch mehrere Gespräche mit Bens Eltern, die sehr aufgebracht waren und sich um Ben sorgten. Bei Treffen mit der gesamten Familie lobten wir Ben und seine Familie, weil sie mit ihrer Reaktion auf die Krise große Charakterstärke bewiesen hatten. So konnten wir ihre Selbstvorwürfe verringern.

Zusätzlich setzten wir mehrere der oben besprochenen Therapiestrategien ein. Zum Beispiel fanden Bens Eltern auf unsere Anregung hin viele Fotos und selbst gedrehte Filme, die Ben bei positiven Erlebnissen zeigten. Dies erwies sich als eine wirksame Art der Selbstmodellierung oder des Self-Modelling, da sie Ben als einen starken, stolzen und fähigen jungen Mann zeigten, der das Leben genoss. Sie dienten auch als Ersatz für seine Erinnerung an negative Bemerkungen und Erfahrungen, die ihn am Abend quälten. Seine Eltern waren in der Lage, ihn in seiner „stillen Zeit" nach der Arbeit, wenn er am anfälligsten für negative Erinnerungen an vergangene Ereignisse war, dazu zu bewegen, sich stattdessen auf diese positiven Erinnerungen zu konzentrieren. Sie machten auch positive Bemerkungen zu den Bildern („Schau mal, wie gut du da aussahst …, wie viel Spaß du hattest …, wie gut du das gemacht hast" und so weiter).

Der Einsatz einer modifizierten Version einer kognitiven Verhaltenstechnik war für Ben ebenfalls hilfreich. Er stimmte zu, eine einfache, aber wirkungsvolle Strategie anzuwenden, wenn er negative Gedanken hatte, nämlich einfach „umzuschalten". Bens Eltern beschrieben diese Technik als „Multimedia-Produktion". Ben hob beide Hände hoch, als würde er bei einem imaginären Fernseher das Programm wechseln und damit umschalten wollen. Er sagte dabei laut und deutlich: „Umschalten!" Bens Eltern unterstützten ihn, indem sie ihn daran erinnerten „umzuschalten", wenn er mit negativen Selbstgesprächen begann. Sie halfen ihm auch, negative Bemerkungen durch positive zu ersetzen, wie zum Beispiel: „Ich bin ein guter Mensch … und meine Familie und meine Freunde lieben mich." Obwohl es sich hierbei um einfache Aussagen handelte, halfen sie ihm doch, den negativen Bemerkungen entgegenzuwirken. Er wiederholte diese positiven Bemerkungen immer wieder, insbesondere abends, wenn er am anfälligsten für die negativen Selbstgespräche war.

Nach mehreren Probedurchläufen musste Ben zwar ab und zu noch ermahnt werden, war aber schließlich in der Lage, seine positiven Selbstgespräche und die „Umschalt"-Technik fast automatisch anzuwenden. Nach einiger Zeit konnte er sich sogar selbst daran erinnern, wenn er seine negativen Selbstgespräche bemerkte. Seine Eltern halfen ihm dabei, sich auf etwas Positives zu konzentrieren, wenn er „umschaltete". Sie weckten entweder eine seiner liebsten Erinnerungen oder zeigten ihm ein Foto eines schönen Ereignisses aus der Vergangenheit.

Nach einiger Zeit reagierte Ben positiv, sowohl auf den medikamentösen als auch den therapeutischen Ansatz. Seine Stimmung verbesserte sich, seine Obsessionen und Zwänge wurden weniger starr (oder Groove-mäßig) und produktiver, seine Wut verschwand und er zeigte ein neu erwachtes Interesse an den Aktivitäten, die ihm früher Spaß gemacht hatten. Das ist nun zwei Jahre her und es geht ihm in allen seinen Lebensbereichen nach wie vor gut. Er war sogar in der Lage, mit der jungen Frau zusammenzuarbeiten, die ihn missbraucht hat-

te. Glücklicherweise war diese Frau in Behandlung gewesen und wurde von den Mitarbeitern sorgfältig beobachtet.

Therapieansätze für Menschen mit Akzeptanzproblemen

Ein wichtiger Grund für eine Therapie besteht darin, Menschen dabei zu helfen, sich selbst zu verstehen und zu akzeptieren. In unserer Ambulanz bedeutet dies häufig, dass wir Menschen helfen müssen, die Tatsache zu akzeptieren, dass sie das Down-Syndrom haben. Wie bereits in Kapitel 7 besprochen, ist dies sehr wichtig, da die Akzeptanz des eigenen Ichs die Entwicklung und den Einsatz der eigenen Fertigkeiten und Fähigkeiten steigert und das Eintreten für die eigenen Rechte und Bedürfnisse fördert.

Es gibt zwar relativ wenige Personen mit Down-Syndrom, die Akzeptanzprobleme haben. Aber das Leben derjenigen mit solchen Problemen kann tief gehend beeinflusst werden. Solche Probleme machen sich in vielen wichtigen Lebensbereichen bemerkbar, im täglichen Leben und am Arbeitsplatz zum Beispiel.

Personen mit Akzeptanzproblemen tendieren dazu, eine Abneigung gegen Bekanntschaften oder ein Zusammentreffen mit Gleichaltrigen mit Down-Syndrom oder einer anderen geistigen Beeinträchtigung zu haben. In der Regel ist das ein nur geringfügiges Problem. Manche Menschen mit Down-Syndrom bevorzugen es zum Beispiel, mit den Betreuern zusammen zu sein, während andere bei geselligen Veranstaltungen wählerisch sind und dort Personen bevorzugen, die besser entwickelte Fähigkeiten haben. Diese Menschen sträuben sich im Allgemeinen aber nicht, an Aktivitäten mit anderen behinderten Menschen teilzunehmen und, noch wichtiger, sie haben keine negative Sicht ihrer eigenen Behinderung. Natürlich zwingen wir diese Personen nicht, Freundschaften zu schließen, die sie nicht wollen, genauso wenig wie wir jemanden ohne Down-Syndrom zwingen würden, mit Menschen zusammen zu sein, die er nicht auswählen würde. Solange sie ein gesundes Selbstbewusstsein und eine positive Sicht ihres Down-Syndroms haben, können sie mit verschiedensten Personen Bekanntschaften pflegen.

Andererseits gibt es Menschen, die eindeutig nicht mit Behinderten zusammen sein wollen und die eine negative Sicht des Down-Syndroms haben. Viele betrachten sich selbst als anders als andere Menschen mit Behinderungen und sagen vielleicht sogar, dass sie „nicht wie die" sind (dabei beziehen sie sich auf andere mit Down-Syndrom). Einige machen sogar negative Bemerkungen über die anderen (nennen sie „zurückgeblieben" oder Schlimmeres). Dieser mangelnden Akzeptanz liegt meistens eine Ablehnung ihrer selbst zugrunde (einige nennen es sogar Selbsthass), die zu geringem Selbstbewusstsein führt. Dies ist leider meistens der Fall, wenn jemand einen großen Teil seines eigenen Ichs nicht akzeptieren kann. Bei Menschen mit Down-Syndrom kann diese fehlende Akzeptanz katastrophale Auswirkungen auf ihr Leben haben.

Leider gestaltet sich eine Therapie für Personen mit Akzeptanzproblemen schwierig, weil sie die Tatsache, dass sie das Down-Syndrom haben, meist nur widerwillig besprechen oder zugeben wollen. So äußerte Patrick zum Beispiel seine fehlende Akzeptanz, indem er erklärte, er wolle ein Mittel haben, um „es" zu heilen (das Down-Syndrom). Dieses Zugeständnis war tatsächlich ein Durchbruch in der Therapie, da er monatelang noch nicht einmal zugeben konnte, dass „es" überhaupt existiert. Welcher Schaden ergibt sich aus diesen negativen Gefühlen über das Down-Syndrom? Diejenigen, die bei sich selbst nicht akzeptieren, dass sie das Down-Syndrom haben, und die nicht mit Menschen mit Down-Syndrom oder anderen geistigen Beeinträchtigungen zusammen sein möchten, haben aber selbst häufig Schwierigkeiten, von anderen, nicht behinderten Menschen akzeptiert zu werden. Daher befinden sie sich oft in einem unangenehmen Schwebezustand aus Einsamkeit und Verzweiflung, weil sie einerseits von den Menschen abgeschnitten sind, mit denen sie zusammen sein wollen, und andererseits sich selbst von den Menschen isolieren, mit denen sie eine Freundschaft entwickeln könnten (zum Beispiel Menschen mit Behinderungen).

Hinzu kommt, dass viele dieser Personen Probleme am Arbeitsplatz haben, weil sie ihre eigenen Grenzen nicht verstehen und akzeptieren. Diese Menschen verloren gute Arbeitsplätze (in

Büros, Supermärkten und so weiter), weil sie das Gefühl hatten, die Tätigkeit wäre nicht gleichwertig mit den Berufen, die Geschwister oder andere ohne Behinderungen ausüben (im Management, als Rechtsanwälte, Ärzte und Ähnliches). Von diesem Standpunkt aus wird keine Tätigkeit je akzeptabel sein, weil kein Job gut genug sein wird verglichen mit dem, was andere erreicht haben. Das aus so einer Einstellung folgende Versagen vergrößert nur das Verzweiflungsgefühl und das geringe Selbstbewusstsein der Person.

Obwohl Akzeptanz ein schwer therapierbares Problem ist, gibt es einige Faktoren, die den Therapieerfolg erhöhen oder verringern können. Einer der wichtigsten Punkte ist, ob die Familie das Down-Syndrom akzeptiert. Ein Mangel an Akzeptanz kann sich in vielfacher Weise manifestieren, zum Beispiel wenn die Familie andere Menschen mit Down-Syndrom meidet oder negative Bemerkungen über sie macht oder wenn sie das Familienmitglied mit Down-Syndrom davon abhält, an gesellschaftlichen Aktivitäten oder öffentlichen Veranstaltungen teilzunehmen, weil ihr das peinlich ist. Wenn die Familie diese Art von Akzeptanzproblemen hat, dann ist unsere Aufgabe viel schwieriger und wir sind weniger optimistisch, was den Ausgang der Behandlung angeht. Diese Familien bitten uns häufig, die Symptome (Depressionen, Verzweiflung und so weiter) zu behandeln, ohne den wahren Grund für das Problem zu diskutieren: mangelnde Akzeptanz für das Down-Syndrom der Person.

Aber sogar in solchen Situationen konnten wir eine Änderung dieser Einstellung bewirken. Dies geschieht auf zwei Arten: Zum einen sind wir aufgrund unserer Erfahrungen mit unseren Patienten in der Lage, eine positive Sicht des Down-Syndroms zu vermitteln, auch wenn das Thema Down-Syndrom nicht direkt angesprochen wird, zumindest nicht in der Anfangsphase der Therapie. Zum anderen haben wir festgestellt, dass die Menschen mit Down-Syndrom, wenn sie älter und reifer werden, empfänglicher für die Botschaft werden, dass es keinen Makel darstellt, wenn man das Down-Syndrom hat. In solchen Situationen zahlen sich Geduld und Beharrlichkeit aus. Ein Beispiel:

Seit 1996 kennen wir Judd schon, weil er regelmäßig von uns in unserer Ambulanz behandelt wird. In diesem Zeitraum kam er mehrere Male zu uns, weil er Einsamkeit und Depressionen verspürte und Schwierigkeiten hatte, einen Job zu behalten. All diese Probleme hingen mit seiner mangelnden Akzeptanz des Down-Syndroms bei sich zusammen. Jedes Mal, wenn er in die Klinik kam, hörten wir ihm zu und unterstützten ihn, während wir eine positive Sicht des Down-Syndroms vermittelten und seine einmaligen Talente und Potenziale als Mensch mit Down-Syndrom lobten. Wir ermutigten ihn und machten ihm klar, dass seine Probleme lösbar wären, wenn er sich selbst akzeptieren könne.

Nach vielen schmerzvollen und beschwerlichen Jahren zeigte Judd endlich Zeichen der Selbstakzeptanz und der Selbstachtung. Ein ausschlaggebender Punkt für ihn war nach einer Reihe von Fehlschlägen eine positive Erfahrung im Beruf. Interessanterweise bestand der Job darin, Menschen mit Körperbehinderung in einer Reha-Klinik zu unterstützen. Wir hatten Judd für den Job empfohlen, weil wir bei vielen anderen Personen mit Akzeptanzproblemen bereits festgestellt hatten, dass diese Art von Arbeit eine positive und erfolgreiche Erfahrung sein konnte. Wie die anderen auch, bewältigte Judd diesen Job überraschend gut. Das mag teilweise auf die Tatsache zurückzuführen sein, dass die Vorgesetzten mit Menschen mit körperlichen und intellektuellen Behinderungen vertraut waren und daher sehr geduldig mit ihm waren und ihn ermutigten. Hinzu kam, dass die Erfahrung, anderen helfen zu können, Judd positiv veränderte. Dies ist eine Erfahrung, die nicht viele Menschen mit Down-Syndrom machen. Man kümmert sich immerzu um sie, aber sie erhalten nur selten die Möglichkeit, sich um andere zu kümmern, obwohl wir in der Ambulanz festgestellt haben, dass Menschen mit Down-Syndrom meistens sehr sensibel sind und gut auf andere eingehen. Judd reagierte auf diese Möglichkeit, indem er anderen geduldig und sensibel half. Hierfür wurde er von seinen Vorgesetzten sehr gelobt und fand die Anerkennung, die er dringend benötigte. Aber genauso wichtig war es, dass er ein besseres

Verständnis für Behinderungen entwickelte und dadurch auch seine eigene Behinderung positiver sah.

Geduld und Beharrlichkeit können sich auch bei unserer Arbeit mit Familien auszahlen, die Akzeptanzprobleme haben. Familien, die anfangs nicht bereit sind, das Down-Syndrom zu akzeptieren, können im Laufe der Zeit eine größere Akzeptanz entwickeln, wenn sie das Zentrum und andere Familien kennenlernen. Tatsächlich wird aus den Treffen in der Ambulanz oft eine Art Familientherapie, besonders wenn es um Akzeptanzprobleme geht, auch wenn die Termine dort offiziell nicht so genannt werden. Dies ist sehr wichtig, denn wenn die Familie das Down-Syndrom bei ihrem Angehörigen akzeptiert, gelingt es uns eher, auch das Akzeptanzproblem der Person mit Down-Syndrom selbst zu lösen. Familien, die das Down-Syndrom bei ihrem Angehörigen akzeptieren, ermutigen ihn dann auch häufiger, an sozialen und Freizeitaktivitäten mit Menschen mit Behinderungen teilzunehmen, auch wenn er das nicht möchte und sich dagegen sträubt. Der Angehörige mit Down-Syndrom lernt dann oft, das gesellige Beisammensein mit behinderten Gleichaltrigen zu „tolerieren", und kann im Laufe der Zeit sogar Freundschaften schließen.

Unserer Erfahrung nach bleiben Menschen anfangs erst mehr für sich, wenn sie an sozialen und Freizeitaktivitäten teilnehmen. Das hält aber nicht lange an, da andere Teilnehmer beginnen, sich mit ihnen zu unterhalten, sodass sie fast nicht anders können, als mitzumachen, vor allem bei Teamaktivitäten. Wir kennen einen jungen Mann, der anfangs den anderen Spielern in seinem Softballteam gegenüber sehr zurückhaltend war. Als aber das Team begann, für die Special Olympics zu trainieren, strengte er sich genauso an und brachte sich wie die anderen ins Team ein. Ein anderer Erwachsener wurde geselliger, als eine sehr nette, attraktive junge Frau mit Down-Syndrom anfing, sich für ihn zu interessieren, und ihm den Hof machte. Auch Judds Chef ermutigte ihn, an den Special Olympics teilzunehmen, was er nun auch immer öfter macht.

Wir haben einige Erwachsene mit Down-Syndrom kennengelernt, denen es schwerfällt zu akzeptieren, dass sie nicht wie ihre Geschwister und Gleichaltrige Auto fahren, auf die Universität gehen und ihr eigenes Leben führen können. Ein Beispiel:

Bridget verdarb die Hochzeit ihrer jüngeren Schwester, zumindest beschrieb ihre Familie ihr Verhalten so. Sie war eine der Brautjungfern, aber am Hochzeitstag hatte sie extrem schlechte Laune und wollte während des Empfangs weder tanzen noch an anderen Aktivitäten teilnehmen, obwohl sie Partys und tanzen liebte. Ihre Geschwister und ihre Eltern versuchten, mit ihr zu reden und sie aus ihrer schlechten Laune herauszuholen, aber sie konnten ihre Stimmung bei der Hochzeit nicht ändern. Erst sechs Wochen später vermochte Bridget ihrer Schwester Colleen zu erklären, dass sie verärgert und traurig war, weil ihre Schwester eine Familie und einen Beruf haben und unabhängig sein würde, sie aber nicht. Colleen war sehr mitfühlend und um dieses Thema zu besprechen, brachte sie Bridget zu einem Beratungsgespräch in die Ambulanz.

In mehreren Sitzungen besprachen Bridget, Dr. McGuire und Colleen Bridgets Träume und ihre Grenzen. Sie konnte schließlich verstehen, dass andere auch Träume haben, die sich nicht erfüllen. Ihre Schwester gab zum Beispiel zu, dass sie nicht ihre Jugendliebe geheiratet habe und dass sie nicht die Fähigkeiten habe, Medizin zu studieren oder Sängerin einer Rockband zu werden, wie sie sich das als Kind und Teenager vorgestellt hatte. Trotzdem fand sie Glück in dem, was sie realistischerweise tun und schließlich werden konnte. Danach ging es in der Therapie nicht mehr darum, was Bridget nicht tun konnte, sondern darum, was für sie möglich war.

Bridget entschied, dass sie drei wichtige Ziele in ihrem Leben hat: erstens auf die Universität zu gehen, zweitens einen guten Job zu finden und drittens unabhängig zu leben. Mit der Zeit fand sie, wie ihre Schwester, befriedigende Lösungen für diese Ziele, indem sie Kurse am Community College belegte, einen gut bezahlten Job in einem Supermarkt fand, der ihr Spaß machte, und eine Wohnung bezog, in der sie von Betreuern so viel Unabhängigkeit und Unterstützung erhielt, wie sie benötigte. Bridget kam kürzlich nach mehreren Jahren das erste Mal wieder in die Klinik und gab zu, dass sie sich manchmal immer noch wünschte, das Leben so wie ihre Schwester zu führen, dass sie aber viel zufriedener war und stolz auf das, was sie erreicht hatte.

In vielerlei Hinsicht war die Therapie von Bridget und anderen in der Ambulanz nicht anders aufgebaut als eine Therapie für Menschen aus der Durchschnittsbevölkerung, die sich mit ihren Träumen und der Realität ihrer Grenzen arrangieren müssen. Bei Menschen mit Down-Syndrom aber liegt der Schwerpunkt der Therapie auf anderen Leistungsstandards. Diese Standards sollten jedoch trotz allem so hoch angesetzt sein, dass sie gefordert werden und ihre Fähigkeiten und Talente einsetzen müssen.

Die Familientherapie

Weil die Familie im Leben von Menschen mit Down-Syndrom eine ganz entscheidende Rolle spielt, möchten wir die verschiedenen Familientherapieansätze hier ausführlich besprechen. Wir werden im Folgenden beschreiben, wie Familientherapien in unserem Zentrum durchgeführt werden, in der Hoffnung, dass es Ihnen dadurch möglich sein wird, eine entsprechende Therapie in Ihrer Stadt zu finden, wenn Sie der Meinung sind, dass dies für Ihre Familie von Nutzen sein könnte.

Wie auch die Therapien für Einzelpersonen enthalten die Familientherapien unterstützende und einsichtorientierte Elemente. Die meisten Familien, die in unser Zentrum kommen, fühlen sich durch die Erfahrungen unterstützt, die sie hier gemacht haben. Sie spüren, dass sie und ihr Familienmitglied mit Down-Syndrom im Zentrum willkommen sind, geschätzt und verstanden werden. Die Familien werden angehört, ihre Gefühle und Meinungen respektiert und ihr Fachwissen als Betreuer und Fürsprecher genießt höchste Anerkennung.

In unserem Zentrum bespricht Dr. McGuire in den psychosozialen Gesprächen mit Betreuern und mit der Person mit Down-Syndrom wesentliche Themen und Probleme, die für die Familie sehr aufschlussreich sein können. Darunter können auch sensible Themen und Familienprobleme fallen, die dazu führen, dass sich die Person mit Down-Syndrom kritisiert, beobachtet oder überwacht fühlt. Im Anschluss an diese Gespräche führen wir oft eine Art Familientherapie durch, aus der die Familien meist sehr viel mitnehmen.

Seit der Eröffnung unserer Ambulanz im Jahre 1992 haben wir mit Tausenden von Familien Gespräche geführt und dabei viel über die Probleme von und mit Menschen mit Down-Syndrom gelernt. Dieses Wissen können wir in den Untersuchungen einsetzen, wenn wir erklären müssen, was für die Familie und andere Betreuer normal (oder nicht so normal) ist. Bei den Untersuchungen und den Sitzungen mit Patienten betrachten wir dies als eine Möglichkeit, hier das gesammelte Wissen aller Familien und Betreuer, von denen wir in diesen Jahren gelernt haben, mit einzubringen. Es haben uns sehr viele Familien von ihren Problemen berichtet und wir haben dadurch so viel Erfahrung gesammelt, dass wir wissen, wovon wir sprechen. Die Familien und auch die Menschen mit Down-Syndrom sind häufig erleichtert, weil sie von uns verstanden werden. Wir fragen zum Beispiel, ob die Person mit Down-Syndrom laut Selbstgespräche führt, und können dann beruhigen, dass dies ein häufiges und in den meisten Fällen normales Verhalten ist. In gleicher Weise können wir vielleicht dem Betreuer und der Person mit Down-Syndrom vermitteln, dass das Bedürfnis, einer festgelegten Routine oder festen Mustern zu folgen, viele Vorteile haben kann. Wir haben von den Familien und den Menschen mit Down-Syndrom wertvolle Erkenntnisse gewonnen, die wir wiederum an andere Patienten weitergeben können. Ebenso können wir den Familien Erkenntnisse und Strategien von vielen anderen Familien in ähnlichen Situationen mitgeben, wodurch sie Lösungsansätze für Probleme erhalten, die durch bekannte Verhaltensweisen wie Selbstgespräche, Grooves und so weiter verursacht werden.

Wir beraten bei diesen Zusammenkünften also dahin gehend, dass unsere Patienten mit Down-Syndrom und ihre Familien lernen und erkennen, dass viele Dinge und Situationen, die sie für abweichend halten, normal sind, weil sie in vielen anderen Familien ganz genauso vorkommen.

Leider haben nicht alle Familien Zugang zu einem Zentrum für erwachsene Menschen mit Down-Syndrom und müssen deshalb andere Wege finden, um in diesem Bereich Unterstützung und Informationen zu erhalten. Familien können sich Selbsthilfegruppen anschließen und auch auf Tagungen, die verschiedene Down-Syndrom-Vereine zum Thema organisieren, Erfahrungen sammeln. Viele profitieren sehr von solchen Weiterbildungsmaßnahmen, aber genauso wertvoll oder vielleicht sogar wertvoller ist der Austausch mit anderen Eltern und Betreuern im Rahmen einer solchen Tagung. Wenn wir unseren Patienten mit Down-Syndrom eine Gruppentherapie anbieten, passiert es öfter, dass sich ihre Eltern spontan ebenfalls treffen. Bekommen wir das mit, bieten wir an, dass ein Therapeut an diesen Treffen teilnimmt, was die Eltern meist gerne annehmen. Wir haben auch festgestellt, dass immer, wenn sich Eltern treffen, sie untereinander wertvolle Informationen austauschen und sich gegenseitig sehr unterstützen.

Die unterstützende Familientherapie

Wenn ein Mensch mit Down-Syndrom ernsthaftere Probleme hat, kann eine unterstützende Familientherapie einen wertvollen Beitrag zu einer erfolgreichen Behandlung leisten. Hat der Patient zum Beispiel starke Depressionen und zieht er sich sehr zurück, schränken die Familienmitglieder häufig ihre eigenen sozialen Aktivitäten und ihre Berufstätigkeit ein, um sich um ihn zu kümmern. Dadurch läuft die ganze Familie Gefahr, ebenfalls an einer Depression zu erkranken. In solchen und ähnlichen Situationen haben wir gelernt, dass es extrem wichtig ist, auch die Familie zu unterstützen und sich nicht nur auf den eigentlichen Patienten zu konzentrieren. Schließlich spielen die Betreuer aus der Familie eine wesentliche Rolle im Leben des Menschen mit Down-Syndrom, wenn er gesund ist und keine weiteren Probleme hat. Wenn er aber Probleme hat, sind sie noch wichtiger, weil sie den Menschen unterstützen und damit einen wesentlichen Beitrag zur Behandlung und zum Heilungsprozess leisten. Wenn die Familie überfordert und gestresst ist, wird der Mensch mit Down-Syndrom auch überfordert und gestresst sein und seine schwerwiegenden Probleme werden andauern.

Wenn wir Menschen mit solchen Problemen behandeln, müssen wir in erster Linie Hoffnung und Vertrauen vermitteln. Noch wichtiger ist es allerdings, so schnell wie möglich zu handeln. Das oberste Ziel einer Therapie besteht darin, die Person mit Down-Syndrom dazu zu bewegen, ihren normalen Arbeitsablauf und ihr Sozialleben wieder aufzunehmen, sodass die Familie dasselbe tun kann. Wenn der depressive Erwachsene also zu einem normalen Ablauf zurückkehrt, kann die Familie als starke Basis fungieren, die seine Fortschritte unterstützt und ihn ermutigt. Diese Strategie kann leider nicht immer eingesetzt werden, weil manche Arbeitgeber zum Beispiel äußerst zurückhaltend reagieren, wenn Menschen mit Down-Syndrom zur Arbeit zurückkehren, insbesondere wenn sie ernsthaftere Symptome zeigen, wie zum Beispiel das Führen von erregten Selbstgesprächen (Menschen anschreien, die nicht da sind). Wir setzen uns häufig dafür ein, dass die erkrankte Person ihre Arbeit wieder aufnehmen und an den Arbeitsplatz zurückkehren darf, unabhängig davon, ob sie noch ernsthafte Symptome zeigt oder nicht. Das Unternehmen versuchen wir davon zu überzeugen, dass dieses Verhalten bei Menschen mit Down-Syndrom, die unter Depressionen leiden, nicht ungewöhnlich ist und mit der Zeit aufhören wird. Wir und auch einige Arbeitgeber haben festgestellt, dass das „verrückte Verhalten" bei vielen Menschen nach und nach aufhört, wenn sie wieder ihrer üblichen Routine nachgehen, das heißt in ihre Arbeit vertieft sind und ihren üblichen sozialen Aktivitäten nachgehen.

Nicht nur Depressionen, sondern auch andere psychische Probleme können für Familien von Menschen mit Down-Syndrom eine große Herausforderung darstellen. Manche Menschen mit Down-Syndrom neigen zum Beispiel zu schwerem zwanghaft obsessivem Verhalten, also zu Zwangsstörungen, und können Rituale entwickelt haben, die alle Abläufe in der Familie kontrollieren und stören. In diesem Fall kann die Familie in einer Therapie erlernen, wie sie das zwanghafte Verhalten verstehen und am besten darauf reagieren kann. Die Angehörigen lernen zum Beispiel, dass Wut oder Versuche, das Verhalten zu stoppen, es in Wirklichkeit schlimmer machen können, wohingegen eine sanfte Umlenkung auf ein anderes, weniger störendes Verhalten viel produktiver sein kann. Dieser Prozess hilft der Familie zu lernen, wie sie die Starrheit und die Intensität der Rituale vermindern kann, damit sich wieder Normalität einstellt (siehe Kapitel 16).

Oft wird eine Familienberatung auch empfohlen, weil Konflikte zwischen einzelnen Familienmitgliedern entstanden sind und dies einen negativen Einfluss auf die Person mit Down-Syndrom hat. Der hier verwendete Therapieansatz, die systemische Familientherapie, sieht die Familie als ein System von Beziehungen mit wechselseitigem Einfluss. Dieser Einfluss ist im Allgemeinen vorteilhaft, wenn er eingesetzt wird, um sich um die emotionalen und materiellen Bedürfnisse der Person mit Down-Syndrom zu kümmern. Wenn es aber Konflikte zwischen den Eltern oder zwischen Betreuern untereinander gibt, können auch Probleme auftreten. Je abhängiger das Kind oder der Erwachsene von diesen Betreuern, je stärker die Intensität und je länger die Dauer des Konfliktes zwischen den Betreuern ist, desto größer ist der Stress für die Person mit Down-Syndrom. Ein Beispiel:

Andre, 28, wurde von seinen Eltern und mehreren älteren Geschwistern in die Ambulanz gebracht. Er hatte sich immer mehr zurückgezogen, war depressiv und stand häufig nicht einmal mehr auf, auch nicht, um zur Arbeit zu gehen oder an sozialen Aktivitäten teilzunehmen, die ihm früher Spaß gemacht hatten. Es stellte sich dann heraus, dass bereits seit langem ein bitterer Konflikt zwischen seinen Eltern bestand, sie sich aber wegen ihrer religiösen Überzeugung nicht scheiden lassen wollten. Die drei älteren Geschwister von Andre waren von zu Hause ausgezogen, weil sie auf die Universität gingen und alleine lebten, während Andre bei seinen Eltern geblieben war.

Nachdem das Letzte von Andres Geschwistern ausgezogen war, verschlimmerte sich der Konflikt zwischen den Eltern. Der Vater wurde damit gut fertig, indem er länger arbeitete und somit seltener zu Hause war. Die Mutter konzentrierte ihre volle Aufmerksamkeit auf Andre. Tagsüber verhätschelte sie ihn und tat immer mehr Dinge für ihn, die er eigentlich selbst hätte tun können. Abends hatten seine Eltern häufig Streit, wobei es meist um Andre ging. Sie warfen sich gegenseitig vor, für Andres Depressionen verantwortlich zu sein: Der Vater beschuldigte die Mutter, Andre zu verwöhnen, und die Mutter beschuldigte den Vater, Andre (und sie) zu vernachlässigen.

Andres Depressionen wurden mit der Zeit immer stärker. Seine Weigerung, das Bett zu verlassen, war für seine Schwester ein Hinweis darauf, wie groß seine Verzweiflung war. Vielleicht wollte er auch auf diese Weise zeigen, dass die Situation geklärt werden müsse.

Bei seinem ersten Termin im Zentrum erklärten Andres Geschwister, wie das Problem entstanden war und wie sie jetzt versuchten, die Situation für Andre zu lösen. Vor einiger Zeit hatten sie ihn, in der Hoffnung, dass er dem elterlichen Konflikt wie sie entfliehen kann, auf die Warteliste für einen Wohnheimplatz setzen lassen. Tatsächlich wurde ein Platz in dem bevorzugten Wohnheim frei, aber Andres Eltern zögerten seinen Umzug hinaus. Andres Geschwister fürchteten, dass ihre Eltern sich mit dem Umzug Zeit ließen, weil sie durch Andres Anwesenheit gezwungen waren, sich zusammenzunehmen und den eigenen Konflikt nicht eskalieren zu lassen.

Nach mehreren Familientreffen im Zentrum stimmten Andres Eltern seinem Umzug endlich zu. In seiner neuen Umgebung wurden seine Depressionen langsam besser. Innerhalb weniger Monate hatte er sich eingelebt und war nach einiger Zeit wieder ganz der Alte. Er ging auch wieder arbeiten und nahm an sozialen Aktivitäten teil. Durch die Therapie vermochte sich Andre so weit aus dem elterlichen Konflikt zu lösen, dass er in das neue Wohnheim ziehen konnte.

Die Strategie hierfür beinhaltete, dass der Therapeut einen großen Teil des elterlichen Konflikts weg von Andre (als dem Dritten in der Ehe) auf sich selbst, den Therapeuten, umleitete. Um dies zu vereinfachen, hielt der Therapeut mehrere Eheberatungssitzungen mit den Eltern und ohne Andre ab. Während dieser Sitzungen stimmte das Paar zu, selbst einen Ehetherapeuten aufzusuchen. Andre war bei seinen Geschwistern zu Hause, während seine Eltern ihre Therapiesitzungen im Zentrum hatten, und halfen ihm sehr dabei, einen Wohnheimplatz zu finden und den Umzug zu organisieren. Dies gab Andre den benötigten Abstand von seinen Eltern, wodurch ihn diese auch nicht wieder in ihren Konflikt hineinziehen konnten. Um Andre dabei zu unterstützen, sich vom Konflikt seiner Eltern zu lösen, brachten die Geschwister ihn zusätzlich zu vielen Einzeltherapiesitzungen.

Wie oben bereits erwähnt, sind die Familien- und die Eheberatung Spezialgebiete in der Therapie, für die der Therapeut entsprechend qualifiziert sein muss. Man kann nicht generell davon ausgehen, dass ein Therapeut, der Einzeltherapien durchführt, die Ausbildung oder die Erfahrung für Familien- oder Eheberatung hat. In den USA besteht die Möglichkeit, einen Therapeuten mit einer solchen Qualifikation zu finden, indem man sich an die örtliche Zweigstelle der American Association for Marriage and Family Therapy (Amerikanische Gesellschaft für Ehe- und Familientherapie) wendet. Dies ist eine landesweite Organisation, die in jedem Bundesstaat eine oder mehrere Zweigstellen hat. Dort kann man sich Therapeuten in der Nähe des Wohnorts empfehlen lassen, die über diese Qualifikation verfügen. Unter Umständen gibt es sogar Therapeuten, die Erfahrung in der Arbeit mit Familien von Personen mit Down-Syndrom oder anderen Behinderungen haben.

Die Notwendigkeit von Zielsetzungen und Ergebnismessungen

Wie bereits in der Einführung dieses Kapitels besprochen, sollte eine Therapie sinnvolle Ziele haben und es sollte die Möglichkeit gegeben sein festzustellen, ob diese Ziele erreicht wurden. Verhaltenstherapien definieren und bewerten Änderungen ganz klar. Einsichtsorientierte und unterstützende Therapieansätze betonen meist mehr subjektive Ziele, wie zum Beispiel „verbessertes Selbstbewusstsein" oder „eine bessere Einstellung zu bestimmten Dingen" und so weiter. Meistens beinhalten die angestrebten Ziele für diese Ansätze auch objektivere Verhaltensmaßnahmen, wie zum Beispiel ein häufigeres Teilnehmen an positiven Aktivitäten, mehr lächeln und Ähnliches. Ergebnisse können auch in der Abnahme von negativem Verhalten gemessen werden, wie zum Beispiel weniger Wutausbrüche.

Enge Familienmitglieder oder Betreuer können das Ergebnis häufig sehr gut beurteilen, weil sie die Person mit Down-Syndrom genau kennen und Veränderungen am ehesten bemerken. Wenn die Therapie erfolgreich ist, werden Betreuer eine deutliche Veränderung in einigen Schlüsselbereichen, wie der Stimmung, des Wesens oder des Verhaltens der Person, feststellen. Der Therapeut sollte zu Beginn der Therapie die erreichbaren Ziele deutlich definieren. Fortschritte sollten während des gesamten Therapieverlaufs überwacht und dokumentiert werden.

Einige Therapeuten setzen zur Untersuchung von psychischen Störungen und ihren Symptomen sowie starrem oder negativem Verhalten auch Standardwerkzeuge ein, die für Menschen mit Down-Syndrom und anderen geistigen Beeinträchtigungen genormt sind. Diese Hilfsmittel können ebenfalls am Ende der Behandlung zur Beurteilung der Veränderungen eingesetzt werden. Das am weitesten verbreitete Beurteilungswerkzeug für diesen Zweck ist der sogenannte Reiss-Test (Reiss Screen for Maladaptive Behavior).

Manche Therapeuten setzen auch folgende Testverfahren ein: das *Inventory for Client and Agency Planning* (ICAP – ein 16-seitiges Büchlein zur Beurteilung des adaptiven und maladaptiven Verhaltens), die *AAMR Adaptive Behavior Scales* (ABS – die Skala der amerikanischen Vereinigung für Menschen mit geistiger Behinderung zur Beurteilung der adaptiven Fähigkeiten) und die *Scales of Independent Behavior-Revised* (SIB-R – die überarbeitete Version der Skala zur Beurteilung unabhängiger Verhaltensweisen). In unserer Praxis im Zentrum setzen wir den Reiss-Test zur Diagnose und zur Beurteilung des Ergebnisses ein sowie als Methode, um unsere Erkenntnisse mit anderen Zentren zu vergleichen, die diesen Test anwenden. Diese Maßnahmen können besonders für Fachleute hilfreich sein, die weniger Erfahrung mit der Diagnostizierung und der Behandlung von Menschen mit Down-Syndrom haben.

Können Menschen mit weniger guten Sprachfähigkeiten von einer Therapie profitieren?

Manche Therapeuten stellen den Erfolg einer Therapie bei Menschen mit Down-Syndrom in Frage, wenn diese über weniger gute Sprachfähigkeiten verfügen. Unserer Erfahrung nach können Therapien bei diesem Personenkreis sehr wohl erfolgreich durchgeführt werden, und zwar durch die kreative Anwendung nonverbaler Kommunikationshilfen wie Gebärden, Zeigen und Pantomime. Auch Sprachcomputer und weniger technische Hilfsmittel wie Bilderbücher, geschriebene Notizen und so weiter können eingesetzt werden. Mit anderen Worten: Ein Therapeut kann jedes beliebige Medium einsetzen, das die Person normalerweise zur Kommunikation mit anderen verwendet.

Eltern und andere Betreuer spielen in diesem Prozess quasi als Mittelsmänner häufig eine wichtige Rolle. Sie können bei der Interpretation nonverbaler Kommunikation helfen, insbesondere wenn die Person sehr eigentümliche Gesten und Kommunikationswege nutzt. Auch können sie eine Beschreibung der relevanten Hintergrundinformationen und der täglichen Ereignisse geben, die sich zwischen den Sitzungen zutragen. Ein Beispiel:

Molly, eine junge Frau mit Down-Syndrom, war sehr verletzt, als ihr Freund sich für eine andere Frau entschied. Molly hatte recht begrenzte verbale Fähigkeiten, aber ihre Adoptivmutter Joan erzählte uns ihre Geschichte. Sie erklärte, dass Molly auf Verluste sehr empfindlich reagiere. Sie war bei der Geburt zur Adoption freigegeben worden, weil ihre Eltern ihr Down-Syndrom nicht akzeptieren konnten. Molly wusste hiervon, weil sie sich immer noch mit ihrer Großmutter, mehreren Geschwistern und einer Tante traf, die keine Akzeptanzprobleme hatten und sie unterstützten. Obwohl sie eine liebevolle Beziehung zu diesen Familienmitgliedern und auch zu ihrer Adoptivfamilie unterhielt, empfand sie immer noch starke Verlustängste, weil ihre Eltern sie weggegeben hatten. Diese Verlustängste traten besonders dann hervor, wenn sie einen erneuten Verlust erlitt, wie den ihres Freundes aufgrund der Trennung.

Obwohl Molly begrenzte verbale Fähigkeiten hatte, konnte sie sich in der Therapie sehr gut mit Mimik, Gesten und geschriebenen Notizen mitteilen. Auch half ihre Adoptivmutter, Probleme und Ereignisse zu erklären, die sich in der Vergangenheit und in den zwei bis drei Wochen zwischen den Sitzungen zugetragen hatten. Die Adoptivmutter saß oft vor Mollys Einzelsitzung zehn bis 15 Minuten mit ihr und dem Therapeuten zusammen. Dadurch erhielt der Therapeut Anhaltspunkte, die er und Molly dann während der Sitzung besprechen konnten. So konnte er zum Beispiel fragen, wie sie ein Ereignis erlebt hatte. Sie teilte ihre Antwort dann mimisch oder schriftlich mit.

Die Adoptivmutter fand die Sitzungen sehr hilfreich für Molly. Molly hatte eine eigene Gebärde, um anzuzeigen, dass sie die Therapie fortsetzen wollte. Sie drückte diesen Wunsch aus, indem sie ihre Hände von ihrem Herzen aus nach außen streckte. Diese Gebärde benutzte sie ungefähr drei Monate, bis sie fühlte, dass sie die Sitzungen nicht mehr brauchte.

Auch wenn es oft sehr hilfreich ist, wenn die Eltern bei Menschen mit eingeschränkten Sprachfähigkeiten mit einbezogen werden, gibt es doch zahlreiche Situationen, in denen Eltern nicht als Dolmetscher fungieren sollten. Zum einen kann es kontraproduktiv sein, wenn die Eltern an der Therapie beteiligt sind und die Person mit Down-Syndrom über ihre Eltern sprechen möchte oder wenn diese ein Teil des Problems sind. In der Regel wird dies für den Therapeuten bald offensichtlich, wenn die Person mit Down-Syndrom auf die Bemerkungen und die Interpretationen ihrer Eltern mit negativen Gesichtsausdrücken und negativer Körpersprache reagiert. Wenn dies geschieht, sollte der Therapeut nach anderen Informationsquellen Ausschau halten und sich zum Beispiel an andere Betreuer wenden, die täglich mit dem Patienten zu tun haben. Das können Geschwister sein, die zu Hause oder in der Nähe wohnen, Lehrer aus der Schule oder Mitarbeiter und Vorgesetzte aus der Wohn-, Arbeits- oder Freizeitumgebung. Wenn diese Personen nicht zu uns kommen können, versuchen wir, zu ihnen zu gehen, damit wir die Informationen erhalten, die wir benötigen, um besser zu verstehen, was die Person mit Down-Syndrom mitteilen möchte.

Es gibt noch eine weitere Schwierigkeit mit Eltern als Dolmetscher. Einige Personen mit Down-Syndrom haben keine ernsthaften Probleme oder Beschwerden über ihre Eltern, sie wollen einfach für sich selbst sprechen. Oft versuchen sie, ihre Eltern am Sprechen zu hindern und selbst zu kommunizieren. Obwohl dies ein wünschenswerter Schritt ist, ist das für den Therapeuten oft nicht ganz einfach, wenn die Sprache der Person unverständlich ist. In solchen Fällen muss der Therapeut häufig eine Entschuldigung finden, um mit einem Elternteil oder den Eltern vor und während der Einzelsitzung zu sprechen, damit er relevante Hintergrundinformationen und Hilfe bei der Interpretation der Sprache des Patienten erhält. Oft ist die Anwesenheit der Eltern in der Sitzung sehr hilfreich, weil sie das von der Person Gesagte klarstellen können, das sich in der Regel auf Schlüsselprobleme oder Ereignisse aus der nahen Vergangenheit bezieht.

Der Einsatz von Fotos und Erinnerungen in Therapien

Wir haben festgestellt, dass Fotos ein wertvolles Medium für Menschen sind und ihnen helfen, ihre Gedanken und Gefühle in der Therapie auszudrücken. Dies trifft insbesondere auf Menschen mit Down-Syndrom zu, da sie unabhängig von ihren verbalen Fähigkeiten oft ein hervorragendes visuelles Gedächtnis besitzen. Sie können Bilder von vergangenen Ereignissen einsetzen und damit ein wichtiges Thema oder Problem zur Sprache bringen. Wenn die Betreuer, die die Person mit Down-Syndrom zu der Therapie begleiten, an dem abgebildeten Ereignis selbst teilgenommen haben oder die Details kennen, können sie helfen, die im Bild dargestellten Gefühle und Vorgänge zu beschreiben und zu erklären. Auf diese Weise ist ein Bild die sprichwörtlichen 1000 Worte wert.

In dem obigen Beispiel mit Molly halfen ihr Fotos von zwei verschiedenen Familientreffen, über ihre Gefühle für ihre Familie zu sprechen. Die ersten Bilder waren von der Hochzeit ihrer Schwester. Molly war nicht zu der Hochzeit eingeladen worden, weil ihre leiblichen Eltern anwesend waren. Die Hochzeitsbilder waren ein schmerzliches Beispiel für die mangelnde Akzeptanz ihrer Eltern und für die vielen Familientreffen, zu denen sie nicht gehen durfte. Bis sie sich die Bilder ansah, hatte sie es vermieden, über ihre Gefühle, was die Akzeptanzprobleme ihrer Eltern anbelangte, zu sprechen. Es war viel leichter für sie, darüber zu sprechen, dass sie ihren Freund vermisste. Die Bilder halfen ihr dabei, den wahren Grund, warum sie wegen ihres Freundes so traurig war, zu erkennen.

Molly und der Therapeut sahen sich noch mehr Bilder an, unter anderem die Taufbilder des Babys ihrer Schwester. Bei diesem Ereignis durfte Molly dabei sein, weil ihre Eltern außer Landes waren. Diese Bilder halfen ihr, sich der Liebe der Familienmitglieder, die sie akzeptierten, und ihrer Adoptivfamilie (die auch bei der Zeremonie dabei waren) bewusster zu werden. So konnte sie die Ablehnung durch ihre Eltern nicht nur leichter verkraften, sondern es war ihr auch möglich, ihre Situation zu akzeptieren und mit ihrem Leben fortzufahren.

Wie dieses Beispiel zeigt, können Fotos ein hervorragendes therapeutisches Hilfsmittel für Menschen mit Down-Syndrom sein, unabhängig davon, ob sie eingeschränkte Sprachfertigkeiten haben oder nicht. Sie können Menschen dabei helfen, Verluste und Probleme zu verarbeiten, aber auch die positiven Ressourcen und die Unterstützung anzuerkennen, die sie ihrem Leben haben.

Kunst- und Musiktherapie

Es gibt andere Therapiearten, die sinnvolle Methoden anwenden, mit deren Hilfe sich Menschen mit und ohne verbale Fähigkeiten ausdrücken können, wie zum Beispiel die Kunst- und die Musiktherapie. Viele Menschen können aus Einzel- und Gruppensitzungen mit geschulten und sensiblen Kunst- und Musiktherapeuten großen Nutzen ziehen. Die Patienten müssen selbst jedoch kein besonderes Talent für Kunst oder Musik haben, um eine dieser Methoden innerhalb ihrer Therapie zu nutzen.

Kunsttherapeuten zeigen ihren Patienten, wie sie malen, Skulpturen anfertigen oder andere Kunsttechniken verwenden können, um sich selbst in einer unkritischen und unterstützenden Umgebung auszudrücken. Sie helfen der Person dann, Themen und Gefühle zu erkennen, die sie durch ihre Kunst ausgedrückt haben. Analog helfen Musiktherapeuten den Menschen in einer unterstützenden und unkritischen Umgebung, sich durch ein großes Angebot an Perkussions- und anderen Instrumenten auszudrücken. Der Therapeut ist häufig in der Lage, die Person zu ermutigen, ihre Gefühle durch die Musik mitzuteilen, von Heiterkeit und Freude zu Angst und Traurigkeit, und dann der Person dabei zu helfen, zu interpretieren, was sie durch die Musik zum Ausdruck bringt.

Diese Methoden können sowohl als Einzeltherapie wie auch in der Gruppe wirkungsvoll angewandt werden. Bei Gruppensitzungen hilft der Therapeut den Menschen dabei, nicht nur mit ihm, sondern auch untereinander zu kommunizieren.

Anzeichen dafür, dass ein Therapeut voreingenommen ist

Unserer Erfahrung nach gibt es unter Therapeuten gewisse vorgefasste Meinungen, die es Menschen mit Down-Syndrom erschweren, erfahrene Therapeuten zu finden, die respektvoll mit ihnen an der Lösung eines Problems arbeiten. Wenn man mit einem Therapeuten spricht, um herauszufinden, ob er oder sie der richtige Therapeut für das Familienmitglied mit Down-Syndrom sein könnte, sollte man nach jemandem suchen, der nicht die folgenden voreingenommenen Überzeugungen vertritt:

1. Menschen mit Down-Syndrom sind nicht zur Einsicht fähig

Einige Therapeuten glauben fälschlicherweise, dass Menschen mit Down-Syndrom ihr Verhalten nicht reflektieren und dadurch auch keine Einsicht gewinnen können, um es zu ändern. Therapeuten mit dieser vorgefassten Meinung gehen davon aus, dass Menschen mit Down-Syndrom aufgrund ihres konkreten Denkens nicht verstehen können, wie und warum sie sich auf eine bestimmte Art verhalten. Tatsächlich haben umfangreiche Forschungen gezeigt, dass es viele verschiedene Intelligenz- und Verstehensarten gibt, die zu unterschiedlichen Lernprozessen führen. Menschen mit Down-Syndrom kompensieren den Mangel an abstraktem Denkvermögen unter anderem damit, dass sie sehr sensibel auf Gefühle und Stimmungen anderer reagieren (was wir „emotionalen Radar" nennen). Oft interpretieren und verstehen sie das Verhalten von anderen auf ihre spezielle emotionale Art und Weise.

Auch wenn es vielen Menschen mit Down-Syndrom an Verständnis hinsichtlich der Auswirkungen ihres Verhaltens mangelt, bedeutet dies nicht, dass sie anderen gegenüber unsensibel sind oder dieses Verständnis nicht erlernen können. Es zeigte sich zum Beispiel, dass Teresa (siehe oben) sich ihres Verhaltens nicht bewusst war, wenn sie Fremden unangemessene Fragen über private sexuelle Angelegenheiten stellte. Sie hörte jedoch bereitwillig auf, solche Fragen zu stellen, als sie lernte, dass andere dies als anstößig empfanden und sie sich dadurch selbst in unangenehme Situationen brachte. Vermutlich hätte sie ihr Verhalten schon früher geändert, wenn die Menschen, denen sie diese Fragen stellte, ihr gesagt hätten, dass ihr Verhalten unangemessen sei. Ihre Mutter war dazu genauso wenig in der Lage, weil sie mit Teresa aufgrund ihres pubertären und rebellischen Verhaltens bereits Schwierigkeiten hatte. Und wie jeder Teenager rebellierte Teresa gegen alles, was ihre Mutter sagte.

2. Es ist akzeptabel, das Verhalten eines Menschen zu ändern, ohne ihn an diesem Prozess teilhaben zu lassen

Einige Verhaltenstherapeuten unterschätzen die Fähigkeit von Menschen mit Down-Syndrom, den Therapieprozess zu verstehen und sich daran zu beteiligen. Dies kann dazu führen, dass der Schwerpunkt auf die Änderung des Verhaltens gelegt wird, ohne dass die Person in den Prozess mit eingebunden ist. Sie fühlt sich dann eher als „Objekt" und nicht als Beteiligte in der Therapie. Der Therapeut stellt dann vielleicht keine Fragen dazu, was der Patient möchte und braucht, wodurch sein persönliches Interesse und seine Bereitschaft zur Kooperation in diesem Prozess eingeschränkt werden können. Diese Art von Problemen kann häufig vermieden werden, wenn sich der Therapeut mit Familie oder Betreuern bespricht. Auch wenn der Therapeut voreingenommen ist, sind Betreuer vielleicht in der Lage, die Gefühle, Vorlieben, Stärken und menschlichen Qualitäten der Person während der Therapie aufzudecken.

3. Es ist nicht notwendig, die Botschaft hinter dem Verhalten zu verstehen

Ein schwerer wiegendes Problem kann sich ergeben, wenn ein unerfahrener Therapeut nur das Verhalten einer Person betrachtet und nicht die Gründe dafür untersucht. Wie wir in diesem Buch immer wieder betont haben, können die meisten Menschen mit Down-Syndrom ihre Gedanken und Gefühle nicht leicht in Worte fassen und kommunizieren daher hauptsächlich durch ihr Verhalten. Leider untersuchen unerfahrene oder unwissende Therapeuten oft nicht, welche Botschaft hinter dem Verhalten steckt. Manche kommen nicht auf die Idee, dass die Person sich ihrer Umgebung durchaus bewusst ist und darauf reagiert. Dadurch glauben sie dann auch, dass es nur notwendig ist, das Problemverhalten zu identifizieren und zu stoppen. Ein Beispiel:

Gina weigerte sich, morgens zur Arbeit zu gehen. Die Mitarbeiter in ihrem Wohnheim hatten verschiedene Strategien angewandt, angefangen von geduldigen Ermunterungen bis zu energischem Darauf-Bestehen, alles ohne Erfolg. Ein Behaviorist schlug dann vor, dass Gina mit einer Limonade und einem Gutschein belohnt wird, wenn sie wieder zur Arbeit geht. Für fünf Gutscheine würde sie einen Ausflug mit ihrem Lieblingsbetreuer bekommen. Leider schien ihr dies gar nichts zu bedeuten.

Der wahre Grund für Ginas Weigerung wurde entdeckt, als ihre Schwester sie zu einem Termin in der Ambulanz begleitete. Die Mitarbeiter des Wohnheims wussten nicht, dass Gina während eines Wochenendbesuchs vor kurzem im Auto ihrer Schwester in die Hose gemacht hatte. Gina litt unter einer Laktoseunverträglichkeit, weshalb sie gelegentlich Durchfall hatte. Dieser „Unfall" im Auto ihrer Schwester hatte Gina sehr aufgebracht, da sie sehr penibel war, was ihre Körperhygiene anbelangte. Sie hatte seitdem Angst, dass solche peinlichen Situationen bei weiteren Autofahrten wieder entstehen würden; vor allem, wenn es längere Fahrten waren, wie die Strecke zwischen ihrem Wohnheim und ihrem Arbeitsplatz.

Nachdem wir den Grund für Ginas Verhalten verstanden hatten, erstellten wir einen Wegeplan für sie, der alle Haltemöglichkeiten mit Toiletten auf ihrem Arbeitsweg enthielt. Es wurden sogar Bilder der Strecke eingefügt, auf denen die Toiletten besonders markiert waren (Toiletten gab es bei verschiedenen Fast-Food-Restaurants, einem Donut-Laden und mehreren anderen Lokalitäten). Nach und nach wurden die Entfernungen zwischen den einzelnen Haltepunkten auf der Strecke vergrößert. Interessanterweise musste Gina während des gesamten Prozesses kein einziges Mal eine Toilette benutzen. Sie brauchte einfach nur die Sicherheit, dass sie gehen konnte, wenn es nötig werden sollte.

Ginas Betreuer hielten viele Monate lang an jeder Toilette auf dem Weg an, um ihr die Angst zu nehmen und sie zu beruhigen. Auch sorgten sie dafür, dass Gina für jeden anderen Ausflug einen Plan mit Toiletten entlang der Strecke dabei hatte, damit sie die Fahrt einigermaßen sorgenfrei genießen konnte. Diese Vorgehensweise für Gina und die Mitarbeiter im Wohnheim funktioniert nun seit zwei Jahren.

Mit Verhalten wird häufig eine nonverbale Botschaft übermittelt, die erst verstanden werden muss, bevor man weiter eingreift. Wird dieses Verhalten nicht verstanden, kann sich das sehr negativ auf den Menschen und sein Umfeld auswirken.

Teil 2
Wenn Medikamente notwendig werden

Bei psychischen Erkrankungen können Medikamente ein sehr wichtiger Bestandteil der Behandlung sein. Manchmal zögern Eltern oder andere Betreuer jedoch, der Anwendung von „gehirnverändernden" Medikamenten zuzustimmen, oder denken, dass Medikamente wirklich nur der letzte Ausweg sind. Tatsächlich jedoch können bestimmte psychische Erkrankungen die chemischen Abläufe im Gehirn verändern. Medikamente können diese wieder normalisieren und somit ein wesentlicher Teil der Behandlung sein.

Dieser Teil des Kapitels soll Ihnen helfen zu verstehen, warum Medikamente für Menschen mit psychischen Erkrankungen notwendig werden können, aber auch warum sie speziell für Menschen mit Down-Syndrom hilfreich sein können. Es werden auch einige Punkte besprochen, die man klären muss, bevor Medikamente verschrieben werden:

- die Einwilligung zum Verabreichen von Medikamenten,
- die Behandlungsphilosophie, das heißt, warum die Medikamente verordnet werden und welchen Zweck sie erfüllen sollen; dies ist besonders wichtig bei Personen, die nicht ausreichend verstehen können, welche Bedeutung und Auswirkungen die Behandlung hat,
- die Entwicklung eines Behandlungsplans, der die Medikamente als Teil einer Gesamtstrategie enthält.

Die spezifischen Medikamente zur Behandlung bestimmter Erkrankungen werden in den jeweiligen Kapiteln über diese Störungen besprochen (Kapitel 14 bis 23). Der Anhang 1 listet die Medikamentenklassen, ihre Verwendung sowie Wirkungen und Nebenwirkungen auf.

Die Neurochemie bei psychischen Erkrankungen

Die meisten Medikamente, die bei psychischen Erkrankungen verordnet werden, wirken auf die chemischen Substanzen im Gehirn. Damit Sie verstehen können, wie diese Medikamente funktionieren, benötigen Sie ein grundsätzliches Verständnis dafür, wie diese chemischen Substanzen im Gehirn (Neurotransmitter) miteinander kommunizieren und welche spezifischen Funktionen einige davon haben, die bei bestimmten psychischen Erkrankungen eine Rolle spielen.

Neurotransmitter

Unser zentrales Nervensystem (Gehirn und Rückenmark) und das periphere Nervensystem (Nerven außerhalb des Gehirns und des Rückenmarks) enthalten Millionen mikroskopischer Nervenzellen, die man Neuronen nennt. Wenn eine Nervenzelle stimuliert wird, wird an einem Ende ein schwacher elektrischer Strom erzeugt. Dieser Strom läuft die Nervenzelle entlang und muss an die nächste Nervenzelle weitergeleitet werden (und dann an die nächste und die übernächste), damit ein Signal von einem Teil des Nervensystems in ein anderes gesendet wird. Die Zellen sind durch schmale Spalten getrennt, die man Synapsen nennt. Die erste Zelle muss die Botschaft an die nächste Zelle senden. Dies geschieht mithilfe von chemischen Botenstoffen. Das elektrische Signal verursacht die Ausschüttung einer chemischen Substanz, die den synaptischen Spalt überwindet und eine Änderung des elektrischen Potenzials in der nächsten Zelle verursacht. Das Signal wird diese nächste Zelle entlanggeleitet und überbrückt den folgenden synaptischen Spalt, bis es sein Ziel erreicht. Wenn Sie zum Beispiel Ihren linken Arm bewegen wollen, kommt es in den Nervenzellen in dem Teil des Gehirns, der die Bewegungen des linken Arms kontrolliert, zu elektrischen Potenzialänderungen. Das Signal wird von den einzelnen Zellen über synaptische Spalten geleitet, bis es den linken Arm erreicht, und veranlasst dort die Muskeln, die entsprechende Bewegung auszuführen.

Neurotransmitter sind die chemischen Botenstoffe, die das Gehirn (und das periphere Nervensystem) zur Kommunikation von einer Nervenzelle zur nächsten verwendet. Ein Neurotransmitter wird vom sendenden (efferenten) Ende der ersten Zelle ausgeschüttet, überbrückt den mikros-

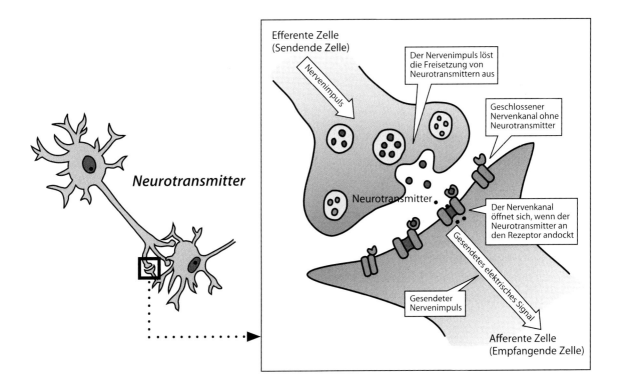

kopischen Spalt zwischen den Zellen (die Synapse) und „bindet" sich dann an das empfangende (afferente) Ende der nächsten Nervenzelle, also an einen Rezeptor auf der zweiten Zelle. Durch die Bindung tritt eine schwache elektrische Potenzialänderung auf. Die Wirkung dieses elektrischen Stroms kann abhängig von der Zelle, dem Rezeptor und dem Neurotransmitter Folgende sein:

1. **exzitatorisch**: die Zelle wird erregt (gesteigerte Aktivität in der Zelle), oder
2. **inhibitorisch**: die Zelle wird gehemmt (verminderte Aktivität in der Zelle).

Je nach Beschaffenheit von Zelle, Rezeptor und Neurotransmitter kann die Wirkung schnell oder langsam sein. Nachdem der Neurotransmitter an die Zelle angedockt und eine Veränderung des elektrischen Potenzials der Zelle verursacht hat, wird er von anderen chemischen Substanzen abgebaut oder reabsorbiert. Hierdurch wird die Potenzialänderung gestoppt und die Zelle ist bereit für eine weitere Botschaft von den angrenzenden Zellen.

Nachdem der Neurotransmitter für eine kurze Zeit an die nächste Zelle gebunden war, wird die Bindung häufig wieder gelöst. Wenn der Neurotransmitter dann nicht abgebaut wird, kann die empfangende Zelle sich nicht elektrisch „neu laden" und sich damit bereit machen, wieder zu feuern, wenn ein weiteres Molekül des Neurotransmitters an den Rezeptor andockt. Weitere Neurotransmitter haben dann keine Wirkung mehr auf die Nervenzelle.

Mit Hilfe von Medikamenten kann man an jedem Schritt und jedem Ort dieses Prozesses eingreifen. Medikamente können den Neurotransmitter-Spiegel zwischen den Zellen durch eine Steigerung oder eine Verringerung der Freisetzung oder des Abbaus von Neurotransmittern beeinflussen. Die Empfindlichkeit des Rezeptors der Zelle, die die Botschaft empfängt, kann ebenfalls beeinflusst werden. Wenn der Rezeptor aufgrund der Medikamenteneinwirkung empfindlicher ist, sind entweder weniger Neurotransmitter zur Erzielung desselben Effekts in der Zelle notwendig oder dieselbe Menge an Neurotransmittern hat eine größere Wirkung. Zudem kann der

Neurotransmitter nicht freigesetzt werden, wenn der Rezeptor den Neurotransmitter fester bindet. Wenn er nicht freigesetzt wird, können weitere Neurotransmitter nicht andocken oder eine Potenzialänderung verursachen. Hierdurch wird die Weiterleitung des nächsten Signals von der ersten Zelle verringert.

Die verschiedenen Neurotransmitter-Arten

Im Gehirn finden sich verschiedene Arten von Neurotransmittern. Jeder hat eine oder mehrere Funktionen, die vom Bereich des Gehirns abhängen, in dem sich die Zelle befindet, von der Anzahl der Neurotransmitter in diesem Gehirnbereich, der Beziehung zu den anderen Neurotransmittern im Gehirn, der Rezeptorart und anderen Faktoren. All diese Faktoren machen den Einsatz von Medikamenten recht kompliziert.

Im Folgenden sind die Neurotransmitter aufgelistet, die bei den am häufigsten vorkommenden psychischen Erkrankungen eine Rolle spielen. Obwohl es schwierig ist, den Spiegel und die Aktivität von Neurotransmittern im Gehirn direkt zu messen, haben Forscher doch hergeleitet, dass viele psychische Störungen entweder durch einen Mangel oder ein Überangebot einer oder mehrerer dieser chemischen Substanzen im Gehirn verursacht werden.

Glutaminsäure (Glutamat) ist der am häufigsten vorkommende Neurotransmitter im Gehirn. Glutaminsäure ist exzitatorisch, das heißt, sie steigert die Aktivität in der Zelle. Glutamat ist der häufigste Botenstoff im Gehirn und spielt beim Lernen und bei den Gedächtnisfunktionen eine wichtige Rolle. Ein Ort, an dem Glutamat wirkt, ist der NMDA-Rezeptor (N-Methyl-D-Aspartat). Wenn die Glutamat-Konzentration im Gehirn erhöht ist (bei der Alzheimer-Krankheit zum Beispiel), wird überschüssige Glutaminsäure an den NMDA-Rezeptor gebunden, was dazu führt, dass der besagte Rezeptor blockiert wird und Neuronen (Nervenzellen) aufgrund des toxischen Effekts absterben.

Gamma-Aminobuttersäure (GABA) ist ein inhibitorischer Neurotransmitter. Als zweithäufigster Neurotransmitter und häufigster inhibitorischer Transmitter verringert GABA die Signale im Gehirn, verhindert so eine Überstimulation des Gehirns und hat eine anti-epileptische und beruhigende Wirkung. Im Gegensatz zu vielen anderen Neurotransmittern wird GABA nicht wieder in das Neuron reabsorbiert, das es ausgeschüttet hat, sondern wird zu spezialisierten Zellen (Astrozyten) transportiert, die die Neuronen umgeben. Wie auch bei anderen Neurotransmittern wird GABA so von der Synapse entfernt, wodurch die Zelle bereit ist, ein neues GABA-Molekül zu binden.

Acetylcholin ist der wichtigste Neurotransmitter im peripheren Nervensystem. Es gibt allerdings relativ wenige Acetylcholin-Rezeptoren (cholinerge Rezeptoren) im Gehirn. In der Regel handelt es sich um einen exzitatorischen Neurotransmitter. Acetylcholin ist der wichtigste Neurotransmitter für die Skelettmuskelkontrolle und daher für die Durchführung der meisten willkürlichen Bewegungen notwendig. Acetylcholin wird auch von einem Teil des vegetativen Nervensystems verwendet (Parasympathicus), das die unwillkürlichen Funktionen kontrolliert wie die Darm- und Blasenfunktion, die Verdauung und so weiter. (Noradrenalin ist der andere Neurotransmitter, der im peripheren Nervensystem verwendet und weiter unten beschrieben wird.) Ein Enzym namens Acetylcholinesterase baut Acetylcholin ab. Wenn man dieses Enzym mithilfe eines Medikaments blockiert, hat das Acetylcholin eine stärkere Wirkung. Die Neuronen mit Acetylcholin spielen eine wichtige Rolle bei der Alzheimer-Krankheit, auch wenn sie nur in kleinen Mengen im Gehirn vorhanden sind. Die Zerstörung dieser Nervenzellen in bestimmten Gehirnbereichen ist für die Entwicklung einiger Symptome der Alzheimer-Erkrankung mit verantwortlich.

Dopamin ist ein inhibitorischer Neurotransmitter, der paradoxerweise für Erregung verantwortlich ist. Der Grund hierfür liegt darin, dass die empfangenden Zellen selbst inhibitorisch sind. Wenn Dopamin eine inhibitorische Zelle hemmt, kommt es zu einer Anregung oder Erregung. Je nachdem, wo sich diese Zellen befinden, kann sich Dopamin auf die Körperhaltung und die Geschwindigkeit auswirken, mit der sich Muskeln bewegen, sowie Aufmerksamkeit und Lustgefühle beeinflussen.

Noradrenalin ist auch unter dem Namen Norepinephrin bekannt. Wie Acetylcholin findet man es sowohl im peripheren Nervensystem als auch im Gehirn. Es wird aus Dopamin synthetisiert, weshalb der Noradrenalin-Spiegel im Gehirn dem von Dopamin entspricht. Wenn der Dopamin-Spiegel erhöht wird, erhöht sich auch der Noradrenalin-Spiegel. In gleicher Weise verringert sich der Noradrenalin-Spiegel, wenn der Dopamin-Spiegel verringert wird. Dieser Tatsache muss man sich bewusst sein, wenn man ein Medikament verordnet, das das Dopamin erhöht. Wie Dopamin ist Noradrenalin ein inhibitorischer Neurotransmitter, der Erregung verursacht. In dem Teil des Gehirns, in dem sich mehr als 40 Prozent der Noradrenalin enthaltenden Neuronen befinden, verursacht elektrische Stimulation Erregung und Aufmerksamkeit. Dieser Teil des Gehirns wurde als Lustzentrum identifiziert. Sowohl Noradrenalin als auch Dopamin spielen eine Rolle bei der Aufmerksamkeit, bei Erregung und bei Lustgefühlen. Bei höheren Noradrenalin-Spiegeln kann es zu Angstzuständen kommen. Im Schlaf dagegen ist der Noradrenalin-Spiegel immer niedriger.

Serotonin: Das meiste Serotonin im Körper befindet sich außerhalb des Gehirns und hauptsächlich im Blut. Die kleinen im Gehirn vorhandenen Mengen sind aber für die psychische Gesundheit entscheidend. Serotonin wird aus der Aminosäure Tryptophan synthetisiert (aufgebaut). Serotonin kann Schläfrigkeit verursachen. Isst man eine Mahlzeit, die eine große Menge Tryptophan enthält, kann das Schläfrigkeit verursachen, da es im Gehirn zu Serotonin umgewandelt wird. (Dies kann einer der Gründe sein, weshalb wir uns nach einem Truthahnessen schläfrig fühlen, da darin große Mengen Tryptophan enthalten sind.) Serotonin wird in der Zirbeldrüse im Gehirn zur Melatoninsynthese verwendet. Melatonin wiederum spielt eine wichtige Rolle bei der Regulierung der täglichen Schlafrhythmen, Serotonin auch beim Schmerzempfinden und bei der Stimmungslage. Niedrige Serotonin-Spiegel spielen eine Rolle bei Angstzuständen, impulsivem (und gewalttätigem) Verhalten und Depressionen. Aggressives Verhalten wurde ebenfalls mit niedrigen Serotonin-Spiegeln in Verbindung gebracht.

Endorphine sind inhibitorische Neurotransmitter, die das Schmerzempfinden herabsetzen und Euphorie hervorrufen. Dieses Gefühl der Euphorie kann ein Grund für Selbstverletzungen sein. Wenn man sich verletzt, werden Endorphine ausgeschüttet, die den Schmerz verringern. Von manchen Menschen wird dieser erhöhte Endorphin-Spiegel sogar als lustvoll empfunden. Opiate wie Morphin, Kodein und andere Narkotika funktionieren, indem sie sich an diese Rezeptorstellen anbinden.

Neurochemie bei Menschen mit Down-Syndrom

Im Vergleich zu anderen Menschen bestehen bei Menschen mit Down-Syndrom Unterschiede bei den Neurotransmittern und in der Gehirnstruktur. Einige dieser Unterschiede bedeuten, dass Menschen mit Down-Syndrom ein erhöhtes Risiko haben, an psychischen Krankheiten, die mit bestimmten Neurotransmitter-Anomalien zusammenhängen, zu erkranken. Dies wiederum bedeutet, dass es biochemische Gründe für einige der kognitiven und emotionalen Schwierigkeiten sowie für Verhaltensauffälligkeiten bei Menschen mit Down-Syndrom gibt. Hinzu kommt, dass Menschen mit Down-Syndrom weniger Nervenzellen im Gehirn und auch weniger Verbindungen zwischen den Nervenzellen haben als üblich. Dies bedeutet, dass es weniger Nervenzellen gibt, die Neurotransmitter produzieren können, und weniger Orte, an denen sich die produzierten chemischen Substanzen binden können. Dies ist in manchen Bereichen des Gehirns offensichtlicher als in anderen, wodurch die Mengen an bestimmten Neurotransmittern mehr betroffen sind als andere.

Zum Beispiel haben Wissenschaftler festgestellt, dass die Menge an Aspartat, Glutamat (Glutaminsäure), Noradrenalin und Dopamin im Temporallappen (Schläfenlappen) bei Erwachsenen mit Down-Syndrom vermindert ist. Der Temporallappen spielt eine wichtige Rolle bei der Verarbeitung von auditiven und visuellen Stimuli, aber auch bei den Gedächtnisfunktionen. Im Frontallappen ist die Anzahl dieser Neurotransmitter jedoch nicht vermindert. Der Frontallappen gilt als das emotionale Kontrollzentrum und das Zentrum der Persönlichkeit. Er ist auch an der Motorik und der Problemlösung beteiligt. Gedächtnis, Sprache, Impulskontrolle und sexuelles Verhalten werden ebenfalls vom Frontallappen kontrolliert (Risser et al, 1997).

Des Weiteren wurde festgestellt, dass Erwachsene mit Down-Syndrom gesteigerte Mengen an SERT (Serotonin-Transporter) in ihrem Gehirn haben. SERT ist Teil des Serotonin-Systems, das den Serotonin-Spiegel im Gehirn reguliert. Dies könnte zu einer Serotonin-Störung/einem Serotonin-Defizit beitragen (Engidawork und Lubec, 2001). Wie man sieht, ist das Gehirn ein sehr kompliziertes System. Es gibt noch weitere Unterschiede zwischen den Gehirnen von Menschen mit und ohne Down-Syndrom, die auch Gegenstand der Forschung sind.

Mehrere psychische Erkrankungen sind zum Teil auf ein Ungleichgewicht der Neurotransmitter zurückzuführen. Wir sagen lieber „sind zum Teil … zurückzuführen" als „werden verursacht", weil vermutet wird, dass mehr als ein einziger Faktor die Ursache für diese Störungen ist. So geht man zum Beispiel davon aus, dass Depressionen mit einem Mangel an Serotonin und der Empfindlichkeit der Serotonin-Rezeptoren zusammenhängen. Wir wissen auch, dass eine Depression durch bestimmte Ereignisse im Leben ausgelöst werden kann. Wenn also eine Person aufgrund des Down-Syndroms einen reduzierten Spiegel bestimmter Neurotransmitter aufweist, kann sie empfänglicher für Störungen sein, die durch einen Mangel dieser Transmitter oder ein Ungleichgewicht zwischen diesen und anderen Transmittern auftreten.

Hinzu kommt, dass einige Rezeptorproteine der Neurotransmitter bei Menschen mit Down-Syndrom unterschiedlich sind. Die Rezeptorproteine sind die Teile des Rezeptors, an der der Neurotransmitter andockt. Bei Menschen mit Down-Syndrom können die veränderten Rezeptoren mehr oder weniger in der Lage sein, die verschiedenen Neurotransmitter zu binden. Zum Beispiel tritt später im Leben eine Abnahme der Cholinacetyltransferase auf. Dies kann mit der cholinergen Beeinträchtigung zusammenhängen, die mit einem höheren Lebensalter auftritt und mit Alzheimer in Verbindung gebracht wird. Es gibt jedoch auch einen Anstieg des metabotropen Glutamat-Rezeptors 5 (mGluR5), der bei Menschen mit Down-Syndrom eventuell eine schützende Rolle hat. Zwischen Neurotransmittern, Rezeptoren und anderen Enzymen besteht eine komplexe Interaktion, die die psychische Gesundheit fördern oder die zu psychischen Erkrankungen beitragen kann.

Im nächsten Abschnitt wird kurz beschrieben, wie Neurotransmitter-Anomalien eine Rolle bei mehreren häufig vorkommenden psychischen Störungen spielen, unter besonderer Beachtung der Neurotransmitter, von denen man weiß oder glaubt, dass sie beim Down-Syndrom betroffen sind.

Neurotransmitter bei psychischen Krankheiten und Störungen

Depressionen

Die Rolle von Neurotransmittern bei Depressionen wurde noch nicht vollständig beschrieben. Es besteht die Annahme, dass ein Ungleichgewicht von Serotonin, Noradrenalin und Dopamin zu Depressionen beiträgt. Dies basiert größtenteils auf der Tatsache, dass man Depressionen erfolgreich mit Medikamenten behandeln kann, indem man den Spiegel dieser Neurotransmitter verändert. Ein weiterer Hinweis ist, dass Empfängnisverhütungsmittel mit viel Östrogen Depressionen verursachen können, weil sie offensichtlich den Serotonin-Spiegel im Gehirn senken.

Wie in Kapitel 14 besprochen, sind Depressionen eine der häufigsten psychischen Probleme bei den Jugendlichen und den Erwachsenen, die wir in der Ambulanz behandeln. Die Gründe hierfür sind sehr komplex, aber bei einigen Personen mit Down-Syndrom ist die Ursache vermutlich auf verringerte Konzentrationen dieser Neurotransmitter im Gehirn zurückzuführen.

Eine Medikamentenklasse, mit denen Depressionen wirksam behandelt werden können, sind trizyklische Antidepressiva (Trizyklika). Einige Medikamente in dieser Klasse erhöhen den Noradrenalin-Spiegel, indem sie die Wiederaufnahme verhindern. Andere wirken sich sowohl auf den Noradrenalin- als auch den Serotonin-Spiegel aus. Interessanterweise dauert es oft mehrere Wochen, bis die Person weniger depressiv ist, obwohl die Medikamente den Neurotransmitter-Spiegel sofort ansteigen lassen. Die antidepressive Wirkung rührt vielleicht in Wirklichkeit von einer im Laufe der Zeit stattfindenden Änderung der Rezeptoren her und nicht von der unmittelbaren Wirkung auf den Neurotransmitter-Spiegel.

Eine neuere Medikamentenklasse, die selektiven Serotonin-Wiederaufnahmehemmer (SSRIs), können Teil eines erfolgreichen Behandlungsplanes für Depressionen sein. Die SSRIs verringern die Wiederaufnahme des Serotonins in die erste (efferente) Zelle. Das führt dazu, dass sich der Serotonin-Spiegel in der Synapse erhöht. Analog zu den Trizyklika ist die Wirkung auf den Serotonin-Spiegel recht unmittelbar, aber die Auswirkung auf die Depressionen beziehungsweise eine Verringerung ihrer Symptome kann sich verzögern. Dies legt nahe, dass die Medikamente zu einer Veränderung der Rezeptoren beitragen. Manchmal sehen wir eine kurze (und unerwartete) Verbesserung in den ersten Tagen, gefolgt von einer Rückkehr der Symptome. Wenige Wochen später setzt dann die erwartete Verbesserung ein. Dies spiegelt vielleicht die anfängliche Wirkung auf den Serotonin-Spiegel und dann später die Wirkung auf die Rezeptoren wider.

Die atypischen Antidepressiva wie Bupropion (Wellbutrin in den USA und Elontril in Deutschland) beeinflussen den Serotonin-, Noradrenalin- und/oder Dopamin-Spiegel. Bei einigen Menschen ist die Wirkung auf mehrere Neurotransmitter von größerem Vorteil als nur auf einen. Damit sind manchmal jedoch auch mehr Nebenwirkungen verbunden. Einige der SSRIs wirken sich auch auf das Noradrenalin aus.

In Kapitel 14 finden Sie weitere Informationen über die medikamentöse Behandlung von Depressionen. Zusätzlich kategorisiert der Anhang am Schluss des Buches alle Medikamente, die in diesem Buch besprochen werden, nach Klasse, Wirkung auf Gehirnchemikalien, Verwendung und so weiter.

Angststörungen

Man nimmt an, dass bei Menschen mit Angststörungen ein Ungleichgewicht der Neurotransmitter Noradrenalin, Serotonin und GABA besteht. Das Cholecystokinin kann ebenfalls eine Rolle spielen. Bei Menschen mit Down-Syndrom kommen Angststörungen recht häufig vor, weil die Noradrenalin- und die Serotonin-Spiegel in ihrem Gehirn abweichende Werte zeigen.

Wie in Kapitel 15 beschrieben, gibt es mehrere Arten/Klassen von Medikamenten, die die Spiegel dieser Neurotransmitter normalisieren, sodass die Angststörungen oft auch verringert werden können. Benzodiazepine wie Diazepam verstärken die hemmende Wirkung von GABA, wodurch die Neuronenaktivität (Reduzierung der Angststörung) und auch die Freisetzung von Noradrenalin verringert werden. Die selektiven Serotonin-Wiederaufnahmehemmer (SSRIs) wie Paroxetin steigern den Serotonin-Spiegel, wodurch Angststörungen ebenfalls verringert werden können.

Die Alzheimer-Krankheit

Alzheimer verursacht unter anderem Veränderungen bei mehreren Neurotransmittern. Die Ursachen dieser Krankheit sind noch nicht vollständig erforscht. Was wir aber wissen ist, dass überschüssige Glutaminsäure die NMDA-Rezeptoren übererregt und eine toxische Wirkung hat, was zur Zerstörung der Neuronen führt. Auch nimmt die Anzahl der Neuronen, die Noradrenalin und Serotonin verwenden, ab. Zusätzlich sind Zellen betroffen, die den Neurotransmitter Acetylcholin verwenden. Mittel, die die Wirkung von Acetylcholin im Gehirn blockieren, verursachen bei normalen Personen Gedächtnisverlust. Bei Menschen mit Alzheimer liegt eine Verringerung der Neuronen in einem Bereich des Gehirns vor, den man Nucleus basalis Meynert nennt. Die Verringerung dieser Zellen, die Acetylcholin verwenden, kann eine Rolle beim Gedächtnisverlust von Alzheimer-Patienten spielen. Die Alzheimer-Krankheit wirkt sich auf sehr komplizierte Weise auf das Gehirn aus und bis heute sind die Ursachen kaum erforscht.

Die Medikamente Donepezil, Tacrin, Galantamin und Rivastigmin sind Cholinesterase-Hemmer. Sie blockieren das Enzym, das Acetylcholin abbaut. Durch die Blockierung dieses Enzyms bleibt das Acetylcholin länger aktiv, wodurch die Funktion der Zellen verbessert wird, die Acetylcholin verwenden. Hierdurch wird Alzheimer nicht geheilt oder der Krankheitsverlauf geändert, aber die kognitiven Funktionen einiger Patienten können zeitweilig verbessert werden.

Memantin blockiert NMDA-Rezeptoren. Es verringert die Übererregbarkeit und verlangsamt auch die Zerstörung der Zellen.

Medikamente für Menschen mit Down-Syndrom: Kunst und Wissenschaft

Ohne Zweifel ist der wichtigste Aspekt beim Verordnen von Medikamenten für Menschen mit Down-Syndrom, die unter psychischen Störungen leiden oder Verhaltensauffälligkeiten zeigen, dass man versteht, wie Medikamente, Neurotransmitter, chemische Substanzen im Gehirn und die besonderen Probleme von Menschen mit Down-Syndrom überhaupt zusammenwirken. Die eigentliche Vorgehensweise beziehungsweise die Praxis in der Medizin wird jedoch schon seit langem sowohl als Kunst als auch als Wissenschaft betitelt. Die Kunst der Medizin spielt wegen einer Reihe von Gründen eine Rolle: Jeder Mensch ist anders, Medikamente

---

Stand der Forschung bei Alzheimer-Medikamenten für Menschen mit Down-Syndrom

Warum besteht überhaupt ein Interesse daran, Alzheimer-Medikamente bei Menschen mit Down-Syndrom einzusetzen? In einigen kleineren Studien wurden die Auswirkungen von Donepezil bei Menschen mit Down-Syndrom untersucht, die nicht an Alzheimer erkrankt sind. Bei einigen Probanden verbesserten sich die Sprachfähigkeiten. In einer von uns durchgeführten Studie schien Donepezil die Menge des Gesprochenen zu steigern, hatte aber keine Auswirkungen auf die Artikulation. Mit anderen Worten: Einige Menschen, die normalerweise nicht viel sagten, sprachen mit Donepezil mehr. Obwohl sich ihre Aussprache nicht verbesserte, konnten sie aufgrund dessen, dass sie nun mehr redeten, mit anderen interagieren und ihre Interessen und Wünsche äußern.

Nach Beendigung unserer Studie entschieden sich einige Probanden dafür, Donepezil weiterhin zu nehmen. Wir stellten jedoch keinen klinischen Nutzen für diejenigen fest, die nicht während der Studie davon profitiert hatten. Bei denjenigen, bei denen sich während der Studie eine positive Wirkung gezeigt hatte, ging diese nach mehreren Wochen oder Monaten zurück und ihr Sprachvermögen war wieder auf demselben Stand wie vor der Medikamenteneinnahme. Gegenwärtig werden weitere Studien mit einer größeren Anzahl von Menschen mit Down-Syndrom durchgeführt, um einen für sie möglichen Nutzen festzustellen.

wirken bei unterschiedlichen Menschen auf unterschiedliche Art, verschiedene Situationen machen alternative Ansätze erforderlich und manchmal tritt das erwartete Ergebnis gar nicht ein.

Einige der Fragen, die vor Verordnung eines Medikaments beantwortet werden müssen, haben mehr mit klinischen Unterschieden oder Charakteristika des Patienten zu tun. Bevor wir ein Medikament verordnen, berücksichtigen wir unter anderem

1. ob es in dem jeweiligen Fall überhaupt sinnvoll ist, Medikamente einzusetzen,
2. wie wir den Patienten in die Entscheidung für oder gegen den Einsatz von Medikamenten einbeziehen können,
3. welche Medikamente mit welcher Dosierung (je nachdem, ob es Einnahmeprobleme oder Nebenwirkungen gibt, und ob die Notwendigkeit zum systematischen Ausprobieren gegeben ist) in Erwägung gezogen werden sollten,
4. wie die Medikamenteneinnahme am besten überwacht werden kann und wie Entscheidungen je nach Reaktionen des Patienten getroffen werden können (auf unerwünschte Auswirkungen achten, Entscheidung treffen, wann Medikamente geändert oder abgesetzt werden sollen).

Die Entscheidung, ob im Zuge der Behandlung Medikamente eingesetzt werden sollen oder nicht

Wenn eine psychische Erkrankung diagnostiziert wurde und wir den Einsatz von Medikamenten empfehlen, müssen noch zusätzliche Dinge angesprochen werden. Bevor man verordnet, muss genauestens überlegt werden, ob Medikamente überhaupt der richtige Behandlungsansatz sind. Ist das Verhalten für einen Menschen mit Down-Syndrom nicht vielleicht sogar „normal" oder „typisch" und bedarf es deshalb keiner Behandlung, sondern eher Erziehung und/oder Beruhigung? Falls eine Behandlung tatsächlich notwendig ist, müssen dann wirklich Medikamente eingesetzt werden? Therapien und Ansätze zur Verhaltensänderung wurden bereits besprochen. Diese Ansätze können in einer Behandlung häufig anstelle von Medikamenten eingesetzt werden.

Manchmal reichen Beratung und/oder Therapien zur Verhaltensänderung nicht aus. Dies kann der Fall sein, wenn die Störung „außerhalb der Kontrolle der Person liegt" oder „außerhalb der Kontrolle einer Therapie". Zum Beispiel kann der Drang, zwanghaftes Verhalten auszuführen, so stark sein, dass keine wie auch immer ausgerichtete Therapie das ändern könnte. Eine Therapie kann einer Person dabei helfen, mit dem Problem zurechtzukommen, Situationen zu vermeiden, die den Zwang auslösen, ein alternatives Verhalten zur Vermeidung des zwanghaften Verhaltens zu verwenden und so weiter. Der Drang selbst kann aber immer noch da sein und ohne Verminderung des Drangs ist die Person vielleicht nicht in der Lage, das zwanghafte Verhalten zu vermeiden. Es kann auch vorkommen, dass ein Erwachsener eine Störung hat, die aufgrund der Art des Problems oder der Schwere der Symptome Medikamente erforderlich macht. Wenn zum Beispiel jemand schwer depressiv ist, können Beratung und eine Verhaltenstherapie sinnvoll sein (und vielleicht reicht dies dann auch). Oft ist das jedoch nicht der Fall und es werden Medikamente notwendig. Auch macht die Schwere der Symptome häufig den Einsatz von Medikamenten notwendig, denn ein gesünderer Zustand kann so schneller erreicht und das Leiden schneller gemildert werden.

Im Allgemeinen betrachten wir Medikamente als Behandlungsansatz, der zusätzlich zu einer Psychotherapie und/oder Verhaltenstherapie zum Tragen kommt. Vielfach betrachten wir Medikamente als ein Hilfsmittel für die Person, um einen Punkt zu erreichen, an dem sie in der Lage sein wird, auf eine Psychotherapie oder eine Verhaltenstherapie anzusprechen. Wenn der Arzt zu dem Entschluss gekommen ist, Medikamente mit in den Behandlungsplan aufzunehmen, muss er allerdings noch weitere Fragen klären, die im Folgenden erläutert werden.

Wie bezieht man den Patienten in die Entscheidung über den Einsatz von Medikamenten ein?

Bevor man einem Erwachsenen mit Down-Syndrom Medikamente verabreicht, muss man zuallererst in Erfahrung bringen, ob er der Behandlung mit Medikamenten überhaupt zustimmt. Anhang 2 dieses Buches zeigt das Muster eines Einwilligungsformulars, das wir verwenden. Wir gehen so vor, dass wir eine Behandlung empfehlen, die Risiken und die Vorteile erklären und dem Patienten, seiner Familie oder dem gesetzlichen Vertreter helfen, eine Wahl zu treffen, die den Bedürfnissen des Patienten am besten entspricht.

Manchmal sind Menschen mit geistigen Beeinträchtigungen nicht in der Lage, die Entscheidungen zu überdenken und entsprechend zu treffen. Wir unternehmen jedoch gemeinsame Anstrengungen, damit der Patient in diesen Prozess eingebunden wird. Wenn er sein eigener gesetzlicher Vertreter ist, holen wir seine Einwilligung ein. Zudem bitten wir um seine Erlaubnis, um dies mit seiner Familie besprechen zu können. Wenn der Patient nicht sein eigener gesetzlicher Vertreter ist, holen wir die Einwilligung seiner Familie/des gesetzlichen Vertreters ein. Wenn möglich, holen wir dabei auch die Zustimmung des Patienten selbst ein. Diese Zustimmung zur Behandlung ist eine Art Einverständniserklärung von Seiten des Patienten mit Down-Syndrom, der nicht sein eigener gesetzlicher Vertreter ist und deshalb im juristischen Sinne auch keine Einwilligung zu der Medikation erteilen kann. Obwohl es sich hierbei also nicht um eine Einwilligung im juristischen Sinne handelt, schließt die Zustimmung doch die Person in die Entscheidung mit ein und bindet sie in den Prozess ein. Der Patient stimmt zu, dass er versteht, warum wir die Medikation empfehlen, und er stimmt zu, sie zu nehmen.

Unserer Meinung nach ist es nicht nur „das Richtige", die Person mit Down-Syndrom in den Prozess einzubinden, sondern es ist auch entscheidend für den klinischen Erfolg. Obwohl Beobachter brauchbare Hinweise auf den Nutzen und die Nebenwirkungen geben können, kann keiner sagen, wie sich der Erwachsene mit den Medikamenten fühlt. Nicht alle Erwachsenen mit Down-Syndrom können diese Art von Feedback geben, aber es ist wichtig, so viele Informationen wie möglich darüber einzuholen.

Weiterhin muss man herausfinden, ob die Person in der Lage ist, die Einnahme ihrer Medikamente selbstständig zu handhaben. In diesem Fall sollte man sich die folgenden Fragen stellen:

1. War der Patient zuvor in der Lage, andere wichtige Aufgaben oder Regeln zu erlernen, die befolgt werden müssten, da es zu gefährlichen Situation kommen kann, wenn sie inkorrekt ausgeführt werden?
2. Hat er gezeigt, dass er diese Tätigkeiten wiederholt ausführen kann?
3. Ist er bereit und interessiert daran, seine Medikamente selbstständig zu nehmen?
4. Falls er in einem Wohnheim lebt: Gibt es Vorschriften, die ihm den selbstständigen Umgang mit seinen Medikamenten erlauben oder verbieten würden?
5. Versteht er, warum er diese Medikamente nimmt? Kennt er die möglichen Nebenwirkungen und versteht er, dass er diese mitteilen muss, falls sie auftreten? Versteht er, dass er die Medikamente nach dem vorgeschriebenen Zeitplan einnehmen muss?

Wenn diese Fragen bejaht werden können, kann der Erwachsene seine Medikamente vermutlich selbstständig einnehmen.

Wenn ein Patient sich weigert, Medikamente zu schlucken, vermeiden wir es so weit wie möglich, die Medikamente zum Beispiel in Nahrungsmitteln „zu verstecken". Wir wollen ja aus dem Patienten einen Partner bei der Behandlung machen, soweit dies möglich ist. Würden wir seine Medikamente verstecken, würden wir die Beziehung zwischen Arzt und Patient oder zwischen Patient und der Familie (oder dem Betreuer), die/der die Medikamente verabreicht, beeinträchtigen. Dies kann sich äußerst negativ auf die Behandlung auswirken und sogar einen gesundheitsschädlichen Effekt haben. Auch haben wir erlebt, dass Patienten sich weigern, bestimmte Dinge (in denen die Medikamente versteckt wurden) zu essen oder überhaupt zu essen. Wenn jedoch für das Problem Medikamente notwendig sind und der gesetzliche Vertreter zustimmt, der Patient aber nicht, kann es notwendig werden, die Medikamente doch zu verstecken oder andere Methoden anzuwenden, um die Person zur Einnahme der Medikamente zu bewegen.

Gesetzliche Vormundschaft

In den meisten Staaten der USA ist eine Person vom Gesetz her berechtigt, ihre eigenen Entscheidungen zu treffen, sobald sie 18 Jahre alt wird. Obwohl eine Familie die Person auf verschiedene Weisen unterstützen kann, ist diese doch juristisch in der Lage, selbst eigenständige Entscheidungen zu treffen. Dies schließt auch Entscheidungen über die Einnahme von Medikamenten ein. Erwachsene mit Down-Syndrom werden im juristischen Sinne als geschäftsfähig angesehen, so wie jeder andere Mensch mit 18 auch, es sei denn, es wurde ein Vormund für sie ernannt.

Sollen wir eine gesetzliche Vormundschaft für unseren Sohn/unsere Tochter anstreben? Diese Frage wird uns oft gestellt. Wir sind natürlich keine Anwälte und können keinen juristischen Rat erteilen, aber wir besprechen mit den Familien häufig viele wichtige Dinge, die juristische Auswirkungen haben, und geben ihnen meistens den Rat, sich direkt an einen Fachanwalt zu wenden. Die Entscheidung, einen Vormund zu bestimmen, ist eine juristische, die von einem Richter getroffen wird (unter Zuhilfenahme von Informationen der betreuenden Ärzte), nachdem festgestellt wurde, dass die Person im juristischen Sinne nicht geschäftsfähig ist.

Wir betreuen Patienten, die ein sehr unabhängiges Leben führen, ihr eigenes Bankkonto haben, ihre Rechnungen bezahlen und einen Beruf ausüben, der ihnen ein Einkommen sichert, von dem sie leben können. Wir haben aber auch Patienten, die sehr auf die Fürsorge anderer angewiesen sind. Viele unserer Patienten liegen irgendwo dazwischen.

In einer perfekten Welt würde keiner unserer Patienten einen gesetzlichen Vormund brauchen. Die Gesellschaft würde anerkennen, dass manche Menschen mehr Hilfe benötigen, und diese Hilfe zur Verfügung stellen. Leider gibt es skrupellose Menschen, die stattdessen versuchen, Erwachsene mit Down-Syndrom auszunutzen, und sich in finanziellen Angelegenheiten, aber auch in medizinischen Situationen durch sie Vorteile verschaffen. Wir haben einige Erwachsene mit Down-Syndrom kennengelernt, denen Medikamente gegen psychische Störungen oder Psychosen verabreicht wurden, ohne dass die Familien davon wussten. Dagegen ist nichts einzuwenden, wenn der Patient mit Down-Syndrom verstehen kann, weshalb er diese Medikamente nimmt, und er auch die mögliche positive Wirkung sowie die Nebenwirkungen kennt und versteht. Meist sind die Patienten jedoch wenig oder gar nicht an der Entscheidung beteiligt.

Ein gesetzlicher Vormund stellt eine Art juristisches Sicherheitsnetz dar, das verhindern kann, dass die Person mit Down-Syndrom unangemessen behandelt wird. In den USA kann das jedoch auch bedeuten, dass der Erwachsene unter anderem sein Wahlrecht verliert.
Es gibt allerdings auch Alternativen zu einem gesetzlichen Vormund, einschließlich der Vollmacht bei Gesundheitsfragen und anderer juristischer Vorkehrungen.

Wir empfehlen den Familien, sich rechtzeitig mit Themen wie Unabhängigkeit, Sicherheitsbedenken und der Familiensituation als solcher zu beschäftigen. Es gibt leider keine Antwort, die für alle passend ist. Ein Fachanwalt kann der Familie jedoch helfen, eine für ihre Situation angemessene Entscheidung zu treffen.

Auswahl und Dosierung eines Medikaments

Oftmals gibt es für eine psychische Störung eine Auswahl an möglichen Medikamenten. Aufgrund verschiedener zu berücksichtigender Aspekte überlegen wir und grenzen ein, welches Medikament wir zuerst ausprobieren. Manchmal wissen wir leider vorher nicht sicher, welches Medikament bei dem jeweiligen Patienten am besten wirken wird. Das findet man nur heraus, indem man verschiedene Medikamente systematisch ausprobiert und dann anhand der Wirkung schließlich die beste Wahl für den Patienten trifft.

Bei Erwachsenen mit Down-Syndrom muss man zusätzlich berücksichtigen, ob sie überhaupt Tabletten schlucken können. Wenn nicht, muss überlegt werden, welche verfügbaren Medikamente stattdessen eingesetzt werden können. Manchmal verordnen wir deshalb Tabletten, die zerdrückt werden können, Kapseln, die geöffnet und deren Inhalt über das Essen verteilt werden kann, oder auch flüssige Medikamente. Hierdurch kann unsere Auswahl eingeschränkt sein und manchmal müssen wir die Medikation deswegen sogar ganz abändern.

Ein weiterer Aspekt ist die Überlegung, ob eines der möglichen Medikamente Nebenwirkungen hat, die für einen bestimmten Patienten besonders vorteilhaft sein können. Eine beruhigende Wirkung kann in manchen Fällen zum Beispiel eine unerwünschte Nebenwirkung sein. Bei Menschen, die auch unter Schlafstörungen leiden, kann diese Nebenwirkung durchaus positiv sein. Ein Beispiel:

Thanh, 26, lebt zu Hause bei ihrem Vater. Ihre Mutter war ein Jahr zuvor gestorben und Thanh hat in den vergangenen Monaten Symptome einer Depression entwickelt. Sie wachte nachts oft auf und hatte Schwierigkeiten, wieder einzuschlafen. Wir verordneten ihr ein Antidepressivum, und zwar Sertralin, das auf einige unserer Patienten eine beruhigende Wirkung hatte. Sie sollte es am Abend einnehmen. Nach wenigen Tagen konnte Thanh leichter einschlafen. In den darauf folgenden Wochen setzte die volle antidepressive Wirkung ein und ihre anderen Symptome verbesserten sich ebenfalls. Auch wachte sie nachts nicht mehr so häufig auf.

Das vorteilhafte Nutzen von Nebenwirkungen wird in den Kapiteln über spezifische Krankheitsbilder genauer besprochen.

Die Methode des systematischen Ausprobierens von Substanzen mag zwar unwissenschaftlich und mühevoll erscheinen, aber nur so kann man herausfinden, welches Medikament das richtige für die jeweilige Person ist. Obwohl es Richtlinien für Erwachsene mit Down-Syndrom gibt, muss das, was bei der Mehrheit wirkt, nicht das sein, was bei einer bestimmten Person wirkt, da unterschiedliche Personen unterschiedlich reagieren. Auch wenn bei den meisten ein einziges Medikament sehr gut wirkt und zum gewünschten Erfolg führt, kann es bei einigen auch nicht wirken oder wirkt nur als Kombipräparat zusammen mit einem anderen Medikament. Genauso kann es sein, dass ein Mittel aus einer Klasse von Medikamenten bei einer Person vielleicht nicht wirkt, ein anderes, ähnliches aus derselben Klasse aber eine positive Wirkung hat.

Warren, ein 42-Jähriger mit bipolarer Störung, reagierte sehr gut auf eine Kombination aus Ziprasidon und Carbamazepin. Diese Kombination war schließlich das Ergebnis von mehreren vorher erfolglosen Behandlungen. Auf viele andere ähnliche antipsychotische Medikamente hatte er mit tardiver Dyskinesie (anomale Gesichtsbewegungen) reagiert. Nachdem er Ziprasidon nahm, verzeichneten wir eine Steigerung der Erregung, aber nicht auf das vorherige Niveau. Die zusätzliche Gabe von Carbamazepin half schließlich sehr.

Auch die richtige Dosierung ist ein wesentlicher Aspekt. In den meisten Fällen gehen wir nach der allgemeinen Regel „Niedrig anfangen und langsam weitermachen" vor, das Medikament also einzuschleichen. Das bedeutet, dass wir mit einer niedrigen Dosierung beginnen und langsam höher dosieren. Eine Reihe weiterer Faktoren beeinflusst jedoch auch die Dosierung der Medikamente, wie die Schwere der Symptome, Alter und

Größe des Patienten, andere Gesundheitsprobleme, frühere Reaktionen auf Medikamente, Familiengeschichte hinsichtlich der Wirkung von Medikamenten und andere. Bei einigen Medikamenten gibt es Standards für entsprechende Blutspiegel, weshalb die Dosierung oft mittels Blutabnahme überprüft wird.

Eine weitere Regel, die wir befolgen, ist, ein Medikament bis zur maximalen Dosis zu erhöhen (wenn ein zusätzlicher Nutzen aus einer Steigerung der Dosis gewonnen werden kann) oder es zu erhöhen, bis intolerable Nebenwirkungen einsetzen, bevor weitere Medikamente hinzugefügt werden. Im Allgemeinen vermeiden wir es, mehrere Medikamente mit niedriger Dosierung zu verabreichen, weil hierdurch häufig die Nebenwirkungen erhöht werden, ohne überhaupt einen klaren therapeutischen Nutzen aus einem der Medikamente zu ziehen. Gelegentlich stellen wir jedoch fest, dass eine Person mit Down-Syndrom höhere Medikamentendosierungen nicht verträgt, aber auf eine bestimmte Kombination von Medikamenten mit niedriger Dosierung gut reagiert. Besonderheiten bei der Dosierung der entsprechenden Medikamente werden in den folgenden Kapiteln über die jeweiligen Krankheitsbilder besprochen.

Es ist wichtig, den Einsatz und die Dosierung der Medikation fortlaufend zu überprüfen. Wird das Medikament immer noch benötigt? Handelt es sich um ein Krankheitsbild, das mit großer Wahrscheinlichkeit nicht wieder auftritt, wenn es entsprechend behandelt wurde und die Medikamente wieder abgesetzt werden? Wenn zum Beispiel jemand, der zuvor niemals Depressionen hatte, als Reaktion auf ein traumatisches Ereignis Depressionen entwickelt, kann er nach einiger Zeit vermutlich erfolgreich von dem Medikament entwöhnt werden.

Hinzu kommt, dass sich die benötigte Dosis je nach Entwicklungsphase auch ändern kann, zum Beispiel wenn Menschen älter werden, in die Pubertät kommen, während der Menopause, wenn sie Gewicht verlieren oder zunehmen oder wenn sie andere Medikamente nehmen. Manchmal verschlimmern sich die Symptome dann auch. Dann wiederum ist eine Verschlimmerung der Nebenwirkungen ein Anzeichen dafür, dass die Dosis verändert werden muss.

Ein weiterer Grund, die Dosierung fortlaufend zu überprüfen, ist, dass sichergestellt werden muss, dass der Nutzen maximiert und die Nebenwirkungen minimiert werden. Entscheidungen über eine Dosisänderung sollten in Absprache mit der Person mit Down-Syndrom und ihrer Familie gefällt werden. Wenn es dem Patienten zum Beispiel zu 95 Prozent besser geht, überlegen wir, die Dosis zu erhöhen, aber nur, nachdem wir das mögliche Auftreten von stärkeren Nebenwirkungen besprochen haben, die die Gesundung des Patienten beeinträchtigen könnten (und eventuell die positive Wirkung des Medikaments verringern), und wägen sie mit dem Potenzial für eine kontinuierliche Verbesserung des Krankheitsbilds ab.

Überwachung der Wirkung von Medikamenten und ihrer Anwendung

Da manche Menschen mit Down-Syndrom nicht genau berichten können, wie sie sich mit einem Medikament fühlen, muss vor Beginn der Medikation geplant werden, wie die Wirkung des Medikaments überwacht werden kann. Die Überwachung kann zum Beispiel erfolgen, indem das Verhalten vor und nach Beginn der Medikation anhand einer Checkliste oder durch das Aufzeichnen von Symptomen verfolgt wird. Eine andere Möglichkeit ist die Beobachtung des Patienten durch uns, im Büro oder zu Hause, bei der Arbeit oder in der Schule (siehe Kapitel 12).

Wenn mit einer Medikation begonnen wird, sollte man auf „widersinnige Reaktionen" und Reaktionen achten, die das Gegenteil dessen sind, was man erwartet. Manche Menschen werden zum Beispiel noch depressiver, wenn sie ein Antidepressivum nehmen. Einige Menschen werden erregter und bekommen Angstzustände, wenn sie Benzodiazepine gegen Angststörungen nehmen. Es ist manchmal sehr schwierig festzustellen, ob das problematische Verhalten aufgrund einer Verschlimmerung des Krankheitsbilds auftritt oder ob es eine Nebenwirkung des Medikaments ist. Manchmal besteht der einzige Ausweg im Absetzen des Medikaments. Wir versuchen es vielleicht zu einem späteren Zeitpunkt wieder damit, um herauszufinden, ob die Veränderung eventuell doch eine Nebenwirkung des Medikaments ist.

Der Patient muss ebenfalls sorgfältig überwacht werden, wenn die Dosis oder der Zeitpunkt der Verabreichung verändert wird, denn auch eine für den Patienten positive Änderung ist immer noch eine Änderung, die trotz vorheriger guter Verträglichkeit eine unerwünschte Reaktion hervorrufen kann. Wir haben viele Patienten gesehen, die anfänglich eine negative Reaktion auf Veränderungen der Dosierung, die Uhrzeit der Einnahme oder das Hinzufügen oder das Entfernen eines weiteren Medikaments zeigten. Bei diesen Patienten kann sich das Verhalten oder die Störung zeitweise für wenige Tage, eine Woche oder manchmal länger verschlechtern. Nach dieser anfänglichen Phase stellt sich die Veränderung jedoch als positiv heraus. Ob wir die Zeit haben, auf die Veränderung zu warten, hängt von dem Medikament, der Schwere der Symptome und ihrer Auswirkung auf andere ab.

Bei einigen Patienten muss überprüft werden, ob sie das Medikament überhaupt eingenommen haben:

Kyle, 24, ging es mehrere Monate sehr gut mit seiner Behandlung. Völlig unerwartet traten die ursprünglichen Symptome wieder auf. Nachdem Veränderungen der Medikation die Symptome nicht verbesserten, fand seine Mutter die Ursache des Problems beim Staubsaugen. Sie schaute zufälligerweise in den Ventilationsschacht im Boden ihres Wohnzimmers, aus dem sonst die Heizungsluft strömte, und fand einen Haufen von Kyles Tabletten. Sie waren leicht aufgelöst (weil sie kurz in Kyles Mund gewesen waren), aber sonst noch vollständig erhalten. Die vorherige Behandlung wurde von neuem begonnen, wobei Kyles Mutter darauf achtete, dass er die Tabletten auch schluckte. Kyle wurde schließlich wieder gesund.

Es ist natürlich auch sehr wichtig, auf langfristige Nebenwirkungen zu achten. Folgende Zustände sollten unbedingt überprüft werden:

1. *Herabregulation*, wobei die Rezeptoren des Neurotransmitters sich an das Medikament anpassen, sodass entweder ihre Empfindlichkeit oder ihre Anzahl verringert wird. Dies resultiert in einer „Toleranz" und der Notwendigkeit höherer Dosen, um denselben klinischen Effekt zu erzielen.

2. *Hochregulation*, wobei die Rezeptoren empfindlicher auf das Medikament reagieren, sodass eine niedrigere Dosis für denselben Effekt gegeben werden muss.

Wenn eine Hoch- oder Herabregulation auftritt, können auch Wirkungen auftreten, wenn das Medikament abgesetzt wird. Der Grund hierfür liegt darin, dass sich die Rezeptoren nicht sofort zu ihrer ursprünglichen Anzahl oder Empfindlichkeit zurückentwickeln, wenn das Medikament (plötzlich) abgesetzt wird. Wenn also ein Benzodiazepin eine Herabregulation verursacht hat, dann hat das Gehirn weniger oder weniger empfindliche Rezeptoren für GABA, die normalerweise Ängste hemmen. Wenn das Medikament abgesetzt wird, können vermehrt Angststörungen auftreten, bis die Rezeptoren wieder ihre normale Sensibilität für GABA haben. Die gesteigerte Angststörung und andere auftretende Symptome sind in dem Fall Entzugserscheinungen, die darauf schließen lassen, dass sich beim Patienten im Laufe der Zeit eine Abhängigkeit von dem Medikament entwickelt hat.

Obwohl man dies nicht als Entzug im eigentlichen Sinne betrachtet, haben einige Menschen doch entzugsähnliche Symptome, wenn sie SSRIs absetzen. Deshalb sollten diese Medikamente langsam „ausgeschlichen" und nicht schlagartig abgesetzt werden.

Fragen an den Arzt

Wenn Sie Eltern oder Betreuer eines Jugendlichen oder Erwachsenen mit Down-Syndrom sind, stellen Sie sicher, dass Sie verstehen, worauf Sie achten müssen, bevor die Behandlung mit dem Medikament beginnt. Stellen Sie dem behandelnden Arzt folgende Fragen:

1. Welche Nebenwirkungen treten normalerweise auf?
2. Sollen Sie ihn/sie sofort anrufen, wenn eine bestimmte Wirkung auftritt?

3. Ist es in Ordnung, das Medikament abzusetzen, wenn eine ungünstige Reaktion auftritt?
4. Muss das Medikament zu einer bestimmten Tageszeit genommen werden, mit zeitlichem Abstand zu anderen Medikamenten in einem bestimmten Zeitrahmen, zusammen mit oder getrennt von anderen Medikamenten, zu den Mahlzeiten oder gerade nicht zusammen mit Mahlzeiten?

Fazit

In den folgenden Kapiteln werden die in diesem Kapitel angesprochenen Grundregeln bei spezifischen psychischen Erkrankungen detailliert besprochen. Für jedes Problem werden die Diagnose (und häufig die Neu-Diagnose), die Verwendung spezifischer Medikamente, Therapien und eine Einschätzung daran beteiligter (oder verursachender) körperlicher Probleme beschrieben. Wenn möglich, geben wir Beispiele, in denen Medikamente unseren Patienten mit Down-Syndrom geholfen haben.

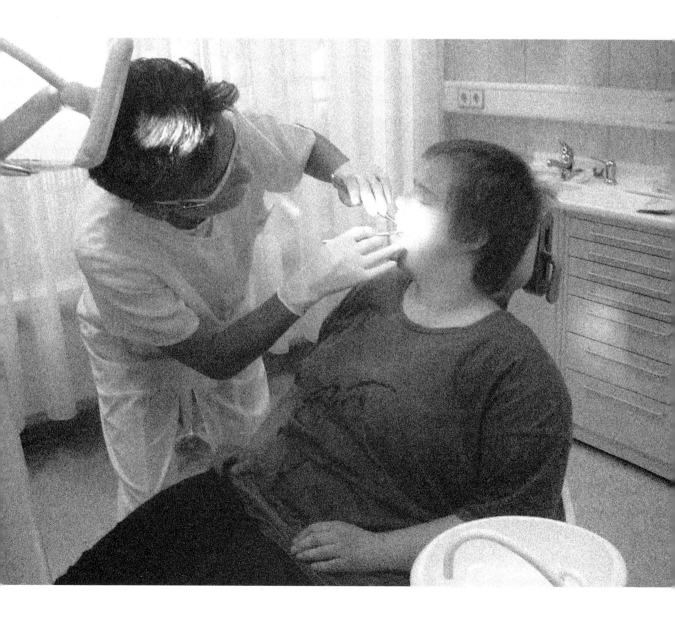

14 Affektive Störungen

Affektive Störungen kommen in unserer Gesellschaft recht häufig vor. Meist handelt es sich hierbei um Stimmungsstörungen. Die am häufigsten diagnostizierte Affektstörung ist die Depression. In den USA erkranken jährlich ungefähr 9,5 Prozent der Erwachsenen an einer Depression. Fast 20 Prozent der Menschen in den USA leiden mindestens ein Mal in ihrem Leben unter diesem Krankheitsbild (Yapko, 1997). Es ist daher nicht überraschend, dass affektive Störungen auch bei Erwachsenen mit Down-Syndrom häufig auftreten. Depressionen sind bei uns im Adult Down Syndrome Center sogar die am häufigsten diagnostizierte psychische Störung. In den 13 Jahren seit der Eröffnung unserer Ambulanz wurde eine Depression bei ungefähr 18 Prozent unserer Patienten diagnostiziert. Wir betreuen die meisten unserer Patienten während ihres gesamten Erwachsenenlebens und gehen deshalb davon aus, dass sich diese Zahl im Laufe der Zeit noch erhöhen und letztendlich im Vergleich zu den 20 Prozent in der Durchschnittsbevölkerung noch deutlich höher ausfallen wird. Weil dieses Krankheitsbild so häufig auftritt, werden wir in diesem Kapitel beschreiben, wie sich eine Depression bei Menschen mit Down-Syndrom äußert, und die verschiedenen Ursachen detailliert erörtern und erläutern.

Bipolare Störungen und Manien sind zwei weitere Formen von affektiven Störungen. Diese zeigen sich durch episodische Stimmungsstörungen, die zwischen Depression und Manie schwanken (und von dem Betroffenen nicht willentlich kontrolliert werden können). Wir werden in diesem Kapitel darauf ebenfalls detailliert eingehen, weil die Symptome sehr schwerwiegend sind und bipolare Störungen starke Einschränkungen mit sich bringen. Manien werden wir gleichfalls ansprechen, weil auch sie schwerwiegende Auswirkungen haben können. Allerdings treten sie bei Menschen mit Down-Syndrom relativ selten auf.

Was ist eine Depression?

Eine Depression ist eine primäre affektive Störung, die mit einer traurigen und depressiven Stimmung und/oder einem stark verringerten Interesse an Dingen einhergeht, die der Betroffene zuvor gerne gemacht hat. Wie später beschrieben, kann es verschiedene Begleitsymptome geben. Aufgrund dieser Symptome und der Beständigkeit des Problems unterscheidet sich eine Depression von einer kurzzeitigen traurigen Verstimmung. Bei einer Majoren Depression dauert eine Episode mindestens zwei Wochen. Eine weitere Form der Depression ist die dysthymische Störung. Sie ist nicht so schwer wie eine depressive Episode, dauert aber mindestens zwei Jahre an, wobei es vereinzelt auch Tage mit Stimmungshochs gibt. Die Stimmungsänderung und die Auswirkung auf den Betroffenen sind nicht so schwerwiegend wie bei der Majoren Depression.

Welches sind die Symptome einer Depression?

In den USA werden Depressionen normalerweise diagnostiziert, indem die Symptome des Betroffenen mit den diagnostischen Kriterien für Depressionen in der *vierten Ausgabe des Diagnostischen und Statistischen Manuals Psychischer Störungen, Textrevision, (DSM-IV-TR)* der American Psychiatric Association abgeglichen werden. Dieses Handbuch enthält die „offizielle" Liste der Kriterien zur Diagnostizierung von psychischen Störungen beziehungsweise Krankheitsbildern, die normalerweise als psychische Störungen angesehen werden, wie Depressionen, Zwangsstörungen, Schizophrenie und andere. Auch die Kriterien für andere Krankheitsbilder und Störungen wie Lernstörungen, Intelligenzminderung, Missbrauch und Abhängigkeit von psychotropen Substanzen, Demenz und Ticstörungen werden genannt.

Die im DSM-IV-TR aufgelisteten Diagnosekriterien stützen sich jedoch hauptsächlich auf die Berichterstattung des Patienten über seine subjektiven Gefühle. Berichtet ein Patient zum Beispiel, dass er sich traurig oder wertlos fühlt, werden diese Gefühle nach DSM-IV-TR als wichtige Symptome einer Depression angesehen. Erwachsene mit Down-Syndrom äußern solche Beschwerden allerdings äußerst selten, auch wenn sie tatsächlich an einer Depression erkrankt sind.

Tabelle 14-1: Symptome einer schweren Depression bei Erwachsenen mit Down-Syndrom

Symptome einer Depression nach DSM-IV	Prozent
Niedergeschlagenheit oder Unglücklichsein (wird auch beschrieben als Verlust der Lebhaftigkeit, Spontaneität oder auch des Humors)	100 %
Apathie, Verlust des Interesses oder der Freude an normalerweise angenehmen Aktivitäten, einschließlich eines Rückzugs von Freunden und Familie	100 %
Psychomotorische Hemmung (Verlangsamung von Aktivität)	83 %
Energieverlust oder übermäßige Müdigkeit	78 %
Häufigeres Auftreten von verärgerter Stimmung oder Stimmungsschwankungen	78 %
Konzentrationseinbußen, mangelnde Fähigkeit, eine Aufgabe zu Ende zu bringen	74 %
Verlust der Fähigkeit, für sich selbst zu sorgen, Verlust der Unabhängigkeit von anderen	71 %
Deutliche Veränderung bei den Schlafgewohnheiten; mehr/weniger	71 %
Deutliche Veränderung bei den Essgewohnheiten; mehr/weniger	65 %
Psychomotorische Erregung (zum Beispiel aggressives Verhalten oder Schwierigkeiten, still zu sitzen)	63 %
Mit sich selbst beschäftigt, Unaufmerksamkeit oder mangelnde Fähigkeit, auf Personen oder Ereignisse emotional zu reagieren	63 %
Psychotische Merkmale (extremer Rückzug, Halluzinationen und Selbstgespräche und so weiter)	57 %
Übermäßige Angstgefühle und Meidung von Menschen und Ereignissen	47 %

In der Tabelle 14-1 haben wir die häufigsten Symptome von insgesamt 98 Erwachsenen mit Down-Syndrom aufgelistet, die in unserer Ambulanz mit einer Majoren Depression diagnostiziert wurden. Die Patienten waren zwischen 20 bis über 60 Jahre alt.

Wenn die in Tabelle 14-1 beschriebenen Symptome länger als ein paar Wochen anhalten, sollte sich der Betroffene einer Untersuchung unterziehen.

Mit Depressionen können noch weitere Störungen, sogenannte Komorbiditäten oder Begleiterkrankungen, einhergehen. Das Krankheitsbild wird dann komorbide affektive Störung genannt. So können zum Beispiel Angst- und Zwangsstörungen zusätzlich zu einer Depression auftreten. Auch viele körperliche Erkrankungen wie in Kapitel 2 beschrieben werden beim Auftreten einer Depression als Komorbidität bezeichnet. Verhaltensstörungen (Kapitel 19) und psychotische Merkmale (Kapitel 17) können ebenfalls zusammen mit einer Depression auftreten.

Psychotische Merkmale kommen relativ häufig vor und gehen mit Symptomen einher, die anderen sehr merkwürdig vorkommen können und die den Eindruck erwecken, dass der Betroffene einen gestörten Realitätsbezug hat. Das können aufgeregte Selbstgespräche oder Halluzinationen sowie extremes Zurückziehen von anderen und eine völlige Versenkung in sich selbst sein. Diese Symptome sind selten ein Hinweis auf eine schwere Psychose, weshalb sie auch nur „psychotische Merkmale" genannt werden. Auch bei Kindern in der Durchschnittsbevölkerung, die unter Depressionen leiden, tritt wie bei Erwachsenen mit Down-Syndrom diese Symptomatik häufiger auf. In diesen beiden Patientengruppen ist die Grenze zwischen Realität und Fantasie oft verschwommen, was sich in für andere merkwürdigem Verhalten oder Symptomen äußern kann. Zudem kann eine Depression für Menschen mit Down-Syndrom und für Kinder negativere Auswirkungen haben als für andere. Dies erklärt auch, weshalb sie sich eher extrem zurückziehen und quasi in sich selbst versinken als andere. Dieses Verhalten dient als Schutzmechanismus, der ihnen dabei hilft, ihre eigenen Lebensfunktionen und ihre Energie aufrechtzuerhalten.

Wir haben im Adult Down Syndrome Center eine Studie mit 130 Patienten durchgeführt, die Symptome einer schweren (Majoren) Depression zeigten. 93 Patienten litten zudem unter komorbiden Störungen, was 77 Prozent der gesamten Gruppe entsprach. Die Auswertung finden Sie in Tabelle 14-2.

Tabelle 14-2: Majore Depressionen und komorbide Störungen

	Anzahl der Patienten	Anzahl in Prozent
Majore Depression, keine komorbide Störung	27 Patienten	21 % der gesamten Gruppe
Majore Depression und medizinische Probleme	33	25 %
Majore Depression und Zwangsstörungen	24	18,5 %
Majore Depression und Angststörungen	22	17 %
Majore Depression und psychotische Merkmale	19	14,5 %
Majore Depression und Verhaltensstörungen	5	4 %
Gesamtzahl der Patienten mit Majorer Depression und komorbiden Störungen	130	100 %

Diagnose

Bei Menschen ohne kognitive Beeinträchtigungen werden Depressionen in den häufigsten Fällen bei einem persönlichen Gespräch mit einem Arzt diagnostiziert. Zudem werden meist eine körperliche Untersuchung und eine Laboranalyse durchgeführt sowie eine Anamnese erstellt.

Bei Menschen mit Down-Syndrom gestaltet sich die Diagnosestellung etwas schwieriger. Wie bereits in Kapitel 12 beschrieben, haben viele Patienten mit Down-Syndrom beeinträchtigte Kommunikationsfähigkeiten, Schwierigkeiten mit konzeptionellem Denken und allgemeine kognitive Beeinträchtigungen, die die Anamneseerstellung zusätzlich erschweren. Daher greifen Ärzte bei dieser Patientengruppe eher auf Berichte von Familie und/oder Betreuern zurück. Das bedeutet, dass die Symptome von anderen interpretiert werden und das Risiko besteht, dass sie entweder unterschätzt oder überbewertet werden. Manche Menschen mit Down-Syndrom zeigen auch Symptome, die schwerer erscheinen, als sie sind. Wie Kinder können sie zum Beispiel nicht immer zwischen Fantasie und Wirklichkeit unterscheiden, vor allem dann nicht, wenn sie unter den Symptomen einer Depression leiden. Wie oben bereits beschrieben, können Halluzinationen, Selbstgespräche, der Verlust essenzieller Fähigkeiten oder ein extremes Zurückziehen von anderen Menschen bei Personen mit Down-Syndrom Symptome einer Depression sein. Wenn diese Symptome allerdings überbewertet und dadurch andere Symptome zu wenig beachtet oder nicht als solche erkannt werden, erfolgt eventuell eine Fehldiagnose auf eine primäre psychische Störung. Dies kann dann dazu führen, dass unnötigerweise Psychopharmaka verabreicht werden.

Wie bereits in Kapitel 12 besprochen, muss derjenige, der die Diagnose erstellt, aufgrund der beschriebenen kognitiven Einschränkung oftmals selbst Beobachtungen anstellen. Die wertvollsten Informationen erhalten wir oft, indem wir den Patienten zu Hause oder am Arbeitsplatz beobachten. Eine weitere Möglichkeit ist, den Patienten malen zu lassen, wie er sich fühlt. So kann man ebenfalls wichtige Informationen erhalten. Oftmals lernt der Patient in der Therapie, seine Gefühle besser zu artikulieren.

Ursachen für das Auftreten einer Depression

Wie bei allen anderen unterscheidet man auch bei Menschen mit Down-Syndrom drei wesentliche Faktoren, die zur Entwicklung einer Depression beitragen können:

1. sozialer Stress und Stress durch die eigene Umwelt,
2. physikalische Unterschiede oder Veränderungen im Gehirn,
3. gesundheitliche Probleme.

Stress

Beispiele für Stressauslöser, die zu einer Depression führen können:

- persönliche Verluste (der Tod eines Elternteils oder der „Verlust" von Geschwistern, wenn sie von zu Hause ausziehen),
- Stress mit der eigenen Umwelt (zum Beispiel Probleme am Arbeitsplatz),
- Betreuerwechsel.

In den vorhergehenden Kapiteln haben wir viele Aspekte betrachtet, die für die Förderung und die Beibehaltung der psychischen Gesundheit sehr wichtig sind. Ein Verlust oder eine Veränderung der positiven und die psychische Gesundheit fördernden Aspekte im Leben eines Menschen können zu einer Depression beitragen.

Bei der Diagnosestellung müssen auch soziale Stressfaktoren und Stressauslöser in der Umwelt des Menschen untersucht werden. Dies ermöglicht es dem untersuchenden Arzt, das Problem in einem Kontext zu sehen. Diese Informationen sind auch für die Erstellung eines Behandlungsplans von großer Bedeutung.

Manche Menschen reagieren auf Stress oder einen Verlust mit Ärger und aggressivem Verhalten. Die meisten Menschen mit Down-Syndrom reagieren jedoch eher passiv, indem sie eine Depression entwickeln. Oft ziehen sie sich von Familie und Freunden zurück und nehmen auch nicht mehr an Aktivitäten teil, die ihnen früher viel Spaß gemacht haben. Wir glauben, dass diese eher passive Reaktion aufgrund eines Gefühls der Hilflosigkeit entsteht, das auftritt, weil die meisten Menschen mit Down-Syndrom kaum Kontrolle über ihr eigenes Leben haben und relativ wenige Gelegenheiten bekommen, Probleme selbst zu lösen. Depressionen können auch ein Schutzmechanismus sein, um den Lebenswillen und die Energie zum Leben zu erhalten, vor allem, wenn sich die Person überfordert fühlt.

Physikalische Unterschiede und Veränderungen im Gehirn

Oftmals scheinen auch die biochemischen Verhältnisse zu einer Depression beizutragen. Unser Gehirn funktioniert ähnlich wie ein elektronisches System, bei dem die Spalten zwischen den Zellen durch die Ausschüttung von Neurotransmittern, einer chemischen Substanz, überbrückt werden. Man nimmt an, dass das Entstehen einer Depression in Zusammenhang mit einem Mangel an Serotonin steht, einem Neurotransmitter, der in der Zirbeldrüse zur Melatonin-Synthese verwendet wird. Die Empfindlichkeit des Zellrezeptors spielt beim Entstehen einer Depression ebenfalls eine Rolle, weil sich das Serotonin daran bindet. Die Forschung befasst sich mit der Frage, was die Veränderungen der Serotonin-Menge und der Empfindlichkeit der Rezeptoren verursacht. Die Neurotransmitter Norepinephrin und Dopamin können beim Entstehen einer Depression ebenfalls eine Rolle spielen. Die genetische Disposition, Stress in der eigenen Umwelt, soziale Faktoren und andere Aspekte können zu diesen Veränderungen beitragen.

Einige Studien haben ergeben, dass ein Serotonin-Mangel bei Menschen mit Down-Syndrom häufiger auftritt. Bisher ist es der Forschung allerdings noch nicht gelungen, die Rolle des Serotonins und der anderen Neurotransmitter, der Rezeptoren und anderer sich auf die Neurotransmitter auswirkenden Faktoren bei Menschen mit und ohne Down-Syndrom zu bestimmen.

Gesundheitliche Probleme und Krankheitssymptome

Viele gesundheitlichen Probleme und vor allem langwierige und schwere Krankheiten können zum Entstehen einer Depression beitragen. Der Patient ist frustriert, weil er sich nicht gut fühlt, aufgrund der Krankheit viele Dinge in seinem Leben ändern und anpassen muss, nicht mehr wie früher an bestimmten Aktivitäten teilnehmen kann und Untersuchungen und Behandlungen über sich ergehen lassen muss. All dies kann eine Depression begünstigen.

Ein wesentlicher Auslöser einer Depression können ständige oder chronische Schmerzen sein. Zum einen kann der Schmerz an sich zu einer Depression führen. Zum anderen sind die Betroffenen auch oft frustriert, weil sie ihre Schmerzen anderen nicht verständlich mitteilen können. Auch diese Situation kann Depressionen verursachen. Dieser Kreislauf wird in Kapitel 2 näher besprochen. An dieser Stelle möchten wir allerdings noch einmal wiederholen, dass ein wichtiger Aspekt in der Behandlung der Depression die Behandlung der Krankheit ist, die diese Schmerzen auslöst. Wenn der Schmerz bestehen bleibt und sich die Depression verschlimmert, kann das zu einer ausweglosen Situation führen. Oftmals macht man sich Gedanken darüber, ob die Depression die Krankheit ausgelöst hat oder umgekehrt. Dies herauszufinden ist jedoch relativ unwichtig. Wichtig ist, dass beide Krankheiten untersucht und entsprechend behandelt werden.

In Kapitel 2 haben wir viele gesundheitliche Probleme besprochen, die bei Menschen mit Down-Syndrom zu psychischen Störungen führen können. Zu den Krankheiten, die Depressionen verursachen können, zählen vor allem:

Hypothyreose (Schilddrüsenunterfunktion): Mehr als 40 Prozent unserer Patienten im Adult Down Syndrome Center leiden an einer Schilddrüsenunterfunktion. Die Hypothyreose äußert sich oft in lethargischem Verhalten, einem verringerten Interesse an Aktivitäten und einer depressiven Stimmung. In manchen Fällen kann eine Schilddrüsenunterfunktion eine schwere Depression auslösen. Eine Hypothyreose wird anhand einer Blutuntersuchung diagnostiziert.

Wird die Schilddrüsenunterfunktion behandelt, wirkt sich dies generell auch positiv auf die Behandlung der Depression aus. Manchmal ist es sogar ausreichend, eine Depression zu behandeln, indem man lediglich die Schilddrüsenunterfunktion behandelt. Wenn der Betroffene unter einer Depression leidet und die Schilddrüse nicht behandelt wird, wird auch die Behandlung der Depression nicht erfolgreich sein. In manchen Fällen bedarf es natürlich mehr, als nur die Schilddrüse zu behandeln.

In solchen Situationen ist die Hypothyreose vermutlich nicht die Ursache der Depression, sondern trägt lediglich verstärkend dazu bei. Es ist natürlich auch möglich, dass die Hypothyreose der ursprüngliche Auslöser war, nun aber noch weitere Faktoren hinzugekommen sind. In jedem Fall muss eine zusätzliche Behandlung eingeleitet werden. Dies können eine Psychotherapie, die Verabreichung von Antidepressiva und weitere zusätzliche Behandlungen sein.

Wir statteten Lyle, 35, einen Besuch ab, weil er sich weigerte, das Haus zu verlassen und nach draußen zu gehen. In den Monaten vor unserem Besuch hatte er sich geweigert aufzustehen und wollte nicht einmal in die Küche gehen, um etwas zu essen, oder das Badezimmer aufsuchen, um die Toilette zu benutzen. Wir diagnostizierten eine Hypothyreose bei ihm und leiteten eine entsprechende Behandlung ein. Lyle wurde zusehends lebhafter und stand schließlich wieder auf. Zwar mussten noch einige Probleme behandelt werden, bevor sich sein Zustand merklich besserte, aber die Behandlung der Schilddrüsenunterfunktion war ein erster wichtiger Schritt in der Behandlung seiner Depression.

Schlafapnoe: Bei der Schlafapnoe kommt es zu Atemstillständen während des Schlafs, die eine Sauerstoff-Unterversorgung des Körpers und somit einen erhöhten Kohlendioxidgehalt des Blutes zur Folge haben. Auch Schlafapnoen können zu Depressionen führen. Die Schlafapnoe hat vermutlich eine indirekte Auswirkung, weil der Betroffene ständig müde ist und sich somit unwohl fühlt. Durch den gestörten Schlafrhythmus und den Sauerstoffmangel wirkt sich die Schlafapnoe aber auch direkt auf das Gehirn aus. Die Depression kann in solchen Fällen sogar psychotische Merkmale aufweisen, wie Halluzinationen und Wahnvorstellungen. Die Diagnose und die Behandlung von Schlafapnoe werden in Kapitel 2 besprochen. Zu einer Behandlung gehören meist eine Gewichtsreduktion, eine Veränderung der Schlafposition und der Einsatz von druckkontrollierten Beatmungsmethoden wie CPAP oder BIPAP. Manchmal wird auch eine Operation zur Erweiterung der Luftwege durchgeführt.

Zöliakie: Unter Zöliakie versteht man eine Unverträglichkeit von Gluten, einem Protein, das in verschiedenen Getreidesorten wie Weizen, Gerste und Hafer vorkommt. Diese Unverträglichkeit führt zu einer Entzündung der Dünndarmschleimhaut, wodurch Nahrung und Nährstoffe wie Vitamine und Mineralien nur schlecht aufgenommen werden können. Symptome einer Zöliakie sind unter anderem Gewichtsverlust, Diarrhö, Mattigkeit und Unwohlsein. Vor allem wenn die Zöliakie chronisch ist, können diese Symptome eine Depression begünstigen. Auch der durch die Zöliakie verursachte Vitamin- und Mineralmangel kann zu einer Depression beitragen.

Bei Menschen mit Down-Syndrom tritt eine Glutenunverträglichkeit bis zu 100 Mal häufiger auf als bei anderen. Wenn ein Betroffener mit Down-Syndrom wegen einer Depression behandelt wird, sollte eine Zöliakie als Ursache immer in Betracht gezogen werden, da die Symptome nicht immer offensichtlich sind und viele Betroffene zudem Schwierigkeiten haben, ihren schlechten Gesundheitszustand zu beschreiben.

Alberto, 27, wurde im Adult Down Syndrome Center aufgrund einer chronischen Dysthymie (depressive Verstimmung) behandelt. Zwar hatte er keine voll ausgeprägte Depression, aber er war unglücklich, ständig müde und wollte auch nicht mehr an Aktivitäten teilnehmen, die ihm zuvor Spaß gemacht hatten. Aufgrund seines bestehenden Eisenmangels musste er Eisenpräparate nehmen, um eine Anämie zu verhindern. Zudem litt er öfter unter krampfartigen Bauchschmerzen. Nachdem die Zöliakie diagnostiziert wurde, wurde seine Ernährung auf glutenfreie Nahrungsmittel umgestellt. Albertos Bauchschmerzen wurden weniger, er benötigte keine Eisenpräparate mehr und seine Stimmung hellte sich zusehends auf. Er gewann an Energie zurück und war nicht mehr so müde. Auch nahm er nach und nach wieder an seinen früheren Aktivitäten teil. Eine weitere Behandlung war nicht erforderlich.

Vitamin-B12-Mangel: Ein Vitamin-B12-Mangel kann ebenfalls zu einer Depression führen. Bei Menschen mit Down-Syndrom scheint dies häufiger aufzutreten, oftmals in Verbindung mit einer Zöliakie. Wenn eine Person unter Depressionen leidet, empfehlen wir auch eine Blutuntersuchung auf Vitamin-B12-Mangel. Der Mangel wird behandelt, indem man den Anteil an Vitamin B12 bei der täglichen Ernährung erhöht (durch Vitaminzusätze oder entsprechende Lebensmittel). Wenn Vitamin B12 schlecht absorbiert wird (wie bei der Zöliakie zum Beispiel), muss die Ursache dafür behandelt werden. In einigen Fällen werden auch regelmäßige B12-Injektionen verabreicht.

Beeinträchtigtes Seh- oder Hörvermögen: Auch Beeinträchtigungen der Sinne können zu Depressionen führen. Für jeden von uns kann ein beeinträchtigtes Hör- oder Sehvermögen eine große Herausforderung bedeuten. Wenn der Betroffene noch dazu eine geistige Beeinträchtigung hat und den Verlust eines bestimmten Sinnes nicht durch andere Sinne ausgleichen kann, ist die Situation umso schwieriger. Einige Betroffene sind durch diese anhaltende Situation überfordert und erkranken deshalb an einer Depression. Wenn der Verlust des Hör- oder Sehvermögens korrigierbar ist, muss dies natürlich Teil der Behandlung sein. Ist dies nicht möglich, muss die Behandlung darin bestehen, die Funktionsweise der verbleibenden Sinne zu optimieren und Kompensationsmechanismen zu erlernen. In vielen Fällen müssen Antidepressiva eingesetzt werden.

Die Behandlung von Depressionen

Zusätzlich zur Behandlung von medizinischen Problemen und Krankheiten, die zu Depressionen führen oder diese begünstigen können, werden auch folgende Behandlungsstrategien eingesetzt:

1. psychologische Betreuung (siehe Kapitel 13),
2. Stressauslöser erkennen und reduzieren (vor allem in Kapitel 11 besprochen),
3. Gabe von Medikamenten (siehe nachfolgenden Abschnitt),
4. Ermutigung, an positiven Aktivitäten teilzunehmen und Sport zu treiben.

Der Einsatz von Medikamenten

Bei vielen Jugendlichen und Erwachsenen mit Down-Syndrom müssen Depressionen mit Medikamenten behandelt werden. Ziel der Behandlung mit Medikamenten ist nicht nur eine Verbesserung der Symptome, sondern auch ein besseres Ansprechen der Person auf andere Behandlungsmethoden. Die oben beschriebenen Behandlungsmethoden können bei Depressionen ebenfalls sehr nutzbringend sein.

Wenn Antidepressiva verordnet werden, müssen die Auswirkungen und mögliche Nebenwirkungen in Betracht gezogen und überwacht werden. Wenn mehrere Medikamente die gleiche Wirkung haben, wird im Allgemeinen das Medikament ausgewählt, das die geringsten Nebenwirkungen hat. In manchen Situationen ist die mögliche Nebenwirkung jedoch erwünscht, weshalb in solchen Fällen das Medikament mit den größten Nebenwirkungen ausgewählt wird. So kann zum Beispiel ein Medikament mit einer sedierenden oder beruhigenden Wirkung für einen Patienten mit Einschlafschwierigkeiten besonders nutzbringend sein.

Mit Antidepressiva werden meist gute Erfolge erzielt. Oftmals dauert es mehrere Wochen, bis das Medikament oder die Erhöhung der Dosis eine Wirkung zeigt.

Antidepressiva können in drei Klassen unterteilt werden:

1. trizyklische Antidepressiva,
2. selektive Serotonin-Wiederaufnahmehemmer (SSRI),
3. weitere Antidepressiva.

Trizyklische Antidepressiva

Trizyklische Antidepressiva waren die ersten Medikamente, die speziell zur Behandlung von Depressionen entwickelt wurden. Beispiele hierfür sind Amitriptylin und Nortriptylin.

Diese Präparate sind sehr wirksam, weisen jedoch starke Nebenwirkungen auf, vor allem anticholinerge Nebenwirkungen. Anticholinerge Nebenwirkungen treten dann auf, wenn der Neurotransmitter Cholin im periphären Nervensystem oder im Gehirn blockiert wird. Cholin spielt im autonomen Nervensystem (Kontrolle von Körperfunktionen, die keine willentliche Gedankenleistung erfordern, wie der Herzschlag zum Beispiel) und bei der Skelettmuskulatur eine wichtige Rolle. Anticholinerge Nebenwirkungen sind zum Beispiel Mundtrockenheit, Verstopfung, Blasenstörungen, Schwindel, niedriger Blutdruck und so weiter. Bei Menschen mit Down-Syndrom können diese Nebenwirkungen besonders stark sein, weshalb wir diese Art von Medikamenten recht wenig einsetzen.

Einige trizyklische Antidepressiva haben eine sedierende beziehungsweise beruhigende Wirkung. Diese Nebenwirkung kann von Vorteil für Menschen sein, die aufgrund ihrer Depression Schlafprobleme haben, und eine Einnahme am Abend den Schlafrhythmus verbessern. Wir haben festgestellt, dass Doxepin und Amitriptylin eine besonders beruhigende Wirkung haben und deshalb bei diesen Symptomen sehr hilfreich sind. Die anticholinergen Nebenwirkungen sind jedoch oft stärker als die eigentlichen Vorteile des Medikaments, weshalb wir sie nicht so oft einsetzen.

Selektive Serotonin-Wiederaufnahmehemmer (SSRIs)

Wie bereits in Kapitel 13 besprochen, verlangsamen die selektiven Wiederaufnahmehemmer (SSRIs) die Wiederaufnahme des Neurotransmitters Serotonin im Gehirn oder blockieren ihn. Da Patienten mit Depressionen meist einen Serotonin-Mangel haben, werden diese Medikamente eingesetzt, um den Serotonin-Spiegel im Gehirn zu erhöhen und damit die Symptome der Depression zu verringern.

Unserer Erfahrung nach tragen vor allem die SSRIs Citalopram, Escitalopram, Paroxetin, Fluoxetin und Sertralin dazu bei, die Symptome der Depression zu verringern. Der SSRI Fluvoxamin ist von der FDA nicht für die Behandlung von Depressionen zugelassen (sondern nur für die Behandlung von Zwangsstörungen), und auch wir halten es nicht für geeignet zur Behandlung von Depressionen. Wie bereits in Kapitel 13 besprochen, hängt die Auswahl eines geeigneten Medikaments von den erwarteten positiven Auswirkungen, den erwarteten Nebenwirkungen (nützliche oder negative Nebenwirkungen) und patientenspezifischen Fragestellungen ab (zum Beispiel ob ein Medikament als Saft oder Tropfen vorzuziehen ist, weil der Patient keine Tabletten schlucken kann).

Im Laufe der Behandlung unserer Patienten haben wir festgestellt, dass SSRIs weniger Nebenwirkungen zu haben scheinen als die trizyklischen Antidepressiva. Das bedeutet jedoch nicht, dass die SSRIs keine Nebenwirkungen aufweisen. Häufig auftretende Nebenwirkungen sind im Anhang 1 dieses Buches aufgelistet.

Einige unserer Patienten mit Down-Syndrom zeigen eine deutliche Ruhelosigkeit (Agitation) als Nebenwirkung dieser Medikamente. Ruhelosigkeit scheint am häufigsten bei Fluoxetin aufzutreten, weshalb wir Medikamente mit diesem Wirkstoff weniger einsetzen. Die Ruhelosigkeit tritt manchmal erst Wochen oder Monate später ein. Wir haben diese Nebenwirkung auch bei Paroxetin festgestellt, allerdings scheint sie hier früher aufzutreten, das heißt wenige Wochen nach Beginn der Behandlung oder einer Dosiserhöhung. Unserer Erfahrung nach tritt bei Citalopram und Sertralin Ruhelosigkeit weniger häufig als Nebenwirkung auf.

Eine weitere Nebenwirkung ist die sedierende Wirkung dieser Medikamente. Manche Patienten jedoch zeigen eine gegensätzliche Reaktion, sie werden viel wacher. Es scheint kein klares Muster zu geben, nach dem man bestimmen kann, wer welche Nebenwirkung haben wird oder welches Medikament bei einem Menschen eine bestimmte Nebenwirkung verursachen wird. Die einzige Möglichkeit, um das herauszufinden, ist es auszuprobieren. Trotz der ähnlichen Zusammensetzung einiger Medikamente kann es vorkommen, dass ein Patient ein Mittel aufgrund seiner Nebenwirkungen nicht verträgt, ein anderes dafür aber gut toleriert.

Weitere Nebenwirkungen von SSRIs können eine Gewichtszunahme und verstärkter Appetit sein. Bei unseren Patienten mit Down-Syndrom ist dies die häufigste Nebenwirkung des SSRIs Paroxetin. Für einige Patienten kann die Gewichtszunahme wiederum eine positive Nebenwirkung sein, weil sie vielleicht als Folge ihrer Depression durch verringerten Appetit an Gewicht verloren haben.

Eine weitere ernste Nebenwirkung ist die erhöhte Suizidneigung bei Menschen aus der Durchschnittsbevölkerung. Bei Menschen mit Down-Syndrom haben wir diese Nebenwirkung nicht beobachtet. Zwar haben wir erfahren, dass Patienten mit Down-Syndrom den Gedanken an Selbstmord mit anderen besprochen haben, tatsächliche Selbstmordversuche sind jedoch sehr selten.

Ein weiterer wichtiger Punkt, den es bei der Behandlung mit SSRIs zu beachten gilt, ist, dass das Medikament nach Beendigung der Therapie langsam ausgeschlichen werden muss und nicht abrupt abgesetzt werden darf. Einige Patienten haben Entzugserscheinungen, wenn das Medikament abgesetzt wird.

Weitere Antidepressiva

Zusätzlich zu den trizyklischen Antidepressiva und den selektiven Serotonin-Wiederaufnahmehemmern gibt es noch weitere Medikamente, die zur Behandlung von Depressionen eingesetzt werden. Diese Medikamente können keiner der beiden Medikamentengruppen zugeordnet werden, weil sie in verschiedene Botenstoffsysteme (Neurotransmitter) eingreifen. Wir haben festgestellt, dass Medikamente dieser dritten Kategorie auch bei Erwachsenen mit Down-Syndrom erfolgreich eingesetzt werden können, vor allem wenn zusätzliche und mit der Depression einhergehende Probleme ebenfalls angegangen werden müssen.

Bupropion ist ein Antidepressivum, das den Serotonin-, Norephinephrin- und Dopamin-Spiegel anhebt. Es kann ein erfolgreiches Antidepressivum sein und hat bei einigen Patienten eine gewichtsreduzierende Wirkung. Vor allem wenn gesteigerter Appetit oder eine hohe Gewichtszunahme mit der Depression einhergehen, kann Bupropion eine positive Wirkung haben.

Venlafaxin wirkt, indem es den Norephinephrin-, Serotonin- und Dopamin-Spiegel erhöht. Besonders günstig hat sich dieses Medikament bei Patienten ausgewirkt, die ein reduziertes Aktivitätsniveau hatten (psychomotorische Retardierung). Die Wirkung von Venlafaxin auf die Norepinephrin-Wiederaufnahme scheint einigen Patienten zu gesteigerter Aktivität und Motivation zu verhelfen. Diese Wirkung bedarf jedoch meistens höherer Medikamentendosen.

Trazodon ist ein Antidepressivum, das von der FDA auch für die Behandlung von Schlafstörungen zugelassen ist. Wir haben bei diesem Wirkstoff jedoch keine besonders nutzbringenden Eigenschaften für die Behandlung von Depressionen bei Erwachsenen mit Down-Syndrom festgestellt. Unserer Meinung nach hat Trazodon aber bei Patienten mit Schlafstörungen positive Auswirkungen und eine beruhigende Wirkung, die dann nutzbringend eingesetzt werden kann, wenn das Medikament vor dem Schlafengehen eingenommen wird. Wenn die Behandlung der Depression mit anderen Mitteln erfolgreich ist, kann Trazodon oftmals ausgeschlichen werden.

Mirtazapin und Duloxetin sind weitere Antidepressiva aus dieser Medikamentenklasse, die ebenfalls für die Behandlung von Depressionen zugelassen sind. Wir haben diese Medikamente jedoch noch nicht oft genug eingesetzt, um ihre Eigenschaften besprechen zu können.

Die Dauer einer Behandlung

Wir behandeln Depressionen grundsätzlich sechs bis zwölf Monate nach Verschwinden der Symptome mit Medikamenten weiter. Wenn die Symptome vor der Behandlung sehr schwerwiegend waren (zum Beispiel aggressives Verhalten zusammen mit depressiven Symptomen) oder andere schwierige Umstände vorhanden waren (zum Beispiel wenn sich die Person im depressiven Zustand geweigert hat, die Medikamente überhaupt einzunehmen), führen wir die Behandlung eventuell länger fort, manchmal auch lebenslang. Wenn die Depression wieder auftritt, nachdem das Medikament ausgeschlichen wurde, empfehlen wir ebenfalls, die Behandlungsdauer zu verlängern und die Behandlung sogar eventuell lebenslang fortzuführen. Jedes Mal, wenn die Symptome bei dem Betroffenen wieder auftreten, ist die Wahrscheinlichkeit eines erneuten Rückfalls nach Beendigung der Behandlung umso größer.

Wenn die Depression nicht das einzige Problem ist

Wie bereits beschrieben, treten Depressionen manchmal zusammen mit anderen psychischen Erkrankungen auf (sogenannte komorbide Störungen). In solchen Fällen ist es sinnvoll, ein Medikament zur Behandlung der komorbiden Störung zu verordnen und gleichzeitig ein Antidepressivum zu geben.

Angststörungen

Angststörungen treten oft zusammen mit Depressionen auf. Einige Antidepressiva haben sich bei Angststörungen als sehr wirkungsvoll erwiesen (wobei von der FDA nur Paroxetin und Escitalopram für dieses Krankheitsbild zugelassen sind). Wie bei vielen Antidepressiva kann es mehrere Wochen dauern, bis die Wirkung einsetzt und die Angstzustände tatsächlich weniger werden. Personen, die sowohl Depressionen als auch Angststörungen haben, leiden häufig am meisten unter den Angststörungen. Deshalb ist es in diesen Fällen sinnvoll, die Medikation zur Behandlung der Angststörung zusammen mit der Medikation gegen die Depression zu beginnen. Sobald die Antidepressiva eine positive Wirkung zeigen, können die Medikamente gegen die Angststörung ausgeschlichen werden.

In solchen Situationen verordnen wir oft kurz- oder mittelfristig wirkendes Benzodiazepin. Benzodiazepin ist ein Wirkstoff, der Angstzustände vermindert und hauptsächlich unter dem Handelsnamen Valium® bekannt ist. Auch Alprazolam und Lorazepam haben sich als wirksam erwiesen. Die Wirkung von kurz- und mittelfristig wirkenden Benzodiazepinen tritt relativ schnell ein, nachdem das Präparat eingenommen wurde, allerdings ist ihre Halbwertzeit recht kurz (einige Stunden). Diese Medikamente reduzieren die Angstzustände sehr schnell und ihre Dosis kann alle paar Tage angepasst werden. Da diese Medikamente eine sedierende Wirkung haben und dadurch sehr müde machen, versucht man eine Dosis zu finden, bei der der Patient die maximale positive Wirkung mit einer minimalen Sedierung bekommt. Mehr dazu in Kapitel 15.

Drew, ein 34-jähriger Mann mit Down-Syndrom, zog sich immer mehr zurück. Er weigerte sich, zur Arbeit zu gehen, litt unter Schlafstörungen und wurde sehr aufgebracht, wenn seine Mutter vorschlug, das Haus doch einmal für eine kurze Zeit zu verlassen. Manchmal wurde er seiner Mutter gegenüber sogar aggressiv. Als er uns vorgestellt wurde, hatten sich die Symptome während der letzten vier bis fünf Monate noch verschlechtert. Wir konnten keine zugrunde liegende Krankheit feststellen und behandelten Drew mit Sertralin und Alprazolam. Seine Angstzustände und seine Erregtheit verbesserten sich innerhalb weniger Tage. In den folgenden Wochen wurde auch seine Stimmung immer besser. Wir schlichen das Alprazolam aus, sodass seine Mutter es ihm nur noch dann verabreichen musste, wenn er erregt war oder wenn er an einen Ort gehen sollte, der ihm Angst einjagte. Die Sertralin-Dosis wurde über mehrere Monate hinweg verringert, bis die meisten Symptome verschwunden waren und Drew seine frühere Funktionsfähigkeit fast wieder erlangt hatte. Im darauffolgenden Jahr nahm er nach und nach an Aktivitäten teil, die ihm früher viel Spaß gemacht hatten. Seine Symptome verbesserten sich weiter.

Schlafstörungen

Mit einer Depression können auch Schlafstörungen einhergehen. Antidepressiva wirken sich oft positiv auf das Schlafverhalten aus, auch wenn dies nicht sofort eintritt. Wie bereits zuvor beschrieben, ist es in solchen Fällen meist sinnvoll, ein Antidepressivum zu verordnen, das eine beruhigende Wirkung hat. Oftmals ist es jedoch notwendig, ein Medikament einzusetzen, das das Schlafverhalten direkter und schneller beeinflusst.

Ein kurzfristig wirkendes Benzodiazepin wie Alprazolam kann sich schnell und positiv auf das Schlafverhalten auswirken. Verordnet man ein solches kurzfristig wirksames Benzodiazepin, ist die Chance gering, dass der Betroffene über einen langen Zeitraum müde bleibt und morgens Probleme beim Aufstehen hat. Bei vielen unserer Patienten konnten wir Schlafstörungen mit Trazodon lindern. Eine weitere Kategorie von Schlafmitteln sind die, die mit dem GABA-Benzodiazepin-System zusammenwirken. GABA ist ein inhibitorischer Neurotransmitter, der die Aktivität im Gehirn hemmt und damit Erregung verringert. Unserer Erfahrung nach sind Zolpidem, Zaleplon und Eszopiclon bei diesem Krankheitsbild sehr wirksam.

Auch das Hormon Melatonin kann Patienten mit Schlafstörungen unterstützen. Es wird von Reisenden oft eingenommen, um Zeitumstellungen besser zu verkraften (Jetlag). Wir haben festgestellt, dass Melatonin eine hilfreiche Einschlafhilfe für Menschen mit und ohne Depressionen darstellt. Bei Menschen mit Depressionen sollte die Einnahme jedoch sorgfältig überwacht werden. Wir beginnen meist mit zwei Milligramm zur Schlafenszeit und erhöhen eine oder zwei Wochen später auf vier Milligramm, wenn zwei Milligramm nicht ausreichend sind. Da keine Erkenntnisse über die Langzeitwirkung von Melatonin vorliegen, empfehlen wir keine dauerhafte Einnahme dieses Hormons.

Psychotische Symptome

Als psychotische Symptome bezeichnet man Halluzinationen und Wahnvorstellungen. Einige Menschen entwickeln psychotische Symptome im Rahmen ihrer Depression. Bei manchen Betroffenen mit Down-Syndrom ist es schwer zu unterscheiden, ob es sich bei den gezeigten Symptomen tatsächlich um psychotische Merkmale handelt oder ob dies Verhaltensweisen sind, die bei Menschen mit Down-Syndrom häufig auftreten, wenn sie unter einer Depression leiden. Depressive Menschen mit Down-Syndrom führen zum Beispiel häufiger Selbstgespräche. Auch sprechen sie oft mit Fantasiefreunden. Dies können Strategien sein, die dem Betroffenen helfen, mit seinen Problemen fertig zu werden. Allerdings können das auch Anzeichen eines psychotischen Prozesses sein. Zusätzlich können als weitere Symptome auch ein extremer Rückzug von anderen und abnorme Denkprozesse auftreten. Diese Symptome verbessern sich häufig, wenn man die Depression wie zuvor beschrieben behandelt.

In manchen Fällen müssen jedoch Antipsychotika eingesetzt werden. Die neueren „atypischen" Antipsychotika sind unserer Meinung nach besonders wirkungsvoll, weil man mit diesen Medikamenten nicht nur die psychotischen Symptome behandeln, sondern auch die depressiven Symptome lindern kann. Risperidon, Olanzapin, Quetiapin und Ziprasidon haben sich bei Menschen mit Down-Syndrom als sehr wirkungsvoll erwiesen. Aripiprazol, ein atypisches Neuroleptikum, hat ebenfalls zu guten Behandlungserfolgen geführt. Allerdings muss man dazusagen, dass die Nebenwirkungen dieser Medikamente, wie Gewichtszunahme, die sedierende Wirkung und der erhöhte Blutzuckerspiegel, bei einigen unserer Patienten zu zusätzlichen Problemen geführt haben. Wenn solche Nebenwirkungen auftreten, müssen Nutzen und Nebenwirkungen sorgfältig gegeneinander abgewogen werden, um für den Betroffenen die bestmögliche Entscheidung zu treffen.

Die älteren Neuroleptika wie Thioridazin und Haloperidol können ebenfalls sehr wirkungsvoll sein, jedoch haben sie noch stärkere Nebenwirkungen als die neueren Neuroleptika. Zudem haben diese Medikamente nicht den zusätzlichen Nutzen, die Symptome der Depression zu verringern. Eine mögliche Nebenwirkung, die vor allem bei älteren Neuroleptika aufzutreten scheint, jedoch auch bei den neueren Medikamenten auftreten kann, ist die tardive Dyskinesie. Als tardive Dyskinesie (Spätdyskinesie) bezeichnet man spät einsetzende und potenziell irreversible neurologische Bewegungsstörungen, das heißt unnormale und unfreiwillige Körperbewegungen. Diese Bewegungsstörungen können auch nach Absetzen des Medikaments weiterhin bestehen.

Unserer Erfahrung nach ist es oft nicht notwendig, ein Antipsychotikum zu verordnen, auch wenn der Erwachsene offensichtliche psychotische Symptome zeigt. Vor allem wenn Symptome wie Selbstgespräche und Fantasiefreunde auftreten, kann ein Antidepressivum hilfreich sein. Wie bereits erwähnt, können diese Symptome anstatt psychotischer Symptome auch Bewältigungsstrategien sein.

Sally, eine 29-jährige Frau mit Down-Syndrom, führte seit mehreren Monaten sehr erregte Selbstgespräche. Sie hatte zwar schon vorher Selbstgespräche geführt, allerdings eher ruhig und auch nur in ihrem Zimmer. Nun führte sie diese Selbstgespräche immer öfter und auch an verschiedenen Orten. Sie wachte nachts oft auf und weigerte sich immer öfter, an Aktivitäten teilzunehmen, die in ihrem Wohnheim veranstaltet wurden. Auch schien sie ihren Sinn für Humor verloren zu haben und hatte häufige Stimmungstiefs. Einige Monate, bevor diese Symptome auftraten, hatte eine Betreuerin, die Sally besonders gemocht hatte, das Wohnheim verlassen und arbeitete nun woanders.

Wir untersuchten Sally und fanden keine medizinische Ursache für ihre Verhaltensänderung. Als Erstes besprachen wir mit Sally und ihrer Mutter die verschiedenen Behandlungsmöglichkeiten. Beide empfanden vor allem die psychotischen Symptome, also die erregten Selbstgespräche, als besonders störend. Eine Behandlung mit Neuroleptika wurde besprochen, allerdings war man aufgrund der zu erwartenden Nebenwirkungen wie einer Gewichtszunahme besorgt, weil Sally bei einer Körpergröße von 1,55 Metern bereits 83 Kilogramm wog. Wir entschieden deshalb, ein SSRI zu verordnen, da hier das Auftreten von Nebenwirkungen, wie eine starke Gewichtszunahme, deutlich weniger zu erwarten ist als bei antipsychotischen Medikamenten. Wir erwarteten auch, dass sich Sallys Symptome unter der Gabe von Antidepressiva bereits verbessern würden. Sie begann mit der Einnahme von Sertralin, und ihre Dosis wurde nach und nach angepasst. Die Familie und die Betreuer im Wohnheim ermutigten sie, wieder an ihren früheren Aktivitäten teilzunehmen. Auch ihr Schlafverhalten und ihre Stimmung verbesserten sich langsam. Sally fühlte sich zusehends besser und war bald in der Lage, ihre Bedürfnisse mitzuteilen. Die Selbstgespräche wurden weniger und fanden nur noch in ihrem Zimmer statt. Ihre Mutter teilte uns freudig mit: „Sally ist wieder da."

Bei Frank mussten wir jedoch antipsychotische Medikamente einsetzen. Frank, 36, hatte sich seit einigen Monaten sehr zurückgezogen und sein Interesse an früheren Aktivitäten verloren, war oft sehr erregt, wachte nachts oft auf, hatte keinen Appetit mehr und führte immer mehr Selbstgespräche. Da Franks Sprachfähigkeiten sehr eingeschränkt waren, war es sehr schwierig zu verstehen, worum es in seinen Selbstgesprächen ging. Auch konnte er uns seine Gedanken nicht mitteilen, sodass wir keinen Einblick in seinen Denkprozess gewinnen konnten. Wir diagnostizierten schließlich eine Hypothyreose bei ihm und leiteten eine entsprechende Behandlung ein. Da ihn seine schweren Symptome jedoch sehr beeinträchtigten, verordneten wir auch ein Antidepressivum. Als sich sein Zustand langsam verbesserte, fügten wir noch Risperidon zur Schlafenszeit hinzu. Seine Schlafstörungen und seine Erregungszustände besserten sich schnell. Die Dosis wurde immer wieder angepasst und nach einiger Zeit wurden auch seine anderen Symptome besser. Frank fand langsam wieder Freude an seinen früheren Aktivitäten und sein Allgemeinzustand verbesserte sich sehr.

Die manische Episode

Wie bereits besprochen, gehört die Depression nach dem DSM-IV-TR zu dem Krankheitsbild der affektiven Störungen. Eine manische Episode oder Manie ist sozusagen das Gegenteil einer Depression und gehört ebenfalls zu den affektiven Störungen. Antrieb und Stimmung sind bei einer Manie weit über dem Normalniveau anstatt wie bei der Depression weit darunter. Typische Symptome sind beispielsweise anhaltende Gefühle größten Wohlbefindens oder Euphorie, die in einen manischen Zustand übergehen können, der wiederum von starker Erregung und innerer Getriebenheit sowie Schlaflosigkeit, Hyperaktivität, starker Gereiztheit und sogar selbstzerstörerischem Verhalten gekennzeichnet sein kann. Manien kommen bei Erwachsenen mit Down-Syndrom jedoch relativ selten vor. Wir haben bisher nur wenige Betroffene mit einer Manie (die nicht mit einer Depression einhergeht) in unserem Zentrum behandelt.

Penny, 24, wurde von ihren besorgten Eltern in unsere Ambulanz gebracht. Sie hatten bemerkt, dass sich Penny veränderte, nachdem sie ihren geliebten Arbeitsplatz im Januar verloren hatte, weil das Unternehmen den Standort wechseln musste. Sie wurde immer unruhiger und rastloser. Ihre Jobsuche war nicht erfolgreich und so verbrachte sie viel Zeit alleine zu Hause und ging ihren Hobbys nach, um eine Beschäftigung zu haben. Sie nahm weiterhin an ihren bisherigen sozialen und Freizeitaktivitäten teil. Trotzdem fiel ihren Eltern auf, dass sie zunehmend abgelenkt zu sein schien und sich nur noch schwer auf ihre Aktivitäten konzentrieren konnte. Auch fiel es Penny immer schwerer, ihre sozialen Kontakte aufrechtzuhalten. Pennys Eltern beobachteten ihre Tochter während dieser Zeit genau und konnten keine Anzeichen einer Stimmungstrübung oder Depression feststellen. Penny zog sich weder zurück noch zeigte sie ein verringertes Interesse an ihren bisherigen Aktivitäten. Auch schienen ihr Appetit und ihr Essverhalten unverändert zu sein.

Im September und Oktober fiel den Eltern auf, dass Penny plötzlich Verhaltensänderungen zeigte, die Anlass zur Sorge gaben. Anfangs schien es so, als konzentriere sie sich mehr auf ihr Klavierspiel. Penny war sehr talentiert und ihre Eltern freuten sich darüber, dass sie sich fürs Klavierspielen interessierte, und unterstützten sie sehr dabei. Die Freude schlug jedoch bald in Besorgnis um, weil Pennys Klavierspiel zu einer Obsession zu werden schien. Sie spielte Tag und Nacht, als könne sie nicht mehr aufhören. Das Klavierspiel wurde fast zu einer Art Rauschzustand, bis sie eines Tages urplötzlich damit aufhörte und von da an nicht mehr spielte.

Pennys Eltern bemerkten danach noch weitere besorgniserregende Veränderungen. Sie bekam Angstzustände, die immer schlimmer wurden. Nachdem sie Anfang des Jahres schon sehr unruhig geschlafen hatte, schien sie nun überhaupt nicht mehr zu schlafen. Obwohl sie tagsüber sehr müde war, ruhte sie sich nicht aus und machte auch keinen Mittagsschlaf. Penny hatte normalerweise exzellente Sprachfähigkeiten. Nun aber fing sie an, ununterbrochen ganz schnell und gehetzt zu sprechen. Ihre Sprache war entstellt und schließlich kaum noch zu verstehen. Selbst ihre Eltern verstanden sie immer schlechter und das, was sie verstehen konnten, war äußerst beunruhigend. Penny wiederholte immer wieder unbedeutende Kleinigkeiten, die sie aber sehr zu erregen schienen und auf die sie sich versteifte. So machte sie sich zum Beispiel große Sorgen, dass sie ihre Nachbarin beleidigt hatte, weil sie ihr nicht zugewunken hatte. Wenn Penny nicht beschäftigt war, kaute sie oft an ihren Fingernägeln oder kratzte sich. Bei unserem ersten Termin zog sie ständig Grimassen und schien sich sehr unwohl zu fühlen. Sie konnte sich weder entspannen noch ihren ständigen Bewegungsdrang kontrollieren.

Während der Untersuchung von Penny stellten wir fest, dass sie unter einer Hyperthyreose, einer Schilddrüsenüberfunktion, litt, die sich unter anderem in manieähnlichen Symptomen äußern kann. Wir behandelten die Schilddrüse, doch ihre Manie verbesserte sich nicht. Deshalb entschieden wir mit der Familie, dass Penny nun mit Psychotropika weiterbehandelt werden sollte. Wir probierten mehrere verschiedene Medikamentenarten und -klassen aus. Penny reagierte schließlich gut auf eine Kombination eines antipsychotischen und antikonvulsiven Medikaments. Pennys Eltern rieten wir, sie wieder zu ihren sozialen und Freizeitaktivitäten hinzuführen und ihre Teilnahme daran zu unterstützen, um Pennys Heilungsprozess zu fördern. Auch musste Penny wieder ins Berufsleben zurückgeführt werden. Ihre Manie verbesserte sich langsam, sie wurde wieder aufmerksamer und nahm auch wieder gerne an früheren Aktivitäten teil. Ihre Eltern nahmen Kontakt zu einem Job-Coach auf, der sie an eine neue Firma vermitteln konnte, bei der sie einen ähnlichen Arbeitsplatz wie früher bekam. Als ihre Symptome besser wurden und Penny sich wieder ihren normalen Aktivitäten zuwenden konnte, begann sie bald, sich besser zu fühlen, und gewann auch wieder ihr Selbstbewusstsein und ihre Selbstachtung zurück. Sie fing sogar wieder an, Klavier zu spielen, und spielte normaler und entspannter.

Im Abschnitt „Der Einsatz von Medikamenten" weiter unten werden noch weitere Medikamente und andere Behandlungsoptionen für die Behandlung von Manien und bipolaren affektiven Störungen angegeben.

Die bipolare affektive Störung

Wir haben bereits erwähnt, dass die Depression bei Menschen mit Down-Syndrom die am häufigsten auftretende affektive Störung ist, während Manien am wenigsten häufig vorkommen. Öfter als nur mit einer Manie behandeln wir in unserem Zentrum Menschen mit Down-Syndrom, die eine bipolare affektive Störung haben, das heißt, sie schwanken zwischen Manie und Depression. Dieses Krankheitsbild wurde früher auch manisch-depressive Erkrankung genannt.

Um besser erläutern zu können, wie sich eine bipolare affektive Störung bei Menschen mit Down-Syndrom auswirkt, werden wir zunächst betrachten, welche Auswirkungen dieses Krankheitsbild bei Menschen in der Durchschnittsbevölkerung hat. Betroffene Menschen sind während einer manischen Episode in einer inadäquat heiteren oder euphorischen Stimmung. Sie fühlen sich, als verfügten sie über unbegrenzte Energien, und konzentrieren sich Tag und Nacht auf ihre Arbeit oder Dinge, die für sie von großem Interesse sind. Wenn die Manie stärker ausgeprägt ist, überschätzen sich die Betroffenen oft und überanstrengen sich. Auch kann es zu extremen Zuständen wie Realitätsverlust und Größenwahn kommen. Einige Menschen kaufen zum Beispiel extravagante Dinge, die sie sich überhaupt nicht leisten können, verspielen ihr Vermögen oder nehmen an exzessiven und riskanten sexuellen Aktivitäten teil. Mit einer Manie können auch Erregungs- und Unruhezustände, Schlafstörungen und Angstzustände einhergehen.

Das extreme Stimmungshoch wandelt sich irgendwann in ein extremes Stimmungstief um und alle Aspekte der Manie werden ins Gegenteil umgekehrt. In der depressiven Episode ziehen sich die Betroffenen für Wochen oder Monate von anderen Menschen zurück, bis sich ihr Zustand wieder ins extreme Gegenteil umkehrt. Wie alle psychischen Störungen kann auch die bipolare affektive Störung mehr oder weniger stark ausgeprägt sein. Der häufige Phasenwechsel ist jedoch bei allen Betroffenen je nach Manifestationstyp ähnlich.

Bipolare affektive Störungen treten meist bei erwachsenen Menschen auf, aber auch Kinder können daran erkranken (Papolos & Papolos, 1999). Da Kinder häufig andere Verhaltensmuster und Symptome zeigen, ist es etwas schwieriger, diese psychischen Störungen bei ihnen zu diagnostizieren. Symptome und Verhaltensmuster von Menschen mit Down-Syndrom, die an einer bipolaren affektiven Störung erkrankt sind, ähneln denen von Kindern in der Durchschnittsbevölkerung. Gerade weil sich ihre Symptome von denen von Erwachsenen ohne Down-Syndrom unterscheiden, hat man lange nicht wahrgenommen, dass Erwachsene mit Down-Syndrom ebenfalls von bipolaren affektiven Störungen betroffen sein können.

Wie sehen diese Unterschiede im Vergleich zu Erwachsenen in der Durchschnittsbevölkerung aus? Zum einen wechseln Kinder und Menschen mit Down-Syndrom häufig schneller zwischen Manie und Depression. Bei ihnen kann ein Episodenwechsel täglich oder sogar stündlich auftreten, während eine Episode bei Erwachsenen in der Durchschnittsbevölkerung meist Wochen oder sogar Monate andauert. Auch zeigen sich Unterschiede in den Symptomen. Während einer depressiven Episode tendieren Kinder und Menschen mit Down-Syndrom viel weniger dazu, ihre Gefühle der Traurigkeit, Schuld oder Wertlosigkeit auszudrücken und sich anderen mitzuteilen. Sie zeigen jedoch häufig Veränderungen wie eine gereizte Stimmungslage, Rückzug oder den Verlust von Interesse an früher gepflegten Aktivitäten (im Abschnitt über Depressionen im Detail beschrieben). Auch die Manie äußert sich bei Kindern und Menschen mit Down-Syndrom im Vergleich zu anderen Erwachsenen anders. So kaufen sie zum Beispiel nicht unkontrolliert ein und zeigen auch kein unkontrolliertes Sexualverhalten. Allerdings treten auch bei diesen Patientengruppen unmissverständliche Symptome einer Manie wie Überstimulation, Erregungszustände, Rastlosigkeit, Wutanfälle und Hyperaktivität auf, die informierte Eltern und Betreuer als solche deuten können. Nachfolgend ein Beispiel:

Jaqui, eine 19 Jahre alte Frau mit Down-Syndrom, zeigte Symptome einer psychischen Störung. Sechs Monate später brachten ihre Eltern sie in unsere Ambulanz. Jaqui hatte im Laufe eines Tages in schnellem Wechsel mehrere manische und depressive Episoden. Bevor diese Symptome auftraten, waren alle sehr stolz darauf gewesen, dass Jaqui über solch gute Alltagskompetenzen verfügte und so selbstständig war. Sie achtete sehr auf ihre Körperhygiene und war immer sehr gepflegt. Dies änderte sich, als die Symptome auftraten, vor allem am Morgen. Jede zuvor mit Leichtigkeit bewältigte Aufgabe hatte sich nun zu einem wahren Kampf zwischen Jaqui und ihren Eltern entwickelt. Das Verhältnis zwischen Jaqui und ihren Eltern wurde immer angespannter, weil ihre Eltern sie nun verstärkt antreiben mussten, sich für die Arbeit fertig zu machen. Das ging so weit, dass Jaqui irgendwann „ausflippte" und ihre Eltern mit Schimpfwörtern und Beleidigungen bombardierte und nur noch herumschrie. Manchmal wurde sie ihnen gegenüber sogar handgreiflich.

Jaquis Eltern hatten so ein Verhalten noch nie zuvor bei ihrer Tochter gesehen und waren entsetzt. Das Schlimmste für sie war ihr kalter Gesichtsausdruck, wenn sie sie angriff. Ihre Mutter sagte uns, dass Jaqui in solchen Momenten nicht sie selbst war. Es schien, als sei sie von etwas „besessen". Obwohl Jaqui nur 45 Kilogramm wog und ihr Vater von großer und kräftiger Statur war, war er durch ihre Wutanfälle eingeschüchtert und konnte sich kaum zur Wehr setzen.

Wenn die Eltern Jaqui morgens endlich in den Bus gesetzt hatten, der sie zur Arbeit bringen sollte, waren sie körperlich und emotional völlig erschöpft. Jaquis Betreuer am Arbeitsplatz berichtete, dass sie den ganzen Morgen lethargisch und teilnahmslos war und nur wenige ihrer Aufgaben verrichtete, obwohl sie früher ausgezeichnet gearbeitet hatte. Oft hatte sie auch sehr schlechte Laune. Am Nachmittag besserte sich ihre Stimmung oft und sie arbeitete noch mehrere Stunden so, wie sie das früher auch getan hatte. Allerdings wurde sie im Laufe des Nachmittags immer alberner, bis sie irgendwann erregt und ängstlich war. Schließlich widersetzte sie sich ihrem Betreuer, der sie dazu bringen wollte, ihre Arbeit so wie vorher zu verrichten. Sie hatte ebensolche Wutanfälle wie zu Hause. Jaquis Betreuer und ihre Kollegen am Arbeitsplatz hatten ihr Verhalten bisher toleriert. Als aber ihre Wutanfälle lauter und bedrohlicher wurden, hatten ihre Eltern Angst, dass sie ihren Job auch noch verlieren würde.

Wenn Jaqui dann nach der Arbeit gegen 16 Uhr nach Hause kam, zog sie sich bis 19 oder 20 Uhr in ihr Zimmer zurück. Während dieser Zeit schlief sie manchmal kurz, aber die meiste Zeit lag sie nur auf ihrem Bett und starrte an die Decke. Wenn sie dann endlich aus ihrem Zimmer herauskam, war sie „ein anderer Mensch". Sie lachte und scherzte mit ihren Eltern, aber auch dies entwickelte sich mehr und mehr zu einem unkontrollierten Lachen. Irgendwann eskalierte die Situation dann und Jaqui wurde immer erregter und ärgerlicher. Ihre Eltern versuchten alles, um behutsam mit ihr umzugehen und sie zu beruhigen, aber sie reagierte auf alles und jede Kleinigkeit sofort mit Wutanfällen.

Wenn sich Jaquis erschöpfte Eltern spät am Abend zum Schlafengehen fertig machten, schien Jaqui sogar noch munterer und erregter zu sein. In diesem Zustand konnte sie sich einfach nicht beruhigen. Irgendwann um ein Uhr oder ein Uhr dreißig schien sie langsam etwas ruhiger zu werden und fiel vor lauter Müdigkeit endlich ins Bett. Aber auch dann konnten sich ihre Eltern nicht von dem anstrengenden Tag erholen. Jaqui wachte mehrere Male in der Nacht auf und ihre Eltern wechselten sich ab, um sie zu beruhigen und wieder zum Schlafen zu bewegen. Morgens standen die Eltern dann auf und versuchten aufs Neue, sie für den Tag fertig zu machen. Jaquis Symptome schienen sich tagtäglich zu verschlechtern und die Eltern wurden immer erschöpfter.

Als die Eltern sie in unsere Ambulanz brachten und uns von allen Vorkommnissen berichteten, erzählten sie uns auch von einem Vorfall, der sie sehr beunruhigte. Während ihrer aktiveren oder manischen Phasen zeigte Jaqui ein merkwürdiges, fast rituelles Verhalten, das darin bestand, dass sie ihre Hände rieb und laute, unflätige Geräusche von sich gab. Für die Eltern war dies besonders schwierig, weil sie aufgrund von Jaquis Verhalten und des Schlafmangels schon so erschöpft waren. Auch fürchteten sie, dass Jaqui dies in der Öffentlichkeit tun würde und dass sie und die Familie dadurch negativ auffallen würden. Aus diesem Grund ließen sie sie auch nicht mehr an sozialen und Freizeitaktivitäten teilnehmen. Jaqui hatte somit keinen Kontakt mehr zu ihren Freunden und konnte einen Teil ihrer überschüssigen manischen Energie auch nicht mehr bei Freizeitaktivitäten loswerden. Auch ging die Familie nicht mehr zusammen aus, was dazu führte, dass sich alle irgendwann wie Gefangene in ihrem eigenen Haus und Geiseln dieser Situation fühlten.

Die Behandlung von bipolaren affektiven Störungen

Ein erster wichtiger Schritt hin zu einer erfolgreichen Behandlung dieses Krankheitsbilds ist die Erstellung einer akkuraten Diagnose. Hierfür muss der behandelnde Arzt eine komplette und detaillierte Anamnese aller Symptome erstellen. Wird diese zu schnell erstellt, wird vielleicht nur ein Gefühlsstadium notiert und eine unzureichende oder wirkungslose Behandlung eingeleitet. Wenn Eltern oder Betreuer nur von den depressiven Symptomen berichten oder der Arzt sich bei der Anamnese nur auf die Depression konzentriert, verordnet er vielleicht ein Antidepressivum, das die Probleme eventuell verschlimmert, weil die Symptome der Manie und die Erregungszustände dadurch verstärkt werden. Wenn eine bipolare affektive Störung erkannt wurde, ist das erste Ziel einer Behandlung die Stabilisierung der extremen Stimmungsumschwünge.

Der Einsatz von Medikamenten

Mehrere Medikamente haben sich bei der Behandlung von Manien und bipolaren affektiven Störungen als sehr wirkungsvoll erwiesen. Das sind unter anderem Lithium, Antipsychotika und Antiepileptika. Bei manchen Patienten reicht ein einziges Medikament aus, während andere eine Kombination mehrerer Medikamente benötigen.

Lithium ist ein klassisches Medikament, das bei bipolaren affektiven Störungen heute immer noch das Mittel der ersten Wahl darstellt. Es wirkt auf den zellulären Natrium-Kalium-Strom und setzt die zentrale Erregbarkeit des Gehirns herab. Zwar ist nicht vollständig geklärt, in welcher Weise genau sich das Lithium auf die Manie oder die bipolare affektive Störung auswirkt, aber es ist erwiesen, dass es eine stabilisierende Wirkung auf die extremen Stimmungsschwankungen hat. Lithium hat jedoch auch einige Nebenwirkungen. Bei der Einnahme ist es sehr wichtig, dass der Patient genug trinkt, denn bei einem Flüssigkeitsmangel oder einer Nierenunterfunktion kann der Lithiumspiegel im Blut schnell toxische Werte erreichen. Lithium kann auch eine Nierenfunktionsstörung und eine Schilddrüsenunterfunktion auslösen sowie Herzrhythmusstörungen verursachen. Zu den häufiger auftretenden Nebenwirkungen zählen Schläfrigkeit, Zittern (Tremor) und häufiges Wasserlassen.

Antipsychotika können bei Manien und bipolaren affektiven Störungen ebenfalls wirkungsvoll eingesetzt werden. Ziprasidon, Risperidon, Quetiapin, Olanzapin und Aripiprazol sind für die Behandlung von bipolaren affektiven Störungen und akuten Manien zugelassen. Diese Medikamente können die Symptome sehr wirkungsvoll verbessern. Wir haben festgestellt, dass sie sich besonders positiv auf die Erregungszustände und das aggressive Verhalten auswirken. Diese Medikamente haben allerdings auch Nebenwirkungen wie zum Beispiel Gewichtszunahme, eine sedierende Wirkung, Hyperglykämie (einen zu hohen Blutzuckerwert), Diabetes mellitus und Schluckstörungen. Wenn wir diese Medikamente verordnen, überwachen wir daher die Blutzuckerwerte unserer Patienten. Auch überprüfen wir eventuelle Symptome eines Tardive-Dyskinesie-Syndroms. Die tardive Dyskinesie ist eine potenziell irreversible Bewegungsstörung, die bei den neueren Medikamenten wesentlich weniger auftritt, als das noch bei den älteren Antipsychotika der Fall war.

Auch Antiepileptika können sich bei Menschen mit Manie oder einer bipolaren affektiven Störung stabilisierend auf die Stimmungsschwankungen auswirken. Der Wirkstoff Valproinsäure ist auch für die Behandlung von Manien zugelassen. Carbamazepin hat sich ebenfalls als wirkungsvoll erwiesen. Lamotrigin ist für die Erhaltungsphase zugelassen, wenn der Zustand des Patienten so weit stabil ist.

Wie zu Anfang des Abschnitts besprochen, können Antidepressiva bei einer bipolaren affektiven Störung sehr wirkungsvoll gegen die depressiven Symptome eingesetzt werden. Allerdings muss der Patient hier sorgsam überwacht werden, weil Antidepressiva Manien begünstigen können, vor allem dann, wenn der Patient zu bipolaren affektiven Störungen neigt.

Psychologische Betreuung und Unterstützung

Auch wenn die bipolare affektive Störung und die Manie oft mit Medikamenten behandelt werden, damit sich der Patient stabilisieren kann, müssen die Ärzte jedoch auch die emotionale Achterbahnfahrt, die diese psychischen Störungen beim Patienten auslösen, sensibel behandeln. Eine bipolare affektive Störung ist eine der schwierigsten und stressauslösendsten psychischen Störungen sowohl für die Patienten als auch ihre Umgebung, die es gibt. Für Außenstehende ist es schwer nachzuvollziehen, wie aufreibend und demoralisierend solch eine psychische Störung sein kann, wenn man nicht schon einmal eine ähnliche Erfahrung gemacht hat.

Einer der ersten Schritte, den man unternehmen kann, um dem Betroffenen zu helfen, ist, ihm diesen Zustand und seine Ursache genau zu erklären. Wie bei vielen anderen Krankheitsbildern (Asthma oder Typ-2-Diabetes zum Beispiel) kann sich der Zustand durch Stress verschlimmern, allerdings ist dies nicht dem Betroffenen (oder seinen Betreuern) anzulasten. Kann man dem Betroffenen dies verständlich machen, kann man ihm dabei helfen, seine Selbstvorwürfe zu verringern. Zudem fühlen sich viele Eltern und Betreuer entmutigt und glauben, sie haben versagt, wenn der Zustand des Betroffenen schlechter wird, obwohl sie sich so sehr bemühen, ihn zu verbessern. Jaquis Eltern hat es sehr geholfen zu erfahren, dass es eine neurologische Ursache für die psychische Störung gibt. So fiel es ihnen leichter, die Schuld nicht bei sich zu suchen. Auch Jaqui war sehr unglücklich über ihr eigenes Verhalten. Sie hatte das Gefühl, keine Kontrolle mehr über sich zu haben, und fühlte sich sehr schlecht, weil sie ihre Eltern und ihren Betreuer am Arbeitsplatz ständig verletzte. Auch sie benötigte einige Sitzungen, um zu verstehen, dass ihr Zustand nicht ihre Schuld war. Hierbei unterstützten ihre Eltern sie sehr, weil sie ihr erklärten, dass sie ihr wegen ihres Verhaltens nicht böse waren, weil es nicht ihre Schuld war.

Wieder ins Leben zurückfinden

Wenn die Behandlung so weit erfolgreich ist, dass die Stimmungsschwankungen des Betroffenen unter Kontrolle sind, müssen auch die Personen im Umfeld des Menschen, die durch die Krankheit ebenfalls beeinträchtigt waren, langsam wieder ihr normales Leben aufnehmen. Für Jaquis Eltern bestand der erste Schritt zur Normalisierung ihres Lebens darin, nachts auch einmal wieder durchzuschlafen. Auch mussten sie wieder ihren normalen Arbeitstag absolvieren und anderen Dingen nachgehen, die sie während der Krisensituation auf Eis gelegt hatten. Sowohl Jaquis Vater als auch ihre Mutter waren morgens später zur Arbeit gegangen, als sie eigentlich sollten, weil sich beide darum kümmern mussten, dass Jaqui zur Arbeit ging. Da sich ihr Verhalten und somit die gesamte Situation verbessert hatte, konnten auch die Eltern wieder pünktlich zur Arbeit erscheinen. Es war ihnen wieder möglich, soziale Kontakte mit Freunden und Kollegen zu pflegen und sich um andere Dinge zu kümmern, anstatt sich nur um Jaqui sorgen zu müssen.

Während der vier Wochen, als Jaquis Symptome am schlimmsten waren, nahm sie Urlaub und blieb zu Hause. Als ihre Stimmungsschwankungen langsam besser wurden, ermutigten wir die Eltern und die Betreuer am Arbeitsplatz, sie wieder arbeiten gehen zu lassen. Um dies zu erleichtern, trafen wir uns mit den Eltern und den Betreuern und besprachen genau, wie ihre Rückkehr gestaltet werden sollte. So konnten wir Bedenken der Betreuer am Arbeitsplatz ausräumen und ihren Eltern einen Plan mitgeben, der die weitere Vorgehensweise enthielt. Bei diesem Treffen baten auch die Betreuer um einen einfachen Plan mit Verhaltensweisen, die ihnen dabei helfen sollten, Jaqui wieder zu einer positiven Arbeitsroutine hinzuführen. Für jeden Tag, an dem Jaqui ihre Arbeit zufriedenstellend und ohne Wutanfälle erledigte, sollte sie zur Belohnung einen Aufkleber bekommen. Drei Wochen später wurde dieser Plan wieder beiseitegelegt, weil Jaqui motiviert genug war, um ihre Arbeit so wie früher zu verrichten. Ihre Symptome wurden nach und nach weniger, vor allem stellte sie das Händereiben und ihre unflätigen Geräusche ein, sodass sich ihre Eltern wieder mit ihr in die Öffentlichkeit trauten und sie auch wieder an sozialen und Freizeitaktivitäten teilnehmen ließen. Nun konnte sie auch wieder ihre Freunde sehen. Sie betätigte sich auch wieder sportlich, wodurch sich ihre manischen Symptome weiter verbesserten.

Jaquis Stimmungsschwankungen wurden insgesamt weniger und waren nicht mehr so extrem ausgeprägt. Dadurch konnte die ganze Familie langsam wieder ein normales Leben führen. Ein großes Problem für die Familie war die Isolation gewesen, weil sie aufgrund von Jaquis Geräuschen und Gestik nicht mehr ausgehen wollte. Als sich diese Verhaltensweisen normalisiert hatten, war es der gesamten Familie wieder möglich, ein ausgefülltes Sozialleben zu haben und sich nicht mehr wie Gefangene im eigenen Haus zu fühlen.

Lebenslang andauernde bipolare affektive Störungen

Es ist wichtig zu wissen, dass bipolare affektive Störungen ein chronisches Krankheitsbild sind, das den Betroffenen lebenslang begleitet. Aufgrund dessen muss der Patient lebenslang überwacht werden. Es ist daher von wesentlicher Bedeutung, die psychische Störung so früh und so schnell wie möglich zu behandeln. Oftmals treten solche Störungen wie bei Jaqui bereits im Teenageralter auf. Betreuer und behandelnde Ärzte müssen den Betroffenen sorgfältig überwachen. Wenn sich der Zustand des Menschen so weit stabilisiert hat, reicht es, wenn wir unsere Patienten alle drei Monate zu einem Kontrolltermin sehen. Sollten die aktiven Symptome wieder auftreten, muss der Betroffene natürlich früher kommen.

Während der Behandlung kann es Phasen geben, in denen die Symptome stärker werden und die Medikamente nicht ausreichend zu wirken scheinen. Die Ursache hierfür sind oft bestimmte Stressfaktoren im Leben des Betroffenen oder auch physiologische oder neurologische Veränderungen. Wenn dies der Fall ist, müssen die behandelnden Ärzte eventuell ein anderes Medikament einführen oder die Dosis des bestehenden Medikaments verändern, um die Krankheit wieder wirkungsvoll zu behandeln. Bei Jaqui haben wir in den drei Jahren, in denen wir sie behandelt haben, öfter das Medikament wechseln müssen.

Ein weiterer wichtiger Punkt ist die Einhaltung der Einnahme der verordneten Medikamente (Compliance). Ein bekanntes Problem in der Durchschnittsbevölkerung ist, dass viele Menschen ihre Medikamente absetzen, wenn sie sich besser fühlen, vor allem in einer manischen Phase durch die euphorische Stimmung und die konzentrierte Energie. Bei Menschen mit Down-Syndrom kommt das verfrühte Absetzen der Medikamente weniger häufig vor, weil oft Familienmitglieder und andere Betreuer die Einnahme der Medikamente überwachen. Aber auch ein Betreuer oder die Familie kann der Meinung sein, dass es dem Betroffenen besser geht und er das Medikament nicht mehr benötigt. Dies kann vor allem dann auftreten, wenn man sich der Tatsache nicht bewusst ist, dass eine bipolare affektive Störung eine chronische Krankheit ist, die einer ständigen und regelmäßigen Einnahme von Medikamenten bedarf. In solchen Fällen erhalten wir oft verzweifelte Anrufe von Betreuern, weil die Symptome wieder überhandnehmen. Wir versuchen, solche Situationen zu vermeiden, indem wir alle betreuenden Personen in den Behandlungsprozess einbeziehen und ihnen genaue Informationen über das Krankheitsbild vermitteln.

Zusammenfassend kann man sagen, dass Manien und bipolare affektive Störungen bei Menschen mit Down-Syndrom weniger häufig auftreten als bei anderen. Trotzdem kommen diese Störungen weit häufiger vor, als man zuvor vermutet hat. Der Grund dafür ist, dass die Symptome bei Menschen mit Down-Syndrom oft eher denen von Kindern in der Durchschnittsbevölkerung ähneln als denen von anderen Erwachsenen. Nur mit diesem Wissen und einer entsprechenden Einschätzung der Symptome einer Manie oder einer Depression oder der Symptome einer Manie bei einer bipolaren affektiven Störung kann eine korrekte Diagnose erstellt werden. Und nur wenn die Diagnose korrekt erstellt wurde, kann der Betroffene sinnvoll behandelt werden.

Fazit

Wenn bei einem Menschen mit Down-Syndrom die Diagnose einer Stimmungsstörung erstellt wird, müssen alle psychologischen, sozialen, biologischen und medizinischen Aspekte einbezogen werden. Nur so kann ein effektiver Behandlungsplan aufgestellt werden. Er muss so entwickelt werden, dass er auf den jeweiligen Menschen und seine Symptome, aber auch zu seiner Umwelt passt. Wenn eine Depression vermutet wird, ist es unbedingt notwendig, dass die Ärzte, die diese Krankheit diagnostizieren, wissen und verstehen, dass Erwachsene mit Down-Syndrom generell bestimmte Verhaltensweisen zeigen, zum Beispiel Selbstgespräche, oder auch Verhaltensweisen, die aufgrund des ausgeprägten visuellen Gedächtnisses entstehen.

Zudem muss unbedingt überprüft werden, ob die depressiven Symptome Teil einer bipolaren affektiven Störung sind. Bei Erwachsenen mit Down-Syndrom äußert sich eine bipolare affektive Störung meist in einem extrem schnellen Stimmungsumschwung von Depression zu Manie und umgekehrt. Die manische Phase ist gekennzeichnet durch Erregungszustände, rastlose Aktivität und Wutausbrüche. Dies sind Symptome, die eher denen eines Kindes entsprechen als denen eines Erwachsenen der Durchschnittsbevölkerung. Die Manie kann wie die Depression eine einzelne psychische Störung sein, aber auch Teil einer bipolaren affektiven Störung. Bei Menschen mit Down-Syndrom können sich Stimmungsstörungen anders äußern, als sie in vielen Lehrbüchern definiert sind. Nur mit diesem Wissen kann man eine korrekte Diagnose erstellen und anschließend eine angemessene Behandlung einleiten.

15 Phobien und Angststörungen

Jeder Mensch macht sich im Laufe seines Lebens Sorgen oder verspürt in bestimmten Situationen Angst. Bei manchen Menschen äußert sich die Angst durch körperliche Symptome wie Herzklopfen, Kurzatmigkeit oder auch körperliches Unwohlsein.

In vielen Situationen ist Angst eine normale Reaktion und kein Hinweis auf eine psychische Erkrankung. Viele Studenten sind zum Beispiel vor einer Prüfung nervös und es ist völlig normal, auch eine gewisse Prüfungsangst zu verspüren. Ebenso kann ein Mensch mit Down-Syndrom Angst vor seinem Umzug in ein neues Wohnheim haben. Diese Art von Angstgefühlen hat normalerweise einen eindeutig identifizierbaren Grund und tritt nur vorübergehend auf. Wenn die Prüfung des Studenten vorbei ist, fällt die Nervosität sozusagen von ihm ab und er hat keine Angst mehr.

Wenn die Angst das Leben eines Menschen jedoch täglich und langfristig beeinträchtigt, kann es sein, dass er unter einer Angststörung leidet. In dem Diagnostischen und Statistischen Manual Psychischer Störungen, Textrevision, (DSM-IV-TR) der American Psychiatric Association sind verschiedene Angststörungen definiert. Die am häufigsten bei Jugendlichen und Erwachsenen mit Down-Syndrom auftretenden werden wir in diesem Kapitel behandeln. Dies sind:

1. die Generalisierte Angststörung,
2. die Agoraphobie,
3. die Panikstörung (episodisch paroxysmale Angst).

Zwangsstörungen gehören ebenfalls zu den phobischen Störungen, werden aber in Kapitel 16 genauer erläutert.

Die Generalisierte Angststörung (GAS)

Die im DSM-IV-TR genannte Diagnose legt bei einer Generalisierten Angststörung folgende Symptome zugrunde:

A. Exzessive und anhaltende Angst und Besorgnis treten aufgrund verschiedener Ereignisse und Aktivitäten mit einer Mindestdauer von sechs Monaten auf.

B. Die Person hat Schwierigkeiten, diese Ängste und Sorgen zu kontrollieren.

C. Die Ängste und Sorgen gehen mit drei oder mehr der folgenden sechs Symptome einher (wobei einige Symptome während der letzten sechs Monate deutlich häufiger auftreten als ausbleiben):

1. Unruhe, innere Angespanntheit,
2. schnelle Ermüdung,
3. Konzentrationsschwierigkeiten und Schwindelgefühle,
4. Reizbarkeit,
5. Muskelverspannung und
6. Schlafstörungen (Einschlaf- oder Durchschlafschwierigkeiten, unruhiger und nicht erholsamer Schlaf).

D. Die Ängste können nicht ausschließlich anderen Störungen zugeordnet werden (zum Beispiel Panikattacken, die eindeutig mit einer Panikstörung zusammenhängen).

E. Die Ängste, Sorgen oder körperlichen Symptome wirken sich sehr negativ auf das soziale und das Berufsleben des Betroffenen sowie andere Lebensbereiche aus.

F. Die Störung hat keinen Substanzmissbrauch (zum Beispiel Drogenabhängigkeit) oder eine Krankheit (zum Beispiel Schilddrüsenunterfunktion) als Ursache und tritt auch nicht ausschließlich im Zuge einer Stimmungsstörung, einer psychotischen Störung oder einer tiefgreifenden Entwicklungsstörung auf.

(Auszug aus dem *Diagnostic and Statistical Manual of Mental Disorders, Fourth Edition, Text Revision* (Copyright 2000), mit freundlicher Genehmigung der American Psychiatric Association.)

Wie viele andere auch machen sich Menschen mit Down-Syndrom wegen vieler Dinge Sorgen oder haben Ängste, was aber nicht bedeutet, dass sie unter einer Störung leiden. Manche Menschen können zwar sehr starke Ängste haben, aber sie fühlen sich dadurch nicht wie gelähmt und können trotzdem noch ihren alltäglichen Aktivitäten nachgehen. Ängste können sich jedoch zu einer psychischen Störung entwickeln, wenn sie Alltagskompetenzen und wichtige Fähigkeiten beeinträchtigen. Dies ist zum Beispiel der Fall, wenn sich jemand weigert, aus dem Haus zu gehen, weil es ein Gewitter geben könnte. Diese Ängste sind oft etwas komplizierter. Wir haben einige Menschen erlebt, die vor bestimmten Wetterlagen Angst haben, weil sie zum Beispiel einmal bei Regen, Eis und Schnee auf dem Bürgersteig ausgerutscht sind. Wenn die Ängste vor solchen Wetterlagen sehr stark sind und dieses Wetter häufig vorkommt, kann es sich zu einem ernsten Problem entwickeln, nämlich wenn der Betroffene das Haus nicht mehr verlässt und damit nicht mehr arbeiten gehen und an Freizeitaktivitäten teilnehmen kann. Diese Ängste werden *generalisiert* genannt, wenn sie nicht nur auf die Wetterlage beschränkt bleiben, sondern wenn darüber hinaus auch andere Situationen oder Ereignisse Ängste auslösen.

Symptome der Generalisierten Angststörung (GAS)

Die Diagnose wird üblicherweise aufgrund von Patientenberichten erstellt, wie das bei anderen psychischen Störungen ebenfalls der Fall ist. Der Patient ist allerdings meist in der Lage, Ängste zu äußern oder auch seine körperlichen Symptome beim Auftreten solcher Ängste zu beschreiben. Viele Menschen mit Down-Syndrom haben jedoch Schwierigkeiten, ihre subjektiven Angstgefühle und Ängste zu verbalisieren. Menschen, die den Patienten gut kennen, werden allerdings Änderungen in seinem Verhalten bemerken, die meist unmissverständlich auf eine Angststörung hindeuten. Wie auch bereits in Kapitel 6 beschrieben, zeigen die meisten Menschen mit Down-Syndrom ihre Gefühle offen und verstecken sie nicht. Mimik, körperliche Unruhe und nervöses Auf- und Abgehen können Anzeichen für Angstgefühle oder sogar eine Angststörung sein. Viele Menschen zeigen ihre Angst auch, indem sie sich selbst verletzen oder sich angewöhnen, sich ständig die Hände zu reiben oder zu kneten, sich an Pickeln oder verschiedenen Körperteilen zu kratzen, auf der Hand oder auch an den Fingernägeln herumzukauen. Solche Verhaltensweisen werden oft unbewusst ausgeführt.

Viele Menschen mit Down-Syndrom haben Schlafstörungen, wenn sie nervös sind oder unter Ängsten leiden. Diese Schlafstörungen werden von Betreuern nicht immer bemerkt, weil viele Betroffene in Wohnheimen abends wenig Betreuung haben und die Nächte meist alleine verbringen. Wenn der Betroffene jedoch Symptome einer Angststörung zeigt, sollten auch die Schlafgewohnheiten genauer untersucht und der Mensch auch nachts überwacht werden (siehe Kapitel 2, Abschnitt über Schlafstörungen).

Angststörungen können zu starker Erregtheit und dem Verlust der Konzentrationsfähigkeit führen. Diese Symptome können jedoch auch auf eine Depression hindeuten.

Starke Befürchtungen wie die Sorge, dass ein bestimmtes Unglück eintreffen könnte, ist ebenfalls ein häufiges Symptom von Angststörungen. Patienten, die sich verbal auszudrücken vermögen, können ihre Sorgen direkt mitteilen, während sich nonverbale Betroffene meist durch ihr Verhalten ausdrücken. So beschäftigen sich zum Beispiel Betroffene, die vor extremen Wetterlagen Angst haben, sehr mit den Wetternachrichten. Wenn der befürchtete Sturm in der Wettervorhersage angesagt wird, beobachten Familien und Betreuer oft die zuvor beschriebenen Verhaltensweisen, die auf eine Angststörung hinweisen. Diese Verhaltensmuster werden ständig wiederholt, sodass es für das Umfeld des Betroffenen irgendwann eindeutig ist, dass die Ängste auf das Wetter oder auf ein anderes Ereignis bezogen sind. Wenn die Ängste nur aufgrund einer Wettersituation entstehen, können sie als Phobie bezeichnet werden. Das Wetter kann aber auch der Auslöser einer Generalisierten Angststörung sein, wenn auch andere Situationen und Ereignisse bei dem Betroffenen Ängste auslösen.

Colin, 28, Down-Syndrom, wurde in unsere Ambulanz gebracht, weil er häufiger äußerte, dass er sich umbringen wolle. Dies war für Colin sehr ungewöhnlich. Obwohl seine Eltern schon vor einiger Zeit gestorben waren, hatte er noch einen guten, positiven Kontakt zu seinen beiden Schwestern, die sich auch intensiv um sein Wohlergehen kümmerten. Er war bei Familie und Freunden sehr beliebt und wurde von allen unterstützt. In seiner Freizeit war er sehr aktiv und nahm viele sportliche Angebote wahr. Zudem war er ein sehr talentierter Künstler. Eines Abends war er allerdings sehr niedergeschlagen. Als er von den Betreuern in seinem Wohnheim nach seinem Befinden gefragt wurde, antwortete er, dass er sich selbst verletzen wolle.

Colin konnte seine suizidalen Gedanken nicht erklären. Im Laufe unseres Termins wurden die Dinge langsam klarer. Der erste Hinweis kam von den Betreuern, die wie wir den Verdacht hatten, dass Colin sowohl unter einer Psychose leiden könnte als auch suizidale Tendenzen zeige. Sie machten sich Sorgen, weil Colin seltsame Bemerkungen über Personen und Ereignisse (in der Gegenwartsform) machte, die die Betreuer im Wohnheim überhaupt nicht einordnen konnten. Bei unserem Termin konnten wir Colins Betreuern erklären, dass viele Menschen mit Down-Syndrom Gegenwart und Vergangenheit verwechseln und dazu tendieren, Ereignisse aus der Vergangenheit erneut zu durchleben.

Colins Schwestern erklärten daraufhin, dass er früher große Angst vor Gewittern gehabt hatte und dass sich seine Bemerkungen wohl auf diese Situationen in der Vergangenheit bezogen. Wenn er bei einem solchen Gewitter gerade bei seinen Schwestern zu Besuch war, versteckte er sich meistens im Badezimmer, damit er den Donner nicht hören konnte. Wir diskutierten über seine Sorgen und sein Bedürfnis, das Wetter genau zu beobachten. Eine Betreuerin im Wohnheim bemerkte noch, dass Colin sich oft weigerte, an stürmischen Tagen das Haus zu verlassen. Sie erwähnte auch, dass er seit mehreren Wochen alleine in seinem Zimmer war, weil sein Mitbewohner eine Urlaubsreise machte. Seitdem hatte es viele Gewitter gegeben. Anscheinend zeigte die Anwesenheit des Mitbewohners meist eine beruhigende Wirkung auf Colin.

Leider fiel es Colin sehr schwer, seine Sorgen und Ängste mit anderen zu besprechen. Seit nun der Mitbewohner verreist war, schienen seine Sorgen und Ängste immer stärker zu werden, bis er die Situation nicht länger ertragen konnte und schließlich seine suizidalen Gedanken äußerte. Seine Betreuer kamen daraufhin mit ihm in unsere Ambulanz.

Wir stellten fest, dass die Suizidgefahr nicht wirklich bestand, und entwickelten einen Plan, um Colins Ängste zu lindern. Glücklicherweise kam auch Colins Mitbewohner von seiner Reise zurück, sodass er abends nicht mehr alleine war. Colins Betreuer sollten sich in Zukunft täglich mit ihm zusammensetzen und seine Befürchtungen, was das Wetter anbelangte, mit ihm besprechen. An Tagen, an denen er größere Angst zu haben schien, und vor allem an stürmischen Tagen sollten die Betreuer ihn besonders unterstützen. Zudem half ihm eine Entspannungstherapie sehr, bei der auch Bilder von schönen Ereignissen in der Vergangenheit und von Personen eingesetzt wurden, die ihm besonders wichtig waren. So konnte er die Bilder von Gewittern und Stürmen und die

Erfahrungen daraus durch Bilder von positiven Ereignissen ersetzen. Ein Jahr später hatte Colin immer noch Angst und machte sich Sorgen wegen eventueller Stürme, aber er konnte nun besser damit umgehen und wurde in diesen Situationen auch sehr von seiner Familie und seinen Betreuern unterstützt.

Agoraphobie

Wir haben festgestellt, dass Ängste von Erwachsenen mit Down-Syndrom auch oft mit einer anderen Angststörung zusammenhängen, der Agoraphobie, auch Platzangst beim Überqueren freier Plätze genannt. Der Terminus Agoraphobie bezeichnet somit eine unangemessene Angst vor bestimmten Orten und Situationen. Viele unserer Patienten haben zum Beispiel große Angst davor, in ein Krankenhaus zu gehen, zweifellos deswegen, weil sie dort viele schmerzhafte Erfahrungen gemacht haben. Andere haben negative Erfahrungen in Geschäften, Einkaufszentren, am Arbeitsplatz oder in Freizeiteinrichtungen gemacht und dadurch ähnliche Ängste entwickelt, die in schweren Fällen dazu führen, dass das Haus gar nicht mehr verlassen wird. Der Betroffene hat oft Angst, dass der Ort aufgesucht wird, an dem er die schlechte Erfahrung gemacht hat. Das eigentliche negative Ereignis kann weit in der Vergangenheit liegen, aber die Angst immer noch sehr präsent sein. Denken wir an das Beispiel aus Kapitel 5, in dem Georgine mit 21 Jahren von einem Mitbewohner im Wohnheim sexuell belästigt wurde. Nun war sie 38 und lebte seit 15 Jahren bei einer Pflegemutter. Trotzdem hatte sie immer noch Angst, nach einem Besuch das Haus ihrer Schwester zu verlassen, weil sie befürchtete, dass sie wieder in das Wohnheim gebracht werden würde, aus dem sie schon vor 17 Jahren ausgezogen war.

In Kapitel 5 haben wir auch erwähnt, dass Menschen mit Down-Syndrom oft lange unter traumatischen Erfahrungen leiden und dass diese sie aufgrund ihres guten visuellen Gedächtnisses immer wieder peinigen. Man kann leicht nachvollziehen, dass wetterbezogene Ängste auf einer traumatischen Erfahrung beruhen können. Die Ängste des ursprünglichen Ereignisses werden bei jedem Wetterbericht, der dieselbe Wetterlage wie damals ankündigt, erneut durchlebt. Das führt dazu, dass der Betroffene sich so sehr in seine Angst hineinsteigert, dass er das Haus gar nicht mehr verlassen möchte (Agoraphobie).

Die Behandlung von Agoraphobien

Die Behandlung einer Agoraphobie und anderer Angststörungen kann viel Zeit, Geduld und detektivische Arbeit erfordern. Menschen mit extremen Ängsten müssen das Gefühl zurückgewinnen, dass sie in solchen Situationen die Kontrolle behalten. Medikamente können dabei helfen, die Angst ein wenig zu lindern oder einzudämmen (siehe nachfolgend unter „Medikamente").

Der nächste Schritt besteht darin, dem Betroffenen zu helfen, die entsprechenden Situationen zu identifizieren, die so angsteinflößend sind. In einigen Fällen bedarf es einer sorgfältigen Untersuchung der Umstände, um zu verstehen, weshalb der Betroffene das Haus nicht verlassen will. Manche Familien oder Betreuer wissen nicht, vor welchem Ort oder welcher Situation genau sich der Betroffene fürchtet. In solchen Fällen lässt sich die Lösung des Problems oft im Umfeld des Menschen finden. In Kapitel 6 weigerte sich Bruce zum Beispiel, seine Wohnung zu verlassen. Als man deshalb mit seinem Arbeitgeber in Kontakt getreten war, fand man heraus, dass er von einem anderen Mitarbeiter belästigt und schikaniert wurde. Dies war eine wichtige Information, aufgrund derer eine entsprechende Behandlung eingeleitet werden konnte.

Manchmal gibt auch das Verhalten des Betroffenen Hinweise auf die Quelle der Angst. Wir gehen zum Beispiel davon aus, dass Menschen, die Angst davor haben, in unsere Ambulanz zu kommen, negative Erfahrungen bei einem früheren Krankenhausaufenthalt gemacht haben.

Wenn Familie und Betreuer festgestellt haben, woher die Angst kommt oder worauf sie sich bezieht, werden sie viel Zeit und Geduld aufbringen müssen, um dem Betroffenen zu erklären, dass dieser Ort nicht aufgesucht werden wird. Der Betroffene bekommt so die Sicherheit, dass er seine normalen täglichen Aktivitäten weiterführen kann, ohne an den gefürchteten Ort zu kommen. Wie bereits in Kapitel 5 besprochen, können Bilder helfen, die Angst zu verringern, weil viele Menschen mit Down-Syndrom ein ausgeprägtes visuelles Gedächtnis haben. Im Falle von Georgine, die Angst hatte, das Haus ihrer Schwester zu verlassen, wurden Bilder eingesetzt, um ihr zu zeigen, wohin sie tatsächlich fahren würde, nämlich nicht in das gefürchtete Wohnheim, sondern zu ihrer Pflegemutter. Dies galt als sicherer Ort für sie, an dem sie keine traumatischen Erfahrungen gemacht hatte. Während ihrer Behandlung spielten Bilder eine wesentliche Rolle. Kurzzeitig bekam sie auch Medikamente gegen ihre Angststörungen. Ihre Schwester und ihre Pflegemutter unterstützten sie liebevoll und nach einer Weile konnte sie nach einem Besuch bei ihrer Schwester zu ihrer Pflegemutter zurückkehren, ohne diese lähmenden Ängste zu verspüren. Für Georgine und natürlich auch für andere Patienten bedeutet die Möglichkeit, das zu tun, wovor man zuvor so große Angst hatte, eine große Erleichterung, aber auch einen enormen Gewinn an Selbstbewusstsein, was wiederum einen positiven therapeutischen Effekt hat.

Wenn die Ursache der Angst nicht genau identifiziert werden kann, ist die beste Lösung häufig, das Umfeld und die Routinen des Betroffenen zu ändern, um ihn so hoffentlich von der Angst verursachenden Situation fernzuhalten. Wie im folgenden Beispiel sollten Sie, wenn Sie sicher sind, dass die Situation zu Hause in Ordnung ist, die Situation am Arbeitsplatz verändern.

Anthony, ein 34 Jahre alter, nonverbaler Mann mit Down-Syndrom, weigerte sich plötzlich, seinen Job in einem städtischen Schwimmbad anzutreten, obwohl er dort bereits seit fünf Jahren arbeitete und ihm dies viel Spaß machte. Nach wiederholten Versuchen, ihn dazu zu bewegen, zurück an seinen Arbeitsplatz zu gehen, wurde er in seine frühere Werkstatt gebracht, wo er ohne Angst zu arbeiten schien. Man fand später heraus, dass ein Vorgesetzter im Schwimmbad eine Mitarbeiterin belästigt hatte. Anthonys extreme Verhaltensänderung trat ein, nachdem dieser Vorgesetzte die Arbeit aufgenommen hatte. Anthony hatte wohl Angst davor, ebenfalls belästigt zu werden und dies dann nicht mitteilen zu können.

Die Desensibilisierung

Die Desensibilisierung kann ein wichtiges Element in der Behandlung einer Phobie oder Agoraphobie sein. Einige Vorgehensweisen, die bei einer Desensibilisierung angewandt werden, wurden zuvor angesprochen, aber nicht genau erklärt. Bei der Desensibilisierung versucht man, die Ängste des Betroffenen nach und nach zu reduzieren, indem man ihm hilft, die Konfrontation mit dem Angst auslösenden Ereignis oder der Situation zu bewältigen.

Idealerweise wird schriftlich ein schrittweiser Plan für die Desensibilisierung des Betroffenen erstellt. Man beginnt meist damit, herauszufinden, wie viel der Betroffene aushalten kann. Das kann mithilfe eines Bildes oder eines Modells des gefürchteten Gegenstands geschehen, das am anderen Ende des Zimmers platziert wird. Der nächste Schritt kann dann sein, das Bild oder das Modell in den Händen zu halten. Der Betroffene wird immer wieder mit dem Gegenstand konfrontiert, bis seine Furcht und Angst davor weniger werden.

Wir haben zum Beispiel gelernt, viel Geduld mit Menschen zu haben, die Angst vor Untersuchungen in unserer Ambulanz zeigen. Wir empfehlen oft, dass man den Patienten schrittweise an die Ambulanz gewöhnt. Man kann zum Beispiel damit beginnen, dass man eines Tages einfach nur am Gebäude vorbeifährt. Am nächsten Tag fährt man dann vielleicht auf den Parkplatz und wieder etwas später geht man bis zur Eingangstür.

Wie bereits zuvor angesprochen, können auch Medikamente dabei helfen, die Intensität der Angst zu verringern. Medikamente können besonders in der Situation der größten Angst sehr hilfreich sein. In unserem Beispiel mit dem Krankenhaus kann das der Moment sein, in dem der Betroffene das Gebäude oder das Untersuchungszimmer betritt, oder sogar der Moment, in dem ihm Blut abgenommen wird. In manchen Fällen dauert die Desensibilisierung Monate. Weil es aber immer wieder notwendig ist, eine Untersuchung durchzuführen, zahlen sich die Mühe und die Geduld am Ende doch aus. Einer unserer Patienten mit Down-Syndrom erlaubte unseren Mitarbeitern nach neun Monaten geduldigen Umgangs mit ihm endlich, ihm Blut abzunehmen.

Zuvor hatte er das stets verweigert. Wir stellten bei der Untersuchung seines Blutes fest, dass er unter einer Schilddrüsenunterfunktion litt, die unbedingt behandelt werden musste. Die Diagnose war erst möglich, nachdem wir ihm erfolgreich Blut abnehmen konnten.

Eine recht häufig auftretende und besonders schwierig zu behandelnde Form von Agoraphobie tritt auf, wenn Betroffene sich weigern, ihr Haus zu verlassen und in ein Fahrzeug einzusteigen. In solchen Fällen wird der Betroffene ebenfalls schrittweise mit der gefürchteten Situation konfrontiert. Auch hier können Medikamente dazu beitragen, dass die Intensität der Angst verringert wird und die Betroffenen so empfänglicher für die Desensibilisierung sind. Familien und andere Betreuer konfrontieren den Betroffenen dann täglich langsam und in ganz kleinen Schritten mit der Angst erregenden Situation und versuchen dabei, sich immer weiter aus dem Haus und zum Auto zu bewegen. In extremen Fällen kann ein erster Schritt sein, dass der Betroffene überhaupt nur seinen Arm aus der Haustür streckt oder zehn Sekunden auf der Türschwelle steht, bevor er wieder ins sichere Haus umkehrt. In solch kleinen Schritten wird es dann weitergehen, bis der Betroffene so weit ist, dass er aus dem Haus und zum Auto gehen kann oder es vielleicht erst einmal nur berührt.

Wenn der Betroffene so weit desensibilisiert ist, dass er in das Auto einsteigen kann, ist er meistens auch schon so weit, dass die Betreuer ihn zu seinen alltäglichen Aktivitäten hinfahren können. Es ist jedoch wichtig, den Menschen dabei genau zu beobachten, um zu sehen, ob eine bestimmte Umgebung wieder Ängste auslöst. So kann man eventuell herausfinden, welcher Ort genau gefürchtet wird, auch wenn man dadurch noch nicht weiß, was an diesem Ort eigentlich passiert ist. Dieser Ort sollte dann gemieden werden. Wenn das nicht möglich ist, sollte der Betroffene durch schrittweise Konfrontation mit diesem Ort langsam desensibilisiert werden.

Die Panikstörung (episodisch paroxysmale Angst)

In der Durchschnittsbevölkerung ist die Panikstörung eine der am häufigsten auftretenden Angststörungen und gleichzeitig eine Ursache für eine Agoraphobie. Das DSM-IV-TR beschreibt Panikstörungen als einen Zustand mit wiederkehrenden schweren Angstanfällen, die nicht vorhersehbar sind und bei denen mindestens vier der folgenden Symptome auftreten:

- Herzklopfen
- Herzrasen oder -stolpern
- Schwitzen, Schweißausbrüche und Zittern
- Kurzatmigkeit und Erstickungsgefühle
- Brustschmerzen, Unwohlsein
- Übelkeit, Diarrhö, Obstipation
- Schwindel- oder Schwächegefühle
- Entfremdungsgefühle (Derealisation)
- Angst, die Kontrolle zu verlieren oder wahnsinnig zu werden
- Angst, zu sterben
- Gefühllosigkeit und Kribbelgefühl
- Kälte- oder Hitzewallungen.

(Auszug aus dem *Diagnostic and Statistical Manual of Mental Disorders, Fourth Edition, Text Revision* (Copyright 2000), mit freundlicher Genehmigung der American Psychiatric Association.)

Diese Reaktionen können spontan sein, aber auch durch einen Angstauslöser entstehen, unabhängig davon, ob der Betroffene den Auslöser als solchen erkennt oder nicht (Landon und Barlow, 2004).

Wir haben einige Patienten mit Panikstörungen in unserer Ambulanz behandelt, auch wenn diese bei Menschen mit Down-Syndrom nicht so häufig auftreten wie andere Angststörungen. Panikstörungen können jedoch tatsächlich häufiger vorkommen, als es beobachtet und dokumentiert wird. Die Diagnose ist in einigen Fällen vermutlich nicht ganz exakt gestellt, weil Menschen mit Down-Syndrom ihre subjektiven Gefühle aufgrund ihrer verbalen und artikulativen Einschränkungen weniger gut in Worte fassen und äußern können. Aufmerksame Betreuer werden dennoch einige Symptome beobachten. Nachfolgend ein Beispiel:

Sean, 24, wurde zu uns gebracht, weil er wiederholt Probleme am Arbeitsplatz hatte. Er war manchmal sehr aufgeregt und schlug Kollegen.

Seine Mutter erzählte uns, dass er bei zwei Reisen mit der Familie im Flugzeug ähnlich erregt war und auch schwitzte, schwer atmete und einfach nicht still sitzen konnte. Wir suchten seine Werkstatt auf und befragten seine Betreuer. Sie beobachteten ihn genauer und stellten jeweils vor Beginn einer Episode, in der er sehr erregt war, ähnliche Symptome fest.

Schließlich diagnostizierten wir eine Panikstörung bei Sean. Er sprach sehr gut auf eine Kombination aus Sertralin und Alprazolam mit verzögerter Wirkstofffreisetzung an. Wir gaben seiner Familie zudem Alprazolam mit sofortiger Wirkstofffreisetzung für den Fall, dass er neue Symptome entwickelte. Sean ging es mit dieser Medikamentenkombination viel besser. Er war dadurch wieder in der Lage, ohne Probleme arbeiten zu gehen, was schon alleine eine therapeutische Wirkung hatte. Die Tatsache, dass er seine Arbeit gut ausführen konnte und auch nicht die Kontrolle über sich verlor, war eine sehr positive Erfahrung für ihn, aus der er viel Kraft schöpfte. Er fühlte sich nun besser, was sich wiederum positiv auf sein Selbstwertgefühl auswirkte und dazu führte, dass er in vielen Situationen weniger aufgeregt und ängstlich war.

Eine Desensibilisierung kann bei Panikattacken ebenfalls sinnvoll sein. In manchen Fällen ist es jedoch auch notwendig, die Situation zu vermeiden. Medikamente wie Antidepressiva und Medikamente gegen Angststörungen können hilfreich sein. Wir verordnen häufig einen selektiven Serotonin-Wiederaufnahmehemmer (SSRI).

Wie man bestimmte Krankheitsbilder von Angststörungen unterscheiden kann

Wenn wir eine Angststörung oder Panikattacken diagnostizieren, müssen wir zuvor mögliche Erkrankungen ausschließen, die Symptome dieser Störungen begünstigen können oder sich sogar durch ähnliche Symptome äußern. Im Idealfall untersucht der behandelnde Arzt erst, ob die auftretenden Symptome aufgrund einer anderen Erkrankung auftreten oder tatsächlich als Angststörung zu diagnostizieren sind. Die gesundheitlichen Probleme behandelt er entsprechend, wodurch die Therapie der Angststörung mit Medikamenten eventuell hinfällig ist.

Es kommt häufig vor, dass der Betroffene unter einer Schilddrüsenüberfunktion (Hyperthyreose) leidet. Nervosität ist in der Durchschnittsbevölkerung ein häufig auftretendes Symptom einer Hyperthyreose. Studien haben ergeben, dass 85 Prozent der Menschen mit Hyperthyreose an Angststörungen leiden (Reid und Wheeler, 2005; Katerndahl und Vande Creek, 1983). Bei Menschen mit Down-Syndrom ist Nervosität ebenfalls ein häufig auftretendes Symptom. Wenn die Schilddrüsenüberfunktion behandelt wird, verschwinden oft auch die Angststörungen.

Ein weiteres gesundheitliches Problem, das Angststörungen begünstigen kann, ist die Schlafapnoe. Der mit der Schlafapnoe einhergehende chronische Schlafentzug kann zu einer Angststörung beitragen. Eine Schlafapnoe kann während des Schlafs eine Hypoxämie (niedrige Sauerstoffsättigung) verursachen und diese wiederum Ängste oder sogar Panikgefühle hervorrufen. Nachts wachen die Betroffenen auf und bekommen Angst oder werden panisch, weil sie den niedrigen Sauerstoffgehalt im Blut körperlich spüren. Tagsüber empfinden sie ein anhaltendes Angstgefühl.

Alles was eine Hypoxämie verursacht, kann auch Angstgefühle hervorrufen. Manche Erwachsene mit Down-Syndrom, die einen angeborenen Herzfehler haben, der nicht korrigiert wurde und zu einer chronischen Hypoxämie und Zyanose führte, können Ängste entwickeln. Wenn die Hypoxämie fortschreitet, kommt es vermehrt zu Atemschwierigkeiten, was große Ängste oder Panik auslösen kann. Wenn der Betroffene sehr aktiv ist, kann der Sauerstoffgehalt noch mehr fallen, was zu noch mehr Angst führt. Einige unserer Patienten mit diesem Problem benötigen Medikamente gegen Angststörungen, aber oft hilft ihnen auch eine Sauerstofftherapie, durch die die körperlichen Beschwerden reduziert und der psychologische Stress vermindert wird. Leider kann der Vorschlag dazu alleine schon Stress verursachen. Hier ein Beispiel:

Der Gesundheitszustand von Leah, einer 37-jährigen Frau mit einem angeborenen zyanotischen Herzfehler, verschlechterte sich immer mehr. Ihre Herzfunktion nahm immer weiter ab, sie wurde kurzatmig und musste ihre Aktivitäten immer weiter einschränken. Obwohl eine dauerhafte Sauerstoffversorgung ihre Beschwerden etwas gelindert hätte, hatte sie große Angst, als wir diese Möglichkeit ansprachen. Sie weigerte sich, auch nur daran zu denken.

Leahs Familie entdeckte schließlich nach mehreren Gesprächen mit ihr den Grund für ihre Angst. Leahs Großvater litt unter einem schweren Emphysem. Kurz bevor er starb, wurde er mit Sauerstoff versorgt. Leah setzte den Tod ihres Großvaters mit der Sauerstoffbehandlung gleich. Sie dachte, dass sie sterben würde, wenn sie ebenfalls Sauerstoff bekommen würde. Wir konnten Leah mit der Zeit beruhigen und sie stimmte der Sauerstofftherapie schließlich zu. Als sie sich dann mit Sauerstoff wesentlich besser fühlte und auch wieder aktiver sein konnte, wurden ihre Ängste allmählich weniger und sie benutzte ihr Sauerstoffgerät freiwillig.

Eine weitere mögliche Ursache für das Auftreten von Angststörungen sind Entzugserscheinungen durch Alkoholentzug. Menschen bekommen Alkoholentzugserscheinungen, wenn sie es gewohnt sind, über einen längeren Zeitraum hinweg große Mengen zu trinken und dann plötzlich damit aufhören. Zwar begegnen uns solche Fälle äußerst selten, aber dennoch muss man auch eine solche Ursache in Betracht ziehen. Wir haben zwei Patienten mit Alkoholproblemen behandelt, bei denen es ausreichend war, ihnen den Zugang zu Alkohol zu verwehren. Interessanterweise äußerten beide Patienten später kein heftiges Verlangen nach Alkohol und „vergaßen" entweder, dass sie getrunken hatten, oder verleugneten es.

Drogenabhängigkeit kommt bei Menschen mit Down-Syndrom ebenfalls viel seltener vor (wir haben noch von keinem Fall gehört), aber sie ist natürlich möglich. In unserer Ambulanz haben wir noch keinen Fall gesehen. Was allerdings häufiger auftritt, ist der übermäßige Konsum von koffeinhaltigen Getränken. Koffein kann ebenfalls Symptome einer Angststörung hervorrufen oder Schlafstörungen verursachen, die wiederum Angststörungen begünstigen. Wir empfehlen in solchen Fällen, die koffeinhaltigen Getränke langsam durch Getränke ohne Koffein zu ersetzen, die der Betroffene ebenfalls gerne trinkt.

Zu guter Letzt muss man natürlich auch körperliche Erkrankungen als Ursache einer Angststörung ausschließen. Verschiedene Erkrankungen können Depressionen, aber auch Angststörungen verursachen. Dies ist besonders dann der Fall, wenn Unklarheit bezüglich der Diagnose oder der Behandlung besteht. Wenn der Erwachsene zudem noch verringerte Kommunikationsfähigkeiten hat und seine Bedenken, Schmerzen oder andere Symptome nicht mitteilen kann, kann dies ebenfalls Ängste auslösen. Hinzu kommt, dass der Betroffene, wie jeder andere auch, stark unter Stress stehen kann, wenn er durch eine frühere Erfahrung weiß oder ihm erzählt wurde, dass die Krankheit mit großem Leid oder Problemen verbunden sein kann.

Behandlung

In den Fallbeschreibungen in diesem Kapitel haben wir bereits einige Behandlungsmöglichkeiten bei Angststörungen vorgestellt, einschließlich der Behandlung der zugrunde liegenden körperlichen Erkrankungen sowie psychologische Betreuung und Medikamente. Wir haben ebenfalls angesprochen, welche Aspekte man bei zugrunde liegenden Erkrankungen beachten muss. Im folgenden Abschnitt befassen wir uns mit Medikamenten und psychologischer Betreuung bei der Behandlung von Angststörungen.

Der Einsatz von Medikamenten

Die Medikamente zur Behandlung von Angststörungen lassen sich in drei Kategorien aufteilen:

1. Azaperone,
2. Benzodiazepine und
3. Antidepressiva.

Buspiron ist das einzige Azaperon, das gegenwärtig erhältlich ist. Nach derzeitigem Forschungsstand ist nicht bekannt, wie dieser Wirkstoff im Gehirn genau wirkt. Es wirkt sich nicht sofort auf die Angststörungen aus, sondern es kann einige Tage bis Wochen dauern, bis man eine Wirkung erkennt. Der Vorteil gegenüber schnell wirkenden Benzodiazepinen ist, dass er nicht abhängig macht. Wir konnten einige wenige Erfolge bei der Behandlung von Angststörungen mit Buspiron verzeichnen.

Bei den Benzodiazepinen wie Diazepam und Lorazepam tritt die Wirkung relativ schnell ein, oft bereits nach Einnahme der ersten Dosis. Die Wirkung wird mit der Erhöhung der regelmäßigen Dosis häufig verstärkt. Diese Medikamente können bei akuten Beschwerden eingesetzt werden, während andere mit verzögertem Wirkungseintritt längerfristig angewandt werden. Ein Nachteil der Benzodiazepine ist, dass sie abhängig machen können.

Antidepressiva können bei Angststörungen ebenfalls eingesetzt werden. Wir haben festgestellt, dass selektive Serotonin-Wiederaufnahmehemmer (SSRIs) und Venlafaxin bei vielen Erwachsenen mit Down-Syndrom und Angststörungen eine positive Wirkung haben. Allerdings sind von der FDA für Angststörungen nur Paroxetin sowie Escitalopram und für Panikstörungen nur Paroxetin, Sertralin und Fluoxetin zugelassen. Wir haben in unserer Ambulanz Bupropion mit einigem Erfolg eingesetzt. Es kann mehrere Wochen dauern, bis diese Medikamente ihre volle Wirkung entfalten, sodass wir vorübergehend für die akuten Symptome Benzodiazepine einsetzen, bis die SSRI richtig anschlagen. Bei einigen Menschen ist es notwendig, dass sie Antidepressiva über einen längeren Zeitraum einnehmen, weil ihre Symptome wieder zum Vorschein kommen, wenn sie die Medikamente absetzen. Antidepressiva werden in den Kapiteln 13 und 14 genauer besprochen.

Als wir Steve, 34, das erste Mal sahen, stand er unter dem Einfluss von starken Beruhigungsmitteln. Er bekam hohe Dosen Thiothixen (ein Antipsychotikum, das in Deutschland nicht verfügbar ist), weil er in seinem Wohnheim häufig aggressiv geworden war und sogar einen Betreuer geschlagen hatte. Wir fanden heraus,

dass er in bestimmten Situationen, vor allem, wenn andere Menschen im Wohnheim erregt waren, sehr nervös wurde und anfing zu zittern. Steve reagierte sehr sensibel auf das, was um ihn herum passierte. Wir diagnostizierten schließlich eine Angststörung bei ihm, verordneten Buspiron und konnten so das Thiothixen ausschleichen. Er wurde langsam ruhiger und konnte es nach und nach besser verkraften, wenn andere Bewohner sich aufregten oder erregt waren.

Psychologische Therapie

Für viele unserer Patienten mit Angststörungen ist nicht nur eine Behandlung mit Medikamenten hilfreich, sondern auch eine Psychotherapie. Eine psychiatrische Therapie bietet dem Betroffenen nicht nur die Möglichkeit, jemandem seine Sorgen und Ängste mitzuteilen, sondern der Therapeut kann sich so auch ein Bild davon machen, ob und wie das Umfeld des Patienten angepasst werden muss, um die Ängste zu verringern. Hier ein Beispiel:

Edward, 30, und Gabe, 39, wurden von ihren Müttern in unsere Ambulanz gebracht, weil sie beide Symptome einer Generalisierten Angststörung zeigten. Dies äußerte sich hauptsächlich durch Erregtheit, eine angespannte Körperhaltung, nervöses Auf- und Abgehen und Schlafstörungen. Beide neigten auch dazu, sich selbst leicht zu verletzen. Gabe kaute zum Beispiel an seinen Händen herum. Edward kratzte Wunden an Armen und Beinen auf. Beide hatten vor kurzem ihre Väter verloren und ihre Mütter waren noch sehr mit ihrer eigenen Trauer beschäftigt und kamen schlecht mit der Tatsache zurecht, immer mehr Familienmitglieder und Freunde zu verlieren, je älter sie wurden. Edward und Gabe reagierten sehr sensibel auf die Gefühle ihrer Mütter. Sie riefen große Ängste in ihnen hervor. Die Ursache, dass sich ihre Ängste jedoch so dramatisch verschlimmert hatten, war der Stress am Arbeitsplatz.

Edward arbeitete in einer sehr konfliktreichen Arbeitsumgebung. Für ihn war das sehr belastend, zumal der Geräuschpegel stetig anstieg und die Streitereien zwischen den anderen immer mehr wurden. Noch schlimmer war, dass sich einige Kollegen über ihn lustig machten und er deshalb sehr verärgert und traurig war, was den anderen wiederum einen Anlass gab, ihn noch mehr zu verspotten.

Gabes Problem hatte eine andere Ursache. Seine Werkstatt sollte geschlossen und alle Beschäftigten auf kommunale Arbeitsplätze verteilt werden. Dies ist zwar generell ein erstrebenswertes Ziel, aber leider wurde die Werkstatt geschlossen, bevor alle tatsächlich einen neuen Arbeitsplatz gefunden hatten. Die Beschäftigten ohne neuen Job saßen nun untätig in der stillgelegten Werkstatt herum und hatten keine Aufgabe mehr. Die Situation war vor allem für Gabe besonders schwierig, weil es für ihn extrem wichtig war, zu arbeiten und produktiv zu sein. Nach ungefähr sechs Monaten, in denen er nur herumsaß und nichts tat, bemerkte Gabes Mutter, dass sich seine Angstzustände verschlimmert hatten und auch sein Händebeißen mehr geworden war.

Edwards und Gabes Mütter brachten ihre Söhne kurz nacheinander zu uns in die Ambulanz. Zunächst schlossen wir körperliche Erkrankungen aus und stellten dann bei beiden die Diagnose einer Angststörung. Wir entwickelten einen Behandlungsplan. Beiden wurden Medikamente gegen die Angststörungen verordnet, um die Intensität ihrer Ängste zu verringern und die Schlafstörungen zu lindern. Wir empfahlen beiden Familien eine psychotherapeutische Behandlung, die auch bald begonnen wurde.

Edward und seine Mutter hatten jeweils Einzelsitzungen, aber auch gemeinsame Therapiesitzungen, in denen sie ihre Gefühle und Probleme besprachen. Edward konnte sich gut ausdrücken und war in der Lage, viele seiner Sorgen und Probleme ehrlich und offen zu besprechen. In den Sitzungen mit Edwards Mutter ging es hauptsächlich um ihre Bedürfnisse nach mehr sozialen Aktivitäten und Freunden (was sie durch eine häufigere Teilnahme an Aktivitäten ihrer Kirche und eines örtlichen Vereins erreichte).

Die psychotherapeutische Behandlung von Gabe und seiner Mutter gestaltete sich ganz anders, weil die Familie der Mutter die Therapie hauptsächlich als Eingeständnis der Mutter ansah, versagt zu haben. Deshalb war die Mutter auch weniger in der Lage, über ihre eigenen Probleme und Sorgen zu sprechen. Aus diesem Grund boten wir ihr keine Einzelsitzungen an und sie bat auch nicht darum. Ihr war es jedoch wichtig, uns dabei zu unterstützen, eine Lösung für Gabes Problem zu finden, und sie zeigte und erklärte uns, was wir über Gabe wissen mussten, um ihm zu helfen. Sie erklärte uns zum Beispiel, wie wichtig Gabes Arbeit für ihn war und dass sich das Arbeiten positiv auf sein Wohlbefinden auswirkte. Gabe kam zu mehreren kurzen Einzelsitzungen (ungefähr 15 bis 25 Minuten) zu uns. Diese Sitzungen waren sehr produktiv, obwohl er sich weniger gut artikulieren konnte als Edward (siehe Kapitel 13, Abschnitt über therapeutische Sitzungen mit Erwachsenen, die weniger verbal sind).

Bei den unterschiedlichen Behandlungsansätzen von Edward und Gabe gab es doch einige Übereinstimmungen. Bei beiden trafen wir uns mit den Betreuern an ihrem Arbeitsplatz und besprachen die dortigen Probleme. Wir hatten auch eine Sitzung mit beiden Männern und ihren Müttern, in denen wir Entspannungstechniken vorstellten, mit denen sie ihren Ängsten entgegenwirken konnten.

Die Probleme am Arbeitsplatz besprachen wir mit den Familien und den dortigen Betreuern und versuchten gemeinsam, eine Lösung zu finden. Für Edward konnten wir eine positive Veränderung bewirken und es wurde ihm schließlich möglich gemacht, dass er an einen ruhigeren Arbeitsplatz wechseln konnte. Bei Gabe waren wir anfangs weniger erfolgreich. Die Betreuer seiner ehemaligen Werkstatt waren nicht gewillt oder nicht in der Lage, einen angemessenen Arbeitsplatz für ihn zu finden. Glücklicherweise arbeiteten Gabe, seine Mutter, die Therapeuten aus unserer Ambulanz und auch die Arbeitsvermittlung eng zusammen und konnten ihm schließlich einen Arbeitsplatz in der Nähe seines Wohnortes anbieten, an dem er gefordert war.

Ein weiterer wichtiger Teil unserer Behandlungsstrategie war das Vermitteln von Entspannungstechniken. Dies sind willentlich ausgeführte Aktivitäten, die dem Betroffenen ein Gefühl der Kontrolle über seine Ängste geben, indem er erlernt, sich in der Angst einflößenden Situation zu entspannen.

Bei der Entwicklung von auf den Patienten zugeschnittenen Entspannungstechniken stützen wir uns auf die Interessen und die Stärken der Person.

Im Falle von Colin (siehe Fallbeschreibung am Anfang dieses Kapitels), der so große Angst vor Gewittern hatte, setzten wir auf sein ausgezeichnetes Gedächtnis und sein Interesse an Fotos von vergangenen Ereignissen und Erfahrungen, die er dabei gemacht hatte. So halfen wir ihm, sich eher auf diese positiven Erfahrungen zu konzentrieren. Colin lernte, diese Technik einzusetzen, wenn er Angst hatte, dass wieder ein Gewitter aufziehen könne, und wenn er gerade ein Gewitter erlebte (mehr über den Einsatz von visuellen Gedächtnistechniken in Kapitel 13).

Bei Gabe haben wir festgestellt, dass er wie viele Menschen mit Down-Syndrom bestimmte Routinen und Grooves hat, die er jeden Tag ausführt. Eine dieser Aktivitäten war das Abschreiben von Briefen oder Worten auf Notizblöcke. Er konnte sich stundenlang damit beschäftigen, vor allem abends, und sich so sehr gut entspannen. Leider belastete ihn die Situation am Arbeitsplatz so sehr, dass er diese Tätigkeiten ganz eingestellt hatte. In den Einzelsitzungen und den Sitzungen mit seiner Mutter zusammen arbeiteten wir daran, ihm diese Aktivität wieder nahezubringen. Unser zweiter Schritt war, ihn dazu zu bewegen, diese Aktivität zur Entspannung auszuführen, wenn er unter Stress stand. Anfangs mussten ihn seine Mutter und andere Betreuer daran erinnern, dass er sich mit dem Abschreiben von Briefen beschäftigen konnte, wenn er gestresst war, aber mit der Zeit erkannte er selbst, wann der Zeitpunkt für ihn gekommen war, um diese Entspannungstechnik anzuwenden. Zum Beispiel war für Gabe der Stress an seinem neuen Arbeitsplatz am größten, wenn es nicht viel zu tun gab. Sein neuer Vorgesetzter erinnerte ihn ein oder zwei Mal an seine Entspannungsübung und Gabe nutzte diese Technik schließlich selbstständig und regelmäßig, wenn er wenig zu tun hatte oder unter Stress stand, egal ob es am Arbeitsplatz oder in einer anderen Situation war.

Bei Edward setzten wir zwei andere bekannte Entspannungsstrategien ein und änderten sie für ihn leicht ab. Die eine Entspannungsstrategie ist die progressive Muskelentspannung. Hierbei spannt man bewusst einzelne Muskelpartien an, hält die Spannung kurz, löst sie anschließend und erreicht damit einen Zustand tiefer Entspannung. Bei der zweiten Strategie wird Entspannung erreicht, indem anhand von Ein- und Ausatemübungen die Atmung willkürlich kontrolliert wird. Wir setzen diese Techniken gerne ein und passen sie den jeweiligen Fähigkeiten des Menschen mit Down-Syndrom an.

Bei Edward und vielen anderen Patienten machen wir anfangs eine einfache isometrische Übung, die wir mit einer Atemübung kombinieren. Isometrische Übungen bestehen darin, mit der eigenen Muskelkraft einen Widerstand aufzubauen und diesem entgegenzuwirken. Eine Übung ist zum Beispiel, die Handinnenflächen aneinanderzudrücken. Wie bei der progressiven Muskelentspannung kann diese Übung mit verschiedenen Muskelgruppen und Körperteilen durchgeführt werden. Man kann auch seine Hände zusammendrücken oder die Finger verschränken und die Hände auseinanderziehen. Eine weitere Übung ist, die Beine hoch- oder gegen einen Widerstand herunterzudrücken. Jede Übung wird fünf Sekunden lang gehalten. Eine Person sagt: „Los!", zählt dann fünf Sekunden: „1001, 1002, 1003 …", und sagt schließlich: „Stopp!" Wenn eine Person im Raum laut zählt, kann man eventuell auch noch eine Atemübung hinzufügen. Hierbei atmet man tief ein, beginnt die isometrische Übung und atmet aus, wenn die Übung beendet ist.

Manche Menschen mögen diese Übungen nicht oder sind nicht in der Lage, sie wie Edward auszuführen. Wir haben auch andere

Entspannungstechniken erfolgreich angewandt, wobei diese ebenso auf die Bedürfnisse von Menschen mit Down-Syndrom zugeschnitten waren. Einige Menschen verwenden glatte Steine, sogenannte Handschmeichler, die sie in der Hand halten und mit ihrem Daumen reiben und so Spannung oder Ängste abbauen. Wenn unsere Patienten mit anderen Menschen zusammen sind, haben sie diese Steine oft in ihrer Tasche und reiben sie, ohne dass andere das merken. Natürlich können auch viele andere Gegenstände verwendet werden, Bälle zum Beispiel oder Amulette. Die Betroffenen können somit einen vertrauten Gegenstand fühlen und zeigen ihre Spannung oder ihre Ängste nicht nach außen.

Im Folgenden möchten wir die Behandlungsstrategien für Edward und Gabe noch einmal zusammenfassen. Bei beiden wurde eine Generalisierte Angststörung diagnostiziert und die Behandlung bestand aus mehreren Ansätzen:

- einer umfassenden körperlichen Untersuchung, um zugrunde liegende gesundheitliche Probleme auszuschließen,
- Medikamenten zur Reduzierung der Intensität der Symptome und zur Linderung der Schlafstörungen,
- einer psychologischen Beratung (in der beide Patienten und mindestens eines ihrer Familienmitglieder über seine Sorgen und Gefühle sprechen konnten; ein Familienmitglied konnten wir darin unterstützen, wieder an positiven sozialen Aktivitäten teilzunehmen),
- einer Untersuchung der Arbeitssituation und Empfehlungen für die jeweiligen Arbeitsplätze zur Klärung und Vermeidung von stressbehafteten Situationen und zur Förderung einer gesünderen Arbeitsumgebung,
- Entspannungstechniken, die auf den Betroffenen, seine Fähigkeiten und seine Interessen zugeschnitten sind, um ihm dabei zu helfen, Angst auslösende Situationen zu meistern.

Beide Männer in unserem Beispiel litten an einer Generalisierten Angststörung. Die psychologische Betreuung und die Beratung tragen bei allen Formen einer Angststörung wesentlich zu einer erfolgreichen Behandlung bei. Auch für Menschen, die Desensibilisierungsübungen benötigen, kann eine Psychotherapie sehr zur Besserung der Symptome beitragen, weil diese ihnen eventuell dabei hilft, die gefürchtete Situation, der sie sich aufgrund der Desensibilisierung aussetzen müssen, besser zu ertragen. In einer Gesprächstherapie kann der Patient seine Ängste und Sorgen mitteilen und der Therapeut daraufhin einen Plan entwickeln, der auf die Bedürfnisse und die Ängste seines Patienten abgestimmt ist. Wir halten es für den Erfolg der Behandlung für sehr wichtig, dass der Therapeut auch das Umfeld des Patienten mit einbezieht und Gespräche mit der Familie und den Betreuern am Arbeitsplatz oder im Wohnheim führt, weil jede dieser Personen zusätzliche wichtige Aspekte zu einer erfolgreichen Therapie beitragen kann.

Fazit

Angststörungen können den Betroffenen sehr stark beeinträchtigen. Wie das auch bei anderen psychischen Erkrankungen der Fall ist, muss der Patient sorgfältig untersucht werden, um eventuell zugrunde liegende gesundheitliche Probleme auszuschließen. Im weiteren Verlauf der Behandlung müssen psychologische und soziale Probleme untersucht und behandelt und der Einsatz von Medikamenten abgewogen werden. Nach Beendigung der Behandlung muss der Patient weiterhin überwacht werden beziehungsweise sein Umfeld muss darauf achten, ob die Symptome wieder auftreten, weil eine Angststörung sich von neuem entwickeln kann.

16 Zwangsstörungen

Wie bereits in Kapitel 9 besprochen, neigen viele Menschen mit Down-Syndrom dazu, in bestimmten Situationen oder zu bestimmten Zeiten bestimmte Handlungen zu wiederholen. Grooves können einerseits sehr nützlich sein, zum Beispiel wenn Menschen durch sie in der Lage sind, ihre Körperpflege oder ihre Aufgaben am Arbeitsplatz verlässlich zu erledigen, jedoch andererseits problematisch werden, wenn die Gedankengänge oder die Handlungen starr oder unflexibel werden. Diese Neigung kann problematische Verhaltensweisen nach sich ziehen, die man als Zwangsstörung bezeichnen kann. Natürlich entwickeln sich Zwangsstörungen nicht immer aus Grooves heraus. In manchen Fällen besteht überhaupt keine Verbindung zwischen beiden Verhaltensweisen.

Was ist eine Zwangsstörung?

Zwangsgedanken sind laut ICD-10 Ideen, Vorstellungen oder Impulse, die den Patienten immer wieder stereotyp beschäftigen, Zwangshandlungen laut ICD-10 ständig und zwanghaft wiederholte Stereotypien. Bei der „klassischen" Zwangsstörung sind diese Zwänge mit dem Wunsch verbunden, die Ängste zu vermindern, die sich aus den Zwangsvorstellungen ergeben. Wenn jemand zum Beispiel von dem Gedanken besessen ist, dass er versehentlich das Haus niederbrennen wird, fühlt er sich unter Umständen gezwungen, immer wieder zu überprüfen, ob er tatsächlich den Herd ausgeschaltet hat. Hat er überprüft, dass der Herd ausgeschaltet ist, verringert sich die Angst zeitweilig, bis er wieder beginnt, sich Sorgen zu machen, dass das Haus niederbrennen könnte.

Gewöhnlich merken Menschen mit Zwangsstörungen, dass ihre Zwangsvorstellungen und Zwangshandlungen abnorm oder übertrieben sind, und sie wären gerne davon befreit, denn dann wären sie auch von den damit einhergehenden Ängsten befreit. Im Gegensatz dazu haben Menschen mit Down-Syndrom häufig nicht den Wunsch, sich von ihren Zwängen zu befreien.

Als Beispiel möchten wir hier den Fall von Jill anführen, einer 25-jährigen Frau mit Down-Syndrom, die Zwangsvorstellungen hatte. Jill mochte Carmen, eine junge Betreuerin an ihrem Arbeitsplatz, sehr und arbeitete gerne mit ihr zusammen. Sie mochte sie so sehr, dass sie sich irgendwann zwanghaft mit ihr beschäftigte und anfing, Bilder von ihr zu malen, ihr am Arbeitsplatz überall hin zu folgen, sie immer wieder anzurufen und Briefe am Scheibenwischer ihres Autos zu befestigen. Jill schnitt sogar Bilder von Carmens Autotyp aus und hob sie auf. Diese Zwänge beeinträchtigten Jills Leben erheblich, weil sie so sehr damit beschäftigt war, dass sie nicht mehr schlafen, arbeiten und an Freizeitaktivitäten teilnehmen konnte.

Zwangshandlungen können das Leben von Menschen ebenso beeinträchtigen und ernsthafte Probleme nach sich ziehen. Diese Handlungen wirken auf andere Menschen oft merkwürdig und unsinnig. Sam, ein 36-jähriger Mann mit Down-Syndrom, hatte den Zwang, Gläser und andere zerbrechliche Objekte auf den Kopf zu drehen und sie so an den Rand der Regale in seiner Wohnung zu stellen, dass sie fast herunterfielen. Es schien, als müsse er diese Handlung immer wieder ausführen. Natürlich zerbrachen sehr viele Gegenstände und dies beeinträchtigte auch das Leben der Menschen, die mit ihm zusammenwohnten, weil sie dadurch oftmals daran gehindert wurden, zur Arbeit zu gehen oder an Freizeitaktivitäten teilzunehmen.

Jährlich treten bei ungefähr 1,5 bis 2,3 Prozent der Menschen in der Durchschnittsbevölkerung Zwangsstörungen auf. Bei etwa 2,5 Prozent aller Menschen treten Zwangsstörungen einmal im Laufe ihres Lebens auf (Kessler et al, 2005). Bei Menschen mit Down-Syndrom scheinen Zwangsstörungen noch häufiger vorzukommen. In den 13 Jahren seit Eröffnung unserer Ambulanz haben wir bei ungefähr sechs Prozent unserer Patienten eine Zwangsstörung diagnostiziert.

Die Symptome

Zwangsvorstellungen sind durch wiederkehrende und anhaltende Gedanken gekennzeichnet, die mehr als nur übertriebene Sorge sind.

Zwangshandlungen beinhalten repetitive Handlungen oder repetitives Sprechen, zu dessen Ausführung sich die Person gezwungen fühlt. Diese Symptome werden problematisch, wenn sie die Aktivitäten des täglichen Lebens beeinträchtigen. Wenn eine Wohnheimbewohnerin zum Beispiel zwanghaft überprüft, ob die Mitarbeiter in ihrem Wohnheim auch ihre Arbeit erledigen, und die ganze Nacht wach bleibt, um sie zu beobachten, wird dies definitiv ihren Tagesablauf beeinträchtigen. Die Symptome müssen auch dann weiter untersucht werden, wenn die Person sehr erregt, verärgert oder wütend wird, wenn jemand in ihre Routinen eingreift oder sie dabei stört. Ein Beispiel dafür wäre ein erwachsener Bewohner, der zwanghaft das Licht einschaltet und sehr ärgerlich wird, wenn man ihn bittet, dies zu unterlassen, weil es Schlafenszeit ist (und das Licht gelöscht werden soll).

Ursachen

Es wird angenommen, dass Menschen mit Zwangsstörungen eine Anomalie im Serotonin-System aufweisen (eine Verringerung des Serotonins oder eine Anomalie der Serotonin-Rezeptoren).

Bei Menschen mit Down-Syndrom scheinen Serotonin-Anomalien häufiger aufzutreten, wodurch sie anfälliger für Zwangsstörungen sind.

Hinzu kommt, dass Stress, die Lebensumstände und die Familiensituation sowie andere Auslöser für psychische Erkrankungen (wie in Kapitel 11 besprochen) zur Entwicklung oder zur Verhinderung von Zwangsstörungen beitragen können.

Die Diagnose

Wenn Erwachsene mit Down-Syndrom auf Zwangsstörungen hin untersucht werden, muss man häufig von den im DSM-IV-TR aufgelisteten Diagnosekriterien für Zwangsstörungen abweichen. Bei der Durchschnittsbevölkerung wird eine Zwangsstörung bei Personen diagnostiziert, die entweder unter Zwangsvorstellungen leiden oder Zwangshandlungen ausführen, die ihr Leben beeinträchtigen. In vielen Fällen stellen Fachleute fest, dass zwanghaftes Verhalten mit Zwangsvorstellungen verbunden ist. Der Grund hierfür liegt darin, dass Menschen sich mit zwanghaften Handlungen beschäftigen, um einen Gedanken, der sie verstört, oder eine Angst abzuwehren, die zu einer Zwangsvorstellung geworden ist. Aufgrund der eingeschränkten sprachlichen Ausdrucksfähigkeit vieler Menschen mit Down-Syndrom kann es jedoch schwierig sein festzustellen, ob das zwanghafte Verhalten mit Zwangsvorstellungen einhergeht oder nicht. Hinzu kommt, dass, wie bereits erwähnt, eine Zwangsstörung normalerweise nicht diagnostiziert wird, es sei denn die Person erkennt, dass ihre Symptome abnorm und für sie negativ sind. Bei Menschen mit Down-Syndrom diagnostiziert man jedoch unter Umständen eine Zwangsstörung, auch wenn die Person an ihren Zwangsvorstellungen oder Zwangshandlungen Freude zu haben scheint.

Andererseits ist es wichtig, dem Auftreten von zwanghaft erscheinendem Verhalten ohne weitere Begleiterscheinungen nicht zu viel Bedeutung beizumessen. Grooves können bei Menschen mit Down-Syndrom zum Beispiel als eine Zwangsstörung fehldiagnostiziert werden. Eine sorgfältige

Beurteilung der Symptome mit dem Wissen, dass Menschen mit Down-Syndrom eine Neigung zu Grooves haben, ist für die Erstellung einer korrekten Diagnose unerlässlich. Besondere Aufmerksamkeit muss den Menschen geschenkt werden, die mit der Person mit Down-Syndrom in Kontakt stehen. Wenn die Menschen aus dem Umfeld der Person mit Down-Syndrom Grooves als eine nicht normale Verhaltensweise ansehen oder die Grooves nicht als solche erkennen, wird die Situation unter Umständen als problematischer eingeschätzt, als sie wirklich ist. Nachfolgend ein Beispiel:

Lynn, 43, kehrte sehr gerne den Boden in ihrem Wohnheim. Sie fühlte sich gezwungen zu fegen und tat dies auch sehr gründlich und sauber. Ihre Betreuer hatten ein System ausgearbeitet, nach dem die vier Abendaufgaben unter den vier Personen aufgeteilt wurden, die in diesem Wohnheim lebten. An den Abenden, an denen Lynn eine andere Aufgabe zugeteilt wurde als Fegen, entriss sie der Mitbewohnerin, die fegen sollte, den Besen und verursachte so Verwirrung und Frust bei den anderen. Auch die Betreuer waren wegen Lynns Verhalten zunehmend frustriert und äußerten die Befürchtung, dass Lynn unter einer Zwangsstörung leiden könne. Tatsächlich handelte es sich hier jedoch um einen Groove, der von Lynns Umfeld nicht als solcher erkannt wurde. Den Mitbewohnern war es egal, ob sie fegen durften oder nicht. Lynn erledigte das Fegen der Böden sehr sorgfältig. Man ließ sie von nun an jedem Abend fegen und konnte zwar damit den Groove nicht beseitigen, wohl aber das eigentliche Problem.

Wir empfehlen, ein Protokoll über das Verhalten Ihres Sohnes oder Ihrer Tochter zu führen und Beobachtungen dem Arzt mitzuteilen, der ihn oder sie auf Zwangsstörungen untersucht. So kann eine eventuelle Fehldiagnose verhindert werden. Ein Protokoll der typischen Grooves liefert wertvolle Informationen für eine Diagnose, vor allem wenn darin beschrieben wird, wie diese Grooves in der Vergangenheit gehandhabt wurden, welche Veränderungen im Verhaltensmuster und welche Stressfaktoren aufgetreten sind, die zu einer Veränderung beigetragen haben könnten. Um die Diagnose einer Zwangsstörung zu stellen, müssen die täglichen Aktivitäten durch das Verhalten der Person erheblich eingeschränkt sein. Es ist deshalb vorteilhaft, wenn Eltern oder Betreuer in einem Protokoll festhalten, wie viel Zeit die Person mit ihren Zwangsvorstellungen und/oder Zwangshandlungen verbringt und wie dies ihr Leben beeinträchtigt.

Die Behandlung

In manchen Fällen ist es nicht notwendig, eine Zwangsstörung zu behandeln, zum Beispiel, wenn diese zwar ärgerlich und irritierend ist, aber die täglichen Aktivitäten und die Lebensqualität des Betroffenen nicht signifikant beeinträchtigt. Nachfolgend ein Beispiel:

Daniel, 58, hatte den Zwang, Kleenexschachteln zu berühren. Immer wenn er in unsere Ambulanz kam, stand er alle fünf Minuten auf, ging zur Kleenexschachtel, berührte sie und setzte sich dann wieder hin. In seinem Wohnheim tat er das Gleiche. Obwohl seine Zwangshandlung für andere merkwürdig war, beeinträchtigte sie sein tägliches Leben nicht. Es folgte jedoch eine Zeit, in der Daniel sehr unter Stress stand, weil er mehrere Verluste zu verkraften und zudem noch eine Schilddrüsenunterfunktion entwickelt hatte. Seine Zwangsstörung wurde während dieser Zeit zu einer problematischen Verhaltensweise, die ihn immer mehr in seinem Leben beeinträchtigte. Nachts schlief er nicht, weil er wiederholt aufstand, um eine Kleenexschachtel zu berühren. Seine Schilddrüsenunterfunktion wurde schließlich behandelt und er erhielt ein leichtes Schlafmittel. Als er wieder in der Lage war zu schlafen, musste er zwar weiterhin die Schachteln berühren, aber diese Zwangshandlungen beeinträchtigten seinen Alltag und seine Tätigkeiten zu Hause nicht so, wie das vor Beginn seiner Schlafstörungen der Fall gewesen war.

Zwangsstörungen müssen dann behandelt werden, wenn sie den Alltag und die täglichen Aktivitäten der Person beeinträchtigen, in der Familie zu Streitigkeiten führen und/oder die Zwangsvorstellungen oder die Zwangshandlungen bei dem Menschen Ängste auslösen.

Zwangsstörungen können auf vielfältige Weise behandelt werden. Wie in Kapitel 13 beschrieben, werden dabei psychologische, soziale und biologische Aspekte berücksichtigt.

Umlenkung des Verhaltens

Bei der Behandlung von Zwangsstörungen ist die Umlenkung des Verhaltens ein wichtiger Aspekt in den psychologischen und sozialen Behandlungsansätzen. Unter Umlenkung verstehen wir, dass wir das Interesse der Person an einer anderen Aktivität wecken, entweder kurz bevor oder kurz nachdem sie eine zwanghafte Handlung beginnt. Die wichtigsten Vorgehensweisen beim Umlenken einer Handlung sind:

1. Wählen Sie schon im Vorfeld eine interessante oder bevorzugte Aktivität aus.
2. Werden Sie bei dem Versuch, das Verhalten umzulenken, nicht ärgerlich.
3. Schlagen Sie vor, dass die Person eine andere Aktivität ausprobiert, aber drängen Sie sie nicht. Versuchen Sie dies im Laufe mehrerer Tage und erwarten Sie keine sofortigen, sondern allmähliche Veränderungen.
4. Bieten Sie Belohnungen für die Ausführung einer Alternativhandlung an, da dies für die Person einen Anreiz darstellen kann.
5. Wählen Sie zunächst nur eine einzige Zwangsvorstellung oder Zwangshandlung aus, die Sie umlenken oder deren Auftreten Sie verringern möchten.
6. Denken Sie daran, dass körperliche Erinnerungshilfen dazu führen können, dass die Person sich aufregt.

Sie können dazu beitragen, dass die Zwangsvorstellungen oder die Zwangshandlungen verringert werden und der Betroffene ermutigt wird, sich anderen Aktivitäten zuzuwenden, indem Sie mit ihm und anderen Beteiligten aus seinem Umfeld daran arbeiten, ihn von dem Objekt, der Person oder der Aktivität abzulenken, die die Zwangsvorstellungen oder die Zwangshandlungen auslöst. In den zuvor erwähnten Beispielen profitierten Jill und Sam sehr von den Versuchen ihrer Betreuer, sie auf positivere Gedanken und Handlungen umzulenken.

Medikamente zur Behandlung von Zwangsstörungen

Bei der Behandlung von Zwangsstörungen können Medikamente von sehr großem Nutzen sein, weil sie häufig die Stärke und die Intensität der Zwänge in einem ausreichenden Maße verringern, um eine Umleitung des Verhaltens erfolgreich durchführen zu können. Dies war zum Beispiel bei Jill am Anfang des Kapitels der Fall, die Zwangsvorstellungen in Zusammenhang mit ihrer Betreuerin Carmen entwickelt hatte. Jill wurden Antidepressiva (SSRIs) verordnet, die auch bei Zwangsstörungen eingesetzt werden können. Sie war daraufhin offener für die Bemühungen ihrer Betreuer, die ihre Aufmerksamkeit von Carmen weglenkten und auf andere Dinge, wie ihre Arbeit und Freizeitaktivitäten, richteten.

In unserer Ambulanz haben wir gute Erfolge mit selektiven Serotonin-Wiederaufnahmehemmern (SSRI) erzielt. Am häufigsten setzen wir Sertralin ein, wegen seiner Wirksamkeit und der geringen Nebenwirkungen. Unserer Erfahrung nach kann auch Paroxetin nutzbringend eingesetzt werden, vor allem bei Patienten, die aufgrund der Symptome ihrer Zwangsstörung einen verminderten Appetit aufweisen, da eine Gewichtszunahme eine relativ häufig auftretende Nebenwirkung von Paroxetin ist. Bei manchen Patienten haben auch Citalopram, Escitalopram, Venlafaxin und Bupropion eine positive Wirkung, auch wenn keines dieser Medikamente von der US-amerikanischen Arzneimittelbehörde FDA für diese Indikation zugelassen ist. Oft müssen Menschen mit Zwangsstörungen über eine längere Zeit (und manchmal unbegrenzt) mit solchen Medikamenten behandelt werden.

Bei manchen Erwachsenen mit Down-Syndrom kann eine Zwangsstörung psychotische Züge annehmen. Dies ist dann der Fall, wenn Zwangsvorstellungen und Zwangshandlungen über das übliche Maß hinausgehen und der Betroffene fast nur noch mit sich selbst beschäftigt ist, sich von anderen absondert und unfähig ist, seine täglichen Aktivitäten auszuführen. Bei solchen Patienten kann eine geringe Dosis eines Antipsychotikums (zusätzlich zu oder anstelle des SSRIs) sehr hilfreich sein. Risperidon, Olanzapin, Quetiapin, Ziprasidon und Aripiprazol haben sich in solchen Fällen sehr bewährt. Wenn jedoch der Betroffene zusätzlich unter Schlafproblemen oder Schlaflosigkeit leidet, verordnen wir Olanzapin, weil dieser Wirkstoff eine beruhigendere Wirkung hat als die anderen genannten Medikamente. Diese Medikamente sind von der FDA für Psychosen zugelassen, nicht aber für Zwangsstörungen.

Es muss allerdings auch erwähnt werden, dass bei diesen Antipsychotika eine deutliche Gewichtszunahme auftreten kann. Es ist deshalb sehr wichtig, bei den Patienten auf eine ausgewogene Ernährung und eine gesteigerte körperliche Aktivität zu achten. Die größten Gewichtszunahmen haben wir bei Patienten beobachtet, die Olanzapin einnahmen. Diese Nebenwirkung kann allerdings bei Patienten, die unter Gewichtsverlust und/oder verringertem Appetit als Teil ihrer Symptomatik litten, durchaus von Vorteil sein. Ziprasidon und Aripiprazol scheinen bei unseren Patienten die geringste Gewichtszunahme zu verursachen. Ziprasidon kann jedoch zu Herzrhythmusstörungen führen, weshalb wir eine kardiologische Überwachung mittels EKG empfehlen. Auch die tardive Dyskinesie ist eine mögliche Nebenwirkung von Antipsychotika. Tardive Dyskinesie tritt meistens bei einer langfristigen Einnahme eines Medikaments auf und äußert sich in unwillkürlichen Bewegungen, Grimassen oder vergleichbaren Erscheinungen. Wir haben diese Medikamente vielen Erwachsenen mit Down-Syndrom verordnet, allerdings nur bei wenigen Symptome einer tardiven Dyskinesie beobachtet.

Die Kombination von mehreren Behandlungsansätzen

In manchen Fällen sind Zwangshandlungen oder Zwangsvorstellungen sehr schwer zu behandeln, sodass mehrere Behandlungsansätze erforderlich sind und sowohl kreative Ansätze zur Umleitung von Zwangshandlungen als auch Psychotropika eingesetzt werden müssen. Der erste Schritt bei der Behandlung dieser schweren Zwangsstörungen ist immer die Suche nach möglichen Ursachen oder Auslösern. Wir untersuchen unsere Patienten stets auf mögliche Stressauslöser, die gesundheitlich oder umfeldbedingt sein können. Die Vorgehensweise bei diesen Untersuchungen ist in Kapitel 12 beschrieben. Auch sprechen wir mit dem Betroffenen selbst, seinen Angehörigen und anderen Personen, die ihn gut kennen und über seine Vorgeschichte und eventuell auftretende Grooves oder diesbezügliche Neigungen berichten können. So bekommen wir ein ungefähres Bild davon, wie stark diese Neigung bei dem Menschen ausgeprägt ist.

Auf diese Weise erfahren wir auch, wie die Familie und andere Betreuer bisher auf die Grooves des Erwachsenen reagiert haben. Die Reaktion des Umfeldes auf Grooves spielt eine wesentliche Rolle in der Entwicklung oder der Verringerung eines Problems, wie das folgende Beispiel zeigt:

Charles hatte sein Leben lang mit seinen Eltern zusammengelebt. Als er 43 Jahre alt war, starben sie. Er zog bei seiner verheirateten Schwester Zoe ein, die kleine Kinder im Schulalter hatte. Obwohl Zoe stets an Charles' Leben und dem der Eltern teilgenommen hatte, gestaltete sich diese Umstellung doch sehr schwierig. Zoe berichtete, dass Charles immer stark zu bestimmten Routinen neigte. Ihrer Meinung nach hatten sowohl Charles als auch die Eltern zunehmend mehr festgefahrene Lebensweisen gezeigt, je älter sie wurden.

Als Charles bei Zoe einzog, zeigte sich, dass Charles' Gewohnheiten und Routinen oft nicht zu den Routinen von Zoes Familie passten. So verlangte Charles zum Beispiel Eiscreme um 21 Uhr abends, wenn Zoe ihre Kinder ins Bett bringen wollte. Nach mehreren Wochen gelang es Charles, sich an eine frühere Zeit zum Eisessen zu gewöhnen; und nach und nach konnte das Eis sogar durch gesündere Zwischenmahlzeiten ersetzt werden. Auch war Charles es gewohnt, jeden Abend seine tagsüber getragene Kleidung in den Keller zu bringen, nachdem er sich den Schlafanzug angezogen hatte. Seine Mutter hatte seine Wäsche abends pflichtbewusst gewaschen und ihm sauber am nächsten Mor-

gen wieder hingelegt. Für Zoe war das einfach nicht praktikabel, deshalb übte sie mit Charles und ermutigte ihn, seine getragene Kleidung in einen Wäschekorb zu legen, der einmal in der Woche zum Waschen in den Keller getragen wurde. Nach einiger Zeit konnte Charles sich darauf einstellen.

Es gab noch weitere Probleme. Eine von Charles Lieblingsbeschäftigungen war zum Beispiel, Hygieneartikel und Körperpflegebedarf einzukaufen. Als er noch bei seinen Eltern lebte, hatte er die Gewohnheit entwickelt, alle Hygieneartikel doppelt zu kaufen, auch wenn er sie bereits zu Hause hatte. Zoe stellte dies fest, als sie das erste Mal mit Charles einkaufen ging und er sich weigerte, das Geschäft zu verlassen, weil er nicht die Artikel bekommen hatte, die er aus seiner Sicht brauchte. Um dieses Problem einzudämmen, half ihm Zoe dabei, eine neue Routine zu entwickeln, bevor sie zum Einkaufen gingen. Der erste Schritt bestand darin, in den Badezimmerschrank zu schauen und zu überlegen, was man wirklich braucht. Zoe unterstützte ihn dann dabei, ein Bild dieses Artikels zu finden oder eine Zeichnung zu erstellen, die er mit ins Geschäft nahm, um den gewünschten Artikel im Regal zu suchen und zu kaufen. Charles gefiel diese Alternative sehr, weil er so eine neue Routine entwickeln konnte, zugleich unabhängiger wurde und eine Aufgabe hatte. Zudem konnte er so den Bedürfnissen seiner Schwester entgegenkommen und ihre Wünsche bezüglich seines Verhaltens erfüllen.

Nach einer Weile entdeckte Zoe ein ähnliches Problem beim Ausleihen von Filmen. Charles wollte oft Filme ausleihen, die er bereits besaß. Zoe ließ ihn gewähren, weil sie Charles nicht überall hineinreden wollte. Zudem kostete diese Angewohnheit nicht viel Geld und, was vielleicht noch viel wichtiger war, sie führte nicht zu einer Anhäufung von nutzlosen oder nicht notwendigen Dingen. Auch im darauffolgenden Jahr gab es viele solcher Situationen, die alle wirkungsvoll und oft sehr kreativ gelöst werden konnten. Mit der Zeit entwickelte Charles Routinen, die gut zu der Lebensweise und den Abläufen in Zoes Familie passten.

Nachdem Charles zwei Jahre bei seiner Schwester gelebt hatte, zog er in ein nahe gelegenes Wohnheim um. Im ersten Jahr hatte er einige Schwierigkeiten, sich an die neue Lebenssituation zu gewöhnen. Glücklicherweise besaßen der Leiter des Hauses und die Betreuer dort viel Erfahrung und verstanden Charles' Bedürfnis nach Routinen. Die Betreuer achteten sehr darauf, Zoes Empfehlungen und Vorschläge umzusetzen, denn ihr Wissen und ihre Erfahrung waren während dieser Eingewöhnungsphase für alle Beteiligten sehr wertvoll.

Leider veränderte sich die Situation während Charles' zweitem Jahr im Wohnheim zum Negativen, weil die Leitung des Hauses wechselte und viele Betreuer durch andere ersetzt wurden. Die neue Wohnheimleiterin ignorierte Zoes Angebot, allen unterstützend zur Seite zu stehen, weil sie Charles' Verhalten als widerspenstig und trotzig auffasste und sein Bedürfnis nach Routinen nicht verstand. In den darauffolgenden Monaten beobachtete Zoe besorgt, dass Charles wieder zunehmend problematische Rituale und Routinen ausführte, obwohl sie in der Vergangenheit erfolgreich verringert oder umgeleitet werden konnten. Charles begann zum Beispiel wieder, seine tagsüber getragene Kleidung in den Keller zu bringen, damit sie gewaschen werden konnte. Er weigerte sich, zu Bett zu gehen, bis er sein abendliches Eis gegessen hatte, obwohl ihn Zoe und seine früheren Betreuer dazu gebracht hatten, das Eis durch gesündere Mahlzeiten zu ersetzen. Das größte Problem war jedoch, dass die neuen Betreuer sich weigerten, Zoes bewährte Strategie zu übernehmen und Charles ein Bild des benötigten Artikels zu geben, bevor eingekauft wurde. Das hatte zur Folge, dass er sich wieder weigerte, das Geschäft zu verlassen, wenn er nicht seinen gewünschten Artikel bekommen hatte.

Wurde Charles dann von den Betreuern gezwungen, ihren Anweisungen Folge zu leisten, bekam er heftige Wutanfälle. Ein solches Verhalten hatte er noch nie zuvor gezeigt, weder bei der Familie noch bei seinen Betreuern. Einer dieser Wutanfälle geschah an einem Freitagabend, als ein unerfahrener Betreuer mit ihm einkaufen ging. Schließlich musste die Polizei gerufen werden und Charles wurde in die nahe gelegene Notaufnahme eingeliefert, um psychiatrisch untersucht zu werden. Man gab ihm ein Mittel gegen Angststörungen und empfahl ihm, sich zu einer psychiatrischen Behandlung wieder vorzustellen. Für seine Schwester war das der letzte Strohhalm, an den sie sich klammern konnte. Sie hatte inzwischen eine Notfallbesprechung in unserem Zentrum einberufen, um das Problem in den Griff zu bekommen. Leider bestärkten die aggressiven Ausbrüche von Charles die neue Wohnheimleiterin in ihrer Annahme, dass er widerspenstig und trotzig war und eine Gefahr für die Betreuer und die anderen Bewohner darstellte.

Die Probleme wurden schließlich gelöst, indem Charles in ein neues Wohnheim umzog. Zwar stand er während seines Umzugs unter zusätzlichem Stress, wodurch er noch stärker an seinen Routinen festhielt und sie noch starrer ausführte, aber das war vorauszusehen. Einige Male wurde er auch gegenüber seinen neuen Betreuern und den Mitbewohnern aggressiv. Während dieser Übergangszeit bekam er Antidepressiva verordnet, durch die sich seine Angstzustände verringerten, wodurch er seine Routinen nicht mehr ganz so starr ausführen musste. Glücklicherweise waren die Betreuer in seinem neuen Wohnheim sehr geduldig mit ihm und wussten auch die positiven Aspekte von Routinen zu schätzen. Sie arbeiteten eng mit Charles' Familie und unserer Ambulanz zusammen, um ihm die Eingewöhnung zu erleichtern. Charles lebt nun das zweite Jahr in diesem Wohnheim und fühlt sich dort ausgesprochen wohl.

Häufig auftretende Zwangshandlungen

Die im Folgenden aufgelisteten Zwangshandlungen haben wir bei unseren Patienten am häufigsten beobachtet:

- Ordnen,
- Horten,
- übermäßige Starrheit bei der Ausführung einer Routine.

Ordnen

Menschen mit Down-Syndrom beschäftigen sich häufig damit, Dinge aufzuräumen oder zu ordnen. Diese Neigung entwickelt sich oft zu einem nützlichen und positiven Groove. Viele Menschen mit Down-Syndrom ordnen gerne immer wieder Bilder oder gesammelte Gegenstände in ihrem Zimmer. Manche Personen haben einen ausgeprägten Ordnungssinn, der auch auf andere Dinge, wie zum Beispiel Lampen, übertragen wird. Sie sind nur dann „aufgeräumt", wenn sie an sind (oder aus, je nach Vorliebe). Das Öffnen oder das Schließen von Türen ist eine weitere Verhaltensweise, die bei manchen Menschen mit einem gewissen Ordnungssinn einhergeht. Die Neigung zum Aufräumen und Ordnen wird jedoch zu einer negativen Verhaltensweise für den Menschen, wenn sich in seinem Leben alles nur noch darum dreht, diese bestimmten Gegenstände auf bestimmte Weise zu ordnen. Am Beispiel von Sam zu Anfang dieses Kapitels konnte man diese Entwicklung zum Negativen hin sehr gut sehen. Sams Zwangshandlung bestand darin, zerbrechliche Dinge an einer bestimmten Stelle anzuordnen, sodass die Gegenstände herunterfielen und zerbrachen. Das Aufräumen und das Ordnen werden dann zum Problem, wenn es wie bei Sam dazu führt, dass die Person aufgrund dieser Zwangshandlungen nicht mehr zur Arbeit gehen kann, ihr Sozialleben einschränkt oder sich von zuvor gerne ausgeführten Aktivitäten zurückzieht, um die Zwangshandlungen ausführen zu können und, wie in Sams Fall, die Dinge „genau so" anzuordnen.

Aufräumen und Ordnen können auch eine Form von Zwangshandlung sein, bei der der Betroffene Ängste abbauen kann, wenn die Dinge nicht „genau so" sind, wie er es braucht. Auch kann das den Stress verringern, der aufgrund anderer Umstände auftritt. Nach einem anstrengenden Tag in der Schule war eine unserer Patientinnen, ein Mädchen im Teenageralter, immer äußerst gereizt, wenn sie ihre Dinge nicht so anordnen durfte, wie sie wollte. Sie stand unter dem Zwang, ihre Frisierkommode sauber aufzuräumen sowie alle Dinge an einen bestimmten Platz zu stellen, und fühlte sich gezwungen, alle Gegenstände sofort wieder an ihren Platz zurückzustellen, wenn sie jemand an eine andere Stelle geräumt hatte. Überdies bestand sie darauf, einen bestimmten blauen Kopfkissenbezug über ihr Kopfkissen zu ziehen. Weil der gelbe nicht „richtig" zu ihrer Tagesdecke passte, suchte sie das ganze Haus nach dem richtigen Bezug ab und bestürmte ihre Mutter so lange, bis dieser bestimmte Bezug endlich gefunden war.

Das Ordnen von Dingen kann auch ein Ausdruck dafür sein, dass der Betroffene Kontrolle über sein Leben haben möchte, denn diese Tätigkeit gibt ihm das Gefühl, dass er gewisse Bereiche kontrollieren kann.

Horten

Das Horten von Dingen ist eine weitere Zwangshandlung, die wir bei mehreren unserer Patienten gesehen haben. Es kann mit dem Ordnen von Dingen einhergehen. Manchmal sammeln Erwachsene mit Down-Syndrom große Mengen von bestimmten Gegenständen und lagern sie bei sich. Das können nicht notwendige Dinge sein (Stifte, überaus große Mengen von Seife), nutzlose oder sinnlose Dinge (Müll, zerrissenes Papier), aber auch Essen (einschließlich verderblicher Lebensmittel). Charles aus unserem Beispiel hortete zum Beispiel Seife und andere Hygieneartikel. Das Horten von Dingen kann problematisch werden, wenn der Betroffene nicht mehr an seinen üblichen Aktivitäten teilnehmen kann, weil er sich so sehr auf diese Beschäftigung konzentriert. Diese Neigung kann auch eine Gesundheitsgefahr für andere Menschen darstellen, zum Beispiel wenn der Betroffene verderbliche Lebensmittel, Müll oder andere Dinge hortet, die für sein Umfeld eine Gefahr darstellen.

Es kann recht schwierig sein, die Neigung zum Horten umzulenken. Das erste Ziel ist, den Betroffenen dazu zu bringen, keine gefährlichen Dinge mehr zu horten. Wir empfehlen, diese Dinge durch andere zu ersetzen, die für sein Umfeld kein Risiko darstellen. Der nächste Schritt wäre dann, den Betroffenen darin zu unterstützen, sein Horten zu begrenzen. Bei Charles konnten erfolgreich Bilder der benötigten Artikel eingesetzt werden, damit er verstand, was gebraucht wurde, und er so seine Einkäufe kontrollieren konnte. Es ist sicherlich auch von großem Nutzen, zusätzlich schöne und interessante Freizeitaktivitäten aufzutun, an denen der Betroffene teilnehmen kann.

Starre Routinen

Die vermutlich am häufigsten auftretende Form von negativen Zwangsstörungen bei unseren Patienten ist das übermäßig starre Ausführen von Routinen. Dies hatte vor allem bei Charles (im vorherigen Beispiel) zu Problemen geführt, aber auch bei Susan aus Kapitel 9, die sich geweigert hatte, ihre Badezeit zu verschieben, um mit den anderen Bewohnern aus ihrem neuen Wohnheim auszugehen. Diese Formen von starren Routinen treten häufig dann auf, wenn die Betroffenen eine große und schwierige Veränderung in ihrem Leben bewältigen müssen.

In unserer Ambulanz wird uns oft von starren und negativen Baderoutinen berichtet. Dies ist vor allem dann der Fall, wenn die Betroffenen nach einem Bad weitere Bäder nehmen oder nach dem Duschen noch mehrmals hintereinander duschen oder dies über einen langen Zeitraum tun. Solche Baderoutinen sind dann nicht mehr produktiv, weil sie die Arbeitsfähigkeit und das Sozialleben beeinträchtigen. Oftmals können sich Eltern und Betreuer überhaupt nicht erklären, was zu der Entwicklung dieser negativen Routinen geführt hat. Häufig berichten sie jedoch, dass der Betroffene eine stressige Zeit in seinem Leben durchgemacht hat, weil er zum Beispiel umgezogen ist. Zudem hatte er vor der Entwicklung der Zwangshandlung schon die Neigung, lange Bäder zu nehmen oder ausgiebig zu duschen. Wir haben jedoch noch nicht gehört, dass dies mit einer zwanghaften Angst vor Bakterien zu tun hatte (die in der Durchschnittsbevölkerung häufig zu solchen Zwangshandlungen führt), aber dennoch kann die ausgiebige Körperreinigung mit einem besonderen Bedürfnis nach Reinlichkeit und Körperpflege zu tun haben.

Der Zwang, Dinge in einer bestimmten Reihenfolge während des Tages oder der Woche zu erledigen, tritt auch recht häufig auf und kann ebenfalls als eine Form des Ordnens angesehen werden. Bei manchen Menschen ist dies Teil eines gesunden und positiven Grooves, wie in Kapitel 9 beschrieben. Diese Neigung kann jedoch auch problematisch werden und als Zwangsstörungen zu behandeln sein, wenn sie das Leben des Menschen signifikant beeinträchtigt. Jedoch möchten wir an dieser Stelle noch einmal darauf hinweisen, dass man die Diagnose einer Zwangsstörung bei Menschen mit Down-Syndrom sehr vorsichtig erstellen muss, weil die Neigung zu Routinen so häufig vorkommt und Routinen und Rituale bei vielen eher als typische und syndromspezifische Verhaltensweisen angesehen werden müssen.

Nicht nur Stress, sondern auch gesundheitliche Probleme können Zwangsstörungen auslösen. Wenn diese bei einem Erwachsenen mit Down-Syndrom diagnostiziert werden, ist es unbedingt notwendig, ihn auch einer gründlichen medizinischen Untersuchung zu unterziehen, um gesundheitliche Probleme auszuschließen, denn aufgrund von bestimmten körperlichen Schmerzen kann der Betroffene ebenfalls starre Routinen entwickeln. Ein Beispiel:

Janine, 32, musste sich einer Operation unterziehen, bei der ein Schnitt im unteren Bauchbereich gemacht wurde. Nach der Operation blutete sie stark und ihre Verbände mussten häufig gewechselt werden. Als sie so weit genesen war, dass sie das Krankenhaus verlassen konnte, begann sie zu Hause, morgens und abends sehr lange und ausgiebig zu duschen. Sie entwickelte die Gewohnheit, ihre Unterwäsche dauernd zurechtzuzupfen, bis sie „genau richtig" saß. Janines Familie vermutete, dass diese Rituale ein Versuch waren, mit dem Gefühl der Unsauberkeit oder der Verschmutzung fertig zu werden, das aufgrund der starken Blutungen im Krankenhaus entstanden war.

Die Folge von Janines ausgiebigem Duschen und ihres übermäßigen Zurechtrückens ihrer Unterwäsche war, dass sie jeden Morgen später zur Arbeit kam. Dort verbrachte sie zunehmend mehr Zeit auf der Toilette, um ihre Unterwäsche zu kontrollieren, sodass sie ihre vorherige Arbeitsleistung nicht mehr erbringen konnte. Abends duschte sie so lange, dass keine Zeit mehr für Freizeitaktivitäten oder Treffen mit Freunden war.

Janines Behandlung bestand aus einem SSRI und einer Verhaltenstherapie, um ihre zwanghaften Routinen in den Griff zu bekommen.

Ihre Familie wurde auch mit einbezogen. Diese musste viel Geduld aufbringen und teilweise sehr beharrlich sein. Um Janines Zeit im Badezimmer zu begrenzen, bekam sie einen Kurzzeitwecker, der ihr das Ende ihrer Bade- oder Duschzeit anzeigte und dann erneut gestellt wurde, um ihr anzuzeigen, wie viel Zeit sie zum Anziehen und Herrichten zur Verfügung hatte. Als Anreiz, diesen Wecker überhaupt zu benutzen, erhielt sie Gutscheine, mit der sie ihre Lieblings-CDs kaufen durfte. Der Wecker wurde nach und nach auf kürzere Zeiträume eingestellt. Nach ungefähr drei Wochen hatte sich Janine wieder an normale Abläufe gewöhnt und brauchte nicht mehr übermäßig lange zum Baden und Anziehen. Dieser normale Ablauf wurde zu ihrer regelmäßigen Routine und es war nicht mehr notwendig, ihr einen zusätzlichen Anreiz zu bieten.

Interessanterweise bemerkte Janines Familie, dass sie mit der Gewöhnung an normalere Zeiten für Waschen und Anziehen ein neues Ritual einführte, bei dem sie bestimmte persönliche Dinge in ihrem Zimmer „genau so" anordnete. Glücklicherweise führte sie dieses neue Ritual weniger starr aus und war immer noch in der Lage, ihre täglichen Aufgaben weiterhin zu bewältigen, ohne durch diese neue Aktivität abgelenkt zu werden.

Zur gleichen Zeit, als Janines Familie ihr Anreize bot, ihre Badezimmerroutinen zu ändern, boten ihr die Betreuer an ihrem Arbeitsplatz ebenfalls Anreize, nach dem Toilettengang und dem Herrichten ihrer Unterwäsche schneller an den Arbeitsplatz zurückzukehren. Dieser Ansporn beinhaltete Zeit und Aufmerksamkeit von ihrem Lieblingsbetreuer oder auch die von ihr sehr geschätzte Aufgabe, die Post austragen zu dürfen, wenn sie die Toilette nach ihrem Mittagessen zügig wieder verließ. Mit der Zeit halfen ihr diese Anreize, wieder in einen normalen Arbeitsrhythmus zu finden. Wie bei den Routinen zu Hause wurde auch dieses neue Verhalten zu ihrer Routine und sie benötigte keinen weiteren Ansporn mehr.

Viele Zwangshandlungen treten aufgrund von gesundheitlichen Problemen auf. Bei manchen Menschen führt zum Beispiel eine chronische Nebenhöhlenentzündung zu zwanghaftem Putzen oder Abwischen der Nase, Husten oder Räuspern. Bei anderen kann übertriebenes Waschen der Hände ihre sozialen und Arbeitsaktivitäten beeinträchtigen und zu extrem trockener Haut und Hautproblemen führen. Allen begann zum Beispiel mit übertriebenem Händewaschen, nachdem er einen längere Zeit andauernden Durchfall hatte. Als sich sein Stuhlgang schließlich wieder normalisiert hatte, wusch er seine Hände immer noch häufig am Tag, und das über einen langen Zeitraum.

Hinweise für den Umgang mit zwanghaften Routinen

Bei Menschen wie Allen und anderen, die zwanghafte Routinen entwickeln, empfehlen wir, zuerst zu überprüfen, ob das zwanghafte Verhalten das Leben des Betroffenen wirklich beeinträchtigt. Wenn dies nicht der Fall ist, ist es vielleicht nicht unbedingt notwendig, den Aufwand zu betreiben, um das Verhalten zu ändern. Wenn es jedoch wichtige Funktionsbereiche beeinträchtigt oder in der Öffentlichkeit stattfindet und dadurch problematisch ist, empfehlen wir diese Schritte:

1. Versuchen Sie den Betroffenen mit körperlichen Aktivitäten oder Aktivitäten, die eine entsprechende Aufmerksamkeit oder Konzentration erfordern, zu beschäftigen. Melden Sie ihn zu sportlichen Aktivitäten oder Freizeitbeschäftigungen an. Auch Videospiele können die Zeit reduzieren, die eine Person sonst mit zwanghaften Routinen zubringen kann. Stellen Sie sicher, dass er am Arbeitsplatz sinnvolle Tätigkeiten ausführt, die ihn beschäftigen und in Anspruch nehmen. Unserer Erfahrung nach neigen Menschen mit Down-Syndrom viel eher zu zwanghaften Handlungen, wenn sie nichts zu tun haben.
2. Begrenzen Sie sitzende (und passive) Tätigkeiten, wie zum Beispiel Fernsehen.
3. Versuchen Sie, das problematische Verhalten durch ein angemesseneres Verhalten zu ersetzen. Hierbei muss oft einiges ausprobiert werden und es ist viel Kreativität gefragt,

um ein solches Ersatzverhalten zu finden. Manchmal kann die Alternative recht einfach sein. Zum Beispiel benötigen manche Menschen, die häufig Schnupfen haben, einfach ein Taschentuch (anstelle ihrer Hand), wenn sie wiederholt ihre Nase putzen oder abwischen. Manchmal erfordert das Ersatzverhalten auch mehr Überlegung. Wir haben festgestellt, dass einige Menschen ihre Hände mit einem Sorgenstein, einem Glücksbringer oder einem mit Schaumstoff oder Sand gefüllten Stressball beschäftigt halten und so ihr repetitives Verhalten immer weniger ausführen müssen. Mit etwas Ermutigung kann aus dem Verhalten eine besser passende regelmäßige Gewohnheit werden. Wenn Ermutigung alleine nicht hilft, kann unter Umständen auch eine richtige Belohnung eingesetzt werden.

In der Regel ist es besser, wenn man *nicht* versucht, zwanghaftes Verhalten gewaltsam zu stoppen. Wie der Psychologe Milton H. Erickson beobachtete, ist es viel einfacher, mit dem Strom zu schwimmen, um ihn von innen heraus umzulenken, als zu versuchen, ihn aufzuhalten.

Zwangsvorstellungen

Wie bereits beschrieben wurde, handelt es sich bei Zwangsvorstellungen um Gedanken oder Probleme, die den Verstand dermaßen beschäftigen, dass die Fähigkeit, sich auf andere Gedanken oder Themen zu konzentrieren, stark eingeschränkt wird. Zwangsvorstellungen sind mehr als harmlose Tagträume. Der Betroffene ist nicht in der Lage, seinen Gedankenprozess zu kontrollieren.

Sie können im Gegensatz zu Zwangshandlungen bei Menschen mit Down-Syndrom viel schwieriger festzustellen sein. Eine Zwangshandlung kann man beobachten, aber eine Zwangsvorstellung besteht nur in den Gedanken der Person. Wenn die Person nonverbal ist oder nicht über ihre Zwangsvorstellungen spricht, muss man unter Umständen detektivische Arbeit leisten, um überhaupt feststellen zu können, dass sie Zwangsvorstellungen hat. Einige nonverbale Personen zeigen zum Beispiel wiederholt an, dass sie den

Grund für ihre Zwangsvorstellungen sehen möchten (zum Beispiel eine Person, einen Gegenstand oder ein Bild davon).

Jugendliche und Erwachsene mit Down-Syndrom können Zwangsvorstellungen von allem entwickeln, was sie besonders interessiert. Einige der am häufigsten auftretenden Zwangsvorstellungen sind:

- Zwangsvorstellungen von fiktiven Personen (in Film oder Fernsehen) oder Menschen, mit denen die Person im wirklichen Leben nichts zu tun hat (Prominente),
- Zwangsvorstellungen von Menschen, die die Person kennt,
- Zwangsvorstellungen von Essen.

Zwangsvorstellungen von anderen Menschen

Wir haben festgestellt, dass Zwangsvorstellungen von anderen Menschen sowohl positiv als auch negativ sein können und dass dies manchmal die stärksten und beständigsten Zwangsvorstellungen sind. Unserer Meinung nach liegt die Ursache dafür darin, dass zwischenmenschliche Beziehungen oftmals sehr komplex und kompliziert sind, was wiederum die Entwicklung und die Beibehaltung von intensiven Zwangsvorstellungen begünstigen kann. Manchmal handelt es sich bei dem Menschen, auf den sich die Zwangsvorstellung konzentriert, um eine fiktive Person oder eine Berühmtheit. Manchmal sieht dieser Mensch aus wie ein anderer im Leben des Menschen mit Down-Syndrom oder verhält sich so. Er ist vielleicht nicht mehr da (aufgrund eines Umzugs oder weil er gestorben ist) oder es kann sich um jemanden handeln, mit dem der Betroffene nicht direkt sprechen kann oder sollte.

Wir sind nur selten in der Lage, den wahren Grund für eine Zwangsvorstellung zu verstehen. Dies ist bei Menschen ohne Down-Syndrom der Fall, weil sie häufig nicht mitteilen können, weshalb sie diese Zwangsvorstellungen haben. Bei Menschen mit Down-Syndrom ist es sogar noch wahrscheinlicher, dass sie Schwierigkeiten haben, anderen die Gründe für ihre Zwangsvorstellungen mitzuteilen. Wir wissen jedoch, dass Stress eine wesentliche Rolle bei der Entwicklung von negativen Zwangsvorstellungen spielen kann, so wie das bei anderen Grooves auch der Fall ist.

Beschäftigung mit fiktiven Personen oder Berühmtheiten

Wir haben einige Menschen kennengelernt, die sich intensiv mit fiktiven Personen oder einem Prominenten beschäftigen, dessen Filmfigur oder Rolle das Objekt der Zwangsvorstellungen ist. In manchen Fällen hatte der Erwachsene nur flüchtigen Kontakt zu der Person, wie zum Beispiel bei einem Konzert. Häufig besteht aber generell wenig oder kaum Kontakt zu der Person, auf die sich die Zwangsvorstellung konzentriert.

Viele Eltern von Teenagern ohne Down-Syndrom berichten, dass ihre Kinder in der Pubertät für bestimmte Stars schwärmen und richtig verrückt nach ihnen sind. (Man soll dabei nicht vergessen, dass bei Jugendlichen mit Down-Syndrom die Pubertät oft später eintritt als bei anderen; siehe Kapitel 10.) Normalerweise vergehen solche Zwangsvorstellungen bei Erwachsenen mit Down-Syndrom, wenn sie älter werden. Bei einigen halten sie jedoch an und werden so stark, dass sie ihre Funktionsfähigkeit im Alltag beeinträchtigen. Nachfolgend ein Beispiel:

Sheri stand unter starkem Stress. Vor kurzem war ihr Stiefvater an einem Herzinfarkt gestorben. Nach diesem Verlust entwickelte sie Zwangsvorstellungen von Bandmitgliedern ihrer Lieblingsrockband. Davor hatte sie lediglich harmloses Faninteresse an der Band gezeigt. Sheri schuf sich eine Fantasiefamilie mit diesen Bandmitgliedern. Sie fügte dieser Fantasiefamilie auch noch andere Familienmitglieder hinzu, zum Beispiel einen Feuerwehrmann, der in den Abendnachrichten als Held gefeiert wurde. Sheris Mutter glaubte, dass dieser Feuerwehrmann in ihrer Fantasiefamilie die Rolle des Beschützers hatte.

Sheri verstrickte sich immer mehr in Vorstellungen von ihrer Fantasiefamilie. Dies ging so weit, dass sie ihre täglichen Aktivitäten nicht mehr ausführen konnte. Sie hörte nur noch die Musik dieser Band und erzählte anderen ununterbrochen von ihren imaginären Familienmitgliedern. Auch führte sie Selbstgespräche darüber. Ihr Interesse an dem Feuerwehrmann entwickelte sich schließlich ebenfalls zu einer Zwangsvorstellung und sie saugte aus den Nachrichten alles auf, was irgendwie mit der Feuerwehr zu tun hatte. Sheris imaginäre Freunde wurden immer mehr zu einer Beeinträchtigung in ihrem Leben. Sie arbeitete normalerweise sehr gerne und war sehr gewissenhaft, aber nun litt ihre Arbeit darunter, weil sie den größten Teil ihrer Zeit in ihrer Fantasiewelt lebte. Früher hatte sie gerne an sozialen und Freizeitaktivitäten teilgenommen, aber nun zog sie sich in ihr Zimmer und ihre fiktive Welt zurück.

Sheri wurde mit dem SSRI Sertralin behandelt und erhielt zudem eine intensive Therapie, die sie wieder in ihr wirkliches Leben, zu ihrer Arbeit und ihren früheren Interessen zurückführen sollte. Nach mehreren Monaten ohne Veränderung wurde zusätzlich zu dem Antidepressivum eine niedrige Dosis des Antipsychotikums Risperidon verordnet. Sheri reagierte positiv darauf. Die Intensität ihrer Zwangsvorstellungen verringerte sich und, was vielleicht noch wichtiger war, auch ihr Widerstand gegen die Teilnahme an ihren früheren Aktivitäten, die in der realen Welt stattfanden.

Um Sheris Interesse an ihren früheren Aktivitäten wieder wachzurütteln, nutzten wir ihr Bestreben, ihr Gewicht unter Kontrolle zu halten. Sie musste ein wenig ermutigt werden, aber stimmte schließlich zu, sich an einen Übungsplan mit täglichem Walking und Üben auf einem Heimtrainer zu halten. Dies half ihr, sich auf das Hier und Jetzt zu konzentrieren, und brachte sie aus ihrem Zimmer heraus. Nach mehreren Monaten hatte sie fünf Kilogramm abgenommen, was ihr zusätzlich Mut machte. Sie erklärte sich auch bereit, ein Tagebuch über ihre Gedanken zu führen, über die dann bei Therapiesitzungen gesprochen wurde. Hierdurch wurden mehrere wichtige Ziele erreicht. Ihre Familie musste sich so nicht mehr ihre wiederholten und endlosen Erzählungen über ihre imaginäre Familie anhören, wodurch alle Familienmitglieder deutlich weniger frustriert waren. Wenn sie doch einmal längere Zeit über ihre Fantasiefamilie sprach, konnte man sie dazu bewegen, ihre Gedanken in ihr Tagebuch zu schreiben, was sie dann auch tat. Durch die Therapie hatte sie noch jemand anderen, der ihr zuhörte (wenn auch die Zeit stets auf eine Sitzung begrenzt war), und nicht nur Familienmitglieder, deren Geduld nicht unerschöpflich war.

Sheri wurde zwar durch die Therapie noch darin bestärkt, ihrer Fantasiefamilie zusätzliche Aufmerksamkeit zu schenken, aber gleichzeitig schien das Aufschreiben ihrer Gedanken in das Tagebuch ihre Zwangsvorstellungen zu verringern. Das Niederschreiben ihrer Gedanken auf Papier gab ihnen eine konkrete Form und Struktur, wodurch ihr Bedürfnis, diese Gedanken immer wieder zu verbalisieren, verringert wurde. Zudem war das Schreiben für Sheri eine wirkliche Beschäftigung, die ihr dabei half, aus ihrer Fantasiewelt herauszukommen und wieder am wirklichen Leben teilzunehmen. Ihr Therapeut gab ihr zudem Hausaufgaben auf. Dazu zählte zum Beispiel das Erstellen einer Liste mit ihren Lieblingsaktivitäten, was sie weiter ermutigte, sich diesen wieder zuzuwenden. Sheri nahm nach einiger Zeit wieder an Freizeitaktivitäten teil. Sie frischte alte Freundschaften auf, hatte wieder ein Sozialleben, trieb zusätzlich Sport, bewegte sich so aus ihrer Fantasiewelt heraus und nahm wieder am wirklichen Leben teil.

Zwangsvorstellungen von wirklich existierenden Personen

Wir haben einige Menschen mit Down-Syndrom kennengelernt, die positive oder negative Zwangsvorstellungen von anderen Menschen hatten. Positive Zwangsvorstellungen sind angenehme oder erfreuliche Gedanken über die Person, wohingegen negative Zwangsvorstellungen Gedanken über eine Person sind, die besorgniserregend oder beunruhigend sind. Nachfolgend ein Beispiel für negative Zwangsvorstellungen:

Jennifer, 32, wohnte in einem kleinen Haus, das zu einer großen Wohnanlage gehörte. Sie kam mit ihrem Bruder, der ganz in der Nähe wohnte, und ihren Betreuern aus ihrer Wohnanlage in unsere Ambulanz. Jennifers Bruder berichtete, dass sie schon seit längerem negative Zwangsvorstellungen hatte, die häufig auftraten, wenn sie unter Stress stand. Ihre gegenwärtigen Zwangsvorstellungen drehten sich um eine Mitbewohnerin ihres Hauses. Wie in der Vergangenheit äußerten sich die Zwangsvorstellungen darin, dass sie sich ständig über ihre Mitbewohnerin beschwerte und dies häufig in Form von wütenden Selbstgesprächen tat. Jennifer beschwerte sich auch bei ihren Betreuern und ihrem Bruder über die Mitbewohnerin. Ihr Bruder beobachtete, dass die Zwangsvorstellungen typischerweise mit zwanghaftem Verhalten einhergingen, wie zum Beispiel der Neigung, noch starrer an Routinen festzuhalten. Jennifer hatte ihre Körperpflege früher immer sehr penibel ausgeführt und auch ihre Aufgaben an ihrem Arbeitsplatz verlässlich erledigt. Nun aber war sie so sehr in ihre Zwangsvorstellungen vertieft, dass sie ständig an diese Aufgaben erinnert werden musste. Trotz der wiederholten Versuche ihres Bruders und ihrer Betreuer, sie von ihren Zwangsvorstellungen abzulenken, hielten diese an und wurden immer schlimmer.

Jennifer litt zusätzlich zu ihren Zwangsstörungen auch unter Depressionen, die sich darin äußerten, dass sie ständig sehr gereizt war, einen unruhigen Schlaf und keinen Appetit hatte sowie kein Interesse mehr an Dingen zeigte, die ihr früher Spaß gemacht hatten, wie musizieren und tanzen. Sie blieb immer häufiger alleine in ihrem Zimmer und schimpfte über die Mitbewohnerin, auf die sich ihre Zwangsvorstellungen konzentrierten.

Jennifer wurde ähnlich behandelt wie Sheri, und auch ihre Behandlung war erfolgreich. Sie benötigte allerdings kein Antipsychotikum, sondern ihr wurde als einziges Medikament ein SSRI verordnet. Ihre Betreuer unternahmen große Anstrengungen, um sie aus ihrem Zimmer hinaus und wieder zu normalen Aktivitäten zu bewegen. Mit der Zeit wurden ihre Zwangsvorstellungen weniger, ihre Depressionen ließen nach und ihr Leben verlief wieder normal. Es war deshalb nicht notwendig, die Kontakte zu der Mitbewohnerin zu unterbinden, von der sie die Zwangsvorstellungen hatte. Die Betreuer beobachteten, wie beide miteinander umgingen, und stellten fest, dass die Mitbewohnerin Jennifer keinen Grund gegeben hatte, sich über sie zu beschweren. Wenn es jedoch ein Problem gegeben hätte, wäre es sehr wichtig gewesen, es mit Jennifer und ihrer Mitbewohnerin gemeinsam zu besprechen. Hätte sich dann keine Lösung gefunden, hätte man beide trennen müssen.

Ungefähr drei Jahre später fing Jennifer an, sich über eine andere Person in ihrem Wohnheim zu beschweren. Das überraschte uns nicht, da Jennifer zu diesem Zeitpunkt unter Stress stand, weil in ihrem Wohnheim Bauarbeiten durchgeführt wurden, Betreuer gewechselt hatten und sie zudem eine enge Freundin verloren hatte, die ebenfalls in ihrem Wohnheim gewohnt hatte. Hinzu kam, dass bei Jennifer eine Schilddrüsenunterfunktion festgestellt und behandelt wurde, was zusätzlichen Stress bei ihr auslöste.

Jennifer bekam sofort einen Behandlungstermin in unserer Ambulanz. Die Behandlung wurde schnell eingeleitet und innerhalb kurzer Zeit ging es ihr schon wieder besser. Ihre Familie und die Betreuer lernten daraus, dass sie die frühen Anzeichen von Zwangsvorstellungen erkennen und Jennifer so schnell wie möglich behandeln lassen mussten. Genauso wichtig war es, Stresssituationen so gering wie möglich zu halten und die Situationen zu erkennen, in denen die Wahrscheinlichkeit hoch war, dass Jennifer durch unkontrollierbaren oder unvorhersehbaren Stress in ihrem Leben wieder Zwangsvorstellungen entwickeln könnte.

Wie bereits erwähnt, können Zwangsvorstellungen auch durchaus „positiv" sein. Als Elizabeth zum Beispiel ihren neuen Job antrat, schien sie Zwangsvorstellungen von dem Ehemann einer ihrer Kolleginnen zu entwickeln. Sie flirtete mit ihm, schrieb ihm Liebesbotschaften und sprach von ihm als ihrem „Schatzi". Bei Elizabeth bestand die Behandlung zunächst darin, ihr zu erklären, dass ihr Verhalten problematisch sei. Noch besser ist es natürlich, wenn die Person, auf die sich die Zwangsvorstellungen konzentrieren, bereit ist, dem Erwachsenen behutsam zu erklären, weshalb seine Zwangsvorstellungen und Gedanken nicht angemessen sind. Manchmal besteht die einzige Lösung für diese Person jedoch darin, erst gar keinen Kontakt zu dem Menschen mit den Zwangsvorstellungen zuzulassen. In manchen Fällen ist es auch notwendig, das Verhalten umzulenken, eine Therapie zu beginnen und Medikamente zu verordnen.

„Das Eigentempo" und zwanghafte Langsamkeit

Zwanghafte Langsamkeit ist ebenfalls eine deutliche Form einer Zwangsstörung, die bei Menschen mit Down-Syndrom häufiger aufzutreten scheint. Zwar ist die zwanghafte Langsamkeit noch recht wenig erforscht, aber wir haben diese Form von Zwangsstörung bei ungefähr einem Dutzend unserer Patienten festgestellt.

Das Tempo in unserer Gesellschaft scheint immer mehr zuzunehmen. Der ständige Stress und die immer schnelleren Abläufe in unserem Leben können bei manchen Menschen zu Angststörungen, Depressionen oder anderen psychischen Problemen führen. Menschen mit Down-Syndrom nehmen den Stress ebenfalls wahr, der in unserer schnelllebigen Welt entsteht. Eine für andere besonders schwer zu akzeptierende Reaktion auf diesen Stress ist die zwanghafte Langsamkeit, die wir auch „das Eigentempo" nennen.

Für einige unserer Patienten scheint das Leben zu schnell abzulaufen. Hohe Erwartungen von anderen (ob sie tatsächlich bestehen oder von dem Menschen mit Down-Syndrom nur als solche wahrgenommen werden) können bei der Entwicklung einer solchen Zwangsstörung ebenfalls eine Rolle spielen. Die Betroffenen haben das Gefühl, dass sie Leistungen auf einem Niveau oder in einer Geschwindigkeit erbringen müssen, bei der sie nicht mithalten können. Dies bedingt schließlich das Gefühl, keine Kontrolle über ihr Leben zu haben.

Wenn Erwachsene mit Down-Syndrom mit der Geschwindigkeit um sie herum nicht mithalten können, werden sie bewusst oder unbewusst langsamer. Wir haben Menschen kennengelernt, die langsam essen, langsam gehen und übermäßig viel Zeit für alltägliche Aufgaben benötigen. Sie scheinen langsamer zu werden oder sogar ganz stehen zu bleiben, wenn sie den Erwartungen hinsichtlich der Geschwindigkeit der Gesellschaft nicht gerecht werden können. Dieses Langsamer-Werden kann für sie einen direkten „Vorteil" darstellen, zum Beispiel wenn sie sich so langsam bewegen, dass sie den Bus verpassen und somit nicht an ihren Arbeitsplatz gelangen können, der mit so viel Stress für sie verbunden ist. Bei anderen scheint es wiederum keine direkte Vermeidungsstrategie zu geben. Diese Patienten versuchen nicht, etwas Bestimmtes zu vermeiden, sondern haben (fast) alle Aktivitäten verlangsamt.

Bis vor kurzem konnten wir nur vermuten, dass unsere Patienten das Leben als zu schnell ablaufend empfanden. Neulich bestätigte tatsächlich einer unserer Patienten diese Vermutungen. Dieser Patient bewegte sich generell sehr langsam und teilte uns mit, dass „die Welt für ihn viel zu schnell sei".

Zwanghafte Langsamkeit tritt häufig (aber nicht immer) relativ plötzlich auf. Wir haben festgestellt, dass es meist kein bestimmtes auslösendes Ereignis gibt. Stattdessen scheinen anhaltende Frustrationen oder Verzweiflung diese Zwangsstörung zu verursachen.

Die Behandlung muss mit der Erkenntnis beginnen, dass diese Personen ihre Behinderung (das Down-Syndrom) akzeptieren müssen und sich damit ebenfalls eingestehen müssen, dass sie für manche Dinge länger brauchen und viele Dinge in einem langsameren Tempo bewältigen als andere. Sie werden sich vermutlich nicht in dem Tempo bewegen können, das ihnen die Gesellschaft vorgibt, und vermutlich auch nicht in der Lage sein, sich in ihrem früheren Eigentempo zu bewegen, weil diese Geschwindigkeit letztendlich zu der Verlangsamung führte.

Die Akzeptanz der langsameren Geschwindigkeit ist ein wesentlicher Teil der Therapie, aber es gibt noch andere hilfreiche Ansätze. So kann es von Vorteil sein, für einige Aktivitäten eine bestimmte Dauer festzusetzen und zum Ende dieser Zeitdauer diese Aktivität zu stoppen oder zu einer anderen Aktivität überzugehen. Manche Menschen, die zum Beispiel sehr langsam essen, werden plötzlich schneller essen, wenn sie auf der Uhr sehen, dass die letzten Minuten ihrer Essenszeit angebrochen sind. Einige werden allerdings aggressiv oder wütend, wenn ihnen das Essen weggenommen oder ihnen die Dusche abgedreht wird.

Es hilft meistens wenig, der Person zu sagen, dass sie sich beeilen soll. Vielmehr trägt das eher dazu bei, dass sie sich ärgert und aufregt. Auch empfehlen wir nicht, die Person körperlich anzutreiben. In manchen Situationen kann es jedoch hilfreich sein, der Person beim Ausführen ihrer Aufgaben zu helfen. Wenn sie zum Beispiel kurz davorsteht, ihren Job zu verlieren, weil sie immer zu spät kommt, ist es durchaus sinnvoll, ihr zum Beispiel dabei zu helfen, die Schuhe schneller anzuziehen, damit sie rechtzeitig zur Arbeit kommt. Allerdings muss auch überprüft werden, ob dieser Job für die Person überhaupt das Richtige ist oder ob er nur zusätzlichen Stress im Leben des Menschen bedeutet und so zu der zwanghaften Langsamkeit beiträgt.

Eine Psychotherapie kann hier den begrenzten Vorteil bieten, dass sie der Person eine Gelegenheit gibt, jemandem ihre Sorgen mitzuteilen. Was sich allerdings auch vorteilhaft auswirken kann, sind größere Veränderungen wie ein Arbeitsplatzwechsel in einen Job mit langsameren Abläufen oder ein Umzug in ein Wohnheim, in dem die Bewohner ruhiger und weniger aktiv sind.

Bei zwanghafter Langsamkeit konnten wir keine nennenswerten Erfolge mit Medikamenten feststellen. Bei einigen Patienten haben wir eine leichte Verbesserung durch den Einsatz von Medikamenten gegen Zwangsstörungen (siehe den Abschnitt über SSRIs) beobachtet. Ein Patient schien positiv auf die Gabe der essenziellen Aminosäure L-Tryptophan anzusprechen.

Eine häufige Reaktion auf das hohe Tempo unserer Gesellschaft ist der Versuch, mithalten zu wollen. Dies kann jedoch zu einer Überforderung führen, bei der Menschen mit Down-Syndrom einfach nicht mehr mithalten können und sich umso langsamer bewegen, um sich gegen diesen Stress zur Wehr zu setzen. „Das Eigentempo", mit dem sie sich bewegen, kann als zwanghafte Langsamkeit beschrieben werden und bedarf einer gewissen Akzeptanz, aber auch eines gelegentlichen Eingreifens, dort wo es notwendig ist.

17 Psychotische Störungen

Von den vielen Erwachsenen mit Down-Syndrom, bei denen eine psychotische Störung vermutet wird, haben nur wenige tatsächlich eine solche. Besonders häufig wird die Diagnose gestellt, wenn Menschen mit Down-Syndrom Psychologen aufsuchen, die wenig über das Down-Syndrom wissen. Tatsache ist, dass Erwachsene mit Down-Syndrom nur selten eine Psychose entwickeln.

Eine Psychose ist eine psychische Störung, bei der der Betroffene Wahnvorstellungen oder Halluzinationen hat und diese Symptome seine Funktionsfähigkeit im Alltag stark beeinträchtigen. In der Durchschnittsbevölkerung gehören zu dieser Art von Psychosen auch die Schizophrenie (F20), die schizoaffektive Störung (F25), die akute vorübergehende psychotische Störung (F23), psychische und Verhaltensstörungen durch psychotrope Substanzen (F1), psychische Störungen aufgrund einer körperlichen Krankheit (F06) und andere. Diese spezifischen Diagnosen scheinen bei Menschen mit Down-Syndrom weniger häufig aufzutreten. Dennoch zeigen manche Erwachsene mit Down-Syndrom gelegentlich psychotische Symptome, wie auch nachfolgend erläutert wird.

Was ist eine Psychose?

Eine Psychose ist eine psychische Störung, die folgende Symptome beinhaltet:
- Wahnvorstellungen (falsche oder irrationale Überzeugungen),
- Halluzinationen (sehen, hören oder fühlen von etwas, das nicht anwesend ist),
- Realitätsverlust (zum Beispiel intensive Beschäftigung mit den Halluzinationen statt mit der Realität),
- Paranoia (eine irrationale Angst oder Misstrauen, zum Beispiel, dass man verfolgt wird, wenn dies gar nicht der Fall ist),
- verflachte oder inadäquate Affekte (keine oder kaum Gemütsreaktionen),
- ein veränderter Denkprozess und ungeordnete Gedanken und Sprache (wenn zum Beispiel Gedankengänge aufeinander folgen, die gar nichts miteinander zu tun haben).

Die Diagnose der verschiedenen psychotischen Störungen wird aufgrund der auftretenden Symptome und ihrer Dauer erstellt. Auch müssen andere Ursachen für eine Psychose wie der Konsum von psychotropen Substanzen (Drogen oder Medikamente) oder eine gesundheitliche Ursache (zum Beispiel Schlafapnoe) in Betracht gezogen werden.

Die Diagnose

Bei Menschen mit Down-Syndrom können Psychosen sehr schwierig zu diagnostizieren sein. Um feststellen zu können, ob ein Denkprozess abnorm oder psychotisch ist, muss man verstehen, wie der normale Denkprozess bei dem Betroffenen vor der Änderung abgelaufen ist. Dies kann bei Erwachsenen mit Down-Syndrom eine große Herausforderung sein, vor allem dann, wenn sie nur über begrenze Sprachfähigkeiten verfügen. Zusätzlich dazu gibt es noch eine Reihe von Besonderheiten, die bei Menschen mit Down-Syndrom zu beachten sind und die wir bereits angesprochen haben. Dazu gehören Selbstgespräche, Fantasiefreunde und andere Verhaltensweisen, die als psychotisches Verhalten beschrieben wurden (Sovner und Hurley, 1993). Wenn diese Verhaltensweisen nicht in ihrem Kontext gesehen werden, können sie leicht als psychotisch fehlinterpretiert werden. Sieht man dieses Verhalten jedoch in Zusammenhang mit einer geistigen Beeinträchtigung, erkennt man oft, dass das Verhalten nicht psychotisch, sondern für die Person und ihren jeweiligen Entwicklungsstand als durchaus normal anzusehen ist. Nachfolgend ein Beispiel:

Leonard, 29, wurde uns vorgestellt, weil seine Familie sich aufgrund seiner Symptome um ihn sorgte. Er führte schon immer Selbstgespräche, aber seit kurzer Zeit waren diese häufiger geworden. Auch sonderte er sich immer mehr von anderen ab und verbrachte viel Zeit alleine in seinem Zimmer. An seinem Arbeitsplatz in einem Supermarkt weigerte er sich, auf den Parkplatz zu gehen und die Einkaufswagen einzusammeln. Ein Psychologe konfrontierte Leonards Familie mit der Diagnose einer Psychose. Sie kamen schließlich zu uns, um sich eine zweite Meinung einzuholen.

Wir ermutigten Leonards Mutter, vor seiner Zimmertür zu horchen, welchen Inhalt seine Selbstgespräche hatten. Leonard wiederholte immer wieder denselben Satz, nämlich dass niemand ihm half, wieder aufzustehen. Dies wurde mit der Familie und den Therapeuten besprochen und schließlich kam man zu der Lösung des Problems. Leonard war vor einiger Zeit während der Arbeit auf dem Supermarktparkplatz von einem Auto angefahren worden. Er war hingefallen und der Fahrer des Autos hatte weder angehalten noch half ihm irgendjemand dabei, wieder aufzustehen. Leonard hatte das niemandem erzählt. Er hatte Angst, dieses Vorkommnis seinem Chef mitzuteilen, weil es so lange gedauert hatte, bis er vom Parkplatz wieder ins Geschäft zurückgekommen war und sein Chef deshalb verärgert war.

Leonards Familie besprach die Situation mit ihm und bat dann um einen Termin bei seinem Chef im Supermarkt. Der Chef stimmte schließlich zu, Leonard weiter die gekauften Waren der Kunden in Tüten packen zu lassen, aber er ließ ihn nicht mehr die Einkäufe zu den Autos der Kunden auf dem Parkplatz bringen. Zusätzlich unterzog sich Leonard regelmäßigen Therapiesitzungen. Seine Selbstgespräche reduzierten sich bald wieder auf ihr normales Maß und er führte seine Arbeit so zuverlässig wie zuvor aus. Leonard hatte keine Psychose. Allerdings hat er bis heute immer noch Angst vor Parkplätzen und läuft gerne nah neben einem anderen Menschen, wenn er einen Parkplatz überqueren muss. Auch erwähnt er ab und zu immer noch sehr besorgt, dass ihm niemand geholfen hatte, wieder aufzustehen. Wenn er anderen seine Sorgen mitteilt, versichert er sich so, dass er anderen wichtig ist und sie sich um ihn sorgen, und vor allem, dass die Person, die ihn angefahren hatte, falsch gehandelt hat.

Was die Diagnose noch zusätzlich verkomplizieren kann, ist, dass die emotionale und die psychologische Reaktion auf ein zugrunde liegendes körperliches Problem sich manchmal in Symptomen äußern können, die psychotisch erscheinen. Wenn man einen Menschen körperlich untersucht, weil er psychotische Symptome zeigt, sollte man vor allem ein gesundheitliches Problem berücksichtigen: die Schlafapnoe. Chronischer Schlaf- und Sauerstoffmangel kann starke psychische und psychotische Symptome auslösen.

Um bei einem Erwachsenen mit Down-Syndrom tatsächlich die Diagnose einer psychotischen Störung stellen zu können, muss man ihn in mehreren verschiedenen Umgebungen und Situationen beobachten. Sicher ist es wichtig, ihn in der Praxis des Arztes oder Psychologen zu beobachten, aber die direkte Beobachtung im Umfeld des Patienten sowie Gespräche mit Bezugspersonen über ihre Beobachtungen gehören oft ebenfalls zu einer gesicherten Diagnose. In manchen Fällen wird eine Diagnose gestellt, indem andere Dinge ausgeschlossen werden, zu denen die Symptome nicht passen. Auch muss das Verhalten des

Betroffenen entsprechend interpretiert werden. Nachfolgend beschreiben wir an einem Beispielfall, wie wichtig bestimmte Beobachtungen für die Diagnosestellung sind:

Jonathan, 47, führte schon viele Jahre Selbstgespräche und sprach mit seinen Fantasiefreunden. Anfangs konnte seine Familie sein Verhalten noch umlenken, wenn es seine Funktionsfähigkeit im Alltag beeinträchtigte. Er nahm an einem speziellen Arbeitsprogramm teil und unternahm auch mit seiner Familie sehr viel. Trotzdem bemerkte seine Familie mit der Zeit eine Veränderung in seinem Verhalten. Seine Selbstgespräche wurden intensiver und es wurde immer schwieriger, ihn abzulenken, wenn er mit sich selbst sprach. Auch verbrachte er zusehends mehr Zeit mit seinen Fantasiefreunden und sonderte sich von seiner Familie, seinen Arbeitskollegen und seinen Freunden ab. Die Diagnose einer Psychose konnte sicher gestellt werden, als er berichtete, dass er sah, wie sich Affen durch das Haus schwangen. Jonathan sprach sehr gut auf das Antipsychotikum Risperidon an und seine Familie konnte ihn wieder auf seine üblichen täglichen Aktivitäten umleiten.

Die Behandlung

Die Behandlung einer Psychose beinhaltet Folgendes:

1. emotionale Unterstützung für den Betroffenen und seine Familie oder Betreuer,
2. die Untersuchung auf gesundheitliche Probleme, die zum Entstehen von psychotischen Symptomen beitragen können oder die eine Folge davon sind, dass der Betroffene weniger in der Lage ist, sich selbst zu pflegen und zu versorgen,
3. die Einnahme von Medikamenten.

In Kapitel 13 werden die Bedeutung der Psychotherapie sowie die Untersuchung und die mögliche Umgestaltung des Umfelds besprochen. Gerade das Umfeld muss genau untersucht werden, wenn die Symptome klar auf eine Psychose hindeuten, weil darin natürlich viele Hinweise auf die Ursache der Psychose zu finden sind und sie somit effektiver behandeln werden kann.

Medikamente spielen in der Behandlung von Psychosen bei unseren Patienten mit Down-Syndrom immer eine wesentliche Rolle. Behandelnde Ärzte verordnen meist zwei Arten von Antipsychotika: ältere Antipsychotika oder neuere, sogenannte atypische Antipsychotika oder Neuroleptika.

Die älteren Antipsychotika sind Medikamente wie Haloperidol, Thioridazin oder Thiothixen. Diese Medikamente sind zwar sehr wirkungsvoll, aber wir haben die Erfahrung gemacht, dass Patienten mit Down-Syndrom auch sehr unter den Nebenwirkungen leiden. Besonders häufig treten anticholinerge Nebenwirkungen auf, die sich in Verstopfung, Harnretention, Blasenentleerungsstörungen, Schwindel und anderen gesundheitlichen Problemen äußern können.

Die neueren, atypischen Antipsychotika sind für unsere Patienten oft die bessere Wahl. Diese Medikamente werden oft auch Antipsychotika der zweiten Generation genannt. Zu diesen Medikamenten gehören: Risperidon, Olanzapin, Quetiapin, Ziprasidon und Aripiprazol. Clozapin gehört ebenfalls zu dieser Medikamentenklasse, aber wir setzen es normalerweise nicht ein, weil es zu einer Verminderung der weißen Blutkörperchen führt. Die genannten Medikamente sind sehr wirkungsvoll und haben weniger Nebenwirkungen als die Antipsychotika der ersten Generation. Zudem wirken diese neueren Medikamente auch gegen Depressionen, die oft mit psychotischen Störungen einhergehen.

Wir haben festgestellt, dass Olanzapin die am stärksten beruhigende Wirkung hat. Dies kann bei Patienten von Vorteil sein, wenn sie zusätzlich zu ihrer psychotischen Störung auch unter Schlafstörungen leiden. Olanzapin führt auch zu einer starken Gewichtszunahme, was wiederum bei Patienten förderlich sein kann, die zusätzlich unter Appetitverlust leiden.

Ein erhöhter Blutzuckerspiegel ist ebenfalls eine mögliche Nebenwirkung von atypischen Antipsychotika und kann in einigen Fällen auch zu einer Entwicklung von Diabetes mellitus führen.

Wir haben diese Nebenwirkung häufiger bei Patienten beobachtet, die Risperidon und Olanzapin einnahmen, und weniger bei Patienten, denen Quetiapin, Ziprasidon oder Aripiprazol verordnet wurde. Wenn wir diese Medikamente verordnen, überwachen wir die Blutzuckerwerte unserer Patienten, indem wir ihnen regelmäßig Blut abnehmen. Bei einer Einnahme von Quetiapin muss der Patient auch in Bezug auf die Entwicklung eines Katarakts (grauer Star) überwacht werden.

Bei der Einnahme von Antipsychotika kann es auch zu einer tardiven Dyskinesie (TD) kommen. Als tardive Dyskinesie (Spätdyskinesie) bezeichnet man spät einsetzende und potenziell irreversible Bewegungsstörungen, also unnormale und unfreiwillige Körperbewegungen. Am meisten ist die Mund- oder Gesichtsmuskulatur betroffen, die tardive Dyskinesie kann aber auch an jedem anderen Muskel auftreten. Häufig tritt diese Nebenwirkung ein, wenn das Antipsychotikum über einen langen Zeitraum und in hohen Dosen eingenommen wird. Bei den atypischen Antipsychotika scheint diese schwere Nebenwirkung weniger häufig aufzutreten. Meist ist es ausreichend, das Medikament abzusetzen, um die Symptome einzudämmen. In wenigen Fällen halten sie jedoch an, nachdem das Medikament abgesetzt wurde, und begleiten den Patienten sein Leben lang.

Fazit

Psychotische Störungen treten bei Menschen mit Down-Syndrom im Vergleich zu anderen relativ selten auf. Auch kommen sie bei Menschen mit Down-Syndrom wesentlich seltener vor als andere psychische Störungen. Der Betroffene muss sehr sorgfältig untersucht werden, um psychotische Merkmale oder Symptome, die für den Menschen normal sein können, von einer richtigen Psychose unterscheiden zu können. Glücklicherweise kann man eine Psychose bei Erwachsenen mit Down-Syndrom häufig mit einer Psychotherapie, einer Umgestaltung des Umfelds und Medikamenten behandeln.

18 Essensverweigerung

Die Essensverweigerung ist keine psychische Störung im eigentlichen Sinne. Bei Erwachsenen mit Down-Syndrom kann sie allerdings als Symptom von so vielen psychischen und körperlichen Problemen auftreten, dass wir uns entschlossen haben, diesem Thema ein eigenes Kapitel zu widmen. Eine Essensverweigerung ist auch ein gutes Beispiel für das Zusammenspiel von psychischen und gesundheitlichen Problemen und zudem sehr schwierig zu behandeln.

Was versteht man unter einer Essensverweigerung?

Unter einer Essensverweigerung verstehen wir eine wesentliche Veränderung in dem Ess- und Trinkverhalten eines Menschen, die mit einem großen Gewichtsverlust oder anderen gesundheitlichen Risiken einhergeht. Dazu kann gehören:

- Essen und Trinken komplett zu verweigern und einzustellen,
- alles Essen zu verweigern, bis auf ausgewählte Lebensmitteln oder Speisen in kleinen Mengen,
- bestimmte Texturen zu verweigern (wenn man zum Beispiel nur flüssige und keine feste Nahrung zu sich nimmt),
- nur kleine und unzureichende Essensmengen zu sich zu nehmen.

Wir haben einige Patienten mit Down-Syndrom behandelt, die Essen verweigern und als Folge stark an Gewicht abgenommen haben. Die Essensverweigerung scheint oft ein Symptom eines gesundheitlichen Problems zu sein oder begann als eine Komplikation einer Krankheit. Oftmals hören die Betroffenen als Reaktion auf Schmerzen durch ihre Krankheit auf zu essen und verweigern das Essen dann immer noch, auch wenn die Schmerzen längst nicht mehr vorhanden sind. In solchen Fällen scheint die Essensverweigerung ein erlerntes Verhalten, eine Zwangshandlung oder ein Teil von Symptomen einer Depression oder Angststörung zu sein. Depressionen können ebenfalls eine wesentliche Veränderung des Appetits auslösen.

Wenn mit der Entwicklung einer psychischen Störung wie einer Depression auch eine Essensverweigerung einhergeht, betrachten wir die Essensverweigerung als Teil der Symptomatik dieser psychischen Störung. Das ist jedoch nicht immer richtig. In den meisten Fällen treten bei Patienten schwere Essstörungen auf, nachdem sie eine körperliche Krankheit (scheinbar oder tatsächlich) entwickelt haben. Häufig treten die Symptome einer psychischen Störung erst später auf und scheinen eher eine Begleiterscheinung der eigentlichen Krankheit, des damit verbundenen Stresses und der daraus folgenden Essverweigerung zu sein. Ein Beispiel:

Jim, 38, litt schon seit langem unter leichten Schluckproblemen. Wenn er jedoch langsam aß und sein Essen gut zerkleinert war, gab es keine Probleme. Eines Tages aß er auf einem Volksfest ein Würstchen und verschluckte sich.

Daraufhin entwickelte er Ängste, feste Nahrung aufzunehmen, und trank nur noch. Seine Ängste und die Versuche seiner Bezugspersonen, ihn wieder an normales Essen zu gewöhnen, ließen ihn so sehr verzweifeln, dass er eine Depression entwickelte. Die Behandlung von Jim bestand nicht nur aus einer Behandlung des zugrunde liegenden gesundheitlichen Problems (seiner Schluckstörung), sondern auch aus der Behandlung seiner Depression und einer Beratung seiner Familie und anderer Bezugspersonen, wie sie ihn bei seinen Schluck- und Essproblemen unterstützen konnten.

Die Diagnose

Wenn uns Jugendliche oder Erwachsene mit Down-Syndrom vorgestellt werden, die seit einiger Zeit weniger essen oder das Essen ganz verweigern, untersuchen wir sie zuerst auf zugrunde liegende gesundheitliche Probleme. Wir tun dies, obwohl die Essensverweigerung das einzige Symptom einer Krankheit oder einer psychischen Störung sein kann. Betrachtet man die Essensverweigerung als reine Verhaltensauffälligkeit, könnte man jedoch ein ernst zu nehmendes gesundheitliches Problem übersehen. Wenn dieses Problem aufgrund der falschen Einschätzung nicht behandelt wird, würde man auch die Essstörung nicht vollständig behandeln können. Sie würde dann weiterhin bestehen und dem Betroffenen unnötige Unannehmlichkeiten bereiten.

Wir klären bei unseren Patienten ab, ob eine oder mehrere der folgenden gesundheitlichen Probleme vorliegen:

- gastroösophagealer Reflux und Ösophagitis (Speiseröhrenentzündung), mit und ohne Speiseröhrenverengung,
- Ulkuskrankheit (Magengeschwür),
- Zahnprobleme,
- Schluckstörungen,
- Zöliakie,
- Schilddrüsenunterfunktion,
- verschiedene Gründe für Übelkeit (zum Beispiel Nierenprobleme, Diabetes, ein gestörter Kalziumhaushalt, Bauchspeicheldrüsenentzündung und andere),
- intrakranielle Störungen (zum Beispiel Gehirntumore oder andere Gründe für erhöhten Hirndruck),
- Nebenwirkungen von Medikamenten,
- andere gesundheitliche Probleme, die sich aus der Anamnese oder durch die körperliche Untersuchung ergeben, wie Halsschmerzen, Knotenbildung im Mund oder am Hals und so weiter.

Häufig stellen wir bei unseren Untersuchungen fest, dass ein Magengeschwür, eine Speiseröhrenentzündung oder andere gastrointestinale Probleme die Ursache der Essstörung sind. Wir halten es deshalb für sinnvoll, eine Endoskopie (Ösophago-Duodeno-Gastroskopie (ÖGD), eine Spiegelung von Speiseröhre, Magen und Zwölffingerdarm) durchzuführen, um den Magen-Darm-Trakt zu untersuchen. Diese Entscheidung wird natürlich nur nach vorheriger Absprache mit dem Patienten und seiner Familie getroffen. Bei einer oberen Endoskopie wird ein Endoskop (ein Schlauch, mit dem man das Innere von Organen ausleuchten und untersuchen kann) in den Mund eingeführt und durch die Speiseröhre bis in den Magen und den vorderen Teil des Dünndarms geschoben. Diese Untersuchung wird normalerweise in leichter Sedierung durchgeführt. Viele unserer Patienten mit Down-Syndrom benötigen jedoch eine Vollnarkose, weil die Belastungen durch die Untersuchung dies erfordern.

Die Entscheidung, ob invasive Untersuchungen durchgeführt werden, hängt von den Ergebnissen der körperlichen Untersuchung und natürlich auch der Anamnese ab.

Die Behandlung von Essensverweigerungen

Wenn der Essensverweigerung ein gesundheitliches Problem zugrunde liegt und man dieses erfolgreich behandelt hat, ist in einigen Fällen auch die Essstörung behoben und eine weitere Behandlung nicht erforderlich. Manche Patienten verweigern das Essen jedoch weiterhin. Ihre Symptome sind meist aufgrund eines gesundheitlichen Problems aufgetreten und die Krankheit hat als zusätzlicher Stressfaktor zu der Entwicklung des zwanghaften Verhaltens, nämlich der Essensverweigerung, der Depression oder anderer psychischer Störungen, beigetragen. Es ist wirklich erstaunlich, dass einige Menschen mit Down-Syndrom die Hungersignale ihres Körpers vollkommen ignorieren können.

Wir werden häufig gefragt, ob das Problem der Essensverweigerung mit einer Anorexia nervosa, der Magersucht, vergleichbar ist. Es gibt natürlich Gemeinsamkeiten bei beiden Krankheitsbildern, aber auch deutliche Unterschiede in dem, wie sich die Magersucht bei Betroffenen ohne Down-Syndrom und die Essensverweigerung bei Menschen mit Down-Syndrom äußern. Unsere Patienten vermeiden es zu essen, aber wir hören normalerweise nicht von ihnen, dass sie übergewichtig sind oder abnehmen müssen, wie das magersüchtige Patienten äußern. Stattdessen scheint die Essensverweigerung eher eine Reaktion auf ein gesundheitliches Problem zu sein, bei dem der Betroffene zusätzlich noch eine psychische Störung (Zwangsstörung oder Depression) entwickelt.

Wenn ein Patient das Essen verweigert, obwohl sein gesundheitliches Problem behandelt wurde (oder wir das zugrunde liegende gesundheitliche Problem nicht erkennen können), besteht die Behandlung der Essensverweigerung oft in einer Behandlung von Zwangsstörungen oder Depressionen. Eine solche Behandlung kann folgende Ansätze beinhalten:

1. Psychotherapie für den Patienten mit Down-Syndrom und seine Familie oder Betreuer,
2. Schlucktherapie zur Förderung von Essversuchen,
3. Unterstützung, bis der Patient wieder ausreichend essen kann,
4. Medikamente.

Unterstützung

Eine unterstützende Psychotherapie und ermutigende Begleitung sowie Umlenkung des Verhaltens hin zu einem normalen Essverhalten können zur Behebung der Probleme beitragen. Wenn das gesundheitliche Problem behandelt wurde, ist es wichtig, dem Betroffenen deutlich zu machen, dass seine Schmerzen behoben sind und dass er nun schmerzfrei essen kann. Der Betroffene muss hierbei ermutigt und unterstützend begleitet werden. Meist geschieht das an dem Ort, wo er lebt (und isst). Deshalb müssen auch Familien und Betreuer viel Unterstützung leisten und den Betroffenen ermutigen und stärken. Allerdings müssen auch weitere Bezugspersonen wie Lehrer in der Schule, Vorgesetzte am Arbeitsplatz oder Freunde und Kollegen bei Freizeitaktivitäten die Situation kennen und entsprechend zur Lösung beitragen.

Das erste Ziel ist es, sicherzustellen, dass der Betroffene genug isst, um seinen Tagesbedarf an Kalorien, Vitaminen, Mineralien und anderen wichtigen Nährstoffen zu decken. Solange das der Fall ist, muss weniger Druck ausgeübt werden, um ihn wieder zu einer normalen Nahrungsaufnahme zu bewegen, so zum Beispiel wenn der Betroffene zwar feste Nahrung verweigert, dafür aber mehrere Portionen Trinknahrung (zum Beispiel Ensure oder Fresubin) zu sich nimmt oder vielleicht nur kleine Mengen isst, die aber ausreichen, um seinen Nährstoffbedarf zu decken. Übt man in solchen Situationen Druck aus, kann dies beim Betroffenen Angstzustände auslösen und dazu führen, dass er noch weniger isst als vorher. Mehr Erfolg verzeichnet man mit sanfter Ermutigung und Unterstützung. Hierbei muss man allerdings akzeptieren, dass dies ein langer Prozess sein kann. Auch kann es sinnvoll sein, dass der Erwachsene mit Down-Syndrom und seine Familie mit einem Psychotherapeuten, einem Schlucktherapeuten oder einem Arzt zusammenarbeiten, der eventuell zusätzliche Behandlungen einleitet.

Die Psychotherapie

In den meisten Fällen ist es notwendig, dass Familien und Betreuer oder Bezugspersonen des Betroffenen ebenfalls angeleitet und begleitet werden, weil es durchaus frustrierend sein kann, jemanden zum Essen bewegen zu müssen, der nicht essen möchte. Familien und Betreuer müssen zum Beispiel lernen, Situationen zu entschärfen, in denen sich Konfrontationen aufgrund der Essensverweigerung anbahnen. Sie müssen lernen, ruhig und gelassen zu bleiben, und dürfen die Essensverweigerung auch nicht persönlich nehmen. Konfrontationen bewirken bei Menschen mit Down-Syndrom oft das Gegenteil, nämlich dass sie noch langsamer werden. Sinnvoll kann es auch sein, sich gelegentlich durch einen Sozialtherapeuten, Psychologen oder Familientherapeuten unterstützen zu lassen.

Schlucktherapie

Eine Schlucktherapie bei einem Logopäden kann ebenfalls hilfreich sein. Man könnte mit dieser Therapie beginnen, sobald die Essstörung erkannt wurde und während das zugrunde liegende Problem ermittelt wird. Es kann jedoch sinnvoll sein zu warten, bis ein eventuell gesundheitliches Problem als Ursache gefunden wurde. Vielleicht ist das das einzige Problem, das behandelt werden muss. Die Therapie besteht aus dem Wiedererlernen des Schluckens und des Essens, indem verschiedene Lebensmittel nach und nach wieder eingeführt werden. Personen, die ihre Schluckfähigkeit verloren haben, weil sie aufgrund ihrer Essensverweigerung sehr lange nicht mehr richtig geschluckt haben, können diese Fähigkeit in einer Schlucktherapie wieder neu erlernen. Manche Erwachsene mit Down-Syndrom empfinden die Schlucktherapie als beängstigend, so wie auch das Essen selbst. In solchen Fällen kann es sinnvoll sein, die Therapie mit Medikamenten gegen Angststörungen zu begleiten.

Medikamente

Bei der Behandlung einer Essensverweigerung müssen oft auch Medikamente verordnet werden. Wenn zusätzlich eine Depression oder eine Zwangsstörung vorliegt, werden oftmals Antidepressiva eingesetzt. Wir haben festgestellt, dass der Einsatz von Paroxetin besonders vorteilhaft ist, weil dieser Wirkstoff wie auch andere Antidepressiva (SSRIs) nicht nur die Depression oder die Zwangsstörung behandelt, sondern weil er zudem bei vielen Menschen mit Down-Syndrom eine Steigerung des Appetits und eine Gewichtszunahme auslöst. Diese Nebenwirkungen können in einer solchen Situation sehr vorteilhaft sein. Viele der in den Kapiteln über Depressionen und Zwangsstörungen besprochenen Antidepressiva können bei einer Essensverweigerung ebenfalls vorteilhaft eingesetzt werden.

In manchen Fällen ergibt die Untersuchung des Betroffenen auch, dass er unter einer psychotischen Störung (siehe Kapitel 17) leidet. Unserer Erfahrung nach führen alle Antipsychotika bei unseren Patienten mit Down-Syndrom zu einer Gewichtszunahme. Vor allem Olanzapin scheint in solchen Situationen eine gute Wahl zu sein, weil die Gewichtszunahme mit großer Sicherheit erfolgt.

Auch Appetitstimulanzien können dazu beitragen, den Betroffenen wieder zum Essen zu motivieren. Die Patienten sind daraufhin auch viel empfänglicher für andere oder weitere Behandlungen. Megestrol wirkt sich unserer Erfahrung nach bei Menschen mit Down-Syndrom, die das Essen verweigern, sehr appetitanregend aus. Allerdings muss bei der Gabe von Megestrol der Blutzuckerspiegel sorgfältig überwacht werden.

Michael, 43, wurde von seiner Schwester in unsere Ambulanz gebracht. Sie machte sich Sorgen, weil er stark an Gewicht verloren hatte. Er hatte kaum noch Appetit und fast 20 Kilogramm abgenommen. Anstatt wie früher 70 Kilogramm wog er nur noch 50. Michaels Sprachfähigkeiten waren stark eingeschränkt, jedoch konnte er durch Nicken und Kopfschütteln Ja und Nein andeuten. Er verneinte die Frage nach Bauchschmerzen, schien aber bei der Untersuchung seines Oberbauchs leichte Druckschmerzen zu haben. Sein Hämoglobinwert (rote Blutkörperchen) war etwas niedrig, was auf eine leichte Anämie hindeutete, die er aufgrund seiner unzureichenden Nährstoffaufnahme oder aufgrund eines Blutverlustes entwickelt haben konnte.

Michael wurde stationär aufgenommen, um seine Dehydration zu behandeln, die aufgrund der verringerten Flüssigkeitsaufnahme entstanden war. Im Krankenhaus unterzog er sich einer Endoskopie. Die Ärzte entdeckten ein großes Magengeschwür und leiteten eine Behand-

lung mit Omeprazol ein, um die Säureproduktion im Magen zu verringern. Zudem bekam er Eisen gegen die Anämie. Im Zuge der Untersuchungen wurde auch festgestellt, dass Michael an einer Schilddrüsenüberfunktion litt, für die ebenfalls eine Behandlung eingeleitet wurde. Obwohl eine Schilddrüsenüberfunktion häufig einen Gewichtsverlust nach sich zieht, äußert sie sich oft auch in gesteigertem Appetit, was bei Michael allerdings nicht der Fall war.

Die Behandlung von Michaels Essstörung und seines Gewichtsverlustes war nur mäßig erfolgreich. Nun wurde, aufgrund seines verringerten Appetits, aber auch wegen seiner Stimmungstrübung, des verringerten Interesses an seinen üblichen Aktivitäten und seines gesteigerten Schlafbedürfnisses, die Diagnose Depression gestellt und eine Behandlung mit Paroxetin eingeleitet. Sein Gemütszustand verbesserte sich, aber er hatte immer noch Schwierigkeiten mit dem Essen, sodass Megestrol zum Behandlungsplan hinzugefügt wurde. Als Michael wieder an Gewicht zulegte und aktiver wurde, hatte er auch mehr Energie und fühlte sich deutlich besser. Nach einigen Monaten hatte er fast 20 Kilogramm zugenommen. Megestrol und Paroxetin wurden abgesetzt und Michael aß weiterhin ausreichend. Die Behandlung seines Magengeschwürs und seiner Schilddrüsenüberfunktion wurde fortgesetzt.

Michael ist ein klassisches Beispiel für einen Patienten mit einer Essensverweigerung. Zu Beginn seiner Essensverweigerung zeigte er noch keine Symptome einer Depression. Diese Symptome entwickelten sich erst später aufgrund seines verschlechterten Allgemeinzustands.

Bei Paul, 33, gestaltete sich die Behandlung etwas schwieriger. Als wir ihn das erste Mal sahen, hatte er 16 Kilogramm abgenommen gehabt und wog nur noch 48 Kilogramm. Seine Betreuer berichteten, dass er zusätzlich zu seiner Essstörung auch schon sein ganzes Leben lang zwanghaftes Verhalten zeigte. Er schien alle Aktivitäten als Ritual oder sogar Zwangshandlung auszuführen. Seine körperliche Untersuchung war ohne Befund und seine Laborwerte bewegten sich im Normalbereich. Paul unterzog sich schließlich einer Endoskopie, bei der eine leichte Entzündung seiner Speiseröhre festgestellt wurde. Bei einer erneuten Befragung fanden wir heraus, dass er möglicherweise seit längerem unter Sodbrennen litt. Das Sodbrennen begann ungefähr zu dem Zeitpunkt, als Paul angefangen hat, weniger zu essen.

Paul wurden Medikamente verordnet, die die Säureproduktion in seinem Magen verringerten. Das führte allerdings nicht dazu, dass er nun mehr aß. Trotz Therapiesitzungen, trotz der Einnahme von Paroxetin gegen die Zwangsstörungen und trotz Appetitstimulanzien verlor er weiter an Gewicht. Schließlich musste ihm eine Magensonde durch die Nase gelegt werden. Er verweigerte das Essen weiterhin und bekam schließlich eine PEG-Sonde (perkutane endoskopische Gastrostomie), eine Ernährungssonde, die operativ durch die Bauchwand hindurch in den Magen eingeführt wird und durch die flüssige oder dünnbreiige Nahrung verabreicht werden kann. Bei Paul diente die PEG-Sonde zur unterstützenden Ernährung, während er sich einer Schlucktherapie und einer weiteren Psychotherapie unterzog. Auch bekam er verschiedene Medikamente. Paul konnte schließlich kleine Mengen essen, was ihm auch Freude bereitete. Er benötigte die PEG-Sonde aber weiterhin, um eine ausreichende Nährstoffaufnahme sicherzustellen.

Fälle wie der von Paul kommen recht häufig vor. Wenn das zugrunde liegende medizinische Problem endlich untersucht und erkannt ist, hat sich vielleicht schon eine Besserung eingestellt, das zwanghafte Verhalten aber bleibt. Manchmal erscheint das gesundheitliche Problem auch recht unbedeutend. Paul hatte zum Beispiel eine nur leichte Entzündung der Speiseröhre. Trotzdem führte es zur Entwicklung einer Zwangsstörung und einer Verhaltensänderung. Wir können es zwar nicht mit Sicherheit sagen, aber wir gehen davon aus, dass ein frühes Eingreifen und eine frühe Behandlung des zugrunde liegenden gesundheitlichen Problems zu besseren Behandlungserfolgen führen, vor allem wenn die psychische Störung noch nicht ganz so ausgeprägt auftritt.

Auch Jessica, 32, hatte eine Essstörung. Weil ihr Cholesterinspiegel erhöht war, musste sie eine strikte, fettarme Diät einhalten. Jessica wurde regelmäßig daran erinnert, dass sie keine Sachen essen durfte, die einen hohen Fettgehalt aufwiesen. Sie hatte schon immer Grooves entwickelt (siehe Kapitel 9), um ihre täglichen Routineaufgaben zu erledigen. Mit ihrer Diät verfuhr sie genauso. Leider entwickelte sie einen unflexiblen Groove und wurde bei der Auswahl ihrer Speisen extrem wählerisch. Sie erreichte schon bald ihr Idealgewicht von 55 Kilogramm. Aber durch das Festhalten an diesen Grooves verlor sie danach noch weitere neun Kilogramm und wog schließlich nur noch 46 Kilogramm. Glücklicherweise ließ sich ihr Verhalten umlenken und ihre Familie konnte sie an eine gesündere Ernährung gewöhnen, ohne dabei zu übertreiben. Jessica verstand nun, dass sie fetthaltige Nahrung durchaus auch benötigte. Mit der Zeit normalisierten sich ihre Essgewohnheiten wieder.

Fazit

Eine Essensverweigerung kann ein schwierig zu behandelndes Problem darstellen, das die Gesundheit stark beeinträchtigen kann. Bei Menschen mit Down-Syndrom kann eine Essensverweigerung mit gesundheitlichen oder psychischen Problemen einhergehen. Die Patienten müssen daher gründlich untersucht werden, um zugrunde liegende gesundheitliche Probleme zu erkennen. Nur so kann eine wirkungsvolle Behandlung eingeleitet werden. Die Behandlung besteht häufig aus einer Psychotherapie, einer Untersuchung des Umfelds und zusätzlicher Unterstützung des Patienten, der Verordnung von Medikamenten zur Behandlung der psychischen Diagnosen und eventuell auch Medikamenten zur Stimulierung des Appetits. In manchen Fällen muss der Patient zusätzlich künstlich ernährt werden. Bei Erwachsenen mit Down-Syndrom ist ein starker Gewichtsverlust eher eine Ausnahme. Familie oder Betreuer des Betroffenen sollten sich deshalb bei Gewichtsveränderungen sowie Veränderungen im Appetit und im Essverhalten an einen Arzt wenden.

19 Herausforderndes Verhalten

Nicht alle emotionalen Probleme und Verhaltensauffälligkeiten können anhand des DSM-IV-TR einwandfrei diagnostiziert werden. Manche Verhaltensauffälligkeiten werden nicht offiziell als Störungen klassifiziert, aber sie sind dennoch problematisch. In diesem Kapitel verwenden wir für unpassende Verhaltensweisen, die für das eigene oder das Leben anderer störend sind, den Begriff „Herausforderndes Verhalten". Diese Verhaltensauffälligkeiten beinhalten unter anderem:

- verbale oder körperliche Aggressionen oder Sachbeschädigung,
- oppositionelles, trotziges oder unfolgsames Verhalten gegenüber Autoritätspersonen,
- kriminelles oder unangemessenes soziales Verhalten, einschließlich Lügen, Stehlen, sexuell unangemessenes Verhalten oder Verhalten, das anderen gegenüber absichtlich verletzend ist,
- Verhaltensprobleme, die mit Impulsivität zu tun haben, einschließlich Verhalten, das sich ohne Überlegen oder vorherige Planung „entlädt", wie zum Beispiel das plötzliche Äußern unangemessener Bemerkungen über andere, plötzliches Auf-die-Straße-Laufen oder das Wegnehmen von Essen vom Teller anderer.

Verhaltensauffälligkeiten können auch Verhalten beinhalten, das sozial unangemessen oder anstößig, aber im Allgemeinen nicht schädlich für andere ist. Dies umfasst:

- unangemessenes Verhalten in der Öffentlichkeit, einschließlich einem Mangel an sorgfältiger Hygiene, Berühren des Genitalbereichs, Abgang von Blähungen oder Nasebohren.

Bei Menschen mit Down-Syndrom treten Verhaltensauffälligkeiten weniger häufig auf als bei Menschen mit anderen geistigen Behinderungen, aber dennoch häufiger als im Vergleich mit der Durchschnittsbevölkerung (Kahn, et al., 2002).

Gründe für herausforderndes Verhalten

Warum zeigen Menschen mit Down-Syndrom Verhaltensauffälligkeiten und warum haben sie mehr Probleme als die Durchschnittsbevölkerung? Es gibt eine Reihe von möglichen Gründen. Am wichtigsten ist es vielleicht zu erwähnen, dass eingeschränkte expressive Sprachfähigkeiten es ihnen erschweren, ein vorhandenes Problem zu formulieren und mitzuteilen. Zwar scheint dies bei Menschen mit eingeschränkten verbalen Fähigkeiten viel eher der Fall zu sein, kommt aber durchaus auch bei Menschen mit besseren verbalen Fähigkeiten vor. Der Grund hierfür liegt darin, dass es ihnen schwerfällt, Gedanken oder Gefühle, die bestimmte Probleme oder Themen betreffen, zu formulieren und mitzuteilen. Einer unserer Patienten zum Beispiel, ein junger Mann mit guten Sprachfähigkeiten, stieß eines Tages einen schweren Esstisch um und warf Gegenstände an die Wand seines Zimmers. Gegenüber seiner Familie und seinem Vorgesetzten bei der Arbeit war er gereizt und nicht kooperativ. Er zeigte dieses Verhalten über mehrere Wochen hinweg, bis ihn seine Familie schließlich in die Ambulanz brachte, wo sich herausstellte, dass er an einem gesundheitlichen Problem litt, das ihm große Schmerzen bereitete.

Eine andere Patientin zeigte ähnliche Verhaltensweisen, die sehr ungewöhnlich für sie waren. Ihre Familie konnte sich diese Veränderung nicht erklären, bis sie erfuhr, dass ihr Freund sie verlassen und sie auch noch einen engen Bekannten verloren hatte, der in eine andere Stadt gezogen war.

Jede Art von Verhaltensproblemen einschließlich aggressivem, oppositionellem oder unangemessenem Sozialverhalten kann dem Umfeld anzeigen, dass ein Problem besteht. Das unangemessene Verhalten kann dazu dienen, dass die Person einerseits ihre Frustration herauslassen kann, aber auch dazu, dass sie Aufmerksamkeit von anderen bekommt. Da die Verhaltensauffälligkeiten eine Art nonverbaler Kommunikation darstellen, muss die Botschaft von anderen gedeutet werden (siehe Kapitel 6). Wir haben festgestellt, dass Familienmitglieder und andere Betreuer normalerweise in der Lage sind, uns zu helfen, die Botschaft zu interpretieren. Im Folgenden sind einige der häufigsten Ursachen für herausforderndes Verhalten bei Jugendlichen und Erwachsenen mit Down-Syndrom aufgeführt.

Zugrunde liegende physische Ursachen

Wenn eine Person mit Down-Syndrom Probleme hat, ihr Verhalten zu kontrollieren, oder aggressives Verhalten zeigt, ist es besonders wichtig, zunächst nach möglichen physischen Ursachen zu suchen. Körperliche Beschwerden und gesundheitliche Probleme können dazu führen, dass die Fähigkeit, Emotionen zu kontrollieren, verringert ist oder dass die Person zu einer übertriebenen oder aggressiven Reaktion auf andere Reize oder Ereignisse neigt.

Malcolm, ein 37-jähriger Mann mit Down-Syndrom, wurde wegen einer Zwangsstörung mit Zoloft® behandelt. Die Betreuer seines Gruppenwohnheims arbeiteten außerdem daran, sein Verhalten umzulenken. Die Behandlung war im Großen und Ganzen erfolgreich. Gelegentlich reagierte er jedoch aggressiv auf die Versuche der Mitarbeiter, sein Verhalten umzulenken. Malcolm musste sich vor vielen Jahren einer Mastoidoperation (Operation der Paukenhöhle des Ohrs) unterziehen und manchmal füllte sich dieser Bereich mit Ablagerungen, die abgesaugt werden mussten. Es stellte sich immer wieder heraus, dass sein aggressives Verhalten besonders dann auftrat, wenn er diese Behandlung benötigte. Aufgrund seines körperlichen Problems schien er Beschwerden zu haben und teilte dies durch sein Verhalten anstatt durch Worte mit.

AD(H)S: Bei einigen Menschen bestehen Verhaltensauffälligkeiten aufgrund von physiologischen oder neurologischen Störungen. Menschen mit diesen Störungen können größere Schwierigkeiten mit der Kontrolle ihrer Impulse und ihres Verhaltens haben. Zu den häufigsten Störungen dieser Art gehören Aufmerksamkeitsdefizitstörungen (AD(H)S). Bei AD(H)S ist impulsives Verhalten eines der drei Hauptsymptome, zusammen mit Aufmerksamkeitsproblemen und Ablenkbarkeit. Aufgrund des impulsiven Verhaltens kann es für Menschen mit AD(H)S sehr schwierig sein zu warten oder wenig schmeichelhafte Gedanken über andere für sich zu behalten. Manchen Menschen fällt es schwer, ihre Gefühle und ihr Verhalten zu kontrollieren. Sie werden leicht aggressiv, wenn sie frustriert sind oder unter Stress stehen. Eine erfolgreiche Behandlung hängt bei solchen Fällen im Wesentlichen von einer korrekten Identifikation der physiologischen Ursache ab. Im Laufe dieses Kapitels folgen weitere Informationen zu Aufmerksamkeitsdefizitstörungen bei Jugendlichen und Erwachsenen mit Down-Syndrom.

Epilepsie: Gelegentlich werden uns in der Ambulanz Erwachsene vorgestellt, die aufgrund von einfachen oder komplexen partiellen Krampfanfällen aggressives oder impulsives Verhalten zeigen. Obwohl dies recht selten vorkommt, muss diese Erkrankung natürlich erkannt werden, damit eine entsprechende medikamentöse Behandlung eingeleitet werden kann. (Nachfolgend sowie in Kapitel 14 finden Sie weitere Informationen über den Einsatz von Antikonvulsiva.)

Störungen der Impulskontrolle: Einige Menschen mit Down-Syndrom zeigen impulsives Verhalten, ohne dass ein Aufmerksamkeitsdefizit, ein Anfallsleiden oder eine andere physische, emotionale oder umweltbedingte Ursache vorliegt. Es ist nicht ganz klar, aus welchen Gründen dieses Verhalten entsteht. Möglicherweise haben diese Menschen eine stärkere Veranlagung zu impulsivem Verhalten als andere und unter Umständen größere Schwierigkeiten, ihre Impulse zu kontrollieren, wodurch es zeitweise zu unsozialem oder aggressivem Verhalten kommen kann.

Aufmerksamkeitsdefizitstörungen

Bei Aufmerksamkeitsdefizitstörungen handelt es sich um neurologische Störungen mit den folgenden Hauptsymptomen: Aufmerksamkeitsprobleme, impulsives Verhalten und Ablenkbarkeit. Der vorwiegend unaufmerksame Typ (ADS, Aufmerksamkeitsdefizitstörung) zeigt nur diese Kernsymptome, während der hyperaktive Typ (ADHS, Aufmerksamkeitsdezifit-Hyperaktivitätsstörung) die obige Symptomatik und noch das Kernsymptom der Hyperaktivität zeigt. (Bitte beachten Sie, dass in der DSM-IV-TR beide Typen von Aufmerksamkeitsdefizitstörungen unter die Oberkategorie Aufmerksamkeitsdefizit-/Hyperaktivitätsstörung oder AD(H)S fallen. Um eine Unterscheidung der beiden Subtypen zu ermöglichen, verwenden wir hier die Abkürzungen ADS und ADHS.)

Studien zeigen Verbreitungsraten zwischen vier und zwölf Prozent, damit ist AD(H)S eine der häufigsten bei Kindern diagnostizierten neurologischen Störungen (Brown et al., 2001). Ähnliche Verbreitungsraten werden bei Kindern mit Down-Syndrom geschätzt (Cohen und Patterson, 1998; Myers und Pueschel, 1991). AD(H)S hat häufig katastrophale Auswirkungen auf die schulischen Leistungen und die Leistungen am Arbeitsplatz, aber auch auf die soziale und die emotionale Funktionsfähigkeit und auf die allgemeine Entwicklung. Aufmerksamkeitsprobleme und Ablenkbarkeit können es für Menschen sehr schwierig machen, sich zu konzentrieren und wichtige Aufgaben zu Hause, in der Schule oder bei der Arbeit in einer organisierten Art und Weise zu erledigen. Zusätzlich können Beziehungen zu Vorgesetzten und Freunden leiden, da die Person aufgrund ihrer Impulsivität oftmals Schwierigkeiten hat, zu warten oder gedankenlose und wenig schmeichelhafte Bemerkungen für sich zu behalten. Der Betroffene kann auch Probleme haben, sich auf ein Gespräch zu konzentrieren, wodurch es scheint, als sei er an anderen Personen nicht interessiert. Manche Menschen mit dieser Störung haben auch Schwierigkeiten, aufgrund ihrer Impulsivität ihre Gefühle und ihr Verhalten zu kontrollieren, und werden aggressiv, wenn sie frustriert sind oder unter Stress stehen.

Dass AD(H)S bei Kindern auftreten kann, ist seit vielen Jahren bekannt, aber erst seit kurzem hat man festgestellt, dass auch eine erhebliche Anzahl Erwachsener davon betroffen ist. Erwachsene können dieselben Probleme mit Unaufmerksamkeit, Impulsivität, Desorganisation und Ablenkbarkeit haben wie Kinder und diese Probleme können sich genauso negativ auf ihr soziales, emotionales, schulisches oder berufliches Verhalten auswirken. Hyperaktivität scheint bei Erwachsenen mit AD(H)S weniger häufig vorzukommen, auch wenn sie als Kinder bereits hyperaktiv waren. Es scheint, als könnten Menschen der Hyperaktivität entwachsen, wenn sie älter werden.

Bis heute gibt es keine verfügbaren Studien über den Anteil von Jugendlichen und Erwachsenen mit Down-Syndrom und Aufmerksamkeitsdefizitstörung. In unserer Ambulanz haben wir jedoch eine erhebliche Anzahl von Patienten gesehen, die von dieser neurologischen Störung betroffen sind. Dies schließt viele Personen mit ein, die bereits in der Kindheit ein Aufmerksamkeitsdefizit mit Hyperaktivität hatten, wobei die Hyperaktivität im Erwachsenenalter nicht mehr hervortritt. Wie Erwachsene in der Durchschnittsbevölkerung haben sie häufig weiterhin Probleme mit Aufmerksamkeit und Impulsivität und profitieren deshalb meistens von Medikamenten, die ihnen helfen, mit diesen Problemen besser zurechtzukommen. Einige unserer erwachsenen Patienten mit Down-Syndrom sind jedoch auch weiterhin hyperaktiv.

Symptome von AD(H)S

Wie zeigt sich ADHS (die vorwiegend hyperaktive Form von AD(H)S bei Erwachsenen mit Down-Syndrom? Zur Beantwortung dieser Frage möchten wir zunächst die typischen Symptome bei Kindern beschreiben. Obwohl viele Kinder hohe Aktivitätsniveaus haben, sind Kinder, bei denen diese Störung diagnostiziert wird, so aktiv, dass ihre Eltern sie häufig mit den Worten beschreiben: „Sie springen die Wände hoch." Erwachsene mit Down-Syndrom, die ADHS haben, zeigen teilweise das selbe hyperaktive Verhalten wie Kinder. Viele haben Probleme zu schlafen und sprechen andauernd, ohne sich auf das Gesagte zu konzentrieren. Die meisten können nicht stillstehen oder sich lange genug konzentrieren, um eine Sportart zu betreiben, ganz zu schweigen von der Bewältigung wichtiger Schul- oder Arbeitsaufgaben. Das Aktivitätsniveau von Erwachsenen mit Down-Syndrom ist unter Umständen nicht ganz so intensiv wie bei Kindern mit ADHS (sowohl in der Durchschnitts- als auch in der Bevölkerung mit Down-Syndrom), aber im Vergleich zu anderen Erwachsenen ist ihr Aktivitätsniveau doch recht extrem. Diese Art von Verhalten kann für Familie und Betreuer von Erwachsenen und Kindern sehr anstrengend sein. Zum Beispiel:

Marna, 21, wurde sechs Monate nach ihrem Schulabschluss von ihren verzweifelten und erschöpften Eltern in unsere Ambulanz gebracht. Sie war eine freundliche und gutmütige junge Frau, die ihre Eltern und ihren Chef mit ihren ständigen Fragen, ihren unkonzentrierten Gesprächen und ihrem Bewegungsdrang verrückt machte. Bei der Arbeit konnte sie nicht lange genug an einem Ort bleiben, um ihre Arbeitsaufgaben vollständig zu erledigen. Zu Hause konnte sie sich nur dann für die Arbeit fertig machen oder andere Aufgaben ausführen, wenn ihre Eltern anwesend waren, weil sie jeden ihrer Schritte lenken und sie antreiben mussten. Marna kam am besten zurecht, wenn sie sich sportlich betätigte, aber auch bei diesen Aktivitäten hatte sie große Schwierigkeiten, sich zu konzentrieren. Marnas Trainer beschrieb sie als „einen Ballon, aus dem man die Luft ablässt". Sie rannte mit hoher Geschwindigkeit und großem Einsatz über das Spielfeld, war aber nicht unbedingt auf die tatsächlichen Geschehnisse im Spiel konzentriert.

Marnas Eltern berichtete, dass sie als Kind hyperaktiv war und ein Schulpsychologe sowie ein erfahrener Kinderarzt ADHS diagnostiziert hatten. Während ihrer ganzen Schulzeit war sie sehr aktiv, aber das stimulierende Medikament Methylphenidat (Concerta®) half sehr gut, ihre Hyperaktivität, Unaufmerksamkeit und Impulsivität unter Kontrolle zu halten.

Vom Zeitpunkt ihres Schulabschlusses bis zu ihrem Termin in der Ambulanz stellten Marnas Eltern eine deutliche Steigerung der ADHS bei ihr fest, obwohl sie immer noch ihre Medikamente nahm. Sie glauben, dass das Verlassen der Schule und ihre Arbeitsaufnahme zu viel Stress für sie gewesen seien. Viele ihrer Freunde arbeiteten am selben Arbeitsplatz, aber es gab dort viel mehr Lärm und Ablenkungen und weniger Hilfe von den Mitarbeitern als in der Schule.

In der Ambulanz konnten wir bei Marna keine offensichtlichen Gesundheits- oder Wahrnehmungsprobleme feststellen, die ihre Symptome verschlimmert haben könnten. Die Ambulanzmitarbeiter bestätigten die Diagnose ADHS aufgrund ihrer Anamnese und ihres aktuellen Verhaltens und begannen mit der Behandlung. Marna zeigte eine positive Reaktion auf Bupropion, ein atypisches Antidepressivum, das bei Erwachsenen mit ADS und ADHS in der Durchschnittsbevölkerung wirksam ist. Während dieses und nachfolgender Termine in der Ambulanz nahm Marna an Therapiesitzungen teil, um ihre Gefühle und ihre Erwartungen, die sie an sich selbst hatte, zu besprechen. Sie war demoralisiert und ihr Selbstbewusstsein war erschüttert, aber sie wurde ermutigt, sich selbst in einem positiveren Licht zu sehen, insbesondere da sich ihr hyperaktives Verhalten und ihre Unaufmerksamkeit durch die Behandlung verbesserten.

Während des ersten Monats hatte Marna weiterhin Schwierigkeiten, ihre Wut bei der Arbeit zu kontrollieren und nachts einzuschlafen, aber dies besserte sich durch die Therapie und eine Steigerung der Medikamentendosis.

Während des zweiten und dritten Monats berichteten Marnas Eltern, dass sich ihr Verhalten zu Hause stark verbessert hätte und es keine negativen Berichte aus der Werkstatt gebe. Bei einem Nachsorgetermin sechs Monate später berichteten sie, dass die Situation zu Hause immer noch gut war, sie aber von der Werkstatt benachrichtigt wurden, dass Marna ihren Arbeitsplatz aufgrund ihrer Wutausbrüche eventuell verlieren würde.

Kurz nach diesem Treffen besuchten Sozialarbeiter der Ambulanz die Werkstatt, um sich ein besseres Bild von der Situation zu machen. Was sie vorfanden, war eindeutig. Einige Kollegen in der Werkstatt reizten Marna mit spöttischen und hänselnden Bemerkungen. Anscheinend hatten diese Personen miterlebt, wie sie vor ihrer Behandlung in solchen Situationen überreagiert hatte, und sie schienen sie wie in der Vergangenheit zu Wutanfällen provozieren zu wollen. Da Marna bereits für ihre Wutausbrüche (vor der Einnahme des neuen Medikaments) bekannt war, drohte man damit, sie von dem Programm auszuschließen. Nachdem die Werkstattbetreuer darüber informiert wurden, dass Marna von Kollegen laufend provoziert wurde, stimmten sie zu, die Situation genau zu überwachen und die anderen davon abzuhalten, Marna zu belästigen. Nach einigen Wochen, in denen über jeden Vorfall ein Bericht erstellt wurde, in dem das Fehlverhalten von Marnas Kollegen festgehalten wurde, hörten das Hänseln und die Provokationen schließlich auf.

Es ist nun drei Jahre her, dass Marna zum ersten Mal in der Ambulanz untersucht wurde, und sie kommt immer noch regelmäßig zu Nachuntersuchungen. Sie hatte einige kleinere Probleme und die Medikamentendosierung wurde angepasst, aber im Großen und Ganzen geht es ihr sehr gut.

Handelt es sich um ADHS oder um eine andere Störung?

Ein positiver Aspekt bei ADHS ist, dass die Betroffenen meist aufgrund der Ausgeprägtheit ihrer Symptome sowie des Stresses und der Belastung für die Betreuer Hilfe erhalten. Die Symptome können einfach nicht ignoriert werden. Außerdem ist ADHS eine der am besten erforschten und bekanntesten Störungen bei Kindern und Erwachsenen. Daher ist es sehr wahrscheinlich, dass Lehrer, Kinderärzte und andere Ärzte diese Störung diagnostizieren können, wenn ein Kind oder ein Erwachsener mit Down-Syndrom und hyperaktivem Verhalten zu ihnen gebracht wird. Als negativer Aspekt in Bezug auf das weit verbreitete Wissen über ADHS ist, dass hyperaktives Verhalten unter Umständen als ADHS diagnostiziert wird, wenn die Ursache in Wirklichkeit woanders liegt.

Bei einigen unserer Patienten, die mit der Diagnose ADHS zu uns überwiesen wurden, haben wir festgestellt, dass eine Fehldiagnose vorlag. Das Erstellen einer korrekten Diagnose bei Menschen mit Down-Syndrom kann recht schwierig sein, weil viele nur über eingeschränkte Fähigkeiten verfügen, Probleme oder Symptome verbal mitzuteilen. Unserer Erfahrung nach wird zum Beispiel häufig bei Menschen mit bipolarer Störung ein ADHS fehldiagnostiziert, weil zwanghaftes Verhalten hyperaktivem Verhalten durchaus gleichen kann. Bei zwanghaftem Verhalten handelt es sich jedoch nur um einen Teil des Symptombildes und wenn dieses dann als ADHS behandelt wird, können sich die Symptome dadurch noch verschlimmern. So können zum Beispiel stimulierende Medikamente das zwanghafte Verhalten oder die Intensität von Stimmungsschwankungen noch verstärken. Eine Fehldiagnose als ADHS kann vermieden werden, wenn Ärzte eine sorgfältige Anamnese erheben, in der Stimmungsschwankungen (zwischen Manie und Depression) festgehalten werden, die für diese Störung charakteristisch sind.

In ähnlicher Weise kann eine Manie auch als ADHS fehldiagnostiziert werden. Wie bei einer bipolaren Störung werden dann unter Umständen stimulierende Medikamente eingesetzt, wodurch sich die Manie verschlimmert und intensiviert. Auch hier kann das Problem durch die sorgfältige Erhebung einer Anamnese vermieden werden. Eine Manie ist häufig eine Störung, die zyklisch auftritt und häufig stärker und wieder schwächer wird, wohingegen ADHS in der Regel beständiger im Erscheinungsbild und in der Intensität ist.

Wir haben auch Menschen mit Autismusspektrumsstörung (ASS) gesehen, bei denen fälschlicherweise das ADHS diagnostiziert wurde. Obwohl diese Personen hyperaktives Verhalten zeigen können, insbesondere wenn sie unruhig oder überstimuliert sind, übersieht die Diagnose als ADHS doch so wichtige Gesichtspunkte der autistischen Störung wie den Mangel an Beziehungen zu anderen. Auch hierbei bekommen Personen ohne eine korrekte Diagnose unter Umständen nicht die benötigte Verhaltenstherapie und die medikamentöse Behandlung für diese Störung.

Angstgefühle können ebenso leicht als ADHS fehldiagnostiziert werden, insbesondere bei Menschen mit Down-Syndrom, die ihre Gefühle häufig nicht verbalisieren können, sondern Angstgefühle durch erregtes und hyperaktives Verhalten ausdrücken. Wie unterscheidet man Angstgefühle von ADHS? Wir empfehlen, die Anamnese genau zu betrachten und vor allem der Zeitdauer von Symptomen besondere Aufmerksamkeit zu schenken. ADHS tritt in der frühen Kindheit auf und bleibt während des gesamten Lebens bestehen. Die Stärke der Symptome kann sich mit dem Alter ändern, aber die Störung ist im Erwachsenenalter immer noch in erkennbarer Form vorhanden. Wenn jedoch das hyperaktive Verhalten einer Person in einer stressigen Zeit beginnt, ist es wahrscheinlicher, dass es sich bei diesem Verhalten tatsächlich um eine Angststörung als Reaktion auf die jeweiligen Stressfaktoren handelt. Wenn die ADHS bei einer Person zudem nur in bestimmten Umgebungen auftritt, wie zum Beispiel im Klassenzimmer, kann dies bedeuten, dass die Umgebung Stress verursacht. Häufig stellt sich heraus, dass die Person in der für sie stressigen Umgebung entweder über- oder unterstimuliert ist.

Schließlich, und vielleicht am wichtigsten, sind die Symptome für ADHS einfach die bevorzugte Kommunikationsart der Person, um durch ihr Verhalten das Vorhandensein von Stressfaktoren mitzuteilen. Dies ist wiederum sehr wahrscheinlich bei Kindern und Erwachsenen mit Down-Syndrom, die nur begrenzt ihre Gedanken und Gefühle verbalisieren können. Daher kann Verhalten, das wie ADHS aussieht, ausdrücken, dass eine physische Störung, eine visuelle oder auditive Wahrnehmungsstörung, eine Veränderung oder ein Verlust, die als stressig empfunden werden, vorliegt, oder dass Stress durch die Umgebung des Menschen ausgelöst wird. Wir möchten noch einmal betonen, dass wir den Grund oder die Ursache für ein Verhalten nur dann feststellen können, wenn wir als Ärzte und Betreuer eine Art Detektivarbeit leisten und so viele Bereiche wie möglich untersuchen (zum Beispiel physisch, sensorisch, die Umgebung, Änderungen von Lebenssituationen). Dies ist unter Umständen die einzige Möglichkeit, um festzustellen, welche Gründe oder Erklärungen für das Verhalten der Person es gibt.

Symptome von ADS

Während ADHS oft überdiagnostiziert wird, wird ADS (ohne Hyperaktivität) häufig unterdiagnostiziert.

Positiv ist, dass Kinder und Erwachsene mit ADS, die nicht hyperaktiv sind, weniger störendes Verhalten zeigen und weniger schwierig zu handhaben sind. Allerdings ist es dadurch viel unwahrscheinlicher, dass diese Störung bei ihnen diagnostiziert und behandelt wird. Es zeichnet sich immer mehr ab, dass eine recht große Anzahl an Kindern und Erwachsenen in der Durchschnittsbevölkerung nicht mit dieser Störung identifiziert und behandelt werden, weil die Symptome eher subtil sind (insbesondere im Vergleich zu Menschen mit Hyperaktivität) (Jensen und Cooper, 2002; Murphy und Barkley, 1996). Wir haben festgestellt, dass die Diagnosestellung bei Menschen mit Down-Syndrom ein noch größeres Problem ist als bei anderen Gruppen. Abgesehen von der Schwierigkeit, diese Symptome zu diagnostizieren, wird ADS vielleicht gar nicht in Betracht gezogen, weil die Symptome häufig dem Down-Syndrom zugeschrieben werden, auch wenn die Verhaltensweisen für das Down-Syndrom nicht charakteristisch sind (Reiss et al., 1982).

Kinder und Erwachsene können sich wie in einem Nebel oder einem traumähnlichen Zustand befinden. Sie haben große Schwierigkeiten, sich auf Aufgaben in der Schule oder am Arbeitsplatz zu konzentrieren, und unter Umständen Probleme in sozialen Situationen, weil es ihnen schwerfällt, anderen zuzuhören oder Mimik und Gestik richtig zu deuten. Der abgelenkte, traumähnliche Zustand kann sogar ein noch größeres Problem bei Kindern mit Down-Syndrom darstellen, weil sie im Allgemeinen ein ausgezeichnetes visuelles Gedächtnis haben, das sie dazu verwenden, um sich eine „Auszeit" zu nehmen (siehe Kapitel 5 für weitere Informationen).

Häufig erkennen Betreuer oder Lehrer das Problem nicht und diese Kinder werden von Gleichaltrigen als „Träumer" oder „Transusen" gehänselt. ADS kann sich stark negativ auf die schulischen Leistungen, die Leistungen am Arbeitsplatz oder die sozialen Beziehungen des Betroffenen auswirken. Das wiederum kann eine katastrophale Wirkung auf das Selbstbewusstsein der Person haben.

Wie diagnostiziert und behandelt man dann also ADS bei Menschen mit Down-Syndrom, wenn die Symptome derart unspezifisch sind? Wir behandeln Jugendliche und Erwachsene mit Down-Syndrom nun schon seit einiger Zeit und müssen ehrlicherweise zugeben, dass wir diese Störung erst bei wenigen Patienten erkannt haben. Wir müssen in diesem Bereich einfach noch besser werden. Allerdings haben wir einige Merkmale identifiziert, die uns und auch Betreuern und Eltern helfen können, ADS bei diesen Betroffenen zu erkennen. Diese Merkmale beziehen sich auf die unterschiedlichen Symptombilder, die wir feststellen, wenn wir Menschen mit Down-Syndrom und ADS und Menschen in der Durchschnittsbevölkerung, die ADS haben, untersuchen. Zudem bestehen deutliche Unterschiede zwischen Menschen mit Down-Syndrom und ADS und solchen, die kein ADS haben.

Wenn man die Symptome analysiert, stellt man fest, dass ein Schlüsselsymptom bei Menschen mit ADS in der Durchschnittsbevölkerung ist, dass sie häufig chaotisch und desorganisiert sind. Es ist oft sehr schwierig für sie, Routinen zu erstellen und zu befolgen, wodurch es ihnen schwerfällt, tägliche Aufgaben verlässlich und effizient auszuführen. Nichts läuft in geordneten Bahnen. Das ist häufig sehr frustrierend, sowohl für sie selbst als auch für Familienmitglieder.

Wir haben ähnliche Muster bei einigen Menschen mit Down-Syndrom gesehen, die ADHS (mit Hyperaktivität) haben, jedoch nicht bei Menschen mit ADS (ohne Hyperaktivität). Diese Personen haben jedoch trotzdem einen Sinn für Ordnung, obwohl sie Symptome eines Aufmerksamkeitsdefizits zeigen. Sie sind häufig in der Lage, Aufgaben des täglichen Lebens oder im Haus und bei der Arbeit verlässlich auszuführen, solange diese Aktivitäten Teil ihrer normalen Routine sind. Ihre Routinen und Grooves scheinen sie trotz ihrer Aufmerksamkeitsprobleme weiterhin auszuführen.

Die Hauptschwierigkeit liegt eher im Umgang mit freier oder unstrukturierter Zeit zu Hause oder bei der Arbeit, bei der sie sich nicht von bestimmten Routinen lenken lassen können. Normalerweise verlassen sie sich auf ihre Routinen, haben aber Schwierigkeiten damit, bestimmte Aktivitäten zu organisieren, die außerhalb dieser eingefahrenen Muster liegen. Dies ist ein wichtiger Unterschied zwischen Menschen mit Down-Syndrom, die ADS haben, und denen, die ADS nicht haben. Kurz zusammengefasst kann man sagen, dass Menschen mit Down-Syndrom und ADS große Schwierigkeiten haben, sich selbst zu beschäftigen, im Gegensatz zu den meisten Menschen mit Down-Syndrom, die sich normalerweise in ihrer freien Zeit sehr gut selbst beschäftigen können.

Über die Jahre haben wir in vielen Gesprächen immer wieder von Jugendlichen und Erwachsenen gehört, die in ihrer freien Zeit gerne bestimmten Aktivitäten nachgehen. Beispiele für diese Aktivitäten sind Malen, Abschreiben von Wörtern oder Briefen, Handarbeiten, Fernsehen oder Filme anschauen, Betrachten von Familienfotos und sogar das Aufräumen des eigenen Zimmers. Tatsächlich können sich die meisten Menschen mit Down-Syndrom so gut selbst beschäftigen, dass Eltern und Betreuer häufig klagen, dass sie zu viel Zeit mit nur diesen Aktivitäten verbringen. Wenn sich eine Person mit Down-Syndrom nicht selbst beschäftigen kann, sollte dies ein Warnsignal für Betreuer und Ärzte sein, auch wenn die Person sonst in der Lage ist, tägliche Routinen auszuführen. Ein Beispiel:

Alida, 23, wurde von ihren Eltern und ihrem Betreuer am Arbeitsplatz in unserer Ambulanz vorgestellt, weil sich bei der Arbeit mehrere Vorfälle ereignet hatten, in denen sie sehr aggressiv geworden war. Ihre Eltern und ihr Betreuer waren überrascht und besorgt, weil Alida die zwei Jahre, in denen sie dort gearbeitet hatte, stets eine vorbildliche Angestellte gewesen war. Ihr Chef war sehr zufrieden mit ihr gewesen, weil sie gerne einige der schwierigsten Arbeiten übernahm und sie in kurzer Zeit hohe Stückzahlen fertigen konnte. Ihre Eltern und ihr Betreuer berichteten auch, dass sie sehr freundlich und sympathisch war und nicht zu aggressivem Verhalten neigte.

Wir fragten den Betreuer, ob es Veränderungen in Alidas Job gegeben hatte. Er berichtete, dass es eine längere Periode ohne Arbeit gegeben habe. Das war das erste Mal, dass dies passierte während der zwei Jahre, die Alida dort arbeitete. Sie schien in diesem Zeitraum immer unruhiger zu werden und legte störendes Verhalten an den Tag. Während ihrer freien Zeit wollte sie nicht an anderen Aktivitäten teilnehmen, sich beispielsweise nicht mit Kunst und Handarbeiten beschäftigen oder Filme ansehen, die, wie ihr Betreuer zugab, auch nicht sehr anregend waren.

Alidas Eltern beschrieben ein ähnliches Problem zu Hause. Alles schien in Ordnung zu sein, wenn Alida Dinge tun konnte, die Teil ihrer normalen Routine waren. Sie hatte Spaß an ihren täglichen Hausarbeiten wie Abstauben und ihr Zimmer sauber zu machen. Wenn sie jedoch freie Zeit hatte, schien sie sich nicht entspannen zu können: Ihr fiel es schwer, sich selbst zu beschäftigen. Obwohl ihre Eltern versuchten, ihr etwas zu tun zu geben, wie Filme ansehen, malen oder Wortsuch-Puzzles, konnte sie sich nicht über eine längere Zeit auf diese Dinge konzentrieren. Ihre Eltern berichteten, dass es ihr in der Vergangenheit schon immer schwergefallen war, sich zu beschäftigen. Allerdings hatte Alida drei sehr aktive Brüder, die sie anscheinend mit vielen interessanten Aktivitäten versorgten. Auch wenn sich ihre Brüder manchmal beschweren, dass Alida eine „Nervensäge" sei, liebten sie sie und ließen sie an ihren Aktivitäten teilnehmen. Leider waren zwei ihrer Brüder in den letzten beiden Jahren ausgezogen und der dritte war selten zu Hause.

Alidas Eltern versuchten, ihr Beschäftigungen außer Haus anzubieten, und ließen sie an sozialen und Freizeitaktivitäten teilnehmen. Alida war bei Sport- und Freizeitaktivitäten, bei denen sie selbst aktiv sein musste, recht erfolgreich, hatte aber Schwierigkeiten mit einem eher unstrukturierten geselligen Beisammensein. Die Teilnahme an Aktivitäten außer Haus schien Alida leider nicht dabei zu helfen, ihre freie Zeit zu Hause besser zu nutzen.

Während ihrer gesamten Schullaufbahn hatte Alida ebenfalls Symptome von ADS gezeigt. Ihre Familie merkte an, dass sie in der Grundschule Probleme gehabt hatte, eine Aufgabe zu Ende zu bringen. Ihre Lehrer berichteten, dass sie eine kurze Aufmerksamkeitsspanne habe. Auch war es für sie schwierig, während der Pause mit anderen zu spielen, aber dies und auch ihre kurze Aufmerksamkeitsspanne wurden auf das Down-Syndrom zurückgeführt. Alida schien in der weiterführenden Schule besser zurechtzukommen, vor allem in den letzten drei Jahren, in denen sie an einem ausgezeichneten Berufsausbildungsprogramm teilnahm, mehrere Praktika absolvierte und in einigen Jobs beschäftigt war. Sie war durch dieses Programm gefordert und immer sehr beschäftigt. Dies schien genau das zu sein, was sie brauchte. Ihr gegenwärtiger Arbeitsplatz hatte für sie eine Herausforderung bedeutet, aber sie war glücklich mit ihrer Tätigkeit, bis zu dem Zeitpunkt, an dem sie länger ohne Beschäftigung war und der ihren aggressiven Ausbrüchen und ihrem ersten Termin in der Ambulanz vorangegangen war.

Um die Diagnose auf ADS zu bestätigen, überwiesen wir Alida an eine in diesem Bereich sehr erfahrene Psychologin. Sie bestätigte unseren Verdacht, dass Alida ADS hatte. Als mehrere verschiedene stimulierende Medikamente ausprobiert wurden, zeigte Alida eine positive Reaktion auf Methylphenidat (Ritalin®). Mit diesem Medikament war sie in der Lage, zur Ruhe zu kommen und ein gesundes Interesse an einer Reihe von Aktivitäten zu entwickeln, einschließlich Handarbeiten und

Wortsuch-Puzzles. Zudem konnte sie freie Zeit in der Werkstatt viel besser tolerieren. Wir empfahlen der Werkstatt jedoch, ein für Alida interessanteres Programm an Freizeitaktivitäten zu entwickeln. Daraufhin wurden mehrere Computer angeschafft, die Alida in ihrer freien Zeit sehr gerne nutzte.

Medikamente

Medikamente sind ein wichtiger Bestandteil in der Behandlung von ADHS und ADS, denn sie können die Aufmerksamkeit verbessern sowie die Impulsivität und die Hyperaktivität verringern. Man unterscheidet bei den Präparaten, die bei diesen Störungen eingesetzt werden, zwei Kategorien: stimulierende und nicht stimulierende Medikamente.

Stimulierende Medikamente regen das zentrale Nervensystem an. Dadurch werden interessanterweise die Symptome einschließlich Hyperaktivität abgemildert. Die zugelassenen Wirkstoffe sind Methylphenidat, Amphetamin (nur in den USA zugelassen) und Dexmethylphenidat (nur in den USA zugelassen). Die Wirkstoffe Amphetamin und Dextroamphetamin (Adderall®, in Deutschland nicht zugelassen) sind von der FDA für ADHS und ADS zwar nicht zugelassen, werden in den USA bei diesen Diagnosen aber häufig verordnet. Nebenwirkungen von stimulierenden Medikamenten bei Erwachsenen sind unter anderem Nervosität, Schlafstörungen, motorische Tics, Appetitverlust und andere. Es kann einige Zeit in Anspruch nehmen, bis das richtige Medikament gefunden ist. Aber auch wenn ein Patient nicht positiv auf ein bestimmtes Stimulans reagiert, so doch vielleicht auf ein anderes Medikament.

In der Kategorie der nicht stimulierenden Medikamente steht zurzeit nur ein Medikament zur Verfügung, Atomoxetin (Strattera®). Es hemmt die Wiederaufnahme von Noradrenalin im Gehirn, von dem man annimmt, dass es eine Rolle bei der Regulierung der Aufmerksamkeit spielt. Zu den möglichen Nebenwirkungen gehören Schlafprobleme, Müdigkeit, verstärktes Schwitzen, Herzklopfen und andere. Bei manchen Menschen hat eine Kombination eines Stimulans' mit Atomoxetin eine positive Wirkung.

Der Wirkstoff Bupropion ist ein Antidepressivum, das auch bei ADHS und ADS eingesetzt wird.

Zugrunde liegende psychische Störungen oder Stress

Verhaltensauffälligkeiten können auf eine psychische Erkrankung hinweisen. In der Ambulanz haben wir viele Menschen behandelt, die aggressiv wurden, wenn man sie davon abhielt, ihre Zwangshandlungen auszuführen oder ihren Ritualen nachzugehen. Das Auftreten von aggressivem Verhalten deutet in solchen Fällen häufig auf die Schwere der zwanghaften Symptome hin. Betreuer, die unter Umständen zögern, den Betroffenen bei zwanghaft ausgeführten Ritualen einem Arzt vorzustellen, werden dies vermutlich eher tun, wenn auch körperliche Aggressionen Teil der Symptome sind.

Wir haben ähnliche Verhaltensmuster bei einigen Menschen mit Symptomen einer Depression gesehen (siehe Kapitel 14). Dies betraf vor allem Personen, die sich in ihr Zimmer oder an andere private Orte zurückziehen und sich von anderen isolieren. Obwohl diese Personen eigentlich nicht aggressiv sind, zeigen sie aggressives Verhalten, wenn Betreuer in ihrer Verzweiflung versuchen, sie zu überreden, aus ihrem Zimmer herauszukommen, damit sie wieder zur Arbeit gehen oder an sozialen Aktivitäten teilnehmen können.

Herausforderndes Verhalten kann auch ein Hinweis auf Stress im Umfeld des Betroffenen sein, zum Beispiel unerträgliche Wohn- oder Arbeitssituationen. Eine der häufigsten Ursachen für Stress, der durch das Umfeld ausgelöst wird, sind Konflikte oder Spannungen mit oder zwischen anderen.

Andere Ursachen für Stress, aus denen sich eine Verhaltensänderung ergeben kann, sind häufig gesundheitsschädliche oder sensorische Stimuli zu Hause, am Arbeitsplatz oder in der Umgebung, die den Betroffenen überfordern. Laute Arbeitsumgebungen, in denen man auf engem Raum arbeitet und keine natürliche Lichtquelle hat, tragen besonders zu dieser Art von Stress bei, aber auch andere Arten sensorischer Reize können Stress auslösen.

Ernsthaftere Verhaltensprobleme

Das *Diagnostic and Statistical Manual of Mental Disorders* (DSM-IV-TR) definiert für die Durchschnittsbevölkerung drei wesentliche Verhaltensstörungen. Zwei von diesen, die Störung des Sozialverhaltens und die antisoziale (dissoziale) Persönlichkeitsstörung, sind sehr ähnlich, nur dass Letztere bei Erwachsenen und Erstere in der Regel bei Kindern diagnostiziert wird. Die dritte Störung ist das oppositionelle Trotzverhalten. Wir werden diese Störungen erläutern und erörtern, ob diese Verhaltensprobleme bei Menschen mit Down-Syndrom diagnostiziert werden können.

Störungen des Sozialverhaltens/ Antisoziale Persönlichkeitsstörung

Die Diagnose auf Störung des Sozialverhaltens wird nur bei Kindern unter 18 Jahren gestellt. Diese Störung ist definiert als ein repetitives und anhaltendes Verhaltensmuster, bei dem die fundamentalen Rechte anderer oder wichtige, altersgemäße soziale Normen und Regeln verletzt werden. Die Person zeigt aggressives, kriminelles Verhalten und eine mutwillige Missachtung der Gefühle und des Wohlergehens anderer. Die Störung kann von leichten Formen antisozialen Verhaltens bis hin zu schwerem kriminellem Verhalten reichen. Das DSM-IV-TR definiert die antisoziale Persönlichkeitsstörung als die Fortsetzung der Störung des Sozialverhaltens im Erwachsenenalter. Wie bei der Störung des Sozialverhaltens zeigen die Betroffenen einen Mangel an Mitgefühl mit anderen und können sich auch nicht in andere Menschen hineinversetzen. Auch antisoziales oder kriminelles Verhalten wird oft an den Tag gelegt. Menschen mit solchen Verhaltensstörungen wurden früher „Soziopathen" oder „Psychopathen" genannt, um ihren Mangel an Mitgefühl und Reue für ihr schädliches Verhalten zu beschreiben.

Unserer Erfahrung nach tritt eine Störung des Sozialverhaltens oder eine antisoziale Persönlichkeitsstörung bei Menschen mit Down-Syndrom nur selten auf. Uns sind nur ganz wenige Menschen begegnet, die zumindest eine leichte Form solcher Verhaltensprobleme zeigen.

Hue hatte schon während seiner Kindheit sexuell unangemessenes Verhalten gezeigt. Er wurde als junger Erwachsener von seinem besorgten älteren Bruder und Mitarbeitern seines Wohnheims und seines Arbeitsplatzes in die Ambulanz gebracht. Sein Bruder und die Betreuer beschrieben verschiedene Vorkommnisse, bei denen Hue sexuell unangemessene oder sexuell aggressive Verhaltensweisen zeigte, die sich auf der Toilette an seinem Arbeitsplatz und im Bad des Wohnheims zugetragen hatten. Nichts davon hatte zu einer strafrechtlichen Verfolgung geführt, aber Hues Bruder glaubte, dass es nur eine Frage der Zeit sei, bis es dazu käme. Er erzählte auch, dass Hue als Kind von einem Onkel sexuell missbraucht worden sei. Dieser Onkel wurde nie strafrechtlich verfolgt, da der Missbrauch von der Familie geheim gehalten worden war. Unglücklicherweise hatte Hue, wie einige in der Kindheit missbrauchte Opfer, ein unstillbares Verlangen nach sexueller Befriedigung entwickelt. Er schien auch wenig Bedenken zu haben, ob sein sexuelles Verhalten Auswirkungen auf die Personen hatte, die er zur Erfüllung seiner Bedürfnisse auserwählt hatte.

Wir entwickelten einen multimodalen Behandlungsansatz für Hues schwieriges Problem. Man muss wissen und verstehen, dass es keinen klaren Weg für die Behandlung von sexuell abweichendem Verhalten gibt, außer strikter Überwachung und Aufsicht. Deshalb erklärten sich seine Betreuer bereit, eine stark strukturierte Umgebung für Hue zu entwickeln. Zu keinem Zeitpunkt würde er mit anderen alleine gelassen werden und stets von einem Betreuer sorgfältig beaufsichtigt werden. Sein Schlafzimmer wurde mit einem Alarm versehen, der anschlug, wenn er abends sein Zimmer verließ. Im Fitnessstudio, in dem er trainierte, wurde ihm ein eigener Umkleideraum zugewiesen, damit er von den anderen im Umkleideraum getrennt war, vor allem von Kindern. Zudem wurde Hue ein Antidepressivum verordnet, um seinen Sexualtrieb zu verringern. Für Hue war die antidepressive Wirkung des Medikaments nicht so wichtig wie die Nebenwirkung der Verminderung des Sexualtriebs. Aufgrund der sorgfältigen Überwachung und der positiven Wirkung des Medikaments wurden keine weiteren sexuellen Vorkommnisse berichtet. Die Betreuer und die Familie treffen sich noch heute mindestens alle drei Monate oder häufiger, um sicherzustellen, dass dieser Behandlungsplan fortgesetzt wird.

Ein zweites Beispiel für eine Person mit einer Störung des Sozialverhaltens ist der Fall von Beatrice, einer 17-jährigen Teenagerin mit Down-Syndrom:

Beatrice war in einer Familie aufgewachsen, in der mehrere Familienmitglieder eine kriminelle Vergangenheit hatten. Aufgrund ihres aggressiven und oppositionellen Verhaltens hatte sie einen großen Teil ihrer Schullaufbahn in Klassen für Schüler mit Verhaltensauffälligkeiten verbracht. Wie Hue zeigte auch Beatrice einige sexuell unangemessene Verhaltensweisen, jedoch nicht im gleichen Ausmaß. Auch hatte sie schon öfter Geld, Essen und Wertgegenstände von anderen gestohlen. Obwohl sie in ihrer gegenwärtigen Schule an einem Programm für Verhaltensauffälligkeiten teilnimmt, sind ihre Probleme für die Schule und für ihre Mutter zu Hause immer noch schwer zu handhaben.

Beatrices Lehrer und wir sind der Meinung, dass sie weiterhin ein stark strukturiertes Umfeld braucht, ähnlich dem für Hue entwickelten Behandlungsprogramm. Beatrice ist jedoch viel jünger als Hue und ihre Schule und die entsprechende Behörde suchen nach einer therapeutischen Einrichtung für sie. Die Hoffnung besteht, dass sie mit dem richtigen Behandlungsansatz eine Chance hat, ihre Verhaltensprobleme in den Griff zu bekommen. Es gibt durchaus Kinder, die ihren sozialen und anderen Verhaltensstörungen entwachsen, wenn sie die entsprechende Führung und Behandlung vor Erreichen des Erwachsenenalters erhalten.

Weniger schwer wiegende sexuelle Verhaltensprobleme

In der Ambulanz haben wir einige Männer und Frauen mit Down-Syndrom behandelt, die unangemessene sexuelle Bemerkungen gemacht oder Menschen unangemessen berührt hatten. Diese Erwachsenen reagieren im Allgemeinen positiv auf die Versuche von Eltern oder Betreuern, ihr Verhalten zu stoppen oder umzulenken. In einigen wenigen Fällen hatten Eltern jedoch Schwierigkeiten, das sexuelle Verhalten umzulenken oder zu stoppen, weil ihr Kind im Teenageralter war und dadurch umso mehr Widerstand gegen elterliche Kontrolle leistete. In solchen Fällen haben wir erfolgreich mit Eltern zusammengearbeitet und sie in ihren Anstrengungen unterstützt, indem wir den Erwachsenen mit Down-Syndrom zu regelmäßigen Terminen (wöchentlich oder 14-tägig) kommen ließen, bis wir sicher waren, dass das Problem vollständig gelöst oder unter Kontrolle war.

Verhaltensauffälligkeiten, die auf Störungen des Sozialverhaltens hinweisen

Stehlen

Manchmal werden Erwachsene mit Down-Syndrom von ihren besorgten Eltern oder anderen Betreuern in die Ambulanz gebracht, weil sie gestohlen haben. Eltern und Betreuer fürchten, dass dieses Verhalten eskalieren könnte. Wir stellen jedoch in der Regel fest, dass es bei Menschen mit Down-Syndrom eher aufgrund der intellektuellen Beeinträchtigungen entsteht, als dass es ein Zeichen für Kriminalität ist. Deshalb sprechen wir lieber von „Kreativem Borgen" anstelle von Stehlen, da unser Patient unter Umständen das Konzept des „Stehlens" einfach nicht versteht. Wie auch kleine Kinder in der Durchschnittsbevölkerung haben manche Menschen mit Down-Syndrom Schwierigkeiten zu verstehen, dass andere persönlichen Besitz haben, auch wenn sie sich ihres eigenen persönlichen Eigentums durchaus bewusst sind.

Für manche Menschen mit Down-Syndrom kann „Stehlen" mit dem Zwang zusammenhängen, einen bestimmten Gegenstand (wie Stifte oder Papier) sammeln oder horten zu müssen. Ihnen ist nicht unbedingt klar, dass sie anderen etwas wegnehmen, sondern sie sehen es nur als ein Hinzufügen zur eigenen Sammlung (weitere Informationen über das Horten von Gegenständen in Kapitel 16).

Wenn wir „Stehlen" als Verhaltensauffälligkeit untersuchen, überprüfen wir, ob noch andere Formen von antisozialem Verhalten vorhanden sind, weil wir so die Schwere des Verhaltens bestimmen können. Beatrice (siehe oben) ist ein gutes Beispiel für eine Person mit einer Störung des Sozialverhaltens. Sie hatte andere bestohlen und zeigte viele weitere schwerwiegende Verhaltensstörungen, wie mangelndes Einfühlungsvermögen hinsichtlich der Gefühle von anderen und aggressives Verhalten. Bei Erwachsenen, die ab und zu etwas stehlen, ohne dass sie sonstige antisoziale Verhaltensweisen zeigen, entwickeln wir mit Betreuern zusammen einfache Strategien, die dieses Verhalten einschränken sollen. So wird die Person zum Beispiel belohnt, indem sie einen bestimmten Stift in einem Geschäft kaufen darf, wenn sie den gewünschten Gegenstand nicht einem anderen weggenommen hat. So kann sie lernen, einen gewünschten Gegenstand zu bekommen, ohne ihn von anderen „borgen" zu müssen.

Lügen

Eltern und andere Betreuer haben manchmal ähnliche Befürchtungen, was das Lügen anbelangt. Dieses Verhalten kann unter Umständen ebenso aufgrund der intellektuellen Beeinträchtigungen entstehen. Manche Menschen mit Down-Syndrom verstehen einfach das Konzept „Lügen" nicht, wie viele kleinere Kinder auch. Ein weiterer Grund für Menschen mit Down-Syndrom, die Unwahrheit zu sagen oder zu „lügen", liegt in ihrer hohen Sensibilität anderen gegenüber. Daher versuchen sie vielleicht, andere zu schützen, indem sie ihnen etwas nicht sagen, das ihre Gefühle verletzen würde. Vielleicht versuchen sie auch, dem Zuhörer zu gefallen oder sich selbst vor dem Zorn des anderen zu schützen. Weil sie vielleicht nicht wirklich verstehen, was Lügen bedeutet, sehen sie eine „Lüge" in bestimmten Situationen auch nicht als problematisch an, zum Beispiel wenn sie sich oder andere vor tatsächlichem oder eingebildetem Schaden schützen wollen.

Manchmal glaubt man auch, dass Menschen mit Down-Syndrom die Unwahrheit sagen, wenn das in Wirklichkeit nicht stimmt. Wie in Kapitel 5 erläutert, haben viele Menschen mit Down-Syndrom zwar ein ausgezeichnetes Gedächtnis, aber Schwierigkeiten mit dem Zeitverständnis. Sie sprechen daher häufig im Präsens über Geschehen in der Vergangenheit. Wenn dem Zuhörer nicht bewusst ist, dass das Zeitverständnis beeinträchtigt ist, glaubt er unter Umständen, dass die Person lügt, und erkennt nicht, dass Geschehnisse aus der Vergangenheit beschrieben werden. Ein gutes Beispiel hierfür ist ein junger Mann mit Down-Syndrom, der sich beklagte, dass ihn jemand am Arbeitsplatz missbrauche. Seine Mutter wurde zu einer Besprechung gebeten, weil geklärt werden sollte, warum er lüge und andere des Missbrauchs bezichtige. Glücklicherweise konnte sie deutlich machen, dass er von einem Ereignis sprach, das lange her war. Man kann sich jedoch leicht vorstellen, dass die Mitarbeiter seine Aussagen als Lügen oder falsche Anschuldigungen aufgefasst hätten, wenn seine Mutter nicht da gewesen wäre, um das Missverständnis aufzuklären. Um diese Art von Problemen zu vermeiden, muss jede Bemerkung, die als nicht aus dem Zusammenhang gesagt erscheint oder die man nicht direkt einordnen kann, dahin gehend überprüft werden, ob der Grund dafür vielleicht in der Vergangenheit liegt.

Zudem haben viele Menschen mit Down-Syndrom Schwierigkeiten, Wirklichkeit und Fantasie auseinanderzuhalten, wodurch sie imaginäre Ereignisse oder Ereignisse, die sie im Fernsehen oder in Filmen gesehen haben, als wirklich ansehen. Was wie eine Lüge aussieht, kann in Wirklichkeit das Ergebnis einer sehr aktiven und lebhaften Fantasie oder des Gedächtnisses sein. Deshalb ist es wichtig, dass man versteht, was Tatsachen sind und was Fantasie ist, wenn man Aussagen von Menschen mit Down-Syndrom beurteilt.

Oppositionelles Trotzverhalten

Das DSM-IV-TR beschreibt oppositionelles Trotzverhalten als ein wiederkehrendes Muster negativistischen, aufsässigen, ungehorsamen und feindseligen Verhaltens gegenüber Autoritätspersonen. Obwohl diese Diagnose nur bei Kindern oder Teenagern in der Durchschnittsbevölkerung gestellt wird, kann sie bei Erwachsenen mit Down-

Syndrom Anwendung finden, weil diese häufig auch über ihr Jugendalter hinaus Betreuer – also Autoritätspersonen – haben, die für sie verantwortlich sind.

Wir kennen einige wenige Menschen mit Down-Syndrom und oppositionellem Trotzverhalten. Manchmal scheint es sich um etwas zu handeln, womit die Person geboren wird (Teil des Temperaments der Person). Dann wieder kann das Umfeld eine Rolle bei der Entwicklung dieses Problems spielen. Zum Beispiel:

Robin, 36, wuchs bei ihren Eltern auf, die generell sehr streng und bestimmend waren. Nach dem Tod ihrer Eltern zog sie in ein Wohnheim, in dem sie mit drei anderen Frauen lebte. Die Philosophie des Hauses war Selbstbestimmung, Unabhängigkeit und Respekt vor den Rechten anderer. Dies schien bei den anderen Frauen zu funktionieren, aber nicht bei Robin. Für sie war das Haus ein Ort, an dem sie andere beherrschen und kontrollieren konnte, so wie ihre Eltern sie kontrolliert hatten.

Mit der Zeit wurde Robin immer schwieriger und arbeitete immer weniger mit den Betreuern zusammen. Wenn die Betreuer versuchten, sie zu lenken, rebellierte sie, hatte Wutausbrüche, beschimpfte andere und wurde manchmal den anderen Bewohnern gegenüber aggressiv. Nach vielen erfolglosen Versuchen von Seiten der Mitarbeiter, das Problem zu lösen, wurde Robin in ein therapeutisches Wohnheim gebracht, das extra für Menschen mit Verhaltensproblemen eingerichtet worden war. In diesem Haus gab es einen strukturierten Verhaltensplan, bei dem die Personen als Belohnung für das Befolgen von Regeln gewisse Rechte und Freiheiten erhielten. Nach mehreren anstrengenden Monaten lernte Robin, dass das Befolgen der Regeln es ihr ermöglichte, eine gewisse Kontrolle über ihre eigene Situation zu haben. Obwohl sie weiterhin Probleme hatte, stellte sie doch fest, dass das Befolgen von Regeln nicht bedeutete, dass andere sie kontrollierten. Sie lernte auch, dass andere ihre Rechte respektierten, wenn sie deren Rechte ebenfalls respektierte. Nach ungefähr dreieinhalb Jahren in diesem strukturierten Wohnheim zeigte sie ausreichende Reife, um in ein weniger strukturiertes Haus zu ziehen, und seitdem geht es ihr sehr gut.

Wir haben andere Patienten wie Robin gesehen, die Probleme haben, die Autorität von Betreuern zu akzeptieren. Jedoch möchten wir anmerken, dass wir die Diagnose „Oppositionelles Trotzverhalten" nicht häufig stellen, denn wir beobachten immer wieder, dass jemand, der über wenig oder schlechte Kommunikationsfähigkeiten verfügt, durch sein Verhalten versucht, auf ein Problem hinzuweisen. Hierbei kann es sich um alles von körperlichen Schmerzen und Unbehagen bis hin zu Umgebungsstress handeln. Daher empfehlen wir, wenn solche Verhaltensweisen auftreten, zu untersuchen, ob die Person vielleicht so versucht, anderen etwas zu vermitteln.

Zudem ist häufig das, was Betreuer „oppositionelles Verhalten" nennen, in Wirklichkeit eine Reaktion auf bestimmte Einschränkungen, die der Person mit Down-Syndrom auferlegt werden. Einige Familien unserer Patienten hatten zum Beispiel Schwierigkeiten mit ihrem Sohn oder ihrer Tochter, weil diese berechtigterweise für ihre eigene Unabhängigkeit kämpften. In solchen Situationen ist es sehr wichtig, diplomatisch, aber doch bestimmt auf dieses berechtigte Bedürfnis einzugehen und die Person dabei zu unterstützen. Ein gutes Beispiel für eine solche Situation bietet die Geschichte von Andre im Abschnitt über Familientherapie in Kapitel 13.

Ein weiterer Grund dafür, dass die Diagnose „Oppositionelles Trotzverhalten" nicht so häufig gestellt wird, wie man vielleicht annehmen könnte, liegt darin, dass oppositionelles Verhalten häufig ein Symptom eines größeren Problems oder einer Erkrankung ist. Viele Menschen mit einer bipolaren Störung, Autismus und Down-Syndrom als Komorbidität oder einer Störung des Sozialverhaltens zeigen oppositionelles Verhalten und Trotzverhalten gegenüber Betreuern, weil dies zusammen mit anderen Verhaltensweisen und Symptomen ein Teil ihrer psychischen Störung ist. Die Behandlung dieser Erkrankungen kann sich stark von der Behandlung von rein oppositionellem Trotzverhalten unterscheiden. Häufig sind multimodale Behandlungsansätze für eine bipolare Störung notwendig, Autismus kann ganz andere Verhaltensstrategien erfordern und eine intensive Verhaltenstherapie kann bei Patienten mit einer Störung des Sozialverhaltens angebracht sein, wie es weiter oben im Beispiel von Hue beschrieben wurde.

Störungen, die als Verhaltensprobleme fehlinterpretiert werden können

Einige Störungen können von Ärzten und Betreuern als Verhaltensprobleme fehlinterpretiert werden. Dies ist vor allem bei Zwangsstörungen, Tics in Verbindung mit dem Tourette-Syndrom und ähnlichen Problemen mit stereotypem Verhalten der Fall.

Zwangsstörungen oder Groove-ähnliches Verhalten können als Verhaltensprobleme fehlinterpretiert werden. Uninformierte oder unerfahrene Autoritätspersonen können die festen Routinen und die Verhaltensweisen, denen manche Menschen folgen, als oppositionelles Verhalten missdeuten. Zum Beispiel bat ein Lehrer seinen Schüler mit Down-Syndrom, mit dem, was er tat, aufzuhören, um mit einer anderen Tätigkeit zu beginnen. Der Schüler reagierte so, wie das viele Menschen mit Down-Syndrom tun, und fuhr mit der ersten Aufgabe fort, anstatt mit der neuen anzufangen. Es war nicht seine Absicht, sich trotzig oder oppositionell zu verhalten, sondern er hatte das Bedürfnis, die erste Aufgabe aus einem inneren Zwang heraus zu vollenden.

Wenn ein Lehrer diese Art des Verhaltens als Opposition oder Ungehorsam auffasst, wird er eventuell umso mehr versuchen, den Schüler zum Aufhören zu zwingen. Zwang hilft in Fällen, in denen der Schüler sich tatsächlich oppositionell verhält, aber wenn eine Zwangsstörung vorliegt, verstärkt das Verhalten des Lehrers nur noch das zwanghafte Bedürfnis der Person, die Aufgabe zu beenden. Siehe Kapitel 9 und 16 für Informationen darüber, wie man Grooves und zwanghaftes Verhalten erkennt. Diese Kapitel enthalten unter anderem auch hilfreiche Reaktionen auf zwanghaftes Verhalten.

Motorische und Stimmtics, die aufgrund der neurologischen Erkrankung Tourette-Syndrom auftreten, können als Verhaltensproblem fehlinterpretiert werden. Verbale Tics, die zum Beispiel Grunzen, Mundgeräusche oder das Ausstoßen bestimmter Wörter beinhalten, können von einem Lehrer oder einem Arbeitgeber als oppositionelles Verhalten gedeutet werden, insbesondere wenn die Person Schwierigkeiten hat, dieses Verhalten zu unterbinden. Oftmals ist es schwierig und häufig sogar kontraproduktiv, bei Erwachsenen mit stereotypem Verhalten (repetitive Bewegungen), wie zum Beispiel mit den Händen wedeln, das irrtümlicherweise für oppositionelles Verhalten gehalten wird, ein solches Verhalten zu unterbinden. In Kapitel 21 finden Sie Informationen über angemessene Methoden, um mit Tics und repetitiven Bewegungen umzugehen.

Behandlung

Echtes oppositionelles Trotzverhalten, Aggressivität, Probleme mit der Impulskontrolle und die anderen in diesem Kapitel beschriebenen Verhaltensweisen können besonders problematische Herausforderungen sein. Ob es sich um einen älteren Menschen mit Down-Syndrom handelt, der plötzlich anfängt, seine alten Eltern zu schlagen, oder um einen Schüler, der aus dem Klassenzimmer läuft und das Schulgelände verlässt, all diese Verhaltensweisen können für ihr Umfeld extrem schwierig sein. Wie bei anderen Verhaltens- oder psychischen Problemen auch sollte bei solchen Verhaltensweisen immer nach zugrunde liegenden Ursachen gesucht werden. Auch müssen der soziale Kontext und das Umfeld untersucht werden und ein Behandlungsansatz entwickelt und angewandt werden, der psychologische, soziale und medikamentöse Behandlungen beinhaltet.

Die Behandlung von Verhaltensproblemen kann aus erstens Verhaltenstherapie und zweitens Medikamenten bestehen.

Verhaltenstherapie

Eine Verhaltenstherapie kann aus einem Belohnungssystem, Umlenkversuchen und einer Modellierung des entsprechenden Verhaltens sowie Reaktionen auf Stresssituationen bestehen. Familien oder andere Betreuer sollten nach einem geschulten Therapeuten für psychische Erkrankungen suchen, der auf Verhaltenstherapie spezialisiert ist und sie in ihren Bemühungen unterstützen kann (siehe auch den Abschnitt über Therapien in Kapitel 13).

Belohnungssystem

Belohnungssysteme können bei Menschen mit Down-Syndrom als Teil eines Behandlungsplans für viele verschiedene Verhaltensprobleme eingesetzt werden. Diese Art der Verhaltenstherapie dient häufig nur als Reaktion auf das Auftreten oder das Fehlen eines bestimmten Verhaltens. Wenn der Patient zum Beispiel während der ganzen Woche am Arbeitsplatz kein einziges Mal aggressiv war, darf er sich am Freitagnachmittag ein alkoholfreies Getränk kaufen. Es gibt jedoch noch zusätzliche Besonderheiten, die in den Verhaltensansatz mit integriert werden sollten.

Stellen Sie zunächst sicher, dass die Person nicht irrtümlich für unangemessenes Verhalten belohnt wird. Falls, um dem obigen Beispiel zu folgen, die Person während der Woche doch mehrfach aggressives, oppositionelles, impulsives oder antisoziales Verhalten gezeigt hat, erhält sie am Ende der Woche kein spezielles Getränk. Wenn der Person jedoch das Getränk egal ist und sie in Wirklichkeit verstärkte Aufmerksamkeit von den Mitarbeitern haben will, kann die Aufmerksamkeit, die sie aufgrund ihres aggressiven Verhaltens erhält, eine größere Belohnung sein als das Getränk. Das Verhaltensprogramm würde dann unter Umständen das Verhalten belohnen, das es eigentlich auslöschen soll.

Der Zeitpunkt für Belohnungen ist ein weiterer wichtiger Aspekt des Verhaltensprogramms. Eine Belohnung, die drei oder vier Tage in der Zukunft liegt, hat unter Umständen wenig Wirkung auf manche Menschen mit Down-Syndrom. Bei manchen ist die Aufmerksamkeitsspanne zu kurz oder die Belohnung liegt für sie zu weit in der Zukunft, um ihr Verhalten noch damit in Verbindung zu bringen. Belohnungen, die häufiger und in kürzeren Zeitabständen für erwünschtes Verhalten gegeben werden, sind für manche Erwachsene mit Down-Syndrom von größerer Bedeutung.

Problemprävention

Ein weiterer wichtiger Aspekt bei Verhaltensprogrammen ist die Prävention. Hierzu müssen zunächst die Ereignisse analysiert werden, die typischerweise zu dem Problemverhalten führen, und dann muss festgestellt werden, was die Person mit diesem Verhalten erreicht (Erhält sie Aufmerksamkeit? Muss sie dann etwas nicht tun, das sie nicht tun will?). Danach kann eine Vielzahl von Strategien ausprobiert werden, mit denen man das Auftreten des Verhaltens verhindert. Wenn Sie zum Beispiel feststellen, dass ein Verhalten offensichtlich durch ein bestimmtes Ereignis ausgelöst wird, können Sie versuchen, dieses Ereignis zu verhindern. Oder wenn Sie das Ereignis erahnen, das das Verhalten häufig auslöst, dann können Sie die Person umlenken, bevor es zu einer Reaktion kommt. Wenn Sie beobachten, dass das Verhalten immer dann auftritt, wenn die Person anscheinend eine Pause braucht, sie das jedoch sprachlich nicht mitteilen kann, können Sie ihr verschiedene andere Möglichkeiten aufzeigen, um diese Botschaft zu vermitteln.

Der systematische Prozess, die Funktion eines Verhaltens durch eine Analyse des Vorhergegangenen (was vor dem Verhalten geschieht) und der Konsequenzen (was nach dem Verhalten geschieht) zu ergründen, wird „funktionale Verhaltensbeurteilung (functional behavior assessment (FBA))" genannt. Es geht weit über den Umfang dieses Kapitels hinaus, die Durchführung einer FBA detailliert zu beschreiben. Jedoch ist es sinnvoll, mehr über diese Vorgehensweise zu lernen, wenn der Erwachsene mit Down-Syndrom, den Sie betreuen, ernsthafte Verhaltensprobleme hat. Für einen Überblick über den Prozess empfehlen wir das Buch *Functional Behavior Assessment for People with Autism* (Beth A. Glasberg, 2006). Sie können auch einen Verhaltensanalytiker bitten, einen FBA durchzuführen. Bis dahin kann es jedoch recht hilfreich sein, wenn Sie die Umlenkstrategien ausprobieren, die im nächsten Abschnitt beschrieben werden.

Wir möchten anmerken, dass Prävention bei Problemen mit der Impulskontrolle schwieriger sein kann, weil es häufig kein deutlich vorausgegangenes Ereignis gibt, das dieses Verhalten auslöst. Daher kann es schwierig sein, das Problem zu verhindern, weil es „aus heiterem Himmel" auftritt. Manchmal gibt es jedoch vorausgehende Ereignisse, die wir nicht erkennen. Die Situation muss dann mehrfach beobachtet werden, um festzustellen, ob es doch bestimmte Auslöser dieses Verhaltens gibt.

Es ist durchaus möglich, impulsives Verhalten zu verringern, wenn es mit einer behandelbaren Erkrankung zusammenhängt, wie zum Beispiel AD(H)S oder Epilepsie (siehe den Abschnitt unten über „Medikamente").

Umlenkung

Rebecca, eine junge Frau mit Down-Syndrom, war manchmal so frustriert durch einige ihrer Kollegen am Arbeitsplatz, dass sie, wenn sie nach Hause kam, sogar Möbel umwarf. Nach solch einem frustrierenden Arbeitstag ging sie dann in der Eingangshalle ihres Wohnheims hin und her, bevor sie die Wohnbereiche betrat. Wenn die Mitarbeiter das sahen, wussten sie, dass sie nun einschreiten und Rebecca in ihr Zimmer bringen mussten, damit sie sich hinsetzte und Musik hörte, wodurch sie sich entspannte und eine Eskalation ihres Verhaltens verhindert werden konnte.

Rebeccas Geschichte zeigt, dass andere eine Person mit Down-Syndrom umlenken können, bevor sie aggressiv wird. Wie und warum funktioniert dieses Umlenken?

Umlenken funktioniert, wenn eine Person erfolgreich ein negatives Gefühl oder Verhalten in ein positives Gefühl oder Verhalten umwandeln kann. Ein wichtiges Prinzip in der Verhaltenstherapie ist, dass Menschen nicht zwei gegensätzliche Gefühle zur selben Zeit haben können. Wenn Menschen ruhig und glücklich sind, können sie nicht gleichzeitig die negativen Gefühle Wut und Traurigkeit erleben. Von diesem Grundsatz ausgehend ist das Ziel der Behandlung, die frühen Stadien eines negativen Gefühls und Verhaltens zu identifizieren, um die Person in eine positive Stimmung und ein positives Verhalten umzulenken.

Empfehlungen für eine erfolgreiche Verhaltensumlenkung:

- Umlenken auf positive Gefühle und positives Verhalten funktioniert am besten, wenn es beginnt, bevor sich die Person zu weit in einem negativen emotionalen Zustand befindet.
- Um jemanden umzulenken bevor er wütend wird, versuchen Sie frühe Warnsignale auszumachen, die er zeigt, bevor er seine Wut zum Ausdruck bringt. Rebeccas frühes Warnsignal war das Hin- und Hergehen in der Eingangshalle. Es gibt natürlich eine Vielzahl unterschiedlicher und eigentümlicher Verhaltensweisen, die eine Warnung bedeuten können.

- Denken Sie daran, dass Warnsignale sich verändern können. Deshalb müssen Sie das Verhalten weiterhin beobachten, damit Sie neue Signale ausmachen können, die die Person vor Wutausbrüchen zeigt.

Identifizieren positiver Alternativen:
- Beobachten Sie regelmäßig die Aktivitäten in Ruhezeiten, damit Sie die Aktivitäten kennen, die die Person gerne ausführt und durch die sie sich entspannt.
- Versuchen Sie eine Reihe von entspannenden Aktivitäten herauszufinden, aus denen die Person eine auswählen kann. Dadurch hat sie mehr Mitsprache in dem Prozess.
- Wenn Sie jemandem die Wahl zwischen mehreren entspannenden Aktivitäten geben, so ist dies auch eine Möglichkeit, seine Aufmerksamkeit auf etwas anderes zu lenken, ohne Wut hervorzurufen.

Einstellung und Verhalten von Betreuern:
- Gehen Sie in einer solchen Situation vorsichtig auf die Person zu. Wenn Sie zu bestimmend oder auf Konfrontation aus sind, laufen Sie Gefahr, einen Wutanfall zu provozieren, anstatt die Person von der Wut abzulenken. So verspricht es zum Beispiel mehr Erfolg, zu jemandem, der wütend wird, zu sagen: „Möchtest du Musik hören oder malen?", anstatt die Person zu konfrontieren: „Du siehst aus, als ob du wütend wirst. Du musst dir Musik anhören oder etwas malen. Jetzt!"
- Ein ruhiger Ton und eine ruhige Einstellung sind besonders wichtig für die Eltern von Teenagern und jungen Erwachsenen, bei denen die Wahrscheinlichkeit, dass sie gegen elterliche Autorität rebellieren, viel größer ist.

Selbst-Umlenkung

In manchen Fällen kann man Erwachsenen mit Down-Syndrom beibringen, ihr Verhalten selbst umzulenken. Das bedeutet, dass die Person lernt, ihre eigenen frühen Warnsignale für Wut zu identifizieren und sich dann auf etwas anderes zu konzentrieren. Dies ist schon keine einfache Aufgabe für Menschen mit durchschnittlicher Intelligenz und kann sogar noch schwieriger für Menschen mit Down-Syndrom sein. Trotzdem haben wir festgestellt, dass viele Menschen mit Down-Syndrom dies mit entsprechender Zeit und Übung lernen können. Wir empfehlen, der Person mit Down-Syndrom zuerst beizubringen, auf Zeichen von anderen zu reagieren, insbesondere wenn ein Elternteil oder ein Betreuer ihr dieses Zeichen gibt. Mit der Zeit ist die Person vielleicht in der Lage, ihr eigenes Verhaltensmuster zu erkennen und sich zu beherrschen, wenn ihre Stimmung oder ihr Verhalten sich ändert.

Es ist auch möglich, Selbstgespräche einzusetzen, um jemandem zu helfen, sich selbst umzulenken, wenn er das Gefühl hat, kurz davor zu stehen, unangemessen zu handeln. Wie in dem Kapitel über Selbstgespräche beschrieben, sagen Menschen mit Down-Syndrom häufig laut, was andere Erwachsene lautlos zu sich selbst sagen würden. Menschen können ihre eigenen Selbstgespräche dazu verwenden, sich selbst Zeichen zur Umlenkung eines unangemessenen Verhaltens zu geben. Einige sprechen sogar mit sich in der dritten Person, wenn sie sich umlenken. Annie, 37, schlägt hin und wieder andere Menschen. Vielfach hören andere, wie sie zu sich sagt: „Annie, schlage Tommy nicht", wenn sie aufgeregt ist. Menschen, die Annie so reden hören, nehmen dies als einen Hinweis, dass sie jetzt eine entspannende Aktivität braucht, und helfen ihr dabei, bis sie sich beruhigt hat.

Bei vielen anderen Erwachsenen mit Down-Syndrom waren wir in der Lage, diese Selbstgesprächsstrategie weiterzuführen. Nicht nur können einige Menschen lernen, sich selbst daran zu erinnern, ihre Wut nicht unangemessen auszudrücken, sondern sie können sich selbst auch umlenken und stattdessen eine positive oder entspannende Aktivität ausführen. Zum Beispiel:

Wenn Marvin merkte, dass er wütend und aufgeregt wurde, sagte er sich immer wieder: „Schrei nicht und wirf keine Sachen rum." Dann wies er sich selbst an, tief durchzuatmen. Er setzte sich hin und atmete mehrere Minuten lang tief ein und aus, bis er ruhig und nicht mehr aufgeregt war. Manchmal hatte Marvin große Schwierigkeiten bei der Durchführung dieser Strategie, insbesondere wenn er plötzlich mit einer für ihn stressigen oder frustrierenden Situation konfrontiert wurde. Als er zum Beispiel ins Esszimmer seines Wohnheims kam, während ein Mitbewohner gerade einen Wutanfall hatte, versuchte er, mit seiner Umlenkstrategie zu beginnen, aber er war durch die Wut des anderen zu sehr aufgewühlt. Glücklicherweise hatten wir mit den Betreuern zuvor besprochen, wie sie mit einer solchen Situation umgehen sollten. Mehrere gaben Marvin ein vorher vereinbartes Zeichen (sie zeigten mit ihrem Daumen auf die Tür). Dies war das Signal für Marvin, diese unmittelbare Situation zu verlassen. Er konnte dann in das ruhige Wohnzimmer gehen und mit sich selbst sprechen, um sich abzulenken und die Übung mit den tiefen Atemzügen auszuführen.

Marvin beginnt sehr verlässlich mit dieser Strategie, wenn er wütend wird. Ein paar Mal hat er ein anderes Signal benötigt, um ihn zu erinnern. Hierfür taten einige Betreuer so, als ob sie tief Luft holen. Dies reicht gewöhnlich, damit er sich auf etwas anderes konzentriert und mit seinen Atemübungen beginnt.

Maßnahmen, die man ergreifen sollte, wenn die Situation schon eskaliert ist:

Manchmal ist die Person vielleicht schon wütend und die Gelegenheit, ihre Wut in etwas Positives umzulenken, ist bereits vorbei. In solchen Situationen können die folgenden Empfehlungen zur Anwendung bei moderatem oder schwerer wiegendem wütendem Verhalten helfen, mit dem Problem zurechtzukommen.

Moderatere Formen der Wut: Stellen Sie fest, wie ernst die Situation ist. Wenn die Person außer Kontrolle ist und die Gefahr besteht, dass sie sich oder jemand anderen verletzen könnte, folgen Sie den Empfehlungen im Abschnitt „Extreme Formen von Wut und Aggression". Ansonsten können die folgenden Schritte zum Umgang mit der Wut hilfreich sein:

- Bleiben Sie ruhig und kontrollieren Sie Ihre eigene Wut, sollten Sie eine solche verspüren. Die Wut eines Betreuers wird die Person mit Down-Syndrom nur noch wütender machen oder sie aufregen. Geben Sie der Person, sofern möglich, Platz, ihre Wut auszudrücken. Es ist besonders wichtig, dass Kinder oder andere, die die Gefahr nicht verstehen, aus dem Weg sind. Denken Sie daran, dass jede Art von Verhalten während eines Wutanfalls möglich ist. Räumen Sie deshalb alles auf, was geworfen oder als Waffe gebraucht werden kann.

- Wenn das Schlimmste vorüber ist, nähern Sie sich der Person auf eine unbedrohliche Weise. Bringen Sie sie mit einer ruhigen Stimme dazu, sich hinzusetzen, damit sie entspannter ist. Sobald sie sitzt, wiederholen Sie die beruhigenden Sätze.

- Familienmitglieder können die Person mit Down-Syndrom auch vorsichtig umarmen oder halten, um ihr beim Entspannen zu helfen, wenn ihr das angenehm ist. Sobald die Person ruhig ist, versuchen Sie, sie in eine vergnügliche Aktivität zu involvieren, wie Musik hören und Fotos ansehen.

- Wenn die Situation stabil ist, betrachten Sie die Reihenfolge der Ereignisse vor dem Wutausbruch. Dies kann Ihnen dabei helfen, die Probleme, die zu dem Anfall führten, zu identifizieren und zu lösen. Es kann auch dazu beitragen, Vorzeichen im Verhalten vor dem Wutausbruch zu identifizieren, die Ihnen Hinweise für die Umlenkung der Wut geben können.

Extremere Formen von Wut und Aggression

Die aktuelle Krise: Schätzen Sie das aggressive Verhalten ein. Wenn die Person außer Kontrolle ist und die Gefahr besteht, dass sie sich oder eine andere Person verletzen könnte, kann eine sofortige Intervention angezeigt sein. Wenn die Person in einem größeren Wohnheim lebt, gibt es unter Umständen feste Vorgehensweisen für den Umgang mit stark aggressivem Verhalten. In der Regel beinhaltet diese Vorgehensweise irgendeine Art von physischem Zwang, der beibehalten wird, bis die Person sich beruhigt. Ein größerer Wohnheimbetreiber in unserer Gegend beschäftigt acht Mitarbeiter, die von einem Psychologen besonders geschult sind. Wenn ein Bewohner aggressiv wird, werden mindestens vier dieser Mitarbeiter herbeigerufen, damit sie sofort auf die Situation reagieren können. Sie befolgen abgesprochene Vorgehensweisen und halten die Person vorsichtig, aber bestimmt fest, sodass sie weder sich noch andere verletzen kann.

Wenn die Person zu Hause lebt, in einem kleinen Wohnheim oder an einem anderen Ort, an dem es keine festen Vorgehensweisen für den Umgang mit aggressivem Verhalten gibt, kann es notwendig sein, externe Hilfe zu holen. Manchmal sind erfahrene Betreuer oder Familienmitglieder in der Lage, die Person zu beruhigen, wenn dies anderen nicht gelingt. So wurde zum Beispiel eine Betreuerin zu Hause angerufen, als Georgia einen Wutausbruch hatte, da beide ein besonders gutes Verhältnis zueinander hatten. Sie reagierte sofort und kam in das Wohnheim, wo Georgia sehr positiv auf ihre Anwesenheit reagierte. In einer anderen Situation beruhigte sich ein wütender Erwachsener mit Down-Syndrom, nachdem er mit seiner Mutter am Telefon gesprochen hatte.

Manchmal wird die Polizei gerufen, wenn Interventionen durch die Familie oder durch Mitarbeiter keine Wirkung zeigen. Die Anwesenheit der Polizeibeamten kann bei manchen Menschen mit aggressivem Verhalten dazu beitragen, dass sie sich beruhigen, vor allem dann, wenn sie wenig Kontakt mit der Polizei haben. Jedoch müssen Betreuer unter Umständen sehr wachsam sein, wenn die Polizei gerufen wird. Die meisten Polizeibeamten haben sehr wenig Erfahrung im Umgang mit Menschen mit Down-Syndrom oder mit anderen Beeinträchtigungen und sind selten für solche Fälle geschult. Meist suchen sie Rat bei den Betreuern, die die Anwesenheit der Polizei zur Stabilisierung der Situation nutzen können, was aber nicht bedeutet, dass gleichzeitig Entscheidungen über weitere Behandlungsoptionen (unten erläutert) getroffen werden sollen. Dennoch kann man die Polizei bitten, die Person bei Bedarf in eine Behandlungseinrichtung zu bringen (siehe unten). Ansonsten, wenn die Person ruhig ist, können die Mitarbeiter oder die Familienmitglieder die Person sicher in eine entsprechende Einrichtung bringen, sollte sich dies als notwendig erweisen.

Die Wahl einer adäquaten Behandlung: Sobald der Erwachsene ruhig und die Krise vorüber ist, gibt es zwei Behandlungsmöglichkeiten: entweder ambulante oder stationäre Behandlung. Häufig bringen Betreuer Menschen mit starken Aggressionen zu einem Psychiater. Damit ist in der Regel eine Konsultation eines Behavioristen und/oder Psychiaters in einer medizinischen oder psychischen Ambulanz verbunden. In der Ambulanz werden wir bei Notfällen gebeten, viele Menschen zu diagnostizieren und zu behandeln, die extreme Aggressionsformen zeigen. Unserer Erfahrung nach gibt es viele verschiedene Ursachen, Erklärungen und mögliche Behandlungen für diese Verhaltensweisen, die wir detailliert in diesem Kapitel und in diesem Buch besprochen haben.

Manchmal, wenn Erwachsene mit Down-Syndrom extremes Verhalten zeigen, werden sie von Betreuern, der Polizei oder ihrer Familie in die Notaufnahme gebracht, damit festgestellt werden kann, ob sie möglicherweise in die psychiatrische Abteilung eingewiesen werden müssen. In größeren Städten kann es Krankenhäuser mit speziellen Abteilungen für Menschen mit intellektuellen Beeinträchtigungen geben. In den meisten Fällen steht jedoch nur eine allgemeine psychiatrische Abteilung zur Verfügung.

Wir haben festgestellt, dass Krankenhauseinweisungen nicht immer so vorteilhaft sind, wie man es sich erhofft. Idealerweise versuchen die Krankenhausmitarbeiter, psychische und physische Erkrankungen zu identifizieren und zu behandeln, wobei sie mit der Familie und den Betreuern zusammenarbeiten, um Stressursachen zu identifizieren. Allzu häufig jedoch haben die Krankenhausmitarbeiter nicht genug Erfahrung bei der Diagnostizierung und der Behandlung von Menschen mit Down-Syndrom und psychischen oder Verhaltensproblemen. In vielen Fällen wird es einfach versäumt, Untersuchungen durchzuführen, um mögliche gesundheitliche Probleme zu erkennen. Krankenhausmitarbeiter machen sich häufig auch nicht die Mühe, Familie oder Betreuer zu kontaktieren, um bei der Identifizierung und der Lösung von umgebungsbedingten Konflikten oder Stresssituationen zu helfen. Daher ist der Krankenhausaufenthalt unter Umständen eher als eine – äußerst teure – Atempause zu betrachten, die jedoch die Probleme oder die Zustände nicht löst.

Manchmal kann ein Krankenhausaufenthalt das Problem sogar noch verschlimmern. Der Grund hierfür liegt darin, dass Betreuer sich von dem Krankenhausaufenthalt eine Bewältigung der Krise erhoffen, aber dadurch werden nicht unbedingt die Probleme gelöst, die zu den Verhaltensauffälligkeiten führten. Zudem genießen einige Menschen mit Down-Syndrom einen Krankenhausaufenthalt sogar. Die Schwestern verhätscheln sie und sie erhalten wenig Druck, irgendetwas Konstruktives zu tun. Für manche Erwachsene mit Down-Syndrom ist dies eine Art Urlaub, wenn auch ein sehr kostspieliger Urlaub, der darüber hinaus nicht sehr produktiv ist, wenn keine Versuche unternommen werden, das zugrunde liegende Problem zu identifizieren oder der Person zu zeigen, wie sie ihr Verhalten besser in den Griff bekommt.

Wir haben ebenfalls festgestellt, dass manche Krankenhäuser Menschen mit intellektuellen Beeinträchtigungen nicht in die psychiatrische Abteilung einweisen, auch wenn sie in der Notaufnahme sind. Manchmal fühlen sich die Krankenhausmitarbeiter einfach nicht wohl bei der Behandlung von Patienten, mit denen sie wenig Erfahrung haben. Häufig beruhigt sich die in die Notaufnahme gebrachte Person schließlich, auch wenn sie bei der Ankunft noch aufgeregt ist. Manche verlieren ihre Wut und ihre Feindseligkeit, wenn sie andere in der Notaufnahme sehen, die ernsthaftere physische oder emotionale Probleme haben. Das stundenlange Warten in der Notaufnahme kann noch verbliebene Wut ebenfalls dämpfen. Dann nicht eingewiesen zu werden, muss nicht schlecht sein. Insbesondere, wie bereits oben besprochen, wenn der Krankenhausaufenthalt sowieso nicht darauf ausgerichtet ist, die dem Verhalten zugrunde liegenden Probleme zu identifizieren und zu lösen.

Hinzu kommt, dass viele Menschen, die in der Notaufnahme abgewiesen werden, sich dann nach anderen Möglichkeiten umsehen. Sobald die unmittelbare Krise vorüber ist, haben sie eventuell mehr Zeit, eine ambulante Einrichtung zu finden, die mehr Erfahrung in der Behandlung von Menschen mit Behinderungen hat. Diese Einrichtungen sollten Fachkräfte beschäftigen, die voraussichtlich mehr Erfahrung bei der Ergründung der Ursachen für das Verhaltensproblem besitzen.

Ursachensuche für extremes Verhalten: Sobald die Krise eines extremen aggressiven Vorfalls vorüber ist, muss eine gründliche Untersuchung der möglichen Ursachen des Problems beginnen. Eine Behandlung ohne diese Maßnahme kann missglücken, wenn die wahren Gründe für die Wutanfälle nicht identifiziert und gelöst werden. Wenn die Ursache des Problems erst einmal gefunden ist, wird das Verhalten häufig lenkbarer. Sobald dies eintritt, können die oben besprochenen Empfehlungen für moderatere Formen der Wut angewendet werden, um noch verbliebene aggressive Ausbrüche zu steuern.

Einige der häufigsten Ursachen für extremes Verhalten:

- Das Verhalten kann aufgrund von extremem Umgebungsstress auftreten. Berücksichtigen Sie die Möglichkeit insbesondere dann, wenn es in der Vergangenheit keine solchen Ausbrüche gab. Unser Patient Bret hatte zum Beispiel einfach genug davon, das Opfer eines gewalttätigen Mitbewohners in seinem Wohnheim zu sein. Sein Verhalten ließ die Betreuer endlich verstehen, dass der gewalttätige Mitbewohner mehrere Personen im Wohnheim belästigt hatte und man ihn entweder aus dem Wohnheim ausweisen oder zumindest sein Verhalten besser kontrollieren musste. Sobald das Problem gelöst war, gab es keine Ausbrüche mehr von Bret oder anderen Bewohnern im Heim.
- Wie bereits erwähnt, können Gesundheitsprobleme starke Schmerzen und Unbehagen verursachen und so zu extremen Verhaltensänderungen beitragen oder sie verur-

sachen. Eine gründliche körperliche Untersuchung sollte jedes Mal durchgeführt werden, wenn es, insbesondere extremere, Verhaltensänderungen gibt.

- Extremes Verhalten kann auch mit einer psychischen Erkrankung zusammenhängen. Wie bereits erwähnt, haben viele Menschen mit Down-Syndrom begrenzte Fähigkeiten, ihre Probleme und Sorgen verbal mitzuteilen. Ein psychisches Problem kann als eine extreme Verhaltensänderung zu Tage treten. Wenn daher das Problem des aggressiven Verhaltens der Person nicht durch Stressfaktoren aus der Umgebung, ein physisches Problem oder eine andere Verhaltensstörung (Störung des Sozialverhaltens, oppositionelles Trotzverhalten und so weiter) erklärt werden kann, ist es ratsam, einen Psychiater aufzusuchen. So wurden zum Beispiel Menschen aufgrund von kürzlich aufgetretenen aggressiven Ausbrüchen mit einer bis dahin nicht diagnostizierten bipolaren Störung in unsere Ambulanz gebracht.

Medikamente

Wie bereits besprochen können Verhaltensprobleme und insbesondere impulsives Verhalten durch physiologische oder neurologische Erkrankungen wie AD(H)S, Epilepsie, das Tourette-Syndrom und Tics verursacht oder verschlimmert werden. Die daraus resultierenden Verhaltensprobleme können unter Umständen besser mit Hilfe von Medikamenten zur Behandlung dieser Erkrankungen kontrolliert werden. So können zum Beispiel Menschen mit einer Aufmerksamkeitsdefizitstörung sehr von einem stimulierenden Medikament profitieren, während Patienten mit Epilepsie positiv auf ein Antikonvulsivum reagieren und diejenigen mit Tourette-Syndrom/Tics auf Antipsychotika. Wir haben auch festgestellt, dass manche Personen mit schwerer wiegendem Impulsverhalten auf Antikonvulsiva ansprechen, auch wenn es keine offensichtlichen physiologischen Gründe gibt. Der Grund hierfür kann darin liegen, dass Krampfanfälle häufig schwierig zu entdecken sind, da sie mit Unterbrechungen auftreten.

Sicherlich kann auch, wie bereits besprochen, eine Vielzahl anderer Erkrankungen Verhaltensprobleme verursachen oder verschlimmern. Hier wären Schilddrüsenerkrankungen, ein Mangel an Vitamin B12 und andere Störungen zu nennen, die detailliert in Kapitel 2 besprochen wurden. Wie bereits erwähnt, ist die angemessene Behandlung gesundheitlicher Probleme, die zu den Verhaltensproblemen beitragen, notwendig, damit das abnorme Verhalten weitestgehend verringert werden kann.

Auch können Medikamente hilfreich sein, wenn Symptome für psychische Erkrankungen zusammen mit Verhaltensproblemen auftreten. Zu den häufigsten Symptomen gehören Angstgefühle, die sich häufig als Erregung und Anspannung bemerkbar machen. Wir haben festgestellt, dass Stimmungsschwankungen auch recht häufig zusammen mit Verhaltensproblemen auftreten. Diese können die ernsteren Schwankungen und das Verhalten bei einer bipolaren Störung (siehe Kapitel 14) beinhalten, aber häufiger kommen weniger ernsthafte Symptome von Launenhaftigkeit und Gereiztheit vor.

Antikonvulsiva (gegen Krampfanfälle) sind ein wirksamer Behandlungsansatz bei Verhaltensproblemen mit Symptomen für psychische Erkrankungen. Valproinsäure und Carbamazepin erweisen sich hier häufig als wirkungsvoll. Personen, die diese Medikamente einnehmen, müssen sich regelmäßigen Blutuntersuchungen unterziehen, damit der Blutspiegel festgestellt werden kann, außerdem sollten ein Blutbild gemacht, Leberfunktionstests und Elektrolytuntersuchungen durchgeführt werden, um Nebenwirkungen festzustellen. Wir hatten auch einigen Erfolg mit Gabapentin, das von vielen nicht in die engere Wahl gezogen wird und wahrscheinlich nicht so wirksam wie die anderen Medikamente ist. Der Vorteil von Gabapentin liegt darin, dass man das Blutbild nicht überwachen muss, und es ist daher für solche Patienten geeignet, die sich nicht gerne Blut abnehmen lassen. Seit kurzem setzen wir mit einigem Erfolg auch Lamotrigin ein. Bei diesem Medikament sollte das Blutbild ebenfalls überwacht werden. Keines dieser Medikamente ist von der FDA zur Behandlung von Verhaltensproblemen zugelassen.

Antipsychotika können ebenfalls recht positiv für die Behandlung dieser Art von Verhaltensproblemen mit Symptomen psychischer Erkrankungen sein. Risperidon, Olanzapin, Quetiapin, Ziprasidon und Aripiprazol haben sich bei einigen unserer Patienten mit Down-Syndrom bewährt. Wie jedoch bereits in Kapitel 17 erwähnt, ist es notwendig, auf Sedierung, Gewichtszunahme und einen erhöhten Blutzuckerspiegel zu achten.

Antidepressiva sind im Allgemeinen nicht vorteilhaft, wenn sie bei dieser Art von Verhaltensproblemen alleine verabreicht werden, können aber in Kombination mit anderen Medikamenten (wie zum Beispiel Antikonvulsiva) hilfreich sein. Das Antidepressivum Trazodon kann als zusätzliches Medikament bei der Behandlung von Verhaltens- und psychischen Problemen besonders wirkungsvoll sein. Es ist äußerst hilfreich als Schlafmittel. Daher kann es ein gutes zusätzliches Medikament bei Patienten sein, die zudem unter Schlafstörungen leiden. Auch kann der Einsatz von Melatonin (ein Hormon, das bei Schlafstörungen und Jetlag gegeben wird) oder anderen Schlafmitteln wie Zolpidem, Eszopiclon (ausschließlich in den USA zugelassen) oder Zaleplon bei der Behandlung dieser Erkrankungen eine Rolle spielen.

Wenn das herausfordernde Verhalten mit einer Zwangsstörung oder schweren Depressionen zusammenhängt, dann kann ein Antidepressivum, das diese Erkrankungen behandelt, dabei helfen, die Verhaltensprobleme im Zusammenhang mit diesen Störungen zu verringern.

Fazit

Wenn ein Jugendlicher oder ein Erwachsener mit Down-Syndrom aggressiv, impulsiv oder stark oppositionell handelt oder ein sonstiges herausforderndes Verhalten zeigt, das das tägliche Leben beeinträchtigt, dann ist es sehr wichtig festzustellen, wodurch dieses Verhalten ausgelöst wird. Eine sorgfältige Untersuchung auf zugrunde liegende medizinische Probleme, aber auch auf mögliche Auslöser in der Umgebung ist von wesentlicher Bedeutung. Wie bei der Behandlung anderer psychischer Erkrankungen, so erhöht auch hier die Betrachtung der psychologischen, sozialen und biologischen Aspekte die Wahrscheinlichkeit für den Erfolg der Behandlung.

20 Selbstverletzendes Verhalten

Auf den ersten Blick scheint selbstverletzendes Verhalten eine der psychischen Störungen zu sein, die für andere sehr schwer zu verstehen und nachzuvollziehen sind. Viele Menschen können einfach nicht begreifen, dass man sich gewollt selbst verletzen kann. Selbstverletzendes Verhalten (auch Autoaggression genannt) ist allerdings nicht immer ein Symptom einer psychischen Störung. Wenn ein solches Verhalten offensichtlich wird, ist es unbedingt notwendig, es richtig zu diagnostizieren und zu behandeln. Aus diesem Grund haben wir es in dieses Buch mit aufgenommen.

Durch Selbstverletzung können Menschen ihr Unwohlsein und ihr Missfallen ausdrücken. Dieses Verhalten kann aber befremdlicherweise auch Wohlgefallen und Genuss bereiten. Körperliche Schmerzen lassen sich ebenso damit ausdrücken.

Was ist selbstverletzendes Verhalten?

Unter selbstverletzendem Verhalten verstehen wir Verhaltensweisen, bei denen sich der Betroffene selbst Verletzungen zufügt. Dazu gehören zum Beispiel, sich zu schlagen, sich zu beißen, absichtlich hinzufallen oder gegen Wände zu laufen.

Selbstverletzendes Verhalten kommt bei Erwachsenen mit Down-Syndrom nicht allzu häufig vor, aber es scheint doch öfter aufzutreten als bei Menschen, die keine geistige Beeinträchtigung haben. Ein Grund dafür ist, dass selbstverletzendes Verhalten oft eine Form der Kommunikation darstellt. Häufig verfügt der Betroffene nur über eingeschränkte Sprachfähigkeiten. Dadurch ist es auch viel schwieriger, sein Problem zu verstehen und ihn entsprechend zu behandeln.

Ursachen

Bei Menschen mit Down-Syndrom kann selbstverletzendes Verhalten aus den folgenden Gründen auftreten:

1. Dem Betroffenen bereitet das selbstverletzende Verhalten Genuss oder es ist für ihn wie eine Belohnung.
2. Der Betroffene hat zusätzlich zu dem Down-Syndrom noch Autismus.
3. Die Selbstverletzungen helfen dem Betroffenen, Ängste oder Stress abzubauen.
4. Die Selbstverletzungen sind ein wirkungsvolles Kommunikationsmittel.
5. Die Selbstverletzungen entstehen aufgrund von Schmerzen oder einer Erkrankung.

Wenn man bei selbstverletzendem Verhalten Genuss empfindet: Es ist zwar schwer nachzuvollziehen, aber viele Menschen, die sich selbst Verletzungen zufügen, empfinden ihr Verhalten als eine Art Belohnung. Für sie sind die Verletzungen nicht schmerzhaft, sondern ihr Verhalten löst Wohlbefinden aus. Gerade weil es so schwierig ist, das selbstverletzende Verhalten zu verstehen und nachzuvollziehen, kann es auch sehr schwierig sein, eine wirkungsvolle Behandlung und eine

Verhaltenstherapie für den Betroffenen zu entwickeln. Bei dieser Art der Autoaggression spielen oft Endorphine eine Rolle. Endorphine sind eine natürliche Substanz, die der Körper als Antwort auf Schmerzen (und andere Empfindungen) produziert. Sie stimulieren die Opiatrezeptoren, reduzieren das Schmerzempfinden und können euphorische und positive Gefühle auslösen.

Selbstverletzendes Verhalten und Autismus: Selbstverletzendes Verhalten kann ein Symptom einer Autismusspektrumsstörung sein. Es gibt verschiedene Theorien dafür, weshalb dieses Verhalten bei Menschen mit Autismus auftritt. Zum einen kann es eine Art Selbststimulation sein, wobei Endorphine freigesetzt werden und so ein Wohlgefühl auslösen, es kann aber auch ein Weg sein, um Aufmerksamkeit zu erlangen. Selbstverletzendes Verhalten kann außerdem ein Symptom eines subklinischen epileptischen Anfalls sein. Autismus wird in Kapitel 22 thematisiert.

Selbstverletzendes Verhalten zum Abbau von Ängsten: Wenn der Betroffene unter Stress steht oder unter Angstgefühlen leidet, kann eine Selbstverletzung diese Ängste verringern oder ihn davon ablenken. Wenn Sie sich zum Beispiel wegen eines Problems Sorgen machen und sich gleichzeitig aus Versehen in den Finger schneiden oder etwas auf Ihren Fuß fallen lassen, werden Sie sofort abgelenkt sein und zunächst nur an Ihren Finger oder Ihren Fuß denken. Betroffene reagieren häufig irrational, wenn sie von ihren Ängsten überwältigt werden. Sie fühlen sich, als würden sie die Kontrolle über sich und ihr Leben verlieren, und verletzen sich deshalb. Einige Menschen mit geistigen Beeinträchtigungen können ihre Handlungen weniger gut kontrollieren oder verstehen nicht, was eine angemessene Reaktion wäre.

Selbstverletzungen aufgrund von Schmerzen oder Erkrankungen: Selbstverletzungen können auch ein Symptom von verschiedenen Erkrankungen sein. Sie dienen dann dazu, andere über das Unwohlsein zu informieren oder gegen die Schmerzen anzukämpfen. Einer unserer Patienten hatte zum Beispiel eine Depression und litt zudem unter einer chronischen Nasennebenhöhlenentzündung. Wenn er Schmerzen hatte, schlug er sich an den Kopf. Als die Entzündung schließlich diagnostiziert und behandelt war, hörte dieses Verhalten auf.

Oftmals schlägt sich der Betroffene an einer Körperstelle, die mit der Erkrankung nicht in Zusammenhang steht, und zeigt damit, dass er Schmerzen hat oder frustriert ist. Sein Verhalten kann auch ganz allgemein einen Hilferuf bedeuten. Wir haben einige Patienten behandelt, die sich in die Hände gebissen, sich auf die Brust geschlagen oder ihre Köpfe gegen Wände oder Gegenstände geschlagen haben, wenn es ihnen schlecht ging.

Selbstverletzungen als Kommunikationsmittel: Selbstverletzungen können auch ein sehr wirkungsvolles Kommunikationsmittel sein, vor allem dann, wenn das Ziel Aufmerksamkeit von anderen ist. Wenn jemand einen Menschen dabei beobachtet, wie er sich selbst verletzt, ist die natürliche Reaktion darauf, denjenigen daran zu hindern. Der Betroffene wird so mit Aufmerksamkeit belohnt.

Selbstverletzungen können auch eine wirkungsvolle Methode sein, um seinem Umfeld mitzuteilen, dass man nicht einverstanden ist mit dem, was gerade vorgeht oder passiert.

Samir schlug sich immer dann selbst ins Gesicht, wenn er mit etwas, was ein anderer tat, nicht einverstanden war. Sein Mitbewohner Oscar ärgerte Samir gerne, und zwar so, dass es die Betreuer ihres Wohnheims nicht mitbekamen. Erst wenn sich Samir als Reaktion auf Oscars Sticheleien und Gemeinheiten ins Gesicht schlug, schritten die Betreuer ein und forderten Oscar auf, Samir in Ruhe zu lassen.

Samir hörte dann sofort auf, sich ins Gesicht zu schlagen. Seine Betreuer untersuchten die Situation und beobachteten Oscar genau. Ihr Ziel war es einzuschreiten, bevor Samir überhaupt anfing, sich selbst zu verletzen. Sie achteten auf frühe Zeichen von Samir (falls sie nicht mitbekommen hatten, dass Oscar ihn wieder ärgerte). Wenn sie feststellten, dass Samir anfing sich aufzuregen, beruhigten sie ihn, lobten ihn dafür, dass er sich nicht schlug, und arbeiteten gleichzeitig daran, Oscars Verhalten umzulenken, sodass dieser aufhörte, Samir zu ärgern, und sich einer anderen Aktivität zuwandte.

Samir lernte indessen, dass er sich nicht schlagen musste, um eine Änderung der Situation herbeizuführen. Mit der Zeit lernte er auch, ein Buch mit Bildern als Kommunikationsmittel einzusetzen, mit dem er zeigen konnte, wenn er unzufrieden oder unglücklich war. Samir und seine Betreuer hatten so eine neue Kommunikationsmöglichkeit zur Verfügung und er musste sich nicht mehr selbst schlagen, um seine Bedürfnisse zu kommunizieren.

Wenn selbstverletzendes Verhalten untersucht wird, muss man zuerst überprüfen, ob das Verhalten nicht eine Form der Kommunikation ist. Hierzu empfehlen wir folgende Schritte:

- Analysieren Sie, was der Betroffene als Reaktion auf seine Selbstverletzung „erhält". (Bekommt er Aufmerksamkeit, wird er aus der Situation herausgenommen oder bekommt er etwas, das er möchte?)
- Überprüfen Sie, ob das Verhalten eventuell mit Beschwerden oder körperlichem Unwohlsein zusammenhängt. (Oder gibt es andere Anzeichen dafür, dass er Schmerzen hat oder unter einer Erkrankung leidet?)
- Wie bereits in Kapitel 14 besprochen, kommt es äußerst selten vor, dass Menschen mit Down-Syndrom Selbstmord begehen. In den meisten Fällen kann man dies als Motivation für das selbstverletzende Verhalten ausschließen.

Die Behandlung

Der Behandlungsansatz hängt davon ab, welche Ursachen der Selbstverletzung zugrunde liegen. Wenn das Verhalten wie oben beschrieben eine Form der Kommunikation ist, empfehlen wir, dem Betroffenen eine andere Kommunikationsmöglichkeit beizubringen, um sein Problem mitzuteilen. Eventuell muss ein Logopäde oder jemand, der sich mit alternativen Kommunikationsmöglichkeiten auskennt, hinzugezogen werden, vor allem dann, wenn der Betroffene sehr eingeschränkte Sprachfähigkeiten hat und auf ein alternatives Kommunikationssystem angewiesen ist.

Umlenkung des Verhaltens

Wenn es keinen ersichtlichen Grund für das Verhalten gibt und man auch nicht erkennen kann, dass es zur Kommunikation eines Problems dient, ist es häufig am sinnvollsten, das gegenwärtige Verhalten des Betroffenen in ein anderes umzulenken. Ein Beispiel:

Louise, eine nonverbale 43-jährige Frau, schlug sich häufig auf den Kopf. Wir konnten nicht erkennen, dass sie ein Problem vermitteln wollte, unter Schmerzen litt oder körperliche Beschwerden hatte. Immer wenn sie anfing, sich selbst zu schlagen, oder es so aussah, als würde sie gleich damit beginnen, fingen die Mitarbeiter an, ein Spiel zu spielen, bei dem man in die Hände klatschen musste. Nach einiger Zeit konnte Louise dieses Klatschspiel sogar selbst beginnen.

Empfehlungen zur Umlenkung des selbstverletzenden Verhaltens in eine positive Aktivität:

- Überlegen Sie sich ein Ersatzverhalten, das nicht gleichzeitig mit der Selbstverletzung ausgeführt werden kann. In Louises Fall war das ein Klatschspiel, weil dies ihre Hände beschäftigte und sie sich so nicht schlagen konnte. Das Klatschspiel lenkte sie zudem von ihrer Selbstverletzung ab, weil sie sich auf das Klatschen konzentrieren musste.
- Achten Sie auf Warnzeichen, die Ihnen anzeigen, dass das Verhalten einsetzen wird, und schreiten Sie ein, bevor das Verhalten tatsächlich beginnt.
- Wenn der Betroffene sich Gegenstände schnappt, die gerade verfügbar sind, oder scharfe Ecken an Möbelstücken benutzt, um sich zu verletzen, achten Sie darauf, dass Sie die Wohnumgebung gefahrenfrei gestalten.

Sie können das selbstverletzende Verhalten sehr effektiv eindämmen, indem Sie dem Betroffenen helfen zu lernen, sein Verhalten rechtzeitig umzulenken. Bringen Sie ihm zum Beispiel bei, laut zu sich selbst zu sagen, dass er sich nicht schlagen soll. Beginnen Sie damit, ihn diesen Satz wiederholen zu lassen, nachdem er sich selbst geschlagen hat. Als Nächstes arbeiten Sie mit ihm daran, diesen Satz zu sagen, während er sich schlägt. In der letzten Phase achten Sie auf Warnzeichen und arbeiten Sie dann mit dem Betroffenen daran, den Satz laut auszusprechen, bevor er sich selbst verletzt. Interessanterweise sprechen viele unserer Patienten, die diese Technik anwenden, in diesem Moment in der dritten Person mit sich. Wenn David sein Verhalten zum Beispiel umlenkt, sagt er: „David, nicht schlagen."

Die Psychotherapie

Eine Psychotherapie kann bei einigen Erwachsenen mit Down-Syndrom ebenfalls gute Ergebnisse erzielen. Vor allem, wenn eine stressvolle Situation das selbstverletzende Verhalten auslöst, kann sie dem Betroffenen dabei helfen herauszufinden, welches Ereignis genau für sein Verhalten verantwortlich ist. Die Psychotherapie kann in Form von Einzelsitzungen oder als Sitzung mit Familie und/oder Betreuern durchgeführt werden. Letztendlich hängt das vom Betroffenen und seiner Situation ab. Oft ist es jedoch sehr vorteilhaft, wenn der Betroffene mit Down-Syndrom die Möglichkeit erhält, Einzelsitzungen mit seinem Therapeuten zu haben. Bei nonverbalen Patienten können alternative Kommunikationsmethoden eingesetzt werden, wie zum Beispiel Bilder zeichnen oder Malen sowie Kommunikationstafeln.

In einer Therapie lernen Erwachsene mit Down-Syndrom alternative Methoden, wie sie mit Stress umgehen können. Oftmals helfen auch bestimmte Gegenstände dabei, das Verhalten wirkungsvoll umzulenken. Hier ein Beispiel:

Sandy schlug sich, wenn sie Angst hatte oder aufgeregt war. Sie war aber auch in der Lage, sich anderen Menschen mitzuteilen. Dadurch konnte der Therapeut mit ihr besprechen, wie sie mit den Ängsten umgehen konnte. Zusammen entwickelten sie ein System, das Sandy dabei half, ihr Verhalten selbst umzulenken. Sie war damit einverstanden, einen „Sorgenstein" dabei zu haben und ihn aus ihrer Tasche herauszunehmen und zu reiben, wenn sie ängstlich oder aufgeregt war, anstatt sich zu schlagen.

Einige Patienten haben auch gelernt, in ihr Zimmer zu gehen, sich hinzusetzen, Musik zu hören und sich zu entspannen, wenn sie Angst bekamen.

Der Einsatz von Medikamenten

Medikamente können eine Verhaltens- oder Psychotherapie bei Menschen, die sich selbst verletzen, unterstützen, weil dem Verhalten häufig psychologische Probleme zugrunde liegen, die die Selbstverletzungen auslösen. Um dies festzustellen und ein geeignetes Präparat auswählen zu können, muss der Betroffene gründlich untersucht werden. Weitere Informationen über die im Folgenden erläuterten Medikamente finden Sie in Kapitel 13.

Wirkungsvolle Medikamente bei Angststörungen und Depressionen

Wenn Angststörungen mit selbstverletzendem Verhalten einhergehen, können Medikamente gegen Angststörungen dazu beitragen, die Ängste einzudämmen und die Selbstverletzungen zu reduzieren (siehe Kapitel 15). Wir konnten nur begrenzte Erfolge mit Buspiron verzeichnen und es dauert oft einige Wochen, ehe eine Besserung eintritt. Bis das Buspiron seine Wirkung entfaltet hat, können Benzodiazepine (Alprazolam, Lorazepam und so weiter) eingesetzt werden. Benzodiazepine kann man auch als Ersttherapie benutzen. Die länger wirksamen Stoffe können regelmäßig gegeben werden. Jedoch besteht auch hier die Gefahr, dass sich eine Wirkstofftoleranz (eine abnehmende Wirkung des Präparats) oder eine Abhängigkeit entwickelt oder dass Entzugserscheinungen auftreten, wenn das Medikament abgesetzt wird.

Einige Antidepressiva können auch bei Angststörungen wirkungsvoll eingesetzt werden. Venlafaxin sowie die SSRIs Paroxetin, Escitalopram und Sertralin sind von der FDA für die Behandlung von sozialen oder generalisierten Angststörungen zugelassen. Auch die anderen SSRIs und Bupropion haben sich bei einigen Patienten als wirksam erwiesen. Diese Medikamente können alle eine Reduzierung des selbstverletzenden Verhaltens bewirken, wenn Angststörungen dieses Verhalten begünstigen.

Wenn selbstverletzendes Verhalten jedoch aufgrund von Depressionen auftritt, können Antidepressiva (zum Beispiel SSRIs) sehr positiv wirken. Zudem erwiesen sich auch Venlafaxin und Bupropion als nutzbringend.

Wirkungsvolle Medikamente bei Schlafstörungen

Wie bereits in Kapitel 2 besprochen, treten Schlafstörungen bei Menschen mit Down-Syndrom durchaus häufiger auf. Wenn Schlafstörungen allerdings chronisch werden, können sie Erregungszustände hervorrufen, die wiederum zu selbstverletzendem Verhalten führen können. Wichtig ist daher zunächst, wieder zu einem normalen Schlafrhythmus zurückzufinden.

Auch Schlafapnoen kommen bei Menschen mit Down-Syndrom häufig vor und können Erregungszustände verursachen. Wenn ein Erwachsener mit Down-Syndrom eine Schlafapnoe hat, sollte schnellstmöglich eine Behandlung mit CPAP, BIPAP oder zusätzlicher Sauerstoffzufuhr begonnen werden sowie eine Veränderung der Schlafposition bewirkt und eventuell auch ein operativer Eingriff (Tonsillektomie, Entfernung der Mandeln) durchgeführt werden (siehe Kapitel 2). Bleibt die Schlafapnoe unbehandelt, können Langzeitschäden an Lunge oder Herz auftreten.

Schlafstörungen aufgrund von anderen oder unbekannten Ursachen können mit Nahrungsergänzungsmitteln oder Medikamenten behandelt werden. Wir haben festgestellt, dass Melatonin (ein Hormon, das zur Behandlung von Schlafstörungen und bei Jetlag eingesetzt wird) sich positiv auf die Selbstverletzungen auswirkt, die mit einem gestörten Schlafrhythmus einhergehen. Das Antidepressivum Trazodon ist ebenfalls ein wirkungsvolles Mittel bei selbstverletzendem Verhalten, vor allem, wenn noch Schlafstörungen hinzukommen. Unserer Erfahrung nach scheint Trazodon bei Menschen mit Down-Syndrom als Schlafmittel besser zu wirken als ein Antidepressivum. Über kurze Zeiträume haben wir auch andere Schlafmittel wie Zolpidem, Eszopiclon und Zaleplon verordnet.

Wenn der Betroffene mithilfe der Medikamente in einen normalen Schlafrhythmus zurückfindet, kann er nach einiger Zeit eventuell auch ohne Schlafmittel auskommen. Allerdings sollte man nach dem Absetzen der Schlafmittel beobachten, ob die Schlafstörungen und das damit einhergehende selbstverletzende Verhalten wieder auftreten. In solchen Fällen müssen die Medikamente erneut verordnet werden. Bei einigen Betroffenen ist es notwendig, dass sie die Schlafmittel über einen langen Zeitraum einnehmen, um ihr Schlafverhalten und damit einhergehende Verhaltensauffälligkeiten zu verbessern.

Andere Medikamente

Antiepileptika: Antiepileptika (Antikonvulsiva) können bei Menschen mit selbstverletzendem Verhalten ebenfalls begleitend zu einer Verhaltenstherapie eingesetzt werden. Valproinsäure ist zum Beispiel von der FDA für die Behandlung von Manien zugelassen und zeigt auch bei Erregungszuständen, Störungen der Impulskontrolle und selbstverletzendem Verhalten eine positive Wirkung. Carbamazepin und Oxcarbazepin können bei diesen Krankheitsbildern ebenfalls eingesetzt werden.

Gabapentin, ein weiteres Antiepileptikum, ist für die Behandlung von selbstverletzendem Verhalten weniger bekannt, aber einige Studiendaten belegen, dass es auch bei Manien eingesetzt werden kann. Auch wenn wir wissen, dass dieser Wirkstoff von der FDA nicht für die Behandlung von selbstverletzendem Verhalten zugelassen war und seine Wirkung auch noch nicht durch entsprechende Studien belegt wurde, setzen wir ihn doch bei einigen Patienten mit selbstverletzendem Verhalten ein, die es nicht erlauben, dass man ihnen Blut abnimmt. (Normalerweise wird empfohlen, bei der Gabe von Antiepileptika wie Valproinsäure und Carbamazepin den Blutspiegel regelmäßig zu kontrollieren.) Wir haben festgestellt, dass Gabapentin bei Patienten mit selbstverletzendem oder aggressivem Verhalten und Störungen der Impulskontrolle eine positive Wirkung zeigt und zu einer effektiven Behandlung beiträgt. Die Kontrolle des Blutspiegels ist bei der Gabe von Gabapentin nicht ganz so dringlich, obwohl sie dennoch durchgeführt werden muss.

Atypische Antipsychotika (atypische Neuroleptika oder kurz Atypika): Die atypischen Antipsychotika tragen bei Menschen mit Down-Syndrom, die selbstverletzendes Verhalten zeigen, sehr positiv zu einer Behandlung bei. Wir konnten das selbstverletzende Verhalten erfolgreich mit Wirkstoffen wie Risperidon, Olanzapin, Quetiapin, Ziprasidon und Aripiprazol verringern. Leider ist die Einnahme dieser atypischen Antipsychotika bei vielen Patienten mit einer starken Gewichtszunahme verbunden. Auch steigt bei vielen der Blutzuckerspiegel enorm an, was zur Folge haben kann, dass das Medikament abgesetzt werden muss.

An dieser Stelle ist es uns noch sehr wichtig anzumerken, dass Menschen mit Down-Syndrom und selbstverletzendem Verhalten meist keine klaren psychotischen Symptome zeigen. In solchen Situationen setzen wir keine Medikamente zur Behandlung von Psychosen ein und verwenden sie auch nicht als Sedativa. Wenn ein sedierender Effekt als Nebenwirkung auftritt, reduzieren wir die Dosis gewöhnlich oder wechseln sogar das Medikament.

Naltrexon: Wie bereits erwähnt, empfinden manche Menschen Genuss und Lust bei der Selbstverletzung, weil der Schmerz dazu führen kann, dass der Körper Endorphine freisetzt. Endorphine stimulieren die Opiatrezeptoren im Nervensystem, wodurch der Betroffene Wohlbefinden beim Gefühl des Schmerzes empfindet. Aus diesem Grund können bei selbstverletzendem Verhalten Medikamente positiv wirken, die die Wirkung von Opiaten (Narkotika) auf die Opiatrezeptoren blockieren. Wenn die Opiatrezeptoren geblockt werden, hat das anscheinend zur Folge, dass genussvolle Gefühle durch die Selbstverletzung ebenfalls blockiert werden.

Wir haben in solchen Fällen den Opiatantagonisten Naltrexon erfolgreich einsetzen können. Da es manchmal schwer ist festzustellen, ob ein Mensch mit Down-Syndrom Genuss empfindet, wenn er sich selbst verletzt, empfehlen wir, Naltrexon auch bei Betroffenen auszuprobieren, bei denen es nicht offensichtlich erscheint, dass die Selbstverletzungen ihr Wohlbefinden steigern.

Das Essen von Fäkalien

Ein weiteres Problem, das dem Verhalten der Selbstverletzungen ähnlich ist, ist das Essen von Fäkalien. Dieses Verhalten hat ebenfalls eine selbstverletzende Wirkung.

Bei Menschen mit Down-Syndrom kann das Essen von Fäkalien aus verschiedenen Gründen auftreten. Bei einigen unserer Patienten hatte die Sehfähigkeit stark abgenommen und sie hatten einfach nicht gemerkt, dass das, was sie in der Hand hielten, kein Essen war. In solchen Fällen kann das Problem meist dadurch gelöst werden, dass man die Sehstörung behandelt.

Manchen Menschen mit Down-Syndrom bereitet das Essen von Fäkalien Genuss. Wie auch selbstverletzendes Verhalten ist dies für andere sehr schwierig nachzuvollziehen. Diejenigen unserer Patienten, die Fäkalien essen, sind meist sehr stark geistig beeinträchtigt und haben oft nur begrenzte Sprachfähigkeiten. Einige Patienten haben zudem noch Autismus oder das Pica-Syndrom, eine Essstörung, bei der ungenießbare und Ekel erregende Substanzen gegessen werden. In solchen Fällen hat eine Psychotherapie meist sehr wenig Aussicht auf Erfolg.

Eine Verbesserung der Situation kann erreicht werden, indem man den Betroffenen sehr genau überwacht und daran arbeitet, sein Verhalten umzulenken. Es kann hilfreich sein, ihm etwas zu essen zu geben, vor allem wenn es ein Nahrungsmittel ist, das eine ähnliche Konsistenz und Textur aufweist. Bei manchen Patienten hilft es bereits, wenn sie einfach etwas anderes, das heißt einen nicht essbaren Gegenstand, in ihren Händen halten können, wobei es vorkommen kann, dass einige dann versuchen, diesen Gegenstand zu essen.

Sicherlich sinnvoll ist es, die Kleidung so anzupassen, dass es für den Betroffenen sehr schwer ist, den Stuhl zu erreichen. Das können Hosen mit langen Beinen oder Einteiler (Overalls) sein, die am Rücken geöffnet werden. Wir empfehlen solche Kleidung bei Patienten, die nicht in der Lage sind, selbstständig auf die Toilette zu gehen. Bei Patienten, die ihren Toilettengang alleine verrichten können, wäre solche Kleidung wiederum hinderlich.

Medikamente sind in solchen Fällen der wichtigste Bestandteil der Behandlung. Die oben genannten Medikamente können ebenfalls bei Patienten eingesetzt werden, die Fäkalien essen, und dazu beitragen, dass das Verhalten eingedämmt wird.

Ebenso wichtig ist es natürlich, den Patienten genau zu überwachen und zu behandeln, falls aufgrund der gegessenen Fäkalien Durchfall oder Magenverstimmungen auftreten.

Fazit

Selbstverletzungen können für den Betroffenen gefährliche Auswirkungen haben. Für sein Umfeld sind sie meist genauso schwer zu ertragen. Der Betroffene mit Down-Syndrom muss genau daraufhin untersucht werden, ob die Selbstverletzungen nicht sogar ein Hinweis auf andere Schmerzen sind. Die Behandlung besteht meist aus einer Psychotherapie, einer Verhaltenstherapie sowie einer Umlenkung des Verhaltens und entsprechenden Medikamenten.

21 Ticstörungen und Bewegungsstörungen

Viele Menschen mit Down-Syndrom führen wiederholt dieselben Bewegungen aus oder geben Laute von sich, die für andere befremdlich oder sogar störend wirken. Manche knirschen mit den Zähnen, summen vor sich hin, reiben sich dauernd die Hände oder wiegen sich vor und zurück, wenn sie Musik hören oder fernsehen.

In manchen Fällen entsprechen solche Bewegungen und Laute dem, was man Stereotypien oder selbststimulierendes Verhalten nennt. Stereotypes Verhalten ist nach DSM-IV-TR definiert als eine Verhaltensanomalie, die aus wiederholten und scheinbar unwillkürlichen und der gegenwärtigen Situation nicht entsprechenden Handlungen besteht. Mit stereotypem Verhalten können auch wiederholt ausgeführte Bewegungen und das wiederholte Bewegen von Gegenständen gemeint sein. Die Bewegungsstörungen können das Ausführen von normalen Aktivitäten beeinträchtigen und sogar dazu führen, dass der Betroffene sich dabei verletzt.

In manchen Fällen werden repetitive Bewegungen als Zwangshandlungen aufgrund von Zwangsgedanken ausgeführt, obwohl Zwangshandlungen meist komplexer sind als stereotype Verhaltensweisen, die einfachere Bewegungsmuster beinhalten. Das können Bewegungen wie zum Beispiel in die Hände klatschen sein, während Zwangshandlungen oft einen komplexeren Ablauf verschiedener Schritte beinhalten, wie das stets erneute Arrangieren von persönlichen Gegenständen, sodass sie „genau so" liegen oder stehen.

Repetitive Bewegungen können auch ein Zeichen von Stress, Erregung, Angst oder Aufregung sein und sind dann keine Stereotypien. Manche Bewegungsstörungen treten als Nebenwirkungen von Neuroleptika (siehe Kapitel 13) auf. Einige Bewegungsstörungen können auch aufgrund von bestimmten Erkrankungen wie epileptischen Anfällen, der Alzheimer-Krankheit oder selteneren Krankheitsbildern wie der Huntington-Krankheit (Chorea Huntington, eine erbliche Nervenkrankheit) oder einem Schlaganfall auftreten. Anderen wiederholt ausgeführten Bewegungen, wie Tics, unwillkürlich ausgestoßene Laute oder unwillkürlich ausgeführte Handlungen, liegen biochemische Veränderungen im Gehirn zugrunde. Tics können von stereotypen Verhaltensweisen schwer zu unterscheiden sein, man kann zur Unterscheidung jedoch sagen, dass stereotypes Verhalten willkürlicher ausgeführt wird als Tics.

Da wiederholt ausgeführte, immer gleiche Bewegungen und Laute bei Menschen mit Down-Syndrom so häufig vorkommen, ist es von wesentlicher Bedeutung, dass man die Ursache dafür kennt und, wenn möglich, geeignete Maßnahmen einleitet, um das Verhalten einzudämmen. Bei Ticstörungen sind Medikamente oft von großem Vorteil, während sie bei stereotypem Verhalten meistens keine Wirkung zeigen und den Zustand manchmal sogar noch verschlechtern.

Stereotypes Verhalten

Ist Denise aufgeregt, bewegt sich ihr ganzer Körper. Wenn sie sich zu Hause ihre Lieblings-DVD ansieht, reibt sie ihre Hände, wenn sie weiß, dass gleich eine gute Stelle kommt. Manchmal streckt sie auch die Arme nach vorne und verzieht ihr Gesicht zu einer strahlenden Grimasse und ihre Augen weiten sich vor Freude. Sie dreht ihre Hände hin und her, streckt ihre Finger aus und macht während des Films verschiedene Grimassen. Wenn sie jemand fragt, was sie da tut, hört sie normalerweise sofort auf. In der Schule und in anderen Umgebungen, in denen sie sich weniger entspannt fühlt und sich eher der Blicke und Reaktionen anderer bewusst ist, schneidet sie nur ganz selten Grimassen oder reibt sie ihre Hände.

Wie Denise haben viele Menschen mit Down-Syndrom scheinbar merkwürdige Angewohnheiten und führen immer wieder Handlungen aus, die anderen sinnlos erscheinen. Es scheint, dass solche stereotypen Verhaltensweisen bei Menschen mit geistigen Behinderungen häufiger vorkommen als bei anderen. In unserer Ambulanz für Erwachsene mit Down-Syndrom begegnen uns viele Arten von stereotypem Verhalten, die alle häufig und unabhängig von dem geistigen Entwicklungsstand des jeweiligen Menschen aufzutreten scheinen. Dies sind unter anderem:

- mit den Händen wedeln oder die Hände reiben,
- mit dem Oberkörper vor und zurück oder zur Seite schaukeln,
- summen oder andere Geräusche mit dem Mund,
- bestimmte Gegenstände immer auf dieselbe Art und Weise handhaben (reiben, drehen, zwirbeln und so weiter).

Aber natürlich hat jeder Mensch seine eigenen Angewohnheiten und seine eigene Art und Weise, mit bestimmten Gegenständen umzugehen oder bestimmte Bewegungen zu machen und Laute von sich zu geben. Häufig sind diese Angewohnheiten harmlos. Wenn sie aber, wie im weiteren Verlauf dieses Kapitels erläutert, zu häufig auftreten, sollte man doch einschreiten.

Die Häufigkeit von stereotypem Verhalten auf einem Kontinuum

Siedelt man bei Menschen mit Down-Syndrom das Auftreten von stereotypem Verhalten auf einem Kontinuum mit sehr hohem Vorkommen am oberen Ende und sehr geringem Vorkommen am unteren Ende an, stellt man fest, dass der Großteil der Menschen mit Down-Syndrom irgendwo in der Mitte liegt. Am unteren Ende ist eine relativ kleine Anzahl von Menschen mit Down-Syndrom, die solche Verhaltensweisen nur sehr selten zeigen. Am oberen Ende befinden sich ebenfalls nur wenige, bei denen solche Verhaltensweisen sehr häufig auftreten.

Menschen, die sehr häufig stereotype Verhaltensweisen zeigen

Die Menschen, bei denen stereotype Verhaltensweisen sehr häufig auftreten, die also am oberen Ende des Kontinuums angesiedelt sind, verbringen damit die meiste Zeit ihres Tages. Diese Menschen haben häufig schwerere geistige Beeinträchtigungen und nur geringe Alltagskompetenzen. Dazu können auch Menschen mit Autismusspektrumsstörungen gehören, vor allem, wenn sie beträchtliche Einschränkungen sozialer und sprachlicher Art haben.

Diese Menschen zeigen zwar oft dieselben Arten von stereotypem Verhalten wie die Menschen, die sich im mittleren Bereich des Kontinuums befinden, also ein gemäßigtes Verhalten (im nächsten Abschnitt erläutert), jedoch beeinträchtigen die Häufigkeit und die Dauer dieser Verhaltensweisen ihre Funktionsfähigkeit in wichtigen Bereichen des Alltags und des Lebens. Viele dieser Menschen zeigen auch selbstverletzendes Verhalten, das bei einigen unter Umständen schwere Formen annehmen kann. Beispiele für selbstverletzendes Verhalten sind das Reiben, Beißen oder Kauen auf Händen, Fingerknöcheln oder anderen Körperteilen sowie das Aufkratzen von Haut und Wunden. Einige Menschen schlagen sich ins Gesicht, auf einen Körperteil oder zum Beispiel ihren Kopf gegen eine Wand.

Manche Menschen in dieser Gruppe können merkwürdig anmutende Verhaltensweisen zeigen. Sie handhaben bestimmte Gegenstände auf ungewöhnliche Weise. Zum Beispiel schütteln sie Spielfiguren oder lassen sie baumeln oder sie beschäftigen sich mit ungewöhnlichen Dingen aus Papier, mit Schnüren, Kleidungsstücken (Socken, Unterwäsche und so weiter) oder glänzenden Metallgegenständen.

Manche stereotypen Handlungen bedeuten für die Betreuer eine große Herausforderung. So zeigen zum Beispiel einige Menschen extrem unappetitliche und unpassende Verhaltensweisen wie das Lecken oder das Riechen an Gegenständen oder an Personen, Berührungen im gesamten Analbereich, Herumschmieren von Fäkalien, Masturbation oder das Grapschen nach Genitalien. Die Behandlung solcher gravierenden Verhaltensauffälligkeiten ist meist sehr intensiv und dauert ein Leben lang an, wobei der Betroffene abgelenkt und sein Verhalten auf produktivere soziale und adaptive Verhaltensweisen umgelenkt wird. Weitere Informationen über die Behandlung solcher Verhaltensweisen finden Sie in Kapitel 22.

Menschen mit moderaten stereotypen Verhaltensweisen

Wie bereits oben beschrieben, zeigen die meisten Menschen mit Down-Syndrom stereotype Verhaltensweisen, die man auf einem Kontinuum etwa in der Mitte ansiedeln würde. Diese Verhaltensweisen beinhalten Dinge wie mit den Händen wedeln oder sie reiben, mit dem Oberkörper vor und zurück schaukeln, Geräusche mit dem Mund erzeugen und eine merkwürdige Handhabung von bestimmten Gegenständen. Einige Menschen zeigen ebenfalls selbstverletzendes stereotypes Verhalten, vor allem wenn sie Angst haben oder unter Stress stehen.

Bei Menschen mit moderateren Formen von stereotypem Verhalten haben wir festgestellt, dass es in manchen Fällen möglich ist vorherzusehen, wann dieses Verhalten eintreten wird. Solche Verhaltensweisen treten häufig sehr viel seltener auf, wenn derjenige einen interessanten Arbeitsplatz und ein ausgefülltes Sozialleben hat und regelmäßig an Freizeitaktivitäten teilnimmt, die seine Aufmerksamkeit beanspruchen und bei denen er körperlich aktiv sein muss. Stereotypes Verhalten tritt eher in ruhigeren Zeiten auf, wenn nur wenige Aktivitäten angeboten werden, die Person am Arbeitsplatz nicht gefordert ist oder sie sich abends zu Hause entspannt und dabei fernsieht oder Musik hört. Stereotypes Verhalten tritt häufiger und in einer höheren Intensität auf, wenn der Betroffene das Verhalten mit bestimmten Gefühlen verbindet, wie Denise in unserem obigen Beispiel, die sich beim Ansehen ihres Lieblingsfilms freut und sich dabei wohlfühlt. Auf der anderen Seite kann stereotypes Verhalten auch negative Emotionen wie Stress oder Angst verstärken.

Was verursacht stereotypes Verhalten?

Hierzu gibt es mehrere Theorien, aber keine definitiven Antworten. Bisher ist nicht geklärt, warum stereotypes Verhalten auftritt und warum es bei Menschen mit geistigen Beeinträchtigungen häufiger vorkommt als bei anderen. Die Forschung konzentriert sich hierbei hauptsächlich auf Menschen mit schwereren Beeinträchtigungen, bei denen stereotype Verhaltensweisen wesentlich häufiger auftreten. Dennoch können die Erkenntnisse daraus auch für Menschen mit moderateren Formen dieses Verhaltens von Bedeutung sein. Einige Forscher sind zu der Erkenntnis gekommen, dass stereotype Verhaltensweisen aufgrund einer Mangelfunktion im zentralen Nervensystem auftreten, die dazu führt, dass der Mensch ein Bedürfnis nach intensiverer Stimulation hat. Diese Theorie könnte erklären, weshalb das stereotype Verhalten zuzunehmen scheint, wenn sich der Betroffene entspannt oder sich in einer Ruhephase befindet und dadurch weniger oder nicht genügend stimuliert ist. Andere Theorien besagen genau das Gegenteil, nämlich dass die Menschen überstimuliert sind und stereotypes Verhalten einsetzen, um weitere Reize und Einflüsse aus ihrer Umgebung abzuwehren. Andere wiederum glauben, dass stereotype Verhaltensweisen eine beruhigende und tröstende Wirkung haben.

Jede dieser Theorien mag auf bestimmte Menschen zutreffen. Es gibt viele Situationen (wie die von Denise zum Beispiel), in denen stereotypes Verhalten einfach nur eine anregende Situation anzeigt, aber nicht bedeutet, dass die Situation über- oder unterstimulierend wäre. Das stereotype Verhalten tritt einfach nur begleitend zu einer entspannenden Aktivität wie Musik hören oder fernsehen auf.

Schwieriger ist es, stereotypes Verhalten zu verstehen, das mit Selbstverletzungen einhergeht. Wie bereits besprochen, haben wir bisher nur relativ wenige Betroffene behandelt, die sich selbst schwere Verletzungen zufügen. Wodurch kommt es zu Selbstverletzungen? Für uns ist es schwer nachvollziehbar, aber dieses Verhalten kann für einige Menschen tröstend und beruhigend wirken. Es ist von Forschern belegt worden, dass schwerere Selbstverletzungen Endorphine, sogenannte Glückshormone, im Gehirn freisetzen.

Obwohl die unbewusste Freisetzung von Endorphinen eine Erklärung dafür sein kann, weshalb Menschen Freude oder ein Wohlgefühl dabei empfinden, wenn sie sich selbst schlagen oder sogar verletzen, lässt sich dadurch allerdings nicht erklären, welche Ursachen den gemäßigteren Formen der Selbstverletzung zugrunde liegen, die wir in unserem klinischen Alltag häufiger antreffen. Beispiele hierfür sind, Wunden aufzukratzen, an bestimmten Hautstellen herumzupicken, an Fingern oder Knöcheln zu kauen oder darauf herumzubeißen. Unserer Erfahrung nach scheinen diese moderateren Selbstverletzungen dann aufzutreten, wenn die Betroffenen unter Stress stehen oder sich in einer überstimulierenden Umgebung befinden.

Wenn stereotypes Verhalten behandelt werden muss

Die Familien fragen sich oft, ob diese Verhaltensweisen pathologisch und damit behandlungsbedürftig oder sogar ein Hinweis auf eine Autismusspektrumsstörung sind. Der wichtigste Aspekt hierbei ist, ob das Verhalten normale tägliche Aktivitäten beeinträchtigt oder eine Gefahr für den Betroffenen oder andere darstellt. Wenn dies nicht der Fall ist, empfehlen wir, das Verhalten zu ignorieren, vor allem, wenn es nur im privaten und persönlichen Bereich auftritt.

Allerdings gibt es auch Situationen, in denen das Verhalten an sich zwar nicht problematisch ist, aber wann und wo es gezeigt wird. Wenn der Betroffene in der Öffentlichkeit, zum Beispiel in einem Einkaufszentrum, mit den Händen wedelt oder mit dem Oberkörper vor und zurück schaukelt, kann das durchaus als unangemessenes und deshalb problematisches Verhalten angesehen werden. Durch das Verhalten zieht er Aufmerksamkeit auf sich und ist eventuell dem Spott anderer ausgeliefert. Falls das der Fall sein sollte, muss die Person lernen, dieses Verhalten nur in ihrem privaten Umfeld auszuführen. Eine junge Frau mit Down-Syndrom, die in einer Bank arbeitete, wurde von ihren Eltern und ihrem Vorgesetzten um ein Gespräch gebeten, weil sie mit den Händen wedelte und so die Aufmerksamkeit von anderen auf sich zog. Man besprach mehrere Lösungsmöglichkeiten. Die junge Dame beschloss schließlich von alleine, dass sie dieses Verhalten einstellen möchte. Sie erklärte ihrer Lehrerin und ihren Eltern, dass sie „dazugehören und wie die anderen sein wollte". Es kann natürlich auch Situationen geben, in denen sich die anderen ändern müssen und nicht die Person mit Down-Syndrom. Im Falle eines 15-jährigen Jungen auf der Highschool nahmen sich die Lehrer viel Zeit, um den anderen Teenagern zu erklären, dass dieses Verhalten durchaus normal war, und baten sie um Verständnis. Die anderen Schüler hörten schließlich damit auf, den Jungen zu hänseln.

Natürlich muss man auch andere wichtige Faktoren bedenken, wie die Form des gezeigten Verhaltens und die Einstellung der Bezugspersonen, die anwesend sind, wenn das Verhalten gezeigt wird. Viele Menschen mit Down-Syndrom zeigen (wie Denise zum Beispiel) eine kurze Episode mit wedelnden oder flatternden Händen, Oberkörper vor und zurück schaukeln und Grimassen schneiden, wenn sie sich freuen oder aufgeregt sind. Diese Verhaltensweisen treten auf und sind dann schnell vorüber. Manche Familien erklären anderen, dass dies einfach die Art und Weise ist, wie sich ihr Angehöriger freut.

Auch wenn manche Menschen mit ihrem Oberkörper vor und zurück schaukeln, wenn sie sich freuen, kann stärkeres Schaukeln in der Öffentlichkeit doch ein Problem darstellen, weil es im Gegensatz zu stereotypem Verhalten, das mit den Händen ausgeführt wird, eine größere und deshalb auffälligere Form der Bewegung ist. Viele Menschen assoziieren sofort eine geistige Behinderung, wenn sie sehen, dass jemand solche Bewegungen macht. Der Betroffene klassifiziert sich damit automatisch als Mensch mit Behinderung, wodurch es für ihn umso schwieriger werden kann, alltägliche Dinge in der Öffentlichkeit zu erledigen. In der Schule kann ein solches Verhalten noch problematischer sein, weil der Jugendliche dann den Hänseleien seiner Mitschüler ausgesetzt ist.

Positiv an dem Hin- und Herschaukeln ist jedoch, dass auch die Betreuer dieses Verhalten schneller erkennen können, weil es eben so offensichtlich ist. Sie können den Betroffenen dann leichter darauf aufmerksam machen und ihn bitten, es zu unterlassen. Versuchen Sie, unauffällige Zeichen zu finden, mit denen Sie dem Betroffenen mitteilen können, dass er wieder hin und her schaukelt. Zum Beispiel können Sie ihn kurz an der Schulter berühren. Sie können auch bestimmte Handzeichen verabreden. In manchen Fällen kann man auch erkennen, dass dieses Verhalten in Kürze anfangen wird, und dem Betroffenen dabei helfen, andere Möglichkeiten zu finden, mit denen er sich in diesen Situationen ausdrücken kann.

Wenn stereotypes Verhalten geändert werden muss

In manchen Situationen ist das stereotype Verhalten mit Risiken oder Gefahren für den Betroffenen selbst oder für andere verbunden oder es beeinträchtigt sein Leben in einer Art und Weise, dass es korrigiert oder geändert werden muss. Studien besagen, dass man die problematischeren stereotypen Verhaltensweisen als Anzeichen ansehen sollte, dass der Betroffene über- oder unterstimuliert ist.

Unserer Erfahrung nach ist einer der Hauptgründe für unproduktives stereotypes Verhalten, einschließlich selbstverletzendem Verhalten, eine nicht ausreichende Stimulation am Arbeitsplatz. Dies trifft vor allem auf Menschen mit Down-Syndrom zu, die ihre Arbeit sehr bewusst erledigen.

Viel zu oft bekommen sie Aufgaben zugeteilt, die zwar die Arbeitszeit ausfüllen, aber nicht interessant oder stimulierend sind. Mit solchen unproduktiven oder unausgefüllten Zeiten können viele nichts anfangen. Einige Werkstätten zeigen zum Beispiel Filme, haben den Fernseher laufen oder füllen die Arbeitszeit mit Aktivitäten aus, die einer unserer Patienten als „dieselbe alte langweilige Arbeit" bezeichnete (unbezahlte Montiertätigkeiten oder das Sortieren von Schrauben verschiedener Größen nur zum Zeitvertreib).

Am schlimmsten ist es, dass es Einrichtungen gibt, in denen es keiner für nötig hält, an diesen Zuständen etwas zu verändern. Die Betreuer werden oftmals nicht genügend unterstützt. Wir haben von vielen Familien gehört, die versuchen, Wege zu finden, um ihren Söhnen oder Töchtern dabei zu helfen, mit sinnlosem Zeitvertreib umzugehen. Sie geben ihnen oft bestimmte Dinge mit, damit sie in solchen Zeiten ihren Lieblingsaktivitäten nachgehen können, Hefte zum Hineinschreiben oder zum Malen, Zeitschriften, Handarbeiten, CD-Spieler oder viele andere Dinge. Diese Aktivitäten können den Betroffenen einige Zeit beschäftigen, aber natürlich geht das nicht den ganzen Tag. Solche unausgefüllten Zeiten führen häufig dazu, dass der Betroffene sich zusätzlich unter Stress fühlt. Er entwickelt Ängste oder ist aufgeregt und übt seine unproduktiven stereotypen Verhaltensweisen verstärkt aus.

Falls am Arbeitsplatz solche „unausgefüllten Zeiten" auftreten, empfehlen wir, unbedingt Aktivitäten anzubieten, die sowohl körperlich als auch geistig stimulierend sind. Das können sein:

1. zusätzliche sinnvolle Freizeitaktivitäten wie Tanzen, Aerobics oder Walking,
2. Kunst- und Handwerksprogramme, die die Teilnehmer herausfordern und anregen und in denen hochwertige Bilder und Gegenstände hergestellt werden,
3. Ausflüge an Orte, wo viele andere Menschen sind, wie Einkaufszentren, aber auch der Besuch interessanter Orte wie Museen und kulturelle Veranstaltungen,
4. interessante ehrenamtliche Arbeiten in der Gemeinde (wir kennen eine Werkstatt, in

der die Menschen verschiedene ehrenamtliche Aufgaben für Kirchen durchführen oder Hausmeisterdienste übernehmen).

Übermäßiges stereotypes Verhalten kann auch eine Form der Kommunikation und damit ein Hinweis darauf sein, dass der Betroffene in einer Situation überfordert oder überstimuliert ist oder dass er unter Stress steht. Zur Lösung dieser Probleme empfehlen wir die folgenden Schritte:

1. Versuchen Sie zuerst, die Ursache herauszufinden und sie einzudämmen oder den Stressauslöser zu verringern. Viele Menschen mit Down-Syndrom sind sehr sensibel, was die Gefühle, Emotionen und Konflikte von anderen anbelangt, vor allem, wenn ihnen diese Menschen viel bedeuten (siehe Kapitel 13). Manche Betroffenen sind eventuell auch Opfer von Misshandlungen (siehe Kapitel 5). Auch Veränderungen im Leben oder Verluste können für Menschen mit Down-Syndrom großen Stress bedeuten, vor allem, wenn es für ihr Wohlbefinden extrem wichtig ist, dass alles so bleibt, wie es ist. Einige sind mit Situationen konfrontiert, in denen es zu viele Reize gibt, die ihre Sinne überfordern und überstimulieren, wie zum Beispiel ein Wohnheim oder ein Arbeitsplatz, an dem es immer sehr laut ist.

2. Wenn Sie die Stress auslösenden Faktoren eindämmen konnten, versuchen Sie, den Betroffenen mit für ihn interessanten Tätigkeiten zu beschäftigen. Dies hilft, ihn abzulenken und sich auf andere Dinge als seine Sorgen und Ängste zu konzentrieren.

3. Wenn das stereotype Verhalten selbst ein Problem darstellt, denken Sie daran, dass es leichter ist, ein Verhalten in eine sinnvolle Tätigkeit umzulenken, als das Verhalten ganz einzustellen. Erwachsene, die sich viel kratzen oder an ihrer Haut herumpicken, benötigen eventuell nur eine Aktivität, die ihre Hände beschäftigt hält. Manche Menschen empfinden es als hilfreich und tröstend, wenn sie Sorgensteine (kleine, glatte Steine) in der Hand halten und reiben können. Wenn man die Hand in die Tasche mit dem Stein steckt, können diese Steine gerieben werden. Sind die Steine klein genug, wird das von anderen oft nicht bemerkt. Für manche Menschen ist es auch hilfreich, einen Notizblock und einen Stift dabei zu haben, sodass sie immer etwas aufschreiben können. Dadurch geraten sie nicht in Versuchung, sich zum Beispiel ausgiebig zu kratzen. Andere wiederum kauen gerne auf einem Kaugummi oder auf einem Zahnstocher herum und werden so davon abgehalten, auf ihren Fingernägeln oder ihren Fingern zu kauen.

Ticstörungen

Menschen mit Ticstörungen führen wie Menschen mit stereotypen Verhaltensweisen ebenfalls scheinbar merkwürdige und unsinnige Bewegungen aus oder geben Laute von sich. Der Hauptunterschied zwischen beiden Störungen ist jedoch, dass stereotype Verhaltensweisen meist willentlich ausgeführt werden, während Tics zwar für eine kurze Zeit unterdrückt werden, aber sonst von dem Betroffenen selbst nicht kontrolliert werden können.

Das DSM-IV-TR beschreibt verschiedene Arten von Ticstörungen. Einige dieser Störungen beinhalten nur motorische Auffälligkeiten oder auch vokale Tics (mit unterschiedlicher Zeitdauer). Unserer Erfahrung nach sind Menschen mit Down-Syndrom nicht anfälliger für diese Arten von Ticstörungen als andere. Allerdings scheinen sie ein höheres Risiko zu haben, eine wesentlich kompliziertere Ticstörung, das Tourette-Syndrom, zu bekommen.

Das Tourette-Syndrom

Das Tourette-Syndrom ist eine vererbliche, chronische, neuromuskuläre Erkrankung, die durch das Auftreten von motorischen oder vokalen Tics gekennzeichnet ist. Tics können plötzliche, unwillkürliche, kurze, repetitive, stereotype Bewegungen oder ausgestoßene Laute sein.

Motorische Tics sind zum Beispiel: plötzliche Bewegungen mit dem Kopf oder mit den Armen und Beinen (Extremitäten), Grimassen und andere. Vokale Tics sind das Ausstoßen von gutturalen Lauten, Aufrufe, Wiederholen eines Wortes oder eines Satzes und andere.

Die Symptome treten meist schon in der Kindheit auf und können sich in Lokalisation, Anzahl, Häufigkeit und Komplexität verändern. Die Diagnose Tourette-Syndrom beinhaltet, dass die Tics vor dem Alter von 18 Jahren eintreten, mindestens ein Jahr lang auftreten und nicht auf stimulierende Medikamente oder eine Erkrankung zurückzuführen sind. Zudem haben Menschen mit einem klassischen Tourette-Syndrom mindestens zwei motorische Tics und einen vokalen Tic, die aber nicht unbedingt im selben Zeitraum auftreten müssen. Aufmerksamkeitsdefizitstörungen und/oder Zwangsstörungen treten nach DSM-IV-TR häufig zusammen mit dem Tourette-Syndrom auf.

Mehrere unserer jugendlichen und erwachsenen Patienten mit Down-Syndrom haben Tourette-ähnliche Symptome. Wir nennen das „Atypisches Tourette-Syndrom", weil nicht alle Kriterien zur Diagnosestellung erfüllt sind. In den meisten Fällen treten keine vokalen Tics auf.

Die Symptome

Die meisten Menschen mit Down-Syndrom und Tourette-Syndrom zeigen auch Symptome einer Zwangsstörung, die schon in der Jugend oder im jungen Erwachsenenalter eingesetzt haben. Bei diesen Patienten wurde in der Kindheit häufig eine Aufmerksamkeitsdefizitstörung diagnostiziert. Oft wird festgestellt, dass auch Tics auftreten.

Motorische Tics: Motorische Tics können wiederholte und plötzliche Bewegungen mit Mund, Zunge, Gesicht, Kopf, Oberkörper oder Extremitäten sein. Für andere sind Tics merkwürdige oder seltsame Bewegungen, zum Beispiel das Verzerren des Gesichts, das Verdrehen der Augen nach oben oder zur Seite, sich im Kreis zu drehen, sich hinzuhocken oder an bestimmten Gegenständen zu riechen.

Vokale Tics: Menschen mit Tourette- und Down-Syndrom zeigen oftmals keine vokalen Tics, die ja laut Definition mit den motorischen Tics einhergehen müssten. Wir haben jedoch einige Patienten, bei denen sich die vokalen Tics als Ausstöße von Worten oder Geräuschen wie Klicks, Grunzen, Schniefen, Schreie, Schnauben, Husten, Räuspern und anderen mit dem Mund verursachten Lauten äußern.

In der Durchschnittsbevölkerung tritt bei Menschen mit Tourette-Syndrom gelegentlich eine Koprolalie (Fäkalsprache) auf oder das unwillkürliche und ungewollte Ausstoßen von Obszönitäten oder anderen unangemessenen Ausdrücken. Bei unseren Patienten konnten wir keine Koprolalie feststellen. Bei einigen Menschen mit Down-Syndrom, die auch vokale Tics haben, äußern sich diese jedoch in negativen Kommentaren, die mit anderen Aussagen einhergehen. Diese Kommentare ähneln oft einem Selbstgespräch (siehe Kapitel 8), unterscheiden sich aber doch davon. Sie scheinen viel plötzlicher und spontaner aufzutreten als normale Selbstgespräche und es scheint zudem, dass der Betroffene diese Kommentare nicht willkürlich steuern kann.

Das Zunehmen und das Abnehmen von Tics: Bei dem Tourette-Syndrom verändern sich die Tics mit der Zeit. Ein Tic kann mehrere Monate auftreten und wird dann von einem anderen Tic abgelöst. Die Intensität und die Häufigkeit der Tics verändern sich ebenfalls mit der Zeit. Manchmal tritt ein Tic nur einige Male pro Stunde auf und manchmal Dutzende oder sogar Hunderte Male in einer Stunde. Stress scheint die Art, die Intensität und die Häufigkeit von Tics zu verstärken. Ein Beispiel:

Wir behandeln Reggie, 33, schon seit vielen Jahren. Wie viele andere Patienten mit dem Tourette-Syndrom hat auch er eine Aufmerksamkeitsdefizitstörung und eine Zwangsstörung. Hinzu kommen motorische und vokale Tics. Zudem ist er übergewichtig und leidet unter einer Schlafapnoe. Er hat bereits in mehreren Wohnheimen gelebt und war dort stets sehr stressbeladenen Situationen ausgesetzt, hauptsächlich weil die Betreuer dort die Verhaltensauffälligkeiten der anderen Mitbewohner nicht in den Griff bekamen.

Reggies Tourette-Symptome wurden durch Stress in seinem Umfeld und seine gesundheitlichen Probleme verstärkt. Wenn er unter Stress stand, führten seine Zwangshandlungen dazu, dass er normale alltägliche Handlungen nicht mehr verrichten konnte. Oftmals „steckte" er in einer Handlung „fest" und weigerte sich, zur nächsten Tagesaktivität überzugehen. In solchen Zeiten traten auch seine motorischen und vokalen Tics verstärkt auf. Seine motorischen Tics bestanden aus repetitiven Kopf- und Oberkörperbewegungen. Seine vokalen Tics waren häufige Ausstöße, die sich meistens wie Selbstkritik anhörten oder auch einfach scheinbar sinnlose Kommentare waren. Zwar ähnelten diese Kommentare einem Selbstgespräch, doch traten sie ganz plötzlich auf und schienen für Reggie nicht kontrollierbar zu sein.

Wenn die Symptome seines Tourette-Syndroms verstärkt auftraten, bewegte er sich weniger. Das hatte zur Folge, dass er noch mehr an Gewicht zunahm und sich auch seine Schlafprobleme verschlechterten. Er war tagsüber sehr müde und träge.

Die Diagnosestellung

Das Tourette-Syndrom wird bei Menschen mit Down-Syndrom des Öfteren falsch oder nicht als solches diagnostiziert, wodurch eine effektive Behandlung erst spät eingeleitet wird. Dies geschieht oft, wenn die motorischen und vokalen Tics als Verhaltensauffälligkeiten fehldiagnostiziert werden. Ein Beispiel:

Dawn, 16, wurde von ihrer Schule an unsere Ambulanz überwiesen. Sie besucht eine staatliche Schule für Kinder mit Behinderungen, die Verhaltensprobleme und Lernschwierigkeiten haben, weil bei ihr eine Aufmerksamkeitsdefizitstörung diagnostiziert wurde.

Die Schule begegnete Aufmerksamkeitsschwierigkeiten mit einem durchstrukturierten Stundenplan. Allerdings bemerkte man, dass Dawn seit kurzem einen signifikanten Anstieg an zwanghaftem Verhalten zeigte. Sie wurde bei der Ausführung ihrer Routinen immer starrer und konnte sich immer weniger auf Ver-

änderungen einstellen. Ihre Lehrerin und ihre Familie bemerkten ebenfalls, dass sie „merkwürdige" Rituale entwickelte. So ging sie alle paar Meter in die Knie, wenn sie lief, und zeigte weitere repetitive Bewegungen mit ihrem Kopf und ihren Armen. Das größte Problem war für die Schule jedoch, dass sie häufig unsinnige Worte und Laute ausstieß, die immer lauter wurden. Für die Lehrer und ihre Mitschüler wurde es immer schwieriger, mit diesen Verhaltensweisen umzugehen.

Wir diagnostizierten das Tourette-Syndrom bei Dawn, weil sie Aufmerksamkeitsstörungen, Zwangshandlungen und Tics zeigte. Für die Schule war es hilfreich zu hören, dass wir sowohl ihre „merkwürdigen" Rituale als auch ihre Ausrufe und ihre anderen Laute als Tics erkannten. Die Schule und Dawns Eltern verstanden, dass sie diese Verhaltensweisen nicht willkürlich ausführte und nicht kontrollieren konnte. In der Schule bestand man daher nicht mehr darauf, dass Dawn ihre Ausrufe kontrollierte und damit aufhörte, was zur Folge hatte, dass diese Ausrufe nicht mehr so häufig und auch nicht mehr in der früheren Intensität auftraten, weil auf Dawn nun kein Druck mehr ausgeübt wurde. Dies ist auch in der Literatur zum Tourette-Syndrom bestätigt, nämlich dass es sich positiv auf die Tics auswirkt, wenn die Betreuer sie als solche und damit als unwillkürliche Verhaltensweisen erkennen und behandeln (Rosen, 2002).

Die Schule entwickelte zudem einen effektiven Verhaltensplan, mit dem man Dawns Ausrufen entgegenwirken konnte, wenn sie für andere störend wurden. Der Plan beinhaltete viele verschiedene Aktivitäten, die Dawn von ihren Tics ablenken sollten. Wenn ihre Ausrufe zu laut wurden, wurde sie leise und sehr diplomatisch gefragt, ob sie nicht lieber den Klassenraum verlassen wolle, um sich im Raum nebenan auszudrücken, sodass sie niemand stört. Dawn nahm dieses Angebot ab und zu an, aber in den meisten Fällen war es gar nicht notwendig. Zusätzlich wurde sie mit einem Antidepressivum behandelt, das die Intensität ihrer Zwangshandlungen verringerte, sodass sie ihren Tagesablauf flexibler gestalten konnte.

Wenn Sie die Vermutung haben, dass ein Jugendlicher oder ein Erwachsener mit Down-Syndrom auch das Tourette-Syndrom hat, sollten Sie als Erstes seine Anamnese betrachten. Hierbei ist es wichtig, auch die Kindheit des Betroffenen einzubeziehen. Wie bereits oben beschrieben, kommt es häufig vor, dass schon in der Kindheit ADHS-Symptome aufgetreten sind oder diese Störung sogar diagnostiziert wurde. Auch Zwangsstörungen werden häufig gesehen, treten aber oft später ein (im Jugendalter) als die ADHS-Symptome. Oftmals werden Tics nicht als solche erkannt, sondern entweder übersehen oder als Nebenwirkungen von Medikamenten betrachtet. Tics können sich verstärken, wenn Stimulantien gegeben werden, was bei ADHS oft der Fall ist. Der Hausarzt der Familie ist oft in der Lage, die Diagnose zu stellen, und kann eine angemessene Behandlung einleiten oder den Patienten zu einem Neurologen oder einem Psychiater überweisen.

Die Behandlung

Unsere Behandlung von Reggie, dessen Fall wir oben beschrieben haben, bestand aus mehreren Ansätzen. Er reagierte positiv auf Antipsychotika, die seine Tics eindämmten und auch dazu führten, dass seine Zwangshandlungen flexibler wurden und er nicht mehr darin „feststeckte" (mehr in dem folgenden Abschnitt über Medikamente). Dadurch konnte er sein Gewicht besser kontrollieren und auch abends besser einschlafen. Auch sind wir seine Probleme mit seinem Umfeld angegangen und haben uns dafür eingesetzt, dass er in ein anderes Wohnheim ziehen konnte. So war es ihm möglich, seine Symptome unter Kontrolle zu bekommen und wieder den gewohnten täglichen Aktivitäten nachzugehen.

Die Behandlung von Menschen mit Down-Syndrom, die auch das Tourette-Syndrom haben, unterscheidet sich nicht von der Behandlung der Durchschnittsbevölkerung mit Tourette-Syndrom. Unserer Erfahrung nach reagieren Menschen mit der Doppeldiagnose Down-Syndrom und Tourette-Syndrom am besten auf eine Behandlung, die aus verschiedenen Ansätzen besteht und sowohl eine Verhaltenstherapie als auch Medikamente beinhaltet.

Verhaltenstherapeutische Strategien und Interventionen bei Menschen mit Tourette-Syndrom

In einigen Kapiteln dieses Buches werden Zwangsstörungen und Aufmerksamkeitsdefizitstörungen besprochen, die bei Menschen mit Tourette-Syndrom oft mit ihren Tics einhergehen. In diesem Abschnitt erläutern wir die verhaltenstherapeutischen Strategien zum Umgang mit Tics.

Die verhaltenstherapeutischen Strategien für den Umgang mit Tics und stereotypem Verhalten sind in vielerlei Hinsicht ähnlich:

1. Stress kann das Auftreten beider Zustände begünstigen. Deshalb ist es oft hilfreich, den Stress einzudämmen und seine Ursache zu beseitigen (siehe oben).

2. Beide Zustände treten wesentlich weniger auf, wenn die Betroffenen ein aktives Leben führen, sich sportlich betätigen oder erfüllenden Freizeitaktivitäten nachgehen.

3. Unserer Erfahrung nach ist es ebenfalls hilfreich, den Körperteil beschäftigt zu halten, der am meisten zu Bewegungsstörungen neigt. Wenn der Tic oder das stereotype Verhalten zum Beispiel meistens die Hände betrifft, kann es hilfreich sein, dem Betroffenen Beschäftigungen nahezulegen, die er mit seinen Händen ausführen kann, wie Stricken, Schreiben, Zeichnen, Video- oder Computerspiele und so weiter. Solche Aktivitäten haben auch den Vorteil, dass sie stimulieren, aber gleichzeitig entspannend wirken und so dazu beitragen können, dass der Stress reduziert wird.

4. Es können auch bestimmte Gegenstände eingesetzt werden, um die Hände beschäftigt zu halten, wenn die Tics in selbstverletzendes Verhalten wie das Aufkratzen von Wunden übergehen. Das können wie oben beschrieben Sorgensteine oder Gegenstände sein, die sich angenehm anfassen. Der Betroffene kann diese Gegenstände selbst aus-

wählen. Einige Menschen haben Gummischläuche, Papiertüten oder Stofftiere bei sich. Wenn die Selbstverletzungen reduziert werden, nehmen meist auch die Ängste ab, die aufgrund der Reaktionen von anderen auf das selbstverletzende Verhalten auftreten.

5. Auch Langeweile und Unterstimulation können Tics verstärken. Wie bereits in dem Abschnitt über stereotypes Verhalten erläutert, ist es in solchen Fällen sehr wichtig, für den Betroffenen einen Arbeitsplatz zu finden, der interessant und anregend ist. Menschen, die produktiv und beschäftigt sind, sind im Allgemeinen glücklicher und weniger gestresst und neigen dadurch weniger zu Tics oder stereotypem Verhalten. Zu Hause können geistig anregende Aktivitäten wie Wortsuchspiele, Lesen, Lernspiele am Computer, aber auch Videospiele hilfreich sein.

Es gibt einen wesentlichen Unterschied zwischen Tics und stereotypem Verhalten, der auch unterschiedliche Behandlungen und verhaltenstherapeutische Ansätze erfordert: Stereotypes Verhalten kann von dem Betroffenen willkürlich kontrolliert werden, während das bei Tics nicht der Fall ist. Die Betroffenen können die Tics vielleicht für eine kurze Zeit unterdrücken, aber sie können sie nicht kontrollieren. Manche Schüler unterdrücken ihre Tics, damit sie im Klassenzimmer nicht zu sehr auffallen, müssen sich dann aber später doch gehen lassen und die Tics brechen quasi aus ihnen heraus. Familien und Betreuer sollten sich dieser Anstrengung bewusst sein und sie anerkennen.

Je nach Erfahrung und Informationsstand in Bezug auf Tics und das Tourette-Syndrom wenden Betreuer oft eine der drei nachfolgend genannten Strategien an, um mit Tics umzugehen:

1. Betreuer mit weniger Erfahrung oder Verständnis für die Situation versuchen eventuell, den Betroffenen davon abzuhalten, seinen Tic durchzuführen. Das kann zwar eine kurze Zeit funktionieren, wird aber keinesfalls von Dauer sein, weil die Tics unwillkürlich ausgelöst werden. Bei den meisten Betroffenen mit Down-Syndrom werden die Ängste durch solche Bemühungen verstärkt, was oft häufigere und stärkere Tics zur Folge hat.

2. Diejenigen, die mehr Erfahrung haben, versuchen eventuell, den Tic umzulenken, vor allem wenn die Möglichkeit besteht, den Tic auf eine Aktivität zu richten, die für die Person mit Down-Syndrom interessant ist. Aber auch diese Strategie kann das Gegenteil bewirken, vor allem wenn der Betroffene dies als einen weiteren Versuch auffasst, ihn dazu zu bewegen, die Tics einzustellen.

3. Die Betreuer mit der meisten Erfahrung und dem größten Verständnis für Tics halten sich oft zurück und lassen den Tic einfach ablaufen, so wie er ist. Diese Strategie verringert häufig den Stress, dem sich der Betroffene ausgesetzt fühlt, was dann wiederum dazu führt, dass die Tics weniger häufig und in geringerer Intensität auftreten.

Empfehlungen für den Umgang mit Tics, dem Tourette-Syndrom und seinen Auswirkungen auf andere

Manche Familien entwickeln Strategien, um mit Tics umzugehen, wenn diese negative Auswirkungen auf andere Angehörige oder Menschen im Umfeld haben. Das ist der Fall, wenn die Tics andere ärgern, andere deshalb ihre gegenwärtig ausgeführten Tätigkeiten unterbrechen müssen oder auch negative Auswirkungen auf den Betroffenen selbst haben. Wenn die Tics zudem noch nicht als solche erkannt, sondern als Verhaltensauffälligkeiten betrachtet und behandelt werden, verschlimmern sie sich in vielen Fällen noch. Im nächsten Abschnitt erläutern wir, wann professionelle Hilfe für Tics benötigt wird.

Der Umgang mit Tics, die andere ärgern, stören oder beeinträchtigen

Familien müssen Mittel und Wege finden, wie sie mit Tics umgehen können, die andere Familienmitglieder stören oder auch beeinträchtigen. Viele Familien erklären den Geschwisterkindern, dass sie tolerant sein sollten und die Tics so hinnehmen und akzeptieren müssen. Dennoch sind sich die meisten bewusst, dass es für andere Familienmitglieder schwierig sein kann, die Tics einfach zu akzeptieren, und sie versuchen, wirkungsvolle Strategien zu entwickeln, um Konflikte und Spannungen zu reduzieren oder möglichst zu vermeiden. Ein Beispiel:

> *John, 22, mit Down-Syndrom und Tics, liebte seinen Job. Dennoch kam er manchmal sehr gestresst nach Hause. Er hatte deshalb vokale Tics, die laut und für seine beiden Schwestern sehr störend waren, weil sie sich nicht auf ihre Hausaufgaben konzentrieren, lesen oder fernsehen konnten. Sie reagierten auf seine Tics, indem sie schrien, dass er aufhören solle. Auch beschwerten sie sich bei ihrer Mutter, damit sie John zum Aufhören brachte. Die Tics verschlimmerten sich dadurch, weil John traurig und wütend war und sich von den Beschwerden verfolgt fühlte.*
>
> *Johns Eltern beriefen den Familienrat ein, um das Problem zu besprechen und eine Lösung zu finden. Johns Schwestern sollten ihn nicht mehr anschreien und sich auch nicht mehr bei den Eltern beschweren. Stattdessen sollten sie ihn höflich bitten, in sein Zimmer zu gehen, wo er sich entspannen und seine Lieblingsmusik hören konnte. Das war auch für John eine akzeptable Lösung. Johns Vater stimmte zudem zu, die Wände von Johns Zimmer mit Schallschutz zu versehen, damit er seine Tics so laut ausführen konnte, wie er musste, ohne dabei die anderen zu stören. Nach einiger Zeit zog sich John von alleine in sein Zimmer zurück, wenn er einen stressigen Tag in der Arbeit gehabt hatte.*

In Wohnheimen wurden wir mit vergleichbaren Fällen konfrontiert. Wir empfehlen meistens ähnliche Zusammenkünfte zwischen den Bewohnern des Wohnheims, damit sie besprechen können, wie sie am besten mit Tics umgehen können, die andere beeinträchtigen. In vielen Fällen kann eine Lösung gefunden werden, bei der die anderen weniger gestört oder geärgert werden und der Betroffene nicht mehr so sehr unter Stress steht, weil er die Reaktionen der anderen fürchten muss.

Anforderungen und Erwartungen

Unserer Erfahrung nach müssen Familien und Betreuer sehr darauf achten, dass sie ihre Anforderungen und Erwartungen an den Menschen mit Down-Syndrom aufgrund seiner Tics nicht herunterschrauben, sondern ihn weiterhin so behandeln wie sonst auch. Eltern von Teenagern sollten ihre Kinder zum Beispiel wie sonst auch darum bitten, ihre Hausaufgaben zu machen oder ihr Zimmer aufzuräumen, und sich auch nicht durch die Tics davon abbringen lassen. Denn wenn sie das tun, kann das dazu führen, dass noch mehr Tics oder Tic-ähnliches Verhalten auftritt. Der Teenager lernt dann, dass er mit seinen Tics unangenehme Dinge umgehen kann und vielleicht so nicht die Aufgabe erledigen muss, um die er gebeten wurde. Manche täuschen sogar einen Tic vor, wenn es ihre Situation verlangt. Wenn der Teenager aufgrund seiner Tics bestimmte Aufgaben erlassen bekommt, kann dies auch zu Konflikten mit den Geschwistern führen, die dann sehen, dass er immer eine Spezialbehandlung bekommt. Ein solches Nachgeben kann weitere Probleme nach sich ziehen. Der betroffene Teenager entwickelt zum Beispiel Ängste vor der Schule, weil er seine Hausaufgaben nicht gemacht hat.

Wir empfehlen Folgendes, um zu verhindern, dass die Erwartungen und die Anforderungen an den Betroffenen aufgrund seiner Tics nicht verändert werden:

1. Besprechen Sie mit der Person mit Down-Syndrom und Tourette-Syndrom, dass sie dieselben Aufgaben und Verpflichtungen in der Familie hat wie die anderen Familienmitglieder, auch wenn sie Tics hat. Verpacken Sie dies positiv, indem Sie zum Beispiel sagen, dass Sie sie dabei unterstützen, damit die Tics nicht ihre Talente, ihre Fähigkeiten und ihre Unabhängigkeit beeinträchtigen.

2. Wenn ein Tic so störend ist, dass alltägliche Aktivitäten nicht möglich sind, erläutern Sie, dass eine Aufgabe zeitweilig aufgeschoben werden kann, bis der Tic vorbei ist und den Betroffenen nicht mehr an ihrer Ausführung hindert.

3. Achten Sie sehr genau darauf, dass Sie dabei

konsequent bleiben. Wenn Sie es zulassen, dass Tics das Ausführen einer Aufgabe beenden, anstatt nur verschieben, fördern Sie negative Verhaltensweisen und lassen die Tics zu einer Ausweichmöglichkeit bei unbeliebten Aufgaben werden.

4. Wenn ein Tic alltägliche Aktivitäten nicht beeinträchtigt und auch für den Betroffenen nicht weiter störend ist, sollten Sie dazu ermutigen, Aufgaben wann immer möglich zu Ende zu bringen.

5. Bedenken Sie stets, dass Stress die Tics verstärken kann. Achten Sie deshalb besonders auf Situationen, in denen an den Menschen mit Down-Syndrom und Tourette-Syndrom Anforderungen gestellt werden. Wenn die Aufgabe eine Herausforderung bedeutet, für den Betroffenen aber durchführbar ist und seinen Fähigkeiten entspricht, ermutigen Sie ihn, die Aufgabe zu Ende zu bringen, auch wenn er danach einen Tic entwickelt.

6. Unterstützen Sie ihn nur bei einer Aufgabe, wenn sie für ihn zu schwierig ist, und nicht, weil er einen Tic hat. Sie können sich selbst testen, indem Sie sich fragen, ob Sie ihm auch helfen würden, wenn er keinen Tic hätte.

Ähnliche Probleme mit verringerten Erwartungen oder Anforderungen an den Betroffenen können genauso in anderen Umgebungen auftreten. Auch in der Schule, am Arbeitsplatz oder im Wohnheim bekommen Menschen mit Down-Syndrom und Tourette-Syndrom eine „Spezialbehandlung" oder müssen bestimmte Aufgaben aufgrund ihrer Tics nicht ausführen. In der Familie kann dies die Beziehung zu den anderen Angehörigen belasten. Auch kann sich der Betroffene durch die Unterschätzung seiner Fähigkeiten nicht genügend oder gar nicht weiterentwickeln.

Fehlinterpretation oder falsche Einschätzung von Tics und dem Tourette-Syndrom

Manche Familien stoßen bei anderen Menschen, die sich nicht mit dem Tourette-Syndrom oder Tics auskennen, auf Unverständnis. Dies kann die Situation für die Familie noch schwieriger machen, vor allem wenn Lehrer oder Betreuer die Tics als Verhaltensauffälligkeit oder trotziges Verhalten auffassen. Um dieses Problem zu vermeiden, besprechen und erklären Sie, wie und warum die Tics ablaufen.

Um solche Situationen aber zu vermeiden, empfehlen wir folgende Schritte:

1. Treffen Sie sich regelmäßig mit Autoritätspersonen oder Betreuern im schulischen Umfeld ihres Kindes, an seinem Arbeitsplatz oder in seiner Wohnumgebung und erklären Sie ihnen die Bedeutung und das Auftreten der Tics.

2. Falls notwendig, stellen Sie eine Liste von Fachleuten zusammen, die diesen Betreuern oder Autoritätspersonen auch fachliche Auskünfte geben können.

3. Setzen Sie regelmäßige Zusammenkünfte fest, damit Sie im Falle eines Betreuerwechsels auch die neuen Autoritätspersonen über die Tics unterrichten können, und vergewissern Sie sich, dass durch den Wechsel keine neuen Probleme auftreten.

4. Wenn die Betreuer oder die Autoritätspersonen nicht nachvollziehen können, weshalb die Tics auftreten und was sie bedeuten, müssen Sie eventuell eine andere Herangehensweise wählen, um Ihrem Kind weitere Probleme oder traumatische Erfahrungen zu ersparen. Wenn das Tourette-Syndrom tatsächlich diagnostiziert ist, muss es als weitere Beeinträchtigung oder Behinderung angesehen werden. Akzeptieren die Betreuer diese Diagnose nicht als solche und wirkt sich dies negativ auf den Betroffenen aus, hat die Familie das Recht und auch die Pflicht, entweder auf einem Lehrer- oder Betreuerwechsel oder auch einem Wohnheimwechsel zu bestehen.

Wenn professionelle Hilfe erforderlich wird

Auch die erfahrensten Familien mit den wirkungsvollsten Strategien suchen sich professionelle Hilfe, wenn die Tics ihres Sohns oder ihrer

Tochter mit Down-Syndrom zu Verletzungen führen oder das normale Leben stark beeinträchtigen. In solchen Fällen versucht die Familie zunächst, den Stress zu reduzieren und den Betroffenen mit interessanten Aktivitäten zu beschäftigen und abzulenken und geduldig darauf zu warten, dass die Tics vorbeigehen. Das hilft leider nicht immer, manche Tics werden nicht weniger, sondern bleiben in ihrer Intensität und Häufigkeit bestehen. In diesen Situationen können Medikamente eine positive Wirkung haben und die Häufigkeit und die Intensität von Tics verringern, sodass man dann mit verhaltenstherapeutischen Strategien ansetzen kann.

Der Einsatz von Medikamenten

Unsere verhaltenstherapeutischen Maßnahmen zeigten bei Dawn ungefähr ein Jahr lang gute Erfolge. Während ihres zweiten Schuljahres wurden die Tics jedoch wieder sehr störend, und ihre Zwangshandlungen beeinträchtigten sie stark. Sie wurde erneut in unsere Ambulanz gebracht, nachdem sie eine Lehrerin körperlich angegriffen hatte, weil diese ihr freundlich nahegelegt hatte, dass sie den Klassenraum verlassen sollte, um ihre Tics im Nebenraum rauszulassen. Bei der Untersuchung stellten wir ein gesundheitliches Problem fest, das wir erfolgreich behandeln konnten. Ihre vokalen Tics und ihr Verhalten waren jedoch weiterhin problematisch, sodass wir zusätzlich eine geringe Dosis eines Antipsychotikums verordneten, wodurch sich endlich eine Besserung einstellte.

Dawn besucht nun wieder die Schule. Sie hat immer noch vokale Tics, die für andere störend sind, und geht auch weiterhin unflexiblen Ritualen und Routinen nach, aber in viel schwächerer Intensität. Wir überwachen ihre Fortschritte weiterhin sehr genau, um sicherzugehen, dass die positiven Entwicklungen auch anhalten.

Wir haben festgestellt, dass mehrere unserer Patienten nicht gut auf Medikamente gegen ADHS oder Zwangsstörungen ansprachen. Der Grund dafür war, dass sie in der Tat das Tourette-Syndrom (oder ein atypisches Tourette-Syndrom) hatten, bei dem die übliche medikamentöse Behandlung mit Präparaten gegen ADHS und Zwangsstörungen nicht anschlägt.

Patienten, die schon als Kinder mit den üblichen Medikamenten gegen das Aufmerksamkeitsdefizitsyndrom behandelt wurden, zeigten ein geringes Ansprechen auf diese Medikamente. Bei Dawn zum Beispiel wirkte sich der strukturierte Stundenplan in der Schule positiv aus, aber sie sprach nicht auf das ihr verordnete Stimulans an. Das Medikament trug nicht dazu bei, dass sie aufmerksamer wurde, und ihre Familie bemerkte auch weiterhin „merkwürdige" Verhaltensweisen (zum größten Teil Tics), obwohl sie diese Medikamente nahm. Andere Eltern berichten sogar, dass die Tics bei ihrem Kind erst nach der Einnahme der Medikamente gegen ADHS auftraten. Tatsächlich ist es so, dass Tics bei Menschen, die das Tourette-Syndrom, aber kein Down-Syndrom haben, durch stimulierende Medikamente gegen ADHS erst ausgelöst werden. Andere Betreuer berichteten, dass sie bis zum Jugend- oder Erwachsenenalter keine Tics beobachtet hatten, obwohl es durchaus möglich ist, dass sie bereits früher beziehungsweise im Kindesalter auftraten, aber nicht als solche erkannt und diagnostiziert wurden.

Weiterhin haben wir festgestellt, dass viele Menschen wie Dawn und Reggie mit Down-Syndrom und Tourette-Syndrom bereits in ihrer Jugend und im frühen Erwachsenenalter Symptome einer Zwangsstörung zeigten. Die Behandlung der Zwangsstörungen hat bei diesen Patienten nicht immer die gewünschte Wirkung; die üblichen Antidepressiva sind meist weniger erfolgreich. Ein Antidepressivum hat zum Beispiel im Falle von Dawn kurze Zeit geholfen, die Intensität ihrer Tics zu reduzieren. Nach einem Jahr aber schien es bereits weniger wirkungsvoll zu sein und ihre Zwangshandlungen traten wieder verstärkt auf. Auch Reggie hatte ein Antidepressivum gegen seine Zwangsstörungen verordnet bekommen, aber auch dieses Medikament führte nicht zu einer Verringerung seiner problematischen Symptome.

Den größten Erfolg in der Behandlung von Menschen mit Down-Syndrom und Tourette-Syndrom hatten wir bisher mit Antipsychotika. Diese Medikamente wirken sich besonders positiv auf die Intensität der Tics aus und verringern auch das Auftreten der zwanghaften Verhaltensweisen. Wir haben bisher mit gutem Erfolg Pimozid, Risperidon, Olanzapin, Quetiapin und Aripiprazol eingesetzt. Für die Behandlung des Tourette-Syndroms ist allerdings nur Pimozid von der FDA zugelassen. Leider haben auch diese Medikamente Nebenwirkungen. Vor allem die häufige Gewichtszunahme und die sedierende Wirkung sind problematisch, aber auch der erhöhte Blutzuckerspiegel und das gehäufte Auftreten von Diabetes mellitus Typ 2. Da Menschen mit Down-Syndrom sowieso ein erhöhtes Risiko haben, an Diabetes mellitus Typ 2 zu erkranken, empfehlen wir während der Einnahme dieser Medikamente regelmäßige Blutzuckerkontrollen.

Ausblick

Wenn bei Menschen ohne Down-Syndrom die Tics vor Eintritt des Erwachsenenalters abklingen, treten sie in der Regel auch nicht mehr auf. Wenn sie jedoch auch noch im Erwachsenenalter vorhanden sind, sind sie mit großer Wahrscheinlichkeit rekurrent, das heißt, sie kommen auch weiterhin vor. Unserer Erfahrung nach bleiben die Symptome bei Erwachsenen mit Down-Syndrom bestehen, wobei wir dazusagen müssen, dass wir bisher nur auf 14 Jahre dauerhafter Behandlung zurückblicken können. Oftmals verschwinden manche Tics, aber es treten häufig andere Tics an ihre Stelle. Wir empfehlen, dass die Symptome kontinuierlich überwacht werden. Die meisten unserer Patienten werden dauerhaft mit Medikamenten behandelt.

22 Autismus

Autismus ist eine Entwicklungsstörung, die hauptsächlich in den folgenden drei Bereichen deutlich wird: erstens signifikante Beeinträchtigung der Kommunikationsfähigkeiten, zweitens signifikante Beeinträchtigungen der sozialen Fähigkeiten und drittens repetitive und stereotype Verhaltensweisen und Interessen (scheinbar sinnlose oder merkwürdige Verhaltensweisen kombiniert mit einem extrem hohen Interesse an relativ wenigen Themen oder Aktivitäten).

Autismus ist keine Geisteskrankheit. Sie geht jedoch einher mit emotionalen und Verhaltensproblemen, die das Leben zu Hause, in der Schule und im Umfeld des Betroffenen erschweren. Diese Probleme werden nicht mit der Zeit wieder besser, sondern müssen angemessen behandelt werden. Aus diesem Grund haben wir uns entschlossen, dem Thema Autismus ein eigenes Kapitel in diesem Buch zu widmen.

Bis vor kurzem wurde in Fachkreisen angenommen, dass Autismus und das Down-Syndrom nicht gemeinsam auftreten können (Ghaziuddin, Tsai, und Ghaziuddin, 1992). Man ging davon aus, dass die betroffenen Menschen keinen Autismus, sondern eine schwerere geistige Beeinträchtigung hatten. Wie nachfolgend erläutert, hängt die Diagnosestellung bei Autismus häufig davon ab, in welchem Alter die Symptome zuerst aufgetreten sind. Bei Menschen mit Down-Syndrom konnte man das oft nicht genau beurteilen.

Seit einiger Zeit weiß man, dass Menschen mit Down-Syndrom ebenfalls Autismus haben können. Diese Erkenntnis ist größtenteils auf die Anstrengungen von Eltern, Fürsprechern und Fachleuten zurückzuführen, denen diese Doppeldiagnose bekannt war und die unermüdlich versucht haben, dieses Wissen zu verbreiten. Einen wesentlichen Beitrag dazu leistet eine Ausgabe des *Disability Solutions* Newsletters (Band 3, Ausgabe 5 & 6), herausgegeben von Joan Medlen, einer Ernährungsberaterin und Mutter eines Sohnes mit Down-Syndrom und Autismus. Die Ausgabe enthält wichtige Artikel über dieses Thema, die unter anderem von den Experten beziehungsweise den Fachleuten Drs. George Capone, Bill Cohen und Bonnie Patterson geschrieben wurden.

Da erst seit einigen Jahren bestätigt ist, dass es tatsächlich die Doppeldiagnose Down-Syndrom und Autismus gibt (und immer noch einige Ärzte und Fachleute das nicht für möglich halten), wurden einige unserer erwachsenen Patienten mit Down-Syndrom, die auch Autismus haben, in der Kindheit nie daraufhin untersucht. Die korrekte Diagnosestellung von Autismus ist jedoch sowohl in der Jugendzeit wie auch im Erwachsenenalter noch extrem wichtig. Die Familien erhalten so eine Diagnose beziehungsweise endlich eine Erklärung dafür, weshalb ihr Angehöriger so anders ist und warum seine Alltagsfähigkeiten seit der Kindheit stark abgenommen haben. Aber die Diagnosestellung hat auch noch weitere Vorteile. In den USA erhalten Betroffene mit dieser Diagnose oft finanzielle Hilfen und können aufgrund ihrer Beeinträchtigungen an speziellen Programmen teilnehmen und bestimmte Dienstleistungen beanspruchen. So stehen zum Beispiel Mittel für verhaltenstherapeutische Maßnahmen oder Sozial- und Kommunikationstraining zur Verfügung, um die Symptome zu reduzieren, die den Betroffenen beeinträchtigen und isolieren.

Was ist Autismus?

Autismus ist eine Entwicklungsstörung, die in unterschiedlichen Graden von leicht bis schwer auftreten kann. Deshalb wird heutzutage oft der Begriff Autismusspektrumsstörung verwendet, um die Spanne von Auffälligkeiten und Verhaltensweisen bei Menschen mit Autismus zu beschreiben. Menschen, bei denen eine leichtere Form diagnostiziert wird, zeigen weniger Symptome oder ihre Symptome sind nicht so beeinträchtigend, während Menschen mit einer schweren Form mehr Symptome zeigen, die mit größeren Beeinträchtigungen einhergehen.

Merkmale, die nur bei Menschen mit Down-Syndrom und einer Autismusspektrumsstörung auftreten

Klinische Forscher haben festgestellt, dass Menschen mit Down-Syndrom und einer Autismusspektrumsstörung eine geringere Beeinträchtigung ihrer sozialen Funktionalität aufweisen als Menschen in der Durchschnittsbevölkerung, die eine Autismusspektrumsstörung haben (Lord et al., 2000). Dennoch zeigen die meisten Menschen mit Down-Syndrom und einer Autismusspektrumsstörung starke Störungen ihrer sozialen Fähigkeiten, vor allem beim Mitgefühl mit anderen Menschen und beim Bewusstsein für die Gefühle anderer. In dieser Hinsicht sind sie eher wie andere Menschen mit einer Autismusspektrumsstörung und weniger wie Menschen mit Down-Syndrom, die sich normalerweise recht gut in andere Menschen einfühlen können (siehe Kapitel 4). Erstaunlicherweise ergeben sich aus den besseren sozialen Fähigkeiten negative Konsequenzen. Manche Eltern glauben, dass diese typischen Merkmale einige Ärzte verwirren und sie deshalb sehr zurückhaltend sind, was die Diagnose Autismusspektrumsstörung bei Menschen mit Down-Syndrom anbelangt.

Wir haben festgestellt, dass Menschen mit Down-Syndrom und Autismusspektrumsstörung größere Defizite in ihrer geistigen Entwicklung und ihrer expressiven Sprachfähigkeit aufweisen als Menschen, die nur eine Autismusspektrumsstörung haben. Die meisten Kinder mit Down-Syndrom und einer Autismusspektrumsstörung haben eine geistige Beeinträchtigung. Bei Kindern mit nur einer Autismusspektrumsstörung ist dies jedoch häufig nicht der Fall. Zudem haben die meisten Kinder mit Down-Syndrom und einer Autismusspektrumsstörung zusätzlich zu ihren Kommunikationsproblemen auch Artikulationsprobleme, was bei Kindern mit nur einer Autismusspektrumsstörung ebenfalls viel seltener auftritt.

Erschwerend zu den Unterschieden im sozialen Empfinden, in der geistigen Funktionsfähigkeit und in den Sprachfähigkeiten kommt hinzu, dass eine Autismusspektrumsstörung bei Kindern mit Down-Syndrom häufig erst sehr viel später diagnostiziert wird als bei Kindern, die nur eine Autismusspektrumsstörung haben. Das DSM-IV-TR besagt, dass die Diagnose gestellt werden kann, wenn Autismussymptome bereits vor dem dritten Geburtstag aufgetreten sind. Eltern von Kindern mit Down-Syndrom berichten jedoch, dass sie erst im Alter von fünf oder sechs Jahren, bei manchen sogar erst mit sieben oder acht Jahren, Autismussymptome beobachten konnten. Weil die Autismussymptome bei Kindern mit dieser Doppeldiagnose oft erst sehr spät auftreten, wird häufig in Frage gestellt, ob es tatsächlich Autismus ist oder ob eine disintegrative Störung der Kindheit (CDD) vorliegt, bei der dieselben Symptome auftreten wie bei einer Autismusspektrumsstörung, nur wird sie nach dem Alter von drei Jahren diagnostiziert.

Bedeutet dies nun, dass Kinder mit Down-Syndrom keinen „klassischen" Autismus haben? Haben sie stattdessen eine disintegrative Störung der Kindheit? Auf diese Fragen gibt es keine definitive Antwort. Bedenken sollte man allerdings, dass die DSM-IV-TR-Kriterien nicht immer zu 100 Prozent auf Menschen mit Down-Syndrom angewendet werden können. Um bei Menschen mit Down-Syndrom eine Depression, Angststörungen oder eine Psychose diagnostizieren zu können, müssen wir die DSM-IV-TR-Kriterien anpassen. Vielleicht müssen sie auch bei der Autismusspektrumsstörung angepasst und bei Menschen mit

Down-Syndrom ein späteres Eintrittsalter in die Diagnosekriterien aufgenommen werden, um ihrem Symptommuster besser zu entsprechen. In einem Artikel über die Doppeldiagnose Down-Syndrom und Autismusspektrumsstörung schrieb George Capone: „Wenn es wie eine Ente aussieht und wie eine Ente quakt ... Was ist das dann?"

Für uns als Ärzte, die Teenager und erwachsene Patienten behandeln, ist es nicht so wichtig, ab welchem Alter die Symptome aufgetreten sind, sondern wir müssen in erster Linie überlegen, wie wir unseren Patienten dabei helfen können, die Behandlung und die Unterstützung zu erhalten, die sie benötigen. Die Diagnose einer Autismusspektrumsstörung wird von wesentlich mehr Menschen verstanden als die der disintegrativen Störung der Kindheit, weshalb Menschen mit der Diagnose Autismusspektrumsstörung mit größerer Wahrscheinlichkeit eine geeignete Behandlung und Unterstützung erhalten. Aus den oben genannten Gründen stellen wir auch in unserer Ambulanz die Diagnose Autismusspektrumsstörung bei Jugendlichen und Erwachsenen, wenn sie die entsprechenden Symptome zeigen.

Im nächsten Abschnitt erläutern wir, wie sich Symptome von Autismus bei Menschen mit Down-Syndrom äußern.

Die Symptome

Wie bereits oben beschrieben, haben Menschen mit Autismusspektrumsstörung auf drei Gebieten besondere Schwierigkeiten: Kommunikationsfähigkeit, soziale Fähigkeiten sowie repetitive und rituelle Interessen und Verhaltensweisen. Da Menschen mit Down-Syndrom, die keinen Autismus haben, ebenfalls in diesen Bereichen Schwierigkeiten haben können, ist es sehr wichtig, sich bewusst zu sein, was für eine Person mit Down-Syndrom durchaus normal ist und was nicht.

Beeinträchtigte Kommunikationsfähigkeiten

Menschen mit Autismusspektrumsstörung zeigen sowohl bei den expressiven als auch bei den rezeptiven Sprachfähigkeiten mehr oder weniger starke Beeinträchtigungen. Sie haben Schwierigkeiten dabei, sich selbst auszudrücken und zu verstehen, was andere sagen. Menschen mit der Doppeldiagnose Down-Syndrom und Autismusspektrumsstörung zeigen diese Beeinträchtigungen ebenfalls sehr häufig, haben aber meistens größere Probleme mit der Artikulation, wodurch es schwieriger ist, sie zu verstehen, wenn sie tatsächlich kommunizieren können. Menschen mit Down-Syndrom, aber ohne Autismusspektrumsstörung, haben oft ähnliche Schwierigkeiten mit der Artikulation, aber sie zeigen nicht dieselben Probleme mit der rezeptiven Sprache und können soziale Situationen meist sehr gut einschätzen.

Menschen mit Autismusspektrumsstörung fällt es schwer, die Gedanken und die Sichtweisen anderer Menschen zu verstehen und nachzuvollziehen. Bei Menschen mit der Doppeldiagnose Down-Syndrom und Autismusspektrumsstörung wird dies besonders deutlich, weil Personen mit Down-Syndrom normalerweise ein sehr gutes Gespür für die Gefühle anderer haben. Selbst nonverbale Menschen mit Down-Syndrom und deutlich stärkeren geistigen Beeinträchtigungen scheinen dennoch die Gefühle anderer wahrzunehmen. Mit anderen Worten: Personen mit dieser Doppeldiagnose verfügen häufig über nur eingeschränkte soziale Fähigkeiten, was bei Menschen mit Down-Syndrom unabhängig von ihrem Entwicklungsstand und ihren Alltagskompetenzen in der Regel nicht der Fall ist.

Oft zeigen Menschen mit Autismusspektrumsstörung Defizite bei grundlegenden sozialen Fähigkeiten. Viele haben Schwierigkeiten mit Augenkontakt. Einige mögen es nicht, angefasst zu werden, oder mögen generell keine körperliche Nähe. Sie fühlen sich unsicher und haben Angst vor sozialen Situationen. Manche reagieren auch sehr empfindlich auf sensorische Reize (nachfolgend Weiteres dazu). Ihnen fällt es zum Beispiel schwer, den Geräuschpegel auszuhalten, den eine Gruppe von Menschen entwickelt.

Menschen mit Down-Syndrom und Autismusspektrumsstörung haben Schwierigkeiten, Eltern oder Geschwistern Zuneigung zu zeigen und ihnen liebevoll zu begegnen. Es fällt ihnen auch schwer, mit Gleichaltrigen umzugehen und Freundschaften einzugehen. Kurz gesagt, soziale

Kontakte sind für viele Menschen mit Autismusspektrumsstörung häufig mit Stress und Problemen verbunden.

Eingeschränkte und repetitive Interessen und Verhaltensweisen

Menschen mit Down-Syndrom und einer Autismusspektrumsstörung zeigen sehr häufig repetitive Bewegungsmuster. Viele wedeln zum Beispiel mit den Händen oder führen Bewegungen aus, die man auch von Autisten ohne Down-Syndrom kennt, oder wiederholen ungewöhnliche Laute oder Geräusche. Manche summen oder geben unflätige Geräusche von sich. Viele beschäftigen sich auch eingehend mit scheinbar unwichtigen Dingen wie Schnürsenkeln, Papiertüten und anderen Gegenständen, mit denen man dies normalerweise nicht tun würde. Einige spielen auf sehr eingeschränkte und fast zwanghafte Art und Weise mit ihren Spielsachen, indem sie zum Beispiel Spielzeugautos oder Plastikfiguren in einer perfekten Linie aufstellen. Viele Menschen mit Down-Syndrom und einer Autismusspektrumsstörung schauen sich immer wieder denselben Film an oder wiederholen bestimmte Tätigkeiten immer wieder. Manche räumen immer wieder ihren Schreibtisch auf, öffnen oder schließen Türen oder rücken Möbel auf unsinnige Art und Weise zurecht. Viele Menschen sammeln auch Gegenstände, einschließlich unüblicher Dinge wie Müll oder bestimmter Gegenstände aus Papier.

Es ist wichtig zu wissen, dass Menschen mit Down-Syndrom, die keine Autismusspektrumsstörung haben, auch zu solchen repetitiven Bewegungen oder Zwangshandlungen neigen können. Meist zeigen sie diese Verhaltensweisen jedoch nicht in derselben Intensität oder in demselben Ausmaß wie Menschen mit dieser Doppeldiagnose. Die wenigsten zeigen allerdings ähnlich schwer wiegende Probleme, was die Kommunikation mit anderen Menschen und das Sozialverhalten anbelangt, wie dies Menschen mit der Doppeldiagnose tun.

Andere Symptome

Wahrnehmungsstörungen: Die Fähigkeit, Reize aufzunehmen und sensorisch zu verarbeiten, kann bei Menschen mit Down-Syndrom und Autismusspektrumsstörung beeinträchtigt sein. Besonders wichtig sind hierbei: erstens die Fähigkeit zu verstehen, wo sich der Körper im Verhältnis zur Umwelt des Menschen befindet; zweitens die Gleichgewichtskontrolle und drittens die Verarbeitung von taktilen Reizen durch die Haut. Der Betroffene reagiert eventuell sehr empfindlich auf seine Umwelt, und das in einer Art und Weise, die für andere Menschen schwierig zu verstehen sein kann. Die meisten Menschen empfinden zum Beispiel eine leichte Berührung oder ein Streicheln als angenehm und wohltuend. Für Menschen mit einer Autismusspektrumsstörung kann eine solche Berührung beängstigend sein. Viele reagieren auf Reize, die sie nicht einordnen können, indem sie in eine Lichtquelle starren oder sich schnell herumdrehen. Auch kann eine Überempfindlichkeit bei Geräuschen oder eine unübliche Empfindlichkeit für andere Sinnesreize vorkommen.

Verhaltensauffälligkeiten: Menschen mit der Doppeldiagnose Autismus und Down-Syndrom neigen manchmal dazu, sich selbst zu verletzen, wie auch schon in Kapitel 20 beschrieben. Viele haben Angststörungen, sind extrem reizbar oder hyperaktiv, haben Aufmerksamkeitsprobleme oder Schlafstörungen, die nicht aufgrund einer Schlafapnoe oder anderer gesundheitlicher Probleme entstehen. Ein Großteil der Betroffenen neigt zu Zwangshandlungen und Ritualen und hat Schwierigkeiten mit Veränderungen.

Die Diagnostizierung von Autismus bei Erwachsenen mit Down-Syndrom

Wenn bei einem Jugendlichen oder einem Erwachsenen mit Down-Syndrom Autismus vermutet wird, wird bei der Diagnostizierung ähnlich verfahren wie bei anderen psychischen Störungen auch. Eine vollständige und gründliche Untersuchung muss durchgeführt werden, um andere Ursachen für das Verhalten des Betroffenen zu erkennen oder auszuschließen. Mit dieser Untersuchung soll sichergestellt werden, dass keine Erkrankung zu dem Verhalten führt, das als autistisches Verhalten angesehen wird. Extreme Stresssituationen im Umfeld des Betroffenen können ebenfalls ein Verhalten auslösen, das autistischem Verhalten sehr gleicht. Natürlich können auch andere, weniger offensichtliche Ursachen vorliegen, die vielleicht mit der Kultur und der Sprache der Person zusammenhängen. Ein englischsprachiger Psychologe oder Arzt erklärt eventuell bestimmte soziale oder Kommunikationsprobleme mit der Diagnose Autismus und dabei verhält sich sein Patient nur so, weil er die Sprache nicht richtig versteht (Geisinger und Carlson, 1992).

Wenn alle anderen Erklärungen für das Verhalten ausgeschlossen sind, sollte als nächster Schritt ein erfahrener Fachmann oder ein Ärzteteam aufgesucht werden, der oder das die drei oben beschriebenen, wichtigsten bei Autismusspektrumsstörung auftretenden Beeinträchtigungen lokalisieren kann. Optimal ist es natürlich, wenn die Familien sich an ein Zentrum mit Ärzten wenden, die Erfahrung mit Menschen mit Autismus haben und vorzugsweise auch Patienten mit der Doppeldiagnose Down-Syndrom und Autismus behandeln. In unserem Adult Down Syndrome Center haben wir genügend Erfahrung gesammelt, um bei Menschen mit Down-Syndrom eine Autismusspektrumsstörung diagnostizieren zu können, und wir haben zudem viel von Fachleuten auf diesem Gebiet gelernt. Wenn Sie ein Familienmitglied haben, das die Verhaltensweisen zeigt, die wir in diesem Kapitel beschrieben haben, sollten Sie sich an erfahrene Fachleute in Ihrer Gegend wenden. Viele Selbsthilfegruppen können Ihnen Namen von Ambulanzen oder Fachärzten nennen, die Autismus diagnostizieren und behandeln können.

Die Herausforderung bei dieser Diagnose besteht darin, dass man eine Anamnese des Menschen mit Down-Syndrom und der eventuellen zusätzlichen Diagnose Autismus erstellen muss, die schon in der Kindheit beginnt. Als Eltern sollten Sie Ihre Beobachtungen und Erfahrungen notieren und dem Arzt mitteilen, weil sie für die Diagnosestellung äußerst wichtig sein können. Genauso sind Aufzeichnungen oder Beobachtungen von Lehrern oder anderen Betreuern von großer Bedeutung, auch wenn sie schon vor längerer Zeit erstellt wurden. Das Gleiche gilt für Untersuchungen oder Tests, die von Ärzten oder Psychologen durchgeführt wurden. Anhand dieser Aufzeichnungen lässt sich oft ein Verhaltensmuster erkennen, das bei der Diagnosestellung von großer Bedeutung ist.

Manche Familien bringen zudem auch Videoaufzeichnungen oder Filme mit, die das Verhalten der Person in der Familie zeigen. Dies ist insbesondere dann hilfreich, wenn der Betroffene dieses Verhalten zu bestimmten Zeiten oder in bestimmten Situationen zeigt oder wenn das Verhalten ganz plötzlich oder als Reaktion auf bestimmte Reize auftritt, wie beim Besuch in einem Einkaufszentrum oder in sozialen Gegebenheiten. Filme und Videos können ebenfalls hilfreich sein, wenn sich die Person mit Down-Syndrom in bestimmten Situationen „perfekt" verhält, zum Beispiel beim Arzt, während die Eltern hoffen, dass der Patient dort das problematische Verhalten zeigen würde.

Die Behandlung

Es gibt bereits genügend Fachliteratur, die Strategien für das Verhaltensmanagement empfiehlt und in der erläutert wird, wie man Menschen mit Autismusspektrumsstörung dabei unterstützen kann, bestimmte Alltagsfähigkeiten zu erlernen. Wir können an dieser Stelle nur einige Methoden anschneiden, die unserer Erfahrung nach bei Jugendlichen und Erwachsenen mit der Doppeldiagnose Down-Syndrom und Autismus sehr erfolgversprechend sind.

Verhaltenstherapeutische Ansätze

Unterstützung bei der Wahrnehmungsverarbeitung

Wie bereits beschrieben, reagieren Menschen mit Autismus oft sehr ungewöhnlich auf Dinge, die sie sehen, auf Geräusche, Gerüche und andere umweltbedingte Reize. Es ist sehr wichtig, dass das Umfeld diese Empfindlichkeit auf sensorische Wahrnehmungen versteht. Eine Untersuchung der sensorischen Integration durch einen qualifizierten Ergotherapeuten kann dazu beitragen, dass das Umfeld die Bedürfnisse des Betroffenen besser versteht und Strategien entwickelt werden können, die ihm helfen, seine Wahrnehmungen besser zu verarbeiten. Viele Menschen mit sensorischen Integrationsstörungen profitieren von einer „sensorischen Diät", wie wir das nennen, bei der Aufgaben ausgeführt werden, die die Wahrnehmung schulen (zum Beispiel eine mit leichten Gewichten beschwerte Decke oder Bürsten für die Haut, damit der Betroffene lernt, sich selbst besser zu spüren).

Bei den empfohlenen Strategien und Aktivitäten wird vor allem auch darauf geachtet, dass sich der Betroffene wohlfühlt, denn nur so wird er bereit sein, mitzuarbeiten und tägliche Aktivitäten und Aufgaben zu Hause, am Arbeitsplatz oder in der Schule auszuführen. Ergotherapeuten können auch gute Tipps geben, wie man das Umfeld für den Menschen mit Autismus besser gestalten kann. Das kann zum Beispiel sein, dass man Lampen entfernt, die summende Geräusche von sich geben, oder dass man die Umgebung mit Gegenständen versieht, die beruhigende Geräusche abgeben.

Struktur und Beständigkeit im Alltag

Erwachsene mit Down-Syndrom und Autismus brauchen ein strukturiertes Umfeld. Routine ist für sie sehr wichtig. Strukturen helfen ihnen, ihren Tag zu gestalten und ihre täglichen Aufgaben zu absolvieren. Sie reagieren oft besser auf Bilder oder visuelle Anhaltspunkte als auf gesprochene oder geschriebene Anweisungen. Bebilderte Kalender und Tagesablaufpläne helfen ihnen zu verstehen, wie sie ihren Tag gestalten müssen. Wenn dieses Verständnis nicht vorhanden ist, ist der Betroffene oft frustriert und reizbar. Wir empfehlen das Buch *Activity Schedules for Children with Autism [Aktivitäten für Kinder mit Autismus]* von Patricia Krantz und Lynn McClannahan, das sehr anschaulich erläutert, wie bebilderte Tagesablaufpläne Menschen mit Autismus helfen, ihren Tagesablauf besser zu gestalten (Woodbine House, 1999).

Beständigkeit dabei, wie tägliche Aufgaben erklärt und ausgeführt werden, ist für den Betroffenen wichtig und gibt ihm Sicherheit. Betreuer sollten neue Aufgaben zum Beispiel immer auf dieselbe Art und Weise vermitteln. Wenn ein anderes Familienmitglied oder ein anderer Betreuer in der Einrichtung eine neue Aufgabe vermitteln soll, hilft dabei eine Liste, die Strukturen enthält, nach denen man bei der Vermittlung von Neuem vorgehen kann. Die Person mit Autismus braucht eine angemessene Zeit, um Aufforderungen zu verarbeiten und zu verstehen, was benötigt wird, um die entsprechende Aufgabe zu erledigen. Hierbei sollte auch darauf geachtet werden, dass so wenig andere Reize wie möglich vorhanden sind, die ablenken können.

Die Betreuer im Umfeld des Betroffenen sollten sich regelmäßig austauschen. Dies erhöht die Wahrscheinlichkeit, dass das Umfeld konsequent und in beständiger Art und Weise reagieren kann. Ein Beispiel:

Adams Eltern haben ein kleines Buch über ihn geschrieben und darin eine Liste seiner typischen Verhaltensweisen erstellt und erläutert, was er üblicherweise mit diesem Verhalten ausdrücken möchte und wie seine Familie darauf reagiert. Die Betreuer in seiner Tageseinrichtung lesen diese Aufzeichnungen regelmäßig durch und neue Betreuer werden angehalten, dieses Buch ebenfalls zu lesen. Der Einsatz dieser Aufzeichnungen ist für Adam eine große Hilfe, weil er ausgeglichener und weniger frustriert ist, wenn die Betreuer konsequent handeln. Zudem verbringt sein Umfeld weniger Zeit damit, schwierige Verhaltensweisen unter Kontrolle zu bringen, sondern kann die Zeit sinnvoll nutzen, um Adam und andere Teilnehmer an seinem Tagesprogramm dabei zu unterstützen, an lehrreichen Aktivitäten teilzunehmen.

Der Umgang mit Veränderungen

Weil sich Menschen mit Autismusspektrumsstörung stark auf zwanghafte, ritualisierte und repetitive Verhaltensmuster verlassen, bedeuten Veränderungen oder Wechsel von einer Gegebenheit zu einer neuen eine große Herausforderung für sie. Das Umfeld sollte sich dessen bewusst sein und dies entsprechend berücksichtigen. Es ist hilfreich, wenn man den Betroffenen „vorwarnt", dass man bald zu der nächsten Aktivität übergehen wird. Zudem ist es sinnvoll, die Veränderung zu besprechen (mit Bildern, wenn notwendig), weil der Betroffene die Veränderung dann eher akzeptiert und sich weniger dagegen wehrt.

Das Erlernen von sozialen Situationen

Wie bereits beschrieben, haben Menschen mit Autismus häufig Schwierigkeiten, sich in andere Menschen hineinzuversetzen. Wir empfehlen deshalb, mit dem Betroffenen zu besprechen, wie er sich selbst fühlen würde, wenn er in dieser Situation wäre.

Hilfreich ist es auch, wenn Sie mit dem Betroffenen grundlegende soziale Situationen üben. Viele Fachleute empfehlen, „Soziale Geschichten" (Gray, 1993) einzusetzen, um ihm neue soziale Fähigkeiten beizubringen. „Soziale Geschichten" schildern speziell auf den Betroffenen zugeschnittene Situationen, anhand derer er lernt, wie er sich in einer für ihn problematischen Situation am besten verhalten kann. Zum Beispiel können Eltern, Lehrer oder andere Betreuer solche einfachen Geschichten schreiben und sie mit Fotos oder Zeichnungen illustrieren, die der Betroffene selbst anfertigen kann. Die Geschichte wird dann der Person mit Autismus vorgelesen, bevor diese Situation gewöhnlich eintritt, sie kann aber auch zu anderen Zeiten vorgelesen werden, damit die Person daraus lernt.

Informationsflut und
Reizüberlastung vermeiden

Die langsame Verarbeitung von Reizen und Informationen ist ebenfalls eine typische Eigenschaft bei einer Autismusspektrumstörung (und beim Down-Syndrom). Menschen, die nur Autismus haben, haben häufig Probleme damit, andere zu verstehen, weil sie nur eingeschränkte rezeptive Sprachfähigkeiten besitzen und es ihnen auch schwerfällt, in sozialen Situationen bestimmte Signale zu deuten oder zu wissen, welches Verhalten in einer bestimmten Situation angebracht ist. Menschen mit der Doppeldiagnose Down-Syndrom und Autismusspektrumstörung haben diese Schwierigkeiten ebenfalls, jedoch kommt bei ihnen hinzu, dass ihre Verarbeitungsgeschwindigkeit von Informationen noch langsamer ist. Deshalb ist es sehr wichtig, dass die Person genügend

Zeit bekommt zu verarbeiten, was gesagt wurde oder um was sie gebeten wurde, bevor man weitere Aufforderungen oder Fragen stellt. Hilfreich ist es, das Anliegen in konkreter Form (vor allem als Bild) zu vermitteln. Es nimmt den Druck etwas, wenn man ruhig auf die Antwort wartet oder der Person die Gelegenheit gibt, später zu antworten. Zusätzlich sollte nur eine einzige Stimme, also nur eine einzige Person, die Anweisungen geben, um zu viele Reize zu vermeiden.

Wie man lernen kann,
seine Stärken einzusetzen

Das Erlernen neuer Fertigkeiten ist für Menschen mit Autismus oft sehr schwierig. Wenn die Informationen auf eine Art und Weise präsentiert werden, dass der Betroffene seine Stärken einsetzen kann, um sie zu verarbeiten, wird sich der Lernprozess wesentlich erfolgreicher gestalten. Abstraktes Denken, Fantasie und Vorstellungskraft, soziale Intuition, Interpretationsfähigkeit und schnelle Reaktionsfähigkeit zählen häufig nicht zu den Stärken von Menschen mit einer Autismusspektrumstörung. Das Lernen gestaltet sich deshalb leichter und effektiver, wenn die folgenden Empfehlungen umgesetzt werden können:

1. Neue Informationen werden **visuell** präsentiert (indem Sie der Person zum Beispiel vorführen, wie sie ihre Zähne putzen soll).

2. Die Informationen werden so **konkret** wie möglich präsentiert. Sie sollten deshalb nacheinander beim Zähneputzen die einzelnen Schritte zeigen, anstatt zu erklären, wie wichtig eine gute Mundhygiene ist.

3. **Praktisches Lernen** funktioniert meist am besten. Informationen werden generell besser aufgenommen, wenn die Person zuerst zuschauen kann und die Aufgabe dann selbst ausführen muss.

4. Die Informationen sollten in einzelne **aufeinander folgende Schritte** unterteilt werden, die leicht nachzuvollziehen und auszuführen sind. Wenn der Betroffene zum Beispiel das Zähneputzen lernen soll, müssen Sie ihm zeigen, wie er die Zahnbürste nehmen, die Zahnpasta auftragen, das Was-

ser aufdrehen und die Zahnbürste im Mund bewegen soll.

5. Auch wenn die Informationen durch mehrere Personen vermittelt werden, sollte darauf geachtet werden, dass die **Reihenfolge der einzelnen Schritte** während des Lernprozesses nicht verändert wird. Deshalb ist es sinnvoll, Bilder einzusetzen, um die einzelnen Schritte in ihrer Reihenfolge zu zeigen.
6. Hilfreiche Lernmethoden sind auch das Auswendiglernen und das Wiederholen einer Aufgabe, und zwar so lange, bis man sie selbst ausführen kann.

Diese Lernmethoden versprechen vor allem bei Menschen mit Autismusspektrumsstörung Erfolg. Nicht selten werden dabei die Erwartungen sogar übertroffen.

Der Einsatz von Medikamenten

Menschen mit einer Autismusspektrumsstörung zeigen gelegentlich Verhaltensweisen, mit denen andere nur schwer umgehen können. Dazu zählt auch aggressives und selbstverletzendes Verhalten. Wenn verhaltenstherapeutische Maßnahmen nicht ausreichen, um das Verhalten unter Kontrolle zu bekommen, müssen eventuell Medikamente eingesetzt werden. Die atypischen Antipsychotika können das Aggressionspotenzial wirkungsvoll senken. Wir setzen häufig Risperidon, Quetiapin, Olanzapin, Ziprasidon und Aripiprazol ein. In Kapitel 17 (Psychotische Störungen) und im Anhang 1 finden Sie weitere Informationen über die Nebenwirkungen sowie weitere wichtige Aspekte in Bezug auf diese Wirkstoffe.

Auch Antiepileptika können bei Verhaltensauffälligkeiten wirkungsvoll eingesetzt werden, vor allem bei aggressivem Verhalten. Antiepileptika werden in den Kapiteln 19 und 20 und im Anhang 1 beschrieben. Clonidin kann ebenfalls Erregungszustände und Aggressionen reduzieren.

Wenn zudem eine Stimmungsstörung vorliegt, können auch Antidepressiva eingesetzt werden. In Kapitel 14 sind ihre Eigenschaften genauer beschrieben. In manchen Fällen ist auch der Einsatz von anderen Medikamenten sinnvoll, vor allem dann, wenn Angststörungen die Autismussymptome verschlimmern (siehe Kapitel 15).

Heimunterstützung bei starken Verhaltensauffälligkeiten

Weil das Leben mit einem Kind oder einem Erwachsenen mit der Doppeldiagnose Down-Syndrom und Autismusspektrumsstörung eine extrem große Herausforderung bedeuten kann, benötigen viele Familien und andere Betreuer entsprechende Unterstützung. Die meisten Wohnheime und Arbeitsplätze für Erwachsene mit dieser Doppeldiagnose haben einen sehr hohen Personalschlüssel, weil sie nur so angemessen arbeiten können. Genauso wichtig ist es, dass die Betreuer entsprechend ausgebildet sind und positive Verhaltensmanagementtechniken und andere Strategien kennen, um Menschen mit einer Autismusspektrumsstörung notwendige Alltagskompetenzen zu vermitteln.

Ohne entsprechende Unterstützung von außen können viele Familien durch die täglichen Herausforderungen, die durch ihren Angehörigen mit Autismusspektrumsstörung entstehen, an die Grenzen ihrer Belastbarkeit stoßen. Wir haben schon viele Briefe an staatliche Stellen geschrieben und um zusätzliche Unterstützung für die Familien zu Hause gebeten. Familien mit einem Angehörigen mit dieser Doppeldiagnose empfehlen wir, sich an einen Arzt oder Therapeuten in ihrer Wohngegend zu wenden und ihn zu bitten, diese zusätzliche Unterstützung für sie ebenfalls anzufordern. Dieser Arzt, Psychologe oder andere Fachmann sollte möglichst in die Diagnosestellung involviert gewesen sein oder Ihren Angehörigen zumindest kennen und ihn regelmäßig sehen. Der folgende Text ist ein Beispiel für einen solchen Brief, den wir für Tony, einen 14-jährigen Jungen mit Down-Syndrom und einer Autismusspektrumsstörung, und seine Familie geschrieben haben:

„Tony zeigt so schwere Verhaltensstörungen, dass seine Familie extrem starken Belastungen und damit großen gesundheitlichen Risiken ausgesetzt ist, wenn sie keine Unterstützung erhält. Zu Hause benötigt Tony ununterbroche-

ne Aufmerksamkeit und seine Eltern müssen ihm ihre gesamte Zeit widmen. Für die Eltern ist dies nur schwer möglich. Zudem leiden seine neun, elf und 15 Jahre alten Geschwister sehr unter der Situation, weil die Eltern keine Zeit für sie haben. Tony fügt sich nicht in die täglichen Abläufe in der Familie ein, wodurch er ständig beaufsichtigt werden muss. Für seine Geschwister aber noch frustrierender ist, dass er auch bei normalen und typischen Familienaktivitäten wie Sportveranstaltungen der Geschwister, in der Kirche oder im Restaurant auffälliges und störendes Verhalten zeigt. Oft reagiert er bei solchen Veranstaltungen, indem er sich auf den Boden wirft und sich weigert, wieder aufzustehen. Wenn seine Eltern ihn dazu bewegen wollen, wieder aufzustehen, bewirken sie genau das Gegenteil: Tony wird noch trotziger und die Situation eskaliert.

Allerdings ist es auch wichtig anzumerken, dass Tony sich bei Lehrern und Pflegekräften der Kurzzeitpflege meist kooperativer verhält als bei seinen Eltern. In dieser Hinsicht unterscheidet er sich nicht von anderen Teenagern. Anders aber als viele andere Teenager, die möglichst unabhängig sein möchten und die nichts zu Hause hält, weigert sich Tony, sein Zuhause überhaupt zu verlassen. In einem Alter, in dem die meisten Kinder immer weniger von ihren Eltern abhängig sind, benötigt er seine Eltern umso mehr, zeigt aber zusätzlich das unkooperative Verhalten eines Teenagers.

Eine angemessene Unterstützung für Tony und seine Familie wird unbedingt benötigt und würde viele Vorteile mit sich bringen. Ein qualifizierter Psychologe und Verhaltensanalyst könnte Tonys Tendenz zu zwanghaftem Verhalten nutzen, um funktionelle Routinen zu entwickeln, die ihm dabei helfen, seine täglichen Aufgaben zu verrichten. Zudem könnte im Haus ein Sicherheitstraining durchgeführt werden, damit Tony nicht ununterbrochen von seinen Eltern überwacht werden muss, sondern unabhängiger wird, was wiederum sein Selbstwertgefühl steigern würde. Die Maßnahme würde auch dazu führen, dass seine Familie wieder ein einigermaßen normales Leben führen kann. Wenn Tony sich zum Beispiel weigert, seine Familie zu einer Veranstaltung seiner Geschwister zu begleiten, könnte er zu Hause bei der Pflegekraft oder dem Trainer bleiben. Der Trainer könnte Tony auch begleiten, wenn er mit der Familie zu Veranstaltungen geht. Für Tonys Eltern und seine Geschwister würde das bedeuten, dass sie ihre Zeit mit Tony sinnvoll verbringen können, sodass er auch davon profitiert, weil sie nicht mehr 24 Stunden am Tag auf ihn aufpassen müssen.

In den Vereinigten Staaten stellen die einzelnen Bundesstaaten unterschiedliche Mittel für eine derartige Unterstützung zur Verfügung. In Illinois erhalten betroffene Familien sie für 15 Stunden in der Woche. Die meisten Familien geben an, dass sie mehr als 15 Stunden benötigen würden, dass aber diese Zeit zumindest einen Teil ihres Bedarfs abdeckt. Weniger als 15 Stunden betrachten die meisten jedoch als nicht angemessen, vor allem, weil Menschen mit Autismusspektrumsstörung Regelmäßigkeit und Beständigkeit in ihrem Leben brauchen. Wenn die Familien weniger als 15 Stunden zugesprochen bekommen, hat der Betroffene kaum genug Zeit, seine Pflegekraft kennenzulernen, bevor sie wieder geht. Das kann dann unter Umständen zu mehr Stress führen, weil der Betroffene mit der schnellen Veränderung nicht zurechtkommt.

Mit ausreichend Zeit und entsprechendem Kontakt zu dem Betroffenen kann die Unterstützung zu Hause erfolgreich bebilderte Zeitpläne ein- und Verhaltensmanagementprogramme durchführen und die Familie bei allgemeinen pflegerischen Aufgaben unterstützen. Die Personen, die in diesem Bereich der Unterstützung arbeiten, sind normalerweise im Umgang mit autistischen Menschen geschult. In den meisten Fällen erhalten sie zudem Hilfe von einem Psychologen oder Verhaltensanalysten, der die Verhaltensmanagementprogramme und bebilderte Tagespläne entwickelt und sie an die Bedürfnisse des Betroffenen und seiner Familie anpasst, bevor sie zu Hause umgesetzt werden.

Wo eine Familie Unterstützung erhalten kann

Selbsthilfegruppen für Familien mit Kindern, die eine Autismusspektrumsstörung oder eine andere Verhaltensstörung haben, können ebenfalls Unterstützung bieten. Niemand kennt die Herausforderungen, die das Zusammenleben mit einem Kind oder einem Erwachsenen mit Autismus mit sich bringt, besser als eine Familie, die in derselben Situation ist.

In Chicago hat die National Association for Down Syndrome (NADS), die Eltern-Selbsthilfegruppe, die auch maßgeblich an der Einrichtung unserer Ambulanz beteiligt war, einige innovative Programme entwickelt, um Familien von Kindern und Erwachsenen zu unterstützen, die die Doppeldiagnose Down-Syndrom und Autismusspektrumsstörung oder andere schwerwiegende Verhaltensprobleme haben. Seit 1998 führen sie jedes Jahr ein Freizeitwochenende für zehn Personen mit schweren Verhaltensauffälligkeiten und ihre Familien durch. Die Freizeit findet in einem Hotel statt und Eltern und Kinder oder Jugendliche werden in zwei getrennten Gruppen betreut. Die Kinder bleiben bei ausgebildeten Betreuern und Freiwilligen, die das gesamte Wochenende ihre Pflege übernehmen. Viele dieser Mitarbeiter nehmen im darauf folgenden Jahr wieder teil, weil ihnen diese Arbeit viel Freude macht. Die Eltern und die Familienmitglieder besuchen während dieser Zeit Kurse, die von Fachkräften geleitet werden und die Themen wie positive Verhaltensunterstützung, Medikamente oder Strategien zur Wahrnehmungsförderung beinhalten. Jedoch meist noch viel wichtiger ist, dass sich die Familien mit anderen austauschen können, die in derselben Situation sind und die die Probleme verstehen. Viele Teilnehmer besprechen kreative Ideen und Lösungen für häufig auftretende Probleme, die ihnen in der Pflege ihres Familienangehörigen mit Autismusspektrumsstörung begegnen. Die Wochenendfreizeiten sind bei den Familien sehr begehrt.

Die Teilnehmer an diesen Freizeiten werden von verschiedenen Kliniken, die Kinder mit Down-Syndrom behandeln, an das NADS verwiesen. Auch wir vom Adult Down Syndrome Center empfehlen Familien für diese Freizeiten. Für Familien im Umkreis von Chicago ist dies eine ausgezeichnete Möglichkeit, um zu erfahren, wie sich ihre Situation tatsächlich gestalten könnte. Eventuell kann auch die Down-Syndrom-Selbsthilfegruppe oder eine Autismus-Selbsthilfegruppe bei Ihnen vor Ort solche Freizeiten initiieren.

Fazit

Autismusspektrumsstörungen treten bereits in der Kindheit auf. Erwachsene mit Down-Syndrom, bei denen der Verdacht auf Autismus vorliegt, aber die Diagnose nie gestellt wurde, müssen trotzdem daraufhin untersucht und behandelt werden. Sehr wichtig ist es, die Besonderheiten zu kennen und zu verstehen, die mit der Autismusspektrumsstörung einhergehen, denn dieses Verständnis wirkt sich positiv auf den Umgang mit dem Menschen mit dieser Doppeldiagnose aus. Des Weiteren sollten verhaltenstherapeutische Ansätze, Medikamente und andere Therapien in Betracht gezogen werden.

Wenn es für Sie möglich ist, empfehlen wir, Ihren Angehörigen wenigstens einmal bei einem Arzt oder in einer Klinik vorzustellen, die Erfahrung mit Menschen mit Down-Syndrom und Autismus haben. Die meisten Down-Syndrom-Ambulanzen beschäftigen Mitarbeiter, die sich in diesem Bereich auskennen. Dazu gehören das Kennedy-Krieger-Institute in Baltimore, Maryland; das Thomas-Center for Down Syndrome im Cincinnati Children's Hospital und die Family Clinic im Institute on Disability and Human Development der University of Illinois in Chicago, die zudem darauf spezialisiert ist, Menschen zu untersuchen, die zweisprachig aufwachsen oder aufgewachsen sind und sowohl Spanisch als auch Englisch sprechen. Aber auch in den anderen Landesteilen in den USA gibt es große medizinische Zentren, die auf Autismus spezialisiert sind und die die Diagnose mit großer Wahrscheinlichkeit auch bei Menschen mit Down-Syndrom stellen können.

23 Die Alzheimer-Krankheit und der Verfall der geistigen Leistungsfähigkeit

Die Alzheimer-Krankheit ist eine der am häufigsten diagnostizierten, aber auch der häufig fehldiagnostizierten neurologischen Störungen bei Erwachsenen mit Down-Syndrom. Sie wird oft als Grund für einen Rückgang zuvor sicher beherrschter Fähigkeiten gesehen, der aber tatsächlich aufgrund einer Depression oder einer behandelbaren medizinischen Erkrankung auftritt, wie zum Beispiel einer Schilddrüsenüber- oder -unterfunktion, einer Hör- oder Sehstörung oder anderer weniger schwerer Erkrankungen. Allerdings muss man auch wissen, dass die Alzheimer-Krankheit bei Menschen mit Down-Syndrom früher auftreten kann als bei der Durchschnittsbevölkerung. Zwar ist nicht ausreichend geklärt, weshalb Menschen mit Down-Syndrom an Alzheimer erkranken, einige Studiendaten scheinen jedoch zu belegen, dass die Krankheit bei ihnen häufiger auftritt, während andere Daten keinen Unterschied zur Durchschnittsbevölkerung aufweisen, wohl aber einen Unterschied im Eintrittsalter der Krankheit, das bei Menschen mit Down-Syndrom niedriger zu sein scheint. Weil die Betreuung und die Pflege eines Erwachsenen mit Down-Syndrom und Alzheimer sehr schwierig sein können, ist es umso wichtiger, eine akkurate Diagnose zu erhalten.

Wie äußert sich die Alzheimer-Krankheit?

Die Alzheimer-Krankheit ist eine progressiv verlaufende degenerative neurologische Störung, die das Gehirn betrifft. Alzheimer ist auch eine Form von Demenz. Es kommt zu einer Degeneration bestimmter Neuronen in verschiedenen Teilen des Gehirns und dessen allgemeine Leistungsfähigkeit nimmt mehr und mehr ab. Menschen mit Alzheimer leiden zunehmend unter Gedächtnisstörungen, dem Verlust ihrer kognitiven Fähigkeiten und ihrer Alltagsfähigkeiten, aber auch unter psychischen Veränderungen. Zum jetzigen Zeitpunkt ist Alzheimer nicht heilbar, es gibt jedoch einige Medikamente, die die Symptome zumindest zeitweise verringern und den Verlauf der Krankheit verzögern können.

Die Alzheimer-Krankheit entsteht durch Plaques und Tangles im Gehirn. Plaques oder auch amyloide Plaques sind Ablagerungen von Protein-Fragmenten in den Gehirnzellen. Bei der Alzheimer-Krankheit formen sich diese Ablagerungen zu unlöslichen, harten Plaques, die zunehmend die Signalübertragung zwischen den Nervenzellen unterbrechen. Tangles sind fadenartige Strukturen im Gehirn, die aus Tau-Protein und verklumpten Mikrotubuli bestehen und letztendlich zum Absterben der Zelle führen. Mikrotubuli sind ein normaler Bestandteil der Nervenzelle und dienen dazu, Nährstoffe und andere wichtige Substanzen in die Zelle zu transportieren. Bei der Alzheimer-Krankheit ist das Tau-Protein pathologisch verändert. Es lässt die Mikrotubuli kollabieren und initiiert die Bildung neurofibrillärer Tangles. Diese Veränderungen können nur anhand einer mikroskopischen Untersuchung einer Gewebeprobe des Gehirns festgestellt werden, die gewöhnlich erst nach dem Tod eines Menschen vorgenommen wird. Andere Untersuchungsmethoden sind die Computertomographie und die Kernspintomographie, bei denen Scans des Gehirns angefertigt werden, auf denen die Zerstörung der Gehirnzellen ebenfalls erkennbar sein kann, weil man auf dem Bild eine Abnahme der Gehirnmasse feststellen kann.

Die genaue Ursache der Alzheimer-Krankheit ist bis heute nicht geklärt. Einige Erkenntnisse deuten jedoch darauf hin, dass es eine Verbindung zu einem Gen auf dem 21. Chromosom zu geben scheint.

Wie häufig erkranken Menschen an Alzheimer?

In der Durchschnittsbevölkerung tritt Alzheimer im Zuge der steigenden Lebenserwartung der Menschen auch häufiger auf; es erkranken zehn Prozent der 60-jährigen, 20 Prozent der 70-jährigen, 40 Prozent der 80-jährigen und über 50 Prozent der über 85-jährigen Menschen.

Leider ist nicht bekannt, wie sich diese Relationen bei Menschen mit Down-Syndrom verhalten, obwohl im Bereich Down-Syndrom und Alzheimer viel geforscht und publiziert wurde. Vor einigen Jahren haben Forscher bei Menschen mit Down-Syndrom, die aus verschiedenen Gründen gestorben waren, Autopsien vorgenommen und fanden heraus, dass die Gehirne jener Menschen, die über 35 waren, ähnliche Strukturen aufwiesen wie die Gehirne von Erwachsenen der Durchschnittsbevölkerung, die an Alzheimer erkrankt waren. Diese Erkenntnisse wurden viel diskutiert und viele weitere Untersuchungen dieser Zusammenhänge fanden seither statt. Einige glauben, dass alle Menschen mit Down-Syndrom an Alzheimer erkranken werden, wenn sie nur lange genug leben, weil ihre Gehirne eben diese Veränderungen aufweisen. Andere wiederum glauben, dass nicht automatisch alle Menschen mit Down-Syndrom Alzheimer im klinischen Sinne bekommen werden, also einen Rückgang ihrer kognitiven Fähigkeiten und andere Symptome zeigen, die wir in diesem Kapitel ebenfalls erläutern werden.

Unserer Erfahrung nach entwickeln nicht alle Menschen mit Down-Syndrom Alzheimer-Symptome. Wir vermuten, dass die Alzheimer-Krankheit bei Erwachsenen mit Down-Syndrom in einer ähnlichen Größenordnung wie in der Durchschnittsbevölkerung, aber durchschnittlich 20 Jahre früher auftritt. Unser jüngster Patient mit Down-Syndrom und Alzheimer-Symptomen war Ende 30. Auch wenn Menschen mit Down-Syndrom häufiger an Alzheimer erkranken zu scheinen, muss man die Symptome dennoch genau untersuchen, um ganz sicher zu sein, dass mit Alzheimer tatsächlich die richtige Diagnose gestellt wurde, denn es gibt natürlich auch noch andere Ursachen für einen Rückgang oder einen Verlust der kognitiven Fähigkeiten (wie im Laufe dieses Kapitels beschrieben). Deshalb müssen diese anderen Ursachen zuerst untersucht und ausgeschlossen werden, bevor die Diagnose Alzheimer tatsächlich gestellt werden kann.

Wir haben viele ältere Menschen mit Down-Syndrom behandelt, die keinerlei Anzeichen eines kognitiven Verfalls gezeigt haben. Darunter war eine ältere Dame, deren Fall gut dokumentiert wurde und die unserer Meinung nach bisher die älteste Frau mit Down-Syndrom war. Sie starb im Jahre 1994 im Alter von 83 Jahren, ohne dass ihre geistigen Fähigkeiten nachgelassen hatten (Chicoine & McGuire, 1997). In einer 1996 publizierten Studie belegen Forscher einen geringen Rückgang der Funktionsfähigkeit bei älteren Menschen mit Down-Syndrom (Devenny et al., 1996). Dieser Rückgang war vergleichbar mit dem bei gesunden Erwachsenen, die keine geistige Beeinträchtigung haben. Auch andere Forscher zeigten einen ähnlichen Rückgang der Funktionsfähigkeit bei Menschen auf, die keine Alzheimer-Krankheit hatten (Burt et al., 1995). Zwar wurden die Veränderungen im Gehirn zweifelsfrei dokumentiert, unserer Erfahrung nach geht die geistige Leistungsfähigkeit bei Menschen mit Down-Syndrom jedoch nicht in dem Maße zurück, dass man davon ausgehen kann, dass alle Menschen mit Down-Syndrom an Alzheimer erkranken.

Wie man die Ursache des Rückgangs der allgemeinen Funktionsfähigkeit diagnostizieren kann

Was wäre, wenn wir annehmen würden, dass die Diagnose bei allen Menschen mit Down-Syndrom über 40 gestellt werden müsste, deren kognitive Leistungsfähigkeit nachlässt? Dieser Schluss wird manchmal gezogen, weil einige Studien andeuten, dass bei allen Menschen mit Down-Syndrom über 35 mikroskopische Veränderungen im Gehirn auftreten, die den Veränderungen durch Alzheimer gleichen. Wir konnten dies jedoch bei unseren Patienten nicht feststellen. Wenn wir tatsächlich angenommen hätten, dass alle unsere Patienten über 40, die einen Rückgang ihrer geistigen Fähigkeiten zeigten, an Alzheimer erkrankt sind, hätten wir in 75 Prozent der Fälle falsch gelegen. Nur 25 Prozent unserer Patienten hatten tatsächlich Alzheimer. Bei den anderen 75 Prozent lagen andere Ursachen zugrunde, die erfolgreich behandelt wurden. Bis heute ist die Alzheimer-Krankheit nicht heilbar, deshalb ist es umso wichtiger, dass man die korrekte Ursache der Symptome ermittelt, weil viele dieser anderen Ursachen eben doch behandelbar sind.

Da viele andere Erkrankungen ebenfalls eine Demenz begünstigen oder verursachen, müssen sie erst ausgeschlossen werden, bevor die Diagnose Alzheimer tatsächlich gestellt wird. Leider wird dies bei Menschen mit Down-Syndrom oft versäumt. Einige der Eltern, auf deren Initiative hin wir die Ambulanz für Erwachsene mit Down-Syndrom eingerichtet haben, sind der Meinung, dass ihre Söhne oder Töchter nicht ausreichend untersucht wurden, wenn ein Rückgang bestimmter Fähigkeiten festgestellt wurde.

Es gibt bis heute leider keine bestimmte Untersuchung, anhand derer man Alzheimer definitiv diagnostizieren kann. Untersucht wird normalerweise, inwieweit die neurologische und psychologische Funktionsfähigkeit des Patienten zurückgegangen ist, und aufgrund dieses Ergebnisses wird die Diagnose gestellt. Die behandelnden Ärzte und Therapeuten müssen dazu natürlich andere Erkrankungen, deren Symptome denen von Alzheimer ähnlich sind, ausschließen. Bei Erwachsenen mit und ohne Down-Syndrom verläuft der Diagnoseprozess ähnlich.

Wenn bei uns Patienten vorstellig werden, weil bei ihnen ein deutlicher Rückgang der geistigen Leistungsfähigkeit festgestellt wurde, nehmen wir zunächst eine gründliche körperliche und psychiatrische Untersuchung vor. Wir untersuchen die Patienten auf mehrere unterschiedliche Krankheiten; vor allem, ob sie an einer der Krankheiten leiden, die bei Menschen mit Down-Syndrom häufiger auftreten.

Erkrankungen, die es vor der Diagnosestellung auszuschließen gilt:

Um andere Ursachen für den Rückgang der allgemeinen Funktionsfähigkeit auszuschließen, untersuchen wir den Patienten auf folgende Erkrankungen hin:

- Depression und andere psychische Probleme,
- Schlafapnoe (Atemaussetzer im Schlaf),
- Schilddrüsenerkrankungen,
- Vitamin-B12-Mangel,
- metabolische Erkrankungen wie Nierenerkrankungen, Diabetes oder Störungen des Kalziumhaushalts,
- Zöliakie,
- Verlust von Hör- oder Sehfähigkeit,
- Atlantoaxiale Instabilität und andere Halswirbelprobleme,
- Herzerkrankungen,
- Epilepsie,
- Normaldruck-Hydrocephalus,
- Nebenwirkungen von Medikamenten,
- weitere mögliche Ursachen, die wir jedoch bei unseren Patienten noch nicht festgestellt haben, sind:
    - Syphilis und
    - Erworbenes Immundefektsyndrom (AIDS).

Auch sollte der Patient auf chronische, nicht diagnostizierte Schmerzen untersucht werden. Erwachsene mit Down-Syndrom zeigen manchmal einen globalen Rückgang ihrer Funktionsfähigkeit als Reaktion auf Schmerzen oder Erkrankungen, die normalerweise nicht direkt einen Verlust der Funktionsfähigkeit auslösen würden. Dies ist dann eher als eine emotionale oder psychische Antwort auf das Trauma zu sehen, das mit den Schmerzen oder der Krankheit einhergeht.

Wie bereits in Kapitel 10 erläutert, scheinen Menschen mit Down-Syndrom schneller zu altern als andere. Das bedeutet, dass ihre Leistungsfähigkeit mit 55 Jahren ungefähr der eines Menschen mit 75 ähnelt. Deshalb sollte man bedenken, dass Veränderungen, die bei Menschen aus der Durchschnittsbevölkerung erst in einem höheren Alter auftreten, bei Menschen mit Down-Syndrom zu einem früheren Zeitpunkt auftreten können. Wir haben einige Patienten behandelt, die aufgrund ihres Alters und damit verbundener Beschwerden in ihrer Leistungsfähigkeit nachließen. Diese Faktoren werden jedoch oft nicht berücksichtigt und die Veränderungen als Verhaltensauffälligkeiten betrachtet. Sie erscheinen jedoch in einem ganz anderen Licht, wenn man in Betracht zieht, dass sie mit dem Alterungsprozess zusammenhängen können.

Untersuchungen, mit denen man den Rückgang der Leistungsfähigkeit feststellen kann:

Wir empfehlen diese Untersuchungen allen unseren erwachsenen Patienten, bei denen ein Rückgang der Leistungsfähigkeit festgestellt wurde:

- ein großes Blutbild,
- eine Elektrolytbestimmung einschließlich des Serum-Kalzium-Spiegels,
- eine Blutuntersuchung auf Schilddrüsenwerte,
- einen Serum-Vitamin-B12-Spiegel,
- eine Seh- und Hörfähigkeitsuntersuchung.

Zusätzliche Untersuchungen können je nach Ergebnis der Laboruntersuchung, der körperlichen Untersuchung oder der Anamnese angebracht sein:

- eine laterale (seitliche) Röntgenaufnahme der Halswirbelsäule in Flexion, Extension und neutralen Positionen,
- ein Leberfunktionstest,
- ein RPR-Test (auf Syphilis),
- ein HIV-Test (auf AIDS),
- eine Computertomographie (CT) oder eine Kernspintomographie (MRT) des Gehirns,
- eine Blutuntersuchung auf Zöliakie (Gewebstransglutaminase-Antikörper oder Endomysium-Antikörper IgA sowie die Antikörper gegen Gliadin vom Typ IgA und IgG),
- ein EEG,
- eine Untersuchung in einem Schlaflabor.

Bei Menschen ohne geistige Beeinträchtigungen werden zudem auch neurophysiologische Untersuchungen durchgeführt, wenn ein Verdacht auf Alzheimer besteht. Bei Menschen mit Down-Syndrom und anderen intellektuellen Beeinträchtigungen ist es jedoch viel schwieriger, solche Untersuchungen durchzuführen. Aufgrund ihrer geistigen Beeinträchtigungen ist es für sie häufig viel schwieriger, die Testaufgaben zu bewältigen, was dazu führt, dass das Ergebnis weniger akkurat ist. Es gibt allerdings einige Tests (unten aufgeführt), die, wenn sie nacheinander und über einen längeren Zeitraum durchgeführt werden, effektiver zu sein scheinen. Unserer Erfahrung nach lassen sich jedoch der Rückgang der Funktionsfähigkeit und die entsprechende Diagnose ganz klar vom Verhalten der Person ableiten, und das noch bevor die jeweiligen Tests überhaupt eine Abnahme der kognitiven Fähigkeiten ergeben haben. Deshalb sind wir der Meinung, dass es nicht unbedingt von großem Vorteil ist, dass unsere Patienten diese Tests absolvieren. Wir erhalten gleichwertige Informationen, indem wir die Eltern und andere Betreuer bitten, uns über die Entwicklung der Symptome auf dem Laufenden zu halten.

Die folgenden drei Tests wurden jedoch speziell dafür entwickelt, um die Symptome von Alzheimer bei Menschen mit Down-Syndrom erfassen. Dies sind die *Dementia Scale for Down's Syndrome* (Demenz-Skala beim Down-Syndrom) (Huxley et al., 2000), *die Dementia Scale for Down Syndrome* (Demenz-Skala für Menschen mit Down-Syndrom) (Gedye, 2000), und der *Dementia Questionnaire for Mentally Retarded Persons* (Demenz-Fragebogen bei geistiger Behinderung) (Evenhuis, et al., 1990). Diese Tests können für Ärzte und Psychiater oder Psychologen durchaus hilfreich sein, weil sie wichtige Bereiche aufzeigen, die in Betracht gezogen werden müssen, wenn andere Erkrankungen ausgeschlossen werden. Sie dürfen jedoch nicht das einzige Mittel zur Diagnosestellung sein, denn es gibt bis heute keinen Test, anhand dessen man eine definitive Diagnose erstellen kann. Die Diagnose basiert immer noch auf dem Ausschließen anderer möglicher Ursachen für die vorliegende Symptomatik. Die drei genannten Tests sollten, wenn überhaupt, zusätzlich zu den anderen üblichen Untersuchungsmethoden (gründliche körperliche Untersuchung, detaillierte Informationen von Betreuern über Fähigkeits- und Gedächtnisverlust, umfeld- und entwicklungsbedingte Stressfaktoren und andere) durchgeführt werden.

Die Symptome der Alzheimer-Krankheit bei Erwachsenen mit Down-Syndrom

Bei unseren Patienten mit Down-Syndrom und Alzheimer-Krankheit treten folgende Symptome auf:

- Beeinträchtigung der Gedächtnisleistung (im frühen Stadium tritt häufig ein Verlust des Kurzzeitgedächtnisses auf, während die Erinnerung an Ereignisse oder Menschen aus der länger zurückliegenden Vergangenheit erhalten bleibt; im späten Krankheitsstadium kommt es zum Verlust des Kurz- und des Langzeitgedächtnisses),
- ein Rückgang der allgemeinen Leistungsfähigkeit (dies können kognitive Fähigkeiten wie Lesen, Rechnen und Alltagsfunktionen wie Zähneputzen, persönliche Hygiene und andere Dinge sein; das erste Anzeichen für eine Störung der Leistungsfähigkeit ist oft, dass die Betroffenen mehr Aufforderungen benötigen, um ganz normale Dinge zu erledigen; im frühen Stadium sind die Betroffenen oft noch in der Lage, diese Aufgaben auszuführen, benötigen aber mehr Anleitung oder Hilfe dabei als vorher),
- Stuhl- oder Urininkontinenz,
- Gangstörungen (Gangapraxie); oft haben die Patienten Gleichgewichtsstörungen und lehnen sich auf eine Seite, im späteren Stadium auch im Sitzen, wodurch sie häufig fallen,
- psychologische Veränderungen und Veränderungen des Wesens: depressive Verstimmung,
  - Aggressivität,
  - Paranoia,
  - Zwangshandlungen,
  - Verlust des Interesses an Aktivitäten,
  - epileptische Anfälle,
- Schluckstörungen (dies wird oft als Angst vor dem Essen verstanden, ist aber anscheinend darauf zurückzuführen, dass sich die Schluckfähigkeit verändert, und zwar mit der Zeit dahin gehend, dass der Betroffene nicht mehr schlucken kann, ohne sich zu verschlucken oder zu würgen, was häufig dazu führt, dass Speichel und Essen aspiriert werden),
- Veränderungen der Schlafgewohnheiten (Umkehr des Tag-Nacht-Rhythmus, tagsüber Müdigkeit),
- Veränderungen des Appetits und des Durstgefühls (in den meisten Fällen essen und trinken die Patienten deutlich weniger als vorher).

Mit Ausnahme der epileptischen Anfälle, der Gangstörungen und der Schluckstörungen treten die meisten dieser Symptome auch bei Menschen mit Alzheimer auf, die kein Down-Syndrom haben. Menschen mit Down-Syndrom haben häufiger und auch in einem viel früheren Stadium epileptische Anfälle, die, wenn sie rekurrent auftreten und nicht einstellbar sind, zu einem wesentlich schnelleren geistigen und körperlichen Verfall führen. Menschen mit Down-Syndrom verlieren früher die Fähigkeit zu gehen und haben auch früher Schluck- und Aspirationsprobleme. Häufige Aspiration kann ernsthafte gesundheitliche Probleme nach sich ziehen, wie zum Beispiel immer wiederkehrende Lungenentzündungen oder die Weigerung des Betroffenen, überhaupt zu essen und zu trinken.

Die verbleibende Funktionsfähigkeit verändert sich fortlaufend, vor allem im frühen Stadium. Diese Fluktuationen können über mehrere Tage oder Wochen auftreten und sich von Tag zu

Tag, sogar innerhalb von Minuten oder Momenten verändern. Eine Fähigkeit kann in diesen Zeiträumen mal besser und mal schlechter ausgeprägt sein. Wenn die Krankheit fortschreitet, nimmt die Funktionsfähigkeit weiter ab und die Zeiträume, in denen der Betroffene eine bessere Funktionsfähigkeit erreicht, werden kürzer sein und nicht das volle Ausmaß an Leistungsfähigkeit wie vorher erreichen.

Die Behandlung der Alzheimer-Krankheit

Es gibt gegenwärtig keine Behandlung, mit der man die Alzheimer-Krankheit heilen kann. Jedoch können verschiedene Medikamente und andere Therapien verordnet werden, die das Fortschreiten der Krankheit verlangsamen und damit einhergehende gesundheitliche Probleme behandeln.

Medikamente, die das Fortschreiten der Krankheit verlangsamen

Einige Forschungsdaten deuten darauf hin, dass entzündungshemmende Wirkstoffe wie Ibuprofen, Vitamin E und Selegilin dem Rückgang der Leistungsfähigkeit vorbeugen, das Fortschreiten der Krankheit verlangsamen und das Auftreten weiterer Symptome hinauszögern. Gegenwärtig laufende Studien, in denen diese Behandlungen untersucht werden, müssen jedoch abgeschlossen und ausgewertet werden, um dies zu belegen.

Einige Forscher haben bewiesen, dass Medikamente, die den Abbau von Cholin verlangsamen, die Funktionsfähigkeit bei Menschen mit Alzheimer verbessern können. Nervenzellen kommunizieren miteinander mit Hilfe von Neurotransmittern (chemische Substanzen), die Signale von Zelle zu Zelle übermitteln. Einer dieser Transmitter, das Cholin, ist eine chemische Substanz, die von vielen Zellen, die durch die Alzheimer-Krankheit zerstört werden, zur Kommunikation verwendet wird. Medikamente, die den Abbau von Cholin verlangsamen können, erhalten damit die Fähigkeit des Cholins, Botschaften an die nächste Zelle zu übermitteln. Das wird erreicht, indem das Enzym Cholinesterase blockiert wird, das Cholin abbaut. Die Funktionsfähigkeit der Zellen wird somit verbessert und dies wirkt sich positiv auf die Leistungsfähigkeit der Person mit Alzheimer aus. Leider ist diese Verbesserung jedoch nur vorübergehend und die Wirksamkeit dieser Medikamente verringert sich, je mehr Zellen zerstört und je weniger Zellen mit Hilfe von Cholin Signale senden und empfangen. Die gegenwärtig erhältlichen Wirkstoffe sind: Donepezil, Galantamin, Rivastigmin und Tacrin.

Tacrin wird selten verordnet, weil es leberschädigend wirkt und der Blutspiegel sehr häufig überprüft werden muss. Die anderen Wirkstoffe – Donepezil, Galantamin und Rivastigmin – scheinen ähnliche positive Wirkungen und Nebenwirkungen zu haben. Nebenwirkungen sind unter anderem Magen-Darm-Verstimmungen und/oder Anorexie beziehungsweise Appetitverlust. Viele Menschen mit Alzheimer benötigen Unterstützung, um die erforderliche Menge an Kalorien und ausreichende Nährstoffe zu sich zu nehmen, und müssen ständig zum Essen ermutigt werden. Wenn diese Nebenwirkungen auftreten, kann es umso schwieriger sein, die Patienten zu einer ausgewogenen Ernährung zu bewegen. Zudem können auch epileptische Anfälle als Nebenwirkung auftreten, wenn auch selten. Wenn der Patient eines dieser Medikamente einnimmt und epileptische Anfälle entwickelt, stellt sich natürlich die Frage, ob die Anfälle als Nebenwirkung des Medikaments oder als weiteres Symptom der Alzheimer-Krankheit auftreten. Leider lässt sich die genaue Ursache nicht bestimmen. Somit muss abgewogen werden, ob die positiven Auswirkungen des Medikaments die negativen Auswirkungen der Nebenwirkungen überwiegen, die zum Beispiel in epileptischen Anfällen resultieren können.

Ein neueres Medikament auf dem Markt ist der Wirkstoff Memantin. Er verlangsamt den Kalziuminflux in die Zellen und verringert so das Ausmaß der Nervenschädigung. Unserer Erfahrung nach trägt dieses Medikament dazu bei, die Funktionsfähigkeit vorübergehend zu stabilisieren und sogar zu verbessern. Zudem wird es generell gut vertragen. Memantin ist für moderate bis schwere Alzheimer-Erkrankungen indiziert und wir verordnen es gewöhnlich mit einem der gängigen Cholinesterasehemmer. Leider hält Memantin wie auch die anderen Medikamente, die den Abbau von Cholin hemmen, den progredienten Verlauf der Krankheit nicht auf, sodass auch bei Gabe dieses Medikaments irgendwann zu viele Zellen geschädigt sind und sich die Wirkung nach und nach verringert.

Die Behandlung von mit Alzheimer einhergehenden Anfällen

Die epileptischen Anfälle, die im Zuge der Alzheimer-Krankheit auftreten, sind häufig tonisch-klonisch (Grand Mal). Zudem haben die Patienten oft Myoklonien (Muskelzuckungen). Phenytoin, Carbamazepin, Valproinsäure, Gabapentin und andere Antiepileptika können je nach Art des Anfalls sehr wirkungsvoll sein, jedoch auch zu Benommenheit und Verwirrung führen. Wir haben dies insbesondere bei Phenytoin festgestellt.

Normalerweise warten wir, bis der Patient Anfälle entwickelt, bevor wir Antiepileptika verordnen, weil die Nebenwirkungen doch erheblich sind und nicht alle Betroffenen auch tatsächlich Anfälle bekommen. Wenn der Patient jedoch Anfälle entwickelt, ist es wichtig, sie so schnell wie möglich unter Kontrolle zu bringen, denn nicht behandelte Anfälle führen dazu, dass der geistige und körperliche Verfall noch schneller vonstatten geht.

Die Behandlung von psychischen sowie Wesens- und Verhaltensänderungen

Menschen mit Alzheimer zeigen häufig psychische Veränderungen und Veränderungen ihres Wesens und Verhaltens. Dies können Schlafprobleme, Depressionen, Angststörungen, Zwangsstörungen, Paranoia, Halluzinationen und andere Zustände sein. Diese Symptome können oft mit verhaltenstherapeutischen Maßnahmen verringert werden. In manchen Fällen ist es auch sinnvoll, Medikamente einzusetzen. Weitere Informationen zu bestimmten Medikamenten für bestimmte Symptome finden Sie in den folgenden Abschnitten über die jeweiligen Störungen.

Bei der Behandlung von Menschen mit Alzheimer muss jedoch unbedingt berücksichtigt werden, dass die negativen Auswirkungen der Medikamente so gering wie möglich gehalten werden sollten. Menschen mit Alzheimer reagieren oft sensibler auf die Nebenwirkungen von Medikamenten, das heißt, die sedierende Wirkung oder die Verwirrung ist bei ihnen verstärkt, zudem können bereits beeinträchtigte Fähigkeiten wie das Gehen oder das Schlucken noch stärker reduziert werden. Deshalb ist es umso wichtiger, die Auswirkungen der Medikamente, vor allem die Nebenwirkungen, genau zu überwachen. Zudem bewirkt eine geringere Dosis, eine weniger häufige Gabe oder eine kürzere Verordnungsdauer häufig dasselbe, ohne dass hierbei die beeinträchtigenden Nebenwirkungen in ihrem vollen Ausmaß auftreten.

Zwangsstörungen

Menschen mit Down-Syndrom neigen häufig zu Zwangsstörungen. Wenn sie zudem noch Alzheimer entwickeln, kann dieses Verhalten verstärkt auftreten. Einige unserer Patienten haben eine Zwangsstörung entwickelt, die, wie wir heute wissen, eines der ersten Anzeichen von Alzheimer war. In Kapitel 9 wird besprochen, wie man Menschen mit der Neigung zu Zwangshandlungen unterstützen kann. Wenn man dem Betroffenen hilft, die Zwangshandlung in eine positive Verhaltensweise umzuwandeln, wird man mehr Erfolg haben, als wenn man verhaltenstherapeutische Techniken anwendet, die dazu führen sollen, dass dieses Verhalten eingestellt wird. Wenn der Betroffene nicht in der Lage ist, auf die Maßnahmen zur Umwandlung des Verhaltens einzugehen und mitzuarbeiten und er durch sein Verhalten in seiner Alltagskompetenz erheblich eingeschränkt ist, empfehlen wir den Einsatz von Medikamenten. Wir haben festgestellt, dass selektive Serotonin-Wiederaufnahmehemmer bei diesen Störungen positiv wirken. Medikamente für Zwangsstörungen werden in Kapitel 16 besprochen.

Depressionen

Menschen mit Alzheimer erkranken häufig an Depressionen. Diese können natürlich unabhängig von der Alzheimer-Krankheit auftreten, ihre Symptomatik kann jedoch sehr ähnlich sein (weshalb der Ausschluss einer Depression zum Untersuchungsprozedere bei Alzheimer gehört). Depressionen können auch mit der Alzheimer-Krankheit einhergehen. Für den Patienten ist es sehr wichtig, in seiner Behandlung Unterstützung zu erfahren, ihn in seinem Tun und Handeln zu bestätigen, sich seine Sorgen anzuhören und ihn dazu zu ermutigen, an Aktivitäten teilzunehmen.

In manchen Fällen ist es jedoch auch sinnvoll, Medikamente zu geben. Wir haben festgestellt, dass die neueren Antidepressiva wie Sertralin, Paroxetin, Citalopram, Escitalopram und Venlafaxin besonders wirkungsvoll sind. Auch wenn einige dieser Antidepressiva Erregungszustände hervorrufen, scheint Fluoxetin dies bei Menschen mit Down-Syndrom umso mehr zu verursachen. Die Erregung tritt normalerweise nicht sofort auf, sondern erst wenn die Person das Medikament über mehrere Wochen eingenommen hat. Paroxetin verursacht weniger häufig Erregungszustände als Fluoxetin, doch treten sie früher auf, in manchen Fällen innerhalb weniger Tage oder Wochen nach Einnahme.

Bupropion kann ebenfalls verordnet werden, allerdings besteht bei Einnahme ein größeres Anfallsrisiko, das bei der Alzheimer-Krankheit ja ohnehin bereits besteht, was wiederum bedeutet, dass der Einsatz genau abgewogen werden muss. Die älteren Antidepressiva wie Amitriptylin, Desipramin und andere sind vermutlich genauso wirkungsvoll. Wir verordnen diese Medikamente jedoch nur sehr selten, weil bei ihnen ein größeres Risiko von anticholinergen Nebenwirkungen besteht. Menschen mit Down-Syndrom scheinen sensibler auf diese Nebenwirkungen zu reagieren, auch wenn sie kein Alzheimer haben. Auch besteht das Risiko, dass die blockierende Wirkung auf das Cholin einen stärkeren Rückgang der Leistungsfähigkeit verursacht. Wie bereits erwähnt, können Medikamente, die die Cholinaktivität unterstützen, die Symptome der Alzheimer-Krankheit reduzieren.

Schlafstörungen

Viele Menschen mit Alzheimer haben Schlafstörungen. Häufig ist ihr Tag-Nacht-Rhythmus gestört, das heißt, sie schlafen am Tag und sind in der Nacht wach. Dieser Rhythmus ist nicht gesundheitsschädlich, wenn der Betroffene dennoch ausreichend schläft. Wenn sich sein Umfeld diesem Schlafmuster anpassen kann, ist es nicht notwendig, einzuschreiten und zu versuchen, den Rhythmus wieder zu ändern.

Ein gestörter Schlafrhythmus kann jedoch Auswirkungen haben, bei denen man eingreifen muss. Meist ist Sicherheit der wichtigste Aspekt, den es zu beachten gilt. Wenn die Betreuer nachts schlafen, ist die Person mit Alzheimer nicht so gut überwacht wie am Tag. Des Weiteren werden anregende Aktivitäten oft nur tagsüber angeboten. Wenn nachts zwar für die Sicherheit des Betroffenen gesorgt ist, es aber keine Aktivitäten gibt, an denen er teilnehmen kann, kann der Rückgang seiner geistigen und körperlichen Leistungsfähigkeit noch schneller voranschreiten. Zudem ist es sehr wahrscheinlich, dass die Person, die nachts wach ist, andere in ihrem Schlaf stört. Für die Betreuer bedeutet es zusätzlich großen Stress, wenn sie nicht ausreichend schlafen können und unter Schlafentzug leiden.

Schlafstörungen können sowohl medizinisch als auch nicht-medizinisch behandelt werden. In Kapitel 2 haben wir unter dem entsprechenden Abschnitt einige Empfehlungen für eine nicht-medizinische Behandlung zusammengefasst. Wenn diese Maßnahmen nicht erfolgreich sind, sollten eventuell doch Medikamente eingesetzt werden. Wir haben mit dem Hormon Melatonin gute Erfahrungen gemacht. Im Allgemeinen empfehlen wir, mit einer Dosis von zwei Milligramm zu beginnen und sie nach zwei Wochen auf vier Milligramm zu steigern, wenn zwei Milligramm nicht ausreichend sind. Viele rezeptfreie Wirkstoffe enthalten Diphenhydramin, das anticholinerge Nebenwirkungen hat. Wie bereits beschrieben, können diese zu Verwirrung führen oder diese verstärken, vor allem dann, wenn der Patient an Alzheimer erkrankt ist. Wir meiden diese Medikamente deshalb. Rezeptpflichtige Medikamente wie Zaleplon, Eszopiclon und Zolpidem zeigen bei vielen Patienten eine positive Wirkung. Kurz wirkende Benzodiazepine wie Oxazepam können ebenfalls eine gute Wirkung erzielen. Gute Erfahrungen haben wir auch mit Trazodon gemacht.

Angststörungen

Angststörungen können den psychischen Zustand eines Alzheimer-Patienten verschlechtern. Einige Angststörungen werden durch die neurologischen Beeinträchtigungen verursacht. Wir vermuten, dass Angststörungen auch daher kommen, dass der Patient den Rückgang seiner Fähigkeiten wahrnimmt, aber nicht verstehen kann, was mit ihm passiert. Angststörungen treten oft in den frühen Krankheitsstadien auf, was unsere Vermutungen belegen würde. Es kann einen Menschen sehr verstören, wenn er plötzlich nicht mehr in der Lage ist, bestimmte Dinge zu tun, er aber nicht verstehen kann, warum das so ist. Wir empfehlen folgende Maßnahmen, um Angststörungen zu mindern:

- Versichern Sie der Person, dass man für sie da ist und dass sie unterstützt wird (zum Beispiel mit Worten oder auch Ermutigungen bei der Ausführung von Aufgaben, die ihr Schwierigkeiten bereiten).
- Unterstützen Sie die Person dabei, Aufgaben zu finden, die sie erfolgreich ausführen kann.
- Geben Sie der Person schriftliche oder bebilderte Anleitungen, anhand derer sie sich orientieren und verschiedene Dinge erledigen kann (unserer Erfahrung nach sind Bilder die beste Lösung).
- Entfernen Sie Erinnerungsstücke an Dinge, die sie nicht mehr tun kann (wenn die Person zum Beispiel frustriert ist, weil sie sich ihre Mahlzeiten nicht mehr selbst zubereiten kann, nehmen Sie die Mikrowelle und andere Küchengeräte aus der Kochecke heraus, weil auch die Präsenz dieser Gegenstände Ängste auslösen kann).
- Diskutieren und streiten Sie nicht mit der Person, wenn sie sich an etwas nicht richtig erinnern kann, es sei denn, es geht um ihre Sicherheit.

Medikamente können ebenfalls verabreicht werden. Die neueren Antidepressiva, die wir oben angesprochen haben, können auch bei Angststörungen helfen. Kurz wirkende Benzodiazepine können ebenfalls erfolgreich eingesetzt werden. Wir haben gute Erfolge mit Alprazolam und Lorazepam erzielt. Generell verordnen wir sehr kleine Dosen und eine weniger häufige Einnahme, als es üblicherweise empfohlen wird. Bei Menschen mit Alzheimer muss die Dosis besonders vorsichtig festgelegt werden, weil häufig Nebenwirkungen wie Sedierung, Gangstörungen, Depressionen und eine gesteigerte Verwirrtheit auftreten.

Unserer Erfahrung nach muss die Angststörung nur über einen relativ kurzen Zeitraum behandelt werden (Wochen oder wenige Monate), obwohl einige unserer Patienten auch länger unter einer Angststörung litten. Wir empfehlen, die Auswirkungen der Medikamente und vor allem ihrer Nebenwirkungen sorgfältig zu beobachten und das Medikament abzusetzen, wenn diese Nebenwirkungen auftreten. Zudem sollte das Medikament möglichst bald abgesetzt werden, wenn die Symptome nachlassen.

Erregungszustände

Wenn Menschen an Alzheimer erkranken, können Erregungszustände auftreten. Ist dies der Fall, muss die Person sorgfältig auf weitere Erkrankungen untersucht werden, denn unter Umständen hat sie Schmerzen, die nicht direkt mit der Alzheimer-Erkrankung in Zusammenhang stehen. Häufig sind die Patienten kaum oder gar nicht in der Lage, ihren Zustand zu verstehen und andere über ihre Schmerzen zu informieren, und zeigen ihr Unwohlsein deshalb durch auffälliges Verhalten. Zudem können auch Tendenzen zu zwanghaftem Verhalten oder Zwangshandlungen, Angststörungen und Schlafstörungen Erregungszustände hervorrufen. Wenn die jeweilige Ursache behandelt wird, bessern sich die Erregungszustände häufig oder verschwinden ganz. In manchen Fällen wird jedoch keine Ursache gefunden.

Mitunter können Erregungszustände der Person mit Alzheimer zu Gefahrensituationen für sich und andere führen oder auch mit Halluzinationen oder Paranoia einhergehen. In solchen Fällen oder auch wenn die Sicherheit der Person gefährdet ist, sollten Medikamente eingesetzt werden. Wir haben gute Erfahrungen mit den neueren Antipsychotika gemacht. Risperidon, Olanzapin, Ziprasidon, Aripiprazol und Quetiapin können diese Symptome reduzieren. Allerdings haben sie deutliche Nebenwirkungen wie eine verstärkte Sedierung und Verwirrtheit, Unsicherheit und Inkontinenz. Wir beginnen die Behandlung deshalb mit sehr niedrigen Dosen, bei Risperidon zum Beispiel mit 0,25 Milligramm vor dem Schlafengehen, weil so die Beeinträchtigungen durch die Nebenwirkungen reduziert werden.

Einige neuere Forschungsergebnisse deuten darauf hin, dass Menschen ohne Down-Syndrom, die an Alzheimer erkrankt sind, aufgrund dieser Medikamente ein höheres Schlaganfallrisiko haben. Menschen mit Down-Syndrom hingegen erkranken recht selten an Gefäßkrankheiten, sodass bei ihnen ein geringeres Schlaganfallrisiko besteht. Die Studien wurden allerdings nicht mit Menschen mit Down-Syndrom durchgeführt, sodass ihr zusätzliches Risiko durch die Medikamenteneinnahme nicht bekannt ist. Wir empfehlen deshalb, diese Bedenken mit dem behandelnden Arzt zu besprechen, wenn der diese Medikamente für einen Erwachsenen mit Down-Syndrom verordnet, den Sie betreuen.

Halluzinationen und Paranoia können auch auftreten, ohne dass Erregungszustände vorliegen. Wenn dies den Patienten signifikant beeinträchtigt, sollte die oben beschriebene Behandlung eingeleitet werden.

Das richtige Maß an Aktivitäten finden

Ein weiterer wichtiger Aspekt in der Betreuung eines Menschen mit Alzheimer ist die Maximierung seiner Funktionsfähigkeit. Wir empfehlen, ihn ständig zu ermutigen, an Aktivitäten teilzunehmen, die seinen kognitiven Fähigkeiten entsprechen. Das heißt, dass Aktivitäten ausgesucht werden müssen, die nicht zu leicht, aber auch nicht zu schwer für ihn sind, die aber seine Funktionsfähigkeit unterstützen und erhalten. Wenn die Aufgaben zu schwierig sind, führt das zu Frustrationen und einem schnelleren Verlust vieler Fähigkeiten. Der Betroffene ist unglücklich und steht zusätzlich unter Stress. Wenn die Aufgaben zu einfach sind, kann er die Fähigkeiten, die er besitzt, nicht einsetzen und verliert so mit der Zeit ebenfalls seine ursprüngliche Leistungsfähigkeit.

Es kann durchaus schwierig sein, das Niveau der Funktionsfähigkeit einzuschätzen, vor allem, wenn es aufgrund der Krankheit fluktuiert. Was gestern noch mit Leichtigkeit bewältigt wurde, kann heute schon ein großes Problem darstellen. Dies ist eine große Herausforderung für den Betreuer, sowohl weil er so die Fähigkeiten des Erkrankten nur schwer einschätzen kann als auch weil es die Betreuung deutlich erschwert. Manche Betreuer „nehmen es persönlich", wenn die Person mit Alzheimer eine Aufgabe plötzlich nicht mehr ausführen kann, die sie kurz vorher noch bewältigen konnte. Sie haben das Gefühl, dass die Person sich keine Mühe gibt und faul oder einfach bockig ist. Wenn der Betreuer die Person mit Down-Syndrom zuvor darin unterstützt hat, neue Fähigkeiten zu erlernen und eine größere Selbstständigkeit zu gewinnen, muss er sich bei der Diagnose Alzheimer entsprechend anpassen. Der Fokus sollte nun nicht mehr darauf liegen, neue Dinge zu erlernen und Fähigkeiten zu verbessern, sondern Fähigkeiten zu erhalten und ihren Rückgang zu minimieren.

Die richtige Umgebung

Unserer Erfahrung nach ist es für den Menschen mit Alzheimer am besten, wenn er in seiner vertrauten Umgebung bleiben kann. Ein Umgebungswechsel kann ihn verwirren, zudem müssen dafür eventuell neue Fähigkeiten erlernt werden, was zusätzlich belasten kann. Stellen Sie sich diesen Umgebungswechsel vor wie wenn man bei einem Menschen mit starker Sehschwäche die gesamte Wohnung einschließlich Möbel umgestalten würde. Dieser Mensch müsste ebenfalls lernen, sich in seiner neuen Umgebung zurechtzufinden. Dies kann für eine Person mit Alzheimer, deren geistige Fähigkeiten nachlassen, sehr schwierig sein. Jedoch muss die Umgebung an die nachlassenden Fähigkeiten der Person angepasst werden. Das bedeutet, dass sie den Anforderungen der Person entsprechen muss und nicht umgekehrt.

Eine flexible Umgebung ist extrem wichtig, wenn eine optimale Pflege- und Betreuungssituation für den Menschen mit Alzheimer geschaffen werden soll. Wenn die Leistungsfähigkeit zurückgeht, kann sich der Betroffene in seiner vertrauten Umgebung dennoch einige seiner Fähigkeiten erhalten. Gehen diese Fähigkeiten weiter zurück, wird auch seine Anpassungsfähigkeit weniger und er wird sich in seinem Zuhause am wohlsten fühlen. Mit der Zeit ist es für ihn vermutlich zu stressbehaftet, zur Arbeit zu gehen, vor allem wenn die Krankheit fortschreitet. Wenn die Person in einem Gebäude lebt, das sie verlassen muss, um an ihren Arbeitsplatz zu kommen, kann dies problematisch werden. Flexibilität im Tagesablauf ist daher für alle Alzheimer-Patienten wichtig und hilfreich, deren Fähigkeiten langsam nachlassen. Es wird Tage geben, an denen sie besser zu Hause bleiben. Ihr Umfeld muss in der Lage sein, den jeweiligen Funktionslevel einzuschätzen und abzuwägen, wann die Vorteile, zur Arbeit zu gehen, wo sie gefordert werden, von den Nachteilen durch Stress bei der Arbeit überwogen werden. Zu Hause sollte ein Alternativprogramm vorhanden sein, das die Personen an Tagen absolvieren können, an denen sie zu Hause besser aufgehoben sind.

Natürlich kann es auch sicherheitsrelevante Fragen geben. Die Person kann ihre Gefahreneinschätzung verlieren und sich zum Beispiel an heißem Wasser verbrühen oder anderen Gefahren im Haushalt ausgesetzt sein, die zu schweren Unfällen führen können. Wenn die Fähigkeiten des Betroffenen, zu laufen, Treppen zu steigen und andere Hindernisse zu überwinden, schwinden, entstehen zusätzliche Sicherheitsrisiken. Manche Erkrankten wandern auch in ihrer Wohnung herum und sind dadurch ebenfalls Gefahren ausgesetzt. Wir empfehlen, Alarmknöpfe am Bett, an den Türen und an anderen Stellen anzubringen. Die Wohnumgebung sollte auf Sicherheitsmängel überprüft werden. Manche Ergotherapeuten bieten die Durchführung einer Art Sicherheitsüberprüfung der Wohnumgebung an.

Wir haben bereits angesprochen, dass überprüft werden muss, wie sich das Umfeld für den Menschen mit Alzheimer darstellt, aber es muss auch bedacht werden, welche Auswirkungen die Person mit Alzheimer auf ihr Umfeld hat. Für einen Menschen mit „normaler" Intelligenz kann es unter Umständen eine sehr große Belastung sein, einen Menschen mit Alzheimer zu betreuen oder mit ihm zusammenzuleben. Wir haben einige Menschen mit Down-Syndrom und anderen geistigen Beeinträchtigungen kennengelernt, die sich an die Situation angepasst haben und mit ihr gewachsen sind, wenn jemand in ihrem direkten Umfeld an Alzheimer erkrankt ist. Für andere wiederum war der Stress einfach zu groß. Wir kennen drei Frauen, die in einer Wohngruppe mit einer weiteren Frau mit Down-Syndrom zusammenlebten. Die Frau mit Down-Syndrom erkrankte schließlich an Alzheimer und die drei anderen Frauen übernahmen ihre Betreuung. Anfangs blühten sie angesichts ihrer neuen Aufgabe richtig auf, aber später wurde die Situation dann doch zu viel für sie, sodass die Wohnkonstellation verändert werden musste.

Wenn es möglich ist, versuchen wir, Zimmernachbarn und Mitbewohner mit geistigen Beeinträchtigungen in die Pflege und die Betreuung der Person mit Alzheimer einzubeziehen. Viele Menschen mit Down-Syndrom und anderen intellektuellen Beeinträchtigungen werden ihr ganzes Leben lang betreut, ohne selbst jemals die Möglichkeit zu haben, sich um jemand anderen zu kümmern und ihn zu betreuen. Die Pflege eines Menschen mit Alzheimer kann sehr zu einem besseren Selbstbewusstsein des Pflegenden beitragen.

Allerdings muss man bedenken, dass auch Kleinigkeiten Stress verursachen und zu Spannungen führen können. Dies kann zum Beispiel dann der Fall sein, wenn die Person mit Alzheimer nicht mehr am Selbstständigkeitstraining teilzunehmen braucht, nicht mehr zur Arbeit gehen oder keine täglichen Aufgaben verrichten muss. Manch andere Mitbewohner fühlen sich dann ungerecht behandelt, was wiederum zu Verhaltensproblemen führen kann. Es kommt natürlich auch vor, dass die Person mit Alzheimer plötzlich laut spricht oder schreit, einen unregelmäßigen Schlafrhythmus hat und den Schlaf der anderen stört oder Veränderungen in der Umgebung verursacht, die für die anderen Stress bedeuten. Manchmal bedeuten auch die Veränderungen der Person durch die Alzheimer-Erkrankung sehr großen Stress für die anderen Bewohner. All diese Probleme können dazu führen, dass es notwendig wird, die Lebenssituation erneut zu überprüfen und eventuell zu ändern.

Veränderungen im Umfeld

Wenn es das Umfeld nicht erlaubt, dass der Erwachsene mit Alzheimer an Tagen, an denen er nicht arbeiten kann, zu Hause bleibt, kann dies für ihn großen Stress bedeuten. Die fortwährende Erwartung an ihn, bestimmte Aufgaben zu erfüllen, die zu schwierig oder zu stressbehaftet geworden sind, können emotionale und kognitive Veränderungen sowie Veränderungen im Verhalten und im Wesen nach sich ziehen. Wenn die Person aufgrund der an sie gestellten Erwartungen überfordert ist, gibt sie eventuell auf und scheint weniger Fähigkeiten zu besitzen, als es eigentlich der Fall ist. Deshalb ist es sinnvoll, in ein Umfeld umzuziehen, das die nötige Flexibilität bietet. Dieser Vorteil überwiegt oft die negativen Auswirkungen, die ein Umzug in ein neues Wohnheim in dieser Situation hat.

Ein Umzug ist auch empfehlenswert, wenn bestimmte Sicherheitsprobleme nicht gelöst werden können. Wenn der Zugang zu Treppen oder möglicherweise gefährlichen Haushaltsgegenständen zum Beispiel nicht kontrolliert oder es nicht sichergestellt werden kann, dass die Person nicht überall umherwandert, ist es eventuell notwendig, in eine neue und sicherere Wohnsituation umzuziehen.

Oftmals ist es für die Person mit Alzheimer die beste Lösung, in eine andere Umgebung zu ziehen, wenn ihre Betreuer oder die Menschen, mit denen sie zusammenlebt, mit der Situation überfordert und geeignete Hilfen in der vertrauten Wohnumgebung nicht vorhanden sind. Dies kann der Fall sein, wenn die Person zu Hause bei der Familie lebt, aber auch, wenn sie mit anderen in einem Wohnheim untergebracht ist.

Wir waren bei unseren Patienten mit Down-Syndrom und Alzheimer an einigen erfolgreichen und notwendigen Umzügen in ein anderes Wohnheim beteiligt. In manchen Fällen muss ein Pflegeheim ausgewählt werden, das sich auf Menschen mit Alzheimer spezialisiert hat. Einige Pflegeheime für ältere Menschen bieten ebenfalls geeignete Betreuung und Pflege. Bei manchen unserer Patienten ließen sich die Probleme auch lösen, indem sie aus ihrem Wohnheim wieder zurück zu ihrer Familie zogen, allerdings muss in solchen Fällen eine zusätzliche Hilfestellung für die Familie vorhanden sein.

Die Lebenserwartung von Alzheimer-Patienten

Es ist bis heute nicht bekannt, welche Lebenserwartung Menschen mit Down-Syndrom haben, die an Alzheimer erkrankt sind. In der Durchschnittsbevölkerung liegt die Dauer der Erkrankung beziehungsweise die Lebenserwartung bei zehn bis zwölf Jahren. Menschen mit Down-Syndrom, deren Alltagskompetenz vor Eintritt der Alzheimer-Krankheit sehr gut ausgeprägt ist, haben durchaus eine Lebenserwartung von zehn oder mehr Jahren. Unserer Erfahrung nach ist die Lebenserwartung von vielen jedoch kürzer, vor allem wenn ihre geistige und körperliche Leistungsfähigkeit vor Eintritt der Krankheit niedriger war. Kurz gesagt, je mehr kognitive Fähigkeit die Person zu verlieren hat, desto länger dauert es. Wir haben auch Menschen behandelt, die nach Diagnosestellung nur noch ein Jahr lebten. Aber im Durchschnitt kann man sagen, dass die Zeitdauer von den ersten Symptomen bis zum Tod ungefähr drei bis sechs Jahre beträgt.

Der geistige und körperliche Verfall schreitet schneller voran, wenn der Betroffene zudem epileptische Anfälle bekommt, vor allem, wenn sie nur schwer einstellbar sind. Wenn der Erkrankte zudem die Fähigkeit zu gehen und zu schlucken verliert, führen die daraus resultierenden Komplikationen dazu, dass der Verfall noch schneller vonstatten geht.

Ein Ausblick in die Zukunft

Gegenwärtig wird im Bereich Alzheimer-Krankheit viel geforscht, allerdings nicht nur im Zusammenhang mit dem Down-Syndrom, sondern hauptsächlich über die Krankheit im Allgemeinen. Menschen mit Down-Syndrom erhalten jedoch besondere Beachtung, wenn bei ihnen der Verdacht auf Alzheimer vorliegt, weil einige Studien ergeben haben, dass sie generell die neuropathologischen Veränderungen entwickeln, die bei der Alzheimer-Krankheit auftreten. Da diese Veränderungen bei allen Menschen mit Down-Syndrom aufzutreten scheinen, können sich manche Forscher nicht erklären, weshalb nicht alle Menschen mit Down-Syndrom auch an Alzheimer erkranken. Gibt es noch ein weiteres Gen, das auf dem 21. Chromosom liegt und das manche Menschen mit Down-Syndrom vor der Alzheimer-Krankheit schützt? Diese Frage konnte bis heute nicht beantwortet werden. Menschen mit Down-Syndrom bekommen nur selten einen Herzinfarkt oder erkranken zum Beispiel nur selten an einer Koronararterieninsuffizienz. Es ist also durchaus möglich, dass es eine Eigenschaft gibt, die mit dem Down-Syndrom einhergeht und die gegen bestimmte Krankheiten schützt.

Diese Erkenntnisse über das Down-Syndrom können wichtige Hinweise für die Alzheimer-Forschung bedeuten. Auch besteht großes Interesse daran herauszufinden, ob Mittel gegen Alzheimer auch für Menschen mit Down-Syndrom förderlich sind, wenn sie noch jünger sind und bevor die Alzheimer-Krankheit auftritt. So wird zum Beispiel eine Studie über Donepezil durchgeführt, um herauszufinden, ob die Einnahme für jüngere Menschen mit Down-Syndrom Vorteile bringt. Zudem wird auch untersucht, ob bestimmte Vitamine und andere Medikamente nützlich sind und ob sie die Alzheimer-Krankheit bei Menschen mit Down-Syndrom positiv beeinflussen oder sogar verhindern können. Ähnliche Studien werden in Bezug auf Vitamine, Nahrungsergänzungsmittel und andere Arzneien durchgeführt, die die kognitive Leistungsfähigkeit, die Sprache und andere Fähigkeiten von Menschen mit Down-Syndrom positiv beeinflussen können. Was die Forschung anbelangt, gibt es noch vieles zu entdecken, was Menschen mit Down-Syndrom, mit Alzheimer und mit beidem nutzen könnte.

Fazit

Ein Rückgang der Funktionsfähigkeit scheint bei älteren Menschen mit Down-Syndrom nicht unabdingbar zu sein. Wenn ein Rückgang bestimmter Fähigkeiten bemerkt wird, muss eine gründliche Untersuchung durchgeführt werden, um mögliche behandelbare Ursachen zu erkennen. Gegenwärtig ist Alzheimer nicht heilbar, aber es gibt viele Möglichkeiten, die Funktionsfähigkeit eines daran erkrankten Menschen zumindest zeitweise zu erhalten und zu verbessern sowie dafür zu sorgen, dass er sich so wohl wie möglich fühlt.

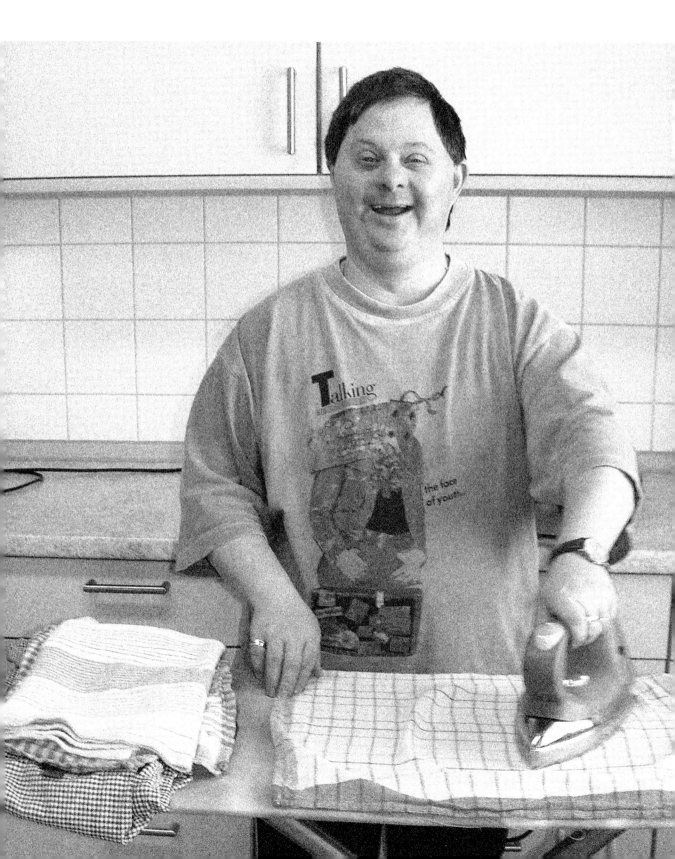

Anhang

Anhang 1 Medikamente

Dieser Anhang enthält eine Auswahl an Medikamenten, die bei Menschen mit Down-Syndrom zur Behandlung von psychischen Erkrankungen eingesetzt werden. Die Medikamente sind nach Medikamentenklassen aufgelistet. Wir haben die meisten dieser Medikamentenklassen verordnet, wenn die Erkrankung unserer Patienten die Einnahme von Medikamenten erforderte. Wir haben noch andere Medikamentenklassen hinzugefügt, die wir selbst nicht einsetzen, die aber eventuell von anderen Medizinern verordnet werden. In der Spalte „Anmerkungen" (ganz rechts) haben wir kurz einige Erfahrungen mit dieser Medikamentenklasse dargelegt. Weitere Informationen finden Sie in dem Kapitel über die jeweilige psychische Erkrankung. Der Medikamentenliste folgt eine Liste mit Definitionen der Fachbegriffe, die wir in dieser Tabelle verwenden.

Anhang 2 Einwilligung zur Einnahme von Psychotropika

Der Anhang auf Seite 379 stellt ein Beispiel für ein Einwilligungsformular dar, das vor Beginn der Einnahme von Psychotropika ausgefüllt und unterzeichnet werden kann. Die Einwilligung von Patient und Betreuer zur Einnahme von bestimmten Medikamenten wird in Kapitel 13 erläutert.

Anhang 1: Medikamente nach Medikamentenklassen

Medikamenten-klasse	Wirkstoff	Handelsname in den USA (Beispiele)	Handelsname in Deutschland (Beispiele)	Chemische Zusammensetzung	Einsatz bei (Krankheitsbild)	Nebenwirkungen bei regelmäßiger Einnahme	Anmerkungen
Acetylcholin-rezeptoren-Blocker	Benzatropin	Cogentin®	Cogentinol®	Antagonisiert Acetylcholin- und Histaminrezeptoren	Behandlung von extrapyramidalen Nebenwirkungen (EPS) von anderen Medikamenten	Psychose Tachykardie Mundtrockenheit Verstopfung Harnretention Sedierung Verwirrtheit	
Alpha-adrenerge Antihypertensiva	1. Clonidin 2. Guanfacin	1. Catapres® 2. Tenex®	1. Catapresan® Paracefan® Haemiton® Clonistada® Mirfat® 2. Estulic®	Stimulieren das zentrale Nervensystem und wirken antiadrenerg	Angststörungen* Aufmerksamkeits-defizit-Hyperaktivitätsstörung*	Wirkt blutdrucksenkend Mundtrockenheit Schwindelgefühl Verstopfung Sedierung Schwächegefühl Appetitverlust Übelkeit/Brechreiz	Mit diesen Medikamenten haben wir nur wenige Erfolge erzielt.
Anxiolytika (Non-Benzodiazepine)	1. Buspiron 2. Chloralhydrat	Buspar®	1. Bespar® Anxut® 2. Cloraldurat®	Wirkweise noch nicht ausreichend wissenschaftlich erforscht	Angststörungen (1) Schlafstörungen (2) Sedierung vor Untersuchungen* (2)	Schwindelgefühl Schläfrigkeit Übelkeit/Brechreiz Kopfschmerzen Ermüdung, Erschöpfung Erregungszustände Depressionen Abhängigkeit (2)	Bei Menschen mit Angststörungen haben sich diese Medikamente nicht sehr häufig als nutzbringend erwiesen. Buspiron kann sich bei manchen Menschen, die unter Angststörungen und Erregungszuständen leiden, positiv auf die Symptome auswirken, wenn es in Kombination mit anderen Medikamenten eingenommen wird. Chloralhydrat zeigt einen begrenzten Nutzen, wenn es als Sedativum für die Durchführung von Untersuchungen eingesetzt wird.

Ein Sternchen (*) markiert die Krankheitsbilder, für die das jeweilige Medikament von der US-amerikanischen Arzneimittelbehörde FDA (Federal Drug Agency) nicht zugelassen ist.

Medikamente nach Medikamentenklassen 369

Anxiolytika, kurzwirkende Benzodiazepine	1. Alprazolam 2. Oxazepam	1. Xanax® 2. Serax®	1. Xanax® Xanor® Alprastad® Cassadan® Tafil® 2. Adumbran® Noctazepam® Praxiten® Sigacalm® Uskan® Durazepam®	Bindet sich an die Benzodiazepinrezeptoren und verstärkt die hemmende Wirkung des Botenstoffs GABA	Angststörungen Schlafstörungen (kurzfristig)	Atemdepression Atemschwäche Rückzug von anderen Menschen Abhängigkeit (bei langfristiger Einnahme) Sedierung Übelkeit/Brechreiz Gangunsicherheit Depressionen Schlafstörungen und gestörte Schlafzyklen Erregungszustände	Nutzbringende Medikamente, vor allem kurzfristig, so lange, bis die anderen Medikamente ihre Wirkung entfalten. Kurzwirkende Medikamente können am besten als leichte Sedativa eingesetzt werden, um Untersuchungen wie Blutabnahmen, Röntgenaufnahmen usw. durchzuführen. Alprazolam ist auch als Mittel mit verzögerter Wirkstofffreisetzung erhältlich, das einmal täglich gegeben werden kann.
Anxiolytika, mittellang wirkende Benzodiazepine	1. Lorazepam 2. Temazepam	1. Ativan® 2. Restoril®	1. Tavor® Ativan® Temesta® 2. Remestan® Pronervon®	Bindet sich an die Benzodiazepinrezeptoren und verstärkt die hemmende Wirkung des Botenstoffs GABA	Angststörungen (1) Schlafstörungen (kurzfristig)	Atemdepression Rückzug von anderen Menschen Abhängigkeit (bei längerfristiger Einnahme) Sedierung Übelkeit/Brechreiz Gangunsicherheit Depressionen Schlafstörungen und gestörte Schlafzyklen Erregungszustände	Nutzbringende Medikamente, vor allem kurzfristig, so lange, bis die anderen Medikamente ihre Wirkung entfalten.
Anxiolytika, langwirkende Benzodiazepine	1. Diazepam 2. Clonazepam 3. Librium	1. Valium® 2. Klonopin®	1. Valium® Psychopax-Tropfen® 2. Rivotril® Antelepsin®	Bindet sich an die Benzodiazepinrezeptoren und verstärkt die hemmende Wirkung des Botenstoffs GABA	Angststörungen Schlafstörungen (kurzfristig) *Clonazepam ist von der FDA nicht für die oben genannten Indikationen zugelassen, sondern es ist von der FDA als Antiepileptikum zugelassen	Atemdepression Rückzug von anderen Menschen Abhängigkeit (bei längerfristiger Einnahme) Sedierung Übelkeit/Brechreiz Gangunsicherheit Depressionen Schlafstörungen und gestörte Schlafzyklen Erregungszustände	Nutzbringende Medikamente, vor allem kurzfristig, so lange, bis die anderen Medikamente ihre Wirkung entfalten.

Medikamentenklasse	Wirkstoff	Handelsname in den USA (Beispiele)	Handelsname in Deutschland (Beispiele)	Chemische Zusammensetzung	Einsatz bei (Krankheitsbild)	Nebenwirkungen bei regelmäßiger Einnahme	Anmerkungen

Antidepressiva (Thymoleptika), sonstige	1. Bupropion
	2. Trazodon
	3. Venlafaxin
	4. Mirtazapin
	5. Duloxetin
		1. Wellbutrin®
		2. Desyrel®
		3. Effexor®
		4. Remeron®
		5. Cymbalta®
			1. Elontril®
			   Zyban®
			2. Thrombran®
			   Trittico®
			3. Efexor®
			   Trevilor®
			4. Remergil®
			   Mirtabene®
			   Mirtel®
			   Mirtaron®
			   Lanazipin®
			5. Cymbalta®
			   Yentreve®
				Hemmt die synaptische Wiederaufnahme von Norepinephrin, Serotonin und Dopamin (1)
				Hemmt die Wiederaufnahme von Serotonin (2)
				Hemmt die synaptische Wiederaufnahme von Norepinephrin, Serotonin und Dopamin (3)
				Wirkt antagonistisch auf die synaptische Wiederaufnahme von Norepinephrin und Serotonin (4, 5)
					Depressionen
					Schlafstörungen* (2)
					Aggressives Verhalten* (2)
						Epilepsie
						Herzrhythmusstörungen
						Erregungszustände
						Mundtrockenheit
						Tachykardie
						Schlafstörungen
						Übelkeit und Brechreiz
						Prolongierte Erektion
						Tremor (Zittern)
						Verstopfung
						Sedierung
						Gewichtsverlust oder -zunahme
							Bupropion führt manchmal zu einem Gewichtsverlust, der für den Patienten vorteilhaft sein kann, wenn gesteigerter Appetit und Gewichtszunahme zu seinen depressiven Symptomen zählen.
							Wir haben nicht feststellen können, dass Trazodon ein sehr wirkungsvolles Antidepressivum ist. Es macht den Patienten oft schläfrig und kann dadurch zur Linderung von Einschlafschwierigkeiten eingesetzt werden. Das Medikament erweist sich in manchen Fällen bei erregtem oder aggressivem Verhalten als nützlich. Vor allem bei der Einnahme von höheren Dosen erkennt man die Wirkung deutlich, die dadurch entsteht, dass das Venlafaxin die Wiederaufnahme des Norepinephrins hemmt, was beim Patienten zu gesteigerter Aktivität führt, die während der Depression verringert war.

Antidepressiva (Thymoleptika), Selektive Serotonin-Wiederaufnahmehemmer (SSRIs)	1. Citalopram
	2. Escitalopram
	3. Fluvoxamin
	4. Paroxetin
	5. Fluoxetin
	6. Sertralin
		1. Celexa®
		2. Lexapro®
		3. Luvox®
		4. Paxil®
		5. Prozac®
		6. Zoloft®
			1. Cipramil®
			   Seropram®
			2. Cipralex®
			3. Luvox®
			   Fevarin®
			   Floxyfral®
			4. Seroxat®
			   Tagonis®
			5. Fluctin®
			   Fluox®
			6. Zoloft®
			   Gladem®
				Diese Wirkstoffe hemmen die Serotonin-Wiederaufnahme	Depressionen (1, 2, 4, 5, 6)
					Zwangsstörungen (3, 4, 5, 6)
					Angststörungen (2, 4)
					Panikstörungen (4, 5, 6)
					Soziale Phobien (4, 6)
					Posttraumatische Belastungsstörungen (4, 6)
					Prämenstruelle Dysphorische Störung (6)
						Gewichtszunahme
						Sedierung
						Mundtrockenheit
						Erregungszustände
						Tremor (Zittern)
						Verringerter Sexualtrieb
						Magen-Darm-Beschwerden
						Diarrhö
						Kopfschmerzen
							Bei Paroxetin haben wir die größten Gewichtszunahmen festgestellt.
							Fluoxetin kann Erregungszustände verursachen, allerdings tritt seine Wirkung oft um Wochen verzögert ein. Wir verordnen Fluoxetin deshalb nur selten. Paroxetin verursacht am zweithäufigsten Erregungszustände, die meist in den ersten zwei bis vier Wochen nach Einnahme der Initialdosis oder Dosiserhöhung eintreten. Bei der Behandlung von Zwangsstörungen werden oft höhere Dosierungen benötigt. Bis auf Fluvoxamin sind alle SSRIs auch in flüssiger Form erhältlich. Diese Arzneimittelform ist vor allem für Patienten geeignet, die keine Tabletten schlucken können oder bei denen die Dosis minütlich angepasst werden muss.

Antidepressiva (Thymoleptika), Selektive Serotonin-Wiederaufnahmehemmer (SSRIs)	1. Citalopram 2. Escitalopram 3. Fluvoxamin 4. Paroxetin 5. Fluoxetin 6. Sertralin	1. Celexa® 2. Lexapro® 3. Luvox® 4. Paxil® 5. Prozac® 6. Zoloft®	1. Cipramil® Seropram® 2. Cipralex® 3. Luvox® Fevarin® Floxyfral® 4. Seroxat® Tagonis® 5. Fluctin® Fluox® 6. Zoloft® Gladem®	Diese Wirkstoffe hemmen die Serotonin-Wiederaufnahme	Depressionen (1, 2, 4, 5, 6) Zwangsstörungen (3, 4, 5, 6) Angststörungen (2, 4) Panikstörungen (4, 5, 6) Soziale Phobien (4, 6) Posttraumatische Belastungsstörungen (4, 6) Prämenstruelle Dysphorische Störung (6)	Gewichtszunahme Sedierung Mundtrockenheit Erregungszustände Tremor (Zittern) Verringerter Sexualtrieb Magen-Darm-Beschwerden Diarrhö Kopfschmerzen	Bei Paroxetin haben wir die größten Gewichtszunahmen festgestellt. Fluoxetin kann Erregungszustände verursachen, allerdings tritt seine Wirkung oft um Wochen verzögert ein. Wir verordnen Fluoxetin deshalb nur selten. Paroxetin verursacht am zweithäufigsten Erregungszustände, die meist in den ersten zwei bis vier Wochen nach Einnahme der Initialdosis oder Dosiserhöhung eintreten. Bei der Behandlung von Zwangsstörungen werden oft höhere Dosierungen benötigt. Bis auf Fluvoxamin sind alle SSRIs auch in flüssiger Form erhältlich. Diese Arzneimittelform ist vor allem für Patienten geeignet, die keine Tabletten schlucken können oder bei denen die Dosis minutiös angepasst werden muss.
Antidepressiva (Thymoleptika), trizyklisch	1. Clomipramin 2. Amitriptylin 3. Doxepin 4. Nortriptylin 5. Imipramin	1. Anafranil® 2. Elavil® 3. Sinequan® 4. Pamelor® 5. Tofranil®	1. Anafranil® Hydiphen® 2. Amineurin® Saroten® Syneudon® Novoprotect® Equilibrin® 3. Aponal® Espadox® Sinquan® 4. Nortrilen® Pamelor® Aventyl® 5. Tofranil® Pryleugan®	Hemmt die Wiederaufnahme von Serotonin und Norepinephrin	Zwangsstörungen (1) Depressionen Chronische Schmerzen (2)	Epilepsie Mundtrockenheit Tremor (Zittern) Kopfschmerzen Schläfrigkeit Verstopfung Schlafschwierigkeiten Blasenentleerungsstörungen	Wir haben festgestellt, dass diese Medikamentenklasse meist mehr Nebenwirkungen mit sich bringt als die selektiven Serotonin-Wiederaufnahmehemmer (SSRIs). Doxepin kann sich bei Einschlafschwierigkeiten als wirkungsvoll erweisen. Generell verursacht dieser Wirkstoff aber mehr Nebenwirkungen als seine Alternativen.

Medikamenten-klasse	Wirkstoff	Handelsname in den USA (Beispiele)	Handelsname in Deutschland (Beispiele)	Chemische Zusammensetzung	Einsatz bei (Krankheitsbild)	Nebenwirkungen bei regelmäßiger Einnahme	Anmerkungen
Antihistaminika	1. Hydroxyzin 2. Diphenhydramin	1. Atarax® 2. Benadryl®	1. Atarax® Elroquil® 2. Benadryl® Halbmond Emesan® Vivinox® Dormutil®	Blockiert die Histaminrezeptoren	Angststörungen* Sedierung* Schlafstörungen*	Mundtrockenheit Sedierung Verwirrtheit Schwindelgefühl Gangunsicherheit Erregungszustände Verwaschene Sprache Kopfschmerzen	Die anticholinerge Wirkung dieser Wirkstoffe kann vor allem für Menschen mit Down-Syndrom problematisch sein, besonders für diejenigen, die an der Alzheimer-Krankheit erkrankt sind. Wir haben generell festgestellt, dass Antihistaminika sich nur bedingt zur Behandlung von psychischen Erkrankungen oder Schlafstörungen eignen.
Antipsychotika (Neuroleptika), atypische und andere	1. Ziprasidon 2. Risperdon 3. Quetiapin 4. Olanzapin 5. Aripiprazol	1. Gedeon® 2. Risperdal® 3. Seroquel® 4. Zyprexa® 5. Abilify®	1. Zeldox® 2. Risperdal® 3. Seroquel® 4. Zyprexa® 5. Abilify®	Antagonisiert Dopamin- und Serotoninrezeptoren	Psychosen/Schizophrenie (1, 2, 4, 5, 6) Erregungszustände (1, 4) Bipolare affektive Störungen (1, 2, 3, 4, 5)	Malignes Neuroleptisches Syndrom (MNS) Tardive Dyskinesie Extrapyramidale Nebenwirkungen Erhöhter Blutzucker Herzrhythmusstörungen Schläfrigkeit Kopfschmerzen Übelkeit/Brechreiz Verstopfung Verringerte Vitalität, „Lebensenergie" Erhöhter Prolactinspiegel Menstruelle Unregelmäßigkeiten Gewichtszunahme oder -abnahme	Die Gewichtszunahme als Nebenwirkung dieser Medikamente kann problematisch sein. (Für Menschen mit Down-Syndrom scheint vor allem Olanzapin problematische Nebenwirkungen hervorzurufen.) Eine häufig auftretende Nebenwirkung ist Schläfrigkeit. Dies kann ein Vorteil sein, wenn die Erkrankung mit Schlafstörungen einhergeht. Unserer Erfahrung nach wirkt Olanzapin am stärksten sedierend von hier genannten Neuroleptika.

Medikamente nach Medikamentenklassen

Antipsychotika (Neuroleptika), typische	1. Haloperidol
	2. Thioridazin
	3. Thiothixen
	4. Pimozid
	5. Trifluoperazin
	6. Chlorpromazin
		1. Haldol®
		2. Mellaril®
		3. Navane®
		4. Orap®
		5. Stelazine®
		6. Thorazine®
			1. Haldol®
			2. Melleril®
			3. Navane®
			4. Orap®
			5. Stelazine
			  Jatroneural®
			6. Psyquil
			  Thorazine
			  Megaphen®
			  Largactil®
				Agonisiert Dopamin-rezeptoren	Psychosen (1, 2, 3, 5, 6)
					Tourette-Syndrom (1, 4)
					Akute Erregungszustände (1)
					Angststörungen (5)
						Malignes Neuroleptisches Syndrom (MNS)
						Tardive Dyskinesie
						Extrapyramidale Nebenwirkungen
						Wirkt blutdrucksenkend
						Herzrhythmusstörungen (können vor allem in Kombination mit Mellaril lebensgefährlich sein)
						Schläfrigkeit
						Kopfschmerzen
						Übelkeit/Brechreiz
						Verstopfung
						Verringerte Vitalität, „Lebensenergie"
						Erhöhter Prolactinspiegel
						Menstruelle Unregelmäßigkeiten
						Erregungszustände
						Schlafstörungen
						Brustwachstum (Gynäkomastie)
							Bei der Verordnung von Thioridazin ist besondere Vorsicht geboten, weil der Wirkstoff bei manchen Menschen zu schweren Herzrhythmusstörungen führt.

Antiepileptika	1. Valproinsäure
	2. Gabapentin
	3. Carbamazepin
	4. Oxcarbazepin
	5. Lamotrigin
		1. Depakote®
		  Depakene®
		2. Neurotonin®
		3. Tegretol®
		4. Trileptal®
		5. Lamictal®
			1. Orifil®
			  Energyl
			  Valproat®
			  Convulex®
			  Leptilan®
			2. Gabax®
			3. Tegretal®
			  Timonil®
			  Sirtal®
			  Finlepsin®
			  Carbium®
			  espa-lepsin®
			  Fokalepsin®
			4. Timox®
			  Trileptal®
			5. Lamictal®
			  Elmendos®
			  Bipolam®
			  Lamapol®
				Nicht ausreichend erforscht	Manien (1)
					Bipolare affektive Störungen (3, 5)
					Aggressives Verhalten*
					Störungen der Impulskontrolle*
						Lebererkrankung (1, 3, 4, 5)
						Niedriger Natriumspiegel im Blut (Hyponatriämie)
						Knochenmarksuppression
						Throbozytenmangel (Thrombozytopenie), Leukozytenmangel (Leukozytopenie) und/oder Erythrozytenmangel (Erythrozytopenie). Neurontin kann eine Leukozytopenie verursachen.
						Übelkeit/Brechreiz
						Sedierung
						Tremor (Zittern) (1, 3, 4)
						Gewichtszunahme oder -abnahme
						Nervosität
							Auch wenn Gabapentin als weniger nutzbringend für die genannten Krankheitsbilder angesehen wird, konnten wir doch einige Erfolge damit erzielen.
							Vor allem bei Patienten, denen man nur schwer Blut abnehmen kann, hat sich Gabapentin als hilfreich erwiesen, weil man den Serumspiegel nicht ganz so häufig überprüfen muss.
							Lamotrigin ist für die Langzeitbehandlung von bipolaren affektiven Störungen indiziert.

Medikamenten-klasse	Wirkstoff	Handelsname in den USA (Beispiele)	Handelsname in Deutschland (Beispiele)	Chemische Zusammensetzung	Einsatz bei (Krankheitsbild)	Nebenwirkungen bei regelmäßiger Einnahme	Anmerkungen
Appetitstimulans	Megestrol	Megace®	Megestat®, Megace®	Hemmt die Gonadotropinausschüttung in der Hypophyse	Appetitstimulans	Nebennierensuppression Diabetes mellitus Blutgerinnsel (dekompensierte) Herzinsuffizienz Hypertonie Schlafstörungen Häufige Blasenentleerung (Pollakisurie) Bauchschmerzen Hitzewallungen Haarverlust	Megestrol kann nutzbringend eingesetzt werden, wenn Nahrungsverweigerung oder schwere Anorexie Teil der Symptome sind.
Aufmerksamkeitsdefizit-Hyperaktivitätsstörung (siehe auch Stimulanzien)	Atomoxetin	Strattera®	Strattera®	Die genaue Wirkweise ist bis heute unbekannt; man weiß, dass Atomoxetin selektiv die Wiederaufnahme von Norepinephrin aus dem synaptischen Spalt hemmt	Aufmerksamkeitsdefizit-Hyperaktivitätsstörung	Tachykardie (schnelle Herzfrequenz) Hypertension (Bluthochdruck) Wirkt blutdrucksenkend Mundtrockenheit Appetitverlust Miktionsverzögerung (Blasenentleerungsverzögerung) Ermüdung, Erschöpfung Dysmenorrhö (Menstruation mit kolikartigen Unterleibsschmerzen) Schlafstörungen, anormale Träume	Ein wirkungsvolles, nichtstimulierendes Mittel zur Behandlung von ADHS.
Betablocker	1. Atenolol 2. Propranolol	1. Tenormin® 2. Inderal®	1. Tenormin® Atenolol Blocotenol® Falitonsin® Evitocor® 2. Dociton® Efektolol® Propranur® Obsidan®	Blockiert die Beta-Rezeptoren	Angststörungen* Störungen der Impulskontrolle* Aggressives Verhalten*	(dekompensierte) Herzinsuffizienz Bronchospasmen (akute Verkrampfungen der Atemwege), Asthmaanfälle Ermüdung, Erschöpfung Schwächegefühl Verstopfung Diarrhö Wirkt blutdrucksenkend	Wird in einigen Fällen für die genannten Krankheitsbilder eingesetzt, wir haben bisher aber noch keine nennenswerten Erfolge mit Betablockern festgestellt.

Verhütungsmittel (Kontrazeptivum), Antibabypille	Verschiedene Wirkstoffe und Handelsnamen. Die verfügbaren Präparate enthalten die weiblichen Hormone Östrogen und Gestagen in unterschiedlicher Zusammensetzung	Unter anderem: Alesse Tri-Norinyl Tri-Levlen Ortho-Novum	Yasmin® Mirena®	Unterdrückt die Ovulation durch Hemmung der Hormone LH (luteinisierendes Hormon, Lutropin) und FSH (follikelstimulierendes Hormon, Follitropin)	1. Verhütung 2. Dysmenorrhö (Menstruation mit kolikartigen Unterleibsschmerzen)* 3. Kann bei Frauen nutzbringend eingesetzt werden, die unter dem Prämenstruellen Syndrom (PMS) leiden	Blutgerinnsel Myokardinfakt (Herz(muskel)infarkt) Schlaganfall Hypertension (Bluthochdruck) Gallenblasenerkrankung Anormale Uterusblutung Kopfschmerzen Brustschmerzen Gewichtszunahme oder -abnahme	Wir haben einigen Frauen mit starken Regelschmerzen zusätzlich Kontrazeptiva verordnet, weil die Regelschmerzen Verhaltensänderungen ausgelöst haben. Kann auch bei PMS nutzbringend eingesetzt werden.
Verhütungsmittel (Kontrazeptivum), andere	Medroxyprogesteron	Depo-Provera®	Clinofem®	Unterdrückt die Ovulation durch Hemmung der Hormone LH (luteinisierendes Hormon, Lutropin) und FSH (follikelstimulierendes Hormon, Follitropin)	1. Verhütung 2. Dysmenorrhö (Menstruation mit kolikartigen Unterleibsschmerzen)*	Blutgerinnsel Menstruelle Unregelmäßigkeiten Ausbleiben der Regel (Amenorrhö) Gewichtszunahme Kopfschmerzen Depressionen Vermehrter Haarwuchs Hitzewallungen Ödembildung Verringerte Libido	Bewirkt häufig ein Ausbleiben der Regel (während das Präparat eingenommen wird), was von Vorteil sein kann, wenn die Menstruation extrem schmerzhaft ist oder wenn die Handhabung der Regel für die Frau nicht oder nur schwer zu bewältigen ist. Wird alle drei Monate als Injektion verabreicht. Die Regel kann im ersten Jahr und auch danach sehr unregelmäßig wiederkehren.
Cholinesterasehemmer	1. Donepezil 2. Tacrin 3. Galantamin 4. Rivastigmin	1. Aricept® 2. Cognex® 3. Razadyne® 4. Exelon®	1. Aricept® 2. Cognex® 3. Reminyl® 4. Exelon®	Hemmt das Enzym Cholinesterase (und verhindert damit den Abbau von Acetylcholin)	Alzheimer-Demenz	Epilepsie Übelkeit/Brechreiz Gewichtsverlust Kopfschmerzen Schlafstörungen Depressionen Häufige Blasenentleerung und Inkontinenz Hepatotoxizität (2)	Verbessert die kognitiven Leistungen vorübergehend und wirkt sich positiv auf das durch die Alzheimer-Demenz bedingte Verhalten und die emotionalen Veränderungen aus. Ältere Daten sagen aus, dass sich Cholinesterasehemmer positiv auf die Sprachfähigkeiten von Menschen mit Down-Syndrom auswirken können, die nicht an der Alzheimer-Demenz erkrankt sind. Tacrin wird generell nicht eingesetzt, weil es sich schädigend auf die Leber auswirkt und der Spiegel im Blut regelmäßig überprüft werden muss.

Medikamenten-klasse	Wirkstoff	Handelsname in den USA (Beispiele)	Handelsname in Deutschland (Beispiele)	Chemische Zusammensetzung	Einsatz bei (Krankheitsbild)	Nebenwirkungen bei regelmäßiger Einnahme	Anmerkungen
Lithium			Lithium-Duriles® Hypnorex® Quilonum®	Lithiumsalze bewirken eine erhöhte Serotoninausschüttung in den Synapsen.	Manische und bipolare affektive Störungen	Epilepsie Herzrhythmusstörungen Tremor (Zittern) Häufige Blasenentleerung (Pollakisurie) Erbrechen Schläfrigkeit Verschwommenes Sehen, Sehstörungen Mundtrockenheit Diarrhö Muskelschwäche Ermüdung, Erschöpfung	Wir verordnen Lithium selten, weil die Nebenwirkungen bei einem zu hohen Lithiumspiegel lebensbedrohend werden können (Lebensgefahr bei 3,0 mmol/l).
Melatonin				Reguliert unter anderem das Hormon Serotonin	Schlafstörungen*		Kann sich bei Menschen mit Down-Syndrom, die im Zuge ihrer psychischen Erkrankung oder Depression an Schlafstörungen leiden, positiv auf ihr Schlafverhalten auswirken.
NMDA-Rezeptor-Antagonist	Memantin	amenda®	Axura® Ebixa®	Besetzt die Rezeptoren einer Nervenzelle und schützt sie so vor der Ablagerung des Botenstoffs Glutamat daran, der ansonsten eine krankhafte Dauerreizung der Zelle verursachen würde	Alzheimer-Krankheit	Schwindelgefühl Verwirrtheit Kopfschmerzen Verstopfung Hoher Blutdruck Husten Schläfrige Teilnahmslosigkeit Erbrechen Ermüdung, Erschöpfung Halluzinationen	Wir haben festgestellt, dass Memantin sich vorübergehend positiv auf die kognitiven Fähigkeiten und Alltagskompetenzen von Menschen mit Down-Syndrom auswirkt, die unter der Alzheimer-Krankheit leiden.
Nichtsteroide, entzündungshemmende Mittel (NSAID)	Unter anderem Arylpropionsäurederivate: 1. Naproxen 2. Ibuprofen	1. Anaprox® Naprosyn® 2. Motrin®	1. Dysmenalgit® Dolormin® Aleve® Miranax® Naprobene® Naprosyn® 2. Aktren® Dolgit® Dolofort® Nurofen®	Hemmt die Bildung von Prostaglandinen, die die Nervenenden reizen, die im Reizzustand Schmerzsignale an das Gehirn senden würden	Arthritis (1, 2, 3) Schmerzen (1, 2, 3) Dysmenorrhö (Menstruation mit kolikartigen Unterleibsschmerzen) (1, 2, 3) Gicht (1, 3) Fieber (2)	Gastrointestinale Blutung Nierenversagen Verringerte Blutgerinnung Übelkeit Bauchschmerzen Ödembildung Ohrenklingen	Wenn Frauen während ihrer Periode unter starken Schmerzen leiden, empfehlen wir häufig, dass eines dieser Medikamente bereits drei bis fünf Tage vor Eintreten der Menstruation eingenommen wird. NSAIDs können auch die Stärke der Regelblutung verringern.

Medikamente nach Medikamentenklassen 377

Opioidantagonisten	Naltrexon	ReVia®	Nemexin®	Antagonisierung der Opiatrezeptoren	Selbstverletzendes Verhalten*	Suizidale Ideation (Gedanken) Entzugserscheinungen Schlafstörungen Übelkeit/Brechreiz Erbrechen Angststörungen Kopfschmerzen Appetitverlust Bauchschmerzen	Können bei einigen Menschen wirkungsvoll zur Verringerung des selbstverletzenden Verhaltens eingesetzt werden.
Schlafmittel	1. Zolpidem 2. Zaleplon 3. Eszopiclon	1. Ambien® 2. Sonata® 3. Lunestra®	1. Zoldem® Bikalm® Zolpinox® Zodormdura® Stilnox Sonata® 2. Sonata® 3. Zopiclon® Optidorm® Ximovan® Somnosan®	Wirkt auf den GABA-Benzodiazepin-Rezeptorkomplex	Schlafstörungen (kurzfristig)	Gangstörungen Halluzinationen Kopfschmerzen Schläfrigkeit Muskelschmerzen Schwindelgefühl Übelkeit/Brechreiz Verstopfung Depressionen	Generell ist Melatonin das erste Mittel der Wahl. Tradozon kann auch nutzbringend sein (siehe Antidepressiva, sonstige).
Stimulanzien	1. Amphetamin/ Dextroamphetamin 2. Dextroamphetamin 3. Methylphenidat	1. Adderall® 2. Dexedrine® 3. Concerta® Ritalin®	1. In Deutschland bisher nicht zugelassen. 2. Dexedrin® 3. Concerta® Medikinet® Equasym® Ritalin®	Stimuliert das zentrale Nervensystem	1. Aufmerksamkeitsdefizit-Hyperaktivitätsstörung (2, 3, 4) 2. Narkolepsie („Schlafkrankheit") (1, 2, 4)	Psychose Abhängigkeit Appetitverlust Schlafstörungen Übelkeit/Brechreiz Diarrhö Epilepsie Reizbarkeit Tics	Wir haben große Erfolge mit dem Einsatz von Methylphenidat (Concerta und Ritalin) verzeichnet. Amphetamin-Dextroamphetamine scheinen vor allem bei Menschen mit Down-Syndrom Erregungszustände auszulösen.
Schilddrüsenhormonpräparate	1. Thyroidinum (aus tierischem Schilddrüsengewebe hergestellt) 2. Levothyroxin (synthetisches Schilddrüsenhormon)	1. Armour Thyroid® 2. Synthroid®	1. In Deutschland nur in internationalen Apotheken erhältlich 2. L-Thyroxin® Lixin® Eferox® Euthyrox® Berlthyrox®	Schilddrüsenhormon	Schilddrüsenfunktionsstörung (Unterfunktion)	Herzrhythmusstörungen Hoher Blutdruck Nervosität Gesteigerte Herzfrequenz Tremor (Zittern) Wärmeintoleranz	Die Nebenwirkungen sind minimal, wenn der Blutspiegel überprüft und die Dosis entsprechend angepasst wird. Einige Menschen haben weniger Nebenwirkungen und vertragen die Gabe von Schilddrüsenhormonen besser, wenn bei Beginn der Behandlung eine niedrigere Dosis angesetzt wird, die langsam erhöht wird.

Definitionen der in der Tabelle verwendeten Fachbegriffe

Antagonisierung: Funktionsblockierend. Acetylcholinrezeptor-Antagonisten hemmen zum Beispiel die Wirkung von Acetylcholin auf die Acetylcholinrezeptoren.

Agonisierung: Funktionsaktivierung. Ein Agonist besetzt einen Rezeptor und aktiviert die Signalübertragung in der Zelle.

Anticholinerg: Die cholinergen Rezeptoren werden blockiert. Cholinerg bedeutet, „auf den Neurotransmitter Acetylcholin reagierend". Die cholinergen Rezeptoren reagieren nicht auf Acetylcholin und übertragen somit keine Signale mehr. Dadurch entstehen Nebenwirkungen wie Mundtrockenheit, Verstopfung, Blasenentleerungsverzögerungen und Sehstörungen.

Abhängigkeit: Das Verlangen, eine Dosis immer weiter zu erhöhen, um dieselbe Wirkung zu erreichen, die zuvor durch Gewöhnung abgeschwächt wurde. Wird häufig im Zusammenhang mit Medikamenten wie Benzodiazepinen oder Narkotika genannt, die abhängig machen können.

Extrapyramidal: Unwillkürliche Muskelaktivität (Kontraktionen, Muskelsteifigkeit oder Unruhe). Es können Parkinson-Symptome auftreten.

Malignes Neuroleptisches Syndrom (MNS): Eine seltene Nebenwirkung von Neuroleptika, die lebensbedrohliche Komplikationen verursachen kann. Symptome sind unter anderem Muskelsteife (Rigidität), Tremor, hohes Fieber, Schwitzen, schwankender Blutdruck, beeinträchtigte Denkprozesse oder Verwirrtheit und Dysfunktion des autonomen Nervensystems.

Atemdepression: Unzulängliche (zu langsame oder zu oberflächliche) Atmung. Dadurch wird der Sauerstoffgehalt im Blut verringert und der Kohlendioxidgehalt steigt an.

Schlafzyklus: Normaler Schlafablauf mit allen dazugehörigen Schlafstadien.

Suizidale Ideation: Mit dem Gedanken spielen, Selbstmord zu begehen.

Tics: Unwillkürliche, rasche und unregelmäßig wiederkehrende Kontraktion verschiedener Muskeln oder Muskelgruppen, die sich in stereotyp wiederholten Bewegungen oder Handlungen äußern. Tics können nur für kurze Zeit willentlich unterdrückt werden.

Gangunsicherheit: Eine Gangunsicherheit äußert sich in Gleichgewichtsschwierigkeiten und häufigem Fallen.

Harnretention: Das Unvermögen, die Blase komplett zu entleeren.

Entzugserscheinungen: Symptome, die auftreten, wenn ein Medikament in seiner Dosis verringert oder ganz abgesetzt wird. Der Begriff wird meist in Bezug auf ein Medikament verwendet, von dem der Patient abhängig werden kann, wenn er es über einen längeren Zeitraum einnimmt (zum Beispiel Benzodiazepine oder Narkotika).

Name: .... Datum: ....

Einwilligung zur Einnahme von Psychotropika

Für den oben genannten Patienten ist ein Psychotropikum verordnet worden.

Name des Medikaments: ....

Diagnose: ....

Medikamentenklasse: ....

Vorgehen zum Herabsetzen der Dosis: ....

....

....

Informationen über das Medikament und mögliche Nebenwirkungen sind beigefügt/werden zur Verfügung gestellt.

Ich empfehle das oben genannte Medikament und habe die obigen Eintragungen vorgenommen.

Unterschrift des Arztes: .... Datum: ....

Ich habe die oben angegebenen Informationen zur Kenntnis genommen und hatte die Gelegenheit, meine Fragen zu stellen. Meine Fragen wurden beantwortet und ich stimme der Verabreichung des oben genannten Medikaments zu.

Unterschrift des Patienten: .... Datum: ....

Erklärung, falls der Patient nicht selbst unterschreiben kann: ....

....

....

....

Einwilligung des Betreuers/der Familie: ....

Beziehung zum Patienten: ....

Datum: ....

Literatur

Anderson, L.M., Shinn, C., Fullilove, M.T., et al. (2003). The effectiveness of early childhood development programs: A systematic review. *American Journal of Preventative Medicine 24 (3 suppl.)*: 32.

Breiter, H.C., Rauch, S.L., Kwong, K.K., et al. (1996). Functional magnetic resonance imaging of symptom provocation in obsessive-compulsive disorder. *Archives of General Psychiatry 53* (7): 595-606.

Brown, R.T., Freeman, W.S., Perrin, J.M., Stein, M.T., Amler, R.W., Feldman, H.M., Pierce, K., and Wolraich, M.L. (2001). Prevalence and assessment of Attention-Deficit/Hyperactivity Disorder in primary care settings. *Pediatrics* 107 (3): e43.

Buckley, S., and Le Prevost, P. (2002). Speech and language therapy for Down syndrome children: Guidelines for best practice based on current research. *Down Syndrome News and Update 2* (2): 70-76.

Carey, W.B., and McDevitt, S.C. (1995). *Coping with children's temperament: a guide for professionals*. New York: Basic Books.

Chen, H. Down syndrome. www.emedicine.com/ped/topics615.htm.

Chicoine, B., and McGuire, D. (1997). Longevity of a woman with Down syndrome: A case study. *Mental Retardation 35*, 477-79.

Chicoine, B., and McGuire, D., Hebein, D., and Gilly, D. (1994) Development of a clinic for adults with Down syndrome. *Mental Retardation 32* (2): 100-106.

Cohen, W. I., and Patterson, B. J. (1998). Neurodevelopmental disorders in Down syndrome. In *Down syndrome: A promising future, together,* T. Hassold and D. Patterson (eds.). New York: Wiley-Liss.

Cohen, W., ed. (1991). Health care guidelines for individuals with Down syndrome. *Down Syndrome Quarterly 4* (3). (Available online at www.denison.edu/collaborations/dsq/health99.html)

de Vinck, C. (1990). *The power of the powerless.* New York: Doubleday.

Diagnostic and Statistical Manual of Mental Disorders, Fourth Edition, Text Revision. (2000). Washington, DC: American Psychiatric Association.

Diaz, R., and Berk, L. (1991) *Private speech: From social interaction to self-regulation.* Mahwah, NJ: Lawrence Erlbaum Associates.
(Private speech (Private Sprache) ist der Begriff, der in der Literatur für Selbstgespräche, die im Laufe der kindlichen Entwicklung auftreten, verwendet wird. Dieses Werk enthält viele Verweise zur Verwendung von privater Sprache.)

Down Syndrome & Autism Spectrum Disorder (September/October 1999). *Disability Solutions 3, 5 & 6:* 1-40.

Dowrick, P.W. (1991). *Practical guide to using video in the behavioral sciences.* New York: New York: Wiley.

Eddy, M.F., and Walbroehl, G.S. (1998). Recognition and treatment of obsessive-compulsive disorder. *American Family Physician 57* (7), 1623-28.

Evenhuis, H.M., Kengen, M.M.F., and Eurling, H.A.L. (1990). *Dementia questionnaire for mentally retarded persons.* Zwammerdam, Netherlands: Hooge Burch.

Frank, E., Kupfer, D.J., Derel, J.M. Cornes, C., Mallinger, A.G., Thase, M.E., McEachran, A.B., and Grochoncinski, V.J. (1990). Three year outcomes for maintenance therapies in recurrent depression. *Archives of General Psychology 47*: 1093-99.

Gamage, K. L., Hardy, J., and Hall, C.R. (2001). A description of self talk in exercise. *Psychology of Sport & Exercise, 2* (4): 233-47.

Gedye, A. (1995). *Manual for the Dementia Scale for Down syndrome.* Vancouver, BC: Gedye Research and Consulting.

Geisinger, K.F., and Carlson, J.F. (1992). Assessing language-minority students. *Practical Assessment, Research & Evaluation, 3* (2).

Ghaziuddin, M., Tsai, L., and Ghaziuddin, N. (1992). Autism in Down syndrome: Presentation and diagnosis. *Journal of Intellectual Disability Research 36*: 449-56.

Glasberg, B. (2006). *Functional behaviour analysis for people with autism: Making sense of seemingly senseless behavior.* Bethesda, MD: Woodbine House.

Gray, C. (1993). *The Original Social Story Book.* Arlington, TX: Future Horizons.

Greenspan, S., and Granfield, J.M. (1992). Reconsidering the construct of mental retardation: Implications of a model of social competence. *American Journal of Mental Retardation, 96* (4), 442-53.

Greenspan, S., and Shoultz, J. (1981). Why mentally retarded adults lose their jobs: Social competence as a factor in work adjustment. *Applied Research in Mental Retardation 2*: 23-38.

Guralnick, M. (1998). Effectiveness of early intervention for vulnerable children: A developmental perspective. *American Journal on Mental Retardation 102*: 319-45.

Heller, T. (1982). Social disruption and residential relocation of mentally retarded children. *American Journal of Mental Deficiency 87*: 48-55.

Hill, J.W., and Wehman, P. (1979). Employer and nonhandicapped co-worker perceptions of moderately and severely retarded workers. *Journal of Contemporary Business 8:* 107-11.

Huxley, A., Prasher, V.P., and Hague, M.S. (2000). The Dementia Scale for Down's syndrome. *Journal of Intellectual Disability Research 44* (6), 697-98.

Jarrold, C., and Baddeley, A.D. (2001). Short-term memory in Down syndrome: Applying the working memory model. *Down Syndrome Research and Practice 17* (1): 17-23.

Jensen, P.S., and Cooper, J.R., eds. (2002). *Attention deficit hyperactivity disorder: State of science-best practices.* Kingston, NJ: Civic Research Institute.

Kahn, S., Owinowa, T., Pary, R.J. (2002). Down syndrome and major depressive disorder: A review. *Mental Health Aspects of Developmental Disabilities, 5,* 46-52.

Katerndahl, D.A., and Vande Creek, L. (1983). Hyperthyroidism and panic attacks. *Psychosomatics 24* (5): 491-496.

Kessler, R.C., Chiu, W.T., Demler, O., and Walters, E. (2005). Prevalence, severity and comorbidity for 12-month DSM-IV Disorders in the National Comorbidity Survey Replication. *Archives of General Psychiatry 62*: 617-27.

Krantz, P., and McClannahan, L. (1999). *Activity schedules for children with Autisms: Teaching independent behavior.* Bethesda, MD: Woodbine House.

Kumin, L. (2003). *Early Communication Skills for Children with Down Syndrome: A Guide for Parents and Professionals.* 2nd ed. Bethesda, MD: Woodbine House.

Landon, T.M., and Barlow, D.H. (2004). Cognitive-behavioral treatment for panic disorder: Current status. *Journal of Psychiatric Practice 10* (4): 211-26.

Lee, H. (1960). *To kill a mockingbird.* Philadelphia: J. B. Lippincott.

Levinson, D. (1978). *The Seasons of a man's life.* New York: Ballantine.

Lord, C., Risi, S., Lambrecht, L., Cook, E. H., Leventhal, B.L., DiLavore, P.C., Pickles, A., and Rutter, M. (2000). The ADOS-G (Autism Diagnostic Observation Schedule-Generic): A standard measure of social-communication deficits associated with autism spectrum disorders.

Journal of Autism and Developmental Disorders 30: 205-23.

Luchterhand, C. (1998). *Mental retardation and grief following a death loss.* Silver Spring, MD: The Arc of the United States. (Dieses Heft kann bei The Arc of the United States, 1010 Wayne Ave., Ste. 650, Silver Spring, MD 20910; Tel. 001-301-565-3842, bestellt werden. Download unter www.thearc.org/publications).

Martin, J.E., Rusch, F.R., Lagomarcino, T., and Chadsey-Rusch, J. (1986). Comparison between workers who are non handicapped and mentally retarded: Why they lose their jobs. *Applied Research in Mental Retardation 7*: 467-474.

Martinez-Cue, C., Baamonde, C., Lumbreras, M.A., Vallina, F., Dierssen, M., and Florez, J. (1999). Murine model for Down syndrome shows reduced responsiveness to pain. *Neuroreport 10* (5): 1119-22.

McGuire, D. (1999). The groove. *NADS: The Newsletter of the National Association for Down Syndrome.* November.

McGuire, D.E., Chicoine, B.A. (2002). Life issues of adolescents and adults with Down syndrome. In *Down syndrome: Visions for the 21st century,* W. Cohen, L. Nagel, and M.E. Madnick (eds.). New York: Wiley-Liss Press.

McGuire, D., and Chicoine, B. (1996). Depressive disorders in adults with Down syndrome. *The Habilitative Mental Healthcare Newsletter 15* (1) 1996: 1-7.

McGuire, D., Chicoine, B., and Greenbaum, E. (1997). "Self talk" in adults with Down syndrome. *Disability Solutions 2* (1), July/August: 1-4.

Murphy, K.R., and Barkley, R.A. (1996). The prevalence of DSM-IV symptoms of AD/HD in adult licensed drivers: Implications for clinical diagnosis. *Comprehensive Psychiatry 37*: 393-401.

Myers, B.A., and Pueschel, S. (1991). Psychiatric disorders in a population with Down syndrome. *Journal of Nervous & Mental Disorders 179*: 609-613.

NADS News: The newsletter of the National Association for Down Syndrome, January 2004.

Papolos, D., and Papolos, J. (1999). *The bipolar child: The definitive and reassuring guide to childhood's most misunderstood disorder.* New York: Broadway Books.

Powers, M., ed. (2000). *Children with autism: A parents' guide.* Bethesda, MD: Woodbine House.

Reid, J.R., and Wheeler, S.F. (2005). Hyperthyroidism: diagnosis and treatment. *American Family Physician 72*: 623-30.

Reiss, S., Levitan, G.W., and Szyszko, H. (1982). Emotional disturbance and mental retardation: Diagnostic overshadowing. *American Journal of Mental Deficiency 86*: 567-74.

Rogers, C. (1951). Client centered therapy: Its current practice implications and theory. Boston: Houghton Mifflin.

Rosen, L. (2002). Family dynamics in the treatment of Tourette syndrome. *Exceptional Parent*, December.

Saxena, S., Brody, A.L., Schwartz, J.M., and Baxter Jr., L.R. (1998). Neuroimaging and frontal-subcortical circuitry in obsessive-compulsive disorder. *British Journal of Psychiatry (35)* (suppl): 26-37.

Schwartz, J.M., Stoessel, P.W., Baxter Jr., L.R., et al. (1996). Systematic changes in cerebral glucose metabolic rate after successful behavior modification treatment of obsessive-compulsive disorder. *Archives of General Psychiatry 53* (2): 109-13.

Seligman, M. (1998). *Learned optimism: How to change your mind and your life.* New York: Pocket Books.

Seligman, M.E.P., Klien, D.C., and Miller, W.R. (1967). Depression. In *Handbook of behavior modification*, H. Leitenberg (ed). New York: Appleton-Century Crofts.

Seligman, M.E.P. (1975). *Helplessness: On depression, development and death.* San Francisco: W.H. Freeman.

Siperstein, G.N., and Bak. J.J. (1985). Effects of social behavior on children's attitudes toward their mildly and moderately handicapped peers. *American Journal of Mental Deficiency 90*: 319-27.

Snowdon, D. (2001). *Aging with grace: What the nun study teaches us about leading longer, healthier, and more meaningful lives.* New York: Bantam Dell Publishing Group.

Sovner, R.S. (1986). Limiting factors in the use of DSM-III criteria with mentally ill/mentally retarded persons. *Psychopharmacological Bulletin 22:* 1055-59.

Sovner, R.S., and Hurley, A.D. (1993). Commentary: Psychotoform psychopathology. *Habilitative Mental Healthcare Newsletter 12:* 112.

Vygotsky, L. (1934/62). *Thought and language.* Cambridge, MA: MIT Press.
(L. S. Vygotsky ist der russische Psychologe, der aufgeschlüsselt hat, wie aus der privaten Sprache beziehungsweise den Selbstgesprächen in unserer Kindheit höheres Denken und unsere inneren Dialoge mit uns selbst entstehen.)

Yapko, M. (1997). *Breaking the patterns of depression.* New York: Doubleday.

Sachwortverzeichnis

A

AAMR Adaptive Behavior Scales 102, 221
Abneigung gegen Lebensmittel 152
Abrufen von Erinnerungen 82
Abstraktes Denken 76, 164
Acetylcholin 228, 231
Acetylcholinesterase 228
AD(H)S 300
Adaptive Skills 76
ADHS 171
ADS 301
Affektive Störungen 241
Aggressionen 31
Agoraphobie 264
Akzeptanzprobleme 215
Allergien 43
Alprazolam 250
Altersdiabetes 37
Alterungsprozess 173
Alzheimer 44, 231
Alzheimer-Krankheit 35, 353
Amitriptylin 247, 248
Anamnese erstellen 196
Angststörungen 231, 250, 361
Angstzustände 31, 38
Ansätze zur Verhaltensänderung 209
Anticholinerge Nebenwirkungen 248
Antidepressiva 276
Antiepileptika 256
Antipsychotika 135, 256
Antisoziale Persönlichkeitsstörung 308
Appetitverlust 31
Arbeitsgedächtnis 75
Arbeitsleben 54

Aripiprazol 251, 256, 277, 291
Arthrose 31, 36
Aspartat 229
Asperger-Syndrom 171
Astigmatismus 32
Atlantoaxiale Instabilität 35
Atomoxotin 307
Atypische Antidepressiva 231
Atypische Antipsychotika 251
Aufmerksamkeitsdefizit 40
Aufmerksamkeitsdefizit-Hyperaktivitätsstörung 171
Aufmerksamkeitsdefizitstörungen 301
Augenuntersuchung 31
Auslöser von psychischen Störungen 180
Autismus 343
Autismusspektrumsstörung 171, 304, 344
Autoaggression 321
Azaperon 268

B

Beeinträchtigtes Hörvermögen 31
Beeinträchtigtes Sehvermögen 31
Behaviorismus 209
Belohnungssysteme 313
Benzodiazepin 250, 269
Benzodiazepine 231, 324
Betreuerwechsel 51
Betreuer als Dolmetscher 92
Bewegungsstörungen 329
Bewusstseinsbildung 109
BIPAP 42
Bipolare affektive Störung 254
Blasenprobleme 36

Blutzuckertest 31
Bupropion 231, 249, 269, 276
Buspiron 268

C

Carbamazepin 256, 319
Cholecystokinin 231
Cholin 248, 358
Cholinacetyltransferase 230
Cholinerg 228
Cholinesterase 358
Cholinesterase-Hemmer 232
Citalopram 248, 276
Clozapin 291
Compliance 258
CPAP 42
CT (Computertomographie) 31

D

Darmträgheit 38
Dementia Questionnaire for Mentally Retarded Persons 356
Dementia Scale for Down Syndrome 356
Demenz 353
Depression 31, 170, 230, 241, 245, 359
Desensibilisierung 265
Desensibilisierungstherapie 34
Diabetes 31
Diabetes mellitus 37
Diagnostische Kriterien 25
Diagnostische und Statistische Manuale Psychischer Störungen 25
Diazepam 231, 269
Disintegrative Störung der Kindheit 344
Donepezil 232, 358, 365
Dopamin 228, 245
Dopamin-Spiegel 229
Doxepin 248
DSM-IV-TR 25, 179, 242
Duloxetin 249
Dünndarmschleimhaut 39
Dysmenorrhoe 40
Dysthymische Störung 241

E

EEG (Elektroenzephalogramm) 31
Einsichtorientierte Therapien 209
Endomysium-Antikörper 39
Endorphin-Spiegel 229

Endorphine 229, 322
Endoskopie 38
Entspannung 144
Entwicklung 167
Epilepsie 31, 34, 300
Episodenwechsel 254
Episodisch paroxysmale Angst 266
Erinnerungen 80
Erlernte Hilflosigkeit 170, 181
Erregungszustände 361
Escitalopram 248, 269, 276
Essensverweigerung 293
Essstörungen 31
Eszopiclon 251
Euphorie 229
Exzitatorisch 227

F

Familie 47
Familientherapie 218
Fantasie 139
Feste Verhaltensmuster 143
Flashbacks 84
Flexibilität 157
Fluoxetin 248, 269
Förderung der Flexibilität 157
Förderung von Begabung und Talenten 125
Förderung von Kompetenz 114
Freizeitgestaltung 53
Freunde mit geistiger Behinderung 115
Frühkindlicher und atypischer Autismus 171
Funktionale Verhaltensbeurteilung 314

G

GABA 228
Gabapentin 319
Galantamin 232, 358
Gallen- und Blasenerkrankungen 31
Gamma-Aminobuttersäure 228
Gastrointestinaltrakt 31
Gastroösophagealer Reflux 38
Gefühle ausdrücken 104
Gehstörungen 31
Gelenkverschleiß 36
Gemütsschwankungen 33
Generalisierte Angststörung 261
Gesetzliche Vormundschaft 235
Gewebstransglutaminase-Antikörper 39
Gewichtsverlust 38

Glaukom 32
Gliadin 39
Glutaminsäure 228
Gluten 39, 246
Glutenunverträglichkeit 246
Groove 143
Großes Blutbild 31

H
Halluzinationen 289
Haloperidol 251, 291
Halswirbelsäule 35
Harnuntersuchung 37
Harnwegsprobleme 31
Herausforderndes Verhalten 299
Horten 280
Hörtest 31
Hörvermögen 34
Hyperaktivität 31, 38, 301
Hyperthyreose 38
Hypothyreose 37, 245
Hypoxämie 267

I
Ibuprofen 40
Inhibitorisch 227
Inkontinenz 31
Inventory for Client and Agency Planning 102, 221
Isolation 161
Isometrische Übung 271

K
Katarakt 32
Kognitive Verhaltenstherapie 212
Kommunikationsprobleme 100
Kommunikative Fähigkeiten 91
Komorbide affektive Störung 243
Komorbidität 243
Kompetenz-Fehldeutungen 102
Kontinuum 148, 330
Konzentrationsschwäche 40
Kopfschmerzen 151
Koprolalie 335
Krampfanfälle 300
Kritische Lebensphasen 161
Kunsttherapie 223
Kurzsichtigkeit 32
Kurzzeitgedächtnis 75

L
Lamotrigin 257, 319
Leben in einer Einrichtung 50
Leberleiden 31
Lethargie 38
Lithium 256
Lorazepam 250, 269
Lügen 310

M
Magengeschwür 38, 294
Majore Depression 241
Manie 252, 303
Manische Episode 252
Mastoidoperation 300
Mausmodell 30
Medikamentendosierung 237
Medikamentennebenwirkungen 31
Melatonin 251
Melatoninsynthese 229, 245
Memantin 232, 358
Menstruationsbeschwerden 39
Methylphenidat 307
Mirtazapin 249
Mittelohrentzündung 34
Modelllernen 210
Motorische Tics 334
MRT (Magnetresonanztomographie) 31
Mundhygiene 163
Musiktherapie 223
Muskelschwäche 31
Myoklonien 359

N
Nachlassen der geistigen Fähigkeiten 31
Nervensynapsen 148
Neurotransmitter 226
Neurotransmitter-Anomalien 229
NMDA-Rezeptor 228, 231
Non-REM-Schlaf 41
Noradrenalin 229
Noradrenalin-Spiegel 229
Norepinephrin 229, 245
Nortriptylin 247
Notfallplan 50
Nucleus basalis Meynert 231

O
Ohnmachtsanfälle 35

Ohrenschmalz 34
Ohrspülungen 34
Olanzapin 251, 256, 277, 291
Oppositionelles Trotzverhalten 310
Ordnungssinn 279
Ösophago-Duodeno-Gastroskopie 294
Osteoarthrose 36

P
Panikstörung 266
Paracetamol 40
Parodontose 163
Paroxetin 248, 269, 276, 296
Perniziöse Anämie 39
Phasenwechsel 254
Phenytoin 359
Phobien 86
Pimozid 342
Polydipsie 37
Polyphagie 37
Polysomnographie 41
Polyurie 37
Posttraumatische Belastungsstörung 84
Prämenstruelles Syndrom 40
Probleme mit der Tiefenwahrnehmung 153
Problemprävention 313
Propriozeption 153
Prostaglandin 40
Psychiater 202
Psychische Erkrankungen 179
Psychische Untersuchung 21
Psychologe 202
Psychologische Stressfaktoren 35
Psychose 31, 289
Psychotische Merkmale 243
Psychotische Symptome 251
Pubertäres Verhalten 166
Pubertät 162

Q
Quetiapin 251, 256, 277, 291

R
Regelschmerzen 40
Reiss-Test 221
Reizüberlastung 349
Rekrutierungsphänomen 43
REM-Schlaf 41
Renteneintrittsalter 174

Risperidon 251, 256, 277, 291
Rituale 147
Rivastigmin 232, 358
Röntgenaufnahme Halswirbelsäule 31
Routinehandlungen 149
Routinen 143
Ruhestand 174

S
Scales of Independent Behavior Revised 102, 221
Scheidung 188
Schilddrüsenüberfunktion 31
Schilddrüsenunterfunktion 31, 37, 245
Schlafapnoe 31, 40, 246
Schlaflabor 31
Schlafprotokoll 31
Schlafstörungen 31, 40, 250, 360
Schlucktherapie 296
Schmerzempfinden 30, 33
Schmerzen 30
Schmerztoleranz 30, 33
Schweigepflicht 206
Sehvermögen 32
Selbst-Umlenkung 315
Selbstachtung 107, 109, 145
Selbstbewusstsein 164
Selbstbild 107, 164
Selbstgespräche 135, 212
Selbstmodellierung 211
Selbstständigkeit 144
Selbststimulierendes Verhalten 329
Selbstverletzendes Verhalten 321
Selbstverletzungen 153
Selbstwertgefühl 107, 145
Selektive Serotonin-Wiederaufnahmehemmer 231, 248
Sensorische Integrations- und Wahrnehmungsstörungen 172
Sensorische Integrationsstörungen 348
Serotonin 229, 245
Serotonin-Anomalie 274
Serotonin-Mangel 245, 248
Serotonin-Spiegel 229
Serotonin-Transporter 230
SERT 230
Sertralin 248, 269, 276
Sich-selbst-Finden 161
Sodbrennen 38

Soziale Interaktion 23
Sozialkompetenz 23
Speiseröhrenentzündung 294
Sprachliche Ausdrucksfähigkeit 24
Sprachverständlichkeit 91
SSRI 231, 248, 276
Stabsichtigkeit 32
Stehlen 309
Stereotypien 329
Stimmungsschwankungen 161
Stimulierende Medikamente 307
Störungen der Impulskontrolle 301
Störungen des Sozialverhaltens 308
Strabismus 32
Stress 150
Stressableiter 151
Stressauslöser 244
Stressfaktoren 180
Stuhluntersuchung 31
Subluxation 35
Subluxationen der Halswirbelsäule (Atlantoaxiale Instabilität) 31
Symptome einer Depression 242
Synapsen 226
Systemische Familientherapie 220

T

Tacrin 232, 358
Tagesmüdigkeit 41
Tardive Dyskinesie 251, 277
Teenageralter 161
Temporallappen 229
Therapie 201
Thioridazin 251, 291
Thiothixen 291
Thyroxin 37
Tics 171
Ticstörungen 334
Tiefenwahrnehmung 32
Tourette-Syndrom 171, 334
Trauer 188
Trazodon 249, 360
Trizyklische Antidepressiva 231, 247
Tryptophan 229
TSH-, T3- und T4-Wert 31

U

Überfunktion der Schilddrüse 38
Überlaufinkontinenz 36

Ulkuskrankheit 38
Umlenken 314
Umlenkung des Verhaltens 276
Unruhezustände 31
Unterstützende Beratung 208
Unterstützende Familientherapie 219
Urinkultur 31
Urinstatus 31

V

Valproinsäure 256, 319
Venlafaxin 249, 276
Verbales Arbeitsgedächtnis 76
Verhaltensänderungen 31
Verhaltenstherapie 313
Verlust der Körperkontrolle 35
Vineland Adaptive Behavior Scales 102
Visuell-räumliches Arbeitsgedächtnis 76
Visuell-räumliches Gedächtnis 78
Visuelles Gedächtnis 77
Visuelle Unterstützung 49
Vitamin-B12-Mangel 39, 247
Vokale Tics 335

W

Wahnvorstellungen 289
Wahrnehmungsstörungen 43, 152, 346
Wahrnehmungsverarbeitung 347
Weitsichtigkeit 32
Wesensänderungen 163
Wirkstofftoleranz 324
Wohnform 48
Wutausbruch 197

Z

Zahngesundheit 31
Zaleplon 251
Ziprasidon 251, 256, 277, 291
Zöliakie 31, 39, 246
Zolpidem 251
Zwanghafte Langsamkeit 286
Zwanghafte Routinen 282
Zwangsgedanken 148, 273
Zwangshandlungen 148, 273
Zwangsneurose 148
Zwangsstörung 149, 273, 359
Zwangsvorstellung 282

Über die Autoren

Dennis McGuire, promovierter Sozialpädagoge, ist der Leiter der psychosozialen Abteilung in der Ambulanz für Menschen mit Down-Syndrom, dem Adult Down Syndrome Center im Lutheran General Hospital in einem Vorort von Chicago. **Brian Chicoine**, Arzt, ist der medizinische Leiter des Adult Down Syndrome Center. 1992 haben sie zusammen die Ambulanz gegründet und dort bis heute fast 3000 Patienten mit Down-Syndrom behandelt. Beide Autoren haben bereits viele Vorträge vor Eltern und Fachleuten über ihre Arbeit in der Ambulanz gehalten.

Dennis McGuire schloss sein Studium an der University of Chicago mit dem Masters Degree ab und promovierte an der Universität of Illinois in Chicago. Seit über 29 Jahren arbeitet er im Bereich psychische Gesundheit und Entwicklungsstörungen. Mit seiner Frau und seinem Sohn lebt er in Oak Park, Illinois.

Brian Chicoine absolvierte sein Medizinstudium an der Stritch School of Medicine an der Loyola University in Chicago. Seine anschließende Facharztausbildung machte er in der Abteilung für Allgemeinmedizin am Lutheran General Hospital in Park Ridge, Illinois, wo er heute noch tätig ist. Dr. Chicoine behandelt seit fast 30 Jahren Menschen mit geistigen Behinderungen. Er hat drei Kinder und lebt mit seiner Familie in Arlington Heights in Illinois.